ISBN 978-0-259-16426-5
PIBN 10685104

1 MONTH OF
FREE
READING

at

www.ForgottenBooks.com

By purchasing this book you are eligible for one month membership to ForgottenBooks.com, giving you unlimited access to our entire collection of over 1,000,000 titles via our web site and mobile apps.

To claim your free month visit:

www.forgottenbooks.com/free685104

English
Français
Deutsche
Italiano
Español
Português

www.forgottenbooks.com

Mythology Photography **Fiction**
Fishing Christianity **Art** Cooking
Essays Buddhism Freemasonry
Medicine **Biology** Music **Ancient
Egypt** Evolution Carpentry Physics
Dance Geology **Mathematics** Fitness
Shakespeare **Folklore** Yoga Marketing
Confidence Immortality Biographies
Poetry **Psychology** Witchcraft
Electronics Chemistry History **Law**
Accounting **Philosophy** Anthropology
Alchemy Drama Quantum Mechanics
Atheism Sexual Health **Ancient History**
Entrepreneurship Languages Sport
Paleontology Needlework Islam
Metaphysics Investment Archaeology
Parenting Statistics Criminology
Motivational

[𝑡. 1.]

SPICILEGIUM VATICANUM

CONTINENS NOVAS LECTIONES IN

HISTORICORUM GRAECORUM EXCERPTA,

QUAE PRIMUS EDIDIT ANG. MAIUS,

PROLATAS E PALIMPSESTO VATICANO DENUO EXCUSSO
ADDITIS COMMENTARIIS CRITICIS CUM IN RELI-
QUORUM TUM IN DIODORI, ETIAM QUAE ALIBI
EXSTANT, EXCERPTA

SCRIPSIT

HENR. van HERWERDEN,
Phil. Theor. Mag. Lit. Hum. Dr.

— ❁ —

LUGDUNI-BATAVORUM,

APUD E. J. BRILL.

MDCCCLX.

Ἡμῖν δὲ τὰ μὲν γραφέντα καλῶς μὴ μετεχέτω φθόνου, τὰ δ' ἀγνοηθέντα τυγχανέτω διορθώσεως ὑπὸ τῶν δυνατωτέρων.

Diodorus Siculus.

IOH. BAKIO

ET

CAR. GABR. COBETO

VIRIS CLARISSIMIS

EDITOR.

———~~~———

A diuturna peregrinatione, quam Vobis imprimis aucto-
ribus quatuor abhinc annis suscepi, in patriam redux,
hunc ego Vobis, viri humanissimi, offero libellum, qui
speciminis instar sit eorum studiorum, quibus per triennium
in publicis Italiae maxime Hispaniaeque bibliothecis operam
navare mihi contigit. Qua quamquam laetor occasione
oblata testificandi quantopere vos amem et suspiciam, ad-
mixta tamen est laetitiae meae non levis sollicitudo, quod
tantis viris, quanti Vos estis, digniora proferre virium
mihi mea imbecillitas negavit.

Solent fere, qui dedicatoria scribunt, praeconio laudes
efferre eorum, quorum quasi patrocinio ingenii sui fetum
commissuri sunt. Quorum ego, viri celeberrimi, exemplum
si sequerer, non parum mihi viderer ineptire. Nempe ita
sapienter a natura institutum est, ut laudari cupiamus ab
iis, qui et ingenio et doctrina nos aut superent aut certe

aequiparent, laudes contra eorum, qui tum sagacitate tum eruditione nobismet ipsis sint longe inferiores, algere nobis atque adeo sordere consuerint.

Verum quos laudare neque licet neque decorum est eos tamen, quantum natura siverit, imitari atque intentis viribus longo quamvis intervallo sequi et hucusque mihi libuit et libebit, opinor, in posterum.

Qui Vos, viri clarissimi, ad summum doctrinae fastigium evexere duces, ingens literarum amor vehemensque verae laudis cupido, iidem duces me quoque a puero inde habuere sequentem. Despondendumne mihi sit per aspera tendenti, quo illi ducunt necne, Vestrum erit perlecto hoc opusculo iudicium.

Si quid vero e Vestra sententia profeci in ea arte, quam summus criticus RICARDUS DAWESIUS in praeclari sui operis praefatione haud sane iniuria verbis Aristophaneis χαλεπώτατον ἔργον ἁπάντων vocasse videtur, illos ego qualescunque progressus primum egregiae vestrae institutioni debere mihi videor, deinde pro parte saltem illi peregrinationi, quam ut perductis ad finem studiis Academicis susciperem permisit mihi optimi patris in re tenuiore non vulgaris liberalitas. Quod autem diutius peregre degere mihi licuit, quam domesticae mihi facultates permisissent, Tibi imprimis debeo, clarissime BAKI, quo maxime auctore, suffragante Illustrissima Academia Regia, Summus qui a rebus internis Magistratus dicitur ex aerario mihi et amicissimo, quem nostis, itineris comiti erogavit pecuniae summam, qua τῶν ἐφοδίων μέρος τι nobis compensaretur. Taceo enim iam quantum Tu auctoritate Tua et consilio peregrinantibus nobis profueris.

Quod autem attinet ad meas investigationes, quarum hoc opusculum non nisi γεῦμα quoddam est et ad maiora, ut *spero, προγύμνασμα, Vos, viri clarissimi, ut aequos iudices decet, non aliter, sat scio, sententiam de illarum valore feretis, nisi habita ratione eorum, quae hodie peregrinanti philologo agenda supersunt. Saepe, quum in bibliothecis illis Italiae inclytissimis, Vaticana, Medicea, Ambrosiana, Marciana, aerumnoso labore vetustos libros manuscriptos,* non indecoro pulvere sordidos, *perscrutarer, avide quaerens, an hic illic scriptoribus antiquis misere habitis salutem afferre possem; saepe, ut candide fatear, non sine invidia subiit mihi memoria illorum temporum, quibus incogniti antehac scriptores, capitalia iidem interdum veteris aevi ingenia, subinde e bibliothecarum tenebris protrahebantur in lucem, gloriae suae partem haud sane spernendam impertientes iis philologis, quibus primis eos reperire et publici iuris facere contigisset! Sed aliis nunc vivitur temporibus. Spes enim hodie superest propemodum nulla, ut opus aliquod ex tanto deperditorum librorum Graecorum Latinorumve numero aut in Hispania aut in Italia reperiatur, quod vere* ἕρμαιον *appellari possit. At vel sic tamen multum abest, ut ea rei criticae pars, quae diplomatica vocari solet, proposito suo perfuncta sit et officio. Restat enim, cum in aliis Italiae bibliothecis tum in Vaticana maxime, codicum vetustorum numerus non ita exiguus aut nondum aut adeo negligenter excussorum, ut quam operam in eo negotio vel instituendo vel retractando collocaveris te minime perditurum esse, tuto tibi persuadeas.*

Verum alius praeter varias, quas vocant, lectiones fructus ex evolvenda et perscrutanda diversissimarum aetatum quam maxima librorum copia manuscriptorum colligi potest, ipsis illis scripturae discrepantiis, si quid iudico, longe laetior atque uberior. Artem dico, nisi peritiam vocari malis, palaeographicam, cuius ope intelligimus, quam pronis erro-

ribus indocta librariorum turba vocabula diversissima inter se confundere potuerit, quomodo iidem non vocabula tantum vocabulorumque partes, sed integros subinde versus totasque sententias omittere; quae in margine olim adscriptae aut inter versus suprascriptae legebantur adnotatiunculae, glossemata, interpretamenta, et quidquid est huiuscemodi, textui inserere, sexcentaque, ne longus sim, diversi generis peccata committere consuerint. Adde correctorum inscitiam et levitatem, lectorum malam sedulitatem stuporemque saepe incredibilem, interpolatorum denique impudentiam atque ineptias plane pueriles. Quibus omnibus agnitis, quis sanus non ex animo sibi evellat penitus insitam istam plerisque philologorum sed ridiculam superstitionem; vetustorum dico librorum traditaeque scripturae absurdam reverentiam, cui si indulgeamus, rectum iudicium una cum sensu veri atque pulchri (quae arctissimo vinculo inter se coniuncta esse recte Francogallus ille poeta intellexit) funditus pessumdetur necesse est? Οὐκ ἐμὸς ὁ μῦθος, viri excellentissimi, sed ὑμῶν πάρα haec didici. Quae quam fuerint ab omni parte vera ipse codicum usus peregre degentem me docuit, et doctrinam iamdudum mihi probatam plane certam esse atque indubitabilem mei mihi oculi egregie confirmarunt.

Ferme me eo ducit oratio, ut magnam utilitatem, quam criticus e scientia palaeographica capere possit, demonstraturus esse videar. Nec tamen ita prudens sciensque ineptiam, ut illius μὴ γλαῦκας 'Αθήναζε immemor de ea utilitate tiro in re critica scribam ad triarios. Praeterea res est a multis saepe decantata, neque, ut opinor, admodum obscura; luculentissima certe atque evidentissima Vobis, qui non solum eam disciplinam vehementer commendare soleatis, sed etiam (quod longe maximum est) vestro *exemplo quanti facienda sit abunde probetis. Missa igitur disputatione prorsus inutili, malo potius huius libelli originem vobiscum communicare.*

Florentiae, in nobilissima urbe, quum tempus vernum et aestivum anni MDCCCLVII *transigebam, familiariter utebar Germano quodam philologo non obscuro quidem sed propter raram ipsius modestiam multo minus cognito, quam meretur,* THEODORUM HEYSIUM *dico, perelegantis virum ingenii, cuius prae ceteris, quae plurima de literarum republica bene meruit, in vulgus notà est lepida lepidissimi poetae Latini editio, cui versionem addidit Germanicam metricam adeo venustam, ut iure quodam suo Germani* CATULLUM *hodie poetam sibi suum vindicare posse videantur. Is Romam profecturo, et quaerenti qua in re potissimum per temporis spatium non ita longum, quod in illa urbe degere decreveram, operam meam collocarem, auctor mihi exstitit, ut excerpta e* DIODORO, DIONE CASSIO *aliisque quibusdam historicis, quae primus e palimpsesto codice Vaticano edidit* ANGELUS MAIUS *in scriptorum veterum novae collectionis Tomo II, denuo cum illo codice conferrem. Excerpta e* POLYBIO *iam ipse Heysius ad eiusdem libri iterum excussi fidem multo accuratius, quam olim fecerat Maius, de novo edidit; imo adeo feliciter in eo negotio versatus est, ut, si quis noverit miseram palimpsesti conditionem, singularem viri diligentiam et fere incredibilem oculorum aciem, qua integras saepe sententias, de quibus legendis Maius desperaverat, auctori suo reddere ei contigit, satis nequeat admirari. Laudans illum me ipsum invitus reprehendo; τὸ δ' ἀληθὲς νικάτω. Aquilinos mihi oculos negavit natura; et tamen tales fere eiusmodi negotium requirit. Nihilominus ipsa, fateor, difficultate nonnihil allectus, Romam postquam veni, manus operi admovi, quod si non ita feliciter mihi cessit ac speraveram*, magnis tamen, *quemadmodum olim Phaethon*, ausis excidi.

Codex iste Vaticanus his verbis describitur a Maio in operis sui Praefatione pag. XXXI: *"Est hoc volumen formae*
"prope maximae, cursim quidem minoribus litteris sed tamen
"elegantibus scriptum saeculo circiter decimo cum lemmatibus
"in margine rubricatis, cumque asteriscis, qui vel carmen
"vel oraculum vel aliud quodvis notabile passim designant.
"Splendidus sane palmarisque olim codex aulaque Byzantina
"dignissimus, verum idem postea saeculo circiter XIV *alio*
"Graeco notissimi argumenti superimposito scripto obscuratus
"impeditusque fuit foliis perversis omnibus, partim vero
"etiam abiectis. Equidem simul ac primo ad hoc magnum
"volumen accessi, idque facili intuitu rescriptum cognovi,
"quamquam in hoc laboris genere non sum tiro, nihilominus
"prosperum rei exitum, quem postea nactus sum, vix speravi.
"Erat enim, ut dixi, minutum scriptum sub alio item mi-
"nuto sepultum et obrutum, quod contra in aliis palimpse-
"stis est, qui grandiorem multo ac speciosiorem scripturam
"sub minutiore recenti conspicuam exhibent." Post pauca,
quae apud ipsum legantur, in hunc modum pergit. *"Et*
"primum quidem chemicis adiumentis diuturnis atque effica-
"cibus sepulta prorsus atque oculos fugiens scriptura sus-
"citanda fuit, ita ut eius apices iam diu deleti atque in-
"termortui colorem aliquem traherent, et sub novi scripti
"velamine promicarent. Cave tamen putes paratum ita co-
"dicem facile protinus ac ioculariter legi, quin imo hoc
"Sisyphium saxum conatu prope infinito atque innumeris vici-
"bus pervolutandum est, isque labor in hoc diutius summe-
"que palimpsesto me torsit, minutis, ut dixi, litteris exa-
"rato tantaeque molis, ut CCCLIV *lati moduli paginas ha-*
"beat, quarum singulae versibus haud minus XXXII *occu-*

"pantur, cet." Huic codicis descriptioni nihil habeo quod addam, praeter numerum, quo in catalogo conspicitur notatus, quem numerum Maius, nescio an de industria, memorare supersedit. Est igitur inter Vaticanos num. LXXIII, quemadmodum primus Heysius homines literatos docuit in editione sua excerptorum Polybii.

Verissima autem sunt, quae de legendi huius rescripti codicis difficultate Maius conqueritur, quin et fatendum est virum eminentissimum in negotio supra quam dici possit arduo revera non tironem se praestitisse. Cernebat enim acute et prorsus admirabilis est perseverantia, qua scripturam fere obliteratam, paucis quibusdam paginis exceptis, legere felicissimo ut plerumque successu conatus est. In tanto tamen opere non raro eum lapsum esse, nemo mirabitur, qui reputaverit, solidiorem illam accuratioremque veterum linguarum doctrinam, qua Angli, Germani et nostrates inde a pueris in scholis publicis informari solemus, recentiori saltem aevo Italis, genti ceteroquin a natura ingenii dotibus magnifice instructae, prorsus deficere. Maium igitur qua tempestate vivebat omnium Italorum, ut ipsis videbatur, doctissimum, cuiusque merita in literas Graecas Latinasque omnes philologi grati agnoscimus, incredibile dictu est quam saepe offendas impingentem in declinatione, in coniugatione, ut verbo dicam, in primis etymologiae Graecae elementis. Nimis vero impigerrimi cardinalis errores exagitare nolo, tum quia ipse, si quid deliquero, (et plurimum abest, ut hoc meum opusculum vitiis vacare putem) ab aequo lectore et a Vobis imprimis, viri eruditissimi, veniam me impetraturum esse spero, tum quia vere olim Archilochum cecinisse puto:

οὐ γὰρ ἐσθλὰ κατθανοῦσι κερτομεῖν ἐπ' ἀνδράσι

et Simonidem: πάμπαν δ' ἄμωμος οὗτις.

Hodie autem, quod valde dolendum est, antiquae scrip-turae conditio longe longeque miserior est quam fuit, quo tempore Maius eam primus detexit. Scilicet aliquando mihi accidit, ut integros versus, quos olim ille satis commode legerat, vix ullis relictis vestigiis disparuisse animadverte-rem. Chemica autem adiumenta, quibus ille tunc ubique locorum et interdum, ut fit, iusto profusius usus est, fuere causa, ut sensim palimpsestus fuscum colorem duxerit; quare, quo tempore eum conferebam, ioci causa il carbo-naccio sive carbonem hunc librum Vaticanae bibliothecae praefecti vocare solebant. Quae res legendi difficultatem non mediocriter mihi auxit. Non nisi is, qui hunc aut similem codicem rescriptum manibus triverit, fidem mihi habebit affirmanti haud raro evanescentem istam scriptu-ram ipsum Proteum superare mira diversitate formarum, in quas se singulae literae intuenti subinde induere vide-antur, donec vix tandem τετληότι θυμῷ, quemadmodum olim Menelaus, nitenti felix coniectura Idotheae vice perfungens, quid revera scriptum sit, lectori patefecerit. Tantum vero abfuit, ut mihi quoque chemices auxilium invocare liceret, ut et bibliothecae praefecti et servitores legentem me con-tinuo anxie observarent, ne quid scilicet detrimenti caperet carbo Vaticanus.

Haec fere sunt, viri celeberrimi! quae de hoc meo opus-culo praemonenda esse iudicavi. Vos, quaeso, id eadem, qua hucusque me prosecuti estis benevolentia, accipiatis, pergatisque mihi studiisque meis favere, quod egregie facitis.

Scribebam Leidae Kalendis Iuniis MDCCCLX.

INTRODUCTIO.

Criticum est, ut inspicientibus sponte apparebit, huius libelli argumentum; id vero duplici nomine: partim enim ad criticam diplomaticam quam vocant, partim ad coniecturalem pertinet; quae ambo criticae artis capita, si quantum eius fieri posset separatim tractarem, melius me consulturum esse putavi facili ac commodo conspectui eorum, quae publici iuris facturus essem, quam si codicis palimpsesti lectiones inter adnotationum coniecturalium farraginem occultarem et quasi sepelirem. Qua causa motus sic agere mecum constitui ut, quem ordinem Maius in scriptorum veterum nova collectione secutus est, hunc et ipse sequens deinceps observationes proponerem in fragmenta Diodori siculi, Dionis Cassii, Anonymi, qui continuavit Dionis Historiam usque ad Constantinum imperatorem, Eunapii, Dexippi et Menandri, praemittens singulis quos tractaturus essem scriptoribus dispositas ordine lectiones, quas palimpsestus collatus cum editione M. mihi aut exhibuit; aut (id, quod diligenter ubique indicandum esse duxi,) saltem exhibere videbatur. Quas autem hic illic inter eas lectiones interposui emendationes prorsus necessarias, eas, quamvis plurimas iam factas ab aliis, nonnullas quoque iam receptas in textum postea intellexi, tamen ideo silentio premere nolui, quia conferendo codici intentus id semper agebam, ut primum indagarem, an lectionum monstra, quae quam plurima habet M. editio, revera ita in codice exarata essent; deinde, sicubi ipsius libri manuscripti manifestus error appareret sollemnium quorundam huius scribae σφαλμάτων cog-

nitione adiutus certam laboranti vocabulo medicinam compara-
rem. Quod autem ad eiusmodi inventorum gloriolam, si qua
est, attinet, eam lubentissime integram cedo iis, qui non
inspecto codice primi viderint, quid aut sensus aut Graecitas
requireret. Contra feci in adnotatione critica, in qua si quid
a me scriptum invenietur, quod iam alii viderint et adnotave-
rint, ab imprudente atque inscio factum esse, tuto tibi, candide
lector, persuadebis. Non is sum, qui aut laudem captans in
anem aut meis parum confisus viribus ineptus graculus pennis
me pavonum ornare velim. Solum vero et unicum huius opusculi consilium hoc est, ut et ipse pro virili parte aliquid con-
feram ad emendatam lectionem excerptorum ex historicis Graecis, quas servavit nobis Constantini Porphyrogeneti studium atque diligentia. Haec pauca de libelli mei ratione et scopo
praemonuisse sufficiat. Plura de codice Vaticano rescripto
scire cupientes relego ad ea, quae disputavi in dedicatione. In
edenda autem collatione, postquam diu multumque dubitavi,
an operarum quoque vitia indicarem necne, tandem, quia res
erat valde ambigui iudicii essetne aliquis error librario, Maio,
an typographis tribuendus, malui nimiae diligentiae quam negligentiae accusari, ideoque omnes errores, quos in Maii editione
inter conferendum deprehenderem, quorum culpa librarius va-
caret, sedulo mihi adnotavi, et nunc una cum ceteris commu-
nicabo cum harum rerum studiosis.

—◦◦◦◦◦—

pag. ed. Maii.	pag. cod. Vat.	vs.	Lectiones sec. Mai.	Lectiones, quas revera exhibet codex
2	255	6	π ι θαρχήσουσι	π ε ι θαρχήσουσι
»	»	8	ἥμε τ ρ ίοισι	ἥμε ρ ίοισι
»	»	20	περιποιησ ό μενον	περιποιησ ά μενον
»	»	24	Neglexit M. verba in margine haecce: (ὅτι) ἡ Πυθία ἔχρησε τῷ Λυκούργῳ περὶ τῶν πολιτικῶν οὕτως; quae post vocab.: ἄλλο δέ οὐδὲν textui sunt inserenda; quibus separentur duo oracula toto coelo diversa.	
3	»	26	ἰχερόεσσα	ἰσχερόεσσα (sic; ap. Plutarchum recte ἱ μ ερόεσσα.)
»	»	27	εὐθείην ῥήτρας	εὐθείης ῥήτρας
4	256	3	ὑπ' ἠῷ	ὑπ ν ῷ
»	»	4	τῶν κ α ι νῶν πολέμων	τῶν κ ο ι νῶν πολέμων
»	»	7	πλεῖον αὐτούς	πλέον αὐτούς
5	»	24	πάλιν ὁ 'Ρέμος	κ α ὶ πάλιν ὁ 'Ρέμος
»	»	27	τοῦτο πρά ξ ε ι	τοῦτο πρά τ τ ε ι ν
6	325	1	καὶ	γὰρ καί	καὶ γὰρ καί	
7	»	25	τέχν ε σ σιν	τέχν ε σ ιν (i. e. τέχναισιν)
8	326	12	τὰ λοιπὰ τῶν ζῴων	κ α ὶ τὰ λοιπὰ τῶν ζῴων
»	»	15	εὐσεβείας de suo addidit M.	
»	»	16	τῆς γάρ	τῆς τε γάρ

1 *

p. e. M. p. c. V.	vs.	Lect. soc. Mai.	Lect. quas exh. cod.
19 348	16	τὸν ἅπαντα | χρόνον	τὸν ἅπαντα χρόνον
20 201	2	τὸ ταύτῃ δεόντως	τῷ ταύτην δεόντως (bene corr. м)
» »	8	σιλᾶν	συλᾶν
» »	10	Ἀμφιτρίτης	Ἀμφιτρήτης (sic.)
» »	11	ἱερ α ῖσιν	ἱερ ῇ σιν
» »	13	βοῦν χαλκοῦν	βοῦς χαλκοῦς (male tamen.)
» »	14	|τὶ Φαῦλον	τι | Φαῦλον
21 »	25	ἀνδρῶν ἐκ — εἰς δὲ	ἀνδρων δ' ἐκ — ἐκ δὲ
» »	27	ῥαΐδιον	ῥᾴδιον (male.)
22 202	6	ἀνατάσεως	ἀναστάσεως (male.)
23 339	6	εἶναι | γὰρ — ἀνθρώπων θέσιν	εἶναι γὰρ | — ἀνθρώπου θέσιν
24 »	24	ὁ δὲ ὑπειπὼν	ὁ δὲ | ὑπείπὼν
» »	29	χρημάτων | ἔφησε	χρημάτων ἔ | φησε
26 340	30	πῶς οὖν	πῶς ἄ ν
» 249	7	πολὺν ἀργύρ ι ον	πολὺν ἄργυρ ο ν
27 »	30	πέμψ αι	πέμψ ῃ
29 250	25	αὐτῷ μέ λ λ ειν	αὐτῷ μέ λ ειν
30 269	2	δρ ε ξ άμενος	δρ α ξ άμενος
30 »	20	ἐν οἷς ὅτ' ἐξεῦρε	ἐν οἷς λ έ γ ει ὅτ ι ἐξεῦρε
» »	16	προβλήματ α τὰ μὲν εὖρε τὰ δέ	προβλημάτ ω ν τὰ μὲν εὖρε τὰ δέ
» 270	2	ἀσχολ ο ῦ σθαι	ἀσχολ ε ῖ σθαι
31 »	15	ὑπό τ ασιν	ὑπό σ τ ασιν
» »	22	λυσιτελέστατον	λυσιτελέστερον, quod sensus requirit, sitne scriptum necne, ambigo.
30 »	29	εἶπε ὅταν	εἶπ ε ῖ ν ὅταν
32 247	10	ὧν ἀρχή	ὧν ἡ ἀρχή
» »	11	βλέψας δ' ἐς Ἄργος	βλέψας ἐς Ἄργος
33 »	21	λ ο ι μαινόμενον	λ υ μαινόμενον

p. e. M.	p. e. V.	vs.	Lect. sec. Mai	Lect. quas exh. cod.
33	247	28	εἰώθεισαν	εἰώθασιν
34	248	8	ὅτι Ἀριστογείτων	ὅτι ὁ Ἀριστογείτων
»	»	10	τὴν ἐπιβουλὴν ἥν	τὴν ἐπιβουλὴν τήν
»	»	16	φίλου οὕτως	φίλου ὄντως
»	»	27	ἔχων	ἔχων	
36	253	19	βλασφημεῖν	βλασφη	μεῖν
38	279	14	ἀφηθήσεσθαι	ἀφεθήσεσθαι
39	»	27	καταδίκως	καταδίκης
42	265	5	πρὸς τῶν ὅλων	πρὸς τὴν τῶν ὅλων
»	»	16	δωρυκτήτου	δοριχτήτου •
43	»	21	πολυπραγμονῇς	πολυπραγμονῇσαι
»	»	23	ὑπὲρ ἀρχὴν γάρ	ὑπερβολήν γάρ
»	»	26	δορύκτητον	δορίκτητον
44	266	13	ἐπὶ δείπνου	ἐπὶ δεῖπνον
»	»	23	διότι τὸ μέν	διότι τὰ μέν
»	»	24	ἠγνόηκεν	ἠγνόησεν
45	»	28	περιθεὶς αὐτῷ	περιθεὶς αὐτὸν (L. αὐτῷ τὸ)
»	271	2	οὐκ ἐφέξεται	οὐκ ἀφέξεται
46	»	16	νῦν μένοντος	νῦν μὲν ὄντος
47	»	27	ἀνήκοντα χώραν	ἀνήκοντα κατὰ χώραν
48	272	18	φάλαγγα μαχοῦντες	φαλαγγομαχοῦντες
49	»	28	ὅτι τῶν	ὅτι ὁ τῶν
»	167	4	ἀπολετεσμάτων	ἀποτελεσμάτων
»	»	8	ταύτης ναυμαχίας	ταύτης τῆς ναυμαχίας
»	»	15	γενομένον, πνεύματος	γενομένου, τοῦ τε πνεύματος
50	»	16	τὰ σκάφη	τὰ σκαφίδια
»	»	27	εὔνοιαν λαμβάνειν	ἔννοιαν λαμβάνειν
»	»	29	δουλίας	δουλείας
»	168	5	τὸ τῆς πατρίδος ἐν τοῖς	τὸ τῆς πατρίδος ἔθος ἐν τοῖς
51	»	15	ὅτι Ξανθίππης	ὅτι ὁ Ξανθίππης (l. Ξάνθιππος.)

p e M.	p e V.	vs,	Lect. sec. Mai.	Lect. quas exh. codex.
51	168	25	ἄπαντος τοῦ	ἄπαντας τοῦ
53	129	17	ἔπεμψε κήρυκας	ἔπεμψε κήρυκα
»	»	18	Φουνδάνιος	Φονδάνιος et mox Φονδανίου
»	»	21	τετυχέναι	τετευχέναι
54	130	12	παρεσχομένην	παρεσχημένην
55	»	24	ἐπ' αὐτῆς πείρας	ἐπ' αὐτῆς τῆς πείρας
56	»	31	τὰς εὐημερίας	τάς τ' εὐημερίας
»	»	32	ὅτι δύω πόλεις	ὅτι αἱ δύω πόλεις
»	219	1	μεγάλην ἔχει	μεγάλην | ἔχει
»	»	5	ταῖς ἐμπειρίαις	ταῖς ἀρεταῖς καὶ ταῖς ἐμπειρίαις
57	»	19	πότερον ἄν	ὁπότερον ἄν
»	»	30	εὐτυχωτάτως	εὐτυχεστάτως
58	220	5	βαρέως ἔφερε	quid legatur, hodie distingui nequit; rescribendum vel πρᾴως vel ῥᾳδίως, sed illud praetulerim.
60	123	12	Ἰνδιβέλης	ὁ Ἰνδιβέλης
61	»	15	Ἀσδρούβας	Ἀσδρου | βας
»	»	27	δυσιδαιμονίαν	δεισιδαιμονίαν
62	124	1	Σύφακα	Σόφακα (male), et mox vs. 12 Σόφακος.
»	»	9	ἠτυχηκότας ἐλέους	ἠτυχηκότας ἐλέου
»	»	16	εἰς λυμένα	εἰς λιμένα
63	»	31	εὐτυχηκότων	τῶν εὐτυχηκότων
»	331	3	ἀντικάθητος λοιμαινόμενος	ἀντικάθηται λυμαινόμενος
»	»	4	οὐδὲ γάρ ἐστιν μετὰ τὸν	οὐδὲ γάρ ἐστι μέγα τὸν
»	»	7		(ut legere mihi videor.)
			ἐπιλαν | θανόμενοι	ἐπιλα | θομένοι
64	»	12	ἐστηκείαν ἔχει	ἐστηκυῖαν ἔχῃ
»	»	16	τοῦ βίου	τοῦ | βίου

p. e M.	p. e. V.	vs.	Lect. sec. Mai.	Lect. quas exh. codex.
64	331	21	ἐλέους τύχῃ	ἐλέου τύχῃ
»	»	22	εὐεργεσίαν	εὐεργεσίαν │
65	332	11	γενέσθαι	γίνεσθαι
66	»	25	εὖ βουλομένων	εὖ βουλευομένων
»	»	31	τυγχάνειν ἐλέους	τυγχάνειν ἐλέου
»	»	29	Φιλανθρωπείας	Φιλανθρωπίας
»	211	1	τις τὸν νόμον	τις νόμον
»	»	7	ὅταν τοῦ νικᾶν	ὅταν ἡ τοῦ νικᾶν
»	»	10	εὕροιτο τούς	εὕροι τούς (Maio fraudi fuit scriptura superior, ad quam istud τὸ pertinere videtur.
»	»	12	δημοκρατ│ία	δημοκρατία
67	»	16	κατα διώξασιν	μετα διώξασιν
»	»	19	ὅτι ὁ Μάρκος	ὅτι Μάρκος (ο est vestigium recentioris scripturae.)
»	»	30	ἀθροί│ζουσι	ἀ│θροί│ζουσι
68	212	9	ὅτι ὄντος τοῦ Ἀντιόχου τοῦ │	ὅτι ὄντος τοῦ │ Ἀντιόχου τοῦ
»	»	10	παραγενήθησαν	παρεγενήθησαν
»	»	12	ὑπὸ Πτολεμαῖον	ὑπὸ Πτολεμαῖον καὶ Φίλιππον
»	»	13	νυυμαχικάς	ναυτικάς
»	»	24	ὅτε εἰσίν	ὅτι εἰσίν
70	»	26	ὡς τοῦτο πράξειν	ὡς τοῦτο πράξων
71	296	19	αὐτῷ μέλλειν	αὐτῷ μέλειν
75	197	1	ὅτι Ῥωμαῖοι	ὅτι οἱ Ῥωμαῖοι
»	»	8	ὅπως μὲν εὐνοῦχος	ὅπως ὁ μὲν εὐνοῦχος
»	»	10	τοὺς Ἄρεος	τοὺς Ἄρεως
»	»	»	ἀγῶνας ἐδέξατο	ἀγῶνας ἠλλάξατο
»	»	16	ἔχοντες τ' ἀξιόχρεον	ἔχοντες ἀξιόχρεων
76	»	33	ταχὺ καὶ σφισὶν αὐτοῖς	ταχὺ καὶ τῷ πολέμῳ καὶ σφισιν αὐτοῖς

p. e. M.	p. c. V.	vs.	Lect. sec. Mai.	Lect. quas exh. cod
76	193	4	τῶν συναχθέντων	τῶν συναχθέντων χρη-μάτων
77	»	21	μειρακίου	μειρακείου (sic)
78	333	12	καὶ μνήμης ἔχειν	καὶ διὰ μνήμης ἔχειν
79	»	32	κατεκεχώριτο	κατεκεχώριστο
81	334	26	τεθαυρικότας	τεθησαυρικότας
»	125	5	εὐουχηθέντων	εὐτυχηθέντων
82	»	24	καὶ ἀληθὲς	καὶ τἀληθές
ν	»	31	ὡς ἐπίπαν οἱ	ὡς ἐπίπαν γὰρ οἱ
»	»	»	δι αὐτὸ μέγεθος	διὰ τὸ μέγεθος
»	126	2	εἶναι ψυχῆς |	εἶναι | ψυχῆς
83	»	18	ὄνομα ἦν	ὄνομα πρότερον ἦν
»	»	22	καὶ νῦν ὁμοίως	καὶ νῦν ὡς ὁμοίως (sic.)
84	»	29	τελευτησάντων |	τελευτησάν | των
»	161	15	θυμάζειν	θαυμάζειν
85	»	25	τούτων ῥηθέντων	τοῦτον (sic) ῥηθέντων
»	»	28	μεγάλοις	μεγάλαις
»	»	32	ἀναστρέψαι	ἀνατρέψαι
86	162	11	βασιλεύς	ὁ βασιλεύς
»	»	12	οἰκτῷ	οἰκτρῷ
»	»	21	περιπείαν	περιπέτειαν manifesto cod.; suum ipsius errorem correxit M.
»	»	24	ὑπὸ τῶν τῆς	ἀπὸ τῶν τῆς
87	»	28	ταρύχου	ταρίχου et sic vs. 32
88	169	15	κύβδηλα	κίβδηλα
»	»	25	δυσκυνησίαν	δυσκινησίαν
»	»	28	τὴν μεγάλην	τὴν μεγίστην
89	»	29	ἐν Κελτιβηρίᾳ	ἐν τῇ Κελτιβηρίᾳ
»	»	32	ἐξεπέστειλε	ἐξαπέστειλε ipse cod.; ut correxit scil. M.
»	»	»	τοὺς κωλύοντας	τοὺς κωλύσοντας
»	»	33	ἐν αἷς ἦν ἐπὶ πολλοῖς	ἐν αἷς ἦν σὺν ἄλλοις

2

p e.M.	p. c. V.	vs.	Lect. sec. Mai.	Lect. quas exh cod.
89	170	4	οὐ καταγορεύουσιν	οὐκ ἀπαγορεύουσιν
»	»	17	τὴν ἐς τὸν πόλεμον	τὴν εἰς τὸν πόλεμον
90	»	21	ἐκεῖνοι δὲ γάρ	ἐκεῖνοί τε γάρ
90	»	26	ὑπολειφθήσεσθαι	ὑποληφθήσεσθαι
»	»	28	Μασανάσην	Μασσανάσσην. M. fraudi fuit duplex σ ταχυγραφικῶς pictum.
91	213	8	κεκολαυκέναι	κεκολακέναι
»	»	11	ὑπεσιώπησαν	ἀπεσιώπησαν
»	»	22	παρκαθάπερ	πᾶν καθάπερ manifesto cod.; neque igitur cum M. *Graecum* scil. *adverbium notemus.*
92	»	24	τοὺς καταλύσαντας	τοὺς καταλύσοντας
»	»	25	Λυκίννιον	Λικίννιον
»	»	26	κατετρημένος	κατατετρημένος
»	214	2	παρεκαλεῖτο	προεκαλεῖτο
93	»	18	δεητικὴν προέμενος	δεητικὴν φωνὴν προέμενος
»	»	21	τοσαύτην μεταβολήν	τοιαύτην μεταβολήν
»	»	26	Πολυβίου ἐπιστάτου	πολυβίου τοῦ ἐπιστάτου
»	»	28	κατὰ Ῥώμης	κατὰ Ῥώμην
»	»	»	τούτους στίχους	τούτους τοὺς στίχους
94	»	32	διὰ γὰρ τῆς ὑπερβολῆς	διὰ γὰρ τὴν ὑπερβολήν
»	135	2	τῶν Ἑλλάδος δυστυχημάτων	τῶν Ἑλληνικῶν δυστυχημάτων
»	»	4	τῶν ἁμαρτανόντων	τῶν ἁμαρτανομένων
95	»	8	τοῖς κεχρηκόσι	τοῖς κεχειρικόσι
»	»	12	τὸ ἀκλήρημα	ἀκλήρημα (om. art.)
»	»	20	ἠπειράθησαν	ἐπειράθησαν et mox ἐξέκαυσε

p. e. M. p. c. V. vs.	Lect. sec. Mai.	Lect. quas exh. cod.
95 135 24	χρεῶν ἀποδόσεις	χρεῶν ἀποκ.... (i. e. χρεῶν ἀποκοπάς, ut opinor.)
» » 25	χρεωφιλετῶν	χρεωφειλετῶν
˙96 » 31	μὴ προχιρεῖσθαι δὲ βέβαιον τόδε	μὴ προαιρεῖσθαι· διεβεβαιοῦτο δὲ
» 136 1	ἀπέλειπεν	ἀ | πέλειπεν
» » 9	ἀπὸ τῶν κρατούντων	ὑπὸ τ. κ.
97 » 13	ἐπερωτησε	ἐπηρώτησε
98 145 5	τοὺς πολιάς	τὰς πολιάς
» » 9	αὐτῶν ἐχθρούς	αὐτῶν ἐχθρούς
99 » 27	Κόντουβρις	Κόντοβρις
» » 29	τούσδε τόπους	τούσδε τοὺς τόπους
100 146 16	| ἐμφυλίους	ἐμ | φυλίους
101 » 29	καὶ ἐξαπέστειλε	ἐξαπέστειλε (om. coni.)
» » 33	προαδικησάντων	προσαδικησάντων (male!)
» 227 1	ὅτι παρὰ τοῖς	ὅτι καὶ παρὰ τοῖς
» » 8	κατεπειγουσα	κατεπήγουσα (sic.)
» » 9	ἀποστάτας	τοὺς ἀποστάτας
» » 11	διὰ πολυχρόνιον	διὰ τὴν πολυχρόνιον
102 » 25	ἐν|τηκέναι	ἐντε | τηκέναι
103 228 28	ἀνακτήσεσθαι	ἀνακτήσασθαι
104 » 31	ἀλλὰ πρακτικώτατον	ἀλλὰ τὸ πρακτικώτατον
» 175 4	ὅτι Ὀκτάβιος	ὅτι ὁ Ὀκτάβιος
» » 6	αὕτως ἔχειν	οὕτως ἔχειν
105 » 25	τούτων γε μέν	τούτων γε μήν
106 » 13	ἐκκαιόντος	ἐκκαόντος
107 151 7	ἀεὶ γὰρ καινότης	ἀεὶ γὰρ ἡ καινότης
108 » 24	ταμεῖον	ταμιεῖον
ʼʼ » 26	ὑποταττομένων	ὑποτεταγμένων
» » 29	ἀπειθίαν	ἀπειθειαν
» 152 4	ἠγνοεῖτο	ἠγνόει τό
109 » 5	τὴν κατ' αὐτὸν	τὴν κατ' αὐτοῦ

110 152 25 ἐδόκει τοῖς ἀκούουσιν ἐδόκει οὐ τοῖς ἀ.

» » 27 τοὐναντίον ῥέπειν εἰς τοὐναντίον ῥέπειν

NB. quae sequuntur usque ad p. 245 cod. ita sunt evanida, ut ne verbum quidem iis, quae M. vidit, addere potuerim.

111 245 12 καὶ περιχάρακας καὶ τὰς χάρακας

» » » βουλόμενον βουλόμενος

» » 14 καταλύσειν καταλύειν

113 » 32 ἀναξηραιμένων ἀναξηραινομένων

» 246 4 Συρακουσίων Συρακοσίων

114 233 3 ταρύχων ταρίχων

115 » 26 ὅδε νόμος ὅδε ὁ νόμος

116 234 11 φείσασθαι φείσεσθαι

117 » 28 πυθανότητος πιθανότητος

120 232 32 κατασφάττειν κατασφάξειν

121 241 2 ἐὰν τηρήσουσι ἐὰν τηρήσωσι

» » 16 οὐδὲ Ῥωμαῖοι οἱ δὲ Ῥωμαῖοι

122 242 1 ἐπιθυμήσαντας μεταλα- ἐπιθυμήσαντας αὐτοῦ
βεῖν μεταλ.

123 » 10 ὡς οὔτε μήτηρ ἡδύς ὡς οὔτε μήτηρ ἡδε...(sic.)

» » 13 πολεμεῖς δ᾽ Ἄρεος πολεμοὺς δ᾽ Ἄρεως (sic.)
(l. πολέμοις κτὲ.)

» » 14 μελῳδαῖς μὲν ᾠδαῖς

» » 15 παμνήστωρ παμμήστωρ

124 » 27 διάτασιν διάστασιν

» 239 2 ἐ αυτόν δὲ αὐτόν

126 » 28 ἔφησεν ὅτι νέος ἔφησεν εἰ νέος

127 240 23 δεισιδαιμονεία δεισιδαιμονία

129 259 25 Γαλατίαν ἔτι καὶ Γαλατίαν τε καὶ

» » 31 Κυρηναϊκὴν, Ἀχαίους Κυρηναϊκὴν ἐπαρχίαν,
Ἀχαιούς

» 260 1 κατέχοντα διακατέχοντα

» » 2 τὰ ἐν τοῖς τῆς Ποντικῆς τὰ ἐντὸς τ. Π.

» » 8 δισχυλίους — ἀργυρίους δισχιλίους — ἀργυρίου

p. e. M.	p. e. V.	vs.	Lect. sec. Mai	Lect. quas exh. codex.
130	260	9	Μάρκος ὁ Κικέρων	Μάρκος Κικέρων
»	»	12	ὁ Κατιλίνας	ὁ Κατιλίνα
»	»	16	εἰ κελεύουσι Κόϊντον Κατιλίναν, pro quibus in textu M. reposuit Λεύκιον Κατιλίναν.	εἰ κελεύουσι Κόϊντον Κάτλον (sic.)
»	»	18	μεταστήσασθαι	μεταστήσεσθαι
»	»	19	ἀναστησάντων νὴ δοκεῖν	ἀναβοησάντων μὴ δοκεῖν
»	»	21	ὅτι διὰ τῆς φωνῆς	ὅτι διὰ τῆς σιωπῆς

Utar editione Diodori, quae cura Immanuelis Bekkeri prodiit
Lipsiae Teubneri sumptibus a. MDCCCLIII. in cuius editionis
volumine primo et quarto haec excerpta leguntur [1]). Faciam
corrigendi initium in pag. 505 vol. I. Nempe foeda laborat inter-
polatione excerptum quintum ex libro VI in bisce verbis: ἔσχε δὲ
ὁ αὐτὸς Πῖκος [ὁ καὶ Ζεὺς] υἱὸν κτέ. Quae enim vocabula uncinis
inclusi, male huc pedem intulerunt, repetita ex ipso fragmenti
initio: ὁ δὲ ἀδελφὸς Νίνου Πῖκος, ὁ καὶ Ζεὺς κτέ. Neque tamen
his contentus idem interpolator iterum eadem vocabula repetere non erubuit versus finem in ipso Jovis epitaphio: ἐνθάδε
κατάκειται Πῖκος, [ὁ καὶ Ζεὺς] ὃν καὶ Δία καλοῦσι, ubi sunt
supra quam dici potest absurda.

Longe diversi generis error castigandus videtur in fragmento
VI, ubi de Dioscuris legimus: καθόλου δὲ ἐπ' ἀνδρίᾳ καὶ δικαιοσύνῃ, πρὸς δὲ τούτοις στρατηγίᾳ καὶ εὐσεβείᾳ ἔσχον δόξαν,

---

1) Secutus sum hanc potissimum editionem, tum quia propter modicum
pretium in omnium eam philologorum manibus esse reor, tum quia est omnium Diodori editionum ultima. Caeterum multis nominibus praeferenda est
editio Didotiana a. MDCCCXLII, in qua excerpta curavit Carolus Mullerus,
quam editionem, ne acta agerem, diligenter cum Teubneriana contuli. In
usum eorum, qui Didotiana editione utuntur, adscribam, ubi a Bekkerianis
diversi fuerint, numeros quoque, quos excerptis praefixit Mullerus.

quae verba nemo non monitus mecum, suadente ipsa sana ratione, ita emendabit, ut legamus: καθόλου δ' ἐπ' εὐσεβείᾳ καὶ δικαιοσύνῃ, πρὸς δὲ τούτοις στρατηγίᾳ καὶ ἀνδρείᾳ κτέ. Suapte enim natura coniunguntur pietas atque iustitia, rei militaris peritia et fortitudo. Exemplo sint, si in tali re exemplo opus, quae mox sequuntur in fragm. XI init.: ὅτι Ἄδμητος ἐπὶ δικαιοσύνῃ καὶ εὐσεβείᾳ κτέ.

Neglectis iis, quae minoris momenti esse videantur, propero ad oraculum Pythicum, quod Lycurgo datum legitur in exc. XII (XIV § 2) ex libro VII, quodque emendate scribitur praeter unum vs. 5. Videlicet aegre concoquo in verbis: ἦν δὴ λαοῖς ἡγεῖσθε κέλευθον κτέ. numerum pluralem in ἡγεῖσθε, quia Pythia unum adloquitur Lycurgum, et mox recte sequitur singulari numero: —. τὴν δὴ πεφύλαξο μάλιστα. An igitur reponendum: ἦν δὴ — ἡγοῦ σὺ κτέ., ut v. c. in oraculo, quod legitur in libri VIII fr. 26: Σατύριον φράζου σὺ Τάραντός τ' ἀγλαὸν ὕδωρ.? Videant alii.

Quomodo apud Maium ipsius editoris negligentia duo fragmenta (XIII ap. Bekk.; XIV § 5 ap. Mull.) toto coelo diversa in unum coaluerint, iam verbo monui in collatione ad h. l. Locus igitur constituatur in hunc modum:

Ἁ Φιλοχρηματία Σπάρταν ὀλεῖ, ἄλλο γὰρ οὐδέν. —

(Ὅτι) ἡ Πυθία ἔχρησε τῷ Λυκούργῳ περὶ τῶν πολιτικῶν οὕτως·

Δὴ γὰρ ἀργυρότοξος ἄναξ ἑκάεργος Ἀπόλλων κτέ.

Quod ad ipsam rem attinet, de qua agitur, conferas Herodotum in lib. I cap. 65 § 4 sic scribentem: οἱ μὲν δή τινες πρὸς τούτοισι λέγουσι καὶ φράσαι αὐτῷ τὴν Πυθίην τὸν νῦν κατεστεῶτα κόσμον Σπαρτιήτῃσι. Ceterum in priore oraculo turpi biatu difformi meo Marte pro ἄλλο δὲ οὐδὲν reposui: ἄλλο γὰρ οὐδέν. In posterioris oraculi vs. 8 festinantis librarii socordia accidit, ut et metrum et sensus funditus perierint. Nam meis mihi oculis persuasi recte M. in hunc modum legisse:

Μυθεῖσθαι δὲ τὰ καλὰ καὶ ἔρδειν πάντα δίκαια,
Μηδέτι ἐπιβουλεύειν τῇδε πόλει.

Quae Bekkerus, praeeunte, Mullero, constituit sic:

μηδέ τι βουλεύειν τῇδε πόλει . . . .

fortasse non male; nam potuit in fine excidisse v. c. βλαβερόν.

Ipse conieceram:

μηδ᾽ ἐπιβουλεύειν (μήποτε) τῇδε πόλει.

Mancum est fragm. XVIII (XVII) initium: ὅτι Περδίκκας τὴν ἰδίαν βασιλείαν αὐξῆσαι βουλόμενος ἠρώτησεν εἰς Δελφούς· ἡ δ᾽ ἔφη κτέ.. Supplendum: ἠρώτησεν εἰς Δελφοὺς (πέμψας)· ἡ δ᾽ ἔφη κτέ., quemadmodum legitur in libr. VIII fr. 14: ἔπεμψαν εἰς Δελφούς· ἡ δὲ ἔχρησεν, ubi exspectaveris: ἡ δὲ (Πυθία) ἔχρησεν, quem admodum legitur v. c. fr. 9: ἡ δὲ Πυθία ἀνεῖλεν οὕτως κτέ., et alibi saepe. Idem vero substantivum rursus omittitur in libri VIII fragm. 26 vs. 16: πέμψαντες εἰς Δελφοὺς ἐπηρώτων εἰ δίδωσιν αὐτοῖς τὴν Σικυωνίαν· ἡ δ᾽ ἔφη κτέ..

ADN. AD LIB. VIII.

Littera ν, lineola supra vocabulum indicata, fefellit librarium in fragm. VI (IV § 2) libr. VIII, ubi Remus fratri irridens fertur dixisse, nimis angustam esse quam Palatino fossam circumdederat, εὐχερῶς γὰρ ὑπερβήσεσθαι τοὺς πολεμίους, καὶ γὰρ αὐτὸς ῥᾳδίως τοῦτο πράξει, ubi non pluribus mihi demonstrandum esse confido, pro πράξει requiri Infinitivum, itaque πράξειν reponendum esse.

Praepositio ἐν delenda videtur in eiusdem libri fragm. X vs. 21 (VIII): ὡς βιασόμενος τὸν [ἐν] χάριτι καὶ δεήσει μὴ ὑπακούοντα. Maioris vero momenti est correxisse ridiculam lectionem, qua offendor in fragm. XII (X) versus finem, ubi legimus: ὁ δ᾽ Ἀριστομένης ἀράμενος αὐτὸν ἐπὶ τοῦ σώματος ἀπήνεγκεν εἰς τὴν πόλιν. Quid requiratur, docebit pius Aeneas, qui in libri VII fragm. II narratur a Diodoro: τὸν πατέρα γεγηρακότα τελείως (L. τελέως) ἀράμενος ἐπὶ τοὺς ὤμους ἐξενεγκεῖν. Idem igitur fecisse Aristomenem putaverim, nisi quis novam portandi methodum virum de amico et de rege suo optime meritum excogitasse malit suspicari. Ceterum ΕΠΙΤΟΤΣΩΜΟΤΣ olim male divisum in ἐπὶ τοῦ σώμους, in ἐπὶ τοῦ σώματος abiisse vides.

Manifestam haud minus corruptelam observavi in oratione Cleonnidis, qui p. 519 vs. 5 sic loquitur: πρόδηλος γὰρ ὁ ὑπομείνας τοσαύτας διαιρέσεις τοῦ σώματος ὡς ἀφειδῶς ἑαυτὸν ἐπέδωκεν ὑπὲρ τῆς πατρίδος. Quid rei sint αἱ τοῦ σώματος διαιρέσεις, nemo facile dixerit, sed, quae acceperat in proelio vulnera, intelligenda esse apparet e superioribus p. 518 vs. 16: πολλοῖς δὲ περιπεσὼν τραύμασιν κτέ, quapropter vide, an ΔΙΑΙΡΕϹΕΙϹ ex ΔΙΑΤΡΩϹΕΙϹ natum esse potuerit, ita ut ὁ ὑπομείνας τοσαύτας διατρώσεις τοῦ σώματος κτέ. Diodoro sit reddendum? Fateor διάτρωσις vocabulum esse τοῦ πονηροῦ κόμματος. Sed versamur in pessimae Graecitatis auctore, et Dio Cassius libr. LXIII . 3 scribit: ἐτόξευεν ὁ Τηριδάτης — καὶ δύο γε ταύρους μιᾷ ἅμα βολῇ — διέτρωσε καὶ ἀπέκτεινεν. Loco nostro opponitur: ὁ τηρήσας ἑαυτὸν ἄτρωτον. Graecitati vero melius consultum foret si legeremus: ΠΗΡΩϹΕΙϹ τοῦ σώματος. Sed haec hactenus. Certius est ib. vs. 8 verba: ὁ — τηρήσας ἑαυτὸν ἄτρωτον εὐλαβείᾳ τοῦ παθεῖν τι τοῦτ᾽ ἐνήργησεν, non antea vitii immunia fore, quam ex omnium Graecorum consuetudine mecum rescripseris: ὁ τηρήσας ἑαυτὸν ἄτρωτον εὐλαβείᾳ τοῦ μὴ παθεῖν τι, cuius usus exempla afferre, quia ubique sunt obvia, non habeo necessarium. In Aristomenis oratione vs. 20 supplendum est: οὐ μόνον δὲ Κλέοννις δειχθήσεται κατ᾽ ἀρετὴν λειπόμενος, ἀλλὰ καὶ τελέως ἀχάριστος (ὤν).

In praecedentibus vs. 16 peccatur contra constantem Graecorum usum in vocabulis: παραλαβὼν δ᾽ ἐν μέρει τὸν λόγον Ἀριστομένης κτέ., nam quotiescumque requiritur ea notio, quae apud Latinos inest locutioni *sua vice*, Graeci addunt articulum, ubi contra loci sensus postulat id, quod latine dicitur: *ordine*, *unus post alterum*, *per vices*, articulus constanter omittitur, uti necessario sequitur ex ipsa eius natura. Recte igitur v. c. Herodotus scripsit VII . 212: — κατὰ ἔθνεα κεκοσμημένοι ἐν μέρεϊ ἐμάχοντο κτέ., ubi absurdum foret ἐν τῷ μέρεϊ, quod solummodo recte haberet, si scripsisset: ἕκαστοι ἐν τῷ μέρεϊ κτέ. Recte item Xenophon in Anab. VII. 6 § 36: πολλὰ κινδυνεύσαντα καὶ ἐν τῷ μέρει καὶ παρὰ τὸ μέρος κτέ., ubi non sine insigni detrimento articulus potuisset omitti. Soli tragici, quibus magna est, ut nemo ignorat, in articulo omittendo licentia, hanc quoque legem sibi non latam esse iudicabant.

Inutile additamentum esse censeo, quae leguntur in fragm. XIV post oraculum ἔστι δὲ τὸ νοούμενον κτὲ., sive ista librariis sive epitomatori, (de quo non magnificentius iudico quam de illis,) auctori tribuamus; dummodo hoc mihi concedas, Diodorum ipsum talia addere non potuisse. Neque Diodoro imputaverim quod legitur in fine fragmento XV: καὶ βασιλεὺς ᾑρέθη μετάπεμπτος pro μετάπεμπτος γενόμενος.

Dubito, an recte Bekkerus emendaverit in fragm. XVI (XV) vs. 8 sqq. ubi de diis sermo est, οἳ οὐ μόνον τοὺς εὐσεβεῖς ἐν τῷ ζῆν εὖ ποιοῦσιν, ἀλλὰ καὶ μετὰ τὸν θάνατον· εἰ δὲ καὶ ταῖς τελεταῖς δεῖ ἀγωγὴν μετ' εὐφημίας ἡδείας εἰς ἅπαντα τὸν αἰῶνα παρασκευάζουσιν. Nihil est in ipso codice praesidii. M. praeclare locum emendasse sibi visus est reponendo οἱ pro εἰ et διαγωγὴν pro δεῖ ἀγωγὴν, hoc tamen, casu nescio an prudentia factum dicam, ut videbimus, recte. Bekk. post δεῖ inserit πιστεύειν, et deinde reponit μετ' εὐθυμίας ἡδεῖαν. Posteriora ex parte saltem vera esse arbitror, sed priori coniecturae hoc obstat, (ut taceam τι πιστεύειν in tali re requiri), quod non ἀγωγὴ sed διαγωγὴ i. e. *vita* a sententia postulatur, quocirca videndum, an potius nihil exciderit, sitque rescribendum: ἀλλὰ καὶ μετὰ τὸν θάνατον τοῖς γε ἐν ταῖς τελεταῖς διαγωγὴν μετ' εὐφημίας ἡδεῖαν εἰς ἅπαντα τὸν αἰῶνα παρασκευάζουσιν. i. e. *quantopere deos colere oportet, qui non solum in vita piis bene faciant sed etiam post mortem iis saltem, qui initiati sunt, vitam — in omne aevum felicem comparent.* Coniectura autem Bekkeri, qua μετ' εὐθυμίας reposuit, mihi propterea non persuadet, quod tautologia sic oratio laborare videtur. Οἱ ἐν ταῖς τελεταῖς Graece dicuntur, qui vulgo οἱ μύσται s. οἱ μεμυημένοι. Sic v. c. locutus est Plato in Euthydemo p. 277 d. οἱ ἐν τῇ τελετῇ τῶν Κορυβάντων.

Periisse suspicor vocabulum in fragm. XVIII (XVI) haud procul ab initio, ubi legimus: τῆς γὰρ ἀθανασίας ἐγγύτερον οὖσαι προσφ-

κειωμένην τοῖς θεοῖς τὴν φύσιν ἔχουσι κτέ. Post enim participium
πρεσφκειωμένην voculam μᾶλλον excidisse sensus evincit.

In secundo oraculo, quod Myscello datum est ab Apolline
(fr. XX) post virorum doctorum curas duo restant vitia corrigenda. Quorum alterum est in vs. 2:

οὗτος μὲν Τάφιός τοι ἀνήροτος, ἥδε δὲ Χαλκίς.

Quis enim ferat nomen incolarum Τάφιος pro nomine ipsius
insulae positum, quam Τάφος audire nemo nescit? Et fac, id
quod minime est probabile, Pythiam divino correptam furore,
sic per audacem metonymiam canere potuisse, vel sic nemo
facile sibi persuadebit, eam iunxisse cum Τάφιος epitheton, quod
soli insulae accommodatum est. Vix aliter olim scriptum fuisse
puto, quam sic:

Αὕτη μὲν Τάφος ἐστὶν ἀνήροτος, ἥδε δὲ Χαλκίς.

Alterum, quod dicebam, mendum est in vs. sequenti, in quo
iubente metro scripserim:

ἥδε δὲ Κουρήτων [ἢ] ἱερὰ χθών — υυ — ῡ

expuncto articulo, quod errore describentium e proxima littera
natum esse suspicor. Deinde, qui periit, dactylus non alium
puto fuisse, quam qui facit vs. praecedentis pedem quintum, scilicet ἥδε δὲ, quo facilius intelligitur, quam proclivi errore excidere
potuerit. Haec suspicio si vera est, ut veram esse puto, necessario inde sequitur, pedem ultimum fuisse nomen aliquod
proprium feminini generis, quod me acutioribus expiscandum
relinquo.

Vocabulum ad sensum plane necessarium excidisse animad-
vertes in fragm. XXIII (XVIII § 2) initio, ubi Sybarita aliquis
civi suo narranti, se spectandis operariis nescio quo morbo (cod.
habet τὰ πράγματα, unde Bekk. nescio an recte ῥῆγμα extudit,)
affectum esse, respondisse fertur: μὴ θαυμάσαι· καὶ γὰρ ἀκούσαντα τὸ γεγονὸς πεπονηκέναι τὴν πλευράν. Tum sensui cum
Grammaticae melius consultum foret, si scriberetur: καὶ γὰρ
αὐτὸς ἀκούσας τὸ γεγονὸς πεπονηκέναι τὴν πλευράν[1]). In fr.

---

1) Ita certe solent antiquiores, sed Diodorum ex sui aevi consuetudine
dedisse puto: καὶ γὰρ ἑαυτὸν ἀκούσαντα κτέ.

XXVI (XXI) Graeca non sunt quae leguntur vs. 14 sqq. sic scripta : οὗ γενομένου τοὺς μὲν παρθενίας ἀποστήσασθαι τῆς ἐπιβολῆς καὶ πρὸς διάλυσιν ὁρμῆσαι, quae significabunt, quam rem significare creduntur, ubi correxeris: ἀποστῆναι τῆς ἐπιβολῆς κτέ.

Jam videamus, an opem praesentem ferre possimus oraculo, quod Phalanto datum misere corruptum exstat in solis excerptis Vaticanis (ap. Bekk. fr. XXVI). Scribuntur autem vs. 3 sq. sic:

Σατύριον φράζου σὺ Τάραντός τ' ἀγλαὸν ὕδωρ
καὶ λιμένα σκαιόν, καὶ ὅπου τράγος ἁλμυρὸν οἶδμα
ἀμφαγαπᾷ τ' ἀκρόπολιν γενείου,
ἔνθα Τάραντα ποιοῦ ἐπὶ Σατύριον βεβαῶτα.

Multi fortasse interpretabuntur, nemo, sat scio, intelliget, quid rei sit λιμὴν σκαιός. Equidem, donec meliora edoctus ero, nobilem illum portum, quo ad tantum opum divitiarumque fastigium evectum esse Tarentum novimus, non σκαιὸν (s. infaustum) sed καλὸν ab oraculo appellatum esse contendam, itaque vatem cecinisse: Σατύριον φράζου σὺ Τάραντός τ' ἀγλαὸν ὕδωρ, καὶ λιμένας καλούς, καὶ κτέ. Quod ad Pluralis, quem hac coniectura invexi, usum attinet, ne quis eo offendatur, moneo rem miram esse sed certissimam, non solum apud poetas sed etiam apud prosae scriptores frequentem esse in hoc vocabulo numeri Pluralis usum, ubi unus tantum portus intelligi possit. Pedestres nunc non moror; e poetis non inutile erit unum alterumque locum apposuisse. Certum est v. c. non nisi unum portum intelligi posse in Homeri Odyss. N. 195:

τοὔνεκ' ἄρ' ἀλλοειδέα φανέσκετο πάντα ἄνακτι
ἀτραπιτοί τε διηνεκέες λιμένες τε πάνορμοι,

cf. H : 43; neque magis apud Euripidem in Electra vs. 452: Ἰλιόθεν δ' ἔκλυόν τινος ἐν λιμέσιν | Ναυπλίοισι βεβῶτος κτέ. Adde Helen. vs. 521 et Soph. Phil. 936. Καλός autem λιμὴν dicitur v. e. in Odyss. Z. 263. Nunc video Mullerum edidisse: καὶ λιμένα Σκαιόν; quasi fuerit nomen proprium portus Tarentini, sed neque hoc, quantum scio, ab ullo scriptore traditur, neque portum a Graecis in talibus superstitiosissimis tam infausto nomine dictum fuisse crediderim. Deinde vs. 3 melius legas

cum palimpsesto Vaticano: ἐπὶ Σατυρίου βεβαῶτα. Quod se-
quitur vaticinium mancum habet versum secundum ἐλθόντες
Σικελὴν χθόνα ναίετον ἄμφω, quem eleganti coniectura sanavit
Cobetus in Var. Lect. p. 329 inserto adiectivo καλὴν post
Σικελὴν, quod adiectivum cur perierit, non opus est ut addam.

In fragm. XXVII initio pessimae Graecitatis est τῆς θυγατρὸς
αὐτοῦ φθαρείσης. *Vitiare virginem* Graece dicitur διαφθείρειν
κόρην s. παρθένον, qua in re non nisi faex Graeculorum praepositionem omittit. Haud minus absurdo vitio inquinata sunt in
fr. XXIX verba: εὑρόντες ἄμπελον περιπεπλεγμένην ἐρινεῷ, τὸ
λεγόμενον ἀρσενόθηλυν, ἔκτισαν πόλιν, quae non sana erunt, priusquam expunxeris corruptum interpretamentum · τὸ λεγόμενον
ἀρσενόθηλυν, quod olim ex ipso, opinor, vaticinio in hunc fere
modum in margine adscriptum fuit: κατὰ τὸ λεγόμενον ἄρσενα
θῆλυς. Si revera vitis quoddam genus esset, quod Graeci
ἀρσενόθηλυν nuncupaverint, certe scribendum fuisset: τὴν λεγομένην
ἀρσενόθηλυν. Mullerus autem dedit: τὸν λεγόμενον ἀρσενόθηλυν,
facto substantivo ex nomine adiectivo. Fragmento XXXI, cuius
pars prior misere corrupta est, acutiorum curae relicto, et
obiter restituto participio futuri καταγγελοῦντας (vs. 27) pro
part. temporis praesentis καταγγέλλοντας, in eodem fragmento
triplici mendo liberare conabor, quae verba leguntur in vicinia:
τοῖς μὲν φίλοις παρήγγειλε τοὺς πρέσβεις ἐκδέξασθαι καὶ παρακαλεῖν ἐπὶ ξενίαν. Nam neque ἐκδέχεσθαι Graece est *hospitio*
excipere, sed δέχεσθαι et ὑποδέχεσθαι in ea re sunt sollemnia,
neque παρακαλεῖν ferri potest pro παρακαλέσαι, neque ἐπὶ ξενίαν
Graeci dicunt, sed ἐπὶ ξένια. Rescribendum igitur: παρήγγειλε
τοὺς πρέσβεις δέξασθαι (ΠΡΕϹΒΕΙϹΔΕΞΑϹΘΑΙ pro ΠΡΕϹΒΕΙ-
ϹΕΚΔΕΞΑϹΘΑΙ) καὶ παρακαλέσαι ἐπὶ ξένια. Denique, sed
hoc fortasse veniam habet apud seriores [1]), constanti om-

---

1) Qui tamen verbi παρακαλεῖν usum diligenter consideraverit, ne
Diodorum quidem sic scribere potuisse sibi persuadebit. Dederat, ni fallor,
παραλαβεῖν ἐπὶ ξένια. ΠΑΡΑΛΑΒΕΙΝ abiit in ΠΑΡΑΒΑΛΕΙΝ, unde,
confusis de more litteris β et κ, natum est παρακαλεῖν.

nium usu frequentatur locutio καλεῖν ἐπὶ ξένια, verbo composito hac quidem in re nemo, quod sciam, usus est. In iis, quae
statim subsequuntur: αὐτοὺς ἔπεμψεν εἰς ᾿Αλβανοὺς τὸ παραπλήσιον τοῖς ἐκείνων ποιήσοντας, dat. τοῖς ἐκείνων non habehit
quo referatur, antequam post ᾿Αλβανοὺς vel post ἔπεμψεν in-
serueris πρέσβεις, sin minus scribendum foret: ἔπεμψεν εἰς ᾿Αλ-
βανοὺς (τοὺς) τὸ παραπλήσιον τοῖς ἐκείνων (πρέσβεσι) κτὲ., quae minus
lenis futura esset medicina. Ibid. in vs. 2 p. 525, ubi hodie scribitur: ὅτι πρότερον ἐκείνων οὐ διδόντων τὸ δίκαιον κτὲ. pro πρότερον
corrigendum videtur προτέρων. In fr. XXXV (XXIII § 2)
supple: ἔχρησε δ᾽αὐτοῖς (ὁ Θεὸς) κτὲ. In fr. XXXVI (XXIII
§ 3) emenda: τὰ ὀνόματα σφῶν αὐτῶν ἐνέγραψαν εἰς σκυτα-
λίδας, ἃς ἐξήψαντο ἐκ τῆς χειρός; non enim nomina, ut
opinor, sed scutalas de brachio sibi suspendebant. Pessimae
vero Graecitatis est, quod legimus in fr. XXXVIII : ἔλαβε
χρησμὸν οὕτως pro οὕτως ἔχοντα, sed epitomatoris potius
quam librariorum σφάλμα esse suspicor, nam idem, ni fallor,
postea recurrit. His tamen, non illi, tribuerim hodie legi in
fr. XXXIX prope initium: ἐπηρώτα εἰς Δελφοὺς, ubi haud dubie
supplendum πέμψας. Initio fr. XLII (XXXII) : ὅτι οἱ Λοκροὶ ἔπεμψαν εἰς Σπάρτην περὶ συμμαχίας δεόμενοι, turpiter abundat alterutrum, vel περὶ vel participium δεόμενοι, quorum hoc lubens
expunxerim. Nam notae sunt in vulgus locutiones ἥκειν, πέμπειν, διαπρεσβεύεσθαι περὶ συμμαχίας, περὶ εἰρήνης et similia [1]).

ADN. AD LIB. IX.

Pervenimus ad libri noni reliquias, inter quas primum statim
fragmentum librariorum, opinor, culpa amisit nomen illius, de quo
agit, sed bonum factum, satis ex ipso fragmento apparere supplendum esse: ἦν δὲ (Σόλων) πατρὸς μὲν ᾿Εξηκεστίδου. Sequuntur

---

1) Fr. XXXVIII post oraculum novum incipit excerptam sic a me restitutum ope palimpsesti. (Ταῖς γὰρ εὐημερίαις φυσικῶς ἀντικαθήμενος)
ὁ φθόνος καθαιρεῖ τοὺς ταῖς δόξαις πρωτεύοντας.

autem post paucissima verba haec: σοφίᾳ δὲ καὶ παιδείᾳ πάντας τοὺς καθ' ἑαυτὸν ὑπερβεβηκώς. Difficile est non videre, verum esse ὑπερβεβληκώς. In forma media verbi scribae minus facile errant, itaque in fr. 7 sub fin. recte legitur: δοκοῦντι πάντας ἀνθρώπους ὑπερβεβλῆσθαι σοφίᾳ τε καὶ συνέσει. Ultimam barbariem sapit forma ἐκτεθηλυμένων in fragm. III (I § 4), pro qua quantocyus repone ἐκτεθηλυμμένων, et simul pro vocabulis ζῆλον τῶν ἀνθρωπίνων πράξεων, quae nihil significant, corrigas: ζῆλον τῶν ἀνδρείων πράξεων, cuius studii nobile specimen dederunt Harmodius et Aristogiton.

In vaticinio de tripode, quod legitur in fragm. VI, legendus est vs. 2 in hunc modum:

ὅς σοφίᾳ πρῶτος πάντων, τούτου τρίποδ' αὐδῶ.

pro vulgata leetione: τίς — τούτῳ τρίποδ' αὐδῶ. Mox vs. 30 supple: ἡ δὲ (Πυθία) ἔφη et deinde vs. 31: Θάλητι τῷ Μιλησίῳ (ἑνὶ ὄντι) τῶν ἑπτὰ σοφῶν. Contra interpretamento liberes verba: καὶ τῶν ἄλλων [τῶν ἑπτὰ σοφῶν] ἀποποιησαμένων, nam tum Graecum foret: τῶν ἄλλων ἑπτὰ σοφῶν, non repetito articulo, tum mendacium haec tria vocabula continent, siquidem ipse Solon erat εἷς τῶν ἑπτὰ σοφῶν (cf. fragm. 1 vers. fin.).

In fragm. X male legitur: ὅστις ἦν Μαλιεὺς pro ὅς vel ὅσπερ ἦν, sed peius: καὶ ᾤκει τὴν Οἴτην εἰς κώμην Χηνὰς καλουμένην. Quae quomodo sint corrigenda, docebunt quae de eadem re dicuntur in fr. XI: ὃς ᾤκει ἐν κώμῃ Χηνὰς (l. Χηναῖς) καλουμένῃ, quo facto sponte excidet otiosum 'additamentum τὴν Οἴτην. Non magis Graeca esse iudico quae dehonestant fr. XIV (IX) initium, ubi legimus: ὅτι Χίλων — ἐπέγραψεν ἐπί τινα κίονα τρία ταῦτα κτέ., nam neque ἐπί hoc sensu cum Accusativo construere, neque pronomen indefinitum in tali re addere Graeci solent, itaque ἐπέγραψεν ἐπὶ κίονι verum esse arbitror; porro vs. 18 supplendum τῶν ἀμαθιῶν (ἡ) ἀμαθεστάτη, vs. 19 τοὺς (μὲν) πονηρούς et vs. 28 οὗτοι γὰρ (παρὰ) τὸν Ἀδρίαν οἰκοῦντες (nam quod vulgatur risum movet). Quod deinde legitur: διωμόσαντο μὴ σπείσεσθαι (nam sic lege pro σπείσασθαι) — πρότερον, ἕως ἄν sequiore aevo dici coeptum est pro πρὶν ἄν; mox autem vs. 28

τὸ μηδὲν ἄγαν οὐκ ἐπινοήσαντες absurde scribitur pro ἐννοή-
σαντες.

Sic per corruptarum lectionum sordes pervenimus ad fragmentum Euripideum, quod et ipsum mendis inquinatum ad
nos pervenit. Legitur autem in codice sic:

οὐκ ἐγγυῶμαι ζημία Φιλέγγυον
σκοπεῖν τὰ Πυθῶδ' οὐκ ἐᾷ με γράμματα.

Est enim Maii error, quo factum est, ut hucusque legerimus:
τὰ Πυθῶδ' οὐκ ἐᾷ τὰ γράμματα. Sic quoque ediderunt Bekkerus et Mullerus, nisi quod recte pro τὰ Πυθῶδ' scripserunt τὰ
Πυθοῖ δ'. Sed vel sic nemo dignam Euripide sententiam ex his
versibus expiscabitur. Quid si dederit poeta:

οὐκ ἐγγυῶμαι ζημίαν Φιλεγγύων
σκοπῶν, τὰ Πυθοῖ δ' οὐκ ἐᾷ με γράμματα.

i. e. *non spondeo memor detrimenti, quod ii, qui libenter
spondent, capere consueverunt, neque litterae Delphici
templi columnae insculptae spondere me sinunt?* Non
enim video, quid lucremur aut scribentes cum God. Hermanno:
οὐκ ἐγγυῶμαι, ζημία Φιλέγγυον· σκοπεῖν τὰ Πυθοῖ δ' οὐκ ἐᾷ τὰ
γράμματα, quae et Graeca non sunt et ipsis tenebris obscuriora,
aut cum Hartungio: οὐκ ἐγγυῶμαι, ζημία Φιλέγγυον σκοπεῖ· τὰ
Πυθοῖ δ' οὐκ ἐᾷ γεγραμμένα, quae coniectura prorsus iisdem in-
commodis laborat. Unus Matthiaeus coniectando assecutus est,
quod dedit mihi codex scil. με γράμματα pro τὰ γράμματα.

Sed turpius et vix credibile videtur Bekk., quum basce reliquias ederet, intacta reliquisse in fr. XV vs. 16 vocabula
καὶ τἄλλα τὰ κατασκευάσματα, ubi quae vocula expungenda
sit, monere me pudet. Contra ibid. vs. 20 supplendum fuisset:
πρὸς ὃν (ἂν) οὔτε Φωκεῖς κτέ.

Non magis intelligo, quomodo idem concoquere potuerit in
fr. XVI (X § 4) initio haec: ἐν σοφίᾳ θαυμαστὸς ἦν, qua in re
vel ista aetate, qua purioris illius sermonis Graeci non amplius
erat nec vola nec vestigium, ἐπὶ σοφίᾳ κτέ. et dicere omnes
et scribere solebant. Idem valet de sequentibus vs. 25 ibid.:
μέχρι ἂν τὸν οἶνον φέρῃ πλείω τε καὶ ἡδίω, ubi quis nostrum

quaeso Graece scribens non dedisset: πλεῖστόν τε καὶ ἥδιστον?
Deinde duobus vitiis inquinatum est fragm. XXV: ὅτι ὑπὸ τῆς
πέτρας διαρραγεὶς πᾶσιν ἐποίησε φανερὸν, ὡς ἐπισφαλές ἐστιν
ἰσχὺν μεγάλην ἔχειν, νοῦν δὲ μικρόν, ubi vera lectio, ni egregie
fallor, haec est: ὅτι ὑπὸ τῆς πέτρας διαραχθεὶς πᾶσιν ἐποίησε
φανερὸν, ὡς ἐπισφαλές ἐστιν ἰσχὺν μὲν μεγάλην ἔχειν, νοῦν δὲ
μικρόν.

Sed, priusquam pergamus emendare libri IX et sequentium
fragmenta, redeundum est ad librum VIII, ubi nescio quomodo
oblitus sum memorare coniecturam, qua restituisse mihi videor in
integrum oraculum, quod Antiphemo et Entimo Gelam conditu-
ris datum legitur in fr. XXVIII. Duo ultimi versus hodie sic
vulgantur:

δειμάμενοι πτολίεθρον ὁμοῦ Κρητῶν Ῥοδίων τε
πὰρ προχοὰς ποταμοῖο Γέλα, συνομώνυμον ἀγνόν.

Nihil autem facilius est quam demonstrare, pro ἀγνόν rescribendum esse ἀγνοῦ et referendum esse hoc epitheton ad flumen
Gelam. Nam ἱερὸς quidem est solemne apud Homerum Ilii
aliarumque urbium ἐπίθετον, et recte, nam ἱερὸς ad amussim
respondet adiectivo Latino sacer, ἀγνὸς contra significat
sanctum et ab omni labe purum, itaque ἀγνοὶ dici possunt et
dicuntur dii, unde sequitur idem esse fontium fluminumque aptum
epitheton; nam et pro diis habentur a veteribus et praeter ig-
nem nihil in omni rerum natura aqua purius invenitur. Exempla
sunt ubique obviam, quapropter suffecerit laudasse Aesch.
Pers. 495 sq.: πήγνυται δὲ πᾶν ῥέεθρον ἀγνοῦ Στρυμόνος. Sed
propterea quod flumina et fontes diis, a quibus habitantur,
(et quibuscum haud raro confunduntur,) sacri sunt, iidem non
minus saepe audiunt ἱεροί. Contra urbem ἀγνὰν appellare non
minus foret absurdum quam deum ἱερόν. Minime igitur dubium est, quin deleta quoque virgula vere correxerimus:

πὰρ προχοὰς ποταμοῖο Γέλα συνομώνυμον ἀγνοῦ.

Redeamus ad librum IX, ubi in fragm. 35 vs. 7 legimus:
ὁ δὲ Πιττακὸς ἢ Βίας ὑπολαβών φησιν. Ex quibus verbis foedum
additamentum Πιττακὸς ἢ, quod unde pedem intulerit frustra

4

quaero, exulare iubeamus, nam de Biante, non de Pittaco, sermonem esse e praegressis satis liquet. Obiter in vicinia pro εὔξασθαι corrige εὔξεσθαι, et in fr. 26 vs. 22 pro παρεγενήθη — Ἀνάχαρσις — καὶ Βίας καὶ Σόλων κτέ. lege παρεγενήθησαν κτέ.

In vicino vs. 23 tria vocabula ex fuga retrahenda. Sensu enim cassa sunt verba: οὓς ἐπὶ τὰς ἑστιάσεις κατὰ συνέδριον εἶχεν ἐν μεγίστῃ τιμῇ. Supplendum videtur et corrigendum: οὓς ἐπὶ τὰς ἑστιάσεις (ἐκάλει καὶ) κατὰ (τὸ) συνέδριον ἦγεν (non εἶχεν) ἐν μεγίστῃ τιμῇ. Conferas fr. L: Κῦρος — μεθ' ἑαυτοῦ περιῆγε τὸν Κροῖσον ἐντίμως· μετέδωκε δ' αὐτῷ καὶ τοῦ συνεδρίου κτέ., sed etiam utilius penult. excerptum e libro XXX: καὶ πρὸς τὰ σύνδειπνα παραλαβὼν καὶ τοῦ συνεδρίου μεταδιδούς. (L. παραλαμβάνων κτέ.) — Ἄγειν τινὰ ἐν τιμῇ vel ἐντίμως, (nam utrumque dicitur,) omnium usu tritum est; περιάγειν μεθ' ἑαυτοῦ τινα ἐντίμως neminem veterem et probatum scriptorem dixisse arbitror. Contra rectissime dicitur περιάγεσθαί τινα, secum aliquem circumducere, ut legimus v. e. ap. Xenoph. Memor. I : 7 § 2: σκεύη τε καλὰ κέκτηνται καὶ ἀκολούθους πολλοὺς περιάγονται. Sic quoque, si per librarios licuisset, hodie legeretur eiusdem Xenophontis locus in Cyrop. II: § 282: ἀλλ' ἤ — περιάγεις τοῦτο τὸ μειράκιον τὸ παρακατακείμενον σοι, ubi reponendum est περιάγει κτέ. Videndum igitur, an Diodorus quoque scripserit περιήγετο κτέ. In eodem fragmento XXXVI plura restant corrigenda, quae paucis significabo; vs. 25 expuncto pronomine legendum: τὸ μέγεθος τῆς [τούτου] δυναστείας; vs. 29 ὄντα (τὸν) πρεσβύτατον et vs. 33 ποιήσεσθαι, ut vere (pro ποιήσασθαι) iam correxit Maius. Pueriles quoque in fr. XXXVII castiga errores rescribendo: νυνὶ δὲ τὰ παρά σοι μόνα ἑόρακεν.

Resecandum est interpretamentum initio fragm. XXXVIII: ὅτι Αἴσωπος [κατὰ τοὺς αὐτοὺς χρόνους] συνήκμαζε τοῖς ἑπτὰ σοφοῖς, nisi potius praep. σὺν in συνακμάζειν vitio natum esse suspicari mavis. Sed peius etiam in ipso fine adduntur quaedam, quae omnino non cohaerent cum iis, quae praegressa sunt: αὐτὸς δὲ πεπλασμένως ἔλεγε· τὴν μὲν γὰρ νίκην ἀρετῇ καὶ οὐ πολυπληθίᾳ χειρῶν περιγίνεσθαι. Scin, quo haec pertineant? Lege mihi fragm. XL, in quo narratur Phalaris, quum magnum columbarum agmen unum accipitrem fugiens rideret, exclamasse: ὁρᾶτε ὦ ἄνδρες τοσοῦτο πλῆθος ὑφ' ἑνὸς διωκόμενον διὰ δειλίαν; κτέ., et senties ea, quae hodie leguntur post fragm. XXXVIII, ad fragm. XL pertinere. Inspice mihi nunc Maii collectionem, et intelliges olim ea verba, quum fortasse propter similem ultimi vocabuli formam post περιγένοιντο excidissent, a scriba errorem suum corrigenti, ut fit, in margine adscripta fuisse, et mox in apographo non suo loco esse recepta. Legendum igitur in fr. XL: ἐπεὶ ῥᾳδίως ἂν περιγένοιντο· αὐτὸς (fort. ταῦτα) δὲ πεπλασμένως ἔλεγε· τὴν μὲν γὰρ νίκην ἀρετῇ καὶ οὐ πολυπληθίᾳ χειρῶν περιγίγνεσθαι· et sic optime intelliges, quomodo Phalaris ἐκ τούτου τοῦ λόγου τὴν δυναστείαν ἀποβαλεῖν potuerit. Mullerus male retinuit ἀπεβάλετο pro ἀπέβαλε τὴν δυναστείαν, ut vere corrigit B.

Absurdam contra scripturam retinere maluit Bekkerus (fr. XLII) in vaticinio notissimo, quod Croeso datum est, quam sequi meliores Herodoti codices, apud quem' rectissime legitur vs. 2: δὴ τότε Λυδὲ ποδαβρὲ κτέ., et aeque ἀνοήτως rem gessit in fr. XLVII: μὴ βούλου πολύευκτον ἰὰν κατὰ δώματ' ἀκούειν, ubi bene ap. Herod. legitur πολύευκτον ἰήν. Praeterea loco nostro (fr. 42) lege expuncto pronomine: τὸν δὲ πάτερα [αὐτοῦ] Πέρσην. Quae leguntur in fr. XLVIII: ταῖς ἀνθρωπίναις εὐπραξίαις ἐν μικρᾷ ῥοπῇ μεγάλας μεταβολὰς λαμβανούσαις, prodesse possunt loco Thucydideo, qui hodie corruptus legitur in libro V : 103: ὃ ὑμεῖς ἀσθενεῖς τε καὶ ἐπὶ ῥοπῆς μιᾶς ὄντες μὴ βούλεσθε, nam sine dubio auctor dederat: ἐπὶ ῥοπῆς σμικρᾶς ὄντες [1]).

In fr. XLIX verba: Κροίσου γὰρ ἴδιον οὐκέτι οὐδὲν ὑπάρχει sic scribenda videntur: Κροίσῳ γὰρ κτέ.

Pronomen, quod saepissime lectorum sedulitate male abundare animadvertimus, excidisse videbis in fragm. LI, ubi supple:

---

[1] Sic quoque rescripserim in lib. XX : 34: Ἀγαθοκλῆς ὁρῶν τὴν σωτηρίαν ἐπὶ ῥοπῆς (μικρᾶς) κειμένην κτέ., inserto adiectivo necessario.

τὸν δὲ τὸ μὲν πρῶτον οὐκ ἄξιον κρίναντα (αὐτὸν) τοῦ γάμου κτέ.,
dum contra, si in iis, quae statim sequuntur: ὁρῶντα αὐτὸν —
τιμώμενον, omissum esset, nemo opinor requireret. Vs. 10 ibid.
antiqui certe scripsissent: αὐτὸς δὲ ἀποκρίνασθαι, et vs. 8:
γῆμαι βουλόμενος pro Accusativis αὐτὸν et βουλόμενον.

In fr. LIV haereo in verbis: τύπον δὲ τὸν ἄκμονά φησι
καὶ τὰς σφύρας, πῆμα δ' ἐπὶ πήματος τὸν σίδηρον ἐπὶ σιδήρῳ,
ubi propter sequentia et vel magis, quod ipsa oraculi verba h. l.
explicantur (vs. 3), legendum videtur: πῆμα δ' ἐπὶ πήματι κτέ.
In fr. LVII offendor numero plurali in bisce: κατενόησεν ἄνθρωπον — ἐργαζόμενον ἐν χωρίοις λεπτοῖς — καὶ τραχέσι, siquidem
χωρίον rus significare solet: (cf. Thucyd. I : 106). An igitur
scribendum: ἐν χωρίῳ λεπτῷ — καὶ τραχεῖ?

ADN. AD LIB. X.

Nondum perlegimus primum huius libri fragmentum, et ecce
denuo pes nobis haeret in luto. Equidem certe vix et ne vix
quidem mihi persuadeo sana esse vocabula: ταῦτα λέγων ἅμα
προσέδραμε καὶ δραξάμενος τῆς τοῦ Τυλλίου χειρὸς ἔρριψεν
αὐτὸν κατὰ τῆς κρηπῖδος. Nam quis, quaeso, aliquem deiec-
turus per gradus, in animum inducat manum eius arripere?
Qui tale quid facturi sunt, aliquem medium arripere solent,
quemadmodum recte scribit Livius lib. I c. 48: *tum Tarquinius
necessitate iam etiam ipsa cogente ultima audere multo
et aetate et viribus validior medium arripit Servium ela-
tumque e curia in inferiorem partem per gradus deiecit.*
Quid nostro loco faciendum sit nescire me fateor; nam multo
quidem minus inepte dictum esset: δραξάμενος τῶν τοῦ Τυλλίου
τριχῶν ut v. c. ap. Plutarchum in vit. Alexand. c. 74 legimus:
δραξάμενος αὐτοῦ τῶν τριχῶν, sed neque plane mihi satisfacit
haec coniectura neque lenitate se commendat, itaque aliorum
ingenio locum relinquere malo. In ipso exc. fine obiter supplendum: ἐπεχείρησε (μὲν) φυγεῖν, ἀπεκτάνθη δέ. Ad idem
vitiorum genus pertinet id, quo laborat fragmentum III in

fine, ubi supple: διαφθορὰν ἀγεννῇ τοῦ σώματος καὶ (τῆς) ψυχῆς.

Violatur et grammatica Graeca et sensus in fr. XII, ubi legimus: τῶν δὲ καθ' ἡμᾶς εἴ τις ἀπαγορεύσειεν — ἀπεῖπον τὴν φιλοσοφίαν φήσαντες· Corrige sodes: ἀπείποιεν ἄν κτέ. Sed praeterea requiro: τοὺς δὲ καθ' ἡμᾶς εἴ τις διαγορεύσειεν κτέ. i. e. *nostri vero aevi philosophos si quis iusserit abstinere cet.*

Ipsa sententia imperiose clamat, qua medicina utendum sit, in fr. XVI, ubi narratur Demades Atheniensis dictitasse, ut in ceteris rebus, sic etiam in iureiurando nil nisi propriam suam utilitatem homines spectare debere. Quam pravam doctrinam his verbis commendat: ὁρᾶν δὲ τὸν ἐπιορκήσαντα παραχρῆμα ταῦτ' ἔχοντα περὶ ὧν ὤμοσε, τὸν δὲ ὁρκίζοντα φανερῶς τὸ ἴδιον ἀπολλύντα. Verbum ὁρκίζειν apud serioris aevi scriptores dici coeptum est, quo sensu antiquiores utuntur verbo ὁρκοῦν i. e. *iureiurando adigere* (cf. Lobeck. ad Phrynichum p. 360 sq.), quae notio quam male loco nostro conveniat, vix opus est ut dicam. Ex ipsa enim oppositionis ratione luce clarius apparet reponendum esse: ὁρᾶν γὰρ τὸν (μὲν) ἐπιορκήσαντα — ὤμοσε, τὸν δ' εὐορκήσαντα φ. τ. ἴ. ἀ.

Pythagorei, ut docemur fragm. XX, vitam humanam in quatuor aetates dividere solebant: παιδός, νέου, νεανίσκου, γέροντος. Suntne hae quatuor aetates? non puto: nam quid intersit inter νέος et νεανίσκος equidem ignoro, et deesse video eam aetatem, qua homo et corporis et ingenii viribus maxime pollet. His de causis correxerim: παιδός, νέου, ἀνδρός, γέροντος. Etiam verborum ordo turbatus est in sequentibus: τὸ μὲν ἔαρ τῷ παιδὶ διδόντες, τὸ δὲ φθινόπωρον τῷ ἀνδρί, χειμῶνα τῷ γέροντι, τὸ δὲ θέρος τῷ νέῳ. Vix quisquam, opinor, est ingenio tam obtusus aut tam superstitiosus, ut non primo statim obtutu videat scriptum oportere: τὸ μὲν ἔαρ τῷ παιδὶ διδόντες, τὸ δὲ θέρος τῷ νέῳ, τὸ δὲ φθινόπωρον τῷ ἀνδρί, (τὸν δὲ) χειμῶνα τῷ γέροντι.

Necessaria coniunctio καὶ supplenda esse videtur in fr. XXIII: οἷον ἐξουσίαν, κάλλος, πλοῦτον (καὶ) τἄλλα κτέ., et in fr. XXV, si revera sunt ipsius Diodori verba, scripserim: καταμεμφόμενος γὰρ τοὺς πρὸ αὐτοῦ κεκλημένους ἑπτὰ σοφούς, nam Dativum cum verbo καταμέμφεσθαι coniungere est nimia barbaries, quae non cadit in Diodori aetatem. In fr. XXVIII Ἐπαμινώνδου pro Ἐπαμεινώνδου est merus librariorum error, isque dudum explosus, at vel sic tamen eiusmodi sordes retinent editores.

Una litterula mutanda videtur in fr. XXIX, ubi legimus vs. 35 sqq. haec: ὁ δὲ χρόνος ὁ πάντα μαραίνων τἄλλα ταύτας (scil. τὰς ἀρετὰς) ἀθανάτους φυλάττει, καὶ πρεσβύτερος γενόμενος αὐτὰς ταύτας ποιεῖ νεωτέρας. Quanto melius haec dicta erunt, si scripseris: ὁ δὲ χρόνος — πρεσβύτερος γενόμενος αὐτὸς ταύτας ποιεῖ νεωτέρας! Verbum μαραίνειν admonet me Herodoti, apud quem II : 24 ad hunc usque diem vulgatur: οἰκὸς τὰ ἐγχώρια ῥεύματα μαραίνεσθαι τῶν ποταμῶν. Putasne tu verbum μαραίνεσθαι quod proprie de igni dici solitum significat sensim extingui, ab Herodoto unico loco, et in frequentissimo vocabuli usu absque omni exemplo, usurpatum esse de fluminibus, quae vel ardor aestivi solis vel alia causa exsiccet; quum alibi sollemni et ipsius et reliquorum omnium usu frequentatur verbum ἀναξηραίνεσθαι vel ἀποξηραίνεσθαι? Ego vix crediderim, et ibi quoque scribas nos ludificari suspicari malo.

Sed redeamus ad nostrum, et in fragm. XXX (XII) medicam manum admoveamus observationi, qua fragmentum clauditur: τῶν γὰρ ἐν ἐξουσίαις ἀνυπευθύνων ὄντων εἰώθεισαν ἔνιοι τὴν εὐτυχίαν μὴ φέρειν κατ' ἄνθρωπον. — Ἰδοὺ εἰώθεσαν exclamabis, quasi id, quod bonus Diodorus nos docet, non sit omnium hominum et omnium temporum. Dubitabisne igitur rescribere εἰώθασιν, quod totidem litteris exhibet cod. Vaticanus [1]). Nihil significare contendo in fragm. XXXVII ultimam sententiam: εἷς γε τῶν εὖ πεπονθότων ἐνίοτε τὴν ὑπὲρ ἁπάντων

---

1) Contrarium errorem castiga libr. XX : 9, p. 412: διὸ καὶ ταῖς πρώραις δέῤῥεις κατεπέτασαν, ὅπερ ἀεὶ ποιεῖν εἰώθασιν, ὅταν τι κακὸν δημοσίᾳ συμβεβηκέναι δόξῃ τῇ Καρχηδονίων πόλει. Diodori aetate ita scribere de populo dudum exstincto absurdissimum est. Corrigendum: εἰώθεσαν κτέ. Cf. ib. p. 415 fere med.

ἔδωκε χάριν, antequam id; quod scripsit: εἴς γέ τις τῶν — ἀπέδωκε χάριν. auctori ·fuerit restitutum. Fragm. XLI (XVII § 1) sic edidit Bekk.: ὅτι Ζήνωνος τοῦ φιλοσόφου διὰ τὴν ἐπιβουλήν, ἣν κατὰ τοῦ Νεάρχου τοῦ τυράννου συνεστήσατο; et similiter Mullerus, nisi quod scripsit κατεστήσατο. Uterque eorum er fragm. 42 supplevit verbum, quod sibi videbatur necessarium; nam Maius nihil habet nisi: διὰ τὴν ἐπιβουλήν, ἣν — τυράννου. Pronomini relativo si unam literam addidissent, veram reperissent lectionem; nam cod. Vat. diserte habet: διὰ τὴν ἐπιβουλὴν τὴν κατὰ τοῦ Νεάρχου τοῦ τυράννου. Quod quantocyus reponendum. Articulum ante Νεάρχου tribuo epitomatori qui ita pessime scribere solet.

Nomen proprium excidisse apparet in fr. XLII (XVII § 2) init., quod supple scribendo: ὅτι τυραννουμένης τῆς πατρίδος ὑπὸ Νεάρχου σκληρῶς (Ζήνων) ἐπιβουλήν κτέ. In sequentibus narratur Zeno, ut dira tormenta, quibus afficiebatur, effugeret, simulasse se totam rem tyranno patefacturum esse, qui quum, ne circumstantes, (id enim Zeno sibi pactus erat), rem audirent, aurem suam Zenoni propius admovisset, philosophus περιχανὼν τὸ οὖς ἐνέπρισε τοῖς ὀδοῦσι, τῶν δ' ὑπηρετῶν ταχὺ προσδραμόντων καὶ πᾶσαν τῷ βασανιζομένῳ προσφερόντων τιμωρίαν εἰς τὸ χαλάσαι τὸ δῆγμα, πολὺ μᾶλλον προσενεφύετο. τέλος δ' οὐ δυνάμενος τἀνδρὸς νικῆσαι τὴν εὐψυχίαν παρεκάλεσαν αὐτὸν ἵνα διιῇ τοὺς ὀδόντας. Non est, opinor, verisimile carnifices, postquam philosophum frustra omni dolorum genere excruciassent, tandem eum *hortatos esse*, ut aurem regis missam faceret (quod praeterea Graece dicendum foret παρεκάλεσαν ὅπως). Aliud igitur latere satis constat; sed quia, quod certum sit, nihil invenio, acutiorum curae hunc quoque locum commendare malo, quam inutilibus eum tentare coniecturis. Id vero simul quaerendum esse existimo, an satis recte Graece dicatur διιέναι τοὺς ὀδόντας, quo sensu supra dixit χαλᾶν τὸ δῆγμα.

Idem Zeno in praecedentibus vs. 35 narratur interrogatus a Nearcho tyranno, quosnam haberet coniurationis socios, exclamasse: Ὤφελον γὰρ ὥσπερ τῆς γλώττης εἰμὶ κύριος, οὕτως ὑπῆρχον καὶ τοῦ σώματος. Antiqui constanter iungunt ὤφελον cum modo Infinitivo, sed vitiosa sequiorum consuetudo eo pervenit, ut tandem etiam tempus finitum, (quae res cum ipsa verbi natura aperte pugnat), sequi iuberent. Hunc quoque errorem epitomatori quam Diodoro, apud quem similem abusum non observavi, tribuere malim.

Initium fr. XLVII sic scribo: ὅτι Δαρεῖος τῆς Ἀσίας σχεδὸν ὅλης κυριεύσας τὴν Εὐρώπην ἐπεθύμει καταστρέψασθαι κτέ.; pro τῆς Εὐρώπης, qui Genitivus inde natus esse videtur, quod scil. nomen proprium a verbo ἐπιθυμεῖν pendere imperitus aliquis librarius cogitaverit. Sin minus expungendum erit verbum καταστρέψασθαι ut interpretamentum, quam tamen viam emendandi illi post habeo; et idem nunc video placuisse Mullero.

Fr. XLVIII (XIX § 6): ἔφασκεν ὡς ποιεῖν. Lege ποιοῖεν. In fr. XLIX (XX) narratur Lucius Tarquinius ἐγερθεὶς ἐκ τοῦ κοιτῶνος ὁρμῆσαι ἐπὶ τὴν γυναῖκα κοιμωμένην ἔν τινι θαλάμῳ. Immo vero ἐν τῷ θαλάμῳ, nam singuli erant singulis familiis thalami. Τῷ abiit in τῳ, hoc in τινι. In medio fragm. LI (XXII) sic videtur distinguendum esse et supplendum: ὑπώπτευεν· ἀδελφιδοῦς (δ᾽ ὢν) αὐτοῦ κτέ.

Athenienses, uti docemur in fr. LV (XXIV § 3), currum aeneum εἰς τὴν ἀκρόπολιν ἀνέθεσαν τόδε τὸ ἐλεγεῖον γράψαντες. Immo vero ἐπιγράψαντες, cuius verbi, credo, certus est de epigrammatis inscribendis usus.

In fr. XLII (XXVII) pro Συρακουσίους et Συρακουσίων reponendae sunt legitimae formae Συρακοσίους et Συρακοσίων, et sic constanter legitur in palimpsesto Vaticano; ibidem corrigas: ἱμάτιον [ἐκ] πολλοῦ κατεσκευασμένον χρυσοῦ pro χρυσίου ac versus finem excerpti ἅμα δὲ νομίζων διαβλεῖν pro διαβάλλειν. Fr. LXIX (XXIX) διὰ τὸ μὴ ἰσχῦσαι ἐκτῖσαι. Malim ἰσχῦσαι ἐκτίνειν.

Tandem in fr. LXVII (XXXII) sana non sunt vocabula: τοῦ δὲ ἐπαγγειλαμένου συμμαχῆσαι καὶ σιταρχῆσαι; nam post verba *pollicendi* sequi debet tempus futurum, itaque rescribendum est: συμμαχήσειν καὶ σιταρχήσειν.

ADN. AD LIB. XXI.

Non expedio fragm. II (I § 2), nisi scribamus: συνέδραμον ἐπ' Ἀντίγονον τὸν βασιλέα. (Ἀλλ') οὐχ οὕτως ὑπὸ τῆς πρὸς ἀλλή-λους εὐνοίας προκληθέντες, ὡς ὑπὸ τοῦ καθ' ἑαυτοὺς φόβου συνα-ναγκασθέντες, ὥρμησαν ἑτοίμως πρὸς τὴν τῶν ὅλων κοινοπραγίαν, nisi forte mavis prope finem mutare ὥρμησαν in ὁρμῆσαι, quae medicina quamvis lenior propter sequens adverbium ἑτοίμως fortasse minus quam altera se commendat.

Terminatio οῖς, indicata de more lineola incurra supra voca-bulum, turbas dedit non observata in fr. VI (II § 1) ubi legimus ab initio: ὅτι Κέρκυρα πολιορκουμένη πλοῖ καὶ πεζῇ ὑπὸ Κασάνδρου κτέ. Iam Wesselingius recte dedit, quod solum Graecum est: πλοίοις καὶ πεζῇ κτέ.

In fr. VII (II § 2) pervulgato errore legitur: μὴ μόνον Καρχηδονίων κτέ. pro μὴ μόνων κτέ. sed gravior corruptela invasit, quae leguntur init. exc. VIII (II § 3). Ὅτι Ἀγαθοκλῆς εἰ μὲν ἀποβιβάσας τὴν δύναμιν ἐπικειμένοις τοῖς πολεμίοις ἐπέθετο, κατέκοψεν ἂν ῥᾳδίως τοὺς Μακεδόνας. Plane absurdum esse contendo h. l. part. ἐπικειμένοις, tum quia non facile qui in terra sunt, adoriuntur hostes per mare navigantes, ut faciebant Agathocles cum suis, tum quia, si forte illa ratio non sufficiat, ex ipsis sequentibus: ἀγνοήσας δὲ τὴν γεγενημένην παραγγε-λίαν καὶ τὴν ἔκπληξιν τῶν ἀνθρώπων, ἠρκέσθη κτέ. discimus Macedones terrore fuisse perculsos atque exanimatos. Ne multa. Ecquis est qui reponere mecum audeat: ἐπτοημένοις τοῖς πολεμίοις ἐπέθετο? Proclivi sane errore ΕΠΤΟΗΜΕΝΟΙΣ in ΕΠΙΚΕΙΜΕΝΟΙΣ abire potuit!

Operae pretium est observasse, quo modo idem errorum ge-nus in eodem codice perpetuo recurrere soleat. Cuius rei egre-gium exemplum subministrat is codex, unde Dav. Hoeschelius in lucem protraxit *Eclogas Legationum.* In illo enim codice fere nusquam incolume librariorum manus evasit nomen urbis in Sicilia nobilissimae, quae modo (v. e. in fr. IX et XV) Συράκοσαι audit, modo (v. c. in fr. XI prope fin.) Συράκοσα.

Genuinum nomen urbis esse Συράκουσαι· incolarum vero Συρακόσιοι quamvis hodie nemo ignorat, nihilominus istae sordes ab editoribus pertinaciter retinentur. Eundem codicem valde negligenter esse exaratum et saepius vocabulis carere quam maxime necessariis (ignoro enim, qua fide H. codicem descripserit), unusquisque inter legendum facile sibi persuadebit. Iam v. c. in hoc ipso fr. IX ·vides in verbis πάντας ἀπέσφαξεν οὐκ ἐλάττους τῶν δισχιλίων desiderari part. ὄντας post ἐλάττους; qua de re si forte quis dubitat, conferat mihi fr. X, ubi eadem sed emendate scripta leguntur.

In fr. XI (IV) vitiose dicta sunt, sed fortasse ab ipso Diodoro, quae leguntur initio: ἐπὶ Κρότωνος στρατεύειν pro ἐπὶ Κρότωνα, sed peius habita sunt sequentia, sic fere, ni fallor, redintegranda: Διανοούμενος (δ') ἐπὶ Κρότωνα στρατεύειν πρὸς Μενέδημον τὸν Κροτωνιατῶν τύραννον ἑαυτοῦ φίλον ὄντα ἔπεμψεν ἀγγελιαφόρον, μὴ θορυβεῖσθαι αὐτοὺς ψευδῶς, (ὡς) θέλοντος αὐ(τοῦ) τὴν (πόλιν) πολιορκῆσαι, Λάνασσαν τὴν θυγατέρα λέγων πέμπειν πρὸς τὴν Ἤπειρον; in quibus verbis quae de coniectura mea inserui, uncinis significavi, ceterum ne littera quidem mutata. Neque nimis audaci coniectura me ita supplere vel eos, qui rem palaeographicam parum calleant, spero esse intellecturos.

Ridiculum est quod vulgatur ibidem vs. 11: εἶτα πολιορκήσας ἀπὸ θαλάσσης εἰς θάλατταν περιέβαλε τείχη. Si enim licet nobis suspicari Agathoclem id fecisse, quod omnes reliqui duces in re simili facere solebant, verum est πολιορκήσων.

Si, ut supra vidimus, aliquoties accidit, ut in excerptis Hoesch. vocabulum aut vocabula exciderint, alibi in iisdem invenies quae turpiter abundent, ut in fragm. XIV (VI) ubi post voc.: Ἀντίπατρον τὸν μητραλοίαν legitur hoc additamentum: ἀδελφὸν τοῦ Ἀλεξάνδρου, quamquam tertio ante versu dixerat Alexandrum fuisse fratrem Antipatri. Si hás et similes ineptias tribuere vis epitomatori, per me licet, modo ne ipsum Diodorum ita scribere potuisse tibi persuadeas.

Non minus otiosa additamenta eliminanda videntur fr. XV (VII) Hoesch. e verbis: καὶ διὰ [μηχανῶν] πετροβόλων τῆς πόλεως ἐκυρίευσε [καὶ ταύτην εἶλε]. Ibidem in medio fere excerpto malim: πρέσβεις ἀπέστειλαν περὶ διαλύσεως pro ὑπὲρ διαλύσεως.

Longe diversi generis error maculat ultima vocabula fragm. XVI (VIII): ἐπιφθεγξάμενος ὅτι συγγνώμη τιμωρίας αἱρετωτέρα, ubi vix opus est monere reponendum esse αἱρετώτερον. Non magis rem arcanam profero perhibendo in fragm. XXVI vs. 34 (XIV) rescribendum esse: ἐπὶ πρώτην τὴν τῶν φιλίων ἁρπαγὴν ὁρμᾶν pro: — φίλων κτέ.

Sed aliquanto gravior est corruptela, quae pessumdedit initium fr. XIX (XII § 1): καὶ τῶν φίλων αὐτῷ συμβουλευόντων σώζειν ὅπως ποτὲ δύναται κτέ. ubi, quia de ipsius Lysimachi salute sermo est, aut σώζεσθαι aut (ἑαυτὸν) σώζειν ab auctore profectum esse contendo. Quarum lectionem hanc fere praetulerim. Mox legimus ibidem: μὴ δίκαιον εἶναι καταλιπόντα τὴν δύναμιν κτέ. Quae verba Lysimachi aliquanto acrius dicta essent, si scriberetur: μὴ δίκαιον εἶναι ἐγκαταλιπόντα τὴν δύναμιν ἰδίαν σωτηρίαν αἰσχρὰν πορίζεσθαι. Verbum enim ἐγκαταλείπειν proprium est de iis, *qui sibi consulentes prodita causa socios in periculo destituunt.* Sic v. c. noster locutus est scribens de Mario XXXVIII : 18: πάντων αὐτὸν ἐγκαταλιπόντων, καὶ μηδεμίαν σωτηρίας ὁδὸν καθορῶν κτέ.

Facilius aliquem fallere possint in fr. XXI vs. 3 (XII § 3) verba: ὁ μὲν Δρομιχαίτης — ἐδίδαξε τοὺς στρατιώτας ὅτι συμφέρει σῶσαι τὸν ἄνδρα· ἀναιρεθέντος γὰρ κτέ. Attamen ex oppositis apparet non sufficere verbum simplex sed requiri περισῶσαι. i. e. *conservare in vita,* cuius verbi praepositio vocabulo praecedenti absorpta esse videtur.

Quis credat Graece dici posse: ἐπιστολὴν γράφειν ἐπί τινα? Attamen sic scriptum invenio in fr. XXVIII (XVI § 3) vs. 30: γράψας ἐπιστολὴν ἐπὶ τὸν Ἀρχάγαθον. Si licuit indoctis scribis ita peccare, nostrum est talia corrigere, itaque reponemus: πρὸς τὸν Ἀρχάγαθον, et in vicinia: πεζὰς καὶ ναυτικὰς δυνάμεις pro πεζικὰς κτέ. Ib. pag. seq. vs. 16 inserta vocula necessaria scribendum: Ἀγαθοκλῆς μὲν (οὖν) πλείστους κτέ.

Epitomatoris ni fallor, homuncionis stupidissimi, culpa accidit,

5 *

ut manca essent in eodem excerpto quae leguntur vs. 24 p. 7: ἀνδρείᾳ δὲ καὶ ψυχῆς εὐτολμίᾳ πολὺ τοῦ κατὰ λόγον ὑπεραίρων, ubi supplendum esse apparet e fr. XXIX: τῆς ἰδίας ἡλικίας· ἦν γὰρ παντελῶς νέος, quae ni adscripseris locus noster intelligi non poterit. Quibus vocabulis suo loco restitutis ipsum illud excerptum 29 abiicere poterimus. Ad eundem fortasse auctorem referendum, quod legimus p. 8 vs. 7: πόνοι μὲν συνεχεῖς ἐγένοντο, pro ὀδύναι μὲν κτἑ. Sed initio huius excerpti gratum mihi faciet, qui rescripserit: μεγάλην ἐπεποίητο παρασκευὴν κτἑ. pro μεγάλην — παρασκεύασιν, quemadmodum 'vel Scytha scribere erubesceret. Vix minus barbarum est p. 8 vs. 11: τῷ δὲ δήμῳ τὴν δημοκρατίαν ἔφησεν ἀποδιδόναι pro ἀποδώσειν.

Initio fr. XXXI (XVII § 4) optimo consilio Mullerus sed alieno, ni fallor, loco inseruit necessariam particulam ἂν in verbis: ὅτι καὶ Καλλίας ὁ Συρακόσιος δικαίως — κατηγορίας ἀξιωθείη (ἂν). Nam Graecum est δικαίως (ἂν) κτἑ.

Fr. XXXII (XVIII): ὑπὸ γὰρ τῶν πολιτῶν κτἑ. Pergit auctor narrare, non reddit rationem praecedentium; itaque legendum: ὑπὸ δὲ κτἑ., uti recte legitur in fr. XXXIV, ubi eadem recurrunt. Codex Hoesch. more suo manca praebet in fr. XXXVI (XXI) initio, sic fere supplenda: ὅτι δεῖ τοῖς μὲν πολεμίοις εἶναι (ἀπιστότατον καὶ) φοβερώτατον, τοῖς δὲ φιλίοις βεβαιό(τατον καὶ) προσηνέστατον.

ADN. AD LIB. XXII.

Ex eodem codice descriptum est fr. I, unde fere sequitur sanum non esse. Et recte me ita concludere videbis, ubi legeris: ὅτι πάτριόν ἐστι τοῖς Ἠπειρώταις μὴ μόνον ἐπὶ τῆς ἰδίας πατρίδος ἀγωνίζεσθαι κτἑ. Immo vero περὶ τῆς ἰδίας κτἑ., nam praepositione περὶ hac in re promiscue utuntur cum ὑπὲρ, cuius tamen usus est longe frequentior. Pro antiquioribus testimonium dicat Aristophanes in Vesp. vs. 593:

οὐχὶ προδώσειν ἡμᾶς φασὶν, περὶ τοῦ πλήθους δὲ μαχεῖσθαι.

Interpretamentum expungatur in fr. II vs. 33: καὶ δὴ ὀφθαλμίας [νότου] αὐτὸν περιεχούσης. Quae sequuntur corrigas sic: τῶν ἰατρῶν τὸν δοκιμώτατον μεταστειλαμένου αὐτοῦ, (οὗτος) τὴν ὕβριν τῆς πατρίδος ἐκδικῶν κτέ. Ceterum Diodoro digniora sunt quae de eadem re scribuntur in fr. III: εἰς ὀφθαλμίαν χαλεπὴν ἐμπεσὼν μετεπέμψατο τῶν ἰατρῶν τὸν ἄριστον, οὗτος δὲ κτέ., quae adscripsi, ut simul appareat, qua licentia epitomatores verbis Diodori sua substituere haud raro soleant.

In fr. IV frequentissimo in his excerptis errore legitur: Φιντίας εἰς Ἀκράγαντα (τύραννος ἦν) pro ἐν Ἀκράγαντι. Eiusmodi sordes invexisse epitomatorem liquet ex adnotatiuncula, quae adhaeret postremis verbis fr. 21 lib. XXI sic scripta: ζήτει εἰς τὸ περὶ γνωμῶν.

In fr. V (II § 3) supple: καὶ τοὺς πρὸς φρουρὰν (ἐν)όντας (ἐξ)εδίωξαν κτέ., nam sensus est: praesidiarios eiecerunt, non: persecuti sunt. Deinde corrigatur: ἐν οἷς πρῶτοι (pro πρῶτον) ἀπέστησαν Ἀγυριναῖοι.

Versus finem sequentis excerpti sensu vacua sunt verba: καὶ φιλανθρωπότερον ἄρχων διακατέσχε τοὺς ὑπὸ χεῖρα. Lege quae praecedunt, et senties verum esse: διακατέσχεν αὐτοὺς κτέ.

Non magis ferri possunt, quae sic scripta ibidem praegrediuntur: διόπερ ἀπάντων ὄντων πρὸς ἀπόστασιν. Notae sunt locutiones εἶναι ἔν τινι, ἀμφί τινι, περί τινι, similia; etiam γίγνεσθαι πρός τινι saepissime invenitur et apud omnes. Sed quis unquam dixit εἶναι πρὸς ἀπόστασιν, quo sensu Latinum est inclinare ad defectionem? Id vero Graecis est βλέπειν, κλίνειν ῥέπειν vel, in magno deficiendi studio, ὁρμᾶν πρὸς ἀπόστασιν. Harum locutionum ultima frequentissima est apud nostrum, quare vide an corrigendum sit ἀπάντων (ὁρμ)ώντων πρὸς κτέ.

Nobile Pyrrhi dictum, quod narratur in fr. XIII (VI § 2), unius vocabuli omissione subobscurum factum est: εἶπεν (ὅτι), ἐὰν ἔτι μιᾷ μάχῃ νικήσῃ τοὺς Ῥωμαίους οὐδεὶς αὐτῷ τῶν στρατιωτῶν — ἀπολειφθήσεται. Dixerat enim rex Epirotarum, ni fallor: ἐὰν ἔτι μιᾷ (τοιαύτῃ) μάχῃ κτέ. Praeterea addidi de meo necessariam coniunctionem. Ibidem vs. 5 suppleas: οἱ (μὲν) γὰρ ἡττηθέντες κτέ.

Sed, priusquam pergamus, duo vitia eximenda sunt e praecedentibus, quorum alterum inquinat (fr. IX) verba Μελέαγρος — [πρὸς] ὀλίγας ἡμέρας δυναστεύσας, ubi expunxi praepositionem, quae ob notam causam multo saepius periit quam ibi legitur, ubi locum tueri non queat. Eadem recte omittitur in sqq. Neque opinor multos repertum iri, qui defendant in extremo excerpto haec verba: συνδιατετριφότα πολλοῖς τοῖς κατὰ τὴν Σικελίαν τυράννοις pro πολλοῖς τῶν κτέ.

Male procedit sententia init. fr. XIV (VI § 3). Scribitur enim sic: ὅτι Κινέας πρεσβευτὴς ἀποσταλεὶς — πρὸς Ῥωμαίους, οὗτος πειστικὸς ὢν ἐν τῷ πρεσβεύειν καὶ δῶρα — ἐδίδου. Quae verba interpretari non possum, nisi deleto pronomine οὗτος et mutato participio ὢν in ἦν.

· In fr. XV vs. 25 pro corrupto nomine urbis Ταυρομενίας reponendum arbitror Ταυρομενίου atque eadem opera idem error castigandus in fr. XVI. vs. 16 et sicubi praeterea inveniatur eodem modo corruptum. Quis enim v. c. ferret: Ἀγαθοκλῆς ὁ τῆς Συρακοσίας τύραννος s. δυνάστης pro ὁ τῶν Συρακουσῶν κτέ.? Salvum idem nomen evasit in ipsa vicinia vs. 14: κατῆρεν εἰς τὴν Ταυρομένιον. Sed redeamus ad fr. XV, ubi vs. 32 suppleverim: καὶ διέμειναν φυλάττοντες τὸν πορθμὸν (καὶ) παρατηροῦντες τὴν διάβασιν Πύρρου. Contrario errore coniunctio καὶ male pedem intulit in fr. XVI vs. 14: ταύτης δὲ πορευομένης εἰς Συρακούσας (legitur Συρακόσας) [καὶ] ὁ στόλος συμπαρέπλει. Praeterea in fr. XV vitiosa sunt quae legimus non procul ab initio. Phintias ibi narratur vidisse somnium δηλοῦν τὴν τοῦ βίου καταστροφήν, ὗν ἄγριον κυνηγοῦντος ὁρμῆσαι κατ' αὐτοῦ τὴν ὗν καὶ τὴν πλευρὰν αὐτοῦ τοῖς ὀδοῦσι πατάξαι καὶ διελάσαντα τὴν πληγὴν κτεῖναι. Si recte locum intelligo, olim scriptum fuerit necesse est: καὶ διελάσασαν τὴν πληγὴν κτεῖναι (αὐτόν). Nam ut hodie scribitur nullo modo intelligo, quî eiusmodi somnio finis vitae portenderetur Phintiae. Quoad Graecitatem cf. Diod. XVII : 20: ὁ δὲ βασιλεὺς — διήλασε τὴν πληγήν. Non minus misere habitum est fr. XII: ὅτι ἡ Καδμεία νίκη παροιμία ἐστίν, ἔστι δὲ οὕτω τὸ τοὺς νικήσαντας κτέ. Fort. :

ἐστὶ δ' ὁ νοῦς ὅδε· τοὺς (μὲν) νικήσαντας κτἑ. Non minus desperata sunt quae legimus fr. XVI vs. 13: ἐντεῦθεν καταπλεύσας τὸν πορθμὸν καὶ διάρας Σικελίαν κατῆρεν εἰς τὴν Ταυρομένιον. Facile est corrigere διάρας εἰς Σικελίαν, sed parum ea coniectura lucramur; nam quomodo aliquis Locris vela faciens Tauromenium possit καταπλεῖν τὸν Πορθμόν, nemo facile expediet; et quam inepte dicitur διάρας εἰς Σικελίαν κατῆρεν εἰς τὴν Ταυρομένιον? Quidni scribitur: ἐνθεῦτεν διαπλεύσας εἰς Σικελίαν κατῆρεν εἰς τὴν Ταυρομένιον? Sed si ita olim scriptum fuit, unde nata sunt reliqua?

Certius est vs. 27 supplendum esse: καὶ (τὸν) Σωσίστρατον (si haec nominis forma ferri possit pro Σώστρατον), et vs. 28 ὡς μεγάλης ἀποδοχῆς (τυχεῖν) διὰ τὴν εἰρήνην, qua locutione nulla est apud Diodorum frequentior v. c. XXV fr. 12: δικαίας ἀποδοχῆς ἐτύγχανον παρὰ τοῖς πολίταις, sic libr. XXIX fr. 25: ὅτι οἱ περὶ τὸν Ἄτταλον βασιλεῖς μεγάλης ἀποδοχῆς ἐτύγχανον et ibid. vs. 15 μεγίστης ἀποδοχῆς ἠξιοῦντο, et alibi saepissime.

Deinde loco nostro sequuntur haec: ὁ δὲ βασιλεὺς παραλαβὼν — παρασκευάς· αἱ δὲ ναῦς. Verbum finitum excidisse apparet post παρασκευάς, et e sequentibus liquet supplendum esse ἔκρινε ἀποπλεῖν vel certe aliquid in eundem sensum. Sequentia vs. 30 ita supplenda et corrigenda videntur, ut legamus: αἱ δὲ ναῦς — κατάφρακτοι (ἦσαν) ἑκατὸν — εἴκοσι, ἥν δ' ἡ βασιλικὴ ἐννήρης pro: ἡ μὲν βασιλικὴ ἐννήρης.

Verum non est, quod discimus ex eodem corruptissimo codice fr. XVII (VIII § 6): ὅτι ὁ λιμὴν ὁ Κορινθιακὸς Λέχαιος καλεῖται. Nomen portus illius esse Λέχαιον lippis notum est atque tonsoribus.

Abiectissimae Graecitatis est quod legitur fr. XVIII (IX) vs. 8: πόλεμον ἐποίησε pro πόλεμον ἐποιήσατο. Sequentia, quae manca sunt et corrupta in hunc modum constituerim: ἐν ᾧ πολλοὺς στρατιώτας ἀποβαλὼν καὶ μὴ κατισχύσας . . . ὕστερον (δ') εἰς τὴν Ἑλλάδα. ἦλθε καὶ εἰς τὸ ἐν Δελφοῖς μαντεῖον, θέλων ἀποσυλῆσαι αὐτό. Lacunam autem explere possis v. c.

inserendo: τοὺς ἐναντίους τότε μὲν ἀπήγαγεν εἰς τὴν οἰκείαν vel aliquid certe in hunc sensum. Sed in talibus incerta omnia. Verbum κατισχύειν apud Diodorum et sequiores usu frequentissimum, significat prorsus idem quod νικᾶν, itaque loco nostro apprime convenit. Praeterea dedi καὶ pro ὡς, quocum saepissime, ut notum est, confunditur, et ἦλθε pro ἐλθών. In sqq. corrige: ἐκεῖ στρατιωτῶν pro ἐκεῖσε στρατιωτῶν et eadem opera fr. XXIII init.: τοὺς Γαλάτας ἐκεῖ κατέλιπε pro ἐκεῖσε κτέ. Mox pro: βαρυνόμενος δὲ καὶ πρὸς θάνατον una litterula mutata rescripserim: βαρυνόμενος δὲ καὶ πρὸς θανατῶν; i. e. afflictus autem et praeterea mori cupiens; vs. 15 Diodorus certe dedisset: καὶ τὰς ἁμάξας κατακαύσαντας; vs. 23 utique corrigendum: καὶ σπανιζούσης αὐτοῖς (pro αὐτοῦ) τροφῆς. Tandem vs. 25 suppleo: ἀπελθεῖν (πρὸς) οἶκον, ut recte legitur vs. 20.

In fr. XIX (IX § 4) legendum: εἰς ναὸν εἰσελθὼν pro ἐλθών; deinde suppleverim: κατεγέλασε (τῶν Ἑλλήνων) ὅτι θεοὺς ἀνθρωπομόρφους εἶναι δοκοῦντες, ἵστασαν τούτους ξυλίνους τε καὶ λιθίνους.

Fr. XX (IX § 5): ὄντων δ' ἐν τῷ τεμένει δυεῖν νεῶν παντελῶς ἀρχαίων Ἀθηνᾶς προνάου καὶ Ἀρτέμιδος. Nulla est Ἀθηνᾶ πρόναος sed in vulgus nota ἡ Προναία; quare hìc quoque legendum esse arbitror: Ἀθηνᾶς προναίας καὶ Ἀρτέμιδος.

Quae leguntur in fr. XXI (X) prope initium sic constituo: ἦκον ἐν ναυσὶ λέγοντες (τοὺς Ἀκραγαντίνους) τὴν Φρουρὰν τὴν Καρχηδονίων ἐκβεβληκέναι, ὅπως μὴ Φιντίας δυναστεύσῃ αὐτῶν (κατ) [λέγοντες] τὴν (τε) πόλιν παραδώσειν καὶ συμμάχους γενήσεσθαι. Mox vs. 17 requiro: ἐστράτευσε δ' ἐπὶ κτέ. et 18: ἔχων πεζοὺς (μέν); pag. seq. vs. 5 μετῴκισαν εἰς τὸ Λιλύβαιον pro κατῴκισαν; vs. 9: πολὺν δὲ σῖτον (συν)εκόμισαν; vs. 13: τοῦ (δὲ) βασιλέως; vs. 16: παρακαλοῦντες μηδενὶ τρόπῳ συγχωρῆσαι pro ἀποκαλοῦντες κτέ.; vs. 25: βελῶν παντοδαπῶν ἀχθομένων. Fortasse: ἀφιεμένων; vs. 27: ἐπεβάλετο (δὲ) καὶ. Tandem in ipso fine: (πρὸς τοῦτο) ἔτρεπε τὴν ὁρμήν. — Agnoscisne excerpta Hoescheliana?

. Ex eodem fonte derivatum est fr. XXIV (XIII), in quo, ne nimium taedium legentes capiat, non notabimus nisi emendationes ad sensum quam maxime necessarias, idem in sequentibus facturi. Graviter autem lector offendatur necesse est in iis, quae leguntur vs. 11 sqq.: αὐτὸς (scil. ὁ Ἱέρων) δὲ τὴν δύναμιν ἐκτάξας κατὰ στόμα ἀπήντα (scil. τοῖς Μαμερτίνοις)· γενομένης δὲ περὶ τὸ ῥεῖθρον ἱππομαχίας ἅμα καὶ τῶν πεζῶν παρατάξεως τοῦ βασιλέως προκατειληφότων ὀφρύν τινα περὶ τὸν ποταμόν. Haerebit enim unusquisque in vocabulis: παρατάξεως τοῦ βασιλέως, pro quibus si ἐκ προστάξεως τοῦ βασιλέως i. e iussu regis rescriptum erit, omnis, ut opinor, difficultas erit sublata, nisi quod simul necessarium est corrigere: ὀφρύν τινα παρὰ τὸν ποταμὸν pro ὅ. τ. περὶ τ. π. Sed quid sibi volunt quae statim sequuntur: καὶ τὴν εὐκαιρίαν τοῦ τόπου πλεονεκτοῦντος, μέχρι μέν τινος ἰσόρροπος ἦν ὁ κίνδυνος? Quid multa? sermo est de copiis, quae iussu regis ante occupaverant collem flumini vicinum, neque igitur aliter Diodorum scripsisse puto quam sic: καὶ (κατὰ) τὴν εὐκαιρίαν τοῦ τόπου πλεονεκτούντων, μέχρι κτέ. Num in talibus est dubitationi locus?

Verbo deinde moneo vs. 18 requiri: ἐπικειμένων (δέ); vs. 19: ὁ δὲ στρατηγὸς τῶν Μαμερτίνων ἀγωνισάμενος (pro ἀγωνιζόμενος) — καὶ λιποψυχήσας ἐζωγρήθη, et vs. 24: νυκτερεύσοντος αὐτοῦ ἐν τῇ τῶν ἐναντίων παρεμβολῇ pro νυκτερεύσαντος — εἰς τὴν — παρεμβολήν. Ut alia sciens praetermittam, vs. 26 absurdissime scribitur: ἧκον τινες ἵππους φέροντες εἰς τὸν βασιλέα pro ἄγοντες πρὸς τὸν βασιλέα. Etiam vs. 35 requiro: ἧκε κατὰ τάχος πρὸς (pro εἰς) τὸν βασιλέα et paullo ante: οὐ μὴν ἤ (γε) τύχη εἴασε κτέ.

Sententia laborat p. 22 vs. 3 (XIII § 7) in his: Ἀννίβας καταλαβὼν Μαμερτίνους μέλλοντας παραδιδόναι τὴν πόλιν ἀνέπεισεν. Verum e contextu apparet Hannibalem rem dissuasisse Mamertinis urbem dedituris. Ergo scribendum est μετέπεισεν, i. e. *persuasit iis, ut ab incepto desisterent.*

ADN. AD LIBR. XXIII.

Quae leguntur in fr. II p. 23 vs. 3: δημηγορεῖν δὲ πρὸς

Ἱέρωνα πόλεμον μὴ ἐπιβήσεσθαι tam misere depravata sunt, ut equidem manus abstineam; vs. 7 θρυλλοῦντες male scribitur pro θρυλοῦντες et vs. 5 post Καμάριναν excidisse videtur particula μέν.

Neque recte oratio procedit init. fr. III: ὅτι Φοίνικες καὶ Ῥωμαῖοι ναυμαχήσαντες — διεπρεσβεύσαντο πρὸς τὸν ὕπατον περὶ φιλίας. Soli, opinor, Carthaginienses miserunt legatos ad consulem Romanum, itaque reponendum: ὅτι Φοίνικες [καὶ] Ῥωμαίοις κτέ. Coniunctio καὶ e cauda praecedentis vocabuli nasci potuit; deinde de industria Ῥωμαίοις in Ῥωμαῖοι mutatum esse suspicor.

Leniter refingenda sunt, quae vs. 25 hodie sic scribuntur: ἔπειτα πάλιν ἄλλων ἐθνῶν θυρεοῖς χρωμένων οἷς νῦν ἔχουσι (scil. Ῥωμαῖοι). Non facile credam alios populos unquam iisdem olim clypeis usos esse, quibus tunc Romanos. Quominus usi sint similibus nil obstat, itaque rescribendum esse iudico: οἵοις νῦν ἔχουσιν. Peius corrupta sunt eiusdem excerpti verba ultima: καὶ νῦν ἂν Καρχηδόνιοι διὰ ταῦτα μαθεῖν αὐτοὺς ναυμαχεῖν ταχὺ τοὺς μαθητὰς τῶν διδασκάλων ὄψονται περιγενομένους. Fortasse agnovi scriptoris vel potius epitomatoris manum suspicando: καὶ νῦν αὖ Καρχηδόνιοι διὰ (τὸ κατὰ) ταῦτα μαθεῖν αὐτοὺς ναυμαχεῖν ταχὺ τοὺς μαθητὰς τῶν διδασκάλων ὄψονται περιγενομένους i. e. *et nunc rursus Poeni, ipsis* (i. e. Romanis) *eodem modo* (nempe ab adversariis) *discentibus bellum maritimum, brevi discipulos magistris superiores conspicient.*

Titubarunt quoque scribae in fr. VI (IV) prope initium in verbis: εἶτα πολιορκούντων καὶ πρὸς ταῖς χαλκαῖς αὐλαῖς καθήμενοι, ἧκον πρέσβεις. Qui legati veniebant non poterant, credo, simul sedere, sed sedebant consules, itaque corrigendum: καὶ πρὸς ταῖς χαλκαῖς πύλαις καθημένων ἧκον πρέσβεις. Praeterea scripsi ΠΤΛΑΙC pro ΑΤΛΑΙC, tum quia αὐλὰς aeneas miraculi instar haud iniuria dixeris, tum quia consules urbem obsidentes ante portam potius quam ante aliud quodvis urbanum aedificium consedisse crediderim! Deinde legendum est in hunc modum: εἶτα δειλίας (ἐμ)πεσούσης καὶ (τοῖς) ἐν ταῖς ἄλλαις πόλεσιν, καὶ αὐτοὶ (f. οὗτοι) πρέσβεις ἀπέστειλαν περὶ εἰρήνης.

Incertum deinde, quomodo corrigenda sint quae verba claudunt periodum: καὶ ἐπιδώσειν τὰς πόλεις Ῥωμαίοις, nam et desideratur verbum, unde pendat Infinitivi Futurum, et ἐπιδιδόναι hac in re Graecum non est sed παραδιδόναι. Recte diceretur: καὶ ἐπηγγείλαντο παραδώσειν; possis alia in eundem sensum coniicere, sed quod certum sit nihil.

Non magis sanum est, quod legitur ibidem vs. 15, ὑπήκουσαν, non enim consules, credo, *obediverunt* legatis, qui venerant petitum pacem, sed *aurem* iis *praebuere* benignam, quare ἐπήκουσαν verum est. Minus facile corrigas sequentia: καὶ συνέθεντο εἰρήνην ἔτη πεντεκαίδεκα λαβόντες δραχμῶν ιε μυριάδας, καὶ τοὺς αἰχμαλώτους ἀποδόντι κυριεύειν Συρακοσίοις καὶ τῶν ὑπ' αὐτὸν πόλεων κτέ. In extremis reponendum esse Συρακοσίων vel caecus videt; in prioribus videndum an suffecerit ante vel post εἰρήνην inserere Ἱέρωνι, quod nomen ob causam palaeographicam eo loco facile excidere potuit. Sed fortasse plura desunt.

Certius est in fr. VIII (V) vs. 27 supplendum esse: Τυνδάριοι δὲ ἰδόντες αὐτοὺς ἀπολελειμμένους (μόνους), quod nomen cur perierit, obscurum non est, et vs. 38: ἠβουλήθησαν καὶ αὐτοὶ (ἐν)δοῦναι, neque minus vs. 33: καὶ σῖτον (καὶ) οἶνον καὶ τὴν ἄλλην παρασκευὴν ἀπεκόμισαν; sed vel sic epitomatoris, ni fallor, culpa male haec non minus quam ea, quae proxime praecedunt, verbis concepta sunt.

Initio fr. X (VII) post Ἀκράγαντα sat inepte legitur τὴν πόλιν; et in fine ratione inversa lubens deleverim Ἀκράγαντα post vocabula τὴν πόλιν.

Fragm. XI (VIII) init. duplici nomine vitiosa sunt verba: ἐπέρασε μεγάλην δύναμιν ἐν Σικελίᾳ; nam requiritur διεπέρασε μεγάλην δύναμιν εἰς Σικελίαν. Mox vs. 8 post ἱππεῖς μὲν τρισχιλίους necessarium esse: ἱππεῖς (δὲ) διακοσίους monere putidum videri posset, nisi multi editores tales particulas grata quadam negligentia ab auctoribus interdum omitti, sibi persuadere viderentur. Manca sunt verba ultima, quae sic suppleo: ἐλέφαντας (δ') ὀκτὼ (μέν φασι vel μὲν συνέβη) θανεῖν. τριάκοντα τρεῖς δὲ κατατραυματισθῆναι.

6*

In fr. XIV (IX) vs. 32 nomen ducis Romani vel appellativum, quo idem significetur, desiderari manifestum est. Scribitur enim sic: Ῥωμαῖοι εἷλον — λαφυροπωλήσαντες — ἦλθον καὶ ταύτῃ παρακαθίσας ἑλεῖν οὐκ ἐδυνήθη — εἷλε — ἐπώλησεν — εἷλε κτέ.

Ibidem pag. 26 vs. 1: εἶτα ὁμοίως ταῖς ἄλλαις πόλεσι φρουρὰν καταστήσας ἐπὶ Καμικὸν ἦλθε. Verum videtur ἐγκαταστήσας κτέ. scil. ἐν Σιττάνῃ, nam loco nostro haec verba praecedunt: ἐπὶ Σιττάναν ἐλθὼν κατὰ κράτος ταύτην εἷλε. Tandem non expedio ultima: ἔτι δὲ ποταμὸς Ἅλυκος καὶ ἄλλαις ἐσχάταις, ubi plura desiderari neminem latet.

Mancum et corruptum est initium fr. XVII (XI): οὐδὲν δ'οὕτω καταπλήττεται τὰς ψυχὰς ὡς τὸ ἡττηθῆναι τοῖς Καρχηδονίοις. δυνάμενοι γὰρ ῥᾳδίως διαφθεῖραι τὴν ναυτικὴν δύναμιν τῶν πολεμίων περὶ τὸν κατάπλουν, οὐδ' ἐπεχείρησαν τούτους ἀμύνεσθαι. Et sensui et linguae legibus satisfactum erit, si rescripseris: οὐδὲν δ' οὕτω καταπλήττει τὰς ψυχὰς ὡς τὸ ἡττηθῆναι (ὅπερ ἦν ἰδεῖν ἐν) τοῖς Καρχηδονίοις· δυνάμενοι γὰρ κτέ. Mutavi καταπλήττεται in καταπλήττει, quia solum Aoristum Medii pro forma Activa huius verbi a Diodoro et sequioribus adhibitum invenies. Similiter codex Vaticanus diligentius inspectus duobus vocabulis plane necessariis auxit ea, quae leguntur vs. 24 in hunc modum redintegranda: καὶ μήτε τάξεως μήτε συστήματος ἁδροῦ γενομένου, (τοῦ τε) πνεύματος βιαιότερον ἐγκειμένου κτέ.

Tandem in ipso excerpti fine male abundare iudico praepositionem verbi compositi in his: καὶ τῶν χρησίμων τὰ μὲν διὰ τὴν εὐλάβειαν προέμενοι τὰ δὲ διὰ τὴν ἀπορίαν διαγνοήσαντες. Nam verbum διαγνοεῖν, quod lexica ignorant, si exstaret, nihil aliud significare posset quam perpetuo, ad finem usque nescire, quac notio loco nostro non convenit, quare corrigendum videtur ἀγνοήσαντες. Praepositionem errore e superioribus repetitam esse crediderim.

Quae leguntur in fr. XVIII (XII) vs. 3 in hunc modum castigentur: ἐφ' οἷς ὁρῶν αὐτοὺς (pro τοὺς) ἀγανακτοῦντας ἔφησεν αὐτῷ (pro αὐτοὺς) δεῖν τοὐναντίον χάριν ἔχειν ἐπὶ τούτοῖς κτέ. In fine excerpti vs. 10 optime supplet palimpsestus: τὸ τῆς πατρίδος (ἔθος) ἐν τοῖς τοιούτοις μιμησάμενος; XXIII vs. 30: ὅσον εἰκός ἐστιν ἀναλῶσαι τοὺς στόλους μὲν πλέοντας ἐκ τριακοσίων νεῶν συνεστηκότας κτέ. Nihil potest esse evidentius quam dedisse: τοὺς στόλους μὲν πληροῦντας, quod iam Dindorfium video reperisse. Idem tamen verissimam correctionem recipere ausus non est.

Fr. XXIV (XV § 6). Male B. uno tenore continuavit quae seiungenda fuissent. Prius excerptum hoc est: ὅτι ῥᾷόν ἐστί τινα ἐχθροὺς γενέσθαι, ἐὰν μόνον ἀγαθῷ συμβούλῳ χρήσοιτο πειθόμενος. Hoescheliana sunt et de more pessime corrupta. Coniicio: ὅτι ῥᾴδιόν ἐστι τῶν ἐχθρῶν περιγενέσθαι, ἐὰν μόνον ἀγαθῷ συμβούλῳ χρῆται τις πειθόμενος.

Semibarbarum est quod legitur in fr. XXVI (XV § 8) verbum μετριοφρονεῖν, pro quo reponatur μέτρια φρονεῖν, quae melior lectio peti poterit e fr. XXIII vs. 35, ubi eadem e meliore codice hausta recurrunt.

Non melioris notae est in fr. XXXI vs. 21 forma Ὀλύμπιον pro Ὀλυμπίειον, aut ibid. vs. 23: Κεφαλύδην pro Κεφαλοίδιον (cf. Diod. XV : 78), aut p. 32 vs. 4: Σολουντῖνοι pro Σολούντιοι. Pag. 31 vs. 29 legendum: ἀπὸ θαλάσσης εἰς θάλασσαν τὰ χώματα ἐχαρακώθη καὶ ἐταφρεύθη pro numero Plurali, qui est in vulgatis. Mox vocabula: εἶτα Ῥωμαῖοι συνεχεῖς προσβολὰς ποιούμενοι καὶ μηχανὰς κατέβαλον τὸ τεῖχος idoneum sensum habebunt, si rescripseris ταῖς μηχαναῖς, nisi forte supplendum: καὶ μηχανὰς (προσαγαγόντες) κτέ. Sanam deinde interpretationem non admittunt, quae leguntur vs. 36: καὶ μύρια τετρακισχίλια σώματα τιμῆς συνεχωρήθη τῷ εὑρεθέντι ἀργυρίῳ καὶ ἀπελύθη; sed non reperio, quod satisfaciat, itaque manus abstineo. De reliquis monuere iam alii: vs. 9 Dind.: οἱ δὲ Ῥωμαῖοι [οἱ]; vs. 10 Reisk.: μετὰ τῶν Καρχηδονίων [νεῶν]; vs. 13: ἐγγὺς τῆς Καμαρίνας pro ἐξ αὐτῆς κτέ. probabilis est Dindorfii coniectura, sed simul in vicinia corrigendum: εἰς Σικελίαν διαπερῶντες pro πρὸς κτέ.; vs. 25: καὶ (ἐκ)πολιορκήσαντες accipias ab eodem Dindorfio.

Certum est in fr. XXXIII (XIX) vs. 10 male scribi: ἐκεῖθεν
ἀπάραντες ἐν Ῥώμῃ pro εἰς Ῥώμην et vs. 12 verba: καὶ
ἀπώλεσαν ναῦς μακρὰς ἑκατὸν πεντήκοντα καὶ τὴν ἄλλην ἅπασαν
τῶν ἱππαγωγῶν καὶ λαφύρων manca et corrupta esse a fine.
Corrigendum videtur λαφυραγωγῶν et supplendum παρασκευήν.
In vicinia pro ἀνοίξειν rescribendum ἀνοίξει; nam suspensum est
a coniunctione ὅτι. Mox vs. 18 cave expungas praepositionem
κατὰ in verbis: ὁ μὲν κατὰ τὴν ὡρισμένην πύλην ἤνοιξε, nam neque
ea deleta satis Graeca oratio esset, neque loci manifesto corrupti sententiam agnovisses; quia e praecedentibus unam tantum
urbi portam fuisse apparet, scil. e verbis (vs. 15): ἀνοίξειν αὐτῷ
τὴν πύλην τῆς πόλεως. Ne multa; sanissimum est κατὰ, sed
periit post ὡρισμένην substantivum quod suspicor fuisse ὥραν,
quo vocabulo non aliud facilius post simile participium elabi
potuit, neque aliud est sensui loci nostri accommodatius.
Audacter igitur repone: ὁ μὲν κατὰ τὴν ὡρισμένην (ὥραν) ἤνοιξε
(τὴν) πύλην i. e.: *ille quidem* (nempe portae custos) *hora
constituta portam aperuit;* quibus nihil est planius. Quum
semel ὥραν scribarum incuria periisset, articulum ante πύλην
de industria a correctoribus deletum esse, vix est quod moneam. Sed multum abest, ut post hanc emendationem excerptum persanatum sit, nam iam statim haeremus in ipsis sequentibus: τὴν δὲ οἱ πρώτιστοι καὶ ἐπιφανεῖς εἰσῆλθον καὶ εἶπον
τῷ πυλωρῷ κλεῖσαι καὶ μηδένα ἄλλον ἐᾶσαι εἰσελθεῖν, θέλοντες
μόνως τὸν πλοῦτον τῆς πόλεως ἆραι. οὗτοι πάντες κατεκόπησαν
κτἑ. Sana non sunt vocabula καὶ ἐπιφανεῖς; nam vereor, ut
cuiquam placeat Mulleri interpretatio primorum verborum,
praecipui ac nobiles. Quasi ita Graece recte dici queat pro:
οἱ πρῶτοί τε καὶ ἐπιφανέστατοι! Et fac Graeca esse, non video
quî nobiles priores urbem intrare potuerint quam minus nobiles.
Apage ineptias! Primi intrarunt, credo, qui primi apparuerunt,
et Diodoro reddendum est: τὴν δ᾽ οἱ πρώτιστοι ἐπιφανέντες
εἰσῆλθον, quae verba et optime Graeca sunt et sola rei, de qua
agitur, conveniunt. Deinde pro θέλοντες μόνως haud dubie
requiritur: θέλοντες μόνοι. Mox ambigi possit, an recte scribatur:

τὸν πλοῦτον τῆς πόλεως ἆραι; usitatius certe foret τὸν πλοῦτον τῆς πόλεως ἁρ(πάσ)αι. Denique supplendum: οὗτοι (δὲ) πάντες κτἑ.

Fragm. XXXIV (XX) quamvis valde exiguum non tamen salvum evasit librariorum manus. Scribitur enim sic: πολιορκήσαντες δὲ Ῥωμαῖοι καὶ Ἑρκτὴν Φρούριον μυριάσι — ἱππεῦσιν οὐκ ἴσχυσαν. Verbum ἰσχύειν apud sequiores .et Diodorum quoque saepe idem valet ac δύνασθαι, itaque fortasse supplendum: (ἑλεῖν) οὐκ ἴσχυσαν; quemadmodum alibi scribere solet Diodorus v. c. in lib. XXXVII fr. II p. 172: Ἰσίας μὲν πόλιν ὀχυρὰν ἐπὶ πολὺν χρόνον πολιορκήσαντες οὐκ ἴσχυσαν ἑλεῖν. Post ΙΠΠΕΤCIN facile ΕΛΕΙΝ elabi potuisse unusquisque videt. Quod ad castelli nomen Ἑρκτήν attinet, non aliunde mihi innotuit. Lib. XXII fragm. 21 p. 18 vs. 27 legimus: καὶ τῶν Ἑρκτῶν κατασχὼν τὸ ὀχύρωμα, ubi intelligi oppidum Panormo vicinum e praegressis palam fit. Hic Εἰρκτῶν, illic Εἰρκτὴν scribendum videtur propter Polyh. I, 56 § 3.

Fr. XXXV: Ἀσδρούβας δὲ ὁ στρατηγὸς — ἀναζεύξας μετὰ πάσης (τῆς insere monente iam Dindorfio) δυνάμεως — ἦλθεν εἰς τὸ (l. τὸν) Πάνορμον καὶ διαβιβάσας (αὐτὴν insere) τὸν ποταμὸν τὸν σύνεγγυς περὶ τὰ τείχη ἐστρατοπέδευσε, μήτε χαράκωμα μήτε τάφρον τάξας διὰ τὸ καταφρονεῖν. Aperte mendosum est participium τάξας; nam τάττειν τάφρον vel χαράκωμα non cogitari nedum scribi potest. Sententia salva et Graecitate rescribere possis: μήτε χαρακώματι μήτε τάφρῳ φράξας (τὴν παρεμβολὴν) διὰ τὸ καταφρονεῖν. Est vero alia emendandi via multo lenior, quam mihi aperuit observatio, in his excerptis culpa, opinor, epitomatoris aut librariorum passim legi formam semibarbaram ἦξα pro ἤγαγον v. c. lib. IX, fr. 11: ὃν ἀντεισῆξαν εἰς τοὺς ἑπτὰ σοφούς et lib. XXV, fr. 18: συνῆξαν λαὸν μυριάδας εἴκοσι. Fac igitur olim scriptum fuisse loco nostro μήτε χαράκωμα μήτε τάφρον ἀγαγὼν διὰ τὸ καταφρονεῖν; deinde pro ἀγαγὼν substitutam esse formam sequiorem ἄξας, et facilis suspicio est hinc vulgatam lectionem τάξας natam esse. Hoc loco idoneam nactus occasionem apponam nonnullas verborum formas eiusdem farinae, cuius est ἄξας, quae passim in his excerptis sunt obviam. Lib. X fr. 45: εἴλαντο editur pro εἴλοντο; lib. XXII fr. 23: ὑπεξείλαντο pro ὑπεξείλοντο; lib. XXXVI fr. 25: ἁμαρτήσαντας pro ἁμαρτόντας; lib. VIII fr. 7: ἐπαγγελέσθαι pro ἐπαγγείλασθαι; lib. VIII, fr. 12 vs. 4: ἀγαθώτερος pro ἀμείνων; lib. IX fr. 51 vs. 10: ἀποκριθῆναι pro ἀποκρίνασθαι; quarum formarum omnium, exceptis ἀποκριθῆναι et ἀγαθώτερος (cf. v. c. XVI, c. 85) quae cadunt in aetatem qua vixit Diodorus, ea est barbaries, ut nemo sanus Bibliothecae scriptori, (de cuius tamen Graecitate non valde magnifice iudico,) ista, quorum numerus ab eo, qui hoc agat, facile multis eiusdem generis exemplis augeri possit, tribuenda esse censeat. Equidem nonnulla librariis, partem longe maximam epitomatori (qui scribere potuit, ut supra vidimus ζήτει εἰς τὰ περὶ γνωμῶν), imputanda esse iudicaverim. Affricuit iste Diodoro subinde sui aevi sordes.

Sed ut redeamus, unde profecti sumus, ad fr. XXXV, nondum illud persanatum esse arbitror; nam post πληρούμενοι aliquid excidisse ipse nexus orationis arguit, quod tamen quale fuerit acutioribus indagandum relinquo. Ipse satis habeo prope finem corrigere: καὶ θαῦμα Ῥωμαίους ἔσχεν pro καὶ θαῦμα Ῥωμαῖοι ἔσχον, quam orationem Graecam non esse facile omnes paullo doctiores mihi largituros esse confido.

ADN. AD LIB. XXIV.

Fr. I vs. 12: τὴν δὲ Σελινουντίων πόλιν Καρχηδόνιοι κατασκάψαντες μετῴκισαν εἰς τὸ Λιλύβαιον. Supplendum αὐτοὺς post κατασκάψαντες, ne intelligenda sit ἡ πόλις. Ibid. vs. 16 lege: ἐκεῖθεν (δ') εἰς κτἑ.; vs. 27: πνεύματος δὲ βιαίου πνεύσαντος καὶ τῆς θαλάσσης ἀγριανθείσης πάντα κατέλυσεν. In antiquo et probato scriptore si haec ita legerentur, sine controversia corrigendum foret κατελύθη; sed non ita in his excerptis scribi solet. In quavis pagina obviam est verborum compositio subabsurda, qualis haec est lib. XXIII, fr. XXXIII (XIX) vs. 12 :

τοῦ δὲ Θερμῶν πυλωροῦ περὶ τὰ ἔξω γενομένου εἰς ἀναγκαίας χρείας, ὑπὸ τοῦ Ῥωμαίων στρατοῦ συνελήφθη (nempe ὁ πυλωρός). Similiter loco nostro dederat: πάντα κατέλυσαν (scil. τὸ πνεῦμα καὶ ἡ θάλασσα). Eodem modo in fr. XXXV libri praecedentis: ἐπιπεσόντος Καικιλίου αὐτοῖς, κατὰ κράτος νικήσας ἀπέστειλε (scil. ὁ Καικίλιος). Quae exempla aliis innumeris augeri possint.

Interpretamentum ὄργανον, olim adscriptum ad πετρόβολον vs. 29, lubens deleverim. Male sana mox vs. 33 haec scriptura videtur: καὶ τοῦ λαοῦ εἰς τὸν πρὸς θάλασσαν πόλεμον κενωθέντος, οἱ κατὰ τὰς ἐνέδρας κλίμακας ἑτοίμους ἔχοντες ἀνέβησαν. Nam potuit ἡ πόλις κενωθῆναι, ὁ λαός non potuit. Quod omnino satisfaciat, reperire mihi non contigit. Quaerant alii.

Ib. p. 34 vs. 4, expunge additamentum, quod inepte abundat in vocabulis: ἰδόντες δὲ οἱ Καρχηδόνιοι οὐδὲν ὠφελοῦντας τοὺς ἱππεῖς αὐτῶν ἐν τοῖς στενοῖς [τόποις] κτέ. Angustias Graece dici τὰ στενὰ satis est, credo, notum.

Ib. vs. 5 supplendum: καὶ πολλὴ βοήθεια (ἐντεῦθεν) Καρχηδονίοις ἐγένετο. Deinde vs. 7 corrige: διὰ τὴν σπάνιν τῶν τροφῶν pro σπανίαν, quod vocabulum Graecum non est, recte iam monente Rhodomano; et vs. 8: εἰς τὴν νόσον ἐνέπιπτον (pro ἔπιπτον), ut dicebant et scribebant omnes.

Monstrum alere videntur vs. 12 vocabula: τῶν δὲ Ῥωμαίων τὸν ὕπατον διαδεξαμένων τὴν ἀρχὴν παρέδωκαν Κλαυδίῳ κτέ. Διαδέχεσθαί τινα noto usu significat succedere alicui, neque igitur huic loco convenit. Suspicor in ΔΙΑΔΕΞΑΜΕΝΩΝ delitescere veram lectionem ΔΙΑΛΛΑΞΑΝΤΩΝ, quod verbum Diodorus adhibuerit eo sensu, quo v. c. Xenophon scribit in Hellenicis I : 6 § 4: ὅτι Λακεδαιμόνιοι μέγιστα παραπίπτοιεν ἐν τῷ (ἀεὶ insere) διαλλάττειν τοὺς ναυάρχους. Quae suspicio si vera est, Diodoro reddendum: τῶν δὲ Ῥωμαίων τὸν ὕπατον διαλλαξάντων, τὴν ἀρχὴν παρέδωκαν Κλαυδίῳ [ὑπάτῳ] τῷ τοῦ Ἀππίου υἱῷ, i. e. Romani autem mutato consule imperium tradidere Claudio; in quibus observa rursus eandem obtinere constructionem eclogario perquam familiarem, de qua supra diximus. Fieri tamen possit, ut etiam h. l. epitomator vitiosam sui aevi dialectum Diodoro obtrudat. Nam recentissima aetate διαδέχεσθαι significare coepit: *dare alicui successorem.* Cf. Wesselingium ad h. l.

Deinde correxerim: ὃς (pro καὶ) παραλαβὼν τὰς δυνάμεις κτὲ.

Mox vs. 20 editur sic: ναυμαχίαν δὲ καρτερὰν καὶ νίκην λαμπροτέραν οὐχὶ Καρχηδονίοις ἀλλ᾽ οὐδ᾽ ἄλλοις τοιαύτην γεγενημένην ῥᾳδίως ... περὶ τούτους τοὺς χρόνους. Signa lacunae recte interposuit Mullerus. Sententia manu ducit ad veram lectionem quae, ni egregie fallor, haec est: ναυμαχίαν δὲ καρτερωτέραν καὶ νίκην λαμπροτέραν οὐχ ὅτι Καρχηδονίοις ἀλλ᾽ οὐδ᾽ ἄλλοις τοιαύτην γεγενημένην ῥᾳδίως ἄν τις εὕροι περὶ τούτους τοὺς χρόνους. Vs. 23 verissime Dindorf.: καὶ μετὰ νεῶν δέκα [οὐ] μόνον, ἀνῃρέθη μὲν οὐδείς, sed praeterea, ni fallor, scribendum: καὶ τὸ παραδοξότατον — ὄντων Καρχηδονίων.

Ib. vs. 28 supple: Καρθάλων (ὁ) στρατηγός, nisi potius στρατηγὸς est expungendum; et vs. 30: καὶ σιτηγῶν (τῶν) ἴσων.

Pag. 35 vs. 2 dele interpretamentum in verbis: τῶν (μὲν insere) μεγάλων κατέδυσαν πεντήκοντα, τῶν δὲ μικρῶν [ἐβύθισαν] ἑπτακαίδεκα. Ib. vs. 10 repone, Dind. monente, παντὶ (τῷ) στόλῳ. Ib. vs. 20: τὰς δύο ναῦς ἀπολαβὼν καὶ τοὺς ὑπολειφθέντας ἄνδρας κτὲ. Ecquis est, qui ita scribere malit quam mecum reponere: τὰς δύο ναῦς ἀναλαβὼν κτὲ.? Subsequuntur ibidem haec: εἰς τὸ στρατόπεδον ἦλθε τὸ Λιλύβαιον. Non dudum correctum esse: εἰς τὸ στρατόπεδον — τὸ πρὸς Λιλυβαίῳ ad exemplum fr. III init.: τὰς πρὸς τῷ Λιλυβαίῳ δυνάμεις! Denique vs. 24 necessarium est: καὶ στρατιώτας ὀκτακοσίους εἰς φυλακὴν ἐγκατέλιπε pro κατέλιπε, et eadem opera in lib. XXII fr. XXI, p. 18 vs. 31 revoca: εἷλε δὲ τὴν πόλιν. Φρουρὰν δ᾽ ἐγκαταστήσας [ἐν αὐτῇ] ἀπῆρε κτὲ.

Facili negotio tolli potest mendum pervetustum, quod hodie inquinat fr. II. Editur autem sic: ὅτι τοὺς φιλαργυρωτάτους ἐπελέξαντο πρὸς τὸν ἐμπρησμὸν τῶν μηχανημάτων καὶ τοὺς θρασυτάτους οἱ Καρχηδόνιοι, — τὰ γὰρ πλήθη ταῦτα μάλιστ᾽ προτρέπεται τοὺς προχείρους παντὸς καταφρονεῖν κινδύνου. Qua nunc ipsis tenebris obscuriora sunt luce clariora fient, ubi mecu

pro ΠΛΗΘΗ reposueris ΠΑΘΗ. Nempe τὰ πάθη ταῦτα sunt
ἡ φιλαργυρία καὶ τὸ θράσος. Ib. mox suppleverim ὡς ἐπὶ (τὸ)
πολὺ γὰρ κτὲ.

In fr. III vs. 12 pro χώσματα, quod flocci non est, corrige
χώματα. Ad vs. 14, ubi πρώτως editur pro πρῶτον, conferas
quae praecipit Phrynichus, frustra obnitente Lobeckio p. 311.

Fr. V. Scire pervelim, quomodo ii, qui veterum librorum
auctoritate standum esse perhibeant, expediant haec verba:
Βάρκας — παρέλαβε τὴν πόλιν καὶ πάντας ἀνεῖλε, μετῴκισε δὲ
τοὺς λοιποὺς εἰς τὰ Δρέπανα. Intelligerem: καὶ πολλοὺς
μὲν ἀνεῖλε; sed aliud quid latere suspicor, quod tamen quale
sit, reperire mihi non contigit.

Fr. XIII init.: ὅτι Ἀμίλκας ἔπεμψε κήρυκας. Sic edidit
Maius, nescio an recte; nam sequitur ὁ δὲ ὕπατος — ἐκέλευσε
τοῖς ἥκουσι. Nihilominus male legit, nam palimpsestus manifesto exhibet κήρυκα, et ita non solum scriptum invenio in
loco simillimo libr. XXV : 4 (3): οἱ Καρχηδόνιοι ἐξαπέστειλαν
πρὸς τοὺς ἀποστάντας κήρυκα, τὴν τῶν νεκρῶν ἀναίρεσιν αἰτού-
μενοι, sed alibi quoque constanter apud Diodorum ad idem
negotium unum praeconem mitti videbis. Fortasse igitur hoc
quoque loco codicem sequi praestat; ut pluralis numerus τοῖς
ἥκουσιν intelligatur de iis, qui praeconem comitati sint.

Fr. XV tralaticio errore vulgatur: γυμνάσειν ἤλπιζεν — ἅμα
δὲ πολλὰ καταπράξασθαι, lege: καταπράξεσθαι.

Obiter moneo pro Φουνδάνιος, fr. XIII et XIV, palimpsestum
diserte exhibere Φονδάνιος, quae tamen minus vera scriptura
est; nam *Fundi*, unde Fundania gens nomen duxisse videtur
Φοῦνδοι (Strab. V : 233), et incolae Φουνδανοὶ (apud Steph.
Byz.) audire Graece solent.

Pessime habitum est fr. XXII initium: Λυτάτιος δὲ ὁ ὕπατος
νκυσὶ μακραῖς τριακοσίαις [καὶ πλοίοις] καὶ πορείοις ἑπτακοσίοις
[ὁμοῦ χιλίοις] κτὲ. Utile fortasse est iis, qui rationes subducere
nequeunt, additamentum ὁμοῦ χιλίοις, nos facile eo carebimus
reddemusque sua interpolatori. Praeterea vero suspecta habeo
vocabula πλοίοις καὶ nata ex interpretamento ad πορείοις, ni

7 *

fallor, olim adscripta. Redditis igitur istis magistello. rescribamus: Λυτάτιος δὲ ὁ ὕπατος ναυσὶ μακραῖς τριακοσίαις καὶ πορείοις ἑπτακοσίοις εἰς Σικελίαν ἔπλευσε κτέ. Non minus probabili coniectura in integrum restituam quae sequuntur: Ἄννων δὲ καὶ αὐτὸς ἐκ Καρχηδόνος ναυσὶ διακοσίαις πεντήκοντα μακραῖς καὶ τοῖς φορτηγοῖς — ἦλθεν. Non exputo, quidni auctor addiderit numerum navium onerariarum, neque cur articulus isque masculini generis, dum φορτηγός (ναῦς) ad femininum pertinet, adscriptus sit. Quare suspicor ipsum numerum latere in articulo, et τ′ (i. e. τριακοσίαις) a scribis pro compendio, quo ταχυγραφικῶς in libris τοῖς exarari solet, esse habitum. Quae suspicio si vera est, in posterum legemus: Ἄννων σὺν ναυσὶ διακοσίαις πεντήκοντα μακραῖς καὶ τριακοσίαις φορτηγοῖς — ἦλθεν. Tandem in fr. XX legendum: μέχρι μέν τινος ἐσιώπα, ὡς δ′ ἤκουσε — οὐκέτ' ἐκαρτέρησεν pro οὐκ ἐκαρτέρησεν. Orationis vero scabritiem in fr. XXI, quae tolli possit, mutato pronomine reciproco ἀλλήλους in pron. demonstr. αὐτούς, fortasse rectius tribues epitomatori quam librariis.

ADN. AD LIB. XXV.

Quo nullum est genus errorum, quos librariorum incuriae et stupori tribuere solemus, frequentius; id genus corruptelarum iure habebimus, quo diversissima verborum tempora inter se permutare et confundere isti consueverunt. Cuius perniciosissimi moris novum exemplum animadvertere licet in fr. IV ubi in verbis: ὡς τῆς αὐτῆς κολάσεως γενομένης τῷ παραγενομένῳ, ubi γενησομένης de re futura verum esse nemo sanus dubitabit.

In fr. VII corrige μέγα βλάπτεσθαι pro μέγαλα βλάπτεσθαι. et, quod levius videri possit, in fr. X et alibi constanter pro δύω reponendum est δύο. Gravius corrupta sunt ultima verba fr. XI: σφάζονται δ' ὑπὸ Ἀμίλκα τοῦ Βάρκα [στρατηγοῦ], ὃς καὶ ἐν Σικελίᾳ εἰς τοὺς Ῥωμαίους ἀνδρικῶς ἐκρατύνατο. Nam pro εἰς requiritur πρὸς et post ἐκρατύνατο excidisse videtur τὴν ἀρχὴν sive τὰ πράγματα vel aliud quid in eundem sensum; nisi potius acquiescendum erit in Rhodomani suspicione ἐστρατεύσατο, sed eo pacto, ut simul mutatur εἰς in ἐπί.

Fr. XII, p. 42 : 1: ἐπ᾽ ἀμφοτέροις γὰρ τοῖς πολέμοις τούτοις ἐπιφανεστάτας πράξεις κατεργασάμενος. Requiro: ἐν ἀμφοτέροις τοῖς πολέμοις κτέ., quorum mendorum hoc iam non fugit Reiskium. In ipso fine labem contraxisse videtur ultimum vocabulum eorum, quae adscribam: παρεστήσατο τὸν δῆμον ἑαυτῷ παραδοῦναι τὴν στρατηγίαν ὅλης τῆς Λιβύης εἰς χρόνον ὀλίγιστον. Nam exspectaveris potius: εἰς χρόνον ἄριστον, i. e. in tempus indefinitum. Graecum non est eo sensu, quod proposuit Dindorfius, ἀλόγιστον.

Fr. XIII: οἱ δὲ περὶ τὸν Βάρκαν τὸ τοῦ πλήθους ἐλλιπὲς ταῖς ἐμπειρίαις ἐπειρῶντο διορθώσασθαι. Negligentius haec M. descripsit; nam palimpsestus manifesto exhibet: ταῖς (ἀρεταῖς καὶ) ταῖς ἐμπειρίαις.

Interpretamento libera fr. XIV vs. 4 (p. 43): ἐν τῇ ὑπ᾽ αὐτοῦ κτισθείσῃ πόλει [Λευκῇ ἄκρᾳ], nam tertio vs. ante dixerat: ἔκτισε πόλιν μεγίστην, καλέσας αὐτὴν ἐκ τῆς τοῦ τόπου θέσεως Ἄκραν Λευκήν. Ἀμίλκας δ᾽ Ἑλικῇ τῇ πόλει παρακαθήμενος τὸ πλεῖστον στράτευμα εἰς παραχειμασίαν κτέ., ubi male editur παραχειμασίας. In eodem excerpto p. 42 vs. 29 et vs. 36 malim scribere: ζωγρίᾳ ἐλήφθη et ζωγρίᾳ δ᾽ ἔλαβε pro ζωγρίας κτέ. Aliquanto peius laborant quae sequuntur, p. 43 vs. 5: συνεκβοηθήσαντες δὲ τοῦ Ὀρισσῶν βασιλέως τοῖς πολιορκουμένοις, δόλῳ φιλίαν συνεπιθέμενος καὶ συμμαχήσας ἔτρεψεν Ἀμίλκαν. Inchoavit non absolvit huius loci emendationem Dindorfius rescribendo: φιλίαν συνθέμενος καὶ συμμαχήσας; nam eadem opera restituenda fuisset formula Graeca notissima, qua hic quoque Diod. usum esse nullus dubito: δόλῳ φιλίαν συνθέμενος τε καὶ συμμαχίαν ἔτρεψεν Ἀμίλκαν. Sic r. c. XVI : 87 extr. legitur: συνθέσθαι πρὸς αὐτοὺς φιλίαν τε καὶ συμμαχίαν κτέ. Ibidem in fine excerpti: εἰς ποταμὸν μέγαν σὺν τῷ ἵππῳ ἐμβὰς ὑπὸ τοῦ ῥεύματος διεφθάρη ὑπὸ τοῦ ἵππου. Immo μετὰ τοῦ ἵππου, ut recte monet Dindorfius.

In fr. XVII vs. 26 forma nihili κατέσφαγε refingatur in

κατέσφαξε. Vix Graeca sunt, quae leguntur initio fr. XVIII (XIII) scripta in hunc modum: Κελτοὶ δὲ μετὰ Γαλατῶν κατὰ Ῥωμαίων πόλεμον ἀθροίσαντες, συνῆξαν λαὸν μυριάδας, εἴκοσι. Inauditum enim est: πόλεμον ἀθροίζειν κατά τινος pro: πόλεμον παρασκευάζειν ἐπί τινα s. πρός τινα, aut pro πόλεμον αἴρεσθαι s. ἐκφέρειν πρός τινα. Neque igitur suffecerit reponere, quod erat quum verisimile esse arbitrarer: πόλεμον ἀδρ(ὸν ἐξ)οίσοντες συνήγαγον λαῶν μυριάδας εἴκοσι, quia sic simul corrigendum foret: πρὸς Ῥωμαίους pro κατὰ Ῥωμαίων. Ceterum vocabulum ἀδρός, quod fere elegantioris usus est apud antiquiores, frequentissime adhibere recentiores et imprimis Diodorus amat. De bello usus est v. c. Aristophanes Ran. 1159: μέγα τὸ πρᾶγμα, πολὺ τὸ νεῖκος, ἀδρὸς ὁ πόλεμος ἔρχεται. Sed ob eam causam quam dixi, alia medicina quaerenda est. Erunt fortasse, quibus non displicuerit haec emendandi ratio: Κελτοὶ δὲ μετὰ Γαλατῶν κατὰ Ῥωμαίων δύναμιν ἀθροίζοντες συνήγαγον λαῶν μυριάδας εἴκοσι. Sed parum apparet, quomodo δύναμιν in πόλεμον corrumpi potuerit. In sequentibus vix risum contineas legens: ὥστε καὶ τὸν μέγιστον αὐτῶν βασιλέα ἑαυτοῦ θερίσαι τὸν τράχηλον. Apud veteres non nisi tragicis ita loqui fas est, v. c. Euripides ea formula utitur in Suppl. vs. 730. Recentiores optime scribere sibi videntur talia immiscentes orationi pedestri, quae suapte natura illa respuit. In vicinis non expedio verba: τὸν δὲ δεύτερον αὐτοῦ ζῶντα ποιῆσαι. E sequentibus liquet Aemilium sua manu secundum Gallorum legem vivum cepisse; quare exspectaveris: τὸν δὲ δεύτερον ὑπ' αὐτοῦ Αἰμιλίου ζῶντα ληφθῆναι, vel ἁλῶναι, vel ζωγρίᾳ ληφθῆναι, vel denique ζωγρηθῆναι, ita ut nihil quidquam certum sit, et manus abstinere praestiterit. Interpolatorem grassatum esse suspiceris in iis, quae init. huius paginae sic scripta exstant: Ῥωμαῖοι δὲ καὶ αὐτοὶ ἔχοντες πεζῶν μυριάδας ἑβδομήκοντα, ἱππέων (l. ἱππεῖς) δ' ἑπτακισμυρίους [τῶν δύο πολέμων ἡττημένων Ῥωμαίων] τῷ τρίτῳ πολέμῳ κατὰ κράτος ἐνίκησαν [Ῥωμαῖοι]. Lege quae praecedunt, et videbis nullo modo ferri posse, quae uncinis circumsepsi. Fr. XX extr.: πόλεμον τὸν

Ἀννιβιακὸν καλούμενον ἔστησαν. Reponendum ἐνεστήσαντο.

Ib. vs. 23: τὸν δ' Ἀννίβαν Ῥωμαῖοι πρὸς δίκην αἰτήσαντες δι' ὧν παρηνόμησε. Scribe: ἐξαιτήσαντες [δι'] ὧν παρενόμησε; nam Genit. ὧν pendet a substantivo δίκην.

Ad Tzetziana παραληρήματα emendanda mihi nec animus nec otium est, itaque transeamus ad librum sequentem, non tamen priusquam in fr. XXII (p. 45) vs. 2 Diodoro reddiderimus πανοίκιοι (ita enim scribere solet non πανοικίᾳ) pro πανοικὶ, quae forma in Scythia potius quam in Graecia nata esse videtur; cf. Lobeck. ad Phrynichum p. 514 (Parerg.). Praeterea valde dubito de sinceritate eorum, quae sic leguntur ibid. vs. 36: εἰ δή τις ἐστὶ τέρψις τοῖς ἀπολλυμένοις εἰ μὴ δάκρυα καὶ τὸ τελευταῖον ἐν τῷ ζῆν τῶν συγγενῶν ἀσπασμός. Usitatius certe foret ὁ τελευταῖος. Ibidem vs. 4 rectius scriberetur: τινὲς δ' εὐψυχότατα — ἐπικατέσφαξαν, pro εὐψυχοτάτως.

ADN. AD LIB. XXVI.

Excerptum I maiori ex parte non nisi levibus quibusdam mendis inquinatum est, quae nullo negotio corriguntur. Vs. 10 supplendum (ὅτι) οὔτε ποιητὴς κτέ.; vs. 15: Φειδίας (ὁ) μάλιστα κτέ.; vs. 16: Πραξιτέλης ὁ (ἐγ)καταμίξας — τοῖς — ἔργοις τὰ — πάθη; et vs. 31 lege: Φιλοτιμοῦνται αὐξῆσαι, pro: αὐξήσειν. In fr. II non perfecerunt inchoatam emendationem viri docti vs. 12: καὶ πεποιημένος στρατηγικὴν ἀρετὴν κτέ. pro cod. lect. πεπονημένος. Graecum est hac in re πεπεποιημένος (i. e. περιπεποιημένος) — ἀρετὴν, ut alibi saepissime recte in his fragmentis scriptum invenies. Idem mendum denuo tollatur e fr. IV: ἐμπειρίαν μεγάλην καὶ δύναμιν πεποιημένος; lege περιπεποιημένος..

Gravius deinde corrupta est sententia, quae legitur vs. 35 sqq. scripta in hunc modum: εἰσὶ γάρ τινες, οἶμαι, φύσεις σκαιότητι βλάπτουσαι καθάπερ ἐκκαίουσαι τὰ καλὰ τῶν γεννημάτων πάχναι καὶ χιόνες. καὶ γὰρ διὰ μὲν τὴν ἀνταύγειαν τῆς κατὰ τὴν χιόνα λευκότητος ἀμαυρουμένη ἡ ὄψις τῆς ἀκριβοῦς

θεωρίας ἀποστερεῖται καὶ προαιρέσειν ἀνθρώπων ἀξιόλογον μὲν ἔργον οὔτε βουλόμεναι δρᾶν οὔτε δυνάμεναι, τὰ δὲ ὑπὸ
τῶν ἄλλων πεποιημένα διασύρουσι. Quae verba nemo facile
intelliget nisi reficta in hunc modum: εἰσὶ γάρ τινες — βλάπτουσαι, (καὶ) καθάπερ αἱ καλουσαι — πάχναι καὶ χιόνες, (καὶ
γὰρ διὰ [μὲν] τὴν ἀνταύγειαν τῆς κατὰ τὴν χιόνα λευκότητος
ἀμαυρουμένη ἡ ὄψις τῆς ἀκριβοῦς θεωρίας ἀποστερεῖται,) κατὰ
προαίρεσίν τινα μισάνθρωπον ἀξιόλογον μὲν ἔργον οὔτε
βουλόμεναι δρᾶν οὔτε δυνάμεναι, τὰ δ' ὑπὸ τῶν ἄλλων πεποιημένα
διασύρουσαι. Quae in hunc modum interpretor: *Sunt enim,
opinor, quaedam ingenia, quae ineptiis suis nocent, quaeque,
quemadmodum pruinae atque nives pulcherrimas plantas
urunt, ita (nam oculorum quoque acies nivei candoris splen-
dore obscurata hebescere solet), studio quodam hominibus
infesto ipsa quidem praeclarum facinus perpetrare neque
volunt neque possunt, verum iis, quae alii bene gesserunt,
obtrectant atque rodunt.* Erunt tamen fortasse qui, ut medicinam paullo leniorem, κατὰ προαίρεσίν τινα ἀπάνθρωπον praetulerint. Mullerus nihil mutavit nisi προαιρέσειν in προαιρέσεις,
quo nihil proficimus. Ea, quae statim subsequuntur sic supplenda videntur atque corrigenda: διὸ (δεῖ) τοὺς εὖ φρονοῦντας
τοῖς μὲν δι' ἐπιμέλειαν κατωρθωκόσιν ἀρετῆς (vulgo ἀρετὴν)
ἀπομερίζειν τὸν ἔπαινον, τοῖς δὲ σπανίως κατορθοῦσι μὴ συκοφαντεῖν ἀνθρωπίνης φύσεως τὴν ἀσθένειαν.

Praepositio verbi compositi medela egere videtur in fr. III
vs. 19: ὁ δῆμος παιδαγωγὸν ἐπικαλῶν αὐτὸν (scil. τὸν Φάβιον)
ὠνείδιζε τὴν δειλίαν. Paedagogi nomen nostra quidem aetate
est satis honorificum; non ita olim apud Graecos atque Romanos; itaque ἀποκαλῶν haud dubie est vera lectio. Cunctator
vero ille magnanimus, ut docemur in extremo excerpto, τὴν
ὕβριν ἀταράχως καὶ βαρέως ἔφερε. Persuasum mihi est virum
sine exemplo magnum fuisse eum, qui Romanis *cunctando
restituit rem*, at vel sic tamen negotio adeo difficili imparem eum
fuisse crediderim, ut iniuriam simul aequo et iniquo animo ferre
potuerit, malimque suspicari olim pro βαρέως scriptum fuisse

πρᾴως vel ῥᾳδίως, nam utrumque vocabulum in hac sententia locum habere potest. Ambo interdum coniunguntur v. c. apud Platonem in Critia 43 b: ὡς ῥ ᾳ δ ί ω ς τὴν συμφορὰν καὶ πρᾴως φέρεις. Equidem loco nostro πρᾴως praetulerim.

Nemo Graecorum sic locutus est, uti scripsisse creditur noster in fr. IV: ἐμπειρίαν μεγάλην καὶ δύναμιν π ε π ο ι η μένος. Certa emendatione reponendum est π ε ρ ι πεποιημένος. Praepositionem περι (π̇) absorpsisse videtur sequens syllaba π̅ε̅. Non sanius esse iudico participium καταπτωθείσης in fr. XI: 'Ρόδου γὰρ ὑπὸ σεισμοῦ μεγάλου κ α τ α π τ ω θ ε ί σ η ς; quasi hoc Graecum esset pro καταπεσούσης vel καταπεπτωκυίας, quod fortasse reponendum, nam id, quod una tantum littera diversum est a vulgata lectione κ α τ α π τ ο η θ ε ί σ η ς i. e. perterrefacta, vereor ut sententiae plane satisfaciat, et κατερειφθείσης, quod optime huic loco conveniret, litterarum ductus habet nimium diversos. Ibidem puerili errore κ α ὶ ἀ ρ γ υ ρ ί ο υ ς λέβητας legitur pro κ α ὶ ἀργυροῦς λέβητας. In praegressis fr. IX vehementer dubito, an recte dictum sit: τὴν γὰρ τύχην εὐμετάβολον οὖσαν φύσει ταχὺ τὴν ἐναντίαν εἰσάξειν μεταβολήν. Intelligerem si scriberetur: τὴν (πρὸς vel ἐπὶ) τοὐναντίον — μεταβολήν.

In fr. XIII supplendum videtur: ἔφησε γὰρ (ὅτι), εἰ τῶν ἑκατὸν ἐλπίδα μίαν εἶχεν ἐν τοῖς 'Ρωμαίοις, οὐκ ἂν μετέστη πρὸς Καρχηδονίους κτέ. Mendis obsitum est et fortasse lacunosum excerptum XXI (XIV): 'Αννίβας γὰρ κ α κ ο υ χ ί ᾳ π ο λ λ ῇ κ α ὶ τὰς πόλεις τῆς Βρεττίας παραλαβὼν ὕστερον καὶ τὴν Κρότωνα εἶλε καὶ τὸ 'Ρήγιον π ο λ ι ο ρ κ ή σ ω ν. Exulet copula post πολλῇ, quam praepostere de suo addidit Rhodomanus. Deinde pro πολιορκήσων malim ἐξεπολιόρκησε. Praeterea vero dubito, an sanum sit κακουχίᾳ, propter sequentia: 'Απὸ δυσμῶν γ ὰ ρ ἀρξάμενος τῶν 'Η ρ α κ λ ε ι ω τ ι κ ῶ ν στηλῶν πᾶσαν τῶν 'Ρωμαίων χώραν ὑπέταξε πλὴν 'Ρώμης καὶ Νεαπόλεως πολεμήσας ἕως Κροτώνης. Unde fere efficeres pro κακουχίᾳ requiri potius εὐτυχίᾳ. Sed quoniam Hannibalem post pugnam Cannensem adversa potius quam secunda fortuna usum esse historia docet, verisimilius esse arbitror eclogarium inepte Diodori orationem contraxisse in brevius.

Satis igitur habeo corrigere: τῶν Ἡρακλείων στηλῶν et ἕως Κρότωνος, nam quae vulgantur sunt plane barbara. Non minus certum est ferri non posse in fr. XXII, ut hodie scribuntur, verba: κατηγορήσας εἰς ὠμότητα καὶ πονηρίαν μᾶλλον ὑπερηφάνειαν; sed rursus ambiguum est, sitne corrigendum (nam utrumque recte dicitur): ἢ μᾶλλον ὑπερηφανίαν, an μᾶλλον δ' ὑπερηφανίαν.

Fr. XXIII : 24 suppleverim: (καὶ) ἀδελφοὺς μὲν ἀδελφοῖς κτὲ. Vs. 29 scribendum videtur: οὐδεὶς ὑπήκουσε ,, προσενεγκεῖν τὰς χεῖρας τοῖς ἀναγκαιοτάτοις. Nam a verbo ὑπακούειν Infinitivus suspensus esse nequit. Excidit participium verbi *iubendi*. Fr. XXIV supple et corrige vs. 3: καὶ πολλῶν ἀκρίτων (τὰς) οὐσίας ἐδήμευε κτὲ. pro ἀκρίτως οὐσίας κτὲ. Fr. XXV fin.: καὶ μηδὲ ῥίζαν ἀπολιπεῖν (τῆς) τυραννικῆς συγγενείας. Fr. XXVII vs. 25 corrige: καὶ τῇ παρ' Ἀννίβα γενησομένῃ βοηθείᾳ ψυχαγωγούμενοι τότε μετενόησαν ὅτ' οὐδὲν ὄφελος ἦν μεταμελεῖσθαι, nam in vulgatis quot verba tot menda. Fr. XXX lege: τῶν Συρακοσίων (pro Συρακουσίων) — ἀπαντησάντων μεθ' ἱκετηριῶν pro ἱκετηρίας, nam ramos oleagineos singuli singulos supplices gestare solebant. Sic et alibi recte legitur et in libr. XXIV fr. 16: τῶν πρεσβυτέρων προσελθόντων μεθ' ἱκετηριῶν καὶ δεομένων ἀνθρωπίνως ἑαυτοῖς χρῆσθαι. Mox requiro: ἔφη — φείσεσθαι — διαρπάσειν (nisi potius διαρπάσεσθαι) pro iis qui vulgantur Aoristis. Fr. XXXII sensu prorsus caret: ὅτι Σκιπίων τοὺς ὁμήρους ἀπολύσας ἐπεδείξατο ὡς πολλάκις ἑνὸς ἀνδρὸς ἀρετὴ προσέταττε συλλήβδην εἰς ἔθνη βασιλεῖς. Suspicor: ὡς πολλάκις ἑνὸς ἀνδρὸς ἀρετὴ προστατεῖ πάντων συλλήβδην ὡς ἐθνῶν βασιλεῖς, i. e. *saepe unius viri praestantiam in cunctos exercere imperium, haud secus ac reges in populos suos*. Deniqne in fr. XXXVI vs. 8 suppleverim: διόπερ χρὴ τὴν ἀρετὴν τἀνδρὸς ἐξετάζειν οὐκ ἐκ τῶν ἀποτελεσμάτων ἀλλ' ἐκ τῆς ἐπιβολῆς καὶ (τῆς) τόλμης.

ADN. AD LIB. XXVII.

Res nota est, amanuensibus sat multis eum morem fuisse, ut nacti describendum exemplar situ vel madore corruptum, vocabulorum lacinias aut temere de suo supplerent, aut praecedenti vocabulo iungerent, nullo spatio intermisso, quo aliquid deesse indicaretur. Ex eiusmodi archetypo fluxisse codicem, unde Hoescheliana excerpta edita sunt, e multis indiciis suspiceris. Quae observatio fortasse adiuvare poterit ad veram lectionem indagandam eorum, quae hodie depravata leguntur in fr. V. Fit altercatio, uti auctor narrat, inter Pleminium, praesidiariorum Locris praefectum, et duos tribunos militum, qui olim fuerant eius rapinarum socii, sed nunc, quia ab illo parte praedae, quae ipsis competebat, fraudati erant, impiorum quae commiserat scelerum flagitiorumque indices se fore minitabantur. Οἱ δὲ χιλίαρχοι (ita pergit Diodorus), τοῦτον δόντες ἐπὶ γῆν τά τε ὦτα περιέτρωγον αὐτοῦ κτέ. Neminem potest latere vitiosum esse participium δόντες, neque aliud est in Graeco sermone verbum, quod rei, quae narratur, melius conveniat quam καταβάλλειν; idque ipsum reponendum esse nullus dubito. Nempe olim nihil apparuisse puto quam haec: — ΤΟΤΤΟΝ ......ΛΟΝΤΕϹ, eaque librarium non curantem, quae legere non poterat, nullo spatio relicto, in suo codice descripsisse; deinde aut ipse aut alius vocabulum hinc bene Graecum lenissima mutatione extuderit ΔΟΝΤΕϹ, quod hodie textum inquinat. Quin nos duce sententia loci melius supplemus: ΤΟΤΤΟΝΚΑΤΑΒΑΛΟΝΤΕϹ ἐπὶ γῆν κτέ.

Laboranti Graecitati subveniendum ibidem vs. 11: ταχὺ δ' αὐτοῖς ἅπασιν ἀξίαν τῆς πονηρίας ἐπέθηκε τὸ δαιμόνιον. Omitti articulus omnino nequit in locutionibus: κομίζεσθαι, λαμβάνειν, ἀποτίνειν, ὑπέχειν, προσάπτειν, ἐπιτιθέναι (et si quod verbum praeterea cum eodem substantivo iungitur) τὴν ἀξίαν. Itaque reddendum Diodoro: ταχὺ δ' αὐτοῖς ἅπασιν τὴν ἀξίαν τῆς πονηρίας ἐπέθηκε τὸ δαιμόνιον; ut scribit v. c. Plato de Legg. IX p. 876 d.: προσάπτειν ἑκάστῳ τῶν ἁμαρτημάτων τὴν ἀξίαν.

Vs. 14 scribendum videtur: καθ' ὃν δὲ καιρὸν Πύρρος ἐκ τῆς Σικελίας διεβίβαζε τὰς δυνάμεις. Male enim vulgatur: καθ' ὃν γὰρ καιρὸν κτέ.

Non melior sors quam supra articulo contigit vs. 18, ubi supplendum: ὥστε (τῷ) στόλῳ παντὶ ναυαγῆσαι τοῦτον. Contrario errore vocula ὡς male abundare videtur vs. 30: κατηγόρουν αὐτοῦ (Σκιπίωνος) λέγοντες [ὡς] ἀπὸ τῆς ἐκείνου γνώμης ἅπαντα πεπραχέναι Πλημίνιον (pro Πλημίνιος). Nam si retinueris ὡς sententia erit haec: accusabant Scipionem, dicentes Pleminium omnia *tanquam* illius iussu fecisse. Quae nimis debilis, ni fallor, foret accusatio. Scipionis adversarii κατηγορικῶς sic dicebant: ἀπὸ τῆς Σκιπίωνος γνώμης ἅπαντα πέπραχε Πλημίνιος. Itaque ὡς, natum fortasse e praecedentis vocabuli cauda, exulare iubeamus. Sin minus, Infinitivus πεπραχέναι in πέπραχε mutari debebit, quam rationem neque fortasse immerito Reiskio, viro summo, video placuisse.

Non magis ferendum iudico εἰ cum coniunctivo positum vs. 32: εἰ μὲν εὕρωσι — εἰ δὲ μὴ sed utrobique corrigendum ἢν vel ἐὰν. Vs. 31: ἀπέστειλε πρεσβευτὰς ἀγορανόμον καὶ δύο δημάρχους. Possis αʹ ἀγορανόμον i. e. ἕνα ἀγορανόμον, sed opus non est. Neque Graece dictum esse puto vs. 36: τὸν Πλημίνιον ἔδησεν εἰς ἄλυσιν, verum iubente sana ratione rescribo: ἔδησεν ἐν ἀλύσεσιν, ut dicitur δεῖν ἐν πέδαις, similia. Vulgatam peperit sic correcta lectio: ἄλυσιν. Aut quis credat Graecum esse: ἐπὶ δεισιδαιμονίαν ἐνέπιπτον, ut absurde legitur in fr. VI vs. 11 pro εἰς δεισιδαιμονίαν κτέ., quod sine controversia Diodoro reddendum est. Nec spero repertum iri, qui recte habere defendant in fr. IX vs. 36 vocabula: διὸ καὶ ταχὺ τοῦ Σύφακος ὁ Σκιπίων τῆς εἰς αὐτὸν ἐπιεικείας ἀπεκομίσατο χάριν. Mihi quidem ante vocabula: τοῦ Σύφακος excidisse videtur praepositio παρά. Palimpsestum exhibere Σόφακος, sed perperam, docebit mea collatio ad p. 62. Melius idem mihi dedit vs. 43 huius excerpti: ὑπὸ δὲ τοῦ πρὸς τοὺς ἠτυχηκότας ἐλέου pro ἐλέους, quae forma non est unius assis. Fr. VIII prope fin.: τηρῶν δ' αὐτὸν ἐν ἐλευθέρᾳ φυλακῇ

Φιλανθρώπως ὡμίλει, καὶ πολλάκις ἐπὶ δεῖπνα παρελαμβάνετο.
Immo vero παρελάμβανε.

Recte Mullerus emendavit male sanam scripturam: δεομένη
καθ' ἡμέραν τἀνδρὶ reponendo τἀνδρὸς in fr. X (VII), ut tamen
recte legisse videtur Maius; certe nullam enotavi differentiam.
Ibid. vs. 6: ὅπως ἀποστῇ 'Ρώμης. Dicendi usus requirit
'Ρωμαίων. Ibid. in fine suppleverim: αὐτὸς δὲ παρελθὼν εἰς
τὴν σκηνὴν φάρμακον θανάσιμον (δοὺς) τῇ γυναικὶ πιεῖν ἠνάγκασεν;
nisi forte mavis rescribere: τὴν γυναῖκα κτέ. Non magis
crediderim vs. 3 sqq. sana esse verba: τήν τε ὄψιν ἣν εὐπρε-
πὴς καὶ τοῖς νόμοις ποικίλη καὶ πᾶν ἐξομηρεύσασθαι δυναμένη?
Melius intelligerem, si scriberetur: καὶ τοῖς τρόποις ποικίλη
καὶ πᾶν ἐξομηρεύσασθαι δυναμένη, i. e. ingenii callidi atque versuti mulier, cetera.

Fr. XIV (XI) supplendum: εἰς (τὸν) λιμένα et corrigendum: οὐδεὶς ὑπήκουσε pro ἐπήκουσε. Fr. XVI (XIII) et
fr. XVII, ubi eadem recurrunt, supplendum videtur: ὁ Σκιπίων
οὐκ ἔφη (αὐτοὺς) δεῖν πράττειν, ἃ τοῖς Καρχηδονίοις ἐγκαλοῦσι,
ut recte scribitur in fr. XVIII: ἐν ταῖς εὐτυχίαις αὐτοὺς πράττειν ἃ τοῖς ἄλλοις ἐγκαλοῦσιν. Fr. XVIII (XIII) vs. 20 articulum inseras: φαντασίαν (τοῦ) συμφέροντος; eundem revoca vs.
22: ὑπὸ δὲ τῆς πρὸς (τοὺς) ἀκληροῦντας ὀργῆς ἡττᾶσθαι, et vs.
26 cum palimpsesto: ἡ δόξα (τῶν) εὐτυχηκότων. Vs. 30 lege:
οὐδὲν (pro οὐδὲ) γάρ ἐστι μέγα τὸν ἑκουσίως ὑποπίπτοντα
φονεύειν. Ib. p. 60 vs. 11 lego: καὶ γὰρ ὧν ἀλλοτριώτατός τις,
ἐὰν ἐλέου τύχῃ, μεταβάλλει κτέ., ὧν pro ἂν et ἐλέου cum palimpsesto pro ἐλέους. Ibid. vs. 16 expunxerim additamentum
in his: τὰς μὲν φιλίας ἀθανάτους ὑπάρχειν τὰς δ' ἔχθρας [εἶναι]
θνητάς; vs. 19 resecanda crediderim quae uncis sepienda curavi:
ὅτι τοὺς ἡγεῖσθαι βουλομένους οὐχ οὕτω τοῖς ἄλλοις ὑπερέχειν
ἀναγκαῖον ὡς ἐπιεικείᾳ καὶ μετριότητι [δεῖ νικᾶν ἅπαντας].
Deinde scribo: ὁ μὲν γὰρ ἐκ τοῦ κρατεῖσθαι φόβος μισεῖσθαι
ποιεῖ τοὺς κρατοῦντας, ἡ δ' εἰς τοὺς ἡττωμένους εὐγνωμοσύνη
βεβαίως συνέχει τὰς ἡγεμονίας pro συνέξει κτέ. Ib. vs. 25 ma-

lim: πᾶς γάρ (τις) τοὺς μὲν ὑπερβαλλούσαις συμφοραῖς περιπε-
σόντας ἐλεεῖ, inserto pronomine indefinito.

Pag. 61 vs. 7 mutato accentu repone: ἀπογνόντες δὲ πᾶν τὸ
δεινὸν ὑπομενοῦσιν ἐν ταῖς μάχαις pro ὑπομένουσιν. Dicit
enim orator, quid facturi sint, non quid faciant Poeni. Vetus-
tisimum mendum perdidit sensum eorum quae leguntur vs. 11 sqq.:
δυστυχοῦντας μὲν οὖν παραβάλλεσθαι χρὴ καὶ τοῖς μεγίστοις
κινδύνοις θηρᾶσθαι τὴν μεταβολήν· καλὸν δὲ τὴν τύχην εὐθὺς ἀνέχοντας (ΕΤΘΤCΑΝΕΧΟΝΤΑC) αὐτοὺς εἰς τὸ παράβολον διδόναι.
Interpretare haec, si potes, sed sat scio te oleum perditurum
esse et operam. Ipsa opposita docent, quae fuerit Diodori manus; nam primum verbo χρὴ opponi nequit καλὸν sed debet οὐ
καλὸν, deinde participio δυστυχοῦντας opponi nequeunt vocabula
τὴν τύχην εὐθὺς ἀνέχοντας, sed debet εὐτυχοῦντας. Scribere igitur potuisset: οὐ καλὸν δὲ εὐτυχοῦντας αὐτοὺς εἰς τὸ παράβολον διδόναι. Sed noluit hanc sententiam τοῖς τυχοῦσιν ὀνόμασιν
conceptam enuntiare, et dicere maluit: δυστυχοῦντας μὲν οὖν παραβάλλεσθαι χρὴ καὶ τοῖς μεγίστοις κινδύνοις θηρᾶσθαι τὴν μεταβολήν, (οὐ) καλὸν δὲ τὴν τύχην εὐροοῦσαν ἔχοντας (ΕΤΡΟ-
ΟΤCΑΝΕΧΟΝΤΑC) αὐτοὺς εἰς τὸ παράβολον διδόναι. *Infelices
quidem oportet audere et maximis periculis venari rerum
mutationem; non vero decet secunda fortuna utentes nimiae audaciae indulgere.* Elegans, quam h. l. revocavi, locutio et ab aliis scriptoribus adhibetur et, quod nostra imprimis
refert, ipse Diodorus ea usus est saepius, v. c. lib. II 45: αὐξομένης
δὲ τῆς περὶ αὐτὴν ἀρετῆς τε καὶ δόξης, συνεχῶς ἐπὶ τὰ πλησιόχωρα
τῶν ἐθνῶν στρατεύειν, καὶ τῆς τύχης εὐροούσης φρονήματος
ἐμπίπλασθαι. Similiter XXXI fr. IV: ὅτι τῆς τύχης εὐροούσης τοῖς Ῥωμαίοις ἐβουλεύοντο κτέ. Adde ib. fr. XVIII
(XI). Similis locutio oblitterata esse videtur in lib. II c. 2,
ubi legitur sic: ὡς ἐπίπαν γὰρ τοῖς εὐτυχοῦσιν ἡ τῶν πραγμάτων ἐπίρροια τὴν τοῦ πλείονος ἐπιθυμίαν παρίστησι. Malim
enim: ἡ τῶν πραγμάτων εὔροια κτέ. (Contra ἐπίρροια ἀγαθῶν
vel κακῶν rectissime diceretur. Cf. Eur. Andr. 349). Sic

quoque XX : 33: οὐ μὴν ἡ τύχη γ' εἴασε τὴν εὔροιαν μένειν ἐπὶ τῆς αὐτῆς τάξεως. Opponi solet ἡ παλίρροια τῆς τύχης. Ibid. p. 61 vs. 18 (XVIII) periisse videtur praepositio πρός, sic revocanda: ταῦτα γάρ ἐστι (πρὸς) εὖ βουλευομένων ἀνδρῶν.

Tandem duae litterae a scribis neglectae turbas dederunt ibidem vs. 22, ubi hodie sic legitur: ὁ δὲ μέγιστα ἀσεβήσας καὶ τὸ δὴ λεγόμενον ἄρρητα πρὸς ὕβριν καὶ ὠμότητα πράξας αὐτὸς αὐτὸν ΑΠΕΣΤΗΣΕ τοιαύτης φιλανθρωπίας. Immo vero: αὐτὸς αὐτὸν ΑΠΕΣΤΕΡΗΣΕ τοιαύτης φιλανθρωπίας. Mox τυγχάνειν ἐλέου, repone pro: ἐλέους cum cod. palimpsesto, et cum eodem vs. 34: ὅταν (ἡ) τοῦ νικᾶν ἐλπίς ἐστιν ὑποκειμένη. Tandem vs. 26 verum videtur: δίκαιον γάρ ἐστιν, ὃν καθ' ἑτέρων τις νόμον ἔθηκε, τούτῳ καὶ αὐτὸν χρῆσθαι pro τούτῳ κεχρῆσθαι.

ADN. AD LIB. XXVIII.

Pergam quas inter legendum feci correctiones quam paucissimis verbis potero indicare, subsistens tantummodo. in iis, quae aliqua demonstratione aut illustratione indigere videbuntnr. Fr. III vs. 21 lege: ἀκρίτους ἀποσφάξαι pro ἀκρίτως κτὲ. Fr. IV vs. 9: καὶ τοῖς μὲν τὴν ἀρετὴν μεταδιώξασιν, cum Cod. Vat. pro καταδιώξασιν κτὲ. Fr. VI vs. 23 lege: ἀμυνεῖσθαι pro ἀμύνεσθαι, ut recte praecedit ποιήσειν; praeterea malim ἐμμείνωσι et ἐπεμβῶσι, sed contemplemur totam sententiam, quae praeterea alio morbo laborat. Scribitur autem sic: ὁ δὲ (nempe Φίλιππος) ἔφησεν ἐὰν μὲν ἐμμένωσι ταῖς ὁμολογίαις Ῥωμαῖοι ποιήσειν αὐτοὺς ὀρθῶς, ἐὰν δὲ ἐπεμβαίνωσι, τοὺς θεοὺς ἐπιμαρτυρόμενος ἀμύνεσθαι τοὺς ἀδίκου πολέμου κατάρχοντας. Expleta est, sive a librariis sive ab epitomatore malis, elegans ellipsis, qua in simili periodo constanter utuntur scriptores Graeci, quaque Diodorus ut ceteri uti solet, et hîc quoque usus esse mihi videtur. Quid velim optime apparebit e loco Cassii Dionis, quem ex eodem codice rescripto in lucem protraxit Maius. Legitur in eius collectione Tom. II p. 190.

Mittunt Romani legatos Carthaginem, quibus negotium datur: ἐξαίτησιν αὐτοῦ ('Αννίβα) ποιήσασθαι, κᾶν μὲν ἐκδῶσιν αὐτὸν, εἰ (l. ἐὰν) δὲ μὴ, τὸν πόλεμόν σφισιν ἐπαγγεῖλαι. Hìc singulari fortuna ellipsis sciolorum manus effugit, Zonaram effugere eidem non licuit; qui lib. VIII : 22, ubi eadem e Dione descripsit, post αὐτὸν de suo supplevit: ἡσυχίαν ἄγειν. Eodem modo loco nostro vocabulo ποιήσειν αὐτοὺς ὀρθῶς epitomatoris supplementum esse putaverim. Sed nihil mutandum, nam totum locum Diodori satis inepte mutata constructione descripsisse videtur eclogarius. Diodorus scribere v. c. potuit: ὁ δ' ἔφησεν ὅτι· ἐὰν μὲν ἐμμείνωσι ταῖς ὁμολογίαις 'Ρωμαῖοι, ἐὰν δὲ μὴ, θεοὺς ἐπιμαρτύρομαι ἀμυνεῖσθαι τοὺς ἀδίκου πολέμου κατάρξαντας κατὰ πάντα τρόπον. Initio huius excerpti deleas articulum cum pal. Vat. in verbis: ὅτι [ὁ] Μάρκος Αἰμίλιος κτέ.

Sed redeundum est ad fr. IV, ubi vs. 10 legitur: τοῖς δὲ τὴν πλεονεξίαν ἥ τινα ἄλλην κακίαν ἐπανελομένοις. Verbum ἐπαναιρεῖσθαι est suscipere, itaque rectissime dicitur ἐπανελέσθαι πόλεμον et similia, sed, ut nemo Latine dixerit: suscipere avaritiam aliasve malas artes, sic ἐπανελέσθαι πλεονεξίαν κτέ. Graece absurdum est. Corrigendum videtur: τοῖς δὲ τὴν πλεονεξίαν — προελομένοις, nam verbum προαιρεῖσθαι, unde προαίρεσις, imprimis apud Polybium et Diodorum hac in re usitatissimum est. Non raro opponitur φεύγειν. Sequuntur haec: οὐκ εἰς μακρὰν τὴν προσήκουσαν ἐφίστησι τιμωρίαν. Scio et intelligo quid sit ἐφιστάναι φόβον, ἀνάγκην, κατάπληξίν τινι. Sed ἐφιστάναι τινὶ τιμωρίαν vel δίκην non facile apud Graecum scriptorem invenies. Graeci haec substantiva fere constanter iungunt cum verbo ἐπιτιθέναι s. imponere, quare D. scribere potuit: τὴν προσήκουσαν ἐπιτίθησι τιμωρίαν. Sed quia proxime praecesserunt verba: οἰκεῖα τῆς ἀρετῆς ἔπαθλα ἐπιτίθησι, talem mutationem minus probabilem esse iudico. Fieri quoque posse non nego, ut ἐφίστησι, quamvis nove dictum, tamen a Diodoro profectum sit. In patrocinium certe vocari poterit Polybii locus II : 20 sic scribentis: ἡ τύχη ὡσανεὶ λοιμικήν τινα πολέμου διάθεσιν ἐπέστησε πᾶσι Γαλάταις, ubi verbum ἐφιστάναι interpretantur per im-

mittere. Nostro loco cogitavi de reponendo ἐφίησι, sed vereor, ut oratio pedestris verbum ἐφιέναι hoc sensu pro ἐπιπέμπειν admittat.

Fr. V vs. 15 repetita coniunctione καὶ scribendum: τό τε Νικηφόρειον (vulgo Νικηφόριον) πολυτελῶς κατεσκευασμένον καὶ τἄλλα (καὶ) γλυφὰς ἔχοντα κτέ. Ad ea quae leguntur in excerpti fine: τὸν θυμὸν εἰς ταῦτα κατετίθετο conferas XXVI fr. 26: οὐ προσήκειν τὴν ὀργὴν εἰς ἀναίσθητον σῶμα ἐναποτίθεσθαι.

Fr. VIII vs. 36: τοῖς δὲ κατὰ τὴν ἧτταν ἀπολλυμένοις οὐ διαφέρειν κτέ. Lege: οὐδὲν et διαφέρει, nam verbum suspensum est a praegressa coniunctione ὅτι.

Fr. IX (VIII § 2) init. corrigendum: ὡς ἐπὶ (τὸ) πολὺ εἰώθασιν οἱ τοῖς τρόποις φαῦλοι τοὺς συναναστρεφομένους ὁμοίους ἑαυτοῖς συγκατασκευάζειν. Contra articulum deleverim in fr. X (IX) vs. 5: παρέδωκεν αὐτὸν εἰς [τὴν] φυλακήν.

Fr. XII (XI) vs. 23 scribo: ὅπως μὴ — ἐλευθεροῖ pro ἐλευθεροῦν.

Fr. XIII vs. 31 repono: ἔφασαν τί βουλόμενος πεζάς τε καὶ ναυτικὰς συνάγει δυνάμεις pro πεζικάς τε καὶ ναυμαχικάς, quorum hoc male legit M., nam cod. Vat. diserte habet quod rescripsi. Idem vs. 29 optime supplet: ὑπὸ Πτολεμαῖον (καὶ Φίλιππον). Vs. 34 sine controversia scribendum: τῶν κατὰ τὴν Ἰταλίαν αὐτοῦ μηδὲν (pro μὴ) πολυπραγμονοῦντος, uti recte legitur in fr. XVI (p. 66) vs. 11: μηδὲν πολυπραγμονεῖν Ῥωμαίους τῶν κατὰ τὴν Ἀσίαν.

In verbis sequentibus: Λυσιμάχειαν δ᾽ ἀνοικίζων οὔτε Ῥωμαῖον οὔτ᾽ ἄλλον οὐδένα ⠀⠀ τὰ δὲ πρὸς κτέ. lacunam non male expleveris inserendo verbum ἀδικεῖν. Similiter, quod fugit viros doctos, lacunosum est fr. XVI initium: — βουλομένη προθύμους αὐτοὺς ἔχειν πρὸς τὸν Ἀντιοχικὸν πόλεμον, ὃν ταχέως προσεδόκα. τοῖς δὲ παρὰ Φιλίππου πρέσβεσιν κτέ. Nam adverbium ταχέως h. l. cum προσεδόκα iungi omnino nequit, sed debet referri ad verbum, quod post προσεδόκα excidisse suspicor, sive hoc fuerit ἔσεσθαι sive ἐκραγήσεσθαι sive aliud, quod eodem sensu cum

9

substantivo πόλεμος coniungitur. Scribatur igitur: — ὃν ταχέως προσεδόκα ⁎ . τοῖς δὲ κτέ.

Ibid. p. 66 vs. 5: τοὺς δὲ πρὸς αὐτὸν πρεσβεύοντας ἐπὶ Λυσιμάχειαν. Immo: εἰς Λυσιμάχειαν. Vs. 16 dele cum Dindorfio participium ὄντων in verbis: ὁ δὲ Φλαμινῖνος ἔφη δυοῖν πραγμάτων [ὄντων] τὸ ἕτερον τῷ βασιλεῖ τὴν σύγκλητον συγχωρεῖν.

ADN. AD LIB. XXIX.

Fr. III vs. 15: διὸ καὶ τοὺς πεποιηκότας αὐτὸν ἀπαράσκευον ὄντα καὶ πείσαντας ἐπὶ τὴν τῶν Αἰτωλῶν συμμαχίαν τὸν πόλεμον ἐπανελέσθαι δι᾿ ὀργῆς εἶχε. In eandem incidi cum Dindorfio suspicionem proponente: διὸ καὶ τοὺς πεπεικότας αὐτὸν — καὶ πιστεύσαντα κτέ.; nisi quod ipse simul in verbis: ἐπὶ τὴν τῶν Αἰτωλῶν συμμαχίαν, (nam πιστεύειν ἐπί τι Graecum non est,) deleta praepositione Accusativis Dativos substituendos esse suspicabar. Etiam quae verba loco nostro praecedunt, ut sana sint, multum vereor: τὰς δὲ ἐκ τῆς Ἀσίας δυνάμεις ὑστερούσας καὶ τοὺς Αἰτωλοὺς καταμελοῦντας καὶ προφάσεις ἀεὶ ποριζομένους. Multo enim melius sententiae conveniret ni fallor καταμέλλοντας. De utroque verbo confuso vide Schweighauseri adnotationem ad Polyb. I, 44, 1. In iis quae sequuntur l. n. soloece scribitur: τὸν δὲ πρὸ τούτου χρόνον. Graecum est: τὸν δὲ πρὸ τοῦ χρόνον, quod reponas.

Fr. IV vs. 27: εἰς φόβους καὶ μεγάλους κινδύνους ἐνέπεσον. συνηγωνισμένοι τῷ βασιλεῖ ἐκτενέστατα εἰς ἀπορίαν ἐνέπιπτον. Necessario supplendum: συνηγωνισμένοι (γὰρ) τῷ βασιλεῖ κτέ.

Fr. VI vs. 10: οἱ μὲν γὰρ ὀλίγου χρήματος ἀθροίζουσι τοὺς ὑπὲρ αὐτῶν κινδυνεύοντας. Grammatica postulat κινδυνεύσοντας, Graecitas ὀλίγων χρημάτων. Quorum errorum hunc tribuerim eclogario, nam similiter scriptum videbis libr. XXX fr. 24: ὁ δὲ τῶν Γαλατῶν ἡγούμενος συμφωνήσας μισθὸν ᾔτει τακτὸν τοῦ σύμπαντος χρήματος εἰς πεντακόσια τάλαντα γινομένου.

Est autem praeter hunc locum alius sed is aliquanto suspectus, ubi χρῆμα eodem sensu singulari numero adhibitum
exstat. Legitur in excerptis Scurialensibus fr. XXX vs. 33:
καὶ τὸ μὲν χρῆμα οὐ δυνάμενος πορίσαι τῷ δ' ἔρωτι δουλεύων;
ubi tamen fieri possit ut rescribendum sit: καὶ τὸ μὲν χρέος
οὐ δυνάμενος ἀποτῖσαι collato lib. XXXVI fr. 1 vs. 25:
καὶ χρόνον ὥρισε καθ' ὃν ἀποτίσει τὸ χρέος, quo loco eadem
historia narratur pluribus verbis. Hoc certissimum est ipsum
Diodorum scribere non potuisse ὀλίγου χρήματος vel τὸ χρῆμα
πορίσαι vel τοῦ σύμπαντος χρήματος pro numero Plurali.

Fr. X vs. 33 lege: ὅτε (pro ὅταν) — διέτριβεν.

Fr. XIII (X) vs. 28. Supplendum: καὶ ὁμήρους εἶναι οὓς
(ἂν) ἀπογράψωσι Ῥωμαῖοι. Gravius detrimentum cepit fr. XIV
(XI), ubi sic legitur vs. 34 sqq.: οἷς πᾶσιν ἡ σύγκλητος ἀγαθὰς
ἐλπίδας ὑπογράφουσα ἔφησε δέκα πρεσβευτὰς ἀποστελεῖν (vulgo
perperam ἀποστέλλειν) εἰς τὴν Ἀσίαν τοὺς μετὰ τῶν στρατηγῶν
ἅπαντα ἕξοντας. Post devictum Antiochum certatim totius
Asiae reguli et civitates mittunt Romam legatos, qui gratulen-
tur P. R. simulque petant, ut liberis sibi esse liceat. His
senatus respondet: — δέκα πρεσβευτὰς ἀποστελεῖν — τοὺς μετὰ
τῶν στρατηγῶν ἅπαντα διατάξοντας. Quod iam Reiskium
video reperisse, et sine dubio verum est. Sic v. c. loquitur
noster in lib. XXXVII fr. 6 vs. 7: μετ' αὐτοῦ συνήδρευε
βουλευόμενος καὶ πάντα διατάττων καὶ κρίνων τὰ κατὰ τὴν
ἐπαρχίαν. Similiter fere l. n. scribitur in sqq. sic: καὶ τῶν
δέκα πρέσβεων μετὰ τῶν περὶ Σκιπίωνα καὶ [τὸν expunge] Αἰμί-
λιον συνεδρευσάντων. ἔκριναν οὗτοι κτέ.

Lapsus calami perdidit minax Philippi dictum, quod iecit in
Thessalos, quum praeter spem Romanorum auxilio libertatem
recuperassent, sibi, pristino domino, immodice maledicentes.
Scribitur autem sic: ὅτι — λοιδοροῦσι τοὺς προγεγενημένους
κυρίους, οὐκ εἰδότες ὅτι οὔπω πᾶς αὐτοῖς ὁ ἥλιος δέδυκε, quibus
verbis, ut nunc scribuntur, ipsum contrarium significatur quam
id, quod cogitavit dixitque Philippus, cui suum reddamus re-

9 *

scribendo: ὅτι οὔπω πᾶς αὐτῷ ὁ ἥλιος δέδυκε. Quibus verbis, ut opinor, significare voluit, nondum omnem se spem abiecisse. Vereor ut Livius, qui ex communi fonte Polybio eadem narrat, recte Graeca sic interpretatus sit Latine: *nondum omnium dierum solem occidisse.* Sed totum locum, qui legitur lib. XXXIX, 36, quatenus huc facit, adscribendo non male hoc fragmentum illustrare mihi videor. Livio igitur auctore dixit Philippus: *insolenter atque immodice abuti Thessalós indulgentia P. R. velut ex diutina siti 'nimis avide meram haurientes libertatem: ita servorum modo praeter spem manumissorum licentiam vocis et linguae experiri et iactare sese insectatione et conviciis dominorum. Elatus deinde ira adiecit nondum omnium dierum solem occidisse: id minaciter dictum non Thessali modo in sese sed etiam Romani acceperunt.* Apud Diodorum ultima verba sic audiunt: τούτου δὲ τοῦ λόγου ῥιφέντος ὑπόνοια τοῖς ἀκούουσιν εἰσέπεσεν ὡς Φιλίππου διαπολεμήσοντος πρὸς Ῥωμαίους. Καὶ παροξυνθέντες (sic pergit) ἔκριναν μηδεμίαν πόλιν τῶν κατὰ Μακεδονίαν ἔχειν Φίλιππον. Quae quomodo corrigenda sint, (nam vis infertur historiae,) discimus ex iis, quae, paucis interiectis, apud Livium sequuntur: *Causa cognita pronuntiaverunt legati* (Romanorum) *placere deduci praesidia Macedonum ex iis urbibus* (nempe Thessalorum et Perrhaeborum) *et antiquis Macedoniae terminis regnum finiri.* Romanorum legatos ita pronunciasse post concilium ad Thessalica Tempe habitum, in quo hae res agitatae sunt, docet Livius ibid. c. 24 extr. et sqq. Fuerunt tres Caecilius Metellus, M. Baebius Tamphilus, Ti. Sempronius.Minime igitur dubium est, quin Diodoro reddendum sit: ἔκριναν μηδεμίαν πόλιν πλὴν τῶν κατὰ Μακεδονίαν ἔχειν Φίλιππον. Voculam πλὴν post πόλιν propter similitudinem a librario semisopito neglectam esse vides; qua de re diu ante inspectum Livii locum mihi constitit, nec mirum, nam vulgata ita absurda est, ut statim quid reponendum sit, legenti appareat. Ceterum vix est quod moneam, verba Diodori ab eclogario ineptissime contracta esse in brevius. Idem et alibi ei mos est, unde fit, ut saepius haec excerpta sint difficillima ad intelligendum.

Confusae sunt, ut alibi saepissime, praepositiones εἰς et πρὸς
in fr. XX vs. 7, ubi corrigas: τὴν προγεγενημένην π ρ ὸ ς Ἀν
τίοχον — συμμαχίαν ἀνανεωσάμενοι, nam pessime editur:
τὴν — εἰς Ἀντίοχον — ἀνανεούμενοι. In excerpti initio
cum Dindorfio scribendum: τῆς κοινῆς συνόδου — συνελθούσης,
εἰσήχθησαν οἱ τῶν Ῥωμαίων πρέσβεις, nam sensu caret quod
vulgatur συνήχθησαν, cuius verbi praepositio vitium concepisse
videtur e vocabulo praecedente. Ibidem vs. 36 scripserim:
δυσαρεστεῖσθαι τῇ τῶν τειχῶν καθαιρέσει, ἣν ἐποιήσατο τὸ κοινὸν
τῶν Ἀχαιῶν pro ἣν ἐποίησε τὸ κοινὸν κτέ., quae Graeca non sunt.

Fr. XXI (XVIII) vs. 17. Philopoemen dicitur ἐπὶ (δὲ) τῆς
τοῦ βίου καταστροφῆς ἀγνώμονι τύχῃ συγκεχρημένος. Melius
certe legeretur κεχρημένος, sed fortasse nihil mutandum, nam Polybium, unde haud dubie hunc locum mutuatus est, Diodorum ad
verbum descripsisse suspicor. Ille vero, ut loci, quos Schweighauserus in lexico laudat, evincunt, utitur quamvis pessimo consilio
verbo composito prorsus eodem sensu, quo simplici. Ceterum
Diodoreo scribendi mori magis conveniret: ἀγνώμονι τύχῃ συνε
σχημένος. Poeta Atticus dare potuisset συγκεκραμένος. Sophocles in Antig. 1295 scripsit v. c.: δειλαίᾳ συγκέκραμαι
δύῃ, cf. eund. in Aiac. 895. Notus est versus Aristophaneus in
Plut. 853: οὕτω πολυφόρῳ συγκέκραμαι δαίμονι. Verum
haec, quae animi causa adscripsi, nihil ad Diodorum, ad
quem redeamus laborantem in fr. XXIII (XX): ὅτι ὁ Σκιπίων
κατὰ τὴν Ἰβηρίαν ἀνελπίστως ἐχρήσατο. Scribere possis ἀνελ
πίστως ἐχρήσατο τοῖς πράγμασι vel ἀνελπίστῳ εὐτυχίᾳ s. τύχῃ
(quorum ultimum placuit Wesselingio) ἐχρήσατο, verum nihil
horum aeque probabile est, atque id quod primus Reiskius
reponendum esse vidit: ὅτι ὁ Σκιπίων τοῖς κατὰ τὴν Ἰβηρίαν
ἀνελπίστως ἐχρήσατο. Eundem et reliquos viros doctos latuisse
videtur corruptela, quam passa sunt verba sequentia: τὸν γὰρ
ἀήττητον Ἀννίβαν διὰ τῆς ἐπινοίας ἠνάγκασεν ἄνευ μάχης καὶ
κινδύνων ἐξ Ἰταλίας ἐκχωρῆσαι.

Quam parum ἐπίνοια s. *inventum* h. l. conveniat, cadit in oculos. Haud dubie requiritur *sollertia atque prudentiá*, qua propter Diodorum dedisse arbitror: διὰ τῆς ἀγχινοίας ἠνάγκασεν ἄνευ μάχης κτέ., quemadmodum v. c. in libr. XXX fr. 25 de Aemilio Paullo praedicat: διὰ τῆς ἰδίας ἀγχινοίας καὶ τόλμης κατεπολέμησε τοὺς Μακεδόνας. Tandem in ultima huius excerpti periodo scripserim: τὸ δὲ τελευταῖον διὰ τῆς ἀνδρείας τε καὶ στρατηγίας μεγάλῃ παρατάξει τὸν ἀνίκητον γεγενημένον Ἀννίβαν καταπολεμήσας ἥττησε τὴν Καρχηδόνα. Vulgo perperam legitur: ἐκ τῆς ἀνδρείας κτέ. Perpetuam esse harum praepositionum confusionem, nemo hodie docendus.

Plus negotii facessit prima sententia fr. XXIV (XX): ὅτι ὁ Σκιπίων διὰ τὸ μέγεθος τῶν πράξεων βαρύτερος ἐφαίνετο τοῦ τῆς πατρίδος ἀξιώματος. κατηγορούμενος γὰρ ὑπ' αὐτῶν δεινῷ θανάτῳ, παραλαβὼν τὸν λόγον τοῦτο μόνον εἶπεν ὅτι Ῥωμαίοις οὐ πρέπει κατ' αὐτοῦ φέρειν ψῆφον κτέ. Nam tum durius videtur pronomen αὐτῶν referre ad sequens nomen proprium Ῥωμαίοις (si quidem nemo non potius scripsisset: κατηγορούμενος γὰρ ὑπὸ Ῥωμαίων — εἶπεν ὅτι αὐτοῖς), tum, si Grammatica id pateretur, respueret tamen sententia, quoniam reus agebatur ab uno accusatore (cf. vs. 26: ὁ δὲ κατήγορος μόνος ἀπολειφθείς) non a Romanis. Deinde quid sibi vult adiectivum δεινὸς quod sequitur? Num igitur Africanum, si damnaretur, manehat crudelius quam alios damnatos supplicium, an quid? Tandem Graecum non est κατηγορεῖσθαι θανάτῳ; sed κατηγορεῖσθαι θανάτου vel ἐπὶ θανάτῳ seriores dicere solent, antiquiores κρίνεσθαι θανάτου. Equidem nihil amplius requirerem, si legeretur: κατηγορούμενος γὰρ ὑπό τινος ἐν τῷ δήμῳ θανάτου — κατ' αὐτοῦ φέρειν (τὴν) ψῆφον. Cf. l. XXXVIII fr. 4 med.

Quid supplendum sit ibidem vs. 29 frustra quaesivi. Nempe Maius primus sic edidit: πάλιν δ' ἐν τῷ συνεδρίῳ χρείας ἐμπεσούσης χρημάτων, καὶ τοῦ ταμίου οὐ φάσκοντος ἀνοίξειν, αὐτὸς ... χ η τὰς κλεῖς παρελάμβανεν ὡς τοῦτο πράξων, αὐτὸς γὰρ καὶ τοῦ κλείειν τοὺς ταμίας ὑπάρχειν αἴτιος. Misera palimpsesti conditio

h. l. omnes meos conatus illusit, et an re vera χη sint ultimae
duae litterae ne affirmare quidem ausim. Solum ἦτα videre
mihi videbar. Fortasse alii continget veram lectionem eruere
collato Polybii loco, unde haec sumta sunt. Exstat in libri
XXIV exc. 9 a sic scriptus: αὐτὸς ἔφη λαβὼν τὰς κλεῖς ἀνοίξειν·
αὐτὸς γὰρ (καὶ insere) αἴτιος γεγονέναι τοῦ κλείσθαι (l. κεκλεῖσθαι)
τὸ ταμιεῖον. Spatium vocabuli evanidi quod est septem octove
litterarum, non male expleretur scribendo: αὐτὸς γὰρ ἐθελ" (i. e.
ἠθέλειν) ἔφη τὰς κλεῖς παραλαμβάνειν ὡς τοῦτο πράξων, sed ita
coniicere vix licet, antequam constiterit, quomodo in codice scribatur illud verbum, quod leniter immutavi. Ipse quidem nullam
hic animadverti cum editis differentiam, sed scriptura in hac imprimis regione ita evanuit, ut ea re nihil omnino probetur. Certius est vs. 34 legendum esse: οὐ γὰρ ὀφείλειν (pro ὀφείλει)
τοῖς ἄλλοις ὁμοίως ὑπὸ τὸν ἐξετασμὸν πίπτειν; pertinent enim
haec verba ad Africani defensionem. Deinde vs. 36 malim:
καὶ καταπράξας τοῦτο pro αὐτὸ, et p. 73 vs. 1 suppleverim:
ἤρετο πῶς τῶν (μὲν) δεδαπανημένων τρισχιλίων ταλάντων τὸν
λόγον ἀπαιτοῦσι, τῶν δὲ· μυρίων καὶ πεντακοσίων — λόγον
οὐκ ἀπαιτοῦσιν. Polybius l. l. habet: μυρίων καὶ πεντακισχιλίων fortasse rectius.

Fr. XXV vs. 12: σφόδρα γὰρ οἱ βασιλεῖς οὗτοι (οἱ περὶ τὸν
Ἄτταλον) φιλορώμαιοι καθεστῶτες — ἔτι δὲ τοὺς παραβάλλοντας
τῶν Ῥωμαίων εἰς τὴν βασιλίδα ὑποδεχόμενοι φιλανθρωπότατα,
μεγίστης ἀποδοχῆς ἠξιοῦντο. Substantivum enim βασιλίς constanter significat regina non regnum nec, quod nonnullis placere video, regia. Quare reponendum videtur: εἰς τὴν βασιλείαν; quae vocabula pendant a partic. παραβάλλοντας non ab
ὑποδεχόμενοι. Intelligendos esse τῶν Ῥωμαίων τοὺς ἐπιφανεστάτους
ultro apparet. Sequuntur haec: δι' ὧν καὶ τῶν πρέσβεων
ἁπάντων ἡ σύγκλητος ἀκούσασα καὶ μάλιστα σπεύδουσα τοῖς
περὶ τὸν Εὐμενῆ βασιλεῦσι χαρίζεσθαι προσηνῆ τούτοις τὴν ἀπόκρισιν ἐποιήσατο. Duplici haec verba mendo laborant; nam pro
δι' ὧν scribendum esse διὸ s. propterea, satis arguit nexus orationis; quid vero pro ἀκούσασα requiratur docebunt loci quidam

Diodori, quos hîc apponam. Lib. XXVIII fr. 16 init.: ὅτι πάλιν ἡ σύγκλητος διήκουσε τῶν ἀπὸ τῆς Ἑλλάδος πρεσβειῶν; ibid. vs. 36: τοῖς δ᾽ ἐληλυθόσι συνέστησεν ἄνδρας δέκα τοὺς διακουσομένους περὶ ὧν ἔφησαν ἐντολὰς ἔχειν. Lib. XXXI fr. 33: διακούσασα ἡ σύγκλητος τὰ κατὰ μέρος (τῶν πρεσβευτῶν) κτέ.; quae exempla aliis innumeris augere possis, sed haec pauca sufficiant ad probandum l. n. scribendum esse: διὸ καὶ τῶν πρέσβεων ἁπάντων ἡ σύγκλητος διακούσασα κτέ.

Mancum est a fine fragm. XXVII: ἔννοιαν δὲ λαβὼν τῶν πρὸς Ῥωμαίους τῷ πατρὶ γενομένων συνθηκῶν καθ᾽ ἃς οὐκ ἐξῆν..... Quid sententiae desit apparet ex iis, quae praecedunt: ὅτι ὁ Σέλευκος ἀξιόλογον δύναμιν ἀναλαβὼν προῆγεν ὡς ὑπερβησόμενος τὸν Ταῦρον ἐπὶ τὴν βοήθειαν τοῦ Φαρνάκου. Fortasse dederat epitomator: καθ᾽ ἃς οὐκ ἐξῆν τοῦτο πράττειν (scil. ὑπερβαλνειν τὸν Ταῦρον) ὑπέστρεψεν, vel cum Wesselingio, ἀπέστη τῆς ἐπιβολῆς aliudve in eandem sententiam. Certius est in fr. XXVIII corrigendum esse: τῇ δὲ λύπῃ ἀδιορθώτῳ συνεχόμενος κατέστρεψε τὸν βίον pro ἀδιορθώτως κτέ. In fr. XXXI iam Mullerum video optime in verbis αἰτοῦσα λόγον καὶ ἐγχειρίδιον ἔτι δὲ καὶ ἵππον reposuisse λόγχην; quod et ipse legendum esse intellexeram. Male sprevit optimam et evidentissimam emendationem B.

Non minus certum est mendosum esse participium ὑποπεσόντος in fr. XXXII. Colloquitur, ut narrat auctor, aulicus nescio quis cum Ptolemaeo Aegyptiorum rege. *Cur*, inquit, *sinis Coelesyriam quae iure tua est, ab hostibus occupari?* Cui rex, *at non sinam*, inquit. Iam sequuntur haec: ὑποπεσόντος δὲ τοῦ προσομιλοῦντος πόθεν εὐπορήσει χρημάτων εἰς τὸν πόλεμον. Exspectaveris ὑπολαβόντος; quod tamen quomodo ex ὑποπεσόντος oriri potuerit, sic tantum intelliges, si ὑπο...όντος olim a scriba male expletum esse fueris suspicatus. Hoc certum est ὑποπεσόντος h. l. explicari nullo modo posse. Erunt fortasse, qui praetulerint: ἐπερωτήσαντος δὲ τοῦ προσομιλοῦντος.

Sed magnus mihi eris Apollo, si explicaveris quid in fr. XXXV vs. 9 sibi velint verba: μετὰ δὲ ταῦτα ἐφιλοτιμεῖτο μετὰ

δημοτῶν ἀνθρώπων συγκαταρριπτεῖν οἱ τύχοι; καὶ μετὰ τῶν
παρεπιδημούντων ξένων (τῶν ins.) εὐτελεστάτων συμπίνειν. Describuntur non sine indignatione Antiochi Epiphanis Syriae regis disso-
luti mores et ineptiae, quibus, ut auctor est Polyh. 26, 10, factum
est ut ludibrii causa Ἐπιμανὴς mutato nomine vocaretur. In
iis autem quae supra descripsi intelligi nequeunt vocabula
συγκαταρριπτεῖν οἱ τύχοι. Fortasse alii continget veram
lectionem eruere, sed ita ut respondeat vocabulo συγκαταβαίνειν, quo Polybius, quem noster de more exscribit, in hac nar-
ratione usus est. An forte hoc ipso verbo usus est quoque
Diodorus?

Fr. XXXVI optime iam Dind. monuit corrigendum esse:
περὶ μὲν τῶν ἄλλων ἀπολύειν (pro ἀπολύσειν) αὐτὸν ἐγκλη-
μάτων.

Interpolatum nomen proprium resecandum in fr. XXXVIII:
ὅτι μετὰ τὴν ἐπιβουλὴν τὴν κατ' Εὐμένους εἰς τὸ Πέργαμον δια-
δοθείσης Φήμης ὅτι τετελεύτηκεν [Εὐμένης], Ἄτταλος ἐπεπλάκη
τῇ βασιλίσσῃ προχειρότερον· οὐ μὴν Εὐμένης γε προσεποιήθη μετὰ
ταῦτ' ἀνακάμψας, ἀλλὰ φιλοφρόνως ἀσπασάμενος τὸν ἀδελφὸν
διέμεινεν ἐν τῇ πρὸς αὐτὸν εὐνοίᾳ. In iisdem fere mireris salvam
evasisse locutionem ellipticam οὐ μὴν Εὐμένης γε προσεποιήθη
quam aliquando scribae perdunt supplendo verbo εἰδέναι. Notus
est locus Philemonis ap. Plut. d. aud. poet. p. 35 d:

δ λοιδορῶν γάρ, ἂν ὁ λοιδορούμενος
μὴ προσποιῆται, λοιδορεῖται λοιδορῶν.

cf. Thucydid. III, 47.; Polyb. IV, 17 § 1 et V, 25 § 7.
Simul observa usum Aor. Passivi apud seriores pro forma
Media προσεποιήσατο, iam frequentem apud Polybium.

ADN. AD LIB. XXX.

Praepositio verbi compositi ἀπαγορεύειν vitium contraxisse videtur in his verbis fr. I: προσέταξε δὲ (scil. senatus) τοῖς ὑπάτοις ἐν ἐκκλησίαις διαρρήδην ἀπαγορεύειν τοὺς δὲ πρεσβευτὰς
καὶ πάντας Μακεδόνας ἐκ μὲν Ῥώμης ἀπελθεῖν αὐθημερόν, ἐκ δὲ
τῆς Ἰταλίας ἐν ἡμέραις τριάκοντα. Nam ferri non posse ἀπα-

γορεύειν recte iam vidit Wesselingius, in ἀναγορεύειν id verbum mutandum esse monens. Sed vel sic sententia male decurret, priusquam mecum haec verba ita leniter refinxeris: προσέταξε δὲ τοῖς ὑπάτοις ἐν ἐκκλησίᾳ διαρρήδην ἀναγορεύειν δεῖν τοὺς πρεσβευτὰς καὶ πάντας Μακεδόνας κτἑ., i. e. *provinciam dedit senatus consulibus, ut in comitiis diserta concione denuntiarent legatis et reliquis Macedonibus extemplo moenibus Romae, Italia intra XXX diem excederent.* Cf. Livium XLII : 48 et, quem uterque sequitur, Polybium. Eandem sententiam enuntiare potuisset scribendo more Atticorum: — προαγορεύειν τοῖς τε πρεσβευταῖς καὶ πᾶσι Μακεδόσιν κτἑ. In ipso excerpti initio propter sequentia scribere malim: ὅτι ἡ σύγκλητος αὐθημερὸν (μὲν) ἐψηφίσατο κτἑ.

Fr. II vs. 22: ἤλπιζε — ἀνακτήσασθαι. Lege: ἀνακτήσεσθαι. Graviore et fortasse incurabili morbo laborat fr. III in his verbis: Κότυς ὁ τῶν Θρᾳκῶν βασιλεὺς ἦν ἐν τοῖς πολέμοις ἀνὴρ ἔμπρακτος ἐμφερόμενος καὶ γνώμῃ διαφέρων. Dubitanter coniicio: ἀνὴρ ἔμπρακτον ἐμφαίνων τόλμαν καὶ γνώμῃ διαφέρων, quae suspicio veri speciem habere possit ob similem locum Lib. XIII vs. 70: ναύαρχον εἵλοντο Λύσανδρον δοκοῦντα στρατηγίᾳ διαφέρειν καὶ τόλμαν ἔμπρακτον ἔχοντα πρὸς πᾶσαν περίστασιν. De verbis φέρειν et φαίνειν confusis vide quae more suo eruditissime disputat Cobetus in Variis Lectionibus p. 121. Non tamen diffiteor praeplacere mihi Reiskii, viri in paucis acuti, opinionem ἐκφερόμενος scribarum oscitantia e vocabulo praecedenti per dittographiam natum esse suspicantis. Neque ab omni parte mihi satisfacit quod etiam venit mihi in mentem: ἀνὴρ ἔμπρακτος καὶ φρόνιμος καὶ γνώμῃ διαφέρων, ut in fr. XXI (XVIII) libri praecedentis Philopoemen dicitur ἀνὴρ φρονήσει καὶ στρατηγίᾳ καὶ ταῖς ἄλλαις ἀρεταῖς διαφέρων. Sed satis diu nos haec detinuerunt.

Iocnlariter corruptum est fr. IV ab initio: ὅτι τὸ Χάλεστρον — πολιορκήσας ὁ Περσεὺς καὶ πάντας ἀποσφάξας, περὶ πεντακοσίους δὲ συμφυγόντων εἴς τινα τόπον ὀχυρὸν — καὶ αἰτησαμένων ἀσφάλειαν, ἔδωκεν αὐτοῖς τὴν ἐξουσίαν ἀποθεμένοις τὰ

ὅπλα σώζεσθαι. Si nihil excidisse statuetur, suspicari poteris:
ἐκπολιορκήσας ὁ Περσεὺς τοὺς μὲν ἄλλους ἀπέσφαξε κτέ.
Sed docuit nos experientia quam sint lacunosa haec excerpta,
quare potius videndum, an ne littera quidem mutata locus
in hunc fere modum expleri possit: ὅτι τὸ Χάλεστρον —
πολιορκήσας ὁ Περσεὺς (εἷλε) καὶ (τοὺς ἄλλους μὲν) πάντας ἀποσφάξας, περὶ πεντακοσίους δὲ συμφυγόντων — ἔδωκεν αὐτοῖς —
σώζεσθαι. Certum deinde est sequentia sic esse corrigenda:
τῶν δὲ ποιησάντων τὸ συγχωρηθὲν pro τῶν δὲ ποιησαμένων,
qui immanis est barbarismus.

Optime iam Reiskium sanasse video initium fr. V inserendo
ἦν post υἱὸς et καὶ ante κατά, ut mihi quoque (et cui non?)
legenti erat manifestum. Fieri tamen potest, ut cum eodem
erraverim ibidem prope finem in verbis: ὅπως ἅπαντας κατα-
πληξάμενος τοὺς δυναμένους ἀντιπολιτεύεσθαι καθαπερεὶ κύριος
ἁπάσης τῆς Ἠπείρου inserens ᾖ post ἁπάσης. Scilicet ingeniosa
est coniectura Dindorfii proponentis κατασταθῇ pro καθαπερεὶ
κτέ., quod cur additum sit non perspicitur.

Parva sed necessaria vocula periisse videtur in fr. VII: οὐ
μὴν τοῖς πρεσβυτάτοις ἤρεσκε, quae Graeca erunt, si scripseris:
οὐ μὴν τοῖς γε πρεσβυτάτοις ἤρεσκε.

Fr. IX eclogarii culpa ab initio pessime laborat. Nempe sic
legitur: ὅτι προνοητικῶς τοῦ συνεδρίου προνοησαμένου (?) (καὶ insere)
κατὰ πάντα εὐκαίρως τῆς τῶν φιλανθρώπων μεταθέσεως (l. με-
ταδόσεως cum Mullero) ἐπιλαβομένου. Τοῦ γὰρ Περσέως κτέ.
Vides quam absurde Genitivus absolutus sequatur post ὅτι. Bonum
factum tamen; nam inde apparet epitomatorem ipsa Diodori verba,
quae ultimam partem effecerint periodi, intacta conservasse.
Quam inepte praecedentia omiserit commemorare nil attinet.
Melius igitur hi et similes loci in hunc modum ederentur: [ὅτι]
— προνοητικῶς κτέ. Mox cum eodem M. fortasse: πᾶς γὰρ ἂν
pro πῶς γὰρ ἂν rescribendum est, quod fieri potest ut habeat
ipse palimpsestus, quamvis excutientem me quoque latuerit. Ipse
suspicabar: πῶς γὰρ οὐκ ἄν τις εἰκότως διαλάβοι, κτέ.; quemadmodum alibi scribere solet et in fr. XXVII: πῶς οὐκ ἄν τις

ἡγήσαιτο. Certa emendatione salus reddi potest sequentibus: τοιγαροῦν περιενεχθῆναι πᾶσι τοῖς καιροῖς ἁρμοζόντως καὶ τινὰ μὲν περιορᾶν τινὰ δὲ ἑκουσίως παρακούειν — ἐστι κατ' ἀρετὴν ἀνδρὸς πάντα τελείου κτέ. Prima verba quomodo sananda sint, docebit nobilis locus Aeschineus ex orat. *de falsa legatione* p. 165, quem hîc emendatiorem quam vulgo editur adscribemus; nempe sic: τοῖς γὰρ καιροῖς ἀνάγκη συμπεριφέρεσθαι πρὸς τὸ κράτιστον καὶ ἄνδρα καὶ πόλιν. Vulgo perperam legitur: — καὶ τὸν ἄνδρα καὶ τὴν πόλιν. Similiter, opinor, Diodorus dederat: τὸ γὰρ συμπεριενεχθῆναι πᾶσι τοῖς καιροῖς ἁρμοζόντως καὶ τινὰ μὲν παρορᾶν τινὰ δ' ἑκουσίως παρακούειν — ἐστι κτέ. Praeterea malim transponere: τινὰ δὲ παρακούειν ἑκουσίως, ut adverbium ad utrumque verbum pertineat. Hunc ipsum Aeschinis locum Diodoro haec scribenti obversatum fuisse vix dubito; hic ἐπεξηγεῖται, quae ille ἐν κεφαλαίῳ dixerat. Ibidem vs. 20: καθάπερ τινὰς τύπους καὶ ὑποδείγματα καταλέλοιπε τῆς ἡγεμονίας. Vereor ne loquendi usus Diodoreus requirat καθαπερεί κτέ.; ut recte alibi legitur, et ne exemplum desit in fr. XXIII (XVIII § 2): πᾶς γὰρ πόλεμος ἐκβεβηκὼς τὰ νόμιμα καὶ δίκαια τῶν ἀνθρώπων ὅμως ἔχει τινὰς ἰδίους καθαπερεὶ νόμους. Nam καθαπερεὶ significat *quasi*, καθάπερ *velut*, *quemadmodum*, quod vel ex eodem excerpto si quis forte nescit, discere potest: τὸν Ἀντίοχον καθάπερ τοὺς ἐπὶ τῶν δικαστηρίων συκοφάντας τὸ μὲν ῥητὸν τοῦ νόμου τετηρηκέναι, quae scripsi ut emendanda esse suo loco monebo, et mox καθάπερ αὐτὸς ἔφησε, ubi quam absurdum foret καθαπερεὶ nihil attinet demonstrare. Idem mendum eluendum videtur in fr. XXX (XXII): ἔχων οὐ πατρὸς πρὸς υἱὸν ἀλλὰ καθάπερ ἐρωμανῆ τινὰ διάθεσιν πρὸς τὸ μειράκιον. Corrige: καθαπερεί. Simile discrimen intercedit inter: ὡς et ὡσεὶ, ὥσπερ et ὡσπερεὶ, οἷον et οἱονεί. In eodem excerpto prope finem non ab omni vitii suspicione liberum est verbum παραπλάσασθαι sensu *imitandi* positum: nam alibi significare solet *convertere aliquid in formam deteriorem*.

Neque desunt in fr. XI (IX § 2), quae legentem impediant.

Nam p. 79 vs. 2, pro: παρορῶσι δὲ τὸ μάλιστα ἀναγκαιότατον; praetulerim: τὸ μάλιστ᾽ ἀναγκαῖον. Ib. vs. 3 suppleverim: Φίλιππος μὲν οὖν (ὁ) Ἀμύντου, non enim omittitur articulus praeterquam in scribendi genere, ut ita dicam, forensi sive
curiali. Deinde vix sana sunt quae sequuntur vs. 4: τοιγαροῦν
ἐν τοῖς ἐλαχίστοις τῶν κατὰ τὴν Εὐρώπην ἐγένετο βασιλέων
καὶ δύναμιν κατέλιπε, δι᾽ ἧς ὁ διαδεξάμενος Ἀλέξανδρος —
κατεστρέψατο. Callide vertit Mullerus: *quare qui in minimis
Europae regibus antea censebatur, satis magnam moriens
potestatem reliquit cet.* Sed vereor ut sic Graeca interpretari
liceat; nam qui religiose vertit Latine, in hunc modum scribere debet: *Itaque censebatur in minimis Europae regulis
et potentiam reliquit, qua cet.* Quae minime vera sunt,
nam scire pervelim quinam Europae rex fuerit ea tempestate
Philippo potentior. Quare exspectaveris potius: τοιγαροῦν ἐν
τοῖς μεγίστοις κτέ.; ut legitur de eodem Philippo XVI : 95:
Φίλιππος μὲν οὖν μέγιστος γενόμενος τῶν καθ᾽ ἑαυτὸν ἐπὶ τῆς
Εὐρώπης βασιλέων κτέ. Eandem vero sententiam fortasse more
Graecis perfamiliari negative exprimere maluit Diodorus et scripsit: τοιγαροῦν οὐκ ἐν τοῖς ἐλαχίστοις τῶν κατὰ τὴν Εὐρώπην
ἐγένετο βασιλέων. Sic iam Maius de coniectura ediderat, vir
sine exemplo Graece indoctus, sed ut popularium plerique mente
satis validus, cui quo saepius propter inscitiam fallitur, eo
magis verum videnti obtemperatum oportuit.

Contra nihil certius, quam vs. 9 excidisse participium, quo
omisso oratio omni sensu caret. Non facile locum evidentius
corrigas quam rescribendo: Περσεὺς δ᾽ ἔχων χρημάτων σεσωρευ-
μένων πλῆθος κτέ., inserto participio ἔχων, quod ταχυγραφικῶς
scriptum in codd. = ἔχ quam facile ante χρημάτων, praesertim
praegressa vocula δὲ excidere potuerit, καὶ τυφλῷ δῆλον. Sequuntur haec: διά τε τὰς πατρικὰς καὶ τὰς ἰδίας παρασκευάς.
Aliquanto melius legeretur πατρῴας, quod tralaticio errore cum
πάτριος et πατρικὸς confundi solet, ita ut quid ubique scribendum sit, a nostro iudicio debeat pendere. Deinde vs. 13
pro πλουσιωτέρους reponendus superlativus in his: τοὺς ἑαυτοῦ

κρατήσαντας ὕστερον πλουσιωτέρους ἐποίησε; quae sic scripta
misere languent, nam quicunque rex etiam non valde dives
antiquitus vincebatur, victorem suum reddebat ditiorem, sed
Perseus victus *ditissimos* reddidit, ut notum est, Romanos;
quare verum videtur: — πλουσιωτάτους ἐποίησε. In vicinia
simul corrige ἠθέλησεν, ut alibi recte legitur apud nostrum, pro
ἐθέλησεν, et in ipso excerpti fine, revoca duas litteras fugitivas
rescribendo: ἢ καὶ κρατήσας τῶν ὅλων ἐξουσίαν (ἂ ν) ὑπερήφανον —
περιεποιήσατο.

Fr. XII spreta est prope finem excerpti necessaria Reiskii
emendatio: καὶ οἱ τὴν παρεμβολὴν ἔχοντες ἐπὶ ταῖς ἀκρωρεί-
αις pro ἐπὶ τὰς ἀκρωρείας.

In fr. XIII maluit Bekkerus absurdam lectionem πικρίας retinere quam recipere, quod Mull. iam undecimo anno ante
emendatum ediderat, πυρίας in verbis: ἐξαλλόμενος ἐκ τῆς πικρίας καὶ παίσας τὸν μηρὸν ἐμπαθῶς κτέ.

Fr. XIV (XI): Νίκωνα μὲν τὸν θησαυροφύλακα ἐξέπεμψε, συντάξας τὴν ἐν τῷ Φάκῳ γάζαν καὶ τὰ χρήματα καταποντίσαι,
Ἀνδρόνικον δὲ τὸν ,σωματοφύλακα εἰς Θεσσαλονίκην, συντάξας
ἐμπρῆσαι τὰ νεώρια τὴν ταχίστην. Nisi verbum aliquod pòst
γάζαν excidisse statuatur, necessario delenda sunt tria vocabula
καὶ τὰ χρήματα utpote nata ex interpretamento olim adscripto
ad γάζαν. Praeterea ʹalterum participium συντάξας abesse malim. Vel peius laborant sequentia: ὃς γενηθεὶς τούτου φρονι-
μώτερος ἦλθεν εἰς Θεσσαλονίκην, οὐ μὴν ἐποίησε τὸ προσταχθὲν,
νομίζων φίλιον τοῖς ὅλοις κρατεῖν Ῥωμαίοις. Certa emendatione
reposueris: οὐ μὴν ἐποίησέ γε τὸ προσταχθέν. Quod ad sequentia verba attinet, dolendum est neque apud Livium neque apud
Polybium, qui h. l. deficit, de Andronico mentionem fieri, ita
ut vix certa coniectura sanari queant. Si loci sententiam recte
intellexi, ea sic fere fuit enuntianda: νομίζων ὠφέλιμον
(πρὸς τὸ) τοῖς ὅλοις κρατεῖν Ῥωμαίοις, i. e. *non execulus est
regis mandatum Romanis. ad integram victoriam id expe-
dire ratus.* Reiskius nescio quo sensu pro φίλιον suspicatus
est κάλλιον. Fortasse tamen suffecerit: νομίζων ὠφέλιμον τοῖς

ὅλοις κρατοῦσι Ῥωμαίοις, i. e. Ῥωμαίοις κρατοῦσι τοῖς ὅλοις. Iudicent peritiores.

Fr. XVI: ἐνίοτε γὰρ τὰ παραστήματα τῶν ἀνδρῶν καὶ τὰ τελέως ἀπηλπισμένα πρὸς ἀπεγνωσμένην ἄγει συντέλειαν. Sententia verissima, dummodo scribatur: ἐνίοτε γὰρ τὰ παραστήματα τῶν ἀνθρώπων κτὲ.

Certum est discrimen inter καταλαμβάνειν et καταλαμβάνεσθαι, ubique locorum religiose observatum a Diodoro. Illud est deprehendere, reperire, incidere in, (v. c. καταλαμβάνειν πόλιν ἀφρούρητον, χώραν ἔρημον, similia), hoc significat occupare, capere, (v. c. καταλαμβάνεσθαι λόφον, πόλιν, similia). Qua de causa sanum esse nequit fr. XVII, ubi legitur: ἐν εἰρήνῃ γὰρ ὡς φίλοι πιστευόμενοι καταλαβόντες τὴν τῶν Ἀπολλωνιατῶν πόλιν. Nisi igitur aliquid excidisse statuatur, legendum est: καταλαβόμενοι τὴν — πόλιν. Praeterea pro φίλοι scripserim φίλιοι.

Fr. XIX (XV): ὅτι οἱ ἐπίτροποι Πτολεμαίου τοῦ μείρακος, Εὐλαῖος ὁ εὐνοῦχος καὶ Ληναῖος ὁ Σύρος πάντα πόρον καὶ μηχανὴν ἐπενόουν, καὶ ἄργυρον καὶ χρυσὸν καὶ τὴν ἄλλην γάζαν εἰς τὸ βασιλικὸν ἐσώρευον, ὅπως οὐκ ἄν τις θαυμάσειεν εἰ διὰ τοιούτων ἀνθρώπων ἐν οὕτω βραχεῖ καιρῷ τηλικαῦται τὸ μέγεθος θεωρίαι κατεσκευάσθησαν, κτὲ. Plana erunt et ad intelligendum facilia cmnia, si reposueris: ὡς οὐκ ἄν τις θαυμάσειεν εἰ — τηλικαῦται τὸ μέγεθος χορηγίαι κατεσκευάσθησαν, vel sensu parum diverso: τηλικαῦται τὸ μέγεθος ἀφορμαὶ κτὲ.; collato Polybii loco XXVIII, 17a § 2. Ibid. vs. 28 legitur: καὶ ὅτι ὁ μὲν εὐνοῦχος, ὃς καὶ προσφάτως τὸν κτένα καὶ τοὺς ἀλαβάστρους ἀποτεθειμένος τῶν τῆς Ἀφροδίτης ἔργων τοὺς Ἄρεος ἀγῶνας ἐδέξατο. Quod certa coniectura potuisset reperiri, obtulit mihi palimpsestus male lectus a M. Exhibet enim, quod non sine difficultate scriptum esse vidi, ἠλλάξατο. Ibid. vs. 36, pro τελείως, lege: τελέως, et cum cod. Vat. vs. 35, ἀξιόχρεων pro ἀξιόχρεον, atque Ἄρεως pro Ἄρεος. Ad rem, de qua agitur, cum hoc excerpto et sequenti utiliter compones praeter Polybii l. l. Hieronymum ad Danielem c. XI, tom. V, ed. Venet.

Monenti Maio obtemperare debuissent editores in fr. XX (XVI) init. supplendum esse: ὅτι τὰ πλήθη συναγαγόντες εἰς ἐκκλησίαν οἱ τοῦ Πτολεμαίου (ἐπίτροποι). Sequuntur haec eiusdem M. negligentia manca trium vocabulorum defectu: καὶ σύντομον τέλος ἐπιθήσειν τῷ πολέμῳ κατεπαγγειλάμενοι, τοῦτό γε οὐ διεψεύσαντο, ταχὺ καὶ σφίσιν αὐτοῖς τὸ τέλος τοῦ βίου περιποιήσαντες. Locus est ex eorum numero, qui diligenter legendi sunt, ut aliquid excidisse nobis suboleat. Nihil tamen certius est quam, ut hodie legitur, nullam eum idoneam interpretationem admittere. Causa autem, cur saepe nobis accidat, ut in locis corruptis non haereamus, haec mihi esse videtur, quod non raro eiusmodi locos legentes tali interpretamur eos sensu, qualem contextus et sana ratio postulant, non semper animadvertentes talem interpretationem cum ipsis verbis Graecis non omnino quadrare. Quo hoc obstaculum superemus, nullum novi remedium efficacius quam ut vertamus Graeca ad verbum sive Latina sive vernacula lingua malis. Fac experimentum in loco nostro et senties recte eum in hunc modum expleri in palimpsesto: τοῦτό γ'οὐ διεψεύσαντο (καὶ τῷ πολέμῳ) καὶ σφίσιν αὐτοῖς τὸ τέλος τοῦ βίου περιποιήσοντες (sic de meo scribo pro περιποιήσαντες); non tamen diffiteor vocabula τοῦ βίου quae, ut facile apparet, non nisi ad sola vocabula σφίσιν αὐτοῖς referri possint, si abessent, sententiam multo melius procedere, quare interpretandi causa mala manu olim adscripta esse suspicor. Quibus eiectis sensus fit planissimus: *hac certe in re non aberrarunt a vero, post breve tempus et bello et sibi ipsis finem imposituri.* Finem quem sibi imposituri erant, *vitae* finem esse ultro liquet, neque igitur vocabula τοῦ βίου addi potuerunt a Diodoro idque multo minus, quod ex notissima interpretandi norma haec sic Graece forent explicanda: περιποιήσοντες τέλος τοῦ βίου καὶ τῷ πολέμῳ καὶ σφίσιν αὐτοῖς, quae quam absurda sint, monere nihil attinet. Dele igitur emblema τοῦ βίου et nil amplius erit, quod lectorem moretur in hoc loco, in quo ipsam vitiosam verborum compositionem emblema arguere satis, ut spero, demonstravimus.

Non potuit ineptius usurpari pronomen οὗτος quam factum videbis vs. 23 in his: ταῦτα δ᾽ ἔφασαν εἰς τοὺς προχείρως τούτοις ἢ πόλεις ἢ φρούρια παραδώσοντας. Scriptor Atticus pro τούτοις, ni fallor, adhibuisset σφίσιν. Diodorus maluit ex sui aevi consuetudine scribere αὐτοῖς, quod reponendum. Perlege mihi totum fragmentum, et consenties. In vicinia vs. 24 corrige χορήγια pro χορηγεῖα, et καθ᾽ αὐτῶν pro κατ᾽ αὐτῶν. Denique in praegressis vs. 18 palimpsestus optime supplet: ὥστε τῶν συναχθέντων (χρημάτων) ἐκόμιζον τὰ πλεῖστα.

Error in his excerptis pede premit errorem; nam in fr. XXI (XVII) rursus inveniuntur, quae oppositis frontibus inter se pugnare iure dicas. Nempe in his: ἡμεῖς δὲ τοῦ Πτολεμαίου τὴν οὕτως ἀγεννῆ φύσιν οὐκ ἂν προηγουμένως ἀνεπισήμαντον ἐάσαιμεν; tribuitur Ptolemaeo φύσις ἀγεννής; mox vero dicitur ipsum contrarium: τὸ γὰρ ἐκτὸς γενόμενον τῶν δεινῶν καὶ τοσαῦτα (l. τοσοῦτον) ἀφεστηκότα τῶν πολεμίων αὐτόθεν καθάπερ ἀκονιτὶ παραχωρῆσαι βασιλείας μεγίστης καὶ μακαριωτάτης πῶς οὐκ ἄν τις ἡγήσαιτο ψυχῆς τελείως (l. τελέως) ἐκτεθηλυμένης (l. ἐκτεθηλυμμένης) εἶναι; ἥν, εἰ μὲν συνέβαινε φυσικῶς ὑπάρχειν Πτολεμαίῳ τοιαύτην ἴσως ἄν τις ἐκείνην (ὀρθῶς insere) καταμέμψαιτο· ὅτι (sic cod. pro ὅτε) δὲ διὰ τῶν ὕστερον πράξεων ἡ φύσις ἱκανῶς ὑπὲρ αὐτῆς ἀπελογήθη κτέ. His igitur et sequentibus, quae ipse perlegas, docemur animum regis φυσικῶς οὐκ ἀγεννῆ sensim ab eunucho artificiose corruptum esse, donec tandem vitiorum illecebris evaserit τελέως ἀγεννής. Sed satis credo iam ipse vides ab initio pro φύσιν corrigendum esse ψυχήν. Sed quis deinde ferat προηγουμένως, quo vix aliud adverbium Graecum adhiberi h. l. potuisset ineptius? Suspicor: ἡμεῖς δὲ τοῦ Πτολεμαίου τὴν οὕτως ἀγεννῆ ψυχὴν οὐκ ἂν προσηκόντως ἀνεπισήμαντον ἐάσαιμεν i. e. ἡμῖν δ᾽ οὐκ ἂν προσήκοι ἐᾶν κτέ., eodem sensu quo in fr. 22 libri XXXI scripsit: οὗ (i. e. Prusiae) τὸ τῆς ψυχῆς ἀγεννὲς οὐκ ἄξιον παραλιπεῖν ἀνεπισήμαντον. Saepissime autem noster adverbio προσηκόντως sic utitur v. c. fr.

XXIII vs. 11: ταῦτα καὶ τὰ τούτοις ὅμοια προσηκόντως ἄν τις ἀποφήναιτο κτὲ. Quo iure autem Mullerus vertat προηγουμένως *pro instituto nostro* nescire me fateor. Verbis parum diversis de eadem re utitur Polybius XXVIII, 17 a.

Non sana esse iudico quae hodie init. fr. XXIII (XVIII § 2) sic scripta leguntur: ὅτι ὁ Ἀντίοχος διὰ στρατηγήματος ἀντιδοξουμένου ἐκυρίευσε τοῦ Πηλουσίου, i. e. si ad verbum Graeca vertas Latine: Antiochus per strategema *de quo dissentiebatur* Pelusio potitus est. Ut taceam verbo intransitivo ἀντιδοξεῖν non esse formam passivam, minime de illo strategemate dissentiebatur, sed rege indignum fuisse satis constabat; quod apparet tum ex fr. XXII: ὅτι ὁ Ἀντίοχος ἀνὴρ ἐφάνη πραγματικὸς καὶ τοῦ προσχήματος τῆς βασιλείας ἄξιος πλὴν τοῦ κατὰ τὸ Πηλούσιον στρατηγήματος, tum ex iis quae n. l. sequuntur: πᾶς γὰρ πόλεμος ἐκβεβηκὼς τὰ νόμιμα καὶ δίκαια τῶν ἀνθρώπων κτὲ. Dederat igitur, ni egregie fallor, Diod.: ὅτι ὁ Ἀντίοχος διὰ στρατηγήματος ἀδοξουμένου ἐκυρίευσε τοῦ Πηλουσίου; i. e. *per strategema, quod male audiebat, Pelusio potitus est.* Xenophon in Oecon. IV : 2: αἱ βαναυσικαὶ (τέχναι) ἀδοξοῦνται πρὸς τῶν πόλεων. Cf. Plut. Luc. IV. Eodem verbo Polybius utitur I, 52, 2 et XVI, 39, 2, sed in forma Activa. Utrobique iungitur cum διαβάλλεσθαι. Post pauca legimus: τὸν τὸ σῶμα αὐτοῦ πρὸς τὴν τοῦ κατισχύοντος πίστιν ,, τιμωρεῖσθαι. Ad sententiam non male Maius coniecit excidisse παραδιδόντα μὴ, quorum vocabulorum hoc (μὴ) tuto recipi poterit, pro illo fortasse verum est παραδόντα, sed simul pro πρὸς corrigendum erit εἰς; quae praepositio in hac formula perpetua est. Sic v. c. lib. XIII c. 26 scribit: μέχρι μὲν γὰρ τοῦ μηδὲν ἀνήκεστον πεπονθέναι τοὺς εἰς τὴν ἡμετέραν πίστιν ἑαυτοὺς παραδόντας. Eodem sensu Polybius III vs. 30 § 1 utitur verbo simplici: διότι Ζακανθαῖοι — ἐδεδώκεσαν αὐτοὺς εἰς τὴν Ῥωμαίων πίστιν. Similiter XX, 9 § 10: de Aetolis: δόντες αὐτοὺς (l. αὑτοὺς) εἰς τὴν Ῥωμαίων πίστιν. Nec diverso sensu XXXVI, 2 § 2: οἱ διδόντες αὑτοὺς εἰς τὴν Ῥωμαίων ἐπιτροπὴν et XX, 10 § 2: σφᾶς αὐτοὺς ἐγχειρίζειν εἰς τὴν Ῥωμαίων πίστιν. Videndum, utrum l. n. inserere sufficiat δόντα μὴ, an usus Diodori requirat verbum compositum παραδόντα, ut scribitur l. l. Certum deinde est vs. 13 reponendum esse: καθάπερ τοὺς ἐπὶ τῶν δικαστηρίων συκοφάντας κτἑ., ubi pro ἐπὶ vulgatur ἀπὸ, quod ferri omnino nequit.

Fr. XXV (XX) init.: ὅτι Αἰμίλιος ὁ Ῥωμαῖος παραλαβὼν τὰς δυνάμεις. Vocabula ὁ Ῥωμαῖος de suo addidisse videtur epitomator. Diodorus certe scripsisset: ὁ τῶν Ῥωμαίων στρατηγὸς vel aliquid eiusmodi.

Articulus periisse videtur in fr. XXIX (XXI § 4): ἀπεκρίθη μήτε τὸν κόσμον ὑπὸ δυεῖν ἡλίων δύνασθαι διοικεῖσθαι μήτε (τὴν) οἰκουμένην ὑπὸ δυεῖν ἡλίων. Idem Alexandri dictum refert Diod. XVII § 4 sic scribens: ὡς οὔθ' ὁ κόσμος δυοῖν ἡλίων ὄντων τηρῆσαι δύναται τὴν ἰδίαν διακόσμησιν τε καὶ τάξιν οὔθ' ἡ οἰκουμένη δυοῖν βασιλέων ἐχόντων τὴν ἡγεμονίαν ἀταράχως καὶ ἀστασιάστως διαμένειν ἂν δύναιτο.

Sed redeundum ad fr. XXVI (XXI § 1), ubi editur: ἐπαγγειλάμενος οὖν ἀντιστήσειν τοῖς ἀποδοῦσι τιμήν. Inseratur articulus necessarius ante τιμὴν, verum alia causa est, cur haec verba adscripserim. Videlicet ἀνθιστάναι — τιμὴν recte Graece dici nequit; Graecis enim in ea re perpetua sunt verba καταβάλλειν et κατατιθέναι. Neque tamen propterea vulgatam sollicitaverim, idque ob causam quam dicam. Diodorum, qui ipse in operis praefatione (c. 4) profitetur, se διὰ τὴν ἐπιμιξίαν τοῖς ἐν τῇ νήσῳ πολλὴν ἐμπειρίαν τῆς Ῥωμαίων διαλέκτου περιπεποιῆσθαι, haud ita raro imprudentem orationem qua utitur Graecam idiotismis Latinis corrupisse, res est neque ignota neque ad demonstrandum difficillima. Quia vero verbum Graecum ἀνθιστάναι, si eius compositionem spectas, ad amussim respondet verbo Latino *repere*, gravis me tenet suspicio, nostrum formulam Latinam *repere pretium* in sermonem vernaculum transtulisse per ἀνθιστάναι τὴν τιμήν.

Fr. XXVII ineunte soloece scribitur: ὅτι ὁ Περσεὺς τὰ δοθέντα

11 *

πρὸς διαρπαγὴν χρήματα ἀναλαβόμενος τῆς ἐπαγγελίας
ἀπεστέρησε τοὺς δόντας. Nam *recuperare* est ἀναλαμβάνειν
non ἀναλαμβάνεσθαι, quare corrigendum: τὰ — χρήματα ἀναλαβὼν κτέ.. Ibidem prope finem reposuerim: ὡς μὴ θαυμάζειν
ὅπως κατεπολεμήθησαν οἱ Μακεδόνες — ἀλλ᾽ ὅπως κτέ. Male
editur: πῶς κατεπολεμήθησαν κτέ.

Non sine aliqua probabilitate sic suppleri poterit lacuna in
fr. XXX (XXII): οὐ μὴν ἀλλὰ τούτου εὑρε(θέντος καὶ ἀνασω)-
θέντος εἰς τὴν παρεμβολήν; nullum enim novi verbum Graecum, quod tam proprie huic loco conveniat quam ἀνασωθῆναι,
i. e. *salvum redire.* Livius eandem rem ex eodem Polybio
refert lib. XLIV, 44. Quae imprimis huc faciunt, haec
sunt: *et serius cum rediisset tunc demum recepto sospite
filio victoriae tantae gaudium consul sensit.* Vulnerati
contra qui redeunt ex pugna, quia pedibus iam uti nequeunt,
dicuntur ἀνακομίζεσθαι cf. v. c. lib. XXII fr. XXIV vs. 21
(p. 21). Τὸ ὁμοιοτέλευτον l. n. ut saepe alibi fraudi fuit librario. In eodem excerpto vocabuli monstro ἐρωμανῇ, quod peccat contra analogiam, substituas formam genuinam ἐρωτομανῇ.

Fr. XXXI (XXIII) vs. 9 bis deleatur praepositio ἐν in verbis: τῷ τοὺς μὲν [ἐν] ταῖς ἰδίαις ἀτυχίαις τοὺς δὲ [ἐν] ταῖς τῶν
ἄλλων διδάσκεσθαι.

Tandem in penultimi excerpti initio reponendum esse: καὶ
πρὸς τὰ σύνδειπνα παραλαμβάνων καὶ — μεταδιδούς, ubi
perperam editur παραλαβών, iam supra monuimus.

ADN. AD LIBR. XXXI.

Laborat verborum compositio in fr. I initio. Scribitur enim
sic: ὅτι ὁ Ἀντίοχος τὴν ἀρχὴν ἐσεμνύνετο, λέγων οὐ τῆς κατ᾽
Αἴγυπτον βασιλείας ἑαυτὸν ἐπιθυμοῦντα παρεσκευάσθαι μεγάλας
δυνάμεις εἰς τὸν πόλεμον, ἀλλὰ βούλεσθαι τῷ — Πτολεμαίῳ
συγκατασκευάσαι τὴν πατρῴαν ἀρχήν. Quanto vero melius
scriberetur βουλόμενον!

Mox in verbis: φανερὸς ἐγένετο τῶν πολλῶν βασιλέων, vereor ut suffecerit cum Bekkero inserere part. ὧν; nam ratio requirit confirmante usu: τῶν πολλῶν (εἷς ὢν) βασιλέων, i. e. *unus de multis regibus.* Facile autem post ΠΟΛΛΩΝ negligi potuisse ΛΩΝ, i. e. εἷς ὢν, quis negabit?

Multum quoque me iudice abest, ut emendatam nobis lectionem cod. Vat. obtulerit in fr. II. Prorsus desperata est salus primorum huius excerpti verborum: ὅτι ἀπαντήσασι τὸν Ἀντίοχον τοῖς Ῥωμαίοις, quippe quae cum sqq. male cohaereant. Excideritne aliquid, an alio morbo laborent, non satis liquet. Sequentibus prodesse poterit Polybius lib. XXIX § 11, qui huius narratiunculae auctor est, et quem mutata aliquantum oratione describit Diodorus. Non erit igitur fortasse prorsus inutile meliores apud Polybium lectiones brevibus indicare. Primum vs. 10 πολέμιός ἐστιν ἢ φίλος; accipe a Polybio φίλιος; vs. 13 προχειρότατον — βακτήριον; Pol. habet προχείρως — βακτηρίαν. Apud Diod. πρόχειρον — βακτήριον scribendum cum Mullero, apud Pol. πρόχειρον — βακτηρίαν; vs. 11 Polyh.: ἔφη βούλεσθαι μεταδοῦναι τοῖς φίλοις ὑπὲρ τῶν προσπεπτωκότων. Hinc expleri poterit manca Diodori oratio: ἔλεξε παρὰ τῶν φίλων γνώμην λαβεῖν inserendo sive βούλεσθαι sive ἐθέλειν, nisi forte sufficit intercalare particulam ἂν post λαβεῖν. Deinde dedisse suspicor Diod.: διεκελεύσατο τὴν ἀπόκρισιν ἐν τούτῳ (τῷ γύρῳ) ποιήσασθαι (pro ποιῆσαι); nam scribit P.: ἐν τούτῳ τε τῷ γύρῳ τὴν ἀπόφασιν ἐκέλευσε δοῦναι κτἑ.; si contra loco nostro nihil addideris, e superioribus cogitando supplere debes: ἐν τούτῳ (τῷ κλήματι), quod plane absurdum est. Praeterea de meo dedi ποιήσασθαι; nam ποιῆσαι ἀπόκρισιν Graecum non esse, vix quisquam monendus erit. Tandem vs. 18 habet Diod.: ἔφη ποιήσειν πᾶν τὸ παρακελευόμενον. Pol.: ἔφη ποιήσειν πᾶν τὸ παρακαλούμενον ὑπὸ Ῥωμαίων. Hic emendandus videtur Polybius e Diodoro. Livius eundem Polybii locum Latine vertit XLI vs. 12.

Fr. III init. rursus peccatur contra grammaticam in his: ὅτι συγγνώμη τιμωρίας αἱρετωτέρα. Lege: αἱρετώτερον.

Ibid. vitio nata est praepos. περὶ e praecedenti vocabulo in verbis: οὐ γὰρ δίκαιον τὸν ἐπὶ τῶν ἄλλων ἀπειπάμενον πᾶσαν φιλανθρωπίαν αὐτὸν ἐν (τῷ insere) μέρει [περι]πταίσαντα τυγχάνειν τῆς — ἐπιεικείας κτὲ. Tralaticio deinde errore p. 86 vs. 14: ταῦτα γὰρ συμβάλλεται μεγάλα πρὸς αὔξησιν πᾶσι μὲν ἀνθρώποις pro — συμβάλλεται μέγα κτὲ. scriptum esse vides.

Recte (fr. IV) in verbis: ὅτι τῆς τύχης εὐροούσης τοῖς Ῥωμαίοις, ἐβουλεύοντο μετὰ πολλῆς ἐπισκέψεως πῶς καθήκει χρήσασθαι τοῖς εὐτυχήμασι ... κατὰ τρόπον εὐχερέστερον εἶναι τοῦ καταγωνίσασθαι τοῖς ὅπλοις τοὺς ἀντιταχθέντας; recte, inquam, in his aliquid deesse senserunt viri docti, male iidem lacunam statuentes post εὐτυχήμασι; nam perspicuum est vocabula κατὰ τρόπον pertinere ad praecedentia, et iungendum esse: πῶς καθήκει χρήσασθαι κατὰ τρόπον τοῖς εὐτυχήμασι; nam κατὰ τρόπον apud Diodorum quemadmodum apud reliquos nihil aliud significare quam ὀρθῶς i. e. *recte et ordine* vel discere possumus e fr. XIV: ἀπεφήνατο τῆς αὐτῆς εἶναι ψυχῆς ἀγῶνάς τε τάξαι κατὰ τρόπον κτὲ. Constituerim igitur locum sic: πῶς καθήκει χρήσασθαι τοῖς εὐτυχήμασι κατὰ τρόπον ⁕⁕⁕ εὐχερέστερον εἶναι τοῦ καταγωνίσασθαι τοῖς ὅπλοις τοὺς ἀντιταχθέντας. Lacunam ad sententiam non male expleveris inserendo δοκεῖ δὲ (sive δοκοίη δ' ἂν) τοῦτο; vel ὑπολάβοι δ' ἄν τις τοῦτο, sed alia plura conieceris in eundem sensum, ita ut nihil quidquam certum sit. Cf. Polyh. X, c. 30. Sequentia supple scribendo: οὐ μὴν καὶ τἀληθές (γ') οὕτως εἶχε.

Fr. V vs. 33: μηδὲν δ' ἀνύοντες ὧν ἐπρέσβευον εἰς ἀπορίαν ἐνέπιπτον. Graecum non est πρεσβεύειν τι, sed περί τινος; quare scribo: ὧν (πέρι) ἐπρέσβευον; inserta praepositione, quae cur perierit manifestum est. Ultima sententia huius excerpti proderit fr. VI (V § 2) init.; ubi eadem verba recurrunt, sed adhaerente interpretamento, quod deleas scribendo: κατὰ τὴν παροιμίαν τὸ κύκνειον ᾄσαντες [μέλος]. Constanter enim in hac proverbiali locutione μέλος omittitur v. c. in Chrysippi fragm. apud Athenaeum XIV p. 616 b. Φιλοσκώπτης (τις insere) μέλλων

ὑπὸ τοῦ δήμου σφάττεσθαι, εἶπεν ἐθέλειν ὥσπερ τὸ κύκνειον
ᾄσας ἀποθανεῖν· ἐπιτρέψαντος δ᾽ ἐκείνου, ἔσκωψεν; quae verba
adscripsi, ut simul emendarem; nam ὥσπερ, quo vocabulo loci
sententia et verborum compositio vitiatur, non magis genuinum
esse reor quam loco nostro μέλος, sed adscriptum esse olim a
sciolo, quo indicaret, quod nemo non ultro intelligit, figurato
sensu vocabula τὸ κύκνειον ᾄσας accipienda esse. Similiter dicitur
τὸ κύκνειον ἐξηχεῖν quemadmodum illud sine substantivo. Rectius
contra in fr. VI et VII legitur: τοῦ φόβου παρείθησαν, quam
in fr. V παρελύθησαν, quod illius glossema esse videtur. Ib.
rursus ex fr. VII supplendum: περὶ δὲ τῶν (κατὰ μέρος) ἐγκλη-
μάτων κτέ.; ni feceris, ineptissime opposita erunt verba: δι᾽ ὧν
τοῦ μὲν ὁλοσχεροῦς φόβου παρείθησαν.

Fr. VII vs. 25: ἐποιεῖτο τοὺς λόγους. Recte iam Dindorfius
(ed. Lips. 1826) dedit ἐποιοῦντο.

Fr. IX lege: ἧκον εἰς Ῥώμην πάντοθεν [οἱ] πρεσβευταὶ κτέ.
deleto articulo.

Fr. XI: Laudatur in hoc excerpto Romanorum erga de-
victos *clementia*. Quam clementiam vel Macedones quamvis
πολλὰ καὶ μεγάλα παρανενομηκότας εἰς Ῥωμαίους ait expertos
esse. Τετυχηκότες γὰρ (ita pergit) ἐπὶ τοῖς πρότερον ἀγνοήμασι
συγγνώμης, εἰκότως ἂν τοῖς ὕστερον ἁμαρτήμασιν ὑπελάμβανον
ἑαυτοῖς μηδένα λόγον δίκαιον εἰς ἔλεον καὶ παραίτησιν ἀπολελεῖφθαι
οὐ μὴν ἡ σύγκλητός (γ᾽) ἡ τῶν Ῥωμαίων ἐμνησικάκησεν, ἀλλὰ
μεγαλοψύχως καὶ προσηκόντως ἑκάστοις προσηνέχθη. Quam
misere languet istud προσηκόντως post μεγαλοψύχως, et quanto
melius scriberetur: μεγαλοψύχως καὶ προσηνῶς ἑκάστοις προσηνέχθη. Cf. p. 89 vs. 21. Ib. p. 89 vs. 1 scribendum inserto
articulo: ὥστε μηδὲ (τὴν) παρὰ τῶν ἐπταικότων δέησιν ἀναμεῖναι.
In fine excerpti lege μέγα (pro μεγάλα) φρονεῖν.

Vitiis deinde scatet fr. XIII (VIII § 3), quae paucis signi-
ficabimus, quomodo corrigenda videantur. Vs. 10: ἄδικον πρὸς
Ῥωμαίους ἐξαγαγόντα παρὰ τὰς συνθήκας πόλεμον. Graecum est ἐξενεγκόντα κτέ. Cf. fr. XI vs. 34: ἐπειδὴ παρὰ

τὰς συνθήκας ἄδικον ἐξήνεγκε πόλεμον; vs. 20: ἐλέους χειρωθέν-
τες, lege: ἐλέου; vs. 24: εὐγενῶς οὖν δυνατοῖς Ῥωμαῖοι τὴν
ἐλευθερίαν χαρισάμενοι τὰ ἡμίση δίδειν τῶν τελῶν προσέταξαν.
Verum est: εὐγενῶς οὖν αὐτοῖς et διδόναι, quorum illud
(ΑΤΤΟΙϹ pro ΔΤᾹΤΟΙϹ) iam Mullerum e Dindorfii coniectura
recte dedisse video; quo magis miror B. retinuisse vulgatam,
quae prorsus absurda est. Vs. 28: οἳ (scil. legati) καὶ πρὸς Αἰμίλ-
λιον Μάρκον ἐλθόντες συνεῖδον τὰ τείχη — καθελεῖν κτέ. Non
reperio quid lateat in συνεῖδον; pro quo exspectaveris ἔγνωσαν
vel ἔκριναν. Si licet hariolari, non absurde suspiceris: συνή-
δρευον (μετ' αὐτοῦ καὶ ἔκριναν) τὰ τείχη κτέ. collato fr. 13
libri XXIX, qui locus est plane ἀδελφὸς nostri. Cf. cum his,
quae ex eodem Polybio refert Livius XLV : 17 et 18.
Vs. 31: καὶ τοὺς ἐπιφανεῖς ἄνδρας τῶν Μακεδόνων εἰς ἓν
συναγχγεῖν· ἔνθα ἐλευθέρους — αὐτοὺς ἀφῆκαν. Sententia
requirit εἶτα pro ἔνθα, quod ferri posset si scriberetur:
εἰς ἕνα συναγαγεῖν (τόπον), κτέ. Pag. 90 vs. 12 supple:
τοῦ μὲν πρώτου Ἀμφίπολις, τοῦ (δὲ) δευτέρου Θεσσαλονίκη,
τοῦ (δὲ) τρίτου κτέ.; vs. 19: καὶ πρῶτος μὲν Ἀνίκιος καὶ
Ὀκτάουιος — ἀνὰ μίαν ἡμέραν ἑκάτερος ἐθριάμβευσεν. Lege:
καὶ ·πρῶτοι — ἑκάτερος, ἐθριάμβευσαν; vs. 23: ἄμαξαι —
φέρουσαι λευκὰς καὶ τραχίας ἀσπίδας. Optionem faciat futurus editor inter τραχείας, βραχείας et ταυρείας ἀσπίδας.
Vs. 24: καὶ ἕτεραι (ἄμαξαι) τριακόσιαι λόγχας καὶ σαρίσσας καὶ
τόξα καὶ ἀκόντια γέμουσαι. Barbarum est γέμειν cum Acc.;
nisi igitur omnes Accusativos in Genitivos mutare mavis, reponendum φέρουσαι. Vs. 30 suppleo: — ἐκπωμάτων πλῆθος, (πλή-
ρεις) ἀγαλμάτων καὶ ἀνδριάντων ποικίλων ἄμαξαι πεντακόσιαι
(cf. vs. 24). Post simile vocabulum πλῆθος quod inserui adiectivum facile a scriba negligi potuit. Vs. 32 corrigas: τῇ (δὲ)
τρίτῃ προηγοῦντο λευκαὶ βόες εὐπρεπεῖς κτέ., et tandem vs.
6 p. 91 in ipso fine excerpti: καὶ ἐπὶ πᾶσιν Αἰμίλιος ἐφ'
ἄρματος ἐλεφαντίνου καταπληκτικοῦ pro καταπλήκτου, quod
flocci non est.

Fr. XV vs. 15: ὥστε δοκεῖν ὅμοια μύθοις [ἀγενήτοις] εἶναι τὰ πάθη τὰ περὶ αὐτόν. Pauca vidi emblemata hocce putidiora. Vs. 17: ὑπὲρ αὐτοῦ διαλαβεῖν ὃ χρὴ παθεῖν. Graecum est: ὅτι χρὴ παθεῖν. Pag. 92 vs. 3: Μάρκος Αἰμίλιος παρῄνεσε τῇ συγκλήτῳ σχετλιάζων, εἰ μὴ τὸν ἀνθρώπινον φόβον εὐλαβοῦνται τήν γε τοὺς ὑπερηφάνως ταῖς ἐξουσίαις χρωμένους μετερχομένην νέμεσιν αἰδεῖσθαι. Intelligam haec, postquam repositum erit: εἰ μὴ τὸν ἀνθρώπινον φθόνον εὐλαβοῦνται.

Optime monenti Maio noluerunt morem gerere editores fr. XVII (X) vs. 27 scribendum esse: ἀλλ᾽ ὅμως ἡ πρὸς τὸν βίον ἡμῶν ἀλογία τῆς τύχης καὶ πάντα παρὰ τὸν λογισμὸν τὸν ἡμέτερον καινοποιοῦσα καὶ τὴν αὐτῆς δύναμιν ἐν τοῖς παραδόξοις ἐνδεικνυμένη; ubi hodie absurdissime legitur ἀναλογία et ἐνδόξοις; quae vel si apud Polybium non emendata legerentur, qui pro illo habet ἀσύνθετος τύχη, quantocius de coniectura fuissent corrigenda. Nam scire pervelim quae sit fortunae *analogia*, cuius levitatem et caecam mobilitatem quotidie culpare mortales solemus, aut quomodo eadem dici possit in claris (viris an quid?) ostendere suam potentiam, quasi obscuri illi non pareant. Quantopere igitur fallitur Horatius, ubi canit: *Valet ima summis mutare, et insignem attenuat deus obscura promens, hinc apicem rapax fortuna cum stridore acuto sustulit, hic posuisse gaudet!* Quo loco accedo Peerlkampii sententiae, variam lectionem in cod. Reginensi: *insigne attenuat decus* (nempe *Diespiter*), vulgata aliquanto meliorem esse iudicantis.

Sed redeamus ad nostrum, et reddamus e palimpsesto male descripto a M. Demetrio Phalereo: ὧν οὐδ᾽ ὄνομα (πρότερον) ἦν γνώριμον, quo facto videamus an prodesse possimus fr. XVIII (XI), ubi reliqua quidem rectius administravit quam B. Mullerus, male tamen correxisse videtur vs. 20 sqq.: διόπερ προσεύχεσθαι τῶν θεῶν τῶν μὲν δημοσίων εἰς μηδὲν ἐμπεσεῖν τὴν μεταβολήν, ἀλλ᾽ εἰ πάντως αὐτῇ πρᾶξαι δέδοκτο (l. ἐδέδοκτο) δυσχερές, τοῦτ᾽ εἰς αὐτὸν ἐναπερείσασθαι, pro αὐτῇ reponens αὖ τι. Supervacaneum enim est αὖ, dum contra requiritur

12

pronomen personale, quo referatur ἐδέδοκτο. Lenissime corrigas: αὐτῇ τι πρᾶξαι, quo facto αὐτῇ referendum erit ad τῆς τύχης supra vs. 20. Malim tamen: αὐτοῖς τι πρᾶξαι ἐδέδοκτο scil. τοῖς θεοῖς. Vs. 7: μετὰ πέντε ἡμέρας εἰς Μακεδονίαν γενέσθαι. Lege: παραγενέσθαι, nisi ἐν Μακεδονίᾳ reponere malis. In eodem excerpto locus vs. 4 sqq. documento esse potest, quomodo librarii Nominativos cum Infinitivis de industria interpolando et refingendo in Accusativos c. Inf. mutare soleant. Lege: ἔφη γὰρ [ἑαυτὸν] ἐξ Ἰταλίας εἰς τὴν Ἑλλάδα μέλλων (pro μέλλοντα) περαιοῦν τὰς δυνάμεις ἀποθεωρήσας τὴν ἀνατολὴν καὶ τότε τὸν πλοῦν ποιησάμενος ἐνάτης ὥρας καταπλεῦσαι — ἐν Δελφοῖς καλλιερήσας (pro καλλιερήσαντα). Nominativi ἀποθεωρήσας et ποιησάμενος, qui manserunt intacti, rem conficiunt.

Una littera deleta damnum resarciri potest a scribis illatum fr. XIX. Nam quis credat Graece dici posse ἐν ἀσφαλείᾳ κατακεῖσθαι τὴν ἰδίαν ἀρχήν pro ἐν ἀσφαλεῖ κτἑ., quod sine dubio Diodoro reddendum. Non maiore molimine opus est ad corrigenda sequentia: ἀγαθὴ γὰρ ἡ τύχη τὰ βεβηκέναι δοκοῦντα ἀσφαλῶς ἀναστρέψαι, ubi, si usquam, requiritur ἀνατρέψαι, i. e. *evertere*, et sic optime video dedisse Mullerum, quamvis inscium hanc ipsam lectionem esse in palimpsesto Vaticano.

Duas proponam coniecturas easque plane necessarias in fr. XXIII (XVI § 1). Primum enim, uti nunc vulgantur, intelligi nequeunt verba: καθὸ οἷοἵτ' ἦσαν ἐπεκρύπτοντο τὴν διαίρεσιν διὰ τὴν τῶν Ῥωμαίων ὑπεροχήν. Sermo est de Asiae regibus, regnum suum quoque militum copia et divitiis confirmantibus, qui tamen, ne Romanos offenderent: ἐπεκρύπτοντο, opinor, τὴν ἰδίαν αἵρεσιν διὰ τὴν τῶν Ῥωμαίων ὑπεροχήν, i. e. *studium suum* (augendi potentiam) *occultabant*. Usus adiectivi ἴδιος apud seriores pro pronomine reflexivo, notior quam qui hic probetur, apud nostrum est imprimis frequens. Quam facile autem ΤΗΝΔΙΑΙΡΕΣΙΝ ex ΤΗΝΙΔΙΑΑΙΡΕΣΙΝ nasci potuerit, est in aprico. In Polybio non infrequens est usus substantivi αἵρεσις eo sensu, quo ceteri et Diodorus προαίρεσις adhibere malunt. Quod saepius alibi eum fecisse constat, etiam hunc locum *ad verbum* e Polybio descripsisse inde coniicias. Sin minus, praetulerim τὴν ἰδίαν (προ)αίρεσιν, uti scribit v. c. lib. XII : 69: διελέχθησαν περὶ τῆς ἰδίας προαιρέσεως τοῖς Ἀθηναίων στρατηγοῖς κτέ., et in his excerptis fr. XXXVIII (p. 102): ἔδωκε πεῖραν τῆς ἰδίας προαιρέσεως. Contra αἵρεσις Diodoro est *animus s. voluntas.* Sic v. c. XXXIII fr. 21: πάντες ταῖς αἰρέσεσιν οἰκείως διατεθέντες.

Altera, quam dicebam, coniectura tento quae leguntur prope finem in hunc modum scripta: καὶ καθάπερ ἐπὶ σκηνὴν ἀναβιβάσας τὴν βασιλείαν ἅπασαν ἐποίησε μηδὲν ἀγνοεῖν τῶν περὶ αὐτῶν. Dare potuisset: ἐποίησε (τοὺς Ῥωμαίους) μηδὲν κτέ.; sed maluit, opinor, aliquanto acrius eandem rem significare scribendo: ἐποίησε (μηδένα) μηδὲν ἀγνοεῖν τῶν περὶ αὐτῶν, in quibus simul apparet corruptelae origo.

In fr. XXIV (XVI § 2) Graeca syntaxis postulat, ut vs. 14 corrigamus: ὥστ' εἴ τις ἀφεῖλεν αὐτοῦ τὸ διάδημα μηδέν' ἂν (pro μηδένα) τῶν ἀγνοούντων πιστεῦσαι κτέ.; etymologia, ut vs. 18 legamus tribus litteris repetitis τοὺς τὰς παραθέσεις εἰσφέροντας. De more Diodorus hunc locum verbis parum diversis mutuatus est a Polybio, quem vide in lib. XXXI fr. 4, in quo excerpto est, quod non satis emendate scribatur in § 5, quam ex loco nostro sic corrige: οὓς μὲν εἰσῆγεν, οὓς δ' ἀνέκλινε καὶ τοὺς διακόνους τοὺς τὰς παραθέσεις εἰσφέροντας διέταττε. Vulgatur enim εἰσήγαγεν pro διέταττε, quod vitium contraxisse videtur e praegresso εἰσῆγε. Ex eodem Polybio iam Valesius resarcivit damnum, quod illatum est fr. XXV: ὅτι τούτων συνελθόντων ἧκον οἱ τοῦ Γράκχου πρεσβευταί, legendo: ὅτι τούτων συντελεσθέντων, nam Polybius ibid. fr. V scribit: μετὰ τὴν συντέλειαν τῶν ἀγώνων ἄρτι τούτων γεγονότων ἧκον οἱ περὶ τὸν Τιβέριον πρεσβευταί. Optime vir egregius, sed -hucusque frustra. Quod aperte corruptum est evidenti emendationi praeferunt editores.

Incredibile dictu est, quam crebro scribae peccent in verborum compositorum praepositionibus modo confundendis, modo omittendis. Cuius rei novum exemplum dabunt verba ultima fr. XXVII (XVIII § 2): τὸ τηλικοῦτο τῆς βασιλείας ἀξίωμα πρὸς ἰδιωτικὴν ταπεινότητα τύχης ἐπεπτώκει κτέ. Nihil tamen certius esse arbitror, quam Diodorum dedisse: εἰς ἰδιωτικὴν ταπεινότητα τύχης μετεπεπτώκει. Similiter haereas fr. XXVIII (XIX) vs. 25: τὸν βίον ἐν τῇ πατρίδι λιπεῖν, υἱοὺς ἐγκαταλιπόντα Ἀριαράθην καὶ Ἀρύσην; nam soli tragici dicere solent λείπειν φάος, βίον, alia; pedestres si hoc verbo uti volunt (antiquiores, ni fallor, vix umquam adhibent), addunt praepositionem ἐξ. Videndum igitur, ut redeam unde profectus sum, an l. n. legendum sit: τὸν βίον ἐν τῇ πατρίδι ἐκλιπεῖν, υἱοὺς ἐγκαταλιπόντα κτέ. Ceterum non admodum eleganter bis in eadem sententia verbo λείπειν usus est [1]). Quae sequuntur sat emendate scribi videntur usque ad vs. 10 (p. 98): περιέθετο τῷ παιδὶ διάδημα καὶ συνάρχειν πάντων τῶν τῆς βασιλείας προτερημάτων ἐπ' ἴσης μεταδίδωσι. Ne absurda exeat sententia, utique reponendum videtur: καὶ συνάρχοντα πάντων τῶν — μεταδίδωσι. Nempe syllaba τι de more perierat propter sequentem litteram π; mox supervenit aliquis, qui συνάρχον mutavit in συνάρχειν bellissima, ut vides, emendatione.

Post pauca verba revoca elapsum participium scribendo: οὗτος δ' ἔγημε θυγατέρα τοῦ μεγάλου κληθέντος (malim ἐπικληθέντος) Ἀντιόχου ὀνομαζομένην Ἀντιοχίδα, πανοῦργον (οὖσαν) μάλιστα. Praeterea videndum an non hoc quoque loco D. dederit, uti alibi ex constanti Graecorum consuetudine scribere solet: ὀνομαζομένην (μὲν) Ἀντιοχίδα, πανοῦργον (δ' οὖσαν) μάλιστα. Ibid. vs. 19: ἐξ οὗ — τὸν μὲν πρεσβύτερον μετὰ συμμέτρου χρείας εἰς Ῥώμην ἀποσταλῆναι παρασκευάσαι, τὸν δὲ νεώτερον εἰς τὴν Ἰωνίαν. Si locus sanus est, sensus est: *mandato ei negotio idoneo.* Sed dici solet ἀποσταλῆναι ἐπὶ χρείαν non μετὰ χρείας. Quare aliquis praetulerit: — μετὰ συμμέτρου χορηγίας κτέ.

---

1) Hic locus me admonet loci turpiter interpolati in Isaei oratione *de Aristarchi hereditate* § 11, ubi eiecto emblemate scripserim: ἀλλ' αὐτῷ μὲν ἐπανελθεῖν εἰς τὸν πατρῷον οἶκον ἐξῆν υἱὸν ἐγκαταλιπόντα ἐν Ξεναινέτου. Editur: ἐν τῷ Ξεναινέτου οἴκῳ.

Leve vitium sed eiusmodi, ut mireris doctos homines tamdiu
fallere potuisse, eximendum e fr. XXXII (XXIII): παρακαλῶν
σωφρονῆσαι καὶ τῶν νεανίσκων ἑκάτερον τὸν παρ' ἑαυτοῦ διαχει-
ρισάμενον κτέ. Immo vero: τῶν παρ' ἑαυτοῦ κτέ.
Mendo pervetusto feliciter liberasse mihi videor fr. XXXIV
(XXIV): ὅταν πωλούμενοι πλείονος εὑρίσκωνται οἱ μὲν
ἐρώμενοι τῶν ἀγρῶν, τὰ δὲ κεράμια τοῦ ταρίχου τῶν ζευγηλατῶν.
Sed ut recte haec intelligantur, adscribenda est pars eorum, quae
praecedunt: Ἀγανακτῶν Μάρκος Πόρκιος Κάτων εἶπεν ἐν τῷ δήμῳ
διότι μάλιστα δύνανται κατιδεῖν ἐκ τούτου τὴν ἐπὶ τὸ χεῖρον τῆς
ἀγωγῆς καὶ πολιτείας διαστροφήν, ὅταν πωλούμενοι κτέ., quae
supra adscripsi. Ob duplicem causam ferri nequeunt, ut hodie
scribuntur, vocabula: ὅταν πωλούμενοι πλείονος εὑρίσκωνται.
Nam primum *pluris venire* Graece πλείονος εὑρίσκεσθαι dici
posse nego; deinde, si dici posset, plane otiosum esset, quod
nostro loco additur, πωλούμενοι. Quid scripserit Diodorus, lectori
apparebit e locis quibusdam, quos infra promam ex optimo
quoque scriptore Graeco. Herod. I: 195, ubi agit de Venetorum
virginibus quotannis publice venumdatis: μετὰ δὲ ὅκως αὕτη
εὑροῦσα πολλὸν χρυσίον πρηθείη, ἄλλην ἀνεκήρυσσε (l. ἂν
ἐκήρυσσε) κτέ. Eodem modo Xenophon in Hellenicis III: 4 § 24:
καὶ ἄλλα τε πολλὰ χρήματα ἐλήφθη, ἃ εὗρε πλέον ἢ ἑβδομήκοντα
τάλαντα. Id. in Memor. II: 2 § 5: ὅταν τις οἰκέτην ἀποδιδῷ
τοῦ εὑρόντος. Cf. Aesch. I: 96; Isocr. VIII: 35: οἰκία
εὑρίσκουσα δισχιλίας. Ne sequiores quidem hunc usum ignorasse probant et alii loci et Polyb. XXXI: 7, 12 (ed. Schweigh.):
τοῦ ἑλλιμενίου κατὰ τοὺς ἀνώτερον (l. ἀνωτέρω) χρόνους εὑρίσ-
κοντος ἑκατὸν μυριάδας δραχμῶν. Sed hi loci sufficiant ad
probandum Diodoro reddendum esse: ὅταν πωλούμενοι πλεῖον
εὑρίσκωσιν οἱ μὲν ἐρώμενοι τῶν ἀγρῶν, τὰ δὲ κεράμια τοῦ
ταρίχου τῶν ζευγηλατῶν. Utiliter cum his componas quae scribit Diodorus in libr. XXXVII fr. III: τοῦ μὲν γὰρ οἴνου
(conieci Χίου) τὸ κεράμιον ἐπωλεῖτο δραχμῶν ἑκατὸν, τῶν δὲ Ποντικῶν ταρίχων τὸ κεράμιον δραχμῶν τετρακοσίων, τῶν δὲ μαγείρων
οἱ διαφέροντες ὀψαρτυτικαῖς φιλοτεχνίαις ταλάντων τεττάρων, οἱ

δὲ ταῖς εὐμορφίαις ἐκπρεπεῖς παράκοιτοι πολλῶν ταλάντων κτέ. Ex quo loco praeterea coniicias ultima verba loci nostri sic esse redintegranda: τὰ δὲ κεράμια τοῦ (Ποντικοῦ) ταρίχου τῶν ζευγηλατῶν; nam iure explosissent Romani Catonem, si dixisset quaevis salsamenta pluris veniisse, quam *boves iugales*, qui miro sane usu hic dici creduntur ζευγηλάται. Ita enim alibi audire solent *aratores* (vide v. c. Xenoph. in Anab. VI, 1 § 18), neque vocabuli compositio aliam significandi potestatem admittere videtur. Locum sanum esse confirmat Polybii excerptum 1 ex libr. XXXII ap. Mai., ubi tamen rectissime scriptum invenio πλεῖον εὑρίσκωσιν, quemadmodum Diodorum quoque dedisse modo huius loci ignarus perhibebam [1]). Intellexerim igitur l. n. potius *servos aratores*, quam *boves iugales*, quippe qui ζεύγη βοεικὰ Graece dici soleant.

Corruptissima sunt ultima verba fr. XXXV: ἀκολούθως δὲ τούτοις καὶ τῶν περιοικουσῶν τὴν Ῥώμην πόλεων ὅσαις ὁ χρόνος τὴν ἀναστροφὴν ἐδίδου ἐλθεῖν πρὸς τὸν τῆς ἐκφορᾶς καιρόν, καὶ τῶν τὴν εἰς τὴν Ῥώμην τιμὴν σχεδὸν τιμὴν μετὰ προθυμίας. Suspicor: κατήντων εἰς τὴν Ῥώμην πανδημεὶ ἐκχεόμεναι μετὰ προθυμίας collato fr. 36 lib. XXXVII: ἀκολούθως δὲ τούτοις καὶ κατὰ τὴν παρουσίαν τοῦ βασιλέως ἀπήντων αἱ πόλεις ἐκχεόμεναι πανδημεί. Nunc video Ludovicum Dindorfium iam coniecisse: κατήντων — σχεδόν τι πανδημεί, adhibito forte fortuna eodem loco. Perlegi totum Diodorum, sed nusquam formula σχεδόν τι mihi facta est obviam apud eum. Atticis, quibus propria est, ea relinquenda videtur. Sequiores (certe Diodorus) constanter omittunt post σχεδὸν pron. indefinitum. Utut est, κατήντων h. l. certa videtur emendatio. Non minus evidenter corrigi potest initium fr. XXXVII (XXVI).

---

1) Quod vero deinde suspicabar l. n.: τοῦ (Ποντικοῦ) ταρίχου, eo loco non confirmatur, culpa tamen eclogarii vel librarii, uti docet Athenaeus VI c. 21, apud quem Polybii locus emendatius sic scriptus exstat: τριακοσίων μὲν δραχμῶν κεράμιον ταρίχων Ποντικῶν ὠνησάμενοι κτέ. Adde Lib. XXXVII fr. 4 (ap. Mai. p. 114).

Ὅτι ὁ αὐτὸς Αἰμίλιος οἷος ἐν τῷ ζῆν ὑπάρχειν τὴν τύχην Ἐδόξαζετο τοιοῦτον ἀπέλιπε τὸν βίον μεταλλάττων. Non sermo est, ut sequentia docent, de *fortuna* sed de *probitate* Paulli Aemilii, itaque Diodoro reddendum: οἷος — τὴν ψυχὴν ἐδοξάζετο. Si dubitas, fidem faciet Polybii locus XXXII, 8 § 2: οἷος γὰρ ὁ τρόπος ζῶντος αὐτοῦ ἐδοξάζετο, τοιοῦτος εὑρέθη ὁ βίος μεταλλάξαντος, unde praeterea suspiceris: τοιοῦτον ἀπέφηνε τὸν βίον κτἑ. Ibidem vs. 6 eluenda est macula, quam supra iam alio loco abstersimus in verbis: διὸ καὶ πολλοὺς ὑπερβεβηκέναι κατὰ τὴν ἀφιλαργυρίαν. Dubium enim non est scriptoris manum esse hanc: διὸ καὶ πολλοὺς ὑπερβεβληκέναι κατὰ τὴν ἀφιλαργυρίαν. Similiter saepius confunduntur διαβεβηκέναι et διαβεβληκέναι et alia horum verborum composita. Male vs. 12 scribitur: εἰ δ᾽ ἄπιστόν τισι φαίνεται τὸ λεγόμενον, ἐκεῖνο λογίζεσθαι. Ub aut inserendum δεῖ aut rescribendum: λογιζέσθωσαν (qua forma Macedonica sequiores uti solent pro λογιζέσθων); quarum coniecturarum illam veriorem iudico propter Polybii (l. l.) verba: εἰ δ᾽ ἀπίστῳ τὸ λεγόμενον δόξει ἐοικέναι τισίν, ἐκεῖνο δεῖ λαμβάνειν ἐν νῷ. Non melius ibid. vs. 29: καὶ γεγονὼς κατὰ τοῦτον τὸν ἐνιαυτὸν ὀκτωκαίδεκα ἐτῶν editur pro ἔτη, quod Diodoro reddas. Aliquanto gravius corrupta sunt haec verba (vs. 35): ἀλλὰ καὶ τῶν πρεσβυτέρων πάντων πολὺ προέσχε σωφροσύνῃ καὶ καλοκαγαθίᾳ καὶ μεγαλοψυχίᾳ καὶ καθόλου πᾶσι τοῖς τῆς ἀρετῆς γένεσι. Diodori manum agnoveris corrigendo: πᾶσι τοῖς τῆς ἀρετῆς μέρεσι. Nam ita et alibi scribere solet et eum dixisse videbis de hoc ipso Aemilio Paullo in fr. XXXV: σχεδὸν ἐν πᾶσι τοῖς μέρεσι τῆς ἀρετῆς πρωτεύων τῶν πολιτῶν ἐτελεύτησεν, et fr. XXXVIII (XXVII) vs. 18: πρὸς δὲ τοῦτο τὸ μέρος τῆς ἀρετῆς εἶχε μὲν καὶ τὸ ἦθος κτἑ.

In fr. XXXVIII (XXVII) locus exstat classicus de ingenio Romanorum parum liberali. Laudibus effertur Africani minoris singularis erga matrem Papiriam liberalitas. Τοῦτο δὲ (ita pergit D.) κατὰ πᾶσαν (μὲν insere) πόλιν κρίνοιτ᾽ ἂν καλὸν καὶ θαυμαστόν, μάλιστα δὲ παρὰ Ῥωμαίοις, παρ᾽ οἷς οὐδεὶς

οὐδενὶ δίδωσι τῶν ὑπαρχόντων εὐχερῶς ἑκὼν οὐδέν.
Ad verbum haec descripsit e Polyh. XXXII : 12 § 9, ubi
tamen εὐχερῶς, quod additamenti speciem habet, rectius omittitur.

In eiusdem excerpti initio pessime habita sunt verba: ἐπ'
-γγ' ὅλοις πέντε ἔτεσι περιεποιήσατο πάνδημον καὶ συγχωρου-
μένην τὴν ἐπ' εὐταξίᾳ σωφροσύνην; quae sana erunt,
ubi rescripseris: ἐν οὐδ' ὅλοις — τὴν ἐπ' εὐταξίᾳ καὶ
σωφροσύνῃ δόξαν, collato fr. XXXVII et Polyh. XXXII,
11 § 8. Polybio contra gratiam referre possis corrigendo
e loco nostro περιεποιήσατο pro ἐποίησατο — δόξαν, quae
oratio Graeca non est.

Ibid. vs. 33 (p. 103): τοῦ δὲ κατὰ τὴν ἀνδρείαν μέρους,
ὅπερ ἐστίν. Iam Reiskius e Polyh. l. l. post μέρους recte supplevit λοιποῦ ὄντος; sed simul ibidem supplendum: ἀναγκαιότατον
παρὰ πᾶσι μὲν, μάλιστα δὲ (παρὰ) Ῥωμαίοις.

Fr. XII (XXX): ὅτι τοῦ Δημητρίου πρέσβεις ἀποστείλαντος
εἰς (l. πρὸς) Ῥωμαίους, ἀπόκρισιν ἔδωκαν (vulgo ἔδωκεν) αὐτῷ
σκαιὰν καὶ δυσάρεστον, ὅτι τεύξεται τῶν φιλανθρώπων, ἐὰν τὸ
ἱκανὸν ποιῇ τῇ συγκλήτῳ κατὰ τὴν τῆς ἀρχῆς ἐξουσίαν. Quid
inepti habeat illud responsum, me quidem latet; multo rectius
diceretur durum et immite, quocirca videas, an dederit
scriptor Siculus: ἀπόκρισιν ἔδωκαν αὐτῷ σκληρὰν καὶ δυσάρεστον.
Ad rem conferas fr. XL, Zonaram IX : 25 et Polyh. XXXI : 19.
Praeterea malim: ἐὰν τὸ ἱκανὸν ποιήσῃ τῇ συγκλήτῳ.

Fr. XLIII (XXXII): πεντήκοντα μὲν ταλάντοις ἐστεφάνωσε
Τιμόθεον, ἑβδομήκοντα δὲ [ταλάντοις] Δημήτριον τὸν βασιλέα καὶ
χωρὶς τούτων ἑξακόσια τάλαντα, προσεπαγγειλάμενος καὶ
τὰ λοιπὰ τετρακόσια δώσειν ἐν ἑτέρῳ καιρῷ. Arena, aiunt,
sine calce; nam Acc. ἑξακόσια τάλαντα non habet unde pendeat,
neque quid sibi velint vocabula τὰ λοιπὰ perspicitur. Satis
habeo haec vitia indicasse, quae eiusmodi sunt, ut certa emendatione tolli non posse videantur. Ut saepius alibi, hic Diodori
orationem inepte contractam esse suspicor in brevius ab epitomatore. Librariis contra tribuerim sollemne vitium in extremo

excerpto, ubi legitur: τετρακόσια τάλαντα παρέθετο pro
παρακατέθετο. Vera lectio feliciter intacta mansit in fr. 17
libr. XXXII. Cum loco nostro componas Polyh. XXXIII : 12.

Fr. XLVI (XXXV): Forma Νικηφόριον mutetur in Νικηφόρειον.

Fr. XLVIII: καθόλου δ' εἰς τοὺς ἀγῶνας ἐλθὼν ὥσπερ τὰ
κίβδηλα τῶν νομισμάτων ἀλλοῖος ἐφάνη καὶ τὸν πόλεμον τοῖς
ἰδίοις ἐλαττώμασιν ηὔξησεν. Verba sensu vacua, donec rescripseris: — ὥσπερ εἰς πῦρ τὰ κίβδηλα κτέ. Fidem faciet
Polybii locus XXXIII fr. IX § 3, unde sua hausit Diod.

Fr. XLIX (XXXVIII) supple: κυνίδια μικρὰ (μὲν) ἐνεργὰ δὲ
ταῖς ἀλκαῖς, et eadem opera in fr. LI: ὅτι τοὺς (μὲν) Ἑλληνι-
κοὺς πολέμους εἰς καιρὸς κρίνει, τοὺς δὲ Κελτιβηρικοὺς κτέ. Cf.
Polyh. locum ap. Suid. in πύρινος πόλεμος, qui similiter corrigendus. Sed redeamus ad fr. XLIX, cuius ultima periodus
foede corrupta sic scribitur: καὶ οἱ Ῥόδιοι διαβεβοημένην ἔχοντες
τὴν ἐν τοῖς ναυτικοῖς ἀγῶσιν ὑπεροχὴν ὑπὸ μυδίων καὶ εὐαγωδίων παντελῶς μικρῶν παραδόξως συγκυκλούμενοι κτέ. Pro
εὐαγωδίων, de ipsius nescio an aliena coniectura, Mullerus
recepit ἀκατίων, quod quomodo in illud abire potuerit frustra
quaeras. Μυδίων interpretantur, quasi scriptum exstaret μυοπα-
ρώνων, sed quo iure ipsi viderint. Μύδιον vocabulum est prorsus
nihili, neque valde probabile est olim fuisse navium genus,
quod a muribus nomen duxerit. Non quidem ignoro locum
Pollucis I : 83: ἔστι δέ τινα πλοῖα Λύκια λεγόμενα κριοὶ καὶ
τράγοι, sed ea navigia probabiliter dicta sunt ab illorum ani-
malium προτομαῖς in prora exsculptis; quae res de parva bestiola
cogitari nequit. Praeterea formam deminutivam vocabuli μῦς
non esse μύδιον sed μυΐδιον (ut a βοῦς fit βοΐδιον, ab ὗς υΐδιον),
vix est quod moneamus. Si quis μυΐδίων l. n. verum esse
iudicat, poterit eodem iure pro εὐαγωδίων suspicari λαγῳ-
δίων, ut aliud rursus sit navium genus. Verum praeter litterarum fortuitam similitudinem omni auctoritate huiusmodi
coniecturae egent, et equidem mihi non liquere confiteri
malo.

Palimpsestus, qui h. l. praeter spem suo nos auxilio destituit, duas meliores lectiones offert in fr. L (XXXIX). Nempe vs. 36 recte habet: ἐξαπέστειλε τοὺς κωλύσοντας pro ἑ. τ. κωλύοντας et mox σὺν ἄλλοις πλείοσι pro ἐπὶ πολλοῖς πλείοσι, ut edidit M.; nam quod hodie textum occupat ἐπ' ἄλλοις πλείοσι de coniectura repositum est. Ib. vs. 4 requiro: οὐδὲν δὴ (pro δὲ) παρὰ τὰς συνθήκας κτέ.

ADN. AD LIBR. XXXII.

Fr. I: πρεσβευσάντων δ' αὐτῶν ἀπόκρισιν ἔδωκαν εἰδέναι ὃ δεῖ γενέσθαι. Sensus est: *quum legati misissent*, itaque Graecitas postulat πρεσβευσαμένων κτέ. Fortasse eclogarii error est, nam idem recurrit in Polybii excerptis lib. XX, 2 § 1. Praeterea l. n. melius scriberetur: ὅτι δεῖ γενέσθαι.

Fr. III: οἱ τῶν Καρχηδονίων πρέσβεις ὑπεσιώπησαν. Optime cod. Vat. ἀπεσιώπησαν i. e. *obmutuerunt*. Verbum ὑποσιωπᾶν significare videtur *silentio praeterire*, *reticere aliquid* apud Aeschinem in Ctesiphontea § 239: τὰ δ' ἑβδομήκοντα τάλαντα ὑποσιωπᾷς, ἃ — ἀπεστέρησας. Quo loco variant codd. inter ὑπο - et ἀποσιωπᾷς.

Duabus litteris additis salva erit sententia in fr. IV vs. 29: ὁμοίως δὲ τούτῳ καὶ ὁ υἱὸς Ἀλέξανδρος Θήβας μὲν ἁρπάσας τῇ ταύτης τῆς πόλεως ἀπωλείᾳ κτέ. Difficile fuisset vel Magno Alexandro *rapere* urbem, potuit eam *diripere* (διαρπάζειν), sed constat eum peius fecisse et *funditus evertisse* Cadmi urbem. Quare vera lectio est ἀναρπάσας κτέ. Sic noster XVII : 18 de diruta Carthagine: ὅταν πόλις ἐπισημοτάτη — ἀνηλεῶς ἀναρπασθῇ. Idem valere videtur formula ἄραι πόλιν lib. XI : 65. Cf. XXXVIII fr. 6: τὴν Μαριανὴν συγγένειαν ἐκ βάθρων ἧρε.

Miserius depravata sunt, quae paullo ante l. n. narrantur de Philippo: ὁ δὲ διὰ πολλῶν ἀγώνων καὶ κινδύνων μὴ δυνάμενος τυχεῖν τῆς ἀρχῆς διὰ μιᾶς φιλανθρωπίας ἔλαβε παρὰ τῶν πολεμίων ἐθελοντὴν τὴν τῆς Ἑλλάδος ἡγεμονίαν· καὶ τὴν τελευταίαν τῆς βασιλείας παραμονὴν τῷ Φόβῳ κατέσχε κατασκάψας πόλιν

μυρίανδρον τὴν Ὄλυνθον. Optime Graecum esse adverbium ἐθελοντὴν multum abest ut negem; sed h. l. ferri nequit, quia
necessario referendum foret ad Philippum, quem *voluntarium*
accepisse hegemoniam, quam semper appetiisset, non eramus,
opinor, ab auctore docendi. Sed ἔλαβε παρὰ τῶν πολεμίων
ἐθελόντων τὴν — ἡγεμονίαν. Terminationem Genitivi ῶν indicari supra vocabulum curva lineola, circumflexo non multum
dissimili, norunt omnes ii, qui triverunt libros manuscriptos; neque hos igitur mendi originem latere puto. Omnino vero intelligi nequeunt sequentia: καὶ τὴν — παραμονήν. De eadem
re vide Diod. XVI c. 53 sic scribentem: τοῦτο δὲ πράξας —
τὰς ἄλλας πόλεις τὰς ἐναντιουμένας κατεπλήξατο, unde suspicor
l. n. rescribendum esse: καὶ τὴν τελευταίαν κατὰ τῆς βασιλείας παραμονὴν κτέ.

Iam Valesium rectissime monuisse video corrupta esse p. 110
vs. 3 verba. οἱ μὲν γὰρ κρατηθέντες προσεδόκων τῆς ἐσχάτης
ἔχεσθαι τιμωρίας, et reponendum esse τεύξεσθαι τιμωρίας.
Plane gemellus est locus XIX : 86: γενόμενος ὑποχείριος προσεδόκα μὲν τιμωρίας τεύξεσθαι κτέ.

Fr. VI vs. 24 supple cum Reiskio: ἔδωκεν ἀπόκρισιν (ὅτι)
ἐπεὶ καλῶς βουλεύονται κτέ.

Fr. X vs. 5: πολλοὺς ἀνεῖλεν ἐπιρρίψας αἰτίας διαβολῆς
ψευδοῦς. Ferri fortasse possit: αἰτίας ἐκ διαβολῆς ψευδοῦς,
inserta praepositione. Nec tamen ita Diodorus scribere solet;
sed aut: αἰτίας ψευδεῖς — aut: διαβολὰς ψευδεῖς ἐπιρριπτεῖν. Unde
mihi nata est suspicio, alterutrum horum substantivorum olim
pro varia lectione in margine adscriptum, irrepsisse in textum,
et deinde locum, ut species saltem sensus inesset, temere a librariis refictum esse.

Fr. XI (X) vs. 32: ἐγέννησεν υἱὸν μὲν ὁμώνυμον ἑαυτῷ,
θυγατέρα δὲ [τὴν] προσαγορευθεῖσαν Ἡραῖδα. Expunxi articulum.
Ib. p. 113 vs. 3 scripserim: ἐπὶ πλέον δ' οἰδήσαντος τοῦ τόπου,
ἔπειτα [τῶν] πυρετῶν μεγάλων συνεπιγενομένων καταδοξάσαι
κτέ., ubi editur συνεπιγινομένων; deinde: χρωμένων δ' αὐτῶν
θεραπείαις αἷς ὑπελάμβανον καταστελεῖν (vulgo καταστέλλειν)

13*

τὰς φλεγμονάς, ἑβδομαίας [δ'] οὔσης ῥῆξιν ἐπιγενέσθαι. Putidum tollatur emblema vs. 32: πέρας — τὴν ἀλήθειαν διασαφῆσαι, [τὸ τῆς φύσεως ἄρρεν] καὶ θυμῷ τετολμηκότι κτέ. Ib. p. 114 vs. 2 legitur: γνῶναι ὅτι κατεκέκρυπτο φύσις ἄρρενος ἐν ᾠοειδεῖ τόπῳ φύσεως θηλείας. Malim φύσις ἄρρην κτέ. cl. p. 115 vs. 10. In ead. pag. vs. 30 lege: ὑπισχνεῖτο θεραπεύσειν pro θεραπεύειν et vs. 35: συνέτρησεν εἰς τὸν οὐρητῆρα καὶ (ἐγ-) καθεὶς ἀργυροῦν καυλίσκον κτέ. et cum Reiskio in ipso pag. fine: τὸν δὲ σεσυριγγωμένον τόπον ἑλκώσας συνέφυσε pro ἐνέφυσε. Qui locus compositus cum vs. 4 huius pag.: διόπερ τὸν προσεσυριγγωμένον τόπον ἑλκώσαντας κτέ. docet, quomodo explenda sit lacuna, quae conspicitur (vs. 23) in vocabulis: παρὰ δὲ τὸν καλούμενον ⁎ ⁎ συριγγωθέντος ἐκ γενετῆς τὰς περιττώσεις τῶν ὑγρῶν ἐξέκρινεν. Iam recte viri docti inseruere κτένα post καλούμενον, quod tamen non sufficit; nam ita συριγγωθέντος non habet, quo referatur. Supplendum: παρὰ δὲ τὸν καλούμενον (κτένα διὰ τόπου) συριγγωθέντος ἐκ γενετῆς τὰς περιττώσεις τῶν ὑγρῶν ἐξέκρινεν, quibus nihil est planius.

Pessimae nctae forma est in fr. XII (XIV) κατηριπώθη, nec melioris, quam Reiskius maluit, κατηρειπιώθη. Graecum est κατηρείφθη.

Interpolatori sua reddamus p. 115 vs. 4: μετωνομάσθη Κάλλων· [ἑνὸς στοιχείου ἐπὶ τῷ τέλει τοῦ ν προστεθέντος] λέγεται δ' κτέ. Ib. vs. 18 supple: πλησίον τῆς Ῥώμης οἰκοῦντά φασί (τινα) Ἰταλικὸν κτέ.; vs. 21 malim: ζῶντα (κατα)καῦσαι, ut recte sequitur: ζῶντα κατακαῆναι.

Fr. XIV (XV): ὅτι Κάτων Μάρκος Πόρκιος, ἀποδοχῆς δὲ τυγχάνων κτέ. Nisi forte aliquid excidit, delenda est particula δέ.

Fr. XVII init. Μασανάσσης. Mai.: Μασανάσης. Codex Μασσανάσσης; quae est genuina huius nominis forma. In eodem excerpto ferri nequeunt, ut hodie scribuntur, vocabula: ὅς γε στὰς ἐν τοῖς ἴχνεσιν ὅλην τὴν ἡμέραν ἀκίνητος ἔμενε, quae sic scripta sensu sunt vacua. Vera lectio servata est apud Polybium XXXVII, 3 § 3: ἐγίνετο δὲ καὶ δυναμικώτατος τῶν καθ᾽ αὑτὸν κατὰ τὴν σωματικὴν ἕξιν· ᾧ (γε insere), ὅτε μὲν στῆναι δέοι, στὰς ἐν τοῖς αὐτοῖς ἴχνεσι δι' ἡμέρας ἔμενε, καθεζόμενος δ' οὐκ ἠγείρετο; ubi videndum, num ἀκίνητος, quod additur a Diodoro, salva sententia abesse possit. In fr. XVIII lacunosa sunt ultima verba, quae sic suppleverim: εἰς πολλὰς γὰρ ἐπιβολὰς (δοὺς ἑαυτὸν) δυσεπιτεύκτους ἔσχε τὰς πράξεις. Scribae oculi a part. δοὺς ad syll. δυς aberrasse videntur.

Fr. XXII: ὅτι κατὰ τὴν πολιορκίαν Καρχηδονίων (lege Καρχηδόνος) Ἀσδρούβας διαπρεσβευσάμενος πρὸς Γολόσσην παρεκαλεῖτο ἐλθεῖν εἰς σύλλογον. Rectius cod. Vat. προεκαλεῖτο. Ib. vs. 36 legitur: ὁ δὲ (Hasdrubal) πρὸς τοῖς ἄλλοις κακοῖς ἐφόρει πορφύραν καὶ πολυτελῆ χλαμύδα καθάπερ ἐκβακχεύων τοῖς τῆς πατρίδος δυσκληρήμασι. Pro πορφύραν requiro πορφυρᾶν, quod referatur ad χλαμύδα, et ἐπιβακχεύων pro ἐκβακχεύων, quod cum Dat. iungi nequit. Scripserim igitur: πρὸς τοῖς ἄλλοις κακοῖς ἐφόρει πορφυρᾶν καὶ πολυτελῆ χλαμύδα καθαπερεὶ ἐπιβακχεύων τοῖς τῆς πατρίδος ἀκληρήμασιν.

Fr. XXIII init.: ὅτι κατὰ τὴν ἅλωσιν τῆς Καρχηδόνος ὁ στρατηγὸς τῆς μεγαλοψυχίας ἢ μᾶλλον μεγαλαυχίας ἐπιλαθόμενος καὶ τοὺς αὐτομόλους καταλιπὼν ἧκε πρὸς Σκιπίωνα μεθ' ἱκετηρίας. Intelligi nequeunt verba τοὺς αὐτομόλους καταλιπὼν, nisi lectis Appiani Punicorum Cap. CXXX et CXXXI, unde discimus significari τοὺς (Ῥωμαίων) αὐτομόλους, quod nom. prop. satis inepte eclogarius omisit. Sana non sunt quae sequuntur sic scripta: προσπεσὼν δὲ τοῖς γόνασι μετὰ δακρύων πᾶσαν δεητικὴν προέμενος εἰς συμπάθειαν ἤγαγε τὸν Σκιπίωνα. Corrige: πᾶσαν δεητικὴν φωνὴν (clare ita scriptum exstat in palimpsesto neglectum a M.) προϊέμενος κτέ., collato loco simillimo lib. XL fr. 1 vs. 24: καὶ πᾶσαν δεητικὴν προϊέμενοι φωνὴν ἐξεθεράπευον κτέ. Mox rectius vs. 10: τοσαύτην μεταβολὴν ἡ τύχη κτέ. a M. editum est quam id quod in palimpsesto equidem legere mihi videbar τοιαύτην.

In fr. XXIV accipe a codice: Πολυβίου (τοῦ) ἐπιστάτου; vs. 18: τὸ παραπλήσιον πάθος ὑπάρξει κατὰ Ῥώμην (pro Ῥώμης), et mox: καὶ τούτους (τοὺς) στίχους, quorum nihil est, quod non certa coniectura reperiri potuisset.

Ib. in fine suppleverim: καὶ Πρίαμος καὶ λαὸς (εὔμμελίου Πριάμοιο), cf. Appianum in Punicis cap. 132, ubi describit Polybium.

Rursus subveniet cod. Vat. laboranti loco in fr. XXVI p. 119 vs. 8: περὶ γὰρ τοὺς αὐτοὺς καιροὺς δεινοῦ πάθους περὶ τοὺς Καρχηδονίους τελεσθέντος, οὐχ ἧττον ἀτύχημα, μᾶλλον δ᾽, εἰ χρὴ τἀληθὲς εἰπεῖν, τὸ ἀκλήρημα. Scribas συντελεσθέντος, et expungas importunum articulum, qui Maii debetur negligentiae, neque amplius haerebis. Idem in praegressis vs. 35 quamvis sine detrimento sententiae male legit: μεμνῆσθαι τῶν Ἑλλάδος δυστυχημάτων, ubi manifesto scriptum est Ἑλληνικῶν. Gravius est quod vitium ultro intulit orationi vs. 37: ἀλλ᾽ ὁρῶ μέρος οὐκ ἐλάχιστον πρὸς διόρθωσιν τῶν ἁμαρτανόντων συμβαλλόμενον τοῖς ἀνθρώποις τὰ διὰ τῆς τῶν ἀποτελεσμάτων πείρας νουθετήματα. Scribendum esse cum cod. ἁμαρτανομένων ecquis est, cui non facile persuadeam? Deinde vs. 20 Graecum non est quod editur: καὶ χρεῶν ἀποδόσεις εἰσηγοῦντο. Sed res salva est, nam in codice hodie non apparet nisi ἀποκ.... quod tamen sufficit ad intelligendum scriptum fuisse id, quod locus requirit, χρεῶν ἀποκοπὰς i. e. tabulas novas. In ultima periodo haud dubie corrupta nullam differentiam e cod. enotavi. Editur: οὕτω δὲ (l. δὴ) πολλάκις ἡ κακία τῆς ἀρετῆς προτερεῖ καὶ ἡ πρὸς [τὸν expunge] ὄλεθρον νεύουσα γνώμη τῆς πρὸς σωτηρίαν ἀπέχεσθαι παρακλήσεως. Manifestum est Inf. ἀπέχεσθαι e subst. παρακλήσεως suspensum esse non posse. Immo sic scribendum est: — τῆς πρὸς σωτηρίαν (scil. νευούσης), ἀπέχεσθαι παρακαλούσης; quae interpretatione non egent.

Duobus mendis in fr. XXVII deformia sunt pauca verba haecce: ἀλλὰ καὶ κατὰ τοὺς ὕστερον χρόνους εἰς ἔδαφος κατερριμμένη πολὺν ἐποίει τοῖς ἀεὶ θεωροῦσιν αὐτὴν ἔλεον. Quorum mendorum utrumque lenissima mutatione tolli potest rescribendo: — εἰς ἔδαφος κατερηριμμένη πολὺν ἐνεποίει κτέ. Sermo est de Carthagine excisa. Quae autem in fr. extr. leguntur: διεληλυθότων χρόνων σχεδὸν ἑκατὸν ab eclogario de industria ita scripta esse suspicor pro: διεληλυθότων ἐτῶν κτέ., uti rectissime habet fr. XXIX (XXVII § 3), ubi eadem melius scripta recurrunt. Satis enim constat apud Byzantinos, (quemadmodum hodie apud Graecos) subst. χρόνος pro ἔτος s. ἐνιαυτὸς usu invaluisse.

In fine fr. XXIX non male vs. 27 Mull. ex Dindorfii coniectura: ἀποδοχῆς δίκαιός ἐστιν ἀξιοῦσθαι καὶ διὰ τῆς ἱστορίας ἄξιον κτέ. rescripsisse videtur pro ἀποδοχῆς ἄξιός κτέ. Aut ita corrigendum aut delendum ἀξιοῦσθαι, sive dittographiae originem debeat, sive fuerit varia lectio olim adscripta ad ἄξιός ἐστι. Propter sequentia tamen praetulerim Dindorfii rationem.

ADN. AD LIB. XXXIII.

Fr. I vs. 3: μεγάλα ῾Ρωμαίους ἔβλαψαν, lege μέγα κτέ. Ib. vs. 6 alii videant, quomodo castiganda sint vocabula: καὶ γὰρ ῥώμῃ καὶ τάχει καὶ τῇ τῶν λοιπῶν μερῶν εὐκινησίᾳ πολὺ διήνεγκε τῶν Ἰβήρων. Non haererem, si scriberetur: καὶ γὰρ ῥώμῃ καὶ τάχει καὶ τῇ τῶν μελῶν εὐκινησίᾳ πολὺ διήνεγκε τῶν λοιπῶν Ἰβήρων.

Fr. V (IV) extr.: ἐφεδρευόντων ἀλλήλοις τῶν δυναστῶν τῶν ἀφ' ἑκάστης οἰκίας. Rescribendum esse ἀφ' ἑκατέρας οἰκίας patet e praegressis. Praeterea aliquis praetulerit ἐνεδρευόντων. Graviora vitia corrigenda sunt in fr. VI (V), ubi legitur vs. 15: οἱ δὲ Μαραθηνοὶ — ἔγνωσαν τοὺς μὲν παρὰ τοῦ βασιλέως στρατιώτας εἰς τὴν πόλιν μὴ προσδέχεσθαι, τῶν δὲ Ἀραδίων αὐτοὺς ἱκέτας γενέσθαι. Soloecismum tollas expuncto pronomine reponendo: τῶν δ' Ἀραδίων ἱκέται γενέσθαι. Deinde scribendum: τοὺς ἐπιφανεστάτους παρ' ἑαυτοῖς δέκα πρεσβευτὰς ἐξέπεμψαν pro παρὰ τούτοις κτέ., quod plane absurdum est. Vs. 24 perfrequenti errore scribitur: εἰς ἱκεσίαν καὶ δέησιν ἐτράποντο τῶν ὄχλων, ubi necessaria est praep. πρός. Mox vs. 26 expuncto interpretamento legendum est: ἐπεβάλλοντο [τοῖς λίθοις] καταλεύειν. Praeterea malim ἐπεβάλοντο.

Fr. VII (V § 4) p. 124: Idem aut alius interpolator sua immiscuit verbis: ἔπεμψαν — ἐπιστολὴν — ἐν ᾗ ἐδήλουν ἐπαγ-

γελλόμενοι τοὺς Ἀρκδίους πέμψειν (male vulgatur πέμψαι)
στρατιώτας τοὺς βοηθήσοντας, ὅπως πιστευσάντων τῶν Μαραθηνῶν,
[ὡς πρὸς ἀλήθειαν ἔχειν συμμάχους ἀποστελλομένους] προσδεχ-
θῶσιν οἱ παρ' αὐτῶν στρατιῶται. Sequuntur ibidem haec: οὐ
μὴν ἠδυνήθησάν γε τὴν ἄνομον ἐπιβολὴν εἰς πέρας ἀγαγεῖν.
Aliquanto melius scriberetur: τὴν ἀνόσιον ἐπιβολὴν i. e. im-
pium consilium; nam *illegitimum* consilium, ubi agitur de tam
nefario scelere, nimis languide dictum mihi quidem videtur.
Eodem adiectivo utitur prope excerpti initium: οἱ δ' ἀνόσιον
φόνον ἐπιτελεσάμενοι. Optime etiam, ni fallor, Naberus
in *Mnemosynes* vol. IV p. 13 Herodoto (lib. I : 162) reddidit: Ἅρπαγος — τὸν — Ἀστυάγης ἀνοσίῳ τραπέζῃ ἔδαισε
pro vulgata lectione ἀνόμῳ τραπέζῃ κτέ. Erunt tamen fortasse,
qui loco nostro scribere malint: τὴν *παράνομον* ἐπιβολὴν κτέ.,
i. e. *scelestum* consilium, quod adiectivum est apud Diodorum
usu frequentissimum. Eodem modo correxerim fr. V (IV) verba:
ἀπέσκηψεν εἰς ὠμότητα τυραννικὴν καὶ ποικίλων *παρανομη-
μάτων* ὑπερβολὰς pro ἀνομημάτων. Recte ibidem vs. 35 et
37 scribitur *παρανομία*, et in fr. VII : 36: καὶ τοῖς ἑαυτῶν
παρανομήμασι συνεπιχειρονομοῦντες. Ob eandem causam
suspectam habeo scripturam fr. VIII: ἐξ *ἀνομημάτων* ἤρξατο
μεγάλων διοικεῖν τὰ κατὰ τὴν βασιλείαν, ubi recte deinde sequitur ὠμῶς καὶ *παρανόμως*. In sqq. videndum an inserto
pronomine indefinito reponendum sit: ἀνδρός (τινος) εὐσεβοῦς
καὶ δικαίου κατελεήσαντος. Contra pronomen οὗτος inepte abundare videtur in fr. VIII: ἄλλους δὲ ποικίλαις προφάσεσι συκο-
φαντῶν ὡς ἀδικοῦντας ἐφυγάδευε καὶ τὰς [τούτων] οὐσίας ἀφῃρεῖτο.

In fr. IX (VII § 3) monente Valesio nonnulla desiderantur,
sed in eo falli videtur vir summus, quod lacunam statuit inter
ἀπέλιπεν et ἀχαριστίας, (id enim fere efficias e ratione, qua
Valesii observationem communicat Wesselingius). Ni fallor,
locus constituendus est in hunc modum: καὶ πολλὰ εἰπὼν
πραγματικῶς ἀποκρίσει μιᾷ * * * * πολλὰς ἐμφάσεις ἀπέλιπεν
ἀχαριστίας κτέ., quod recte W. perspexisse videtur, si consulas
eius versionem Latinam, quamquam ex adnotatione contrarium

apparet. Post pauca ibidem legitur: ὅτι καὶ αὐτὸς ὁ περιβόητος τοῦ συγκηδεστοῦ πλοῦτος δοῦλος ἦν τοῦ τὴν λόγχην ἔχοντος. Corrige: τοῦ κηδεστοῦ κτέ., nam intelligitur Viriathi *socer* Astolpa (cf. fr. X), qui recte dici poterat *patris* Viriathi συγκηδεστής, non *ipsius* Viriathi. Praep. σῦν e praeced. art. τοῦ nata esse videtur. Quae paucis interiectis leguntur manca sunt, sic ni fallor supplenda: τραπέζης δὲ παρατεθείσης (μεστῆς) παντοδαπῶν βρωμάτων. Tandem lege prope finem· ἦν δὲ ὁ ἀνὴρ οὗτος [καὶ] κατὰ τὰς ὁμιλίας εὔστοχος pro absurda vulgata lectione κατὰ τὰς ὁμολογίας, quae est εὔστοχος Wesselingii coniectura, quam non evertit me iudice fr. X (VII § 4), ubi aeque corrupte legitur: ἦν δ' οὗτος κατὰ τὰς ὁμολογίας εὔστοχος, nisi quod recte copula ante κατὰ abesse videtur. Qui locus nihil aliud probat, quam hoc mendum esse epitomatore vetustius. Utrobique igitur W. emendationem recipiendam esse arbitror. In fr. X post verba, quae modo attuli, e fr. IX supplendum esse indico: ὡς ἂν ἐξ αὐτοδιδάκτου καὶ ἀδιαστρόφου φύσεως (ἀμωμήτους) φέρων τοὺς λόγους. Ib. vs. 28 lege: ἔφη γάρ τινα μέσον ἤδη τὴν ἡλικίαν ὄντα γῆμαι δύο γυναῖκας pro γαμῆσαι; et vs. 33: τῶν μὲν γὰρ Ῥωμαίων ἀποκτεινόντων τοὺς ἀλλοτρίως πρὸς αὐτοὺς ἔχοντας, nam nimis absurde vulgatur ἀποκτεινάντων, quamvis recte sequitur: τῶν δὲ Λυσιτανῶν ἀναιρούντων τοὺς αὐτῶν ἐχθρούς.

Oblitteratam esse suspicor formam Doricam adiect. πρῶτος in proverbio, quod teste Diodoro (fr. XIV s. XI) ipsius adhuc aetate in ore erat Cretensibus. Hodie sine sensu vulgatur:

Αἰαῖ Περγάμιοι παρά τοι κακὸν ἡγήσαντο.

Nihil adiuvat palimpsestus, quem recte h. l. legit M. At vel sic, duce sententia, olim scriptum fuisse coniicio:

Αἰαῖ Περγάμιοι πρᾶτοι κακοῦ ἀγήσαντο.

i. e. *Eheu Pergamii primi auctores fuere malorum*, sive, ut Homerico vocabulo utar, ἀρχέκακοι. Nempe propter auxilium, quod in hello Troiano Menelao tulerint Cretenses, insulae divinitus pestilentiam immissam esse docemur ab Herodoto VII : 171 sic scribente: τρίτῃ δὲ γενεῇ μετὰ Μίνων τελευτή-

σαντα γενέσθαι τὰ Τρωϊκὰ, ἐν τοῖσι οὐ φαυλοτάτους φαίνεσθαι
ἐόντας Κρῆτας τιμωροὺς Μενέλεῳ. Ἀντὶ τούτων δὲ σφι ἀπονο-
στήσασι ἐκ Τροίης λιμόν τε καὶ λοιμὸν γενέσθαι καὶ αὐτοῖσι καὶ
τοῖσι προβάτοισι, ἔστε τὸ δεύτερον ἐρημωθείσης Κρήτης μετὰ τῶν
ὑπολοίπων τρίτους· αὐτὴν νῦν νέμεσθαι Κρῆτας. Tantorum vero
malorum primi auctores fuere Troiani. Ceterum quomodo haec
cohaereant cum iis, quae loco nostro praecedunt, non satis
perspicio, nisi forte quae hic memoratur Agamemnonis ἀρὰ
sic a Diis expleta est, ut pestilentia et fame omnes Cretenses
funditus exstirpaverint? Vix enim dubito, quin proverbium
δι' ἑνὸς στίχου μηνύουσα τὴν νῦν γενομένην περιπέτειαν spectet
ad illam pestilentiam, de qua in praecedentibus, quae perierunt,
D. locutum fuisse suspicor. Nam inepte, ut saepius alibi,
hunc quoque locum in brevius contraxisse videtur eclogarius.
Ceterum corrigendum videtur: κατὰ τῶν ἀπολειφθέντων ἐν Κρήτῃ
στρατιωτῶν pro εἰς Κρήτην.

Plura quoque menda obsident fr. XVII (XIV). Leve est
quod vs. 8 scribitur neglecta crasi: καλοὺς καὶ ἀγαθούς. Multo
gravius laborant quae leguntur vs. 20: ἀνδρῶν δὲ καὶ γυναικῶν
ἑκατέρων διήλλαττεν ἀμφοτέρων τὰ μέλη, quae alius fortasse emendabit, nam ipse mihi non satisfacio. Difficultatem
enim, qua haec verba laborant, facile quidem removeas expel-
lendo et ἑκατέρων et ἀμφοτέρων, sed unde utrumque in textum
irrepserit, dictu est difficilius. Quare potius post ἑκατέρων
aliquot verba intercidisse statuerim.

In iis quae praecedunt vs. 15 emblema expungas e verbis:
κυριεύσας δὲ ὁ αὐτὸς [πόλεως] Λυσιμαχείας. In sequentibus
contra vs. 23: ἔστι δ' ὅτε καὶ τὰς διακοπὰς ἐπ' ἄκραις ταῖς
λόγχαις φέρειν, excidit verbum iubendi ante φέρειν, fortasse
προσέταξε; vs. 26 deest particula ἂν plane necessaria verbis:
ἐξ ἑνὸς τοῦ μέλλοντος λέγεσθαι τεκμήραιτο τὴν ὑπερβολὴν τῆς
ὠμότητος. Lege ἐξ ἑνὸς ἂν κτέ. Vs. 30 vitii suspectum habeo
participium in verbis: τὸν μὲν Ἴουλον κατάγοντα κτέ, sed
quid reponendum sit, non reperio. Deinde melius legitur vs.
32: κατατείνας μακρὸν quam mox vs. 37: τεῖναι μακρόν.

Non uno nomine vitiosa est bona pars fr. XX vs. 5 sqq.:
ὑπελάμβανε γὰρ τοὺς Ῥωμαίους ἅμα μὲν διὰ τὸ λυσιτελὲς ἅμα
δὲ διὰ τὸ εὐοιωνιστὸν εἶναι προσδέξασθαι τὴν νίκην καὶ προσαγο-
ρευθῆναι βασιλέα· εὗρε δὲ τὴν σύγκλητον πάνυ πανουργότερον
ἑαυτοῦ καὶ τοὺς ἀπάτῃ παρακρουομένους συνέσει καταμαρτυροῦ-
σαν. Rescribendum videtur: ὑπελάμβανε γὰρ τοὺς Ῥωμαίους
— προσδέξεσθαι τὴν νίκην καὶ προσαγορεύσειν αὐτὸν βασιλέα·
εὗρε δὲ τὴν σύγκλητον [πάνυ] πανουργοτέραν ἑαυτοῦ καὶ τοὺς
ἀπάτῃ παρακρουομένους συνέσει καταστρατηγοῦσαν. Adverbium πάνυ dittographia natum esse videtur e vocabulo sequenti;
sin minus, suspicari possis πολύ. In fine, ut reliqua, de mea
coniectura dedi καταστρατηγοῦσαν. Reiskius coniecerat κα-
ταπροτεροῦσαν vel καθυπερτεροῦσαν, sed utrumque horum
verborum suapte natura requirit Genitivum, neque igitur loco
nostro a Diodoro scriptum esse satis liquet. Posterius verbum,
quod in astronomia locum habet, vix umquam credo adhibitum
esse quo sensu Graece dicitur καθυπέρτερον εἶναι s. γίγνεσθαι.
Reliqua quae mutavi sunt eiusmodi, ut cur fecerim ultro appareat. Sequuntur haec: τὸ μὲν γὰρ δῶρον ἐδέξατο καὶ τὴν
εὐφημίαν μετὰ τοῦ λυσιτελοῦς ἐτήρησεν, ἀντὶ δὲ Τρύφωνος μεταχρηματίσασα τὴν δόσιν εἰς τὸν ὑπ' αὐτοῦ δολοφονηθέντα βασιλέα τὴν ἐπιγραφὴν ἐποιήσατο. Verbum μεταχρηματίζειν nusquam alibi praeter h. l. invenitur, sed, quod multo peius est,
nullo modo potest id significare, quod hic requiritur: *alio
nomine aliquid appellare*, sed debet significare: *alio nomine
appellari*; si quidem verbum simplex χρηματίζειν apud seriores
inde a Polybio notam ob causam in usu esse coepit pro *appellari*, sed numquam sensu transitivo usurpatum est. Itaque Graecum est v. c. χρηματίζω βασιλεύς, sed absurdum est scribere
χρηματίζω τινὰ βασιλέα; unde sequitur non minus barbare loco
nostro scribi μεταχρηματίσασα τὴν δόσιν. Quod tamen reponam non habeo. Cogitavi quidem de: μετασχηματίσασα τὴν
δόσιν, sed vereor, ut vel hoc satis aptum sit.

Manu contra ad veram lectionem reperiendam lectorem ipsa
sententia ducit in principio fr. XXI, ubi haec dicuntur de Pto-

14 *

lemnaeo: τάς τε ἑστιάσεις πολυτελεῖς ἐποιεῖτο καὶ τὰ βασίλεια περιάγων ἐπεδείκνυτο καὶ τὴν ἄλλην τὴν βασιλικὴν γάζαν. Quicumque recte cogitare didicit, mecum necesse est corrigat: τάς τε ἑστιάσεις — καὶ (κατὰ) τὰ βασίλεια περιάγων ἐπεδείκνυτο καὶ τἆλλα καὶ τὴν βασιλικὴν γάζαν. In vicinia obiter pro ὑγείαν corrige ὑγίειαν. Mox operae pretium est videre, quomodo interpretamentum non suo loco in textum irrepserit, et simul vocabulum, quod antea eum locum tenebat, ad sensum omnino necessarium expulerit. Id, quod dico, locum habuit in ipso fine huius excerpti, ubi legimus: καὶ πάντες ταῖς αἱρέσεσιν οἰκείως διατεθέντες ἐξαπέστειλαν πρεσβευτὰς εἰς τὴν Ῥώμην καὶ τοὺς περὶ Σκιπίωνα πρέσβεις ἐπήνεσαν ὅτι τοιούτους ἄνδρας ἐξέπεμψαν. Non miserunt, opinor, legatos qui laudarent Scipionem et reliquos legatos, quod Scipionem et ceteros misissent, sed qui laudarent senatum, quod tales misisset viros. Vix dubium esse arbitror verba: τοὺς περὶ Σκιπίωνα πρέσβεις olim interpretandi gratia ad vocabula τοιούτους ἄνδρας adscripta, mox alieno loco in textum se insinuasse expulsis iis quae eum locum tenerent. Qua causa motus suspicor: καὶ τὴν σύγκλητον (vel τοὺς Ῥωμαίους) ἐπήνεσαν, ὅτι τοιούτους ἄνδρας ἐξέπεμψαν. Emblema non minus turpe sententiam onerare videtur in praecedentibus: καθόλου δὲ καὶ τὰ πλεῖστα μέρη τῆς οἰκουμένης ἐπῆλθον καὶ παρὰ πᾶσι σώφρονα καὶ θαυμαστὴν ποιησάμενοι τὴν ἐπιδημίαν μεγάλης ἀποδοχῆς ἔτυχον καὶ [τὰ πλεῖστα μέρη τῆς οἰκουμένης ἐπεληλυθότες] μετ᾽ εὐφημίας ὑπὸ πάντων συμφωνουμένης ἐπανῆλθον.

Graeca locutio προδιδόναι πόλιν prorsus idem significat quod Latina: prodere urbem; contra dedere urbem Graece dicitur παραδιδόναι πόλιν. Quae res si vera est, ut veram esse puto, necessario inde sequitur corruptum esse verbum προδιδόναι in iis, quae in fr. XXII (XIX) accipimus de Numantinis: μετὰ δ᾽ ἡμέρας ὀλίγας καταπλαγέντες καὶ τὴν πόλιν προδιδόντες τοῖς σώμασιν ᾔτουν ἀσφάλειαν. Immo vero παραδιδόντες! Eadem opera corrigas Polyh. XXXVI : 1 § 1: τῶν Ἰτυκαίων — τοῖς Ῥωμαίοις τὴν ἑαυτῶν προδιδόντων πόλιν, legendo: παραδιδόντων, nam ibi non magis quam l. n. de *proditione* cogitari potest. In vicinia vs. 15 contrario errore ei quem supra notavimus legitur: σωτῆρας ἀπεκάλουν, ubi necessarium est: σωτῆρας ἐπεκάλουν.

Videant alii, quomodo salus reddi possit primis verbis fr. XXIV (XXI): ὅτι ὁ ὕπατος Ποπίλιος, Οὐιριάτθου περὶ διαλέξεως ἀξιοῦντος, ἔκρινε προστάττειν, nam ipse quod satis leni mutatione reponatur non invenio.

Verbum excidisse apparet ex fr. XXVI (XXIII) in ipso limine, ubi legimus: ὅτι Πτολεμαῖος διὰ τὴν ὠμότητα καὶ μιαιφονίαν καὶ διὰ τὰς ἀνέδην τῶν αἰσχίστων ἡδονῶν ἀπολαύσεις καὶ τὸ τοῦ σώματος ἀγεννὲς πάθος, διὸ Φύσκων ἐκαλεῖτο. Fueritne tamen ἐμισεῖτο, an κατεφρονεῖτο aliudve (nam plura sententia admiserit), dictu est difficillimum. Pro ultimo eorum, quae adscripsi, vocabulo exspectaveris ἐπεκαλεῖτο.

In principio fr. XXVIII: ὅτι ἡ πόλις ἡ καλουμένη Κόντουβρις ἀπέστειλε πρεσβευτὰς πρὸς Ῥωμαίους, nomen oppidi male lectum est a Maio, nam cod. habet Κόντοβρις; sed neque hoc neque illud nomen mihi innotuit. Latere suspicor Κοντρεβία, quam Celtiberorum civitatem fuisse constat non ignobilem. Certe aut horum aut Lusitanorum oppidum intelligendum esse liquet e verbis: ὁ δ᾽ ὕπατος τούτοις ἀπεκρίθη διότι Λυσιτανοὶ μὲν καὶ Κελτίβηρες ἐπιτηδεύουσιν ἀπειλεῖν κτέ. Ib. pro: εἰς τούσδε τόπους recte cod. εἰς τούσδε τοὺς τόπους.

In fragm. antepenultimo huius libri culpa editorum accidit, ut duo excerpta, quae ad eandem quidem rem spectare videri possint, nec tamen satis cohaereant, coaluerint in unum. Alterum excerptum hoc est: ὁ δ᾽ Ἰούνιος παρακαλέσας τοὺς στρατιώτας, εἰ καί ποτε, νῦν ἀνδραγαθῆσαι καὶ τῶν προγεγονότων κατορθωμάτων ἀξίους φανῆναι. Alterum hoc: ὅμως οὐκ ἔκαμνον ταῖς ψυχαῖς, κατισχύοντος τοῦ λογισμοῦ τὴν τῶν σωμάτων ἀσθένειαν.

Editur in fragm. ultimo: ὅτι ὁ Αἰμίλιος — διὰ τὴν βαρύτητα καὶ δυσκινησίαν τοῦ σώματος τῇ διὰ τὸν ὄγκον ὑπεροχῇ καὶ τῷ πλήθει τῶν περικεχυμένων σαρκῶν ἄχρηστος ἦν ἐν ταῖς κατὰ πόλεμον ἐνεργείαις. Priusquam locum ad finem perlegeris,

coniicies, quod et ipse verum esse arbitror, Diodorum scripsisse: διὰ τὴν βραδύτητα καὶ δυσκινησίαν κτέ., uti legitur v. c.
lib. XXXI, fr. 49: διὰ γὰρ τὴν βραδύτητα καὶ δυσκινησίαν ἀδυνατεῖ ψαῖραι (?) τῆς τῶν κυνιδίων ἐλαφρότητος. Perpetuam esse utriusque vocabuli in libris confusionem notum est.

ADN. AD LIBR. XXXIV ET XXXV.

Fr. I vs. 5: συνεβούλευον κατὰ κράτος αἱρήσειν τὴν πόλιν.
Lege: αἱρεῖν κτέ. Ib. vs. 19: εἰσῆλθεν εἰς τὸν ἄδυτον τοῦ
θεοῦ σηκόν, οὗ νόμιμον εἰσιέναι, lege: οἷ κτέ. Ib. vs. 26. διὸ
τῷ ἀγάλματι τοῦ κτίστου καὶ τῷ ὑπαίθρῳ βωμῷ — μεγάλην ὖν
θύσας. Inserendum παρὰ post διό. Contra προς in Photii verbis male abundare videtur in fragm. fine: τὴν Ἀντιόχου φιλίαν
τούτοις [προς]ἐπισυνάπτων. In praegressis p. 134 vs. 3 scribendum: εἰ δὲ μὴ, καταλῦσαί (γε) τὰ νόμιμα, inserta particula
γε, cuius sollemnis est in talibus usus; vs. 22: καὶ ἐπιμελείας
παντελῶς ὀλίγης ἠξίουν (τοὺς δούλους), ὅσα τε ἐντρέφεσθαι καὶ
ὅσα ἐνδύσασθαι; lege: ὅσα τε τρέφεσθαι κτέ. Ib. vs. 32: καὶ
πληγαῖς τὰ πολλὰ παραλόγως ὑβριζόμενοι οὐχ ὑπέμενον. συνιόντες
οὖν κτέ. Sequentia requirunt: οὐκέθ'. Vs. 2: ἀλλὰ καὶ ἐγρη-
γορότως θεοὺς ὁρᾶν ὑπεκρίνετο. Immo vero ἐγρηγορώς.
Ib. vs. 7 supple: τελευταῖον (δὲ) διὰ κτέ. Duplici nomine mendosa
sunt verba: ὁ μὲν Ἀντιγένης ψυχαγωγούμενος ἐπὶ τῇ τερατείᾳ
παρῆγε τὸν Εὔνουν εἰς τὰ σύνδειπνα. Nam proprium hac in
re verbum esse περιάγεσθαι iam supra monuimus. Cf. fr.
VIII vs. 34 et lib. I, c. 19. Scribendum igitur: περιήγετο τὸν
Εὔνουν εἰς τὰ σύνδειπνα i. e. secum ducebat Eunum ad
convivia. Quae ibidem leguntur in parenthesi supple sic: τοῦτο
γὰρ (ἦν) ὄνομα τῷ τερατίᾳ. Vs. 27 lege: τὴν μὲν οὐσίαν μεγαλόπλουτος pro τὴν δ' οὐσίαν κτέ. Ib. p. 136 : 1: εἰς τὴν
Ἔνναν τὴν πόλιν εἰσπίπτουσιν, alterutrum abundat vel τὴν Ἔνναν
vel τὴν πόλιν, posterius tamen expungere malim. Ib. vs. 6:
εἰς δὲ τὰς γυναῖκας οὐδ' ἔστιν εἰπεῖν καὶ τότε βλεπόντων τῶν
ἀνδρῶν, ὅσα ἐνύβριζόν τε καὶ ἐνησέλγαινον, importuna est et

insulsa vocula τότε, infelici coniectura invecta pro τοι, quod
si in τοῦτο mutaveris, omnia recte procedent. Absurde editur
vs. 9: οἳ καὶ κατὰ τῶν κυρίων πρότερον τὰ ἔσχατα ἐνδεικνύ-
μενοι οὕτω πρὸς τὸν τῶν ἄλλων φόνον ἐτρέποντο Lege: ἐνδειξά-
μενοι κτέ. Grassatus est interpolator vs. 13: αὐτόν τε καὶ τὴν
γυναῖκα δεδεμένους ἐξαγκωνίσαντες. Quicunque meminerit verbum ἐξαγκωνίζειν significare: revincire alicui manus post
tergum non poterit, quin mecum abiiciat supervacaneum istud
δεδεμένους et auctori suo reddat. In vicinio vs. 19 malim: τὸν
δὴ Δαμόφιλον κτέ. pro τὸν δὲ Δ.; et vs. 29: διὰ δὲ μόνην
(τὴν) τερατείαν καὶ τὸ τῆς ἀποστάσεως ἄρξαι. Vs. 34 orationis in-
concinnitas tolli possit scribendo: καὶ αἱ μὲν ταύτην κατεκρήμ-
νισαν αἰκισάμεναι, [καὶ] αὐτὸς δὲ τοὺς ἰδίους ἀνεῖλε κυρίους.

Pronomen indefinitum τὶς revocandum p. 137 vs. 4: ὧν ἦν
Ἀχαιός(τις) καὶ τοὔνομα καὶ τὸ γένος, uti mox vs. 12 recte
scribitur: Κλέων τις Κίλιξ. In eadem pagina vs. 37 ioculare
emblema eximatur e verbis: ὥστ' ἀρξαμένους ἐκ παίδων βορᾶς
καὶ διελθόντας διὰ γυναικῶν μηδὲ τῆς [αὐτῶν] ἀλληλοφαγίας μηδ'
ὅλως φείσασθαι. Dare potuisset: τῆς αὐτῶν σαρκοφαγίας (cf. v. c.
lib. XVII c. 88), sed τῆς αὐτῶν ἀλληλοφαγίας nemo mortalium
dixerit.

Pag. 138 vs. 1 necessario supplendum: φεύγοντα (ἐκ) τῆς
πολιορκουμένης πόλεως: Ibid. vs. 4 additamentum ὁ στρατηγὸς
melius abesset. Vs. 8 locutionem δείξας νεκρὸν tribuere malim
eclogario quam Diodoro, cuius dicendi mori non adversaretur
ἐκτείνας νεκρόν. Vs. 15 deleverim nomen proprium in his:
ὁ δὲ τερατίας [Εὔνους] καὶ βασιλεύς. Mox editur: καταφυγὼν
ἔν τισι κοιλάσι ἐξειλκύσθη ἅμα τεττάρων· μαγείρου, ἀρτοκό-
που καὶ τοῦ τρίβοντος αὐτὸν ἐν τῷ λουτρῷ. Pro ἅμα haud dubie
reponendum μετά, reliquam orationis scabritiem tribuerim epitomatori. Idem iudicandum videtur de duorum Genitivorum,
subiectivi et obiectivi, concursu admodum ineleganti in verbis
(vs. 31): τὴν τῶν ἐλευθέρων ὑπερβολὴν τῶν ἀκληρημάτων, qui
facile evitari potuisset scripto: τὴν κατὰ τοὺς ἐλευθέρους
ὑπερβολὴν τῶν ἀκληρημάτων.

Fr. IV init. (II § 25) supplendum: ἡλίκη (τότε) συνέστη.
Ib. p. 139 vs. 2: ἐρράγη (legitur) ποτὲ σὺν καιρῷ τὸ μῖσος. Immo:
ἐξερράγη κτέ. Vs. 11 recte Dind. praefert δεσμεύοντες —
καταπονοῦντες pro Infinitivis. In vicinia pro: οἱ πολλοὺς
πλούτους κεκτημένοι ipse suspicor: οἱ μεγάλους πλούτους· κτέ.

Fr. V (II § 30) p. 140 requiritur: ἦν οὖν (ἡ) πᾶσα χώρα
κτέ., nam intelligitur sola Sicilia.

Fr. VI (II § 32) extr. lacunosa sunt verba: τῇ δὲ βαρύτητι
— ταλαιπωρίαν.

Asyndeton init. fr. VIII (II § 34) in verbis: τὴν οὐσίαν
μεγαλόπλουτος. τὸν τρόπον ὑπερήφανος tollas adhibito loco, p.
135 vs. 27, ubi eadem recurrunt, nisi quod ibi prius δὲ in
μὲν mutetur necesse est, ut iam supra monui. Ibid. p. 141
vs. 5 legimus: ἀνάγωγος γὰρ καὶ ἀπαιδευτότροπος ἐξουσίας
ἀνυπευθύνου καὶ οὐσίας μεγαλοπλούτου κυριεύσας τὸ μὲν πρῶτον κόρον ἐγέννησεν, εἶθ' ὕβριν, τὸ δὲ τελευταῖον ὄλεθρον αὐτῷ καὶ
συμφορὰς μεγάλας τῇ πατρίδι. Quae verba sic in ordinem redigas,
ut scribatur: ἀπαίδευτος τρόπος ἐξουσίας ἀνυπευθύνου κτέ.
Vulgatam lectionem supra quam dici possit absurdam esse, difficile
est non videre.

Fr. VIII (II § 35) supple cum Dind.: τῶν ἐλευθέρων μὲν ἐν
(ταῖς) πατρίσι γεγεννημένων.

Fr. IX extr. (§ 37): καὶ διαλαβόντες μηδὲν ἔτι χεῖρον τῶν
παρόντων αὐτοῖς κακῶν ἀπαντήσεσθαι * *. Quod deest verbum
vix aliud fuit quam ἀπέστησαν, cui perniciosa fuit praecedentis
vocabuli vicinia. Quamvis simili periculo non expositum videbis
periisse participium γεγενημένους in fr. XIII (§ 41) post φιλανθρώπους in verbis: ἀφῆκε τοὺς ἐν τοῖς ἔμπροσθεν χρόνοις — ἀπο-
δεδεγμένους αὐτὸν ἐν (l. ἐπὶ) τῇ [τε] μαντικῇ καὶ κατὰ τὰς τῆς
τραπέζης δόσεις φιλανθρώπους, sive librarios sive epitomatorem
huius negligentiae accusare malis. Si quis τε servandum esse
duxerit, transponere illud debebit ante αὐτόν. Ego dittographiae originem istius voculae tribuerim.

Fr. X extr. optime viri docti deleverunt ἀλλ' et καὶ, quorum
hoc debetur Maio. Videas, si tanti est, collat. meam.

Fr. XII (II § 40). Recte cod. supplet: ὅτι (καὶ) παρὰ τοῖς οἰκέταις αὐτοδίδακτός ἐστιν ἡ Φύσις κτέ.

Fr. XV: λῃστρικὸς merus est sed frequentissimus librariorum error pro λῃστικός, quam formam solam certa analogia tuetur.

Fr. XVI. Legendum cum cod.: (τοὺς) ἀποστάτας δούλους et in fr. XVIII recipias ex eodem: διὰ (τὴν) πολυχρόνιον εἰρήνην. Ibidem de coniectura repono: τὰς (ἀπὸ) τῶν ἰδίων κυρίων ἀποστασίας ἐξεθεάτριζον et in fr. XIX (§ 47): ὀλίγοι γὰρ (οἱ) δι' ἀρετὴν ἰδίαν δικαιοπραγοῦντες.

Fr. XX med.: προνοηθέντες ἐμφρόνως περὶ τοῦ μέλλοντος. Antiquiores iungunt προνοεῖσθαι cum solo Genitivo; apud seriores non raro additur praepositio ὑπέρ, quae hîc revocanda esse videtur.

Fr. XXI (III) vs. 36 minus recte legitur τῶν πατρῴων Φίλων pro τ. πατρικῶν φ. Ibidem p. 144 vs. 3 malim: ἐπιλέξας — τοὺς ἀγριωτάτους εἰς Φόνον, ἀπληστοτάτους δ' εἰς χρημάτων περιουσίαν κτέ., ubi editur ἀπλήστους. Mox emblema tollatur e verbis: τῶν δὲ Φίλων τοὺς ὑποπτευομένους μετεπέμπετο, παραγενομένων δὲ [τῶν Φίλων] πάντας ἀπέκτεινε. Scriptor antiquus Atticus dedisset: παραγενομένους δὲ κτέ. Vs. 11 repetatur praepositio ὑπὸ in verbis: μισηθεὶς οὐ μόνον ὑπὸ τῶν ἀρχομένων ἀλλὰ καὶ τῶν πλησιοχώρων.

Fr. XXIII (IV § 2) vs. 29. Lege: ὅταν — διαζευγνύῃ pro διαζεύγνυσι. Ibid. dubito de sinceritate scripturae in verbis: ὥστ' εἰς ἔλεον καὶ συμπάθειαν ἐπανατραπῆναι. Non exputo quid melius reponatur quam: ὥστε πρὸς ἔλεον καὶ συμπάθειαν τραπῆναι. Duplex praepositio per dittographiam nasci potuit e terminatione vocabuli praecedentis.

Fr. XXIV (IV § 3). Supple: ὅτι Τιβέριος ὁ Γράκχος ἦν υἱὸς Τιβερίου (τοῦ) δὶς ὑπατευκότος κτέ.

Fr. XXVI (V). Articulum inseras cum cod. Vat. scribendo: ἔχων πλῆθος οὐ νεοσύλλογον καὶ Φυλῶδες (an ὀχλῶδες?) ἀλλὰ (τὸ) πρακτικώτατον τοῦ δήμου κτέ. Mox ibidem malim: καὶ τῆς ῥοπῆς δεῦρο κἀκεῖσε πάλιν κλινούσης pro ἐκκλινούσης. In eadem locutione frequens est verbum ῥέπειν v. c. XXXVI p. 166 vs. 35 : τῆς μάχης ὧδε κἀκεῖσε ῥεπούσης. Verba ultima : καὶ καθάπερ ἐν τῇ θαλάττῃ κυμάτων φαντασίαι καὶ διαθέσεις ἐγένοντο κατὰ τὰς τοῦ πλήθους ἐκκλησίας. uno vocabulo necessario addito sana erunt, sed quodnam id fuerit difficile dictu est, si quidem optio datur inter διάφοροι, παντοῖαι et ποικίλαι, et fortasse alia. Possis v. c.: καὶ καθάπερ ἐν τῇ θαλάττῃ κυμάτων φαντασίαι (παντοῖαι) καὶ διαθέσεις, vel φαντασίαι καὶ διαθέσεις (διάφοροι). Hoc unum certum est adiectivum, cui eiusmodi fuerit significandi potestas, excidisse.

· Facilius corrigi possunt quae in fr. XXVII (VII) in hunc modum scripta leguntur vs. 19 : καίτοι γε ἐξῆν αὐτὸν οὕτως ἔχειν· ὅτε ὁ Γράκχος εἰσέφερε ψήφισμα περὶ τῆς κατ᾽ ἀρχὴν ἀφαιρέσεως αὐτοῦ, κἀκεῖνον ἅμα ψήφισμα κυροῦν περιέχον τὴν ἀφαίρεσιν τῆς Γράκχου δημαρχίας. Quorum verborum sententia planissima erit et expeditissima, si mecum reposueris: καίτοι γ᾽ ἐξῆν (πρὶν) αὐτὸν οὕτως ἔχειν, ὅθ᾽ ὁ Γράκχος εἰσέφερε ψήφισμα περὶ τῆς κατ᾽ ἀρχὴν ἀφαιρέσεως αὐτοῦ, κἀκεῖνον ἅμα ψήφισμα κυροῦν κτὲ., i. e. quamquam licuerat illi, priusquam ipse ad tam miseram conditionem redigeretur, — plebiscitum perferre cet.

Lacunam in fr. XXVIII (VII § 2): καὶ ὁ Σκιπίων ξύλον ἁρπάσας ἐκ τῶν παρακειμένων ... ὁ γὰρ θυμὸς παντὸς τοῦ δοκοῦντος εἶναι δυσκόλου περιεγένετο, probabili coniectura expleveris inserendo ἀπέκτεινεν αὐτόν, quae vocabula facillime post consimiles litterarum ductus excidere potuerint. Commendatur quoque haec suspicio praecedentibus: οὗτος μὲν οὖν ἀμετάπτωτον ἔχων τὴν ἐπὶ τὸν ὄλεθρον ὁρμὴν ταχὺ τῆς προσηκούσης κολάσεως ἔτυχεν.

Fr. XXXII (X): ὅτι ἡ σύγκλητος δεισιδαιμονοῦσα ἐξαπέστειλεν εἰς Σικελίαν [περὶ τοὺς Σιβύλλης χρησμοὺς] κατὰ Σιβυλλιακὸν λόγιον. Vocabula, quae uncis sepsi, insiticia esse monuit iam Dindorfius. Mendum eluendum restat in sqq.: θυσιάσαντες καὶ περιφράγματα ποιήσαντες ἀβάτους ἀπεδείκνυον τοὺς τόπους πλὴν τοῖς ἔχουσι καθ᾽ ἕκαστον πολίτευμα πατρίους θύειν θυσίας. Vertunt: praeterquam iis, qui ex singulis civitatibus patria *sacrificia more maiorum ad eas aras factitare solebant;* quasi in Graecis esset πλὴν τοῖς εἰωθόσι, quod loco optime conveniret. Lenius tamen rescripseris: ἀβάτους ἀπεδείκνυον τοὺς τόπους πλὴν τοῖς (ἔθος) ἔχουσι καθ᾽ ἕκαστον πολίτευμα πατρίους θύειν θυσίας; ut librario idem acciderit, quod Maio accidisse constat p. 50 in libr. XXIII fr. XVIII. Non tamen mirabor, si quis praetulerit: πλὴν τοῖς ἐθέλουσι καθ᾽ ἕκαστον πολίτευμα κτέ. Utrum verius sit ambigo.

Fr. XXXIII: ὅτι ἦν τις Γόργος Μοργαντῖνος ἐπικαλούμενος Κάμβαλος — ὃς — περιπεσὼν λῃστηρίῳ δραπετῶν ἔφευγε πεζὸς πρὸς τὴν πόλιν. ἀπαντήσαντος δ᾽ αὐτῷ Γόργου τοῦ τούτου πατρὸς ἐφ᾽ ἵππου. Pronomen τούτου non a Diodoro profectum est vix est quod moneam; sed multum vereor, ut vel postquam illud deleveris, locus sanus sit. ˙Certe suspiciosum est nomen patris idem esse ac filii. Non dico certum esse, sed fieri potuisse, ut postquam τούτου iam in textu legebatur, istud pronomen sua vice pepererit novum interpretamentum Γόργου. Quod si factum est, genuina tantum haec verba sunt: ἀπαντήσαντος δ᾽ αὐτῷ τοῦ πατρὸς ἐφ᾽ ἵππου. Illud certissimum est τούτου esse delendum.

Fr. XXXV: ὅτι τοῦ Ἀττάλου τοῦ πρώτου βασιλέως χρηστηριαζομένου περί τινος ἐπαυτοματίσαι τὴν Πυθίαν φασί. Absurde haec dicuntur, nomine populi τῶν Περγαμηνῶν, incuria fortasse epitomatoris, omisso. Pro ἐπαυτοματίσαι, quod verbum Graecum non est, corrige ἀπαυτοματίσαι, quod ipsum non mirer, si in palimpsesto accuratius inspecto, scriptum esse appareat.

Fr. XXXVII vs. 22: οἷς Ἀντίοχος μετέδωκεν ἀποκρίσεις. Legendum: ἔδωκεν κτέ· et deinde supplendum: ἐὰν τὸν (μὲν) ἀδελφὸν κτέ.

Alibi loca editiora Graece dicuntur ὑπερκεῖσθαι, itaque sana esse non possunt quae sic scripta leguntur in fr. XXVVIII (XVI): δύνασθαι γὰρ αὐτοὺς εἰς τὴν ὑποκειμένην ὀρεινὴν καταφυγόντες ἀποτρίψασθαι τῇ δυσχωρίᾳ τὸν ἀπὸ τῶν ἱππέων κινδύνων. Correxerim igitur: εἰς τὴν ὑπερκειμένην ὀρεινήν. Quo autem sensu dicatur in geographia ὑποκεῖσθαι, tum suspicio est facillima, tum docent loci qualis est v. c. lib. II : 37 vers. fin., ubi simul corrigas : τῆς Ἰνδικῆς φασι τὰς παρακειμένας χώρας τήν τε Σκυθῶν καὶ Βακτριανῶν, ἔτι δὲ καὶ τὴν Ἀριανῶν, ὑψηλοτέρας εἶναι, [τῆς Ἰνδικῆς] ὥστ᾽ εὐλόγως εἰς τὴν ὑποκειμένην χώραν πανταχόθεν συρρεούσας τὰς λιβάδας κτέ. Scripsi παρακειμένης pro περικειμένης docente re Geographica, τὴν pro τῶν requirente grammatica, et expunxi τῆς Ἰνδικῆς iubente sana ratione.

Fr. XLI: ὡς ἐπίτηδες τοῖς μὲν καλοῖς φαῦλα τοῖς δὲ κακοῖς ἐπεισάγει τὰ ἀγαθά. Immo vero: τοῖς μὲν καλοῖς τὰ φαῦλα — τἀγαθά. Dittographia perdidit praecedentia: οὐ μὴν ἐξουσίαν ἀνέλαβε τῆς στρατείας· Lege: ἐξουσίαν γ᾽ ἔλαβε κτέ.

Fr. XLII: ἤγαγε τοὺς πρέσβεις ἐπὶ τὸν τόπον οὗπερ Πιτθίδης τυφλὸς ἐκάθητο ἐπὶ τῆς γῆς ἐκτετυφλωμένος. Turpiter abundare aut τυφλὸς aut ἐκτετυφλωμένος satis est manifestum, utrum tamen alterius sit interpretamentum difficilius dictu est. Interpretamenti speciem magis quam τυφλὸς habet ἐκτετυφλωμένος. Labem contraxisse videntur quae praecedunt: καὶ τῶν Σελευκέων ἀποστειλάντων πρέσβεις καὶ παρακαλούντων συγγνώμης τυχεῖν ἐπὶ τοῖς γεγονόσι. Verum videtur συγγνώμην ἔχειν ἐπὶ τοῖς γεγονόσι, i. e. συγγιγνώσκειν.

Fr. XLVI: ἰδὼν δὲ χρηματίζοντα τὸν ὕπατον, καὶ δηλώσας ὅστις ἦν καὶ ὅτι πολλοὺς καὶ πολλάκις ὑπὸ τῶν πολιτῶν ὑποστὰς κινδύνους ὥσπερ ὑπὲρ Ῥωμαίων πολιτευόμενος, οὐ μόνον αὐτὸς — ἀπέλαβε τὴν κτῆσιν, ἀλλὰ καὶ — ἐξουσίαν ἔλαβε κτέ. Protasi (ἰδὼν — πολιτευόμενος) deest verbum finitum, quare pro ὑποστὰς aut reponendum est ὑφειστήκει, aut, quod fortasse probabilius est, post πολιτευόμενος aliquot vocabula excidisse putanda sunt. Praeterea certa coniectura corrigendum: πολλοὺς πολλάκις — κινδύνους, expuncta vocula καί, quam mala manus addidit ante πολλάκις.

Fr. XLVIII: Ὅτι ὁ Γράκχος δημηγορήσας τοῦ καταλῦσαι ἀριστοκρατίαν. Post δημηγορήσας excidisse praepositionem περὶ neminem latere arbitror. Mox legitur: οὐκέτι συναγωνιστὰς ἀλλὰ καθάπερ αὐθέντας εἶχε τούτους ὑπὲρ τῆς ἰδίας τόλμης. Malim καθαπερεί. Ib. vs. 17 e cod. Vat. rescribas ταμιεῖον pro ταμεῖον, quod eiusdem farinae est atque ὑγεία pro ὑγίεια. Sequentia Maii praecipue culpa male habita sunt: καὶ τῇ μὲν τῶν δημοσίων τόλμῃ καὶ πλεονεξίᾳ τὰς ἐπαρχίας ἀπορρίψας ἐπεσπάσατο παρὰ τῶν ὑποταττομένων δίκαιον μῖσος κατὰ τῆς ἡγεμονίας, τοῖς δὲ στρατιώταις διὰ τῶν νόμων τὰ τῆς ἀρχαίας ἀγωγῆς αὐστηρὰ καταχαρισάμενος ἀπειθίαν καὶ ἀναρχίαν εἰσήγαγεν εἰς τὴν πολιτείαν. A palimpsesto accipe ὑποτεταγμένων et ἀπείθειαν, quam solam vocabuli formam analogia patitur. Praeterea vero haud dubie corrigendum: τῇ μὲν τῶν δημοσιωνῶν τόλμῃ καὶ` πλεονεξίᾳ τὰς ἐπαρχίας ἀπορρίψας. Pro ultimo quod adscripsi vocabulo scribi fere malim ὑπορρίψας, metaphora sumta a beluis, quibus aliquis subiicitur. Duplici modo dicitur ὑπορριπτεῖν s. ὑποβάλλειν et παραρριπτεῖν s. παραβάλλειν τοῖς θηρίοις τινά. Eadem metaphora utitur v. c. Polybius XV : 21 § 2, XVII : 15 § 3 et XL : 4 § 2.

Fr. L (XXVI): ἀλλὰ τὴν κατ' αὐτὸν δωροδοκίαν δικαζόμενον ἀπεστέρητο τῆς μισοπονηρούσης παρρησίας. Recte iam Mullerus edidit: τῇ κατ' αὐτοῦ δωροδοκίᾳ. Maii errorem esse κατ' αὐτὸν docuit me palimpsestus. Idem Mullerus in fr. LI bene correxit: τὸ μὲν ξίφος ἐπίκειται τοῖς ἐχθροῖς pro ὑπόκειται κτέ.

Opposita docent, quid exciderit in fr. LIII (XXVIII § 1) e verbis: ἄρτι γὰρ βασιλεὺς ἦν καὶ τεσσάρων (Diod. ubique τεττάρων reddendum videtur; cf. quae de ea re disputat Dindorfius in adn. ad vol. I, p. 5, 7) μυριάδων στρατοπεδευουσῶν ἀφηγεῖτο, καὶ δεδεμένος ἐπανήγετο πρὸς ὕβριν καὶ τιμωρίαν πολεμίων. Supple: καὶ (νῦν) δεδεμένος κτέ. Idem valet de fr. LIV (XXVIII § 3) init.: τοῦτο ἄπιστον ἐδόκει τοῖς ἀκούουσιν ἀλλὰ καὶ τοῖς ὁρῶσιν. Nam propter vocabula ἀλλὰ καὶ dubium non est inserendum esse οὐ μόνον post ἐδόκει. In Palimp. legitur: ἐδόκει οὐ τοῖς κτέ.

Sigla, qua scribitur in codd. praep. πρός, neglecta a librario perdidit sequentia, quae revocata praep. sic corrigantur: προσδοκηθὲν (πρὸς) τοὐναντίον ῥέπειν ἐβιάζετο. Videndum, an forte eadem praepositio perierit in lib. XX cap. 69. Narratur ibi Agathocles desperatis iam rebus clam aufugisse ex Africa. Quo facto eius exercitus novos sibi creat duces et pacem componit cum Carthaginiensibus eo pacto: ὥστε τὰς πόλεις ἃς εἶχον παραδοῦναι, cetera. Post pauca sequuntur haec: τῶν μὲν οὖν στρατιωτῶν οἱ πλείους ἐμμείναντες τοῖς ὅρκοις ἔτυχον τῶν ὁμολογηθέντων, ὅσοι δὲ τὰς πόλεις διακατέχοντες ἀντεῖχον ταῖς παρ' Ἀγαθοκλέους ἐλπίσιν, ἐξεπολιορκήθησαν κατὰ κράτος. Verbum διακατέχειν significat: *retinere et pertinaciter perhibere id quod obtinuisti* neque igitur valde exquisite iungitur cum verbo ἀντέχειν (= ἐναντιοῦσθαι), quippe cuius notio iam ipso verbo διακατέχειν contineatur. Praeterea infelicissime post ἀντεῖχον sequitur Dativus, quem ab eo non suspensum esse sententia docet. Scio quam parum firma sit haec argumentatio; et vel sic tamen suspicionem premere nequeo hic oblitteratam esse locutionem Diodoro perfamiliarem et olim sic scriptum fuisse: ὅσοι δὲ τὰς πόλεις διακατέχοντες προσανεῖχον ταῖς παρ' Ἀγαθοκλέους ἐλπίσιν. cf. v. c. XIX, p. 692 de Olympiade: — ἔτι προσανεχούσης ταῖς ἔξωθεν ἐλπίσιν, et XXXI fr. XV de Perseo: κεναῖς ἐλπίσι προσανέχων. Eadem opera corrigendus videtur locus lib. XXIX fr. XII, ubi legitur: ἀποσιωπησάντων δὲ τῶν πρέσβεων ἡ σύγκλητος ὑπολαβοῦσα τοὺς Αἰτωλοὺς ἀντέχειν ταῖς κατὰ τὸν Ἀντίοχον ἐλπίσιν. Repone: τοὺς Αἰτωλοὺς προσανέχειν κτέ. Bekk. coniecit ἐπανέχειν, quo verbo antiquiores utuntur, sed quod apud Diod., quantum scio, nusquam apparet.

Non minus suspectam habeo vulgatam in fr. LV: ὅτι μετὰ τὸ ἀποθανεῖν τὸν Γράκχον ὑπὸ τοῦ ἰδίου δούλου τῶν γεγονότων αὐτοῦ Φίλων Λεύκιος Οὐιτέλλιος πρῶτος ἐπιστὰς τῷ πτώματι αὐτοῦ οὐχ ὅπως ἠχθέσθη τῇ συμφορᾷ τοῦ τετελευτηκότος ἀλλὰ τὴν κεφαλὴν ἀφελὼν καὶ κομίσας πρὸς ἑαυτὸν κτέ. Exspectaveris: ἀλλὰ τὴν κεφαλὴν ἀποτεμὼν κτέ. Sed me retinet, quo minus sic reponendum esse contendam locus plane geminus lib. XVI : 43: παρέδωκε τὸν Θετταλίωνα τοῖς ὑπηρέταις καὶ προσέταξεν ἀφελεῖν τὴν κεφαλήν.

Fr. LVII: ἡ δὲ σύγκλητος ἔπεμψε πρέσβεις λύσειν τὴν πολιορκίαν. Iam Dind. in sua edit. recte correxit λύειν. Idem in

fr. LX (XXXIII § 2) optime reposuit: τῶν πολιτῶν ἄριστος
ἐκρίθη pro absurda vulgata τῶν πλείστων, quam retinere pessimo consilio maluit Bekk. Multum tamen abest, ut Dind.
hoc excerptum persanaverit. Iam statim enim haerebis in verbis: ἐν μὲν γὰρ τοῖς τῆς Σιβύλλης χρησμοῖς εὑρέθη γεγραμμένον,
ὅτι δεῖ τοὺς Ῥωμαίους — ποιήσασθαι, τὴν δ᾽ ἐκδοχὴν αὐτῶν ἐν
τῇ Ῥώμῃ γενέσθαι πανδημεὶ τῆς ἀπαντήσεως γινομένης, καὶ τῶν
τε ἀνδρῶν τὸν ἄριστον καὶ γυναικῶν ὁμοίως τὴν ἀγαθὴν καὶ
τούτους ἀφηγεῖσθαι τῆς ἀπαντήσεως. Interpolatorem hic sua
Diodoro obtrudere suspicor, quare una litura deletis vocabulis
τὴν ἀγαθὴν καὶ τούτους, reposuerim: καὶ τῶν τ᾽ ἀνδρῶν τὸν
ἄριστον καὶ (τῶν) γυναικῶν ὁμοίως ἀφηγεῖσθαι τῆς ἀπαντήσεως.
Nam eam ipsam ob causam adscripserat, credo, Diodorus adv.
ὁμοίως, ne post τῶν γυναικῶν repetendus esset idem superlativus
τὴν ἀρίστην. In huiusmodi verborum compositione non aliter
scribere Diod. quam ceteri Graeci soleant, docebunt quae n. l.
sequuntur: ἐκρίθη τῶν μὲν ἀνδρῶν ἄριστος Πόπλιος Νασικᾶς,
τῶν δὲ γυναικῶν Οὐαλερία. Si quis autem retinere malit vocabula καὶ τούτους, verbum aliquod, v. c. κριθῆναι, ante ea excidisse statuat necesse est. In sqq. accipe a Dind.: οὐ μόνον δὲ
pro οὐ μόνον γὰρ κτέ. Mox, ubi mentio fit de sententia Catonis
in senatu dictitare soliti, *Ceterum censeo Carthaginem esse
delendam*, valde dubito de scripturae sinceritate. Μάρκος μὲν
Κάτων — εἰώθει λέγειν παρ᾽ ἕκαστον ἐν τῇ συγκλήτῳ μετὰ τὴν
ἀπόφασιν τῆς ἰδίας γνώμης Καρχηδόνα μὴ εἶναι — ὁ δὲ Νασικᾶς ἀεὶ τοὐναντίον ἀπεφαίνετο Καρχηδόνα διὰ παντὸς εἶναι.
Nam aeque mihi videtur Cato ineptire contendens· *Carthaginem non existere*, quam Nasica *eam urbem aeternam esse*
perhibens. Sed salva res est; nam ille, ni fallor, dixerat auctore Diodoro: Καρχηδόνα μὴ (δεῖν) εἶναι, hic: δεῖν πάντως
εἶναι. Saepius periisse Infinitivum δεῖν in quovis scriptore potest observari, sed vix unquam vidi scribas huic verbo infes-
tiores quam h. l. In verbis, quae locum exscribentes, de industria omisimus: καὶ τοῦτο ἐποίει πολλάκις οὐχ ὑποκειμένης περὶ
τούτου βουλῆς, ἀλλ᾽ ἑτέρων τινῶν ἀεὶ ζητουμένων, adv. ἀεὶ male

repetitum esse e sequentibus ὁ δὲ Νασικᾶς ἀεὶ κτέ. monuit iam Dindorfius.

Ib. p. 154 vs. 7: ὁ τούτου δὲ υἱὸς πρεσβύτης ἦν τὴν ἡλικίαν καὶ Τιβέριον Γράκχον — ἀπέκτεινε. Haec verba sic scripta sine risu legi nequeunt. Corrigendum: πρεσβύτης ὢν τὴν ἡλικίαν [καὶ] Τιβέριον Γράκχον — ἀπέκτεινε. Mox vs. 11: τοῦ δὲ πλήθους ἀγανακτοῦντος καὶ τεθηριωμένου πρὸς τοὺς τὸν φόνον δράσαντας. Non ignoro bene Graecum esse verbum simplex θηριοῦσθαι; sed πρός τινα θηριοῦσθαι dici posse non facile credam. Requiro: τοῦ δὲ πλήθους ἀγανακτοῦντος καὶ ἀποτεθηριωμένου πρὸς τοὺς κτέ. Satis exemplorum dabunt haec excerpta, quorum unum adscribam ex huius ipsius libri fr. XXXVI extr.: καὶ τὸ πλῆθος παντελῶς ἀπεθηριώθη πρὸς τὸν Πτολεμαῖον. Similiter Graecum est ἀγριοῦσθαι, sed ἀπαγριοῦσθαι πρός τινα, ut legitur v. c. ibid. fr. XII: ὅτι ἀπηγριωμένων τῶν ἀποστατῶν δούλων πρὸς ὅλην τὴν οἰκίαν τῶν δεσποτῶν. Loco nostro vs. 19 inserto articulo legatur: καὶ ὁ τούτου υἱὸς (ὁ) κατὰ τὸν ὑποκείμενον ἐνιαυτὸν τελευτήσας, ἀδωροδόκητος — διετέλεσε.

Fr. LXII: Μικίψας εἶχε καὶ ἄλλους υἱοὺς πλείους, μάλιστα δὲ προτετιμημένους Ἀτάρβαν τὸν πρεσβύτερον τῶν παίδων καὶ κτέ. Immo vero τὸν πρεσβύτατον!

Foedum interpretamentum a primo statim editore expulsum oportuit, quod legitur in fr. LXIV (XXXVII): ἡ δὲ σύγκλητος μεγαλοψύχως φέρουσα τὴν συμφορὰν τά τε πολλὰ πένθη καὶ τὴν ὑπερβολὴν τῶν κλαυθμῶν [τὸ πολὺ] κατέστελλε. Satis enim manifestum est, vocabula τὸ πολὺ olim interpretandi gratia ad ὑπερβολὴν adscripta esse.

Facili negotio vera lectio restitui poterit in fr. LXV (XXXVIII): οὗτος δὲ (Marius) πρὸς τοὺς ἐν ταῖς μάχαις κινδύνους πολλάκις ἡγεμὼν ἐκπεμπόμενος τὴν μὲν ἐκ τούτων ἀτιμίαν προσεποιεῖτο, ὁμοίως δὲ αὑτὸν εἰς τὰς τοιαύτας λειτουργίας ἐπιδιδοὺς πολλὴν ἐμπειρίαν περιεποιήσατο τῶν πολεμικῶν ἔργων. Nulla opus est sagacitate ad videndum: ὅμως δὲ αὑτὸν κτέ. reddendum esse Diodoro.

ADN. AD LIB. XXXVI.

Fr. I: ὕστερον δ᾽ αὐτὸν Ἰουγούρθαν συλληφθέντα ὑπὸ Βόκχου, ὥστε τυχεῖν συγγνώμης παρὰ Ῥωμαίων ὑπὲρ ὧν αὐτοῖς κατέστη πρὸς πόλεμον. Haud paullo rectius scriberetur: ὑπὲρ ὧν αὐτὸς αὐτοῖς κατέστη πρὸς πόλεμον, nam Bocchus eo pacto socerum Romanis tradidisse narratur, ut sibi ignoscerentur iniuriae, ob quas *ipse* (opponitur Iugurthae) bellum cum iis gerebat. Ib. vs. 6 corrigas: ἥκόν τινες ἀγγελοῦντες pro ἀγγέλλοντες, et vs. 7 expuncta praepositione: [ἐν] πολλῇ περιστάσει τὸ Ῥωμαϊκὸν ἅπαν συνεχόμενον διετέλει. Locutio συνέχεσθαι cum Dat. ignoratur, opinor, a nemine; sed scire velim, cuiusnam sit Graecitatis scribere: συνέχεσθαι ἐν κακῷ, ἐν συμφορᾷ, ἐν περιστάσει, similia. Error saepius iam castigatus denuo corrigatur vs. 32, ubi legitur: πρὸς ἀγρόν τινα παρακομίσας pro εἰς ἀγρὸν κτέ. Non aeque facilis est emendatio verborum praecedentium: καὶ χρόνου τῆς τιμῆς συντάξας κτέ., quae sic ediderim: καὶ χρόνον ... τῆς τιμῆς συντάξας. Evincit enim contextus excidisse aliquid eiusmodi quale est: πρὸς τὴν ἀπόδοσιν. Contra impense miror nondum restitutam esse scriptoris manum in his vs. 35 (II § 4): διάδημα καὶ περιβόλαιον πορφυροῦν καὶ ῥαβδούχους καὶ τἆλλα εὔσημα τῆς ἀρχῆς· Namque haud dubie dederat: καὶ τἆλλα σύσσημα τῆς ἀρχῆς i. e. *et reliqua regiae dignitatis insignia;* quemadmodum in lib. I cap. 70 de Aegypti regibus eum scripsisse constat: ἔπειτα λουσάμενον καὶ τοῖς τῆς ἀρχῆς συσσήμοις μετ᾽ ἐσθῆτος λαμπρᾶς κοσμήσαντα τὸ σῶμα θῦσαι τοῖς θεοῖς. Inter CΤCCHMOIC et ΕΤCHMOIC quae intercedit differentia in libris antiquis eo minor est, quod litterae consonantes a librariis pro lubitu aut semel scribi aut duplicari solent. Eodem sensu Diod. usus est alio nomine composito lib. XXXI fr. XXVI: κοσμηθέντα τοῖς τῆς βασιλείας παρασήμοις. In vicinia l. n. pro συνεργίᾳ quod nihili est, obiter corrigas συνεργείᾳ, et pag. 158 vs. 4: ἐβάλετο χάρακα pro ἐνεβάλετο χάρακα. Ib. vs. 18: διὸ καὶ τούτου συνεργοῦντος τοῖς Ῥωμαίοις καὶ τὰς χεῖρας προσφέροντος τῷ Οὐεττίῳ,

Φοβηθεὶς — ἑαυτὸν ἀπέσφαξε suppleverim Οὐέττιος, ni praestiterit: οὗτος Φοβηθεὶς κτέ. Mox p. 159 vs. 4 lego: πρὸς (pro εἰς) τοὺς ἰδίους κυρίους et vs. 9 (III § 4) nullus dubito, quin vere Dindorfius coniecerit ΑΛΙΚΤΑΙΩΝ pro ΑΓΚΤΑΙΩΝ esse reponendum. Deinde vs. 10 scripserim inserto pronomine indefinito: ὧν ἡγεῖτο Ὀάριός (τις) ὄνομα, quemadmodum recte legitur v. c. p. 161 (fr. VI): ὅτι Βαττάκης (τις) ὄνομα ἧκι. Similiter vs. 20 suppleverim: καὶ σωτηρίας ὑποσχέσεσι Γάιόν (τινα) Τιτίνιον ἐπικαλούμενον Γαδαῖον ἀναπείσας. Sed gravius laborant quae ibidem praecedunt sic scripta: ἐπεὶ δὲ βίᾳ ἀνάλωτον τὸ Φρούριον ἑώρα, ἐπὶ τὴν προδοσίαν ὁρᾷ. Bis in tam brevi periodo sensu diverso idem verbum adhibuisse Diod. non credo, suspicorque eum priori loco usum esse verbo θεωρεῖν, quod quamvis male saepissime usurpat, quo sensu veteres solo verbo ὁρᾶν uti possunt, itaque eum dedisse: ἐπεὶ δὲ βίᾳ ἀνάλωτον (ὂν) τὸ Φρούριον ἐθεώρει ἐπὶ [τὴν] προδοσίαν ὁρᾷ. Sic v. c. loquitur lib. XVI c. 60: καὶ θεωρῶν αὐτὸν οὐκ ἀξιόμαχον ὄντα, διεπρεσβεύσατο κτέ. Praeterea vs. 12 l. n. supple: εἶτα (δ') ἐπὶ τὰς γειτνιώσας ἐπαύλεις; nam praecedunt vocabula πρῶτον μέν. Pag. 160 vs. 1 (IV § 2): προῆγε δὲ μετὰ τῶν ἐνόντων στρατιωτῶν. Quinam dicantur οἱ ἐνόντες στρατιῶται non assequor. Exspectaveris: μετὰ τῶν ἔτι παρόντων, nam in proxime praecedentibus dixerat: ἤδη καὶ τῶν πλείστων στρατιωτῶν ἀπολυθέντων; neque quod leniore mutatione reponam invenio. Ibid. διαβὰς τὸν Ἄλβαν ποταμὸν — ἐν ὄρει Καπρικανῷ — Ἡράκλειαν. Reponendum: τὸν Ἀλαβῶνα ποταμὸν, cl. Diod. IV: 78 prope init. Pag. fere media vs. 17 (IV § 3) lego: καὶ οἱ ἀποστάται ὅπλων τε εὐπορήσαντες τοσούτων ἀθρόων (pro ἀθρόον) καὶ νίκης θρασύτερον εἴχοντο τῶν ἔργων καὶ πάντες οἱ δοῦλοι (pro τῶν δούλων) ἐμετεωρίζοντο πρὸς ἀπόστασιν, nisi forte mavis cum Rhodomano: οἱ πλείους τῶν δούλων. Potuisset quoque scribere: καὶ τὰ πλήθη τῶν δούλων ἐμετεωρίζετο πρὸς ἀπόστασιν; ut fecit p. 161 vs. 23: ἐνόσει πρὸς ἀπόστασιν τὰ πλήθη τῶν οἰκετῶν. Ib. vs. 24 (IV § 4) supplendum videtur cum Wesselingio: οὗτος βασιλεύσας τὰς μὲν πόλεις ἀργίας (αἰτίας;) καὶ τρυφῆς ἐνόμιζον. Post ΑΡΓΙΑC quam facile ΑΙΤΙΑC excidere potuerit, manifestum est. Simile vitium corrigendum est vs. 25 supplendo: εἰς τρία δὲ (μέρη) μερίσας τοὺς ἀποστάτας καὶ (τοὺς) ἴσους ἡγεμόνας ἐπικαταστήσας (absurde vulgatur ἐγκαταστήσας) ταῖς μερίσι, cf. lib. XXXVII, fr. II, p. 170 vers. fin.: τὴν δ' ἔλην Ἰταλίαν εἰς δύο μέρη διελόντες ὑπατικὰς ἐπαρχίας ταύτας καὶ μερίδας ἀπέδειξεν, ubi vocabula καὶ μερίδας abesse malim. Loci nostri fere geminus est lib. XVI, cap. 47 init.: τοῦ βασιλέως εἰς τρία μέρη τὴν Ἑλληνικὴν δύναμιν μερίσαντος, ἑκάστη μερὶς εἶχε στρατηγὸν Ἕλληνα κτέ., cf. ibid. cap. 76: ἐμέρισε τὰς δυνάμεις εἰς δύο μέρη. Pag. 161 vs. 15: πολιορκεῖν πάλιν ἐπεχείρει τὴν Μοργαντῖναν, κήρυγμα δοὺς τοῖς ἐν αὐτῇ δούλοις τὴν ἐλευθερίαν. Viri docti coniecerunt κατὰ κήρυγμα vel κηρύγματι, quorum illud praetulerim.

Ib. vs. 24 supplendum: Ἀθηνίων (τις) ὄνομα; vs. 18: ἔπειτα (δέ), quia praegreditur πρῶτον μὲν, et pag. 163 vs. 5: εἰπὼν αὐτῷ τοὺς θεοὺς τοῦτ' ἐπιτάττειν· ἐπιμένοντας γὰρ (ἂν) τῇ πολιορκίᾳ δυστυχήματος πειραθῆναι. Ib. vs. 9 aliquanto melius legeretur: ἔχοντες ἡγεμόνα, ὃς ὠνομάζετο Γόμων pro ἔχοντες ἡγούμενον, ὃς κτέ., nam quis unquam ita locutus est? Vs. 17 editur: καὶ τοὺς περιτυγχάνοντας δούλους τε καὶ ἐλευθέρους, ὅπως μηδεὶς ἀπαγγέλοι (l. ἀπαγγέλλοι) τὴν περὶ αὐτοὺς ἀπόνοιαν, ἐφόνευον ἀναιδῶς. Melius certe scriberetur ἀνοίκτως, recte ἀνηλεῶς (cf. Diod. XVII. 14) optime ἀφειδῶς (cf. v. c. Diod. XVII : 13: ἀφειδῶς ἀνῄρουν πάντας τοὺς περιτυγχάνοντας), et sic rescribendum esse censerem, nisi sese offerret adverbium Graecum huic loco aptissimum ἀνέδην, quod in libris antiquis frequentissimo errore ἀναίδην audire solet, et hinc facillime praepostera correctione a sciolo in adverbium bene Graecum ἀναιδῶς mutari potuerit. Veram lectionem servatam esse videbis fr. IV vs. 26: καὶ τοὺς περιτυγχάνοντας ἀνέδην ἐλευθέρους τε καὶ δούλους ἐφόνευον, ὅπως μηδεὶς ἀπαγγείλῃ (l. ἀπαγγείλαι) κτέ. Sensus est *sine discrimine*. In vicinia pessime B. χειροκρασίας (vocabulum nihili) retinuit pro χειροκρατίας, quam solam formam genuinam esse iam monuit Wesse-

língius ad h. l. (cf. Lobeck. ad Phryn. p. 525). Forma probior
salva evasit p. 166 vs. 2, ubi eadem verba recurrunt. Praeter
ea l. n. scripserim: τὰ μὲν ἐντὸς (τῶν) τειχῶν μόλις εἶναι ἴδια,
τὰ δ᾽ ἐκτὸς ἀλλότρια κτἑ., quae ceterum rectius ita scribuntur
(apud Photium) quam in excerptis Valesianis fr. IV, ubi eduntur in hunc modum: τὰ μὲν ἐντὸς τῶν πυλῶν μόγις ὑπάρχειν
ἴδια, τὰ δ᾽ ἐκτὸς τῶν τειχῶν ἀλλότρια κτἑ.

Pag. 163 vs. 3 (VI § 2): μετὰ δὲ ταῦτα ὑπονοήσας ὁ Τρύφων
τὸν Ἀθηνίωνα ἐπιθήσεσθαι ἐν καιρῷ παρέδωκεν εἰς φυλακήν.
Malim: τὸν Ἀθηνίωνά (οἷ) ἐπιθήσεσθαι. Ib. vs. 7 supplendum:
πρῶτον μὲν — δεύτερον (δὲ) — τρίτον (δ᾽) ὑπερβάλλουσαν ὀχυρότητα ὡς ἂν οὔσης μεγάλης πέτρας ἀναλώτου, ἣν καὶ περιβόλῳ
πόλεως σταδίων ὀκτὼ προσπεριβαλὼν καὶ (περι)ταφρεύσας
βαθείᾳ τάφρῳ βασιλείοις ἐχρῆτο; ubi si praeterea aliquis vocabulum πόλεως, quod sive natum e cauda vocabuli praecedenti,
sive interpretandi gratia olim adscriptum sententiam turbat,
expungendum esse iudicabit, equidem non intercedam. Mox
vs. 12 scripserim: ἐγκατεσκεύασε δὲ καὶ βασιλικὴν οἰκίαν κτἑ.

Ib. vs. 18 numerus pluralis mutetur in singularem in verbis:
καὶ τἄλλα πάντα ὅσα ποιοῦσί τε καὶ ἐπικοσμοῦσιν ἐπετήδευε
βασιλείαν. Praeterea transposuerim: βασιλείαν ἐπετήδευε.

Pag. 164 vs. 2 (VIII § 3): τρωθεὶς δ᾽ εἰς ἀμφότερα τὰ γόνατα
καὶ τρίτην λαβὼν ἄχρηστος ἐγένετο πρὸς τὴν μάχην. Omitti
potest substantivum πληγή in locutione καιρίαν πληγὴν λαβεῖν.
Sed idem fieri in formula: δευτέραν s. τρίτην πληγὴν λαβεῖν
huius certe loci auctoritate non adducor ut credam.

Iteranda est praepositio κατὰ vs. 7: πολλῶν κατὰ τὴν φυγὴν
κοπέντων. Lege: κατακοπέντων. Deinde scribendum: καίτοι
ῥᾴδιον ἦν κτἑ. pro κ. ῥᾷον ἦν. Magis miror nondum correcta
esse quae sequuntur vs. 10 sqq.: ἐπὶ τοσοῦτον δ᾽ ἐτεταπείνωτο
τὸ οἰκετικόν, ὥστε καὶ ἐβουλεύσαντο ἐπὶ (malim πρὸς) τοὺς κυρίους
ἐπαναδραμεῖν καὶ σφᾶς αὐτοῖς ἐγχειρίσαι. Absque enim omni
dubio requiritur pronomen reflexivum: σφᾶς (αὐτοὺς) αὐτοῖς
ἐγχειρίσαι.

Fr. II (IX § 2): ὁ Λούκουλλος (solet hoc nomen Graece

scribi Λεύκολλος) πυθόμενος διαβεβηκέναι τὸν πορθμὸν Σερουίλιον Γάιον στρατηγὸν ἐπὶ τὴν διαδοχὴν τοῦ πολέμου, τούς τε στρατιώτας ἀπέλυσε καὶ τοὺς χάρακας καὶ τὰς κατασκευὰς ἐνέπρησε. Legendum videtur: ὅτι Λούκουλλος — διαβεβηκέναι et prope finem τὰς χάρακας cum cod. Vat., in quo M. legerat περιχάρακκς.

Pronomen reflexivum, quod sententia postulat, vitium concepit in verbis ultimis huius excerpti, quae sic scribenda sunt: ὑπελάμβανε τῇ τούτου ταπεινώσει καὶ ἀδοξίᾳ καὶ τὴν ἑαυτοῦ κατηγορίαν καταλύσειν; pro τὴν τούτου κτὲ., quae lectio unde nata sit, unusquisque videt.

Fr. III (X § 2) vs. 10: μετὰ δὲ ταῦτα διαπρεσβευόντων καὶ παραδόντων ἑαυτούς κτὲ. Verbum διαπρεσβεύειν nullum est. Constanter Graeci verborum διαπρεσβεύεσθαι et διακηρυκεύεσθαι utuntur forma media, quam hîc quoque revoca scribendo: μετὰ δὲ ταῦτα διαπρεσβευομένων καὶ παραδιδόντων ἑαυτούς κτὲ.

Quae ibidem sequuntur (p. 165) vs. 15 (X § 3) in hunc modum videntur refingenda esse: καὶ τὸν τελευταῖον αὐτῶν (pro αὐτὸν) τὸν Σάτυρον ἀνελόντα αὐτὸν (pro τούτον δ') ἐπὶ πᾶσιν αὐτοχειρίᾳ ἡρωικῶς καταστρέψαι i. e. et Satyrum (ferunt), maclato horum ultimo, ipsum post omnes ceteros sua manu fortiter mortem sibi conscivisse.

Fr. IV p. 166 vs. 4 soloece scribitur: οἱ γὰρ ἀποστάται τῶν ὑπαίθρων κρατοῦντες ἀνεπίβατον ἐποιοῦντο τὴν χώραν. Corrigas: ἐποίουν κτὲ.

Fr. V init. (XII § 2): ὅτι Σατορνῖνος — ταμίας ὑπάρχων εἰς τὴν ἐξ Ὠστίας εἰς τὴν Ῥώμην τοῦ σίτου παρακομιδὴν ἐτάχθη. Graecum est hoc sensu τάττεσθαι ἐπί τι non εἴς τι. Notus est versus Aristophaneus: ἀλλ' ὅσα μὲν δεῖ ῥώμῃ πράττειν, ἐπὶ ταῦτα τεταξόμεθ' ἡμεῖς. Loco nostro scripserim: — ταμίας ὑπάρχων ἐπὶ τὴν ἐξ Ὠστίας εἰς [τὴν] Ῥώμην τοῦ σίτου παρακομιδὴν ἐτάχθη. Contra vs. 13 inserto articulo scribendum videtur: ἐπιτιμήσεως ἔτυχε (τῆς) προσηκούσης. Quae sequuntur reddunt horum verborum rationem, itaque sic scribenda sunt: ἡ γὰρ (legitur δὲ) σύγκλητος (αὐτοῦ insere) παρελομένη τὴν ἐξουσίαν παρέδωκεν ἄλλῳ (vulgatur ἄλλοις) τὴν ἐπιστασίαν ταύτην.

Fr. VI init. Πεσινοῦντος. Genuina forma est Πεσσινοῦντος. Ib. vs. 26 lego: ποιησάμενος δὲ λόγους ἀπὸ τῶν ἐμβόλων pro ἐπὶ κτέ., quod Graecum non est. Mox vs. 36: ἐπὶ τὰ ἔμβολα. Ubi significantur *rostra Romana*, usitatius est genus masculinum οἱ ἔμβολοι.

Fr. VII (XIV) absurde vulgatur: ἰμπεράτορα αὐτὸν ἀναγορεύειν καὶ ἀποκαλεῖν. Legendum: ἐπικαλεῖν.

Fr. VIII (XV ⟨ 2) triplici mendo liberanda sunt vocabula (vs. 27): πιναρὰν δὲ μεταμφιασάμενος (ἐσθῆτα) καὶ κόμην καὶ πώγωνα τρέφων περιήει εἰς τοὺς κατὰ τὴν πόλιν ὄχλους καὶ τοῖς μὲν πρὸς τὰ γόνατα πίπτων τοῖς δὲ ταῖς χερσὶν ἐπιφυόμενος ἐδεῖτο κτέ. Corrigas: πιναρὰν δὲ μεταμφιεσάμενος — περιήει [εἰς] τοὺς — ὄχλους καὶ — τοῖς δὲ ταῖς χερσὶν ἐμφυόμενος κτέ. Quis ignorat versum Homericum, qui toties recurrit: ἔν τ' ἄρα οἱ φῦ χειρὶ ἔπος τ' ἔφατ' ἔκ τ' ὀνόμαζεν? Quod ad praepositionem attinet, quam e dittographia natam post περιήει expunxi, conferas v. c. lib. XI c. 57: περιήει τοὺς ἀρίστους τῶν Περσῶν ἀξιοῦσα κτέ. Ita solent omnes, neque aliter Graece scribi potest. Restat in hoc excerpto emendandus vs. 25: διὰ τὸ μέγεθος τῶν ὑποκειμένων ἀγώνων. Equidem certe malim ἐπικειμένων i. e. *imminentium*..

ADN. AD LIB. XXXVII.

Fr. I p. 168: ἐκεῖνοι μὲν ἔτεσι δέκα τὰς ἐν τῇ Τρωάδι πόλεις κατεπολέμησαν. Lege: ἐκεῖνοι μὲν ἐν ἔτεσι κτέ. Ibid. p. 169 vs. 9 (I ⟨ 4): Ῥωμαῖοι κατὰ τοὺς νεωτερικοὺς καιροὺς δορίκτητον ἐποιήσαντο τὴν Μακεδονίαν. Voluit opinor: κατὰ τοὺς νεωτέρους καιροὺς κτέ., nam quod vulgatur barbarum est. Recte, si forte tibi non persuadeo, eadem verba scripta invenies in fr. III h. l. vs. 34.

Lacunosa sunt quae leguntur ib. vs. 18: Κίμβρους δὲ ταῖς μὲν ὄψεσι γίγασι παρεμφερεῖς, ταῖς δ' ἀλκαῖς ἀνυπερβλήτους· οὗτοι γὰρ κτέ. Supplendum videtur: Κίμβρους δὲ (τί δεῖ καὶ λέγειν) ταῖς κτέ. Deinde vero addita praepositione vide an scribendum sit:

ταῖς μὲν προσόψεσι γίγασι παρεμφερεῖς, ταῖς δ' ἀλκαῖς ἀνυ-
περβλήτους κτέ. Prope finem huius excerpti non expedio verba:
καὶ τῶν ἐξ αἰῶνος ἀρίστων κεκριμένων ἐλθόντων εἰς αἵρεσιν καὶ
φιλοτιμίαν, nam quo sensu αἵρεσις h. l. dictum sit, frustra
quaesivi. An fortasse auctor dederat ἐλθόντων εἰς ἔριν καὶ
φιλοτιμίαν? Quominus coniiciamus εἰς διάστασιν hoc obstat,
quod in proxime praegressis eo vocabulo usus est, διάκρισιν non
plane satisfacit, et διαφορὰν nimis vulgatae est dissimile.
Nihil igitur, quod et propius absit a vulgata et melius loco
conveniat, reponi posse arbitror. Xenophon in Cyrop. VIII : 2,
26 iunxit: ἔριδας καὶ φιλονεικίας, neque aliter Diod. XIII : 48
prope initium: ἔρις καὶ φιλονεικία πρὸς ὄλεθρον ἀνήκουσα. Nec
tamen propterea sollicitaverim l. n. φιλοτιμίαν, quod eodem sensu
dictum est, quo saepius apud nostrum invenitur v. c. XI c. 52:
ἀεὶ δὲ μᾶλλον τῆς διαφορᾶς συναυξομένης καὶ πολλάκις φόνων
γινομένων, τὸ τελευταῖον εἰς ὁλοσχερῆ φιλοτιμίαν ὥρμησαν.
Scribis autem Christianis imprimis placuisse substantivum αἵρεσιν,
non est quod miremur.

Fr. II, p. 170 vs. 11: ἐν τούτῳ τῷ πολέμῳ ποικίλα καὶ
πολύτροπα πάθη καὶ πόλεων ἁλώσεις ἑκατέρῳ μέρει τῶν διαπο-
λεμησάντων συνέβη. Corrigendum videtur: καὶ πολλαὶ πόλεων
ἁλώσεις συνέβησαν aut: καὶ πολλὰς πόλεων — συνέβη
(γενέσθαι). Ib. vs. 35 necessario reponendum: καὶ στρατηγοὺς
ὑπέταξαν αὐτῷ ἓξ pro ἔταξαν κτέ. Ibidem scribendum: τὰ
πρὸς δυσμὰς καὶ ἄρκτον νεύοντα μέρη expuncto articulo ante
ἄρκτον, ut mox recte legitur: τὴν πρὸς ἕω καὶ μεσημ-
βρίαν νεύουσαν προσώρισαν Γαΐῳ Μοτύλῳ. Minus certum est,
quomodo emendandus sit locus p. 171 : 29: ἐπικρατούντων
δ' ἐπὶ μᾶλλον καὶ μᾶλλον τῶν Ῥωμαίων. Nam utroque
modo recte dicitur ἐπὶ μᾶλλον et μᾶλλον καὶ μᾶλλον; sed ἐπὶ
μᾶλλον καὶ μᾶλλον nihil significat. Possis igitur: ἐπικρατούντων
δ' ἐπὶ μᾶλλον τῶν Ῥωμαίων, aut ἐπικρατούντων δὲ μᾶλλον
καὶ μᾶλλον κτέ. Neque utra sit correctio lenior facile dixeris; nam ἐπὶ ex ἐπικρατούντων male repetitum esse potuit; καὶ
μᾶλλον nasci potuit e dittographia vel ex interpretamento.

Cuius interpretandi libidinis novum exemplum dabit p. 172
(II § 12), ubi legimus vs. 4: ἀντιποιουμένων πολλῶν ἐνδόξων
[τὸ τυχεῖν] τῆς κατὰ Μιθριδάτου στρατηγίας; ubi fraus vel inde
manifesta est, quod verbum ἀντιποιεῖσθαι cum Genitivo construitur. Quamquam igitur, ut redeamus ad locum nostrum, vulgata lectio alterutram correctionem suadere videtur, tamen
vereor ne utrique obstet usus Diodori, quippe apud quem nusquam
alterutra formula se mihi obtulerit, sed in quavis fere pagina
eodem sensu legatur ἀεὶ μᾶλλον. Mox vs. 17: μέρος δ᾽ ἐπὶ
τῆς πολιορκίας τοῦ στρατεύματος καταλιπόντες τῇ λοιπῇ τὸ
Ῥήγιον ἰσχυρῶς ἐπολιόρκουν. Vocabula τῇ λοιπῇ non habent quo
referantur. Nisi igitur exciderit στρατιᾷ, reponendum τῷ
λοιπῷ (scil. στρατεύματι). Ibid. vs. 28, duabus litteris repetitis, legi debet: ἔπεσεν ἐν τοῖς πολέμοις.

In fr. III vs. 15 (§ 5): τοῦ μὲν γὰρ οἴνου τὸ κεράμιον
ἐπωλεῖτο δραχμῶν ἑκατόν, τῶν δὲ Ποντικῶν ταρίχων τὸ κεράμιον
δραχμῶν τριακοσίων. Suspectum habeo vocabulum οἴνου, quia
sensus aperte requirit nomen vini alicuius generosissimi. Quod
suspicor fuisse *Chium* propter ea quae supra dixit vs. 9: τῶν
δ᾽ οἴνων ὁ μὲν μετρίως τέρπων τὴν γεῦσιν ἀπεδοκιμάζετο, Φαλέρ-
νος δὲ καὶ Χῖος καὶ πᾶς ὁ τούτοις ἐφάμιλλον ἔχων ἡδονήν —
ἀνέδην ἀνηλίσκοντο. Olim igitur, ni fallor, apud Diodorum legebatur: τοῦ μὲν γὰρ Χίου τὸ κεράμιον κτέ. Mox superveniens
nescio quis de more superscripsit interpretandi causa οἴνου, quod
interpretamentum, ut saepissime factum est, genuini vocabuli
sedem occupasse videtur. In eiusdem fragm. initio dubito an recte
legatur: μετέπεσεν ἐν τῇ Ῥώμῃ τὸ τῆς ἀρχαίας ἀγωγῆς εἰς
ὀλέθριον ζῆλον. Nam Diodorus, ut Polybius, in hac periphrasi
solet adhibere articuli formam neutram pluralis numeri, ita ut
potius scripsisse videatur: τὰ τῆς ἀρχαίας ἀγωγῆς = ἡ ἀρχαία
ἀγωγή. Ceterum potuisset: τὸ τῆς ἀρχαίας ἀγωγῆς αὐστηρόν,
cf. lib. XXXV fr. XLVIII prope finem.· Tandem in extremo
l. n.: καὶ τὸν ἑαυτοῦ βίον περίοπτον ὄντα διὰ τὴν ἐξουσίαν ἀρχέ-
τυπον εἰς μίμησιν τιθέναι τῶν καλῶν ἐπιτηδευμάτων, exspectaveris verbum-compositum προτιθέναι.

Valde mihi suspecta est scripturae fides in fr. V, ubi
legimus: μνησθήσομαι τινῶν παραδείγματος ἕνεκα καὶ ἐπαίνου
δικαίου καὶ τῷ κοινῷ βίῳ συμφέροντος, ἵν' οἱ μὲν πονηροὶ τῶν
ἀνθρώπων διὰ τῆς κατὰ τὴν ἱστορίαν βλασφημίας ἀποτρέπωνται
τῆς ἐπὶ τὴν κακίαν ὁρμῆς, οἱ δ' ἀγαθοὶ διὰ τοὺς ἐκ τῆς αἰωνίου
ζωῆς ἐπαίνους ἀντέχεσθαι τῶν καλῶν ἐπιτηδευμάτων ὀρέγωνται.
An haec significare possunt : διὰ τοὺς ἐκ τῶν ἀεὶ ζώντων ἀνθρώπων ἐπαίνους? Multum dubito. Fortasse scriptor dederat: διὰ
τοὺς ἐκ τῆς αἰωνίου μνήμης ἐπαίνους, i. e. ἀειμνήστους ἐπαίνους,
cf. fr. XVIII (libri XXVII) p. 60 vs. 8.

Fr. VI (V): ὅτι Κόιντος Σκαιούδλας μεγίστην εἰσηνέγκατο
σπουδὴν διὰ τῆς ἰδίας ἀρετῆς διορθώσασθαι τὴν φαυλότητα τοῦ
ζήλου. Supplendum videtur: τοῦ (τότε) ζήλου.

Fr. X vs. 10: ὃς ἦν Γάιος ἐπικαλούμενος δὲ Λόγγος. Ipse certe
Diodorus sic scribere non potuit; nam Graecum est: ὃς ἦν Γάιος
(μὲν ὄνομα), ἐπικαλούμενος δὲ Λόγγος. Mox legendum: σημεῖον
δὲ τῆς μὲν εὐσεβείας κτέ. Vs. 16: τὸ δὲ τῆς παιδείας τε καὶ
φιλανθρωπίας τὸ προτιμᾶσθαι παρ' αὐτῷ περιττότερον τοὺς πεπαι-
δευμένους. Malim cum Dindorfio: τῆς δὲ παιδείας κτέ., deleto
articulo. Idem recte καὶ expungendum esse iudicat in fine excerpti: καὶ πάντα φιλοτεχνῶν [καὶ] πρὸς ἐπανόρθωσιν τῆς
ἐπαρχίας.

Fr. XII init. legendum: τὴν (μὲν) συκοφαντίαν κτέ. In fine
reponas: ἀποκατέστησε pro ἀπεκατέστησε.

Fr. XIII extr. (IX): ἀκρίτως ἀνῃρέθη. Lege: ἄκριτος. Caeterum Gracchi ἀπόφθεγμα non expedio: κἂν ἀποθάνω οὐ διαλείψω
τὸ ξίφος ἀπὸ τῆς πλευρᾶς τῶν συγκλητικῶν διηρμένον. Intelligerem, si scriberetur in hunc modum: οὐ διαλείψω τὸ ξίφος
κατὰ τῆς πλευρᾶς τῶν συγκλητικῶν διηρμένος, collato Plutarchi loco in vita Camilli c. 27: Μάλλιος — ἀπαντήσας δυσὶν
ὁμοῦ τῶν πολεμίων τοῦ μὲν ἔφθασε διηρμένου κοπίδα τῷ ξίφει
τὴν δεξιὰν ἀποκόψας κτέ.; cf. Plut. Lys. 15 et Lucian. Tox. 40.
Hinc substantivum δίαρσις apud Polyb. II : 33: ἡ ἐκ διάρσεως
μάχη, i. e. (interprete Schweighausero) *pugna quae fit cae-
sim feriundo* (nempe gladio). Componas cum l. n. fr. LI

lib. XXXIV. Sensus autem loci ita correcti hic erit: *Vel si morte mihi constabit non desinam umquam gladium strictum tenere adversus senatores.* Prope finem legimus: ὁ δὲ ῥηθεὶς λόγος ὥσπερ τις θεοῦ χρησμὸς ἀκόλουθον ἔσχε τοῖς ῥηθεῖσι τὸ ἀποτέλεσμα. Alterutrum abundat aut ῥηθεὶς aut τοῖς ῥηθεῖσι. Fortasse Diodori manus est: ὁ δὲ ῥιφεὶς λόγος κτὲ.

Fr. XIV extr. (X) supple: ὅτι ὅδε (ὁ) νόμος κύριός ἐστι τῶν πολιτῶν πλὴν (τοῖν) δυοῖν Δρούσων. Prior articulus est in cod. Vat. Contra male abundat copula ibid. in verbis: διὸ καὶ νόμου τινὸς προκειμένου [καὶ] προσφάτως κεκυρωμένου.

Fr. XV (X § 2) init.: ὅτι Μάρκος Λίουιος Δροῦσος ἀνὴρ νέος μὲν τὴν ἡλικίαν, κεκοσμημένος δὲ πᾶσι τοῖς πρωτείοις. πατρός τε γὰρ κτὲ. Optime haec habebunt, si scripseris: ἀνὴρ (ἦν) νέος μὲν — πρωτείοις κτὲ. In vicina legitur: αὐτὸς δ' ὑπῆρχε λόγῳ μὲν δεινότατος τῶν ἡλικιωτῶν. Graecum est δεινὸς λέγειν, δεινὸς τοὺς λόγους, et δεινὸς ἐν τοῖς λόγοις; sed quod hic legitur δεινὸς λόγῳ, mihi quidem inauditum est. Diodorus certe non ita scribere solet, sed frequens est apud eum formula λόγῳ δυνατός, quare videas an h. l. dederit: λόγῳ μὲν δυνατώτατος cf. v. c. lib. XIII : 37.

Fr. XVI (X § 3): ἐξαμαρτήσαντας. Lege: ἐξαμαρτόντας. .

Fr. XVII (XI) init.: ὄμνυμι τὸν Δία τὸν Καπετώλιον. Lege: Καπετώλινον. Ibid. vs. 35: μηδεμιᾶς Φείσασθαι ψυχῆς. Corrigas: Φείσεσθαι cum palimpsesto, nam pendent haec a verbo ὄμνυμι.

Fr. XVIII (XII) vs. 12 reponendum expuncta praepositione: οὐ γὰρ μόνον [ἐν] τοῖς λόγοις ἐκίνει γέλωτα (male vulgatur γέλωτας, cf. v. c. Xen. Symp. I, § 14) ἀλλὰ καὶ κατὰ τὴν σιωπὴν καὶ ποιὰν (τοῦ) σώματος ἐπιστροφὴν ἅπαντας ἐποίει τοὺς θεωμένους μειδιᾶν κτὲ. Deinde dubito an vs. 15 recte dictum sit: διὸ καὶ παρὰ Ῥωμαίοις μεγάλης ἀποδοχῆς ἐν τοῖς θεάτροις ἐπληροῦτο. Diodoro valde familiaris est locutio: μεγάλης ἀποδοχῆς τυγχάνειν sive ἀξιοῦσθαι s. καταξιοῦσθαι. Fortasse

ἐπληροῦτο ab eclogario uni horum verborum substitutum est,
nisi suspicari mavis vulgatam lectionem corruptam esse ex
ἐπηξιοῦτο. Facili negotio corrigi possunt quae ibidem leguntur vs. 21: οὐ γὰρ εἰμὶ 'Ρωμαῖος, ἀλλ' ὅμοιος ὑμῶν ὑπὸ
ῥάβδοις τεταγμένος περινοστῶ τὴν Ἰταλίαν; nam puerili errore
sic editur pro: ἀλλ' ὁμοίως ὑμῖν κτέ. Praeterea in huius
excerpti .initio, inserto pronomine indefinito, legendum videtur: κωμῳδόν (τινα) ἐπὶ τῆς σκηνῆς ἀγωνιζόμενον κατέσφαξαν
ἐν τῷ θεάτρῳ. Vs. 18 vix sana sunt verba: ὁ δὲ προαισθό-
μενος τὸ μέλλον τελεῖσθαι προῆλθεν ἐπὶ τὴν σκηνήν. Usus enim
requirit verb. comp. συντελεῖσθαι, ut mox vs. 20 rectissime
editur: ἐπ' ἀγαθῷ δ' εἴη συντετελεσμένον τὸ κακόν. Tandem
vs. 25 verum videtur: οὐκ ὀλίγα δὲ καὶ ἄλλα πρὸς διάχυσιν
καὶ γέλωτα διελθὼν (pro διάλυσιν κτέ.) i. e. ad risum hila-
ritatemque excitandam, cf. fr. XXIII: ὁ δὲ Κρὴς διαχυθεὶς
ἐπὶ τῷ ῥηθέντι κτέ.

Fr. XIX vs. 5: ἐπανῆλθεν ἐπὶ τὴν οἰκείαν. Malim: εἰς τὴν
οἰκείαν. Sententia male procedit vs. 8: ἐκεῖνος γὰρ οὐχ ὡς
ἐλευθέροις καὶ συμμάχοις ὁμιλῶν, ἀλλ' ὡς δούλοις ἐνυβρίζων καὶ
φόβων μεγάλων ἀπειλαῖς παρώξυνε τοὺς συμμάχους ἐπὶ τὴν
καθ' ἑαυτοῦ καὶ τῶν ἄλλων τιμωρίαν. Parum lucraremur deleta
copula ante Φόβων, nam scire velim quid rei sint Φόβων μεγάλων ἀπειλαί. Etenim minari solemus μεγάλα κακὰ non Φόβους
μεγάλους. Equidem optime in ordinem locum redigi posse existimo reponendo: καὶ Φοβῶν μεγάλαις ἀπειλαῖς παρώξυνε
τοὺς συμμάχους κτέ. Forma activa verbi Φοβεῖν scribis minus
nota has turbas dedisse videtur.

Duo excerpta, quae minime cohaerent, coaluerunt in unum
fr. XXII. Alterum excerptum hoc est: οὗτος γὰρ — δόξης,
alterum hoc: ἐπιστρέφειν δ' εἴωθεν usque ad finem fragmenti.
In sequentibus ibidem denuo malim: τῶν τυραννικῶν παρανο-
μημάτων pro ἀνομημάτων.

Mendis scatet fr. XXIII (XVII) sed talibus, · qualia nullo
negotio elui possint; vs. 10 supplendum: τίνα δώσεις (μοι) μισθὸν
τῆς σωτηρίας, ubi pronomen excidit propter consimile vocabuli

17*

sequentis initium; deinde: ὁ (δὲ) στρατηγὸς εἶπε κτέ. Misere iuterpolata sunt sequentia, in quibus vel ipsa orationis scabrities arguit magistellum: ὁ δὲ Κρὴς διαχυθεὶς ἐπὶ τῷ ῥηθέντι «πολιτείᾳ» φησὶ «παρὰ Κρησὶν εὐφημούμενός ἐστι λῆρος. τοξεύομεν γὰρ ἐπὶ τὸ κέρδος, [καὶ πᾶν βέλος ἡμῶν χάριν καὶ ἀργυρίου] νεμόμενοι πᾶσαν χώραν καὶ θάλατταν. διὸ κἀγὼ νῦν ἀργυρίου χάριν ἥκω. Vides, credo, unde sumserit bellam adnotatiunculam interpolator. Deinde ioculari errore ipsum contrarium editur quam id quod auctorem voluisse apertum est. Sequuntur enim haec: τὰ δὲ τῆς πολιτείας τίμια τοῖς περὶ ταύτης νῦν διαφερομένοις παραχώρει, οἵτινες αἵματος ἀγοράζουσι λῆρον περιμάχητον. Immo vero: λῆρον οὐ περιμάχητον, i. e. *nugas certamine prorsus indignas.* Praeterea nescio an scribere praestiterit: τὰ δὲ τῆς πολιτείας τίμια τοῖς περὶ ταύτης νῦν διαφερομένοις παραχωρῶ, i. e. οὐκ ἀντιποιοῦμαι τούτων, sed cedo iis, qui nunc de istis contendunt. Non enim poterat consul Iulius civitatem concedere Italicis, sed pendebat ea res ab arbitrio P. R. Si contra scripseris quod ego proposui, Cretensis dictum erit aliquanto lepidius. Tandem praetulerim: πρὸς ὃν γελάσας ἀνὴρ εἶπε «γενομένης ἡμῖν τῆς ἐπιβολῆς χαριοῦμαί σοι χιλίας δραχμάς,» pro vulgatis lectionibus ὁ ἄνθρωπος, quod cum contemptu dici solitum minime huic loco convenit, et χαρίσομαι.

Certius tamen est in fr. XXVII pro τῶν περὶ ψυχῆς παθῶν requiri τ. π. ψυχὴν παθῶν, uti recte iam Mullerum video edidisse. B. de more retinuit vulgatam, quae quam absurda sit nemo ipso melius novit. Uterque eorum mendosum reliquit fr. XXVIII (XX § 2): ὅτι αἱ ἀνθρώπιναι ψυχαὶ μετέχουσι θείας τινὸς φύσεως ἐνίοτε προκαταμαντευόμεναι τὰ μέλλοντα, καὶ κατά τινας φυσικὰς εἰδωλοποιίας προορῶνται τὸ συμβησόμενον. Manifestum est D. dedisse προορώμεναι τὸ συμβησόμενον, quae forma media hoc sensu post Alexandrum multo frequentior est quam forma Activa προορᾶν, qua utuntur antiquiores.

Duplex vitium eximendum e fr. XXIX (XX § 3), quorum mendorum alterum levius est, gravius alterum. Illud peperit Infinitivum

κατασφάττειν, qui soloece sequitur post ἀπειλούντων, sed in salvo
res est, nam palimpsestus recte mihi dedit κατασφάξειν, quod
dudum de coniectura fuisset reponendum. Sine codicis auxilio
veram lectionem indagabimus in sequentibus. Narrantur autem
Itali, quum Pinnenses in bello sociali arma contra Romanos
sumere nollent, minati esse se, ni ipsis obtemperassent, eorum
liberos ante moenia urbis esse trucidaturos. Sequuntur tum
haecce: οἱ Πιννῆται ἐγκαρτεροῦντες τοῖς δεινοῖς ἔδωκαν ἀπόκρισιν,
ὅτι τέκνων στερηθέντες ἕτερα ῥᾳδίως ποιήσουσιν, ἐὰν τηρήσωσι
τὴν πρὸς Ῥωμαίους συμμαχίαν. Quovis pignore contendam in
hac periodo labem contraxisse verbum ποιήσουσιν, quod hic est tam
languidum et ineptum, quam aptum foret illud, unde vulgatam
lectionem proclivi errore natam esse mihi persuadeo. Nempe
responderunt, ni fallor, Pinnenses se liberis orbatos eo aequiore
animo alia mala laturos esse, quae ex servato foedere cum
Romanis nascerentur. Itaque sine ulla controversia rescribendum erit: ὅτι τέκνων στερηθέντες ἕτερα ῥᾳδίως ὑποίσουσιν κτέ.
cf. fr. XXXI: τοιαῦτα — δεινῶν ὑπομονάς, quae ad eandem
rem pertinere videntur.

Vocula delenda videtur in extremo fr. XXX (XX § 4), ubi sic
hodie legimus: ἐπικαλεῖσθαι τὸν πάντων ἐφορῶντα τὸν βίον τῶν
ἀνθρώπων ἥλιον σῶσαι ψυχὰς νηπίων παίδων. Sol recte dicitur
ἐφορᾶν τὸν πάντων ἀνθρώπων βίον; non item πάντων τῶν ἀνθρώπων; quare nostro loco rescribatur: ἐπικαλεῖσθαι τὸν πάντων
ἐφορῶντα τὸν βίον ἀνθρώπων κτέ.

Fr. XXXII (XXII): ὅτι οἱ μὲν Ἰταλιῶται πολλάκις ὑπὲρ τῆς
τῶν Ῥωμαίων ἡγεμονίας ἡγωνισμένοι λαμπρῶς τότε περὶ τῆς ἰδίας
κινδυνεύοντες ὑπερέβαλλον ταῖς ἀνδραγαθίαις τὰς προγεγενημένας
νίκας, οὐδὲ Ῥωμαῖοι πρὸς τοὺς πρότερον ὑποτεταγμένους αὐτοῖς
ἀγωνιζόμενοι δεῖν ἡγοῦντο φανῆναι τῶν ἡττόνων ἥττους. Facillime haec intelliguntur, et paucissimi in his verbis haerebunt.
At vel sic tamen laborat verborum compositio, nam male inter
se opponuntur vocabula: οἱ μὲν Ἰταλιῶται et οὐδὲ Ῥωμαῖοι
κτέ. Ex parte opem fert cod. Vaticanus, in quo manifesto legitur: οἱ δὲ Ῥωμαῖοι κτέ.; unde apparet rescribendum esse: οἱ δὲ

Ῥωμαῖοι — ἀγωνιζόμενοι δεινὸν ἡγοῦντο φανῆναι τῶν ἡττόνων ἥττους, i. e. *Romanis vero indignum videbatur cet*. Inter δεῖν et δειν᷊ (, sic enim ταχυγραφικῶς pingitur δεινόν,) tam leve intercedit discrimen, ut in evanido palimpsesto, in quo accentus saepissime distingui omnino nequeant, fieri possit, ut revera id legatur, quod sententiae unum convenire palam est.

Fr. XXXIII (XXIII). Lege: ὅτι ὁ [δὲ] Λαμπώνιος κτέ.

Fr. XXXIV (XXIV). Lege: ἡ φύσις αὐτὴ προετρέπετο πρὸς [τὴν] ἀλκήν. Ibidem prope finem suppleverim: ὑπέμενεν (οὖν) ἕκαστος κτέ., ut recte haec cohaereant cum praecedentibus. Contra in fr. XXXVI deleverim copulam male abundantem in verbis: ἀκολούθως δὲ τούτοις καὶ κατὰ τὴν παρουσίαν τοῦ βασιλέως ἀπήντων αἱ πόλεις κτέ. Incredibile dictu est, quoties sequens aut praegressum κατὰ copulam pepererit.

Fr. XXXVII (XXVII). Lege: οἱ δ' ἀθρόοι προσπεσόντες τούτῳ καὶ τὸν Ἀκίλιον (συν)αρπάσαντες ἔδησαν, ut mox recte scribitur: φθάσας γὰρ τοὺς μέλλοντας συναρπάζειν αὐτόν. Deinde scripserim: ὡς καλλίστην τῷ βασιλεῖ καὶ κεχαρισμένην δωρεὰν ἐπιπέμψοντες pro ἐκπέμψοντες.

Fr. XXXVIII (XXVIII). Lege: τέχνη κυβερνητῶν, τάξις [τῶν] νεῶν, ἐρετῶν ἐμπειρία, δυνάμεις ἡγεμόνων, ἐπιβατῶν ἀρεταί. Praeterea fere malim: ἐμπειρίαι κτέ. Articulus deleatur in his: καὶ ἡ πάντων [τῶν] κακῶν παραίτιος ἀταξία.

Fr. XL: ὅτι Γάιος Μάριος τῶν ἀνθρώπων ἐπιφανέστατος γεγονώς. Graecum est: πάντων ἀνθρώπων κτέ. Ib. vs. 29: οὐ μόνον δὲ τὸν ἐπιθυμηθέντα πλοῦτον οὐκ ἔλαβε κτέ. Prohat his verbis Diodorus id quod in praegressis dixerat: Μάριον τῇ προσηκούσῃ περιπεσεῖν τιμωρίᾳ, itaque scripsit: οὐ μόνον γὰρ κτέ. Ibid. p. 183 vs. 11 denuo corrigatur: μιαιφονηθέντες ἄκριτοι pro ἀκρίτως, ut ἀκριτώτατα edi solet.

Fr. XLI init.: ὅτι ὁ περιμάχητος ἀνθρώποις πλοῦτος μεγάλαις περιβάλλει συμφοραῖς ἐνίοτε τοὺς ἐπιθυμήσαντας μεταλαβεῖν. Supplendum e palimpsesto: (αὐτοῦ) μεταλαβεῖν. Utinam idem codex subvenisset sequentibus: προτρεπόμενος γὰρ εἰς ἀδίκους καὶ παρανόμους πράξεις, καὶ χορηγὸς γινόμενος πάσης ἀκρατοῦς ἡδονῆς τοὺς ἄφρονας χωρεῖ πρὸς τὰ φαῦλα τῶν ἔργων. Verbum χωρεῖν numquam sensu transitivo usurpari potuisse fere putidum est monere. Aliud igitur verbum in χωρεῖ delitescere dubium non est. Fallor, an genuina lectio haec est: τοὺς ἄφρονας χειραγωγεῖ πρὸς τὰ φαῦλα τῶν ἔργων? Sic v. c. fr. XXI: ὅτι (ὁ insere) τῶν ἀγαθῶν ἀνδρῶν ἔπαινος καὶ αἱ τῶν πονηρῶν βλασφημίαι μάλιστα δύνανται πρὸς τὰ καλὰ τῶν ἔργων τοῖς ἀνθρώποις, (lege: τοὺς ἀνθρώπους) χειραγωγεῖν.

Ibidem in fragmento tertio eorum, quae afferuntur ex Euripide, sic editur apud Bekk. vs. 5: πάντα θέλγεις· ἐπὶ γὰρ Ὀρφείαις μελῳδίαις. Cod. manifesto habet μὲν ᾠδαῖς, quod de coniectura restitutum esse video a Mullero.

Quae soluta oratione scripta post hoc fragmentum sequuntur, sic scribenda esse iudico: καίτοι γε πόσῳ κρείττω ἐστὶ προφέρεσθαι τῶν ποιημάτων τὰ τὴν ἐναντίαν τούτοις ἔχοντα παράλλησιν, pro vulgatis: καίτοι γε πόσῳ κρεῖττόν ἐστιν ἐκφέρεσθαι κτέ. Recte autem supra editur: παρ᾽ ἕκαστα προφέρονται τούτους τοὺς στίχους τῶν ποιητῶν. Sic quoque lib. XXXII fr. XXIV de Africano post excidium Carthaginis Homericos versus afferente: καὶ τούτους (τοὺς) στίχους παρὰ τοῦ ποιητοῦ προηνέγκατο. De verbis ἐκφέρειν et προφέρειν confusis conferas Schaeferum ad Gregorium Corinthium p. 218 et p. 340.

ADN. AD LIB. XXXVIII ET XXXIX.

Pessime habitum est fr. I, in quo narrantur Romanorum legati venisse ad Cinnam, qui inimicitias cum eo componerent. Οἷς (nam ita D. pergit) ἀπόκρισιν ἔδωκεν ὁ ὕπατος ἐξεληλυθὼς ὡς οὐ προσεδέξατο τὴν ἐπάνοδον ἐν ἰδιώτου σχήματι ποιήσασθαι. Quae verba sic scripta nullam idoneam admittunt interpretationem. Non tamen dubium esse potest, quodnam fuerit Cinnae responsum. Nam respondit, ni egregie fallor, *se*, *qui consul urbem reliquisset*, *nolle eodem redire privatum*, i. e. se eo pacto esse rediturum, ut consulatum sibi redderent (cf. fr. III). Quae Graece fuerunt enuntianda et enuntiata esse suspicor a Diodoro in hunc modum: — ὅτι ὕπατος ἐξεληλυθὼς [ὡς] οὐ προσδέξαιτο τὴν ἐπάνοδον ἐν ἰδιώτου σχήματι ποιήσασθαι.

Fr. II : 33: εἰς μεγάλην ἦλθε διάτασιν πρὸς Ὀκτάουιον. Male haec legit M.; nam cod. habet διάστασιν, quae lectio sola loco convenit. Deinde aliquid turbatum esse apparet vs. 37 sqq.: καὶ γὰρ ἂν εἰ πάντες αὐτὸν καταλείπωσιν, ὅμως ἑαυτὸν διατηρήσειν ἄξιον τῆς ἡγεμονίας καὶ μετὰ τῶν τὰ αὐτὰ φρονούντων· ἐὰν δ' ἀπογνῶ κτέ. Priorem sententiae partem sic scripserim: κἂν γὰρ πάντες αὐτὸν καταλίπωσιν, in sequentibus ambigo, utrum corrigendum sit: καὶ ἄνευ τῶν ταῦτα φρονούντων, an lacuna statuenda post φρονούντων, ut Mullerum fecisse video. Hoc certum est in huius excerpti fine requiri ἀναδέξεσθαι pro ἀναδέξασθαι.

Pessime depravatum est initium fr. III: ὅτι Μερόλας ὁ αἱρεθεὶς ὕπατος εἰς τὸν τοῦ Κίννα τόπον, μετὰ τὸ σύνθεσιν ποιήσασθαι τὸ δήπερ αὐτὸν ὑπατεῦσαι ἔδοξε πρᾶξιν ἀγαθοῦ σφόδρα πολίτου πρᾶξαι. Non enim apparet, a quonam subiecto suspensa sint verba: σύνθεσιν ποιήσασθαι, neque δήπερ Graecum vocabulum esse putaverim. Utrique malo fortassis non male medeberis rescribendo: μετὰ τὸ σύνθεσιν ποιήσασθαι τὸν δῆμον, ἥπερ αὖθις ὑπατεύσει (scil. ὁ Κίννας), ἔδοξε πρᾶξιν ἀγαθοῦ σφόδρα πολίτου πρᾶξαι. Malim tamen: μετὰ τὸ σύνθεσιν ποιήσασθαι τὸν δῆμον πρὸς τοῦτον (ἐπὶ τῷ) αὖθις ὑπατεῦσαι. Certius est in sqq. scriptum oportere: ἐπηγγείλατο γενήσεσθαι pro γενέσθαι.

Fr. IV : 23: Κόιντος δὲ Λουτάτιος ὁ Κάτλος τεθριαμβευκὼς μὲν ἐπισήμως ἀπὸ Κίμβρων, ἀγαπώμενος δ' ὑπὸ τῶν πολιτῶν περιττότερον, ὑπό τινος δημάρχου κατηγορίας ἐτύγχανεν ἐν τῷ δήμῳ θανάτου. Transponendus videtur articulus post Κάτλος, quo facto nihil amplius erit in quo iure haereas. Ib. vs. 27: ἧκεν εἰς τὸν Μάριον. Graecum est hac in re πρός. Rursus peccatur contra constantem scribendi usum Graecorum vs. 29: τότε δ' ἔκ τινος ὑποψίας ἀλλοτρίως ἔχων πρὸς αὐτὸν τοῦτο μόνον ἀπεκρίθη θανεῖν δεῖ. Lege: τοσοῦτο μόνον ἀπεκρίθη κτέ., i. e. *haec pauca respondit.* Ibid. vs. 32 inserta praepositione necessaria scribendum: ἑαυτὸν ἐκ τοῦ ζῆν μετέστησεν. Tandem vitiosum esse arbitror ultimum huius excerpti vocabulum: τῇ τῆς ἀναπνοῆς φθορᾷ περιπνιγὴς γενόμενος ἀπήλλαξεν. Voluit, ni fallor, μετήλλαξεν i. e. *ex vita discessit*. Lacunam, quam recte statuerunt viri docti post γὰρ (fr. VI) in vocabulis: κάλλιστον γὰρ ... τοῖς ἀσεβῆ βίον αἱρουμένοις πρὸς διόρθωσιν κακίας ἀπελέλειπτο, non male expleveris scribendo: κάλλιστον γὰρ (τοῦτο νουθέτημα) τοῖς ἀσεβῆ κτέ.; collato loco simili libr. XXXII fr. XXVI: ἀλλ᾽ ὁρῶ μέρος οὐκ ἐλάχιστον πρὸς διόρθωσιν τῶν ἁμαρτανομένων (vulgo male ἁμαρτανόντων, quod palimpsesti ope correxi) συμβαλλόμενον τοῖς ἀνθρώποις τὰ διὰ τῆς τῶν ἀποτελεσμάτων πείρας νουθετήματα. Nostro autem loco τὸ διὰ τῆς τῶν ἀποτελεσμάτων πείρας νουθέτημα erat Marianorum, τῶν προϋπαρξάντων τῆς μιαιφονίας, interitus.

Fr. VII. Σύλλας — ἐπέβαλε τὰς χεῖρας τρισὶν ἱεροῖς, ἐν οἷς ἀναθημάτων — πλῆθος ἦν ἐν μὲν Δελφοῖς τῷ Ἀπόλλωνι καθιερωμένα. Immo: καθιερωμένων. In fine excerpti legitur: εὐτραπελευόμενος δ᾽ ἀπεφαίνετο κρατεῖν τῷ πολέμῳ πάντως διὰ τὸ τοὺς θεοὺς αὐτῷ συνεργεῖν εἰσενηνοχότας χρημάτων πολύ τι πλῆθος αὐτῷ. Suspicabar: εἰσενηνοχότας (δῆθεν) χρημάτων κτέ., quae particula fere sollemnis est in huiusmodi·sententia ironica, sed fieri potest, ut sic coniiciens nimium huic scriptori tribuerim. Certum vero est pro κρατεῖν requiri κρατήσειν.

Fr. VIII prope finem: ἀποδιδόναι τὰ διηρπασμένα pervulgato errore scriptum pro τὰ ἡρπασμένα. Ibidem vs. 29: ὁ δὲ τὴν πᾶσαν αἰτίαν ἐπὶ τοὺς στρατιώτας ἀνέπεμπε. Verum videtur: εἰς τοὺς στρατιώτας, ut recte editur in fr. VI. τὴν τιμωρίαν εἰς τὴν τῶν θεῶν πρόνοιαν ἀνέπεμπον. Tandem requiro: τοῦ δὲ Φλάκκου μὲν μετ᾽ ἀνατάσεως — τῶν δὲ στρατιωτῶν οὐ κτέ. Epitomatori tribuerim sordidum scribendi genus in noni excerpti fine: τὰς δὲ μὴ ὑπακουσάσας πόλεις ἐκπολιορκῶν εἰς διαρπαγὴν ἐχαρίζετο τοῖς στρατιώταις. καὶ Νικομήδειαν παρέδωκε τοῖς στρατιώταις εἰς διαρπαγήν. Nam Graeci scrihere solent in hunc modum: τὰς δ᾽ ἄλλας τὰς μὴ κτέ. — καὶ δὴ καὶ Νικομήδειαν, omissis üs, quae sequuntur.

Initium fr. X (VIII § 3) inserta praepositione sic recte scriptum erit: ὅτι ὁ αὐτὸς καὶ (εἰς) Κύζικον παρελθὼν κτέ.

Fr. XI init.: ὅτι ὁ Φιβρῖνος τὴν ἐπαρχίαν ἐν ὀλίγῳ χρόνῳ τοσούτοις περιέβαλεν ἀτυχήμασιν, ὅσοις εἰκὸς ἦν περιβαλεῖν ἐξουσίαν τοῦ πράττειν ὃ βούλεται τηλικαύτῃ δυσσεβείᾳ περιπεποιημένον. Melius haec intelligentur, revocato articulo τὸν ante ἐξουσίαν.

Celebrantur in fr. XII laudes Pompeii Magni. In medio fere excerpto sic legitur: πρὸς δὲ τὸν ὕπνον ἀπεμέριζε χρόνον ἐλάττονα τῆς ἐκ φύσεως ἀνάγκης τὸν δ' ἐν νυκτὶ πόνον παρεδίδου τὴν μεθ' ἡμέραν ἐπιμέλειαν, ἐπαγρυπνῶν τοῖς τῆς στρατηγίας ἐντεύγμασι. Mullerus ex Valesii coniectura edidit: τῇ μεθ' ἡμέραν ἐπιμελείᾳ. Sic scribendum esse mihi quoque primo obtutu videbatur. sed postea hanc coniecturam ut παραδιόρθωσιν repudiavi, quippe qua nihil lucremur, quoniam vel sic mutata periodus sano sensu vacua manere mihi videtur. Gravius aliquid peccatum esse a scribis suspicor. Si non ipsa verba, loci certe sententiam assecutus esse mihi videor reponendo: τὸν γὰρ ἐν νυκτὶ πόνον προσετίθει τῇ μεθ' ἡμέραν ἐπιμελείᾳ, ἐπαγρυπνῶν τοῖς τῆς στρατηγίας ἐντεύγμασι, collato loco consimili lib. XIV c. 18: καὶ τοῖς τῆς ἡμέρας ἔργοις ἔνιοι προσετίθεσαν καὶ μέρη τῶν νυκτῶν. Lenius tamen eodem sensu locum refingere possis in hunc modum: τὸν γὰρ ἐν νυκτὶ πόνον παρεξίσου τῇ μεθ' ἡμέραν ἐπιμελείᾳ.

Vocabulum male divisum corruptelae causa fuisse videtur, qua laborat fr. XIII, ubi de eodem Pompeio Syllae iudicium traditur: ὁ δὲ (Sylla) πολλῶν ἄλλων θαυμάσας τὸν νεανίσκον τοῖς μεθ' ἑαυτοῦ συγκλητικοῖς ἐπέπληττε παρονειδίζων ἅμα καὶ προκαλούμενος πρὸς τὸν ὅμοιον ζῆλον· θαυμάζειν γὰρ ἔφησεν εἰ (nam sic cod. Vat. hab. pro ὅτι) νέος μὲν παντελῶς τηλικούτων στρατευμάτων πολεμίων ἀφήρπακεν, οἱ δὲ τῇ θ' ἡλικίᾳ καὶ τοῖς ἀξιώμασι πολὺ προέχοντες οὐδὲ τοὺς ἰδίους οἰκέτας εἰς συμμαχίαν γνησίαν δεδύνηνται παρέχεσθαι. Suspicor manum Diodori me agnovisse rescribendo: θαυμάζειν γὰρ ἔφησεν εἰ ὁ μὲν νέος ὢν παντελῶς τηλικοῦτον στράτευμα τῶν πολεμίων ἀνήρπακεν, οἱ δὲ κτέ., i. e. *se mirari si ille quidem admodum iuvenis*

tantum hostium exercitum ad internecionem ceciderit. Verbi
ἀνιρπάζειν hac in re usus notissimus est. Si quis forte ignorat, conferat Demosth. IX : 47, Herod. VIII : 28 et IX : 59
extr., Polyh. IV : 54, Plutarch. in Pomp. cap. VII, ubi hanc
ipsam Pompeii victoriam narrat. Et tamen videndum est, an
fortasse ἀφήρπακεν servari possit, ut haec referenda sint ad ea,
quae Plutarchus narrat in cap. VI: ἐξανισταμένων δὲ καὶ
ὑποχωρούντων, ὅσοι τὰ Κάρβωνος ἐφρόνουν, τῶν δ' ἄλλων ἀσμένως
ἐπιδιδόντων ἑαυτοὺς, οὕτω κατανείμας ἐν ὀλίγῳ χρόνῳ τρία τάγ-
ματα τέλεια κτέ., collatis iis, quae ibidem praecedunt et Diodori
fr. XII vs. 32. Praeterea ἀφαρπάζειν servandum esse suadent
fere nostro loco opposita: οἱ δὲ τῇ θ' ἡλικίᾳ — οὐδὲ τοὺς ἰδίους
οἰκέτας εἰς συμμαχίαν γνησίαν δεδύνηνται παρέχεσθαι.

Fr. IV pro: ζῶντα ἔκαυσαν, malim: ζῶντα κατέκαυσαν.

Fr. XV: ὅτι τῷ Μαρίῳ τῷ υἱῷ Μαρίου ὑπατεύσαντι οὐκ ὀλίγοι καὶ τῶν κατὰ νόμον τετελεκότων τὴν στρατείαν ἐθελοντὴν
ἔσπευσαν τῶν νεανίσκων κοινωνῆσαι τῶν κατὰ τὸν πόλεμον
ἀγώνων καὶ πρεσβύτεροι ταῖς ἡλικίαις ὄντες ἐνδείξασθαι τοῖς νεωτέροις, ὅ τι δύναται πολεμικῶν ἔργων μελέτη καὶ συνήθεια παρατά-
ξεων καὶ τῶν ἄλλων τῶν ἐν πολέμῳ δεινῶν. Mendosa esse vocabula τῶν νεανίσκων unusquisque videt sed facillima parata est
medicina. Ego certe nullus dubito, demta una litterula, reponendum esse: ἔσπευσαν τῶν νεανικῶν κοινωνῆσαι τῶν κατὰ
τὸν πόλεμον ἀγώνων κτέ.

Fr. XVI (XIII): Ἔλεγχοι πικροὶ καὶ κατὰ πόλιν καὶ ἔθνος
καὶ ποικίλαι πεῖραι προσήγοντο κτέ. Malim: Ἔλεγχοι πικροὶ
[καὶ] κατὰ πόλιν καὶ ἔθνος κτέ.

Turpi errore in fr. XVII (XIV) extr. editur: ἐξαρπάσει τὸν
Μάριον ἐκ τοῦ Πραινέστου. Male hic palimpsestum legit Maius,
nam recte habet: ἐκ τῆς Πραινέστου.

Fr. XIX (XVI): ὁ δὲ Σκιπίων ἐν ἀκαρεῖ χρόνῳ τὸ τῆς ἀρχῆς
ἀξίωμα μεθεῖναι συναναγκασθεὶς εἰς ἰδιωτικὸν βίον καὶ ταπεινὸ-
νὸν σχῆμα κτέ. Praepositio εἰς arguit corruptum esse verbum
μεθεῖναι. Duabus litteris additis, rescribendum videtur: μετα-
θεῖναι — εἰς ἰδιωτικὸν βίον (i. e. ἀλλάξασθαι ἰδιωτικοῦ βίου) κτέ.

Fr. XX (XVII): ὅτι οἱ τῶν Ῥωμαίων περιφανεῖς ἄνδρες ἐμιαιφονήθησαν ἐκ διαβολῆς. Haud dubie dederat: ὅτι — ἐπιφανεῖς ἄνδρες κτέ. Praeterea pro οἱ aliquis malit πολλοί, nisi praestat reponere superlativum ἐπιφανέστατοι. Viri docti non perfecisse videntur inchoatam emendationem eorum, quae leguntur in excerpti fine, quaeque olim sic edebantur: πρὸς αὐτοῖς τοῖς ἀδύτοις ἐπιβώμιος μιαιφονηθεὶς ἀπέσβεσεν ἂν τῷ αἵματι τὸ ἀκοιμίστῳ δεισιδαιμονίᾳ τηρούμενον πῦρ ἐξ αἰῶνος. Reposuerunt enim ἀκοιμήτῳ, cum debuissent ἀκοίμητον, quod referatur ad subst. πῦρ, cf. Plutarch. Camill. c. 20: τοῦτ᾽ οὖν ἄτε δὴ περιττὸν ἄνδρα τὸν Νομᾶν (male editur Νουμᾶν) καὶ λόγον ἔχοντα ταῖς Μούσαις συνεῖναι διὰ σοφίαν ἐξοσιῶσαι, καὶ φρουρεῖν ἀκοίμητον ἐν εἰκόνι τῆς τὰ πάντα κοσμούσης ἀϊδίου δυνάμεως.

Fr. XXI quomodo corrigendum sit, supra monui.

Fr. XXIII: ἐν γὰρ τοῖς ἐπὶ πᾶσιν ὀνόμασιν εὑρὼν ἑαυτὸν προσγεγραμμένον. Malim: προγεγραμμένον i. e. proscriptum. Deinde scribendum: εὐθέως ἐγκαλυψάμενος τὴν κεφαλὴν προῆγε διὰ τοῦ πλήθους i. e. obvoluto capite proripuit se per multitudinem pro ἐπικαλυψάμενος et ἐλπίζων ποριεῖσθαι κτέ. pro πορίζεσθαι. In fr. XXVI initio suppleatur: ὅτι ἡ (μὲν) διὰ τῶν ὅπλων νίκη — τὰ δὲ κτέ.

ADN. AD LIB. XL.

Statim in limine fr. I lectorem offendat necesse est soloeca verborum compositio: ὅτι Μάρκος Ἀντώνιος συνθέμενος πρὸς Κρῆτας εἰρήνην, μέχρι μέν τινος ταύτην ἐτήρουν, quae tolli possit rescribendo: ὅτι Μάρκου Ἀντωνίου συνθεμένου κτέ. Sequentia cum Dindorfio scribo sic: μετὰ δὲ ταῦτα προτιθεμένης βουλῆς pro συντιθεμένης κτέ. Ib. vs. 24: καὶ πᾶσαν δεητικὴν προϊέμενοι φωνὴν ἐξεθεράπευον τοὺς τὸ συνέδριον συνέχοντας. Vertunt principes ordinis senatorii, sed valde dubito an Graeca sic interpretari liceat, nam si hoc significare voluisset, debuisset saltem scribere: τὸ συνέχον τοῦ συνεδρίου, et ne sic quidem recte, quia haec formula tantummodo de rebus, non de *personis* in usu esse videtur. Videas exempla quae multa e Polybio congessit Schweigh. in Lexico Polybiano. An forte verum est: τοὺς τὸ συνέδριον συνάγοντας, i. e. *eos quibus ius erat convocandi senatum?*

Fr. II vs.˙11: οἱ δ' ἐπιφανέστατοι πλείους·ὄντες τῶν διακοσίων. E praegressis apparet supplendum esse: οἱ δ' ἐπιφανέστατοι (τῶν Ἰουδαίων) πλείους κτέ. Similiter aliquid excidisse probabile est e verbis: περὶ δὲ τῆς παρανομίας τῶν Ἰουδαίων καὶ τῶν εἰς Ῥωμαίους ἀδικημάτων πικρῶς ἐπιτιμήσας τοῖς περὶ τὸν Ὑρκανὸν κτέ. Non enim de contumacia Iudaeorum, sed de iniustitia Hyrcani et Aristobuli in Iudaeos hic sermonem esse satis apparet ex antecedentibus, imprimis e vocabulis: τούτους δὲ νῦν δυναστεύειν καταλελυκότας τοὺς πατρίους νόμους καὶ καταδεδουλῶσθαι τοὺς πολίτας ἀδίκως κτέ. Quare reponendum esse suspicor: περὶ δὲ τῆς παρανομίας (τῆς κατὰ) τῶν Ἰουδαίων καὶ τῶν εἰς Ῥωμαίους ἀδικημάτων πικρῶς ἐπιτιμήσας τοῖς περὶ τὸν Ὑρκανον κτέ. In fine excerpti sensus requirit: εἰ ἀπὸ τοῦ νῦν πείσονται (pro πείθονται), συγγνώμης αὐτοὺς ἠξίωσεν. Aliquanto vero maioris momenti est sustulisse errorem, qui funditus perdidit sensum huius periodi, quam modo iam ex parte attigimus: οἱ δ' ἐπιφανέστατοι (τῶν Ἰουδαίων) πλείους ὄντες τῶν διακοσίων κατήντησαν πρὸς τὸν αὐτοκράτορα καὶ ἀπεφήναντο τοὺς προγόνους αὐτῶν ἀφεστηκότας τοῦ ἱεροῦ πεπρεσβευκέναι πρὸς τὴν σύγκλητον, καὶ παρειληφέναι τὴν προστασίαν τῶν Ἰουδαίων ἐλευθέρων καὶ αὐτονόμων. Hyrcani et Aristobuli πρόγονοι erant illustris Maccabaeorum familia, quae non defecit, opinor, a *templo*, sed ab Assyriorum rege, Antiocho Epiphane, a. 167 a. C. n. Quare suspicor: ἀφεστηκότας τοῦ Συρίου πεπρεσβευκέναι κτέ.

Plura quoque legentem impediunt in fr. III. Minus enim recte scribitur vs. 32: πολλῶν γὰρ καὶ παντοδαπῶν κατοικούντων ξένων pro μετοικούντων, quod verbum de peregrinis sollemne est. Deinde haereo in verbis: ὅπερ οἱ τῆς χώρας ἐγγενεῖς ὑπέλαβον, ἐὰν μὴ τοὺς ἀλλοφύλους μεταστήσωνται, κρίσιν οὐκ ἔσεσθαι τῶν κακῶν. Pro ὅπερ requiri διόπερ manifestum est. Deinde dubito an recte dici queat κρίσις τῶν κακῶν. Nam κρίσις est earum rerum, quarum incertus eventus est, v. c. μαχῆς, πολέμου, ἀγῶνος, similium. Equidem certe praetulerim, si scriberetur: ἔκλυσιν οὐκ ἔσεσθαι τ. κ. vel ἔκβασιν, ut loquitur noster v. c. XXIX, fr. IV: οὐδεμίαν ἔκβασιν ἔχοντες τῶν κακῶν. Certius est ibid. (p. 194) vs. 4 requiri: ὧν ἡγοῦντο Δαναὸς καὶ Κάδμος τῶν ἄλλων ἐπιφανέστεροι κτέ. pro ἐπιφανέστατοι. Ib. vs. 27, expleta lacuna, quae post Ἰουδαίων statuatur necesse est, scripserim: διὸ καὶ βασιλέα μὲν μηδέποτε τῶν Ἰουδαίων (γίνεσθαι), τὴν δὲ τοῦ πλήθους προστασίαν δίδοσθαι διὰ παντὸς τῷ δοκοῦντι τῶν ἱερέων φρονήσει καὶ ἀρετῇ προέχειν. Ib. p. 195 vs. 2 lego: ἐποιεῖτο δὲ καὶ στρατείας ἐπὶ τὰ πλησιόχωρα τῶν ἐθνῶν pro εἰς κτέ.; vs. 9 pro ὀλιγανδρίαν malim ὀλιγανθρωπίαν (ὀλιγανίαν compendium est, quo in codd. solet hoc vocabulum exarari), uti mox recte scribitur ὀλιγανθρώπως. Tandem in ipso fine interpretamentum, quo carebimus sine detrimento, reddas magistello scribendo: πολλὰ τῶν πατρίων τοῖς Ἰουδαίοις [νομίμων] ἐκινήθη.

Fr. IV. Nonnulla in hoc excerpto melius constitui possunt e palimpsesto Vaticano. Vs. 30: Γαλατίαν τε καὶ τὰς ὑπερκειμένας χώρας pro ἔτι καὶ; vs. 37: καὶ τὴν κατὰ Κιλικίαν, Συρίαν, Ἰουδαίαν, Ἀραβίαν, Κυρηναϊκὴν ἐπαρχίαν, addito ultimo vocabulo, quod Maii oculos effugerat. Pag. 194 vs. 1: καὶ τὰ λοιπὰ φῦλα τὰ μεταξὺ Κολχίδος καὶ Μαιώτιδος λίμνης τὴν παράλιον διακατέχοντα pro κατέχοντα. Tandem vs. 5 de coniectura suppleverim: καὶ τὰς προσόδους Ῥωμαίων (ἃς μὲν) φυλάξας, ἃς δὲ προσαυξήσας κτέ. Praeterea malim: διαφυλάξας.

Fr. V (V § I) init.: ὁ δὲ Μάρκος [ὁ] Κικέρων. Articulus ante Κικέρων, quem expunxi, debetur M. errori. Idem gravius peccavit in sequentibus: σιωπώντων δὲ τῶν πολλῶν διὰ τὴν κατὰ πρόσωπον ἐντροπήν, δι' ἑτέρου τρόπου, καθάπερ ἐλέγξαι τὴν σύγκλητον ἀκριβῶς βουλόμενος, τὸ δεύτερον ἐπηρώτησε τοὺς συνέδρους, εἰ κωλύουσι Λεύκιον Κατιλίναν ἐκ τῆς Ῥώμης μεταστήσασθαι. In his κωλύουσι est praepostera coniectura pro κελεύουσι, et Λεύκιον Κατιλίναν infelix M. suspicio pro eo, quod sibi legere videbatur, Κόιντον Κατιλίναν, nimis calide recepta a reliquis editoribus. Codex enim accuratius inspectus manifesto mihi obtulit hanc optimam lectionem: εἰ κελεύουσι Κόιντον Κάτλον ἐκ τῆς Ῥώμης μεταστήσασθαι. Sermo est de Q. Lutatio Catulo Q. F. Q. N., Ciceronis familiari, (saepius in huius scriptis memorato), qui consulatum gessit una cum M. Aemilio Lepido a. U. 676. Secutus postea Pompeii partes victoriam reportavit de eodem. Vir erat et propter gloriam paternam [1]) et ob suas virtutes auctoritate valde insignis, quo tempore Catilina coniuravit contra rempublicam. Cicero igitur, ut redeamus ad locum nostrum, interrogaverat senatores: εἰ δοκεῖ μεταναστῆναι (l. μεταστῆσαι) τὸν Κατιλίναν ἐκ τῆς πόλεως. Inter quos quum multi διὰ τὴν κατὰ πρόσωπον ἐντροπὴν conticuissent, Tullius δι' ἑτέρου τρόπου, καθάπερ ἐλέγξαι τὴν σύγκλητον ἀκριβῶς βουλόμενος, denuo senatores interrogat, iubeantne Quintum Lutatium Catulum (virum spectatissimum et optime meritum de republica) solum exsilii causa vertere. Tum vero una voce omnes, non ita se censere clamant, indignabundi ob novam hanc quaestionem. Nam hic sensus inesse debet verbis Graecis, quae corrupta deinde leguntur: μιᾷ δὲ φωνῇ πάντων ἀναβοησάντων μὴ δοκεῖν, καὶ δυσχεραινόντων ἐπὶ τῷ πάλιν ῥηθέντι. Requiritur enim sine controversia: ἐπὶ τῷ πάλιν ἐρωτηθέντι. Tum sequuntur haec: ἐπὶ (l. πρὸς) τὸν Κατιλίναν, (dele virgulam) ἔφησεν, ὅταν τινὰ μὴ νομίσωσιν ἐπιτήδειον φυγῆς (lege: φυγεῖν), μεθ' ὅσης κραυγῆς ἀντιλέγουσιν, ὥστε εἶναι φανερὸν ὅτι διὰ τῆς φωνῆς ὁμολογοῦσι φυγήν. Certa coniectura reperire potuisset, quod pro φωνῆς manifesto legitur in codice, ὅτι διὰ τῆς σιωπῆς ὁμολογοῦσι φυγήν. Praeterea turpe mendum eluendum restat vs. 20, ubi legitur: εἰ κωλύουσι Κόιντον Κάτλον ἐκ τῆς Ῥώμης μεταστήσασθαι; nam Graecum est μεταστῆναι. Adscribam nunc totum excerptum, ut palimpsesti ope et coniecturis a me restitutum est:

---

1) De patre sic scribit Diod. XXXVIII, fr. IV: Κόιντος δὲ Λουτάτιος Κάτλος ὁ τεθριαμβευκὼς μὲν ἐπισήμως ἀπὸ Κίμβρων, ἀγαπώμενος δ' ὑπὸ τῶν πολιτῶν περιττότερον, ὑπό τινος δημάρχου κατηγορίας ἐτύγχανεν ἐν τῷ δήμῳ θανάτου.

Ὅτι Λεύκιος Σέργιος ὁ ἐπικαλούμενος Κατιλίνας κατάχρεως γεγc-
νὼς ἀπόστασιν ἐμελέτησεν. ὁ δὲ Μάρκος Κικέρων ὢν (pro ὁ) ὕπατος
λόγον διέθετο περὶ τῆς προσδοκωμένης ταραχῆς. καὶ κληθέντcς
Κατιλίνα καὶ τῆς κατηγορίας κατὰ πρόσωπον γενομένης ὁ Κατιλίνας κατ᾽ οὐδένα τῶν τρόπων ἔφησεν ἑαυτοῦ καταγνώσεσθαι
φυγὴν ἑκούσιον καὶ ἄκριτον· ὁ δὲ Κικέρων ἐπηρώτησε τοὺς συγ-
κλητικοὺς εἰ δοκεῖ μεταστῆσαι τὸν Κατιλίναν ἐκ τῆς πόλεως.
σιωπώντων δὲ τῶν πολλῶν διὰ τὴν κατὰ πρόσωπον ἐντροπήν, δι᾽
ἑτέρου τρόπου, καθάπερ ἐλέγξαι τὴν σύγκλητον ἀκριβῶς βουλόμενος, τὸ δεύτερον ἐπηρώτησε τοὺς συνέδρους, εἰ κελεύουσι Κόιντον Κάτλον ἐκ τῆς Ῥώμης μεταστῆναι. μιᾷ δὲ φωνῇ πάντων ἀναβοησάντων[1] μὴ δοκεῖν, καὶ δυσχεραινόντων ἐπὶ τῷ πάλιν
ἐρωτηθέντι, πρὸς τὸν Κατιλίναν ἔφησεν, ὅταν τινὰ μὴ νομίσωσιν εἶναι ἐπιτήδειον φυγεῖν, μεθ᾽ ὅσης κραυγῆς ἀντιλέγουσιν
ὥστ᾽ εἶναι φανερὸν ὅτι διὰ τῆς σιωπῆς ὁμολογοῦσι [φυγήν]· ὁ
δὲ Κατιλίνας εἰπὼν ὅτι βουλεύσεται καθ᾽ ἑαυτὸν ἀπεχώρησεν.

Praeter ea, de quibus iam supra monui, pro διετίθετο dedi διέθετο,
pro γινομένης scripsi γενομένης, pro καταγινώσκεσθαι (immanis
Datismus!) καταγνώσεσθαι, μεταστῆσαι pro μεταναστῆναι, et
post ὁμολογοῦσι expunxi φυγήν, quod substantivum inepte
abundet, adscriptum olim a stupido homuncione, qui non intellexerit ad ὁμολογοῦσι cogitatione repetenda esse verba: εἶναι
ἐπιτήδειον φυγεῖν. Ita certe remoti sunt errores, quibus tum
sensus tum Graecitas maxime laedebantur. Si forte quid minus
recte scriptum reliqui, ignoscat aequus lector, et huius loci non
incuriosi emendationem a me inchoatam ipse absolvat [1]).

---

1) Verba l. n. μιᾷ δὲ φωνῇ πάντων ἀναβοησάντων prodesse possunt
alii Diodori loco, qui exstat in libr. XVI, 79: πάντων δὲ καθάπερ τινὶ
μιᾷ φωνῇ βοώντων ἐπιθέσθαι τοῖς βαρβάροις κτέ. Expuncto pronomine
indefinito τινί, cui hic locus non est, oratio optime procedet; simul tamen
reponendum adverbium Graecum, quod quasi significet; nam καθάπερ (= ut,
velut) huic loco minime convenit. Itaque corrigendum: πάντων δὲ καθαπερεὶ μιᾷ φωνῇ κτέ. In eiusdem libri cap. 82 sic scribitur de Timoleonte:
καθόλου δὲ πάντας τοὺς κατὰ τὴν νῆσον τυράννους ῥιζολογήσας.
Corrige, sis, ῥιζοτομήσας, cl. fr. IV libr. XXXII: Κόρινθον γὰρ κατέ-
σκαψαν, καὶ τοὺς κατὰ τὴν Μακεδονίαν ἐρριζοτόμησαν.

Pauca restant innovanda in fr. VII (VIII) vs. 3: ἐκρίναμεν δεῖν τὸν ἐλέγχοντα λόγον τὴν ἄγνοιαν ἐκθέσθαι. Recte cod. Vat. habet τὸν ἐλέγξοντα κτέ., sed praeterea verborum ordo turbatus esse videtur. Usitatius certe est dicere: τὸν ἐλέγξοντα τὴν ἄγνοιαν λόγον ἐκθέσθαι. Cum verbis ultimis utiliter composueris verba Diodori ex libro I c. 5: τῶν δὲ χρόνων τούτων παρειλημμένων ἐν ταύτῃ τῇ πραγματείᾳ τοὺς μὲν πρὸ τῶν Τρωϊκῶν οὐ διοριζόμεθα βεβαίως διὰ τὸ μηδὲν παράπηγμα περὶ τούτων λαμβάνειν πιστευόμενον κτέ. Exstabant scilicet illorum temporum calendaria, sed (noli mirari) supposita omnia. Quod attinet ad partic. πιστευόμενον, id ipsum vel aliud eiusdem significationis olim quoque exstitisse suspicor in loco, unde hoc fragm. excerptum est, sed satis inepte ab eclogario esse omissum.

Pervenimus igitur ad finem libri ultimi *Bibliothecae*, sed tamen proposito nostro nondum sumus perfuncti; quandoquidem vel post complurium philologorum curas non desunt in *excerptis Scorialensibus* ex eodem Diodoro, quae emendatione indigere videantur. More nostro percurremus eandem editionem Teubnerianam, quam curavit Bekkerus, et paucis, si quid notatu dignum visum fuerit, id cum lectore communicabimus.

Fiat initium in fr. II, ubi editur prope finem: τοὺς μὲν εὐγενεῖς ἐκ τῆς πόλεως ἐκβαλεῖν βουλεύεται, τῶν δὲ συγγενῶν Αἰτωλῶν τινὰς κατοικίζειν. Utique reponendum videtur ἐγκατοικίζειν.

Verbi compositi praepositio medelam exspectat in fr. VII; nam absurde scribitur: μεταπεμπομένων δ' αὐτῶν τὸν Περσέα κατὰ τάχος, ὁ μὲν Ὁστίλιος λαβὼν ὑποψίαν μετῆλθε νυκτός, ὁ δὲ Περσεὺς — ἀπέτυχε. Aptius, ut opinor, legetur: ἀπῆλθε νυκτός, κτέ.

Vel magis sententiam loci perdidit corruptela, quae invasit (fr. VIII vs. 26) verba: καὶ τὸ μὲν πρῶτον διαπεμπόμενος ἐπῆλθε τῶν στρατιωτῶν τοὺς οἰκείους ἀποστάσεως κοινωνεῖν τῶν ἐλπίδων. Non *adortus est*, credo, Dionysius milites sibi amicos, sed iis *persuadere conabatur*, ut secum deficerent; itaque necessarium est tempus Imperfectum verbi πείθειν, et reddendum Diodoro: ἔπειθε τῶν στρατιωτῶν κτέ.; qua in re antiquiores adhibere amant verbum compositum ἀναπείθειν, cuius rarior est apud sequiores usus. Mox l. n. suppleverim ob praegressum μέν: εἶτα (δ') εἰς Ἐλευσῖνα ἀναχωρήσας προσεδέχετο τοὺς νεωτερίζειν προαιρουμένους κτέ.

In fr. X aperte vitium subest verbis: καὶ τῆς καλουμένης Πανῶν πόλεως βεβηκυίας ἐπί τινος ἀρχαίου χώματος καὶ δοκούσης ὀχυρᾶς εἶναι ἐκ δυσπροσίτου. Lenissime quidem correxeris: καὶ δυσπροσίτου; sed minus recte adiectivum δυσπρόσιτος eum verbo δοκεῖν iungi mihi videtur, quare verius esse arbitror: καὶ δοκούσης ὀχυρᾶς εἶναι ἐκ τοῦ δυσπροσίτου. Comparandus est locus lib. II c. 5, ubi inversa ratione dicitur: τόπους ἀπροσίτους διὰ τὴν ὀχυρότητα.

Hiulcam orationem in fr. XI ita fere supplendam esse suspicor, ut scribatur: ὅτι μετὰ τὴν τοῦ Τιμοθέου ἀναίρεσιν τὰ πλήθη (ἐμετεωρίζετο πρὸς ἀπόστασιν) καὶ τῷ βασιλεῖ δυσχεραίνοντες (οἱ) κατὰ τὴν Ἀλεξάνδρειαν ἐπὶ τοῖς τετολμημένοις κατὰ τἀδελφοῦ — περιέσπασαν κτέ.

Fr. XIII, p. 261 vs. 7 suppleverim: τῷ δ' αὐτῷ τρόπῳ κατὰ τὸν ἐνεστῶτα καιρὸν (ὢν) σατράπης Μηδίας κατήντησεν εἰς τὴν Ῥώμην. Sequentia eduntur in hunc modum: καὶ πολλὰ τοῦ Δημητρίου κατηγορήσας ἔπεισε τὴν σύγκλητον δόγμα περὶ αὐτοῦ θέσθαι τοιοῦτον Τιμάρχῳ ἕνεκεν αὐτῶν βασιλέα εἶναι. Aut nihil horum intelligo, aut corrigendum est: Τίμαρχον ἀντ' αὐτοῦ βασιλέα εἶναι. Quam coniecturam confirmant quae leguntur vs. 15: καὶ τέλος τῆς βασιλείας ἐγκρατὴς ἐγένετο. Mox vs. 29, revocata vocula τι, legendum propono: εἰς δὲ χωρίον (τι) τῆς Κιλικίας δεξάμενος τὸν μειρακίσκον διεδίδου λόγους εἰς τὴν Συρίαν ὡς μέλλοντος ἐπὶ τὴν πατρῴαν ἀρχὴν κατιέναι [τοῦ μειρακίσκου] σὺν ἰδίῳ καιρῷ. Praeterea forsan praestiterit: ἐν ἰδίῳ καιρῷ.

Fr. XV extr.: καὶ ταύτην (scil. τὴν ἐπιβουλὴν) παραδόξως διεκφυγὼν διεσώθη πρὸς τὸν Ἄτταλον εἰς Πέργαμον. Verius videtur: ἐκφυγὼν διεσώθη κτέ.

Facili negotio expleveris hiatum (vs. 30) in verbis: ἔφη δ'

ἑαυτὸν νήπιον ὄντα δεδόσθαι ... τῷ τῷ Κρητί. Quid enim evidentius quam rescribendum et supplendum esse: ἔφη δ᾽ ἑαυτὸν νήπιον ὄντα δεδόσθαι (πισ)τῷ τῷ Κρητί? Eodem modo p. 263 vs. 12 scribendum: Ἀθηναίῳ τῷ Περγαμηνῷ pro Ἀθηναίῳ τῷ κτἑ. Interpretamento liberanda sunt, quae leguntur in eodem fr. XVI p. 262 vs. 34, ubi editur: δι᾽ οὗ τὸν Περσέα διασαφεῖν αὐτῷ θησαυροὺς εἶναι κειμένους δύο, τὸν μὲν ἕνα ἐν Ἀμφιπόλει κείμενον ὑπὸ τὸν ὁδὸν κτἑ, unde exulare iubeamus participium κείμενον.

Nimis rusticum est, quod fecisse narrantur legati nescio qui peregrinantes Mileti, quum Milesiorum magistratus eorum sententiam rogassent, quid faciendum censerent Andrisco, filium se Persei ementito. Nempe sic scribitur: οἱ δὲ ἐγγελάσαντες ἐκέλευον ἀφεῖναι τὸν ἄνθρωπον κτἑ. Verum facillimum est huiusmodi crimine homines purgare, si una dempta litera mecum velis rescribere: οἱ δὲ γελάσαντες κτἑ. Ibid. vs. 16 lego: ὑπὸ δὲ τούτων τῶν ἀφορμῶν μετεωρισθεὶς pro ἀπὸ κτἑ.

Gravius scriba impegisse videtur in ultimis huius excerpti verbis, quae scribuntur sic: ὑπὸ δὲ Μακεδόνος καταπολεμηθεὶς ὁ Ψευδοφίλιππος ἔφυγεν εἰς Θρᾴκην. τέλος ἐγκρατὴς ἐγένετο τῶν κατὰ Μακεδόνων πόλεων. Ut nunc legimus, narratur Pseudophilippus devictus a Metello Macedonico (nam is appellatur Μακεδὼν) fugisse in Thraciam, sed tandem Macedoniae oppidis potitum esse. Non vidi magis! Credamusne Diodorum historiae in rebus, de quibus optime constabat inter omnes, eam vim intulisse, ut Andriscum iam devictum rem restituisse et superiorem e bello egressum esse narraverit? Alios nescio; equidem suspicari malim τέλος miseras esse nominis Metelli reliquias, itaque rescripserim: ὑπὸ δὲ Μακεδόνος καταπολεμηθεὶς ὁ Ψευδοφίλιππος ἔφυγεν εἰς Θρᾴκην, (ὁ δὲ Μέ)τελλος ἐγκρατὴς ἐγένετο τῶν κατὰ Μακεδονίαν πόλεων.

Verbum παρακατατίθεσθαι et derivatum inde substantivum, incredibile dictu est, quam saepe in παρατίθεσθαι et παραθήκη abierint, cuius erroris ne excerpta quidem Scorialensia sunt prorsus immunia. Nam in sequenti statim fragm. vs. 34 legimus: ἔχων παραθήκην Ἀντίοχον τὸν ἐπιφανῆ χρηματίζοντα, ubi tamen sine controversia requiritur παρακαταθήκην. Scribere quoque potuisset ἐν παρακαταθήκῃ, ut legitur v. c. p. 266 init.: φήσας δ' ἐν παρακαταθήκῃ τὸν βασιλέα — δεδωκέναι παιδίον κτὲ.

Certa coniectura sic expleri potest lacuna in sqq. p. 265 init.: ὑπελάμβανε γάρ, ὅπερ ἦν εἰκός, τὰ πλήθη μεταβολῆς ὀρεγόμενα προθύμως τὸν παῖδα κατάξειν διὰ τὴν ἐπιείκειαν τῶν (προτέρων) βασιλέων καὶ διὰ τὴν τοῦ τότε ἄρχοντος παρανομίαν. Cf. p. 261 vs. 33: οἱ δὲ κατὰ τὴν Συρίαν ὄχλοι ἐπὶ ταῖς τῶν προτέρων βασιλέων φιλανθρώποις ἐντεύξεσι βαρέως ἔφερον τοῦ Δημητρίου τὴν αὐστηρίαν κτὲ.

In fr. XXIV p. 266 vs. 15 excidit praepositio verbi compositi: συντόμως γενόμενοι πρὸς τὸν Καιπίωνα κτὲ. Rescribendum: συντόμως παραγενόμενοι κτὲ.

Interpretamento liberandum fr. XXV: ὅτι κατὰ τὴν Συρίαν Διόδοτος ὁ Τρύφων ἐπικαλούμενος — περιέθετο διάδημα [τῆς βασιλείας], καὶ κρατήσας ἔρημον αὐτὸν ἀνηγόρευσε βασιλέα.

Fr. XXVI. Male abundat articulus in verbis: ὑπὸ γὰρ τῆς πεπρωμένης αὐτοῖς κεκυρῶσθαι [τὴν] πατρίδα τὴν Ἔνναν, οὖσαν ἀκρόπολιν ὅλης τῆς νήσου. Ib. vs. 17: πάντες δὲ τὸ κράτιστον τῶν ὅπλων τὸν θυμὸν ἀνελάμβανον. Melius scriberetur: τὸν κράτιστον τῶν ὅπλων θυμόν. Minus feliciter tentasse videtur B., quae leguntur vs. 3 sqq.: ὁ δὲ τερατευόμενος μετ' ἐνθουσιασμοῦ καὶ ͺ ͺ περὶ τίνων ἤκουσι, inserendo solo verbo εἰδέναι; nam neque Graecum est τερατεύομαι εἰδέναι, neque copula in tali sententia non abundaret. Malim igitur suspicari duo vocabula excidisse, quae vix alia fuerint quam προσποιούμενος εἰδέναι. Sequuntur ibidem haec: διεσάφησεν ὅτι διδόασιν αὐτοῖς οἱ θεοὶ τὴν ἀπόστασιν, ἐὰν μηδεμίαν ὑπερβολὴν ποιησάμενοι παραχρῆμα [μὲν] ἐγχειρήσωσι ταῖς ἐπιβολαῖς. ὑπὸ γὰρ κτὲ. Delevi particulam μέν, quae non habet, quo referatur, natam e cauda vocabuli praecedentis et sequentis capite. Sed aliud est, quod volebam, nempe hoc: aut phrasin esse ex penu epitomatoris διδόασιν αὐτοῖς οἱ θεοὶ τὴν ἀπόστασιν pro συγχωροῦσιν αὐτοῖς οἱ θεοὶ ἀποστῆναι, aut locum corruptum esse a librariis. Si hoc est, non male conieceris: ὅτι διδάσιν αὐτοῖς οἱ θεοὶ τὴν (νίκην) ἀποστᾶσιν, ἐὰν μηδεμίαν κτέ.; quam coniecturam sequentia confirmare videntur.

Compendium scribam imperitum fefellisse suspicor in fine fr. XXVI, ubi legimus: καὶ τούτων ἀφηγεῖτο Εὔνους, καὶ παρακαλοῦντες ἀλλήλους περὶ μέσας νύκτας εἰσέπεσον εἰς τὴν πόλιν καὶ τούτους ἀνῄρουν. Sermo est de bello servili in Sicilia, sed e loco nostro, ut hodie scribitur, non apparet, quosnam servi duce Euno interfecerint. Dominos, opinor, suos: itaque pro τούτους ἀνῄρουν corrigo: τοὺς κυρίους ἀνῄρουν. Nempe festinantem librarium, quum in exemplari, quod describebat, scriptum esset: ΤΟΥϹΚΟΥϹΑΝΗΙΡΟΥΝ male ΤΟΥΤΟΥϹΑΝΗΙΡΟΥΝ legisse vides.

In principio fragm. XXVII copula male repetita periit Graeca locutio usu tritissima: καὶ ἀεὶ [καὶ] μᾶλλον ταπεινούμενος καὶ παρὰ προσδοκίαν ἀποπίπτων εἰς λύτταν τινὰ καὶ μανιώδη διάθεσιν ἐνέπιπτεν. Non saniora esse arbitror quae ibidem leguntur vs. 36: ὁ δὲ τυραννικῶς ἤδη διεξάγων κτέ.; nam Graecum est: ὁ δὲ — διάγων. In vicinia vs. 29 recurrit idem error, quem iam saepius notavimus, quemque eclogario fortasse rectius quam librariis tribuas: Ὀπιμίου δὲ βουλευομένου εἰς τὸ Καπιτώλιον περὶ τοῦ συμφέροντος κτέ. pro ἐν τῷ Καπιτωλίῳ κτέ.

Emblemate liberandum initium fr. XXX vs. 18: ὅτι πολλαὶ ἐπαναστάσεις ἐγένοντο οἰκετῶν, πρώτη μὲν — δευτέρα δὲ — τρίτη δὲ [ἀπόστασις] ἐγένετο παράδοξος καὶ πολὺ τὰς εἰθισμένας διαλλάττουσα. Eadem p. 157 vs. 18 partim rectius sic scribuntur: τρίτη δὲ παράδοξος γέγονέ τις, omissis sequentibus. Sequentia l. n. scribuntur sic: ἦν γάρ τις Τίτος μὲν Οὐέττιος ἱππεὺς δὲ Ῥωμαίων. Quae verba si sana essent, vocabulum necessarium periisse existimandum foret, quandoquidem Graecitas requireret: ἦν γάρ τις Τίτος Οὐέττιος μὲν (ὄνομα), ἱππεὺς δὲ Ῥωμαίων. Veram lectionem revocaveris, ni fallor, rescripto: ἦν γάρ τις Τίτος Μινούτιος ἱππεὺς Ῥωμαίων κτέ. Nam in fr. I libr. XXXVI de eadem re mentio fit in hunc modum: ἦν (τις insere)

Τίτος Μινούτιος ἱππεὺς μὲν Ῥωμαίων μεγαλοπλούτου δὲ πα
τρὸς παῖς κτέ. Particulam δέ, quam l. n. post ἱππεὺς delevi,
tum demum a correctore invectam esse arbitror, postquam
Μινούτιος iam in μὲν Οὐέττιος abiisset, ut μέν scilicet haberet,
quae ei respondere vocula et soleat et debeat.

Soloeca deinde sunt quae legimus vs. 26: πιστευθεὶς δὲ τοῦ
χρήματος διὰ τὴν τοῦ πατρὸς εὐπορίαν ἀπήγαγε τὴν θερα
παινίδα; in quibus hoc video corrigendum esse ἀπηγάγετο.
Praeterea vocabula τοῦ χρήματος, quae non habeant, quo referantur, lubens expunxerim.

Pron. personale excidisse videbis fr. XXXIII vs. 17 e verbis:
ὁ δ' οὐκ ἔφησεν ἄλλως πιστεύσειν, ἐὰν μὴ παρὰ τοῦ βασιλέως
λάβῃ τοὺς ὅρκους. Immo: παρ' αὐτοῦ τοῦ βασιλέως; nam
Mithridates ἀπελελύκει τοὺς ὑπὲρ αὐτοῦ συνθησομένους. In vicinia vs. 21 desideratur part. ἄν, quam revoces scribendo: κἂν
(pro καὶ) συνέβη τὸν βασιλέα γενέσθαι ὑποχείριον, εἰ μὴ κτέ.
Peius laborant praecedentia: Ὁ δὲ (Mithridates) οὐχ ἡγεῖτο
βασιλικῆς ἀξίας οἰκεῖον εἶναι συγκαταβαίνειν εἰς τὰ ὀρύγματα,
ἐπεὶ δ' ὁ προδότης οὐκ ἔφησεν ἄλλως ὑπακούσεσθαι, ἡ δὲ ἐπίθε
σις τοῦ κυριεῦσαι τῆς πόλεως συνεῖχεν, ἠναγκάσθη
συγκαταθέσθαι τοῖς ἀξιουμένοις ὁ Μιθριδάτης. Quae verba, ni
gravius aliquid peccatum est, sic leniter videntur refingenda,
ut legamus: ἡ δ' ἐπίθεσις τὸ κυριεῦσαι τῆς πόλεως συνεῖχεν
κτέ. hoc sensu: quumque ab illo molimine penderet ut urbs
caperetur. Praetulerim tamen huiusmodi lectionem: ἡ δ' ἐπι
θυμία τοῦ κυριεῦσαι τῆς πόλεως ἐνῆγεν (scil. τὸν βασιλέα):
quumque cupido potiundi oppido regem stimularet. Certius
est in fr. XXXVI vs. 20 sqq. sic esse corrigendos: συνέθεντο
οὖν κατὰ τοῦτον τὸν καιρὸν εἰσπέμπειν εἰς τὰς τῶν ἐπιβουλευομέ
νων οἰκίας τοὺς προσοίσοντας αὐτοῖς τὰς χεῖρας. Nempe editur
προσάξοντας κτέ., quae lectio plane absurda est.

Claudat harum observationum agmen emendatio, qua salutem reddidisse mihi videor aegrotanti loco, qui legitur ibidem
vs. 32. Narratur ibi Catilina cum Lentulo aliisque perditis
adolescentibus coniuravisse, ut consules et senatores occasione

data domi suae quemque confoderent. Sed erat inter coniuratos aliquis, qui perdite amans mulierculam quamdam suum
amorem ab illa vilipendi iniquissimo animo ferebat. Hinc
saepe furore ac desperatione actus minitans dictitare; «brevi te
consilii tui poenitebit, ubi semel tuae vitae arbitrium penes me
fuerit.» Iam audiamus ipsum Diodorum, vel eius epitomatorem, si mavis, sic narrantem : τῆς δὲ θαυμαζούσης τὸ ῥηθὲν καὶ
μὴ δυναμένης νοῆσαι τὴν αἰτίαν τῆς ἀμίλλης, τὸν μὲν νεανί
σκον μένειν ἐπὶ τῆς ἀνατάσεως κτέ. Quis post minacia illa verba
aut interpretari poterit verba νοῆσαι τὴν αἰτίαν τῆς ἀμίλλης,
aut negabit verum esse νοῆσαι τὴν αἰτίαν τῆς ἀπειλῆς? Plerumque quidem hoc substantivum plurali numero adhibitum
invenies, sed vel apud antiquiores non desunt loci, ubi singularis numerus sine vitii suspicione appareat. Suffecerit laudasse recens repertam orationem funebrem Hyperidis, ubi p. 6
vs. 140 ed. Cobet. sic legitur: οὐ γὰρ ἀνδρὸς ἀπειλὴν ἀλλὰ
νόμου φωνὴν κυριεύειν δεῖ τῶν εὐδαιμόνων κτέ. Ipse Diodorus,
(quod magis facit ad locum nostrum,) eodem numero usus est
v. c. lib. XVII cap. 13: καὶ μετὰ πολλῆς ἀπειλῆς ἐπιφε
ρόμενοι τοῖς ἠτυχηκόσιν ἀφειδῶς ἀνῄρουν πάντας τοὺς περιτυγχά
νοντας.

CONFERUNTUR EXCERPTA DIONIS CASSII

E CODICE VATICANO CUM EDITIONE MAII.

pag. ed. Maii.	pag. cod. Vatic.	vs.	Lect. sec. Maium.	Lect. quas hab. cod.
136	195	9	περὶ τῶν Τυρσηνῶν	περὶ Τυρσηνῶν
»	»	10	γεγράφθαι·	γεγράφθαι ἕτερα· deinde sequuntur post duo tresve litteras evanidas vocab.: ἀλλ' ὅτι κτέ.
»	»	11	ὅτῳ ποτ' ἂν διέξοδος	ὅτῳ ποτ' ἂν ᾖ διέξοδος
137	196	1	εἰσπεσὼν — προαποκτεί- νετε	ἐμπεσὼν — προαποκτεί- νατε
»	»	3	τὰ παιδία ταῦτα τέμ- νετε	Vix tandem legi: τὰ παιδία ταῦτα ἃ μι- σεῖτε
»	»	4	μήτε ὄνομα	μήτ' ὄνομα
»	»	8	ξίφεσιν, ὑφ' ὧν ἐνέχριμ- πτον	ξίφεσι σφῶν ἐνέχριμ- πτον
138	»	14	τοῖς Οὐηΐοις	τοῖς Οὐιεντίοις
»	»	19	ἐνηπίστατο	εὖ ἠπίστατο
»	»	25	μετρόπολις	μητρόπολις
139	»	30	πρός τε ἄρχειν	πρὸς τὸ ἄρχειν
»	»	28	τῆς ἀμφισβητήσεως — ἀπήντησαν	τῆς ἀμφισβητήσεως — ἀπέστησαν
»	155	5	εὐπιθετώτερος	εὐεπιθετώτερος
»	»	6	οὐ γὰρ	οὔτε γὰρ

p. ed. M.	p. cod. V.	vs.	Lect. sec. M.	Lect. quas habet cod.
139	155	9	διὰ ταῦτα	καὶ διὰ ταῦτα
»	»	14	τόν τε πατέρα ἀπ.	τόν τε πατέρα αὐτοῦ ἀπ.
»	»	»	τὰς οὐσίας αὐτῷ	τῆς οὐσίας αὐτῶν (l. αὐτὸν)
140	»	30	προσαίρεται	προσαίρει (l. προαιρεῖται)
»	»	31	τὸ μεμισημένον π.	τὸ μεμισημένον ἤδη π.
»	»	32	πᾶσαι γὰρ	πᾶσαι μὲν γὰρ
142	156	23	δεδυῖα	δεδιυία
»	»	»	τίθει τίτλον περὶ δημη-γορίας	Cod. sic: τίθει τγ π́ δημή
»	217	4	καθειργάσαντες	καθειργάσαντο
143	»	13	σφαλείεν	σφαλεῖεν
144	»	24	καὶ οὐκ ὀλίγοι — ἐθελον-τεῖς	καὶ διὰ τοῦτο οὐκ ὀλί-γοι — ἐθελονταὶ
»	»	27	ὅτι ὅτε παντελῶς	ἔστιν ὅτε καὶ παντελῶς
»	»	»	καταθραῦσαν	παραθραῦσαν
»	»	30	τε καὶ πολλὰ	τε γὰρ πολλὰ
»	218	1	ὤφειλε	ὤφειλεν
»	»	2	τόσαν τὴν ὠμότητα	τοσαύτην ὠμότητα
145	»	14	εἶπε ὅτι	εἶπεν ὅτι
»	»	27	ἄλλοις	ἄλλως. diserte cod.; M. dubitat, utrum legatur.
146	315	4	ὤφελος	ὄφελος
»	»	9	σώμασιν ἐγχειριζόμενοι ἀνοητ ἀνουσιν	σώμασιν ἰσχυριζόμενοι ἀνοητ αἰνουσιν
»	»	10	ἀθρόῳ εὐτυχήσαντα οὐκ ἐπὶ πᾶν	Hodie fere evanida, nec tamen sic scriptum esse videtur. Legere mihi videbar: ἄρθω. | ∆ ϲ επιτ.. ευ. πω. χρήσασθαι, unde nihil extundo.
»	»	11	ὡς ἐπὶ πολύ	ὡς ἐπὶ τὸ πολύ
147	»	1	τὴν οἰκείαν ἂν	τὴν οἰκείαν αὖ

p ed. M.	p. cod. V.	vs.	Lect. sec. M.	Lect quas habet cod.
147	315	26	ὑπὸ τοῦ πλήθους	ὑπὸ τὸ πλῆθος
148	»	30	ἐπεπείρατο	ἦς ἐπεπείραντο
»	316	1	πρὸς τῶν αὐτῶν	πρὸς τῶν αὐτῶν αὐτῶν (sic) l. αὐτῶν τούτων.
»	»	11	λόγους σφίσι	λόγου σφίσι
149	»	18	ἡμεῖς οἱ ἄρτι ὀδυρόμενοι	ἡμεῖς τοι ἄρτι ὀδυρό-μεναι (sic)
»	»	22	Κοριδλαις	Κοριδλα.. (l. Κοριδλχνος)
»	»	27	καὶ τὴν ἐσθῆτα	καὶ τὴν τε ἐσθῆτα
»	»	34	τηνικαῦτα	τηλικαῦτα
»	»	»	τοιαῦτα μετ ἔδρασαν	τοιαῦτά με ἔδρασαν
»	»	4	ἀπαλλοιήσομαι	ἀπαλλαγήσομαι
150	»	10	ἐκκαρπώσονται	ἐκκαρπώσωνται
»	»	12	καὶ περιχαριζόμενον	καίπερ χαριζόμενον
151	»	21	Φιλονικεῖν	Φιλονεικεῖν
»	»	23	αὐτοὺς ἀθυμ.	αὐτοὺς ἀθυμ.
152	318	4	Φιλονικείας	Φιλονεικίας
»	»	6	οὐχ ἠμβλύνοντο	οὐχ ὅσον οὐκ ἠμβλύ-νοντο
»	»	»	ἐπὶ μᾶλλον	ἔτι μᾶλλον
.»	»	14	τό τινα τὴν ἀρχὴν λαμ-βάνειν	quid legatur non potui dispicere, sed vocula ante τὴν scripta esse videtur, fort. δίς.
»	»	17	ἀναγκαῖον, καὶ τοῦτο	hodie distingui nequit. Fortasse scriptum erat ἀναγκάζωνται, τοῦτο
153	»	23	οἵ τε γε στρατευόμενοι	οἵ τε γὰρ στρατευόμενοι
»	»	24	προσχαρῆσαι	προσχαρίσασθαι
»	»	29	συνηπέχθη	συνηνέχθη
»	223	4	ὅσον οὖν ἐθελήσωσιν	Recte leg. M. Neces-sarium: ὅσον ἂν ἐ.
154	»	17	ὑπὲρ γῆς	ὑπὲρ τῆς γῆς
155	»	31	ὑφ' ὧν Ῥωμαῖοι	ὑφ' ὧν καὶ οἱ Ῥωμαῖοι

p. ed. M.	p. cod. V.	vs.	Lect. sec. M.	Lect. quas hab. cod.
155	223	»	κατεκρημνήσθη	ita cod., l. κατεκρημνίσθη
»	224	4	ἐπειδὴ ἐκ τινὸς ἀφί-κετο	ἐπειδὴ ἐκτεῖνος (sic) ἀφ., lege ἐκεῖνος, et insere οἴκαδε.
»	»	»	καὶ θύραν	καὶ τὴν θύραν
»	»	5	ἀρχαῖον ῥαβδοῦχος	Non ῥαβδοῦχος male repetitum est, sed ὁ ῥαβδοῦχος.
156	»	18	ὅτι Δίων φησὶ	ὅτι ὁ Δίων φησὶ
157	»	24	ἦν μὲν δὲ	ἦν μὲν δὴ
»	»	26	ἐξήλεγξεν ὁ Τόρκουας	ἐξήλεγξεν αὐτοὺς ὁ Τορκουα, i. e. ὁ Τορ-κουάτης
			μήτι δούντων	μήτι οἱ δούντων
»	»	27	νεωτερήσωσι	error codicis; l. νεωτε-ρίσωσι
»	»	28	καὶ ἐς ἄλλα ἦν.	καὶ ἐς τἄλλα ἦν.
		29	ὥστε τὰ χαλεπώτατα	ὥστε καὶ τὰ .....τατα (Reliqua hodie non apparent.)
157	157	1	ἄρξαι ἑαυτῶν ἐθήλεσεν	ἄρξαι ἔτ' αὐτῶν ἠθέ-λησεν
»	»	2	οὔθ' ὑμεῖς ἐμοῦ	οὔθ' ὑμεῖς γ' ἐμοῦ
158	»	5	ἔδωκεν· οὐ μὴ καὶ	ἔδωκεν· οὐ μὴν καὶ
»	»	6	ὅταν μὲν τὰ	ὅταν μὲν γὰρ τὰ
»	»	8	ὅταν δὲ—ἐκλογίσαιμι	ὅταν δὲ—ἐκλογίσωμαι
.»	»	13	ἄλλοις μελλήσει ˙	Sic revera cod.; l με-λήσει
»	»	17	τοὺς δ' ὅτι μηδὲν	τοὺς δ' ἐπεὶ μηδὲν
»	»	19	Πριβερνάτας	Πριβεννάτας manifes-to cod.
»	»	20	εἶεν	εἶεν
»	»	22	ποιήσητε et mox πο-λεμήσωμεν	Errores ipsius codicis pro Futuris.

20 *

p. ed. M.	p. cod. V.	vs.	Lect. sec. M.	Lect. quas hab. cod.
159	157	27	ἀνήκεστοι τοιούτοις	ἀνήκεστοι ἐν τοῖς τοιούτοις
»	»	28	δικαι ω μένους	δικαι ο υ μένους
»	158	5	ἄλλως καὶ ὅτ' ἂν	ἄλλως τε καὶ ὅταν
160	»	8	ἅτε καὶ σεσωσμένον ὁ- ρῶντας	ἅτε καὶ τὸ σεσωσμένον ὁρῶντ ες
»	»	»	μεταρ ι θ μίζουσι·	μεταρ ρ υ θμίζουσι.
»	»	16	πεπαῦσθαι ἐ λ έ γ χ ω ν	πεπαῦσθαι λ έ γ ω ν
»	»	17	συν δ ε ῖ	cod., quamvis male, συν δ ε ῖν
»	»	18	πῶς ἀλλαγῶ	πῶς ἀ π αλλαγῶ
»	»	19	δόξῃ σοι μὴ δόξ[ει ἐπί]	Frustra consului codicem, nam hîc compluscula hodie prorsus evanida sunt.
»	»	21	τότε γ ὰ ρ καὶ τὸ σχῆμα	τό τε γ ο ῦν ὄνο μ α καὶ τὸ σχῆμα
»	»	22	διὰ 'Ρούλλου Φείσασθαι	διὰ 'Ρούλλου . εἰσ ε σ θαι (i. e. Φείσ ε σθαι)
»	»	23	πλε ί ον	πλε ῖ ον
»	»	24	ἐ θ ε λήθη	ἐ λ ε λήθη videre mihi videbar.
»	»	25	δρυ μὰ ὑποβλέψας	δρι μὺ ὑποβλέψας
»	»	26	καὶ σιωπὴ μ ε γ ί σ τῃ· οὐ μὲν	καὶ σιωπὴ μ ὲ ν ἦν. οὐ μὴν
»	»	27	ἐν τοιούτῳ	ἐν τ ῷ τοιούτῳ
161	181	1	αὖθις ἀντ ε κατέστησεν	αὖθις σ φ ᾶ ς ἀντι κατ- έστησεν
»	»	4	οἱ γὰρ 'Ρωμαῖοι	οἵ τε γὰρ 'Ρωμαῖοι
»	»	6	αὐτο μ α χ ε ῖ	Hodie evanidum; suspicabar αὐτο β ο ε ὶ, uti iam B. video edidisse.
»	»	»	δεινῷ περιέπεσον	π α θ ή μ α τ ι δεινῷ πε- ριέπεσον

p. ed. M.	p. cod. V.	vs.	Lect. sec. M̅.	Lect. quas hab. cod.
161	181	7	ἐν αἰσχύνῃ οἷα οὖπως ποτε ἐγένοντο	ἐν αἰσχύνῃ οἷα οὐ πώποτε διεγένοντο (an δὴ ἐγένοντο? nisi praep. δι pertinet ad secundam scripturam, nam hoc ambigo.)
»			ἄλλως τε ὑπερδείσαντες	ἄλλως τε καὶ ὑπερδείσαντες
»	»	9	τὸ στρατόπεδον ἐζ.	τὸ στρατόπεδον αὐτῶν ἐζ.
»	»	10	αὐτοὺς ἡ τύχη περιέστη	αὐτοῖς ἡ τύχη περιέστη
»	»	14	διενηχθέντων	διενεχθέντων
»	»	15	τοι ἐκ φιλίας	οἱ ἐκ φιλίας
162	»	18	ἂν καὶ ἅμα πολέμῳ	hodie evanida.
»	»	19	καὶ φιλοτιμίαν ἀσκοῦσι σπουδάζοντες ἀεὶ τὰ ὅμοια | τοῖς ὁμοίοις καθ' ὑπερβολὰς ἀμύνεσθαι	καὶ διὰ τοῦτο ἐν ἀμφοτέροις ἠναγκασμένοι | τῇ τῆς ψυχῆς γενναιότητι τὸ κρατεῖν ἐπικερδαίνουσι σπουδάζοντες ἀεὶ τὰ ὅμοια | τοῖς ὁμοίοις καὶ καθ' ὑπερβολὰς ἀμύνεσθαι. In iis, quae neglecta a M. addidi, diductis litteris edenda curavi, quae manifesto leguntur in codice. Reliqua praestare non ausim: nimis enim evanuerunt.
»	»	27	ἐμφυιοῦ	ἐμφύτου
»	»	28	καὶ παρὰ τῆς γήρως ἐμπειρίας .	καὶ παρὰ τῆς ἐκ τοῦ γήρως ἐμπειρίας
»	»	29	δεινὸν μηδὲν	δεινὸν οὐδὲν

p.ed.M.	p. cod. V.	vs.	Lect. sec. M.	Lect. quas hab. cod.
162	181	31	ἵππους αὐτοὺς ἔδωκαν	Sic cod.; l. *l.* αὐτοῖς ἔ.
162	182	1	ἐλέησαν	ἠλέησαν
»	»	4	ὅπερ ἤλγουν	ὑπερήλγουν
163	»	8	καὶ περὶ λοιποῖς	καὶ περὶ τοῖς λοιποῖς
»	»	10	πᾶν ὁτιοῦν σωθῆναι πράτ-τειν	πᾶν ὁτιοῦν ὥστε σω-θῆναι πράττειν
»	»	13	χάριν ἀναδιδομένην	χάριν ἀντιδιδομένην
»	»	»	εἰς παραγωγὴν	ἐς παραγωγὴν
»	»	17	εἰς αὐτὸν ζυγὸν	εἰς τὸ αὐτὸ ζυγὸν
»	»	18	ἵνα καὶ τῶ ἔργῳ [δοκῶ]σι	ἵνα καὶ τῷ ἔργῳ μά-[θω]σι
»	»	19	ἐκδοθέντας	ἐκδοθέν|τας
»	»	22	εὑρήσασθαι	Sic cod.; l. εὑρήσεσθαι
164	133	9	κατακοιμήσαντά με	ita cod.; l. κατακοι-μήσοντά με
»	»	10	τῶν Πραινεστινῶν στρα-τηγὸν	τὸν Πραινεστινῶν κτέ.
165	»	17	παρχγαγοῦσαι Φέρουσιν	παραγαγοῦσαι Φθεί-ρουσιν
»	»	18	καὶ ὁ Βουλούμνιος	καὶ Βουλούμνιος
»	»	20	ὅτι — οἱ χάριν εἴσατο	ὅτι — οἱ χάριν εἰδείη
»	»	28	ἐς τὴν ἀφανοῦς τε πρό-γνωσιν	ἐς τοῦ ἀφανοῦς τὴν πρόγνωσιν
166	134	7	καὶ ..... ἀφθονόστε|ρον μὲν .. ἀνδρῶν πολλ... ἐπὶ Φιλοτιμί | ᾳ... Φαβρίκιος ... | τὰ πράγματα ... τήν τε ἄλλην ἀρετὴν ... καὶ προ | ... ἐστὶν ὑπὸ τοῦ πολιτοῦ ... ἢ ὑπὸ | τῶν πολεμίων συλλεχθῆναι .	καὶ εἶναί τε ὥς γε τὸ πᾶν ἀφθονέσ|τε-ρον μένοντας (tres vo-culae καὶ ὁ τῶν sequi videntur) ἀνδρῶν πολ-λ(ῆς) τῆς Φιλοτιμί|ας πάντα Φαβρίκιος τοῖς διότι πᾶν ἐχθρῶν τοῖς δια τι πᾶν ἐς | τὰ πράγματα τιμώμενον τήν τε ἄλλην ἀρετὴν

p. ed. M.	p. cod. V.	vs.	Lect. sec M.	Lect. quas hab. cod.

πᾶσαν ἤσκηκε καὶ πρός |
τινα Φάσι μὲν διειρ-
γασμένον ἔστιν ὑπὸ
τοῦ πολιτοῦ Φιλμεστος
(sic) ἢ ὑπὸ | ....
Scripsi haec, ut cod.
singula vocabula ex-
hibere *videbatur;* sed
vix credo hinc veram
scripturam elici posse.
Nam sic revera scrip-
tum non esse, vix
habeo monendum,
quod imprimis de vo-
cabulorum terminati-
onibus acceptum velim.

166	134	15	ὅτι Κούριος ... τὰ πε- πραγμένα μὲν	.. ἔφη ... σε κατὰ ...	ὅτι Κούριος ... τὰ πε- πραγμένα μὲν	.. λογιζόμενος ἔφη ὅτι γῆν μὲν (κατεστρεψά- μην) τοσαύτην ὥστε	 .... Reliqua prorsus oblitterata. Supplen- dum fortasse: (κατα-) λογιζόμενος
167	»	32	ἢ θελόντων	ἐθελόντων
»	185	2	συνε λ λ άγησαν	συν η λ λάγησαν
»	»	3	εἴκοντας αὐτοὺς ἔβλε- πον	εἴκοντας αὐτοὺς ἑώρων
»	»	5	ἀναγκαῖα		ἀναγκαῖα
»	»	6	ἐπιβασίαν ἐς αὐτὰ τινῶν	ἐπιβασίαν ἐς τ...το τινῶν; l. ἐπιβασίαν ἐς τ(αῦτα διὰ) τὸ τινῶν

p. ed M.	p. cod. V.	vs.	Lect. sec. M.	Lect. quas hab. cod.
			τετευχηκέναι	τετυχηκέναι
167	185	8	σφῶν ἐμέλησαν	σφῶν ἠμέλησαν
»	»	12	εὐπραγίαις| — ἐν δὲ ταῖς	εὐπρα|γίαις — ἐν δὲ δὴ ταῖς
168	»	20	ἢ πάντως λανθάνειν	ἢ πάντως γὰρ λανθάνειν (sic)
»	»	22	αὐτοῖς ἐξεπολέμησαν	αὐτοῖς — ἐξεπολέμωσαν
»	»	26	ἐκεῖνοι περανθήσαντες.	ἐκεῖνοι ὑπερανθήσαντες.
»	»	28	ὅτι Ποστούμιος	ὅτι ὁ Ποστούμιος. Sequentia usque ad ταῦτ' ἔφη hodie prorsus oblittera sunt.
»	»	29	γελᾶτε ἐπεὶ	γελᾶτε γ' ἐπεὶ
»	»	»	κλαύσεσθε	κλαυσεῖσθε
»	»	31	ἐς δὲ παραίτησιν.	ἐς δὲ τὴν παραίτησιν.
169	186	3	ὑπεξῆλθε |	ὑπεξῆλ|θε
»	»	4	χορδάζοντος	χορδακίζοντος
»	»	6	ἐπιτελήσητε	ἐπιτελέσητε
170	»	22	πιστωτάτους	πιστοτάτους
»	»	25	κατὰ γένους	κατὰ γένος
»	»	26	Ῥωμαῖοί τινα ἔσχατον	Ῥωμαῖοι χρόνον τινὰ ἔσχοντον. Recte M. corrigit ἔσχον.
»	»	31	οἷα συμβαίνει	οἷα που συμβαίνει
»	»	32	πυνθανεμόνοις	Fallitur M., cod. aperte: πυνθανομένοις.
»	287	2	μηδένα αὐτοὺς ἀκριβῆ φιλίαν ἔχειν	Ita codex. Sed l. πρὸς μηδένα κτέ.
»	»	6	ἑταιρίας	ἑταιρείας (minus recte tamen)
171	»	9	αὐτὴ καθ' δὲ	αὐτὴ δὲ καθ'
»	»	11	Μεγακλοῦς	Μεγακλέους
»	»	16	τῆσδ' ὀλίγου μεταβολῆς	τῆς δι' ὀλίγου κτέ.

p ed. M.	p cod V.	vs.	Lect. sec. M.	Lect. quas hab. cod.
171	287	17	τὴν χείρονος δόκησιν	τὴν τοῦ χείρονος δόκησιν
»	»	»	οὐθ᾽ ὕστερόν ποτε αὐτὸν	Codicis error, non M.; l. αὖθις.
»	»	»	θαρσήσεσθαι.	videbar mihi legere Φθαρήσεσθαι, quod non magis ferri potest. F. χαρήσεσθαι; quae forma sequioribus in usu erat pro χαιρήσειν.
»	»	24	προσχωρῆσαι	προσχωρῆσαί οἱ
172	»	28	μηδ᾽ εἰς	μηδ᾽ ἐς
»	»	29	καταγνωσθῆναι	καταγνωσθήσεσθαι
»	»	30	οὐ συνιεὶς ὧν ἔπραξαν καὶ	οὐ συνεὶς ὧν ἔπραξαν ἢ καὶ
»	»	31	πρὸς ἐπιβουλήν τε	προεπιβουλήν τε
»	288	3	ἅτε οἴκοθεν	est ipsius codicis error pro οἷτε οἴκοθεν.
»	»	10	ἐλύμαίναντο	ἐλυμήναντο
173	»	23	πολλῷ πλεῖον .	error cod. pro πολλῷ πλεῖον ὄν.
»	»	31	τὸ μέντοι καὶ	τὸ μέν τι καὶ
»	281	1	ἀστάθμίτους	Cod. pro ἀσταθμήτους.
174	»	4	τὰ πρακτέα οἷα ἀκριβῶς	τὰ πρακτέα οἱ ἀκριβῶς
175	»	26	ἐμοὶ γ᾽ οὐ	in cod. errore repetitum ἐμοί.
»	»	27	δήτι οὖν σχολή· οὐ μήν τοι	δή τι οὖν ἐστι σχολή· οὐ μέντοι
»	»	28	πρότερον ἐλλογισμόν τε	πότερον ἐλλόγιμόν με, ut de coniectura scilicet edidit M.; secunda scriptura fraudi ei fuit; τε fort. est

21

162

p. ed. M.	p. cod. V.	vs.	Lect. sec. M.	Lect. quas hab. cod.
				vitium typographicum.
175	281	29	δώρων	δῶρον pessime codex; tacite M. correxit.
»	»	32	κουδενὸς	καὶ οὐδενὸς. Vocula καὶ per compendium scripta fefellit M.
»	282	4	ταῦτα πάσχῃ	τοῦτο πάσχῃ
176	»	6	ὡς ἐγώγε	ὥστ' ἔγωγε
»	»	11	παμπλέθεσιν	παμπλήθεσιν
177	»	27	τότε μετακαλεῖν	τότε μεταβαλεῖν
»	»	28	θάρσος τοῦ Πύρρου	θάρσος τοῦ τε δέους τοῦ Πύρρου
»	»	32	κακῶς ἀπολεῖσθαι	κακῶς αὐτὸν ἀπολεῖσθαι
178	191	9	τὸ μέν τοι βαρυνόμενος σφίν	τὸ μέν τι βαρυνόμενός σφισιν
»	»	14	σκοψάντων	σκωψάντων
»	»	21	πλεῖον ἐκείνου βουλόμενοι	πλεῖον ἔχειν βουλόμενοι, ut suspicor magis fere quam lego.
»	»	23	ὑφεσωρῶντο	ὑφεωρῶντο
»	»	28	δύω δήμους	δύο δήμους
179	192	1	Μεσήνης	Μεσσήνης. Duplex sigma pictum ταχυγραφικῶς fere constanter M. habuit pro simplici.
»	»	8	καὶ ὅτι εὐθὺς	ita cod.; sed dele ὅτι vel cum Bekk. rescribe ἀποπλευσεῖται.
»	»	9	ἢ δ' εἴτι	ἢ εἰ δή τι
»	»	10	εἰς κρίσιν καταστῆσαι	εἰς κρίσιν καταστῆναι

163

p. ed. M.	p. cod. V.	vs.	Lect. sec. M.	Lect. quas habet cod.
179	192	15	ὑπὲρ τὰ τῶν Καρχηδονίων	εἴπερ τὰ τῶν Καρχηδονίων
»	»	19	χαλεπῶς ὑπεσώθη	χαλεπῶς αὐτὸς ἐσώθη
180	»	21	ὅτι πρῶτον τι ἐγχειρι-|σάμενοι ποιεῖν	ὅτι πρῶτον (πειρασά-)|μενοι αὐτῆς ἡττήθησαν, ὅπερ που φιλοῦσιν οἱ πρῶτόν τι ἐγχειρι|σάμενοι ποιεῖν. Maii oculi a priore πρῶτον ad posterius aberrarunt. Vocabuli πειρασάμενοι partem uncis inclusam supplevi de coniectura.
»	»	28	δέοι γενέσθαι	δέοι αὐτὸν γενέσθαι
»	»	32	μηδ' ἀπονίψαι ποτὲ	μηδ' ἀπονίψασθαί ποτε
»	147	4	καὶ εἶπεν	ita cod.; l. καὶ εἰπών.
»	»	7	πάντως ἀντελόγουν οἱ ἀφίκετοι (sic)	πάντως ἐς ἀντιλογίαν οἱ ἀφίκετο. Sic B. e coni., recte addito ἄν.
»	»	9	προσπαραινήσας	προσπαρήνεσε (l. προπαρήνεσε.)
181	»	15	Κηρχηδονίοις	Καρχηδονίοις
»	»	17	καθ' αἱρετὸν μελέτῃ	καθαιρετὸν μελέτῃ
»	»	18	τῷ προσείη	τῳ προσείη
»	»	21	αὐτοῦ στρατόπεδον	ita cod.; l. αὐτοῦ τοῦ κτέ.
»	»	24	καταπτήσσειν τιν(ῶν) οὐδ'	καταπτήσσειν τιν' οὐδ'
»	»	25	ἐκπληξία ἡ πολλούς — ἐξαιρεῖ	ἐμπληξία πολλούς — ἐξαιρει
»	»	29	πράττοντες ναυμαχίαν	πρῶτόν τ' ἐς ναυμαχίαν
182	148	1	προέφερον οἱ μὲν	προέφερον δὲ οἱ μὲν

21 *

p. ed. M.	p. cod. V.	vs	Lect. sec. M.	Lect quas hab. cod.
182	148	7	τὸ δὲ ἀπειρότατον	τὸ δὲ ἀπείρατον
183	»	20	προσέσθαι	πρcέσθαι. Ut saepe alibi, rei palaeographicae imperitia hîc fefellit M., sic scriptum esse perhibentem, ut ipse edidit.
»	»	»	τὴν οἰκείαν	τὸ τὴν οἰκείαν
»	»	23	κεχειρώμενον	κεχειρωμένον
»	»	28	στερήσεσθαι	ἐστερήσεσθαι
184	163	1	... οἱ δὲ μὴ τὰ αὐτὰ	..δετο μὴ τὰ αὐτὰ videre putabam; certe οἱ δὲ non legitur.
»	»	6	ἅπασιν δῆλον	ἅπασι δῆλον
»	»	7	ὁπότεροι — παρακονῆσαι	ὁποτέροις — παρακινῆσαι
»	»	8	αὐτοῖς καθήκῃ	αὐτοῖς καὶ καθήκῃ
»	»	16	ἄλλοθεν πόθεν ἀπαλλαγῆναι	ἄλλοθέν ποθεν αὐτὰ ἀπαλλαγῆναι
»	»	17	οἷ	cod. οἱ hic et alibi recte habet sine accentu.
»	»	18	Ἴσσα νῆσος	Ἴσσα ἡ νῆσος
»	»	20	προσφιλοτέρους	προσφιλεστέρους
»	»	»	αὐτοὺς καὶ πιστωτέρους	αὐτούς τε καὶ πιστοτέρους
185	»	23	ἐδείματο	ἐδειμάτου
»	»	24	κατασκήψῃ	κατασκήπτῃ (minus recte.)
»	»	27	διαμαρτῶντες	διαμαρτόντες
»	»	30	ἄρα τι παχύτατον	ἄρα τι καὶ παχύτατον (l. βραχύτατον.)
»	»	32	ἐγχειρώσονται	ἐγχειρώσωνται
186	164	9	αὐτόν	αὐτῶν; fallitur M., qui tamen recte edidit αὐτῶν.

p. ed. M.	p. cod. V.	vs.	Lect. sec. M.	Lect. quas hab. cod.
186	164	10	Ἰνσουβρας	Ἰνσουμβρας
»	»	11	ὠμομοκότας	ὁ μωμοκότας
»	»	12	ἀποδύεσθαι	ἀποδύσεσθαι
»	»	13	ἡμαρτήθη που	ἡμαρτήθη πάντως που
187	139	4	καὶ ἔτι φροντίσαι πάνθ' ὅσα ἐπεθύμει ἐδύνατο	καὶ ἐκφροντίσαι πάνθ', ὅσα ἐνεθυμεῖ(το), ἐδύνατο. Nam non, ut M. adnotat, aliquot verba hic legi nequeunt, sed duo tantummodo litterae.
»	»	5	τὸ μὲν μετα ... βραδύτητος	τὸ μὲν βέβαιον ἐκ βραδύτητος; duae primae litterae certe sunt βε.
»	»	7	ὑπάρχειν τη ... τε γὰρ	ὑπάρχειν τελεστικώτατος τε γὰρ κτέ.
»	»	8	καὶ τὸ μᾶλλον ἰσχυρ(ῶς)... βουλευτής τε	καὶ τὸ μέλλον ἰσχυρῶς π(ρουσκόπ)ει βουλευτής τε
»	»	11	καὶ τὸ μελλό(μενον) πάλιν	καὶ τὸ μέλλ(ον αὖ) πάλιν videre mihi videbar.
»	»	»	καὶ δ' ἔτι τάχιστα	ad haec non satis animum adverti; f. καὶ ὅτι τάχιστα.
»	»	16	κατὰ πάτριον	κατὰ τὸ πάτριον
188	»	24	ἐξαρπαγήσαντες	ἐξα | πατήσαντες. Reliqua in hac pagina adeo oblitterata sunt, ut lacunis explendis frustra operam dederim.
»	140	1	τὰ ἀλλότρια προσάγεται	τὰ ἀλλότρια προσκτᾶται

p. ed. M.	p. cod. V.	vs.	Lect. sec. M.	Lect. quas habet cod.
189	140	4	αἰσχρόν ἐστι │	αἰσχρόν │ ἐστι
»	»	»	τῶν λόγων περὶ αὐτῶν	Ita cod.; l. τῶν λόγων τῶν περὶ αὐτῶν
»	»	7	ὅτι οὐδὲν ὄφελός τι ποιεῖσθαι	ἅτε οὐδὲν ὄφελος πεποιεῖσθαι (sic). L. πεποιῆσθαι.
»	»	8	ἐπιτιμῆσαι καὶ	ἐπιτιμῆσαί τι καὶ
190	»	23	πέμψασθαι — κατηγορῆσαι	πέμψασι — κατηγορῆσαι
»	»	25	κἂν μὲν ἐκδῶσιν αὐτόν, (ἡσυχίαν ἄγειν·) εἰ δὲ μή, τὸν πόλεμόν σφισιν ἐπαγγεῖλαι.	Haec verba ἡσυχίαν ἄγειν ex Zonara VIII : 22 male supplet M., quem fugit elegans ellipsis Graeca, quae frequentissima est apud optimum quemque scriptorem Graecum, quaeque frequentior etiam foret, si per sciolos lieuisset. Zonaram autem supplementum istud de suo addidisse, non est quod miremur.
»	»	29	ἐνταῦθα Καρχηδόνιοι	ἐνταῦθ' ὦ Καρχηδόνιοι
»	141	1	ἐπήγγειλε.	ἐπήγγειλεν.
»	»	2	Ἀρβωρνησίους	Ἀρβωνησίους, i. e. Ναρβωνησίους.
191	»	8	πρὸς ἐπιθυμίαν — ἄγει	πρὸς εὐθυμίαν — ἄγει
»	»	9	καὶ ἐς ἀπόγνωσιν καὶ	καὶ ἐς ἀπόγνωσιν ἐμβαλὼν καὶ
»	»	17	ἐγκαταλίπουσι·	ἐγκαταλείπουσι·
»	»	18	εἴτι καὶ σφάλλοιεν	εἴτι καὶ σφαλεῖεν

p. ed. M.	p. cod. V.	vs.	Lect. sec. M.	Lect. quas hab. cod.
192	142	4	καὶ τὸ νικηθὲν οὐδεῖ... θεραπεύει	καὶ τὸ νικηθὲν οὐδεὶς οὐδὲ τῶν οἰκείων ἔτι θεραπεύει legere mihi videbar; ut nunc de coniectura video B. edidisse.
»	»	7	(σφαλερὸν) γάρ τι καὶ δειλὸν de coniectura.	Rara vocabuli vestigia potius favent lectioni huic: (προπετὲς) γάρ τι καὶ κτἑ.; nil enim vidi praeter π.. π... Sequentia quoque eam confirmant.
193	149	2	αὐτὸν δ᾽ εἰ καὶ (ed. M.)	cod. αὐτοῦ κτἑ. ut recte legit M.
			πάντη κακὸν (ed. M.)	παντὶ κακοῦ recte legit M.. L.: αὐτὸς δ᾽ — πταίσειε (ἐν) παντὶ κακοῦ — γενήσεσθαι ἐλογίζετο
»	»	3	πρὸς ἀριθμὸν	πρὸς τὸν ἀριθμὸν
»	»	7	καὶ δὲ διὰ τοῦτο τοῦ υἱέως	καὶ διὰ τοῦτο καὶ τοῦ υἱέος
»	»	9	οὔτε ἐσείσθη	οὔτε ἐπείσθη
194	»	13	εἴ ποτε γράφων	ἀεί ποτε γράφων
»	»	20	προσφαινόμενον	προφαινόμενον
»	»	21	ἐπὶ πλείονος	ἐκ πλείονος
»	»	26	ὅτι μὴ κατ᾽ ἀρχὰς ἔγνω	ὅτι μὴ κατ᾽ ἀρχὰς τὸ δέον ἔγνω
»	»	29	τὸ εὐτυχίας ἔργον	εὐτυχίας ἔργον
»	150	2	ἀπαλλαγήσασθαι	ἀπαλλαγήσεσθαι
195	»	21	τὸ δεινὸν πάθοι	τι δεινὸν πάθοι
196	»	26	ἀπερίσκελον	ἀπερίσκεπον (l. ἀπερίσκεπτον.)

p. ed M	p cod. V. vs.		Lect. sec. M.	Lect. quas hab. cod.
196	150	27	βουλομένου ἀεί	βουλομένου μὲν ἀεὶ
»	»	31	μέ πη	μή πηι
200	302	14	ἐλεήσῃ, καὶ παιδευθή- σεται	sic cod.; sed leg. ἐλε- ήσαι κτέ.
202	349	11	Πίσωνα — ἐπεὶ δὲ | ἐκεῖνος μέν | τοι	Πείσωνα — ἐκεῖνος | μέντοι
»	»	24	αὐτῇ | ποτὲ	αὐτῇ ποτὲ
203	»	31	ἀκροατής τις	ἀκροατής τις |
204	350	11	Γάϊος | οὕτως	Γάιος οὕτως
»	»	12	στῆσαι μὲν αὐτοὺς ἐπὶ στίχον	στῆσαι μὲν αὐτοὺς ἐπὶ στοῖχον
»	»	15	ἐξ ήτησε	ἐζ ήτησε
»	»	23	ἵνα θεάσῃ αὐτόν	ἵνα θεάσηται αὐτόν
»	»	29	ἄλλους | εἶναι	ἄλλους εἶναι |
205	203	2	ἰδοῦ ὑμεῖς	ἰδοὺ ὑμεῖς
»	»	3	Φονεύσατε μέ	Φονεύσατέ με
»	»	8	ἐδέδεισαν	ἐδέδεισαν. L. ἐδεδίεσαν.
»	»	11	δύω	δύο
207	204	3	Νάρκυσσος	Νάρκισσος
»	»	4	ἑστήκειν	ita cod. l.; ἑστήκει ἂν (nam sic solent sequiores pro ἑστήκη ἂν.)
»	»	10	αὐτοχειρογενέσθαι	αὐτόχειρα γενέσθαι
208	»	20	οὕτως δὲ γενομένου	οὕτως δὴ γενομένου
»	»	25	Βρεττανῶν ἄρχων	Βρεττανῶν ὁ ἄρχων
»	»	29	εἰδὼν τὸ μέγεθος	ἰδὼν κτέ.
209	205	12	ὡς αὕτη ἂν αὐτοκράτορα	ὡς αὕτη σε αὐτοκράτορα
210	»	15	αὐτοῦ δεδωκότος	αὐτοῦ τοῦ δεδωκότος
»	»	22	τὴν ἐσθῆτα ἔρρηξε	τὴν ἐσθῆτα διέρρηξεν
»	»	26	εἰ μὲν | ἐμὲ	εἰ μὲν ἐμὲ |
»	»	32	καθεῖλον	καθεῖλεν manifesto codex.
211	206	2	Ὀρήστης	Ὀρέστης
»	»	4	βασιλεῦσαι	ita cod.; sed leg. βασι- λεύσειν.

ed. M.	p. cod. V.	vs.	Lect. sec. M.	Lect. quas hab. cod.
212	206	19	προσενεχθείσης, Νέρων	προσενεχθείσης Νέρωνι
»	»	24	περατώθη	ἐπερατώθη
»	»	26	Ἄσπερος	Ἄσπρος
213	343	5	συνῴσησε	συνῴκησε. Videtur M. sibi finxisse verbum συνοισεῖν, quod vertit per vereari c. a.!
»	»	7	ἐπαγγελλομένου — γρά-φειν	Ita cod.; l. γράψειν.
214	»	21	ἐνὶ μόνῳ μεμφόμενος	Revera sic est in cod., sed l. ἓν μόνον.
»	344	1	περιοδονίκην (ἡ βουλὴ) ἔλεγεν εἶναι Νέρωνι	περιοδονίκης. Dele ἡ βουλή, quae vocabula de suo inseruit M., et scribe Νέρων. Mox scripserim: οὐ γὰρ ἤρκει αὐτῷ τὰ λοιπὰ θέατρα κτέ. pro οὐ γὰρ ἠρκεῖτο εἰς τὰ κτέ.
215	»	6	ἀπεκρίνατο αὐτῷ	ἀπεκρίνετο αὐτῷ
216	»	24	πολλὰ καὶ πολλάκις	Non aliter cod. Dele duo priora vocabula, dittographia nata ex posteriori.
»	»	»	τοσοῦτο μανίας ἐληλάκει	Recte legit M. Sed scribendum: ἐς τοσοῦτο μανίας ἐληλύθει.
218	299	32	οὐχ | οἷον δὲ ἦν ἄνδρα	οὐχ οἷον δέ τ᾽ ἦν | ἄνδρα
220	300	31	κἂν — ἐπίσταται	Utrum cod. habeat ita an ἐπίστηται, quod necessarium est, distinguere non potui.

22

p.ed. M.	p. cod. V.	vs.	Lect. sec. M.	Lect. quas hab. cod.
223	362	11	ἐλπίδας ἐπὶ τῆς σωτη-ρίας	ἐλπίδας ἔτι τῆς σωτη-ρίας
»	»	12	ἰάμβιον	error cod. pro ἰαμβεῖον.
224	»	22	πολλοῖς τοῖς ἔτεσι	ita cod., sed dele arti-culum.
225	337	3	λέοντα ἐπιθεὶς	cod. λεοντᾶ ἐπιθείς. Lege locum in hunc modum: καὶ ῥόπαλον αὐτῷ (δοὺς) καὶ λεον-τῆν περιθείς, ἐπέ-γραψε Λούκιος Κόμ-μοδος Ἡρακλῆς.
»	»	11	τὸν λοιπόμενον χρόνον	τὸν λειπόμενον χρόνον
226	»	22	ἀρετὴ γὰρ ἰδία Φυ-λάττουσα	ἀρετὴ γάρ ἐστιν ἡ διαφυλάττουσα
»	»	25	πόλεμον εἵλετο	error cod. pro πόλεμον ἀνείλετο.
»	»	28	τοῦτο ἐνθυμήθητι ὅτι καὶ	τοῦτο ἐνθυμήθητι καὶ
227	338	5	ἐβουλήθη	ἠβουλήθη
»	»	13	γράφειν πρὸς τέταρτον Καίσαρα	γράφειν πρὸς αὐτόν· πρὸς τέταρτον Καίσαρα. Fut. bene corr. M.
228	»	22	πρωῒ | εἰς	πρωῒ εἰς |
»	»	24	πρὸς τῇ θύρᾳ ὑπεστράφη	πρὸς τῇ θύρᾳ αὐτῇ ὑπεστράφη
»	»	»	πᾶσα οἰκουμένη	πᾶσα ἡ οἰκουμένη
»	»	27	καὶ | Φχυλοτάτους	καὶ Φαυλο | τάτους
229	309	15	τὴν κεφαλὴν αὐτοῦ ἐν-τεμεῖν· ὁ δ' ἀπεκρίνατο ἐντεμεῖν	τὴν κεφαλὴν αὐτοῦ ἐκ-τεμεῖν — ἐκτεμεῖν. Utrobique l. ἀπο-τεμεῖν.
230	»	24	ἐν αἷς αἱ γωναῖκες	Error cod. pro ἐν ᾧ αἱ γυναῖκες.

p. ed. M.	p. cod. V.	vs.	Lect. sec. M.	Lect. quae hab. cod.
230	310	4	κἂν μὴ	καὶ ἐὰν μὴ (minus recte.)
231	»	18	πόσον σφῶν ἐτελεύτησαν	πόσοι κτὲ.
232	»	28	καὶ ταῦτα	καὶ | ταῦτα
»	»	30	οὐδένα ἂν ὅρον	οὐδένα ὅρον
233	326	6	ἔσομαι κατὰ	ἔσομαι κα|τὰ
»	»	9	συγκλύδων	ita cod. Sed l. συνηλύδων.

SUPPLEMENTUM EMENDATIONUM

IN EXCERPTA VATICANA E CASSIO DIONE.

Tentabo locos nonnullos ex eorum numero, quibús nihil aut parum est in palimpsesto praesidii; qua in re ne acta agam, utar recentissima Dionis editione, quam a. 1849 curavit Imm. Bekkerus (Lipsiae ap. Weidmannos).

Pag. 7, 11: ἐγὼ ὑμᾶς, ὦ πατέρες, ἐξελεξάμην, οὐχ ἵνα ὑμεῖς ἐμοὶ ἄρχητε, ἀλλ' ἵν' ἐγὼ ὑμῖν ἐπιτάττοιμι. Corrigatur ἄρχοιτε, κτέ.

Pag. 12, 12: ὅτι τοῦ Βρούτου τό τε δῶρον, τοῦτ' ἔστι τὴν βακτηρίαν, ἔσκωπτον. Vocabula τοῦτ' ἔστι τὴν βακτηρίαν non sunt Dionis, sed eclogarii additamentum.

Pag. 15, 17 § 3: ὥστ' αὐτοὺς ἐπὶ πλεῖστον ἀνθρώπων, πλὴν ἐν τοῖς πάνυ κινδύνοις, οὓς ἐκ τῶν ἀεὶ πολέμων δι' αὐτὰ ταῦτα μάλιστ' ἔσχον, διχοστατῆσαι. Suspicor: πλὴν ἐν τοῖς πάνυ δεινοῖς κινδύνοις, οὓς κτέ.

Pag. 16, 17 § 8: καὶ εἰ δή τινες πλείους (ἑνὶ) δεδανεικότες ἔτυχον, κρεουργηδὸν αὐτοῦ τὸ σῶμα πρὸς τὸ μέρος ὧν ὤφειλεν ἐξουσίαν εἶχον κατανέμεσθαι. Voculam ἑνὶ de suo addidit Bekkerus, non male; sed leniore medicina scribatur: καὶ εἰ δή τινι πλείους δεδανεικότες ἔτυχον. Deinde fortasse verum est: πρὸς τὸ μέρος ὃ ὤφειλεν (ἑκάστῳ) ἐξουσίαν κτέ. Mox ibidem suppleverim: πῶς γὰρ ἂν πρὸς τοσαύτην ὠμότητα προεχώρησαν οἱ καὶ τοῖς ἐπ' ἀδικήματί τινι (ἁλοῦσι) διάφευξιν ἐπὶ σωτηρίᾳ πολλάκις

δόντες τοῖς τε ἀπὸ (lege κατὰ) τῶν πετρῶν τοῦ Καπετωλίου
ὠσθεῖσι κτέ. Ibidem § 10: οἱ δὲ τὸ μὲν πρῶτον ἐθρασύνοντο,
θαυμασίῳ δέ τινι τρόπῳ κατέστησαν. Requiritur: μετέστησαν.
In iis, quae statim praecedunt, probo Bekkeri coniecturam, in
quam et ipse incidi: οἱ δὲ βουλευταὶ (τούτους· τε) φοβηθέντες
μὴ ἐπὶ πλεῖον (ἐκ)πολεμηθῶσι καὶ τοὺς περιοίκους πρὸς τὰ παρόντα συνεπιθῶνται σφίσι κτέ.; nisi quod simul reponendum
erit (ἐκ)πολεμωθῶσι. Lenius quidem scripseris πολεμωθῶσι,
sed verbum simplex dubito an praeterquam apud Thucydidem
inveniatur. Serioris certe aevi scriptoribus non videtur fuisse in
usu. Mox § 10: τἆλλα μέλη — ἐστασίασε, λέγοντα αὐτὰ
μὲν καὶ ἄσιτα καὶ ἄποτα πονεῖν καὶ ταλαιπωρεῖν, ἅτε καὶ ἅπαντα
αὐτῇ διακονούμενα κτέ. Post ἄποτα excidisse videtur participium
ὄντα. Tandem § 11 corrigatur: τὸ μὲν πρῶτον — ἔπειτα (δ')
ὑπέδωκε καὶ ἐξέκαμε κτέ.

Pag. 17, 17 § 15: τῷ γὰρ τὴν ἀρχὴν αὐτοὺς μὴ ἐπ' ἄλλο τι
ἢ τοῖς βιαζομένοις τινὰς ἐναντιοῦσθαι λαμβάνειν. Ne soloeca
oratio sit, legendum: ἢ τὸ τοῖς κτέ.

Ib. 18 § 4: καὶ λιμοῦ γενομένου ἰσχυροῦ καὶ Νώρβης πόλεως
ἀποικίζεσθαι βουλομένης τὸ πλῆθος ἐπ' ἀμφοτέροις αὐτοῖς
τοὺς δυνατοὺς ᾐτιάσατο, ὡς καὶ δι' ἐκείνους καὶ τῆς τροφῆς
στερισκόμενοι καὶ ἐς τοὺς πολεμίους ἐπίτηδες ἐπ' ὀλέθρῳ προύπτῳ
ἐκδιδόμενοι. Triplici nomine haec vitiosa sunt. Pars autem
posterior facile emendari potest scribendo: ἐπ' ἀμφοτέροις τούτοις τοὺς δυνατοὺς ᾐτιάσατο ὡς δι' ἐκείνου, expuncta copula
vitio nata ex ὡς. Minus certa est medicina corrupti participii
βουλομένης, non enim reperio quod ad sententiam aptius et ad
vulgatam lectionem propius corrigatur quam βουλευομένης
sensu passivo, ut dixerit Dio: *quum deliberaretur de colonia
deducenda Norbam.* Insolenter tamen dictum videri possit
πόλις ἀποικίζεσθαι βουλεύεται pro πόλιν ἀποικίζειν βουλεύουσι
(βουλεύονται). De qua re iudicent me peritiores. Cogitavi
quoque de μελλούσης, sed hoc tum nimium a vulgata distat,
tum sensum non aeque aptum praebere videtur.

Pag. 18. ib. § 6: ἀντίπαλα ἢ καὶ μείζω ὧν ἔπαθον

δράσειν ἀντελπίσαντας. Aliquanto melius, ut arbitror, legeretur transposita praepositione ἀντιδράσειν ἐλπίσαντας. Ib. § 7: οἱ μὲν ἄνδρες οὐδὲν μᾶλλον ἐκινήθησαν. Dicendi usus postulat οὐδέν τι μᾶλλον; et sic Zonaram legisse suspiceris, apud quem vitiose vulgatur οὐδ' ἔτι κεκίνηντο. Sequuntur haec: οὕτω πως κακῶς ἐστασίαζον, ὥστε μηδ' ὑπὸ τῶν κινδύνων καταλλαγῆναι. Nullus in hac sententia locus est adverbio πως s. fere, dum contra requiritur coniunctio causalis; quare rescripserim: οὕτω γὰρ κακῶς κτέ.

Pag. 19, ib. § 11: Coriolanus matri dixisse traditur: — ἀλλὰ σὺ μὲν καὶ ἀντ' ἐμοῦ τὴν πατρίδα ἔχε, ἐπειδὴ τοῦτο ἠθέλησας, ἐγὼ δὲ ἐκποδὼν ὑμῖν ἀπαλλαγήσομαι. Quae verba, expuncta vocula καί, sanissima erunt. In ultima huius excerpti periodo scribere malim: ἀλλ' ἐς τοὺς Οὐόλσκους ἀναχωρήσας ἐνταῦθα ἐξ ἐπιβουλῆς ἢ καὶ γήρᾳ ἀπέθανε pro γηράσας; non enim, credo, senex magis quam iuvenis ab adversariorum insidiis tutus est; neque ulla est oppositio inter ἐξ ἐπιβουλῆς et γηράσας, quo participio si uti voluisset, addere debuisset substantivum νόσῳ.

Ibid. 20 § 3: οὕτω γοῦν ὑφ' ἑκατέρου παρωξύνθησαν ὥστε καὶ τὴν νίκην ἔνορκον τοῖς στρατηγοῖς ὑποσχέσθαι. Promittebant, ni fallor, τὴν νίκην ἔνορκοι non ἔνορκον, iurati non iuratam. Qua de causa rescribatur ἐνόρκους.

Pag. 23, 25 § 3: τήν τε φωνὴν ξενικόν τέ τι καὶ φρικῶδες φθεγγομένην ἐκπλαγέντες. Non male consulet Graecitati, qui rescripserit φθεγγομένων scil. τῶν Γάλλων, de quibus sermo est.

Pag. 26, 29 § 4: ὥσθ' ὑπὲρ ὧν τοὺς πολέμους πρὶν τοὺς μεγίστους ἀνῃροῦντο, ταῦτ' ἐν τῷ χρόνῳ σύμπαντα ὡς εἰπεῖν οὐκ ἀστασιάστως μέν, οὐ μέντοι καὶ χαλεπῶς κατακτήσασθαι. Sermo est de plebeiis sensim paullatimque acquirentibus ἰσοτιμίαν in Romanorum republica, quare suspicor reponendum esse: ταῦτα τῷ χρόνῳ σύμπαντα, nisi mavis ταῦτα σὺν χρόνῳ κτέ. In Dione offensionem non habet οὐ μέντοι καί post negationem. Veteres scribere solent, quemadmodum Aristophanes dedit in Pluto:

πτωχοῦ μὲν γὰρ βίος, ὃν σὺ λέγεις, ζῆν ἐστὶ μηδὲν ἔχοντα,
τοῦ δὲ πένητος ζῆν Φειδόμενον καὶ τοῖς ἔργοις προσέχοντα,
περιγίγνεσθαι δ' αὐτῷ μηδέν, μὴ μέντοι μηδ' ἐπιλείπειν.
Eadem ratione hoc, quem tractamus, loco grammatica requireret: οὐ μέντοι οὐδὲ χαλεπῶς κτέ. Sed, ut iam dixi, sequiores
his legibus teneri non videntur.

Pag. 30, 36 § 5: βούλομαι μὲν ἤδη πεπαῦσθαι λέγων.
Haec non magis Graeca videntur, quam Latinum foret: *volo
finem fecisse dicendi;* itaque minus inepte legeretur παύε-
σθαι, sed longe praestat corrigere: ἐβουλόμην μὲν ἂν ἤδη
πεπαῦσθαι λέγων i. e. *vellem quidem me iam finem impo-
suisse orationi;* quae ratio commendatur sequentibus. Non
saniora videntur vicina: τά τε δάκρυα τὴν Φωνὴν ἀνίσχει. Ubi
verum est aut ἴσχει, aut, quod praetulerim, ἐνίσχει. Nec
fore puto qui recte habere defendant ibidem § 7 vocabula:
καὶ τὰ λοιπὰ μετριάζων ἔς τε Φιλίαν ἑαυτοῦ καὶ προθυμίαν
αὖθις ἀντικατέστησεν, ὥστε συμβαλόντας κτέ. Quae verba et
Graeca et perspicua erunt, ubi Dioni reddideris: καὶ — ἔς τε
Φιλίαν ἑαυτῷ καὶ προθυμίαν αὖθις (σφᾶς) ἀποκατέστησε i. e.
eos secum in gratiam reduxit cet. Ut vulgo editur verbum
ἀποκαθιστάναι caret obiecto, quod e palimpsesto restitui, idque
iam sensisse videtur B., qui αὐτοὺς post αὖθις inserendum esse
suspicetur.

Pag. 31, ib. § 12: ὅσῳ τε τῶν ἄλλως πως διενεχθέντων οἱ
ἐκ Φιλίας ἐς ἔχθραν χωρήσαντες μισοῦσιν ἀλλήλους, τόσῳ πλεῖον
καὶ τῶν ἄλλως πως εὐεργετηθέντων οἱ ἐκ διαφορᾶς εὖ παθόντες
Φιλοῦσι τοὺς πεποιηκότας. Ex Genitivo τῶν διενεχθέντων, qui
non habet unde pendeat, liquido constat excidisse in protasi
πλεῖον vel μᾶλλον. Id vero post vocabula ὅσῳ τε accidisse
suspicor, quamquam ob rationem palaeographicam μᾶλλον post
ἀλλήλους facilius perire potuisse largiar; verum ita verborum
compositio minus foret expedita. Tandem in fine sententiae
scripserim: οἱ ἐκ διαφορᾶς εὖ παθόντες Φιλοῦσι τοὺς (εὖ) πεποιηκότας. Compara v. c. locum p. 18 § 6 prope fin.: ὧν γὰρ ἂν
τις σφόδρα κακοπαθῇ, πρὸς τῶν αὐτῶν καὶ εὖ πείσεσθαι, βου-

λομένων γε καὶ δυναμένων εὖ ποιῆσαι, οὐκ ἐλάχιστα κτέ. Quem locum adscripsi, ut· simul corrigerem; nam κακοπαθῇ duplici nomine vitiosum; requiritur enim, ut docent praecedentia, Aoristus, et, ut apparet ex opposito εὖ πείσεσθαι, non verbum κακοπαθεῖν (cui opponi solet debetque εὐπαθεῖν) sed κακῶς πάσχειν. Rescribendum est ergo: ὑφ' ὧν γὰρ ἄν τις σφόδρα κακῶς πάθῃ κτέ.

Pag. 33, ibid. § 21: ὅτι οἱ Ῥωμαῖοι τοῖς Σαυνίταις οὐχ ὅτι χάριν τινὰ τῆς γοῦν τῶν ἐκδοθέντων σωτηρίας ἔσχον κτέ. Particulam γοῦν h. l. plane inertem iubeamus exulare, utpote per dittographiam e sequenti articulo oriundam; eademque sors contingat voculae ἐν in verbis: τὸ γὰρ δίκαιον οὐκ ἐκ τοῦ ὁμοίου τῷ νομιζομένῳ καὶ [ἐν] τοῖς ὅπλοις ὡς πλήθει κρίνεται. Sensus: etenim ius haud pari modo legibus atque armis plerumque dicitur, quemadmodum vertit Maius. Verba prima huius excerpti, quae supra descripsi, continuantur in hunc modum: ἀλλ' ὥσπερ τι δεινὸν ἐκ τούτου παθόντες ὀργῇ τε τὸν πόλεμον ἐποιήσαντο κτέ. Accuratius certe scriberetur: ὀργῇ τε μείζονι vel πλείονι κτέ.

Pag. 34 § 28: ὅτι ὁ ὅμιλος περὶ τῆς μαντείας παραχρῆμα μὲν οὔθ' ὅπως πιστεύσῃ οὔθ' ὅπως ἀπιστήσῃ αὐτῷ εἶχεν· οὔτε γὰρ ἐλπίζειν πάντων ἐβούλετο, ὅτι μηδὲ γενέσθαι πάντα ἤθελεν, οὔτ' αὖ ἀπιστεῖν ἅπασιν ἐτόλμα. Impense miror Bekkerum non emendasse: οὔτε γὰρ ἐλπίζειν πάντα ἐβούλετο κτέ.

Pag. 39, 40 § 12: Ὅτι διαβολὴν ἀπ' αὐτῶν οἱ Ῥωμαῖοί τινα ἔσχον, μέχρις οὗ ἐπεξῆλθον αὐτοῖς. Legendum cum palimpsesto: Ὅτι διαβολὴν ἀπ' αὐτῶν οἱ Ῥωμαῖοι χρόνον τινὰ ἔσχον, τὸν μέχρι οὗ κτέ. Neque tamen vel sic locum satis expedio. Hoc certum est Maium pessime interpretari: donec iis suppetias tulerunt; nam Graeca significant ipsum contrarium: donec adversus eos profecti sunt i. e. donec bellum iis intulerunt. Unde satis, ut opinor, apparet intelligendos esse Tarentinos. Ne forte quis ὑπ' αὐτῶν scribendum esse suspicetur, adscribam reliqua: πρὸς γὰρ τὰ μείζω καὶ πρὸς τὰ μᾶλλον κατεπείγοντα ἀσχολίαν ἄγοντες, παρὰ μικρόν τισιν αὐτὰ ποιεῖσθαι ἔδοξαν; Graviorem corruptelam vocabula ἀπ' αὐτῶν passa esse suspicor.

Ibid. § 13: — οἷα συμβαίνει περὶ τε τῶν ἀγνώστων σφίσι καὶ περὶ τῶν διὰ πλείστου μάλιστα ὄντων θρυλεῖσθαι πυνθανομένοις. Transponendum videtur et scribendum: περὶ τῶν διὰ πλείστου ὄντων μάλιστα θρυλεῖσθαι τοῖς πυνθανομένοις. Hinc optime Bekkerus restituit locum p. 59 initio: οἷά που οὖν φιλεῖ τά τε διὰ πλείστου καὶ τὰ ἐν ἀγνωσίᾳ ὄντα πολλοὺς ἐκταράσσειν, ubi vulgabatur: τά τε διαπληκτικὰ καὶ κτἑ.

Pag. 40, 40 § 19: εἰ δὲ δὴ καὶ αὖθίς ποτ' ὁμοίως κρατήσειεν κτἑ. Ex hoc loco corrigatur Plutarchus in vit. Pyrrhi c. 21: ἂν ἔτι μίαν μάχην Ῥωμαίους νικήσωμεν, ἀπολούμεθα, supplendo: ἂν ἔτι μίαν (ὁμοίαν) μάχην κτἑ.

Pag. 41, ibid. § 22: καὶ ἀπ' αὐτῶν καταφρόνησιν ἢ μῖσος προεπιβουλήν τε, ἐς αὐτὸν κτἑ. Requiritur: (ἢ) καταφρόνησιν κτἑ.

Pag. 42, ibid. § 28: ὅτι ὁ αὐτός, ἐπειδή γε ἀναχωροῦντι αὐτῷ ͵͵ ὡς τὸ στράτευμα τοῦ Λαιουίνου πολλῷ πλεῖον ἢ τὸ πρόσθεν εἶδεν, ὕδρας ἔφη δίκην τὰ στρατόπεδα τῶν Ῥωμαίων κοπτόμενα ἀναφύεσθαι. Lacunam, quam statuit Bekk. post αὐτῷ, non male expleveris inserendis vocabulis: ἐπῆλθε θαυμάσαι. Deinde, ne soloeca sit oratio, scribendum: πολλῷ πλεῖον (ὃν) ἢ τὸ πρόσθεν εἶδεν, ni forte praestat: εἶδεν (ὄν).

Pag. 43 § 33: τήν τε οὖν εἰρήνην συμπρᾶξαί σε μοι ἀξιῶ, καὶ προσέτι καὶ οἴκαδε [τε καὶ ἐς τὴν Ἤπειρον] ἐπισπέσθαι. Uncinis inclusi, quae ex interpretamento fluxisse videntur. Ib. § 34: ἐμοὶ γοῦν δῆλον ὅτι οὐ σχολὴ κτἑ. Ita Bekk. emendavit Maii lectionem: ἐμοὶ γ' οὐ δήτι οὖν σχολὴ, et sic codex habet, nisi quod post οὖν inseritur ἔστι; unde etiam lenius rescribere possis: ἐμοὶ γ' οὐδ' ἡτισοῦν (ἔστι) σχολὴ κτἑ. i. e. mihi quidem ne tantillum quidem otii est. Verior tamen Bekkeri ratio, quam, addito verbo ἔστι, amplecti nullus dubito.

Ib. pag. 43 § 34: οὐ μέντοι οὐδὲ τούτων τι λάβοιμι ἄν. Bekkerus particulam ἄν recte addidit e Zonara, qui habet: ἀλλ' οὐδὲ τούτων ἂν δίδως τι λάβοιμι ἄν. Dubito tamen an suo loco eam inseruerit, siquidem particula μέντοι eam voculam ad se trahere solet, et praetulerim hanc lectionem: οὐ μένταν οὐδὲ τούτων τι λάβοιμι. Mox § 35 requiro: οὔτε τὴν Ἤπειρον οὔτε· τἄλλα κτέ. (pro οὔτε ἄλλα) ὅσα κέκτησαι καταλιπών.

Pag. 44 ibid. § 44. Interpolator sua immiscuisse videtur nobili dicto Pyrrhi: οὗτός ἐστι [καὶ οὐκ ἄλλος] Φαβρίκιος, ὃν δυσχερέστερον ἄν τις παρατρέψειε τῆς οἰκείας ἀρετῆς ἢ τῆς συνήθους πορείας τὸν ἥλιον. Si quid Dio addere voluisset, scripsisset, opinor, (neque eum non dedisse affirmaverim): οὗτος ἐκεῖνος κτέ. = hic est ille Fabricius, quem difficilius — dimoveas.

Pag. 46, 41 § 2: δυνάμενοι μὲν γὰρ ἐκ πολλοῦ οἱ Καρχηδόνιοι αὐξανόμενοι δ᾽ ἤδη οἱ Ῥωμαῖοι ἀλλήλους θ᾽ ὑφεωρῶντο κτέ. Bekkerus de suo addidit μέν; minus recte, ni fallor. Scripserim: δυνάμενοι γὰρ μέγα — αὐξανόμενοι τ᾽ ἤδη κτέ. Minus accurate dicta videntur quoque sequentia: καὶ τὰ μὲν ἐπιθυμίᾳ τοῦ ἀεὶ πλείονος κατὰ τὸ πολλοῖς τῶν ἀνθρώπων, καὶ μάλισθ᾽ ὅταν εὖ πράττωσιν, ἔμφυτον, κτέ. Agitur enim de vitio, cui omnes fere homines sumus obnoxii, itaque verum videtur: κατὰ τὸ τοῖς πολλοῖς κτέ. Versus pag. fin. corrigas (§ 6): καὶ προσυπέσχετό σφισι (Mamertinis) βοηθήσειν καὶ διὰ τὸ γένος αὐτῶν (ἐξ) Ἰταλίας κτέ., addita praepositione necessaria.

Pag. 47, 41 § 8: τὴν γοῦν αἰτίαν τῆς διαλύσεως τῶν σπονδῶν ἐς ἐκεῖνον τρέψαι, μὴ κατάρχειν αὐτῆς νομισθείη, θέλων. Melius scriberetur: μὴ κατάρχειν αὐτὸς νομισθείη. Verbum κατάρχειν, ut ὑπάρχειν apud antiquiores, absolute positum.

Pag. 48, ibid. § 16: ὅτι Ῥωμαῖοι καὶ Καρχηδόνιοι πρὸς πόλεμον ἐλθόντες. Malim συνελθόντες. Ibidem § 18 extr. utique scribendum: καὶ (τῷ insere) τοσοῦτον τῷ ναυτικῷ προέχειν ἐπαιρομένων, ἐπεῖπε (pro ὑπεῖπε) διὰ τῶν αὐτῶν ἀγγέλων, ὅτι οὐδὲν ἄρα ἠδίκησα κτέ. Sermo est de nota Hannibalis astutia, qua post cladem acceptam capitis periculum, quod Poenorum duci-

bus re male gesta imminere solebat, circumventis popularibus
suis effugerit.

Pag. 56, 55 § 2: ἀλλ᾽ ἡμῖν [οἵ τε] εἰδότες αὐτὰ καὶ πεπει-
ραμένοι αὐτῶν ἐξαρκεῖν ὑμῖν πρὸς᾽ ἀσφάλειαν τήν τ᾽ ἐπιείκειαν
καὶ τὴν φιλανθρωπίαν νομί[ζετε]· καὶ ὅσα ἂν ἢ λαθόντες ἢ ἐξαπατήσαντες ἡμᾶς καὶ κομισάμενοι [δίκαιον] ἐν ٭ ٭ με ٭ ٭
τίθεσθαι μήτε παρορμᾶσθαι μήτε προσαλλάττεσθαι μήτε ἀμύνασθαι·
καὶ μέντοι καὶ ὅτι [οὐδέπω] ٭٭٭ λογίσασθαι τοῦθ᾽, ὅτι τὰ τοιαῦτα
πρὸς μὲν ἀλλήλους ὀρθῶς ὑμῖν ἔχει ποιεῖν, πρὸς δὲ Καρχηδονίους
ἀνθρωπίνως καὶ καλῶς. τοῖς μὲν γὰρ πολίταις καὶ πρᾴως καὶ
πολιτικῶς χρῆσθαι, κἂν παραλόγως τις σωθῇ, ἡμέτερόν ἐστι, τοῖς
δὲ δὴ πολεμίοις ἀσφαλῶς κτέ. Scripsi haec, ut edidit Maius,
recepta tamen Bekkeri correctione ἐξαπατήσαντες pro ἐξαρπαγή-
σαντες, quam plane confirmavit codex, et παραλόγως pro
γὰρ ἀλόγως. Corruptissima haec esse neminem latet. Hodie
sunt ita evanida, ut frustra aciem oculorum intenderim; sed
neque, an recte Maius legerit, explorare, neque lacunas
explere valui. Pars est orationis, habitae post captam Sagun-
tum in senatu a L. Cornelio Lentulo, qua bellum suaderet
adversus Carthaginienses. Locum conclamatum lubet tentare
in hunc modum: Ἀλλ᾽ ὑμεῖς (οἵ τε) εἰδότες αὐτὰ καὶ πε-
πειραμένοι αὐτῶν ἐξαρκεῖν ὑμῖν πρὸς ἀσφάλειαν τήν τ᾽ ἐπιείκειαν
καὶ τὴν φιλανθρωπίαν νομίζ(ετε), καὶ ὅσ᾽ ἂν ἢ λαθόντες ἢ ἐξαπατήσαντες ἢ καὶ βιασάμενοι (ἀδικῶσιν), ἐν(εγκεῖν δεῖν)
με(τὰ πρᾳό)τητος, καὶ μήτε παροργίζεσθαι μήτε προσαλλο-
τριοῦσθαι μήτ᾽ ἀμύνεσθαι· καὶ μέντοι καὶ ὅτι (οὐδὲ σωτηρία ἢ
προαίρεσις), λογίσασθε τοῦθ᾽, ὅτι τὰ τοιαῦτα πρὸς μὲν ἀλλήλους
ὀρθῶς ὑμῖν ἔχει ποιεῖν, πρὸς δὲ Καρχηδονίους ἀνοήτως καὶ σκαιῶς
κτέ. Quae sic interpretor: *Sed vos, qui haec nostis atque
experti estis, sufficere vobis ad securitatem mansuetudi-
nem arbitramini atque humanitatem; et quaecunque isti
aut clam aut fraude aut etiam vi adversus vos iniuste
egerint aequo animo esse ferenda, et neque propterea
oportere vos irasci neque animis abalienari neque iniurias
acceptas propulsare. Attamen ne salutari quidem consilio*

vos ita facere, intelligetis reputando, recte quidem habere inter vos eiusmodi clementiam, sed eandem erga Carthaginienses stolidam esse atque ineptam cet. Qui tamen leniorem, quam haec est, medicinam excogitaverit, nemini faciet gratius quam mihi.

Pag. 57, 55 § 4: ὅτι αἰσχρόν ἐστι πρὸς τὰ ἔργα πρὸ τῶν λόγων περὶ αὐτῶν χωρεῖν. Grammatica postulat, ut post λόγων articulus τῶν repetatur. Mox § 6 observa Latinismum in verbis: ὥστ' ἐν εὐδαιμονίᾳ καὶ τὸ μὴ πάντα εὖ πράττειν τίθεσθαι. Graeci hac in re scribere solent sic: ὥστ' ἐν εὐδαιμονίας μέρει — τίθεσθαι. Dio ad verbum vertit formulam Latinam: *ponere aliquam rem in felicitate.*

Pag. 58, 55 § 10: δέχεσθαι δ' ἑτοίμως ὁπότερον ἂν σφίσι καταλίπωσι, τὸν πόλεμον αὐτοῖς ἐπήγγειλεν. Zonaras VIII, 22 habet: τὸν πόλεμον αὐτοῖς αὐτίκα ἐπήγγειλεν.

Pag. 59, 57 § 2: ὅταν δὲ δὴ ἐγγὺς τῶν ἀγώνων γένωνται τάς τ' ἐλπίδας τῶν κερδῶν ἐξίστανται κτέ. Miro usu verbum ἐξίστασθαι h. l. cum quarto casu iungitur, quod fieri non assolet, nisi quando significat: *evitare* v. c. ἐξίστασθαι τὸν κίνδυνον. Exspectaveris igitur: τῆς τ' ἐλπίδος κτέ., nec tamen sic reponere licet ob sequentia: καὶ τὰς πίστεις τῶν ὑποσχέσεων ἐγκαταλείπουσιν. In vicinia corrigatur: ὡς καὶ πάντη πάντως κατορθώσοντας pro κατορθώσαντας.

Pag. 60, 57 § 10: — ἐλογίζετο· τοῖς μὲν γὰρ ἀκεραίοις πράγμασι καὶ τὰ δεινότατα ῥᾳδίως πολλάκις τοὺς ἀνθρώπους ὑφίστασθαι, τοὺς δὲ προκεκμηκότας καὶ τὰ βραχύτατα κακοῦν ἔλεγεν. Articulus non suo loco legitur, et deest praepositio omnino necessaria; quare legendum videtur: — ἐλογίζετο· ἐν μὲν γὰρ ἀκεραίοις τοῖς πράγμασι κτέ.

Pag. 61, ib. § 15: ὅτι οἱ Καρχηδόνιοι οὐχ ὅπως αὐτεπάγγελτοί τι τῷ Ἀννίβᾳ ἔπεμψαν, ἀλλ' ἐν γέλωτι αὐτὸν ἐποιοῦντο. Praegressum οὐχ ὅπως suadet, ut scribamus: ἀλλὰ καὶ ἐν γέλωτι κτέ.

Pag. 63, ib. § 24: ὅτι ἦρχον Παῦλος καὶ Τερέντιος ἄνδρες οὐχ ὁμοιότροποι, ἀλλ' ἐξ ἴσου τῷ διαφόρῳ τοῦ γένους καὶ τὰ ἤθη

διαλλάττοντες· ὁ μὲν εὐπατρίδης τε ἦν κτέ. Malim: ὁ μὲν γὰρ
κτέ. In vicinia pro κεκολουσμένους corrigas κεκολουμένους.
Ibidem § 25 absurde scribitur: καὶ διὰ ταῦτ' ἔς τε τἆλλ' ἐξε-
Φρόνει καὶ τὸ κράτος ἑαυτῷ τοῦ πολέμου προσυπισχνεῖτο; nam
προυπισχνεῖτο requiri palam est.

Vol. II pag. 189 in adn.: εἰπεῖν δὲ τὸ ὡς γελοῖον ἐπὶ τοῦ
παρόντος λεγόμενον· ἀπὸ τοῦ Φαλακροῦ μέχρι ἐκείνου τοῦ κομῶντος πάντας Φόνευσον. Si ἐκείνου genuinum esset, scripsisset,
opinor: ἀπὸ τούτου τοῦ Φαλακροῦ μέχρι ἐκείνου τοῦ κομῶντος.
Sed ἐκείνου insiticium esse apparet tum ex ipsa locutionis pro-
verbialis natura, tum in vulgato textu optime omittitur. Scribitur enim: προσέταξε τοῦτο δὴ τὸ λεγόμενον ἀπὸ τοῦ Φαλακροῦ
μέχρι τοῦ Φαλακροῦ πάντας αὐτοὺς ἀποσφαγῆναι, ubi satis
mirari nequeo doctos homines vel punctum temporis haesisse,
quominus Dioni redderent: ἀπὸ τοῦ Φαλακροῦ μέχρι τοῦ κομῶντος. Dubium enim non est bis idem vocabulum a scriba
semisopito per errorem exaratum esse.

Pag. 193 in adn.: παραχρῆμα δ' ἐπ' ὄψεσιν αὐτοῦ ἀνῃρέθη-
σαν. Rescribatur: δ' ἐν ὄψεσιν αὐτοῦ κτέ. Ibidem: καὶ ἔδρασεν
ἂν τὰ μέγιστα, εἰ μὴ προαχθεὶς καὶ τοὺς πάνυ γνησίους αὐτοῦ
ὠνόμασεν. Post αὐτοῦ excidisse videtur Φίλους.

Pag. 243 c. 14 apud Xiphilinum legimus de Nerone: τὸν
γοῦν Πλαῦτον ἀποκτείνας, ἔπειτα τὴν κεφαλὴν αὐτοῦ προσενε-
χθεῖσάν οἱ ἰδών "οὐκ ᾔδειν" ἔφη "ὅτι μεγάλην ῥῖνα εἶχεν." Reponendum videtur: ὅτι οὕτω μεγάλην ῥῖνα εἶχεν, collato excerpto Vaticano, in quo scriptum est in hunc modum: οὐκ
ᾔδειν ἔφη, ὅτι τοιαύτην μεγάλην ῥῖνα ἔχει.

Pag. 256 in adn.: Νέρων ποτ' εἶπε μήτ' αὐτὸν χωρὶς Τιγελ-
λίνου μήτε Τιγελλῖνον χωρὶς Νέρωνος ζῆν. Lege: μήτ' αὐτὸς
ἂν χωρὶς κτέ.

Pag. 287 in adn.: κἂν — ἐπίσταται. Lege: ἐπίστηται.

Pag. 327 in adn.: ὅτι τοιαῦτα ᾔτει οἷα οὔτ' ἐβάρει μοι οὔτε
συνεχώρει ἀντειπεῖν. Lege: οὔτ' ἐνεχώρει (i. e. οὔτε δυνατὸν
ἦν) ἀντειπεῖν.

Pag. 337 in adn.: καὶ οὐ μόνον ἐκεῖνος ἀλλ' οὐδ' ἄλλος τις

τῶν παρόντων ἔγνω τὸ λαληθέν. Inserendum οὐκ inter μόνον et
ἐκεῖνος, et᾽ in vicinia legendum: οὐ (pro οὔτε) γὰρ Ἑλληνιστὶ
ἐπίσταται.

Pag. 388 in adn.: ἐπλάττοντο τὰ τοῦ Σευήρου φρονεῖν Bekk.
sine causa addidit articulum. Eodem modo mox legitur τὰ
Ἀλβίνου δοκοῦντα φρονεῖν et ita passim. Eundem miror neglexisse
excerptum, quod legitur ap. Mai. p. 227 vs. 13: ὅτι καὶ πολλῶν — μὴ τοῖς ψηφίσμασι, quamquam nihil eiusmodi reperiatur apud Xiphilinum.

Pag. 418 in adn.: οὐδ᾽ ἂν ἀληθὲς εἴπωσι. Imo: τἀληθές.

EXCERPTA EX ANONYMO, QUI CONTINUAVIT DIONEM, CONFERUNTUR CUM COD. VAT.

―――――

p. ed. M.	p. cod. V.	vs.	Lect. sec. M.	Lect. quas cod. mihi obtulit.
234	344	12	ἔφυγον τῆς πόλεως	ita cod., om. praep. ἐκ.
»	»	13	φιλοῦντες τὸ Μαριάδνῳ	φιλοῦντες τὸν Μαριάδνην
»	»	24	οὐχ ὅπως ἡμῖν	οὐχ ὅπως ἡμῶν
235	»	26	κατεχέθη (sic)	κατεσχέθη
239	327	9	διά τι τοῦτον ἐποίησεν	διὰ τί ταῦτα ἐποίησεν
»	»	14	ἐδυνάμην	ἠδυνάμην
»	»	20	παράδοτε αὐτούς	παράδοτε ἑαυτοὺς
»	»	23	εἰκειώσατο (sic)	οἰκειώσατο (l. ᾠκειώσατο)
241	328	13	τὸ φορέσαι ἐπώλεσεν	τὸ φορῆσαι ἐπώλησεν
242	275	3	θέλετε πολεμήσειν	Error cod. pro πολεμῆσαι vel πολεμεῖν.
»	»	12	εἰς γέλωτα ἐλθῆναι τὸν θυμὸν	εἰς γέλωτα λυθῆναι τ. θ.
243	»	25	πρὶν ἂν — ἐξεδίκησεν	Sic cod.; ἂν abesse malim.
244	276	3	ἀντικλιμακτήρων	ἀντικλημακτήρων. Graecum est κλιμακτήρων sine praepos. ἀντί, quae ex vocab. praecedente πράττειν nata esse videtur.
»	»	6	τε τετυχηκότα	om. τε
246	»	21	μαχαιταί	μαχηταί

ADNOTATIO AD ANONYMI EXCERPTA.

—◦◦◦—

Edita sunt haec excerpta, praeterquam a Maio in collectione p. 234 sqq., a Mullero in vol. IV Fragm. Hist. Graec. ap. Didot. MDCCCLI p. 191 sqq.; cuius libri paginas significabo. Vitia typographica, quae plurima sunt in Mulleri editione, ipse lector, quaeso, corrigat.

Quamvis sine exemplo pessimam esse huius scriptoris, vix eo nomine digni, Graecitatem, neminem latet, non tamen puto eum dedisse pag. 194, 2: ὅτι οὐ χρὴ τὸν ἅπαξ ἀντάραντα ὅπλα βασιλέως ζῆσαι, sed scribarum errore ita legi pro βασιλεῖ ζῆσαι. Iisdem tribuerim orationis vitium ibid. 6: ἀλλὰ παραχώρη-σόν μοι εἰσελθεῖν, ἵνα διακριθῶμεν· καὶ ὁ κρείττων βασιλεύς· ὁ δὲ ἀντεδήλωσεν κτέ. Supplendum videtur βασιλεὺς ἔστω vel βασιλευέτω. Mox ibidem scripserim: οὐδὲ παραχωρήσω σοί ποτε ἑκών, pro: οὐδὲ παραχωρῶ κτέ. Deinde malim: ἀλλ᾽ ἀπολλυμένας τὰς ἐπαρχίας ὑπὸ σοῦ ταχθεὶς διασώζειν διέσωσα pro ἔσωσα.

Pag. 195, 7: καὶ παραχρῆμα τοῦτ᾽ ἐποίουν et mox ἐδυνάμην — ποιῆσαι. Utrobique male desideratur particula ἄν, nescio tamen an ipsius scriptoris culpa.

Ib. 8: Ὅτι Κύιντος ὁ Μακρίνου υἱὸς τὸ βασίλειον καὶ παρα-χρῆμα ἐν Ἐμέσῃ ἐκάθητο· καὶ παραγίνεται Ὀδέναθος κτέ. Mullerus transponenda suspicatur vocabula καὶ παραχρῆμα post παραγίνεται; sed parum hac mutatione proficimus; nam scire velim, quid significent verba: Κύιντος ἐκάθητο τὸ βασίλειον. Vertunt scilicet: *regiam sedem Emesae statuit!*

Ibid.: Οἱ δὲ εἶπον ὅτι πᾶν ὅτι οὖν ἠνείχοντο ὑπομένειν ἢ βαρβάρῳ ἑαυτοὺς παραδοῦναι. An forte dederat auctor: Οἱ δ' εἶπον ὅτι πᾶν ὁτιοῦν ἂν εἵλοντο ὑπομένειν κτέ.?

Ibid. 2: Ἀμαθίας μὲν, ὅτι τοὺς ἐχθροὺς ἀναιροῦμεν, τοῖς δὲ φίλοις κτέ. Repetatur particula μὲν post τούς.

Pag. 196, 3: ὅτι ἐλευθερίαν διὰ τὸ φαγεῖν καὶ φορέσαι ἀπώλεσεν. Cod. habet: φορῆσαι ἐπώλησεν. M. φορέσαι ἐπώλεσεν. Mullerus scribendum iudicat ἐμφορῆσαι. Quasi ἐμφορῆσαι Graecum sit pro ἐμφορηθῆναι! Praeterea huius verbi notio, quia tam de cibo quam de potu usurpatur, prout additur σίτου aut ποτοῦ, loco nostro minime apta est; requiritur contra verbum, quod ad solum potum referatur; quapropter non dubito scripsisse nostrum: ὅτι τὴν ἐλευθερίαν διὰ τὸ φαγεῖν καὶ ῥοφῆσαι ἐπώλησεν. Verbum ῥοφεῖν, cum contemptu usurpari solitum, egregie convenit loco nostro. De meo addidi articulum; vereor tamen ne scriptorem potius quam librarium correxerim; nam etiam p. 197, 10 μετὰ θάνατον Κλαυδίου legitur sine articulo.

Ibid. 4: καὶ λέγει Ἀνδοννόβαλλος. Δός μοι καλὸν οἶνον, ἵνα καλέσω πάντας τοὺς τοῦ οἴκου μου καὶ εὐφρανθῶ μετ' αὐτῶν. Quid sit καλὸς οἶνος doceri velim; vinum bonum est οἶνος ἀγαθός, ἡδύς, ἀνθοσμίας, alia. An forte dederat: ΔΟCΜΟΙΚΑΔΟΝ ΟΙΝΟΤ i. e. δός μοι κάδον οἴνου, ἵνα καλέσω κτέ; quod facillime, ut vides, in ΔΟCΜΟΙΚΑΛΟΝΟΙΝΟΝ abire potuit. Capiehat ὁ κάδος secundum Dioscoridem X congios sive sextarios LX, itaque Andonabalo cum familia sua suffecisse videtur.

Pag. 197, 1: χρυσῷ καὶ σιδηρῷ αὐτὸν ὀχύρωσον. Mull. edidit σεαυτόν, quum debuisset mutato accentu scribere αὐτόν; nam ita solent sequiores, qualis hic est, v. c. p. 195, 1: Παράδοτε αὐτοὺς ἢ πολεμήσατε.

Ib. 2: πρὶν μάθω. Graecum est πρὶν ἂν μάθω, sed semibarbaro homini hanc particulam obtrudere nolim.

Ib. 3 legitur: καὶ μανθάνεις, ubi nemo non Graecorum dedisset

24

Futurum καὶ μαθήσει; sed talia sunt apud nostrum μυρία. Nimis tamen fortasse absurdum Futurum est ibidem in hisce: εἰ μὲν θέλετε πολεμήσειν, qua de re iam monui in collatione.

Ib. 4: observa bella vocabula Graeca παιδεύειν = praedari et mox παῖδα = praedam. Lexicis addenda scilicet!

Ib. 5: προτρέπων αὐτὴν ἐνδοῦναι τελεῖν ὑπ' αὐτόν. Non optime quidem, sed ita saltem, ut intelligi posset, scripserat: ἐνδοῦναι καὶ τελεῖν κτέ.

Ib. 6: πρὶν ἂν εἰς τοὺς ἀρχηγοὺς τῆς στάσεως πεντήκοντα ἐξεδίκησεν. Neque ἂν neque εἰς ferri potest, siquidem verbum ἐκδικεῖν cum Accusativo iungitur. Sensui satisfaceret: πρὶν ἀνευρὼν τοὺς ἀρχηγοὺς κτέ.; sed lenius correxeris: πρὶν ἄνδρας, τοὺς ἀρχηγοὺς τῆς στάσεως, πεντήκοντα ἐξεδίκησεν.

Pag. 198, 12: ὅτι ἐπὶ κακῷ Περσῶν εἰς τὴν βασιλείαν ἦλθεν. Lege: ἦλθον.

Ib. 13 § 1: Διοκλητιανὸς τὰ τότε σεβόμενα θεῖα μαρτυρόμενος, ἔλεγεν κτέ. Ad haec verba Maius adnotat «hinc cognoscimus historicum Christianum» quam adnotatiunculam Mullerus aliud, credo, agens sine reprehensione in librum suum recepit. Bellam conclusionem! Si quid certi ex his vocabulis effici posset, nemo sanus non ipsum contrarium inde concluderet, nempe historicum non fuisse Christianum; nam si fuisset non scripturum fuisse: τὰ τότε σεβόμενα θεῖα, sed simpliciter τὰ θεῖα. Nec vero certius argumentum peti potest ex fr. 3, ubi agitur de Christo, quapropter fidem auctoris libens in medio relinquam. Praeterea, ut libere dicam, quod sentio, τἀνθρώπου οὐδέν μοι μέλει.

Ib. 15 § 1: ἐν Σαρδικῇ μεταγαγεῖν scribitur prorsus barbare pro ἐς Σαρδικήν κτέ.

EXCERPTA EX HISTORIA EUNAPII SARDIANI.

p. ed. M.	p. cod. V.	vs.	Lect. sec. M.	Lect. quas habet cod.
247	263	7	τῇ φάτνῃ ἀποκειμένων	Sic cod.; malim ἐναπο-κειμένων.
248	»	9	προσαριθμουμένων τῶν	προσαριθμουμένων καὶ τῶν
»	»	10	τῶν ὑπάτων καὶ ἀρχόντων	τῶν ὑπάτων τε καὶ ἀρχόντων
»	»	15	εἶς τε	ἐς τε
»	»	18	εἰς τοὺς	ἐς τοὺς
249	»	26	ῥωπόν τι καὶ ποικίλον	·ῥωπόν τινα ποικίλον
»	»	27	κατακεκλεισμένην	κατακεκλειμένην
»	»	31	εἰς Κλαύδιον	ἐς Κλαύδιον
»	»	32	ἐς ὃ καὶ	ἐς ὃ δὴ καὶ
»	264	3	καταλογίζεται	καταλογίζονται
250	»	14	εἰς τὸ ἀληθὲς	ἐς τὸ ἀληθὲς
»	»	16	ἐπεισιέντες	ἐπεισιόντες
»	»	25	ἐτέχθη — δεῖνα	ἐτέχθη — ὁ δεῖνα
»	»	28	ἀπείρως πραγμάτων	ἀπείρων πραγμάτων
»	»	32	ἐπισοδείοις	ἐπεισοδίοις
252	313	22	ἐστὶ τοῦδε τοῦ βασιλέως	ἐπὶ τοῦδε τοῦ βασιλέως
253	121	7	τὴν αὐτοῦ	τὴν ἑαυτοῦ

24 *

p ed.M.	p. cod. V.	vs.	Lect. sec. M.	Lect. quas hab. cod.
254	121	24	ἠφίησαν	ἠφίεσαν
255	122	1	ἐχώρησε τοῖς Ῥωμαίοις	ἐχώρησε Ῥωμαίοις
»	»	5	ἀνάσχουσιν	ἀνασχοῦσιν
256	»	17	ἐδίδασκεν ἅμα τισι	ἐδίδασκεν ἀρ.... στισι i. e., ni fallor, ἀρεταῖς τισι.
»	»	»	δοκεῖ τὸν ὄντως βασιλέα κρατεῖν	Ita cod.; sed leg. δεῖ κτέ. quod vidit iam Boissonadius.
»	»	19	τοὺς ἀνθεστηκότας μόνον	error cod. pro μόνους.
»	»	22	εἰς τοὺς ὑπηκόους	ἐς τοὺς κτέ.
257	»	29	οὐδέτι τὴν τῶν ἀριθμῶν	οὐκέτι κτέ.
»	»	32	ἀνάλογον	ἀνὰ λόγον (duobus vocabulis); male M. edidit ἀνάλογος.
258	285	16	καὶ ὃ ἔπραττεν	καὶ ὅσα ἔπραττεν
»	»	18	μετέβαλλε	μετέβαλε
»	»	»	ὑπὸ φθόνου καὶ λύπης	ὑπὸ φθόνου καὶ λύσσης
»	»	23	Ἀρσάκι	Ἀρσάκηι
259	»	26	ἐπίσκηψιν ἥκιστα ἐκδεχόμενον	ἐπίσκεψιν ἥκιστα ἐνδεχόμενον
»	»	»	προσχρότερον — τὸν κίνδυνον	ita cod.; sed lege: προχειρότερον τὸν κίνδυνον.
»	»	32	δεῖσθαί που — λέγοντος	δεῖσθαι τοῦ — λέγοντος
»	286	8	προστεθὲν	error cod. pro προτεθέν.
»	»	9	ἐκτελούμενον	ἐκτελούμενον ὡς ὠφείλετο
260	»	14	ἀκροασάμενον	ἀκροασόμενον
»	»	23	ὥσπερ ἐν κρυπτομένας	ὥσπερ ἐν κωφῷ κρυπτομένας
»	»	»	ἔτι κυματιστὴν ἐτίθει	ἔτι κύματι συνετίθει
»	»	25	τῶν μελλόντων — πρόνοια	ἡ τῶν μελλόντων — πρόνοια

p. ed. M.	p. cod. V.	vs.	Lect. sec. M.	Lect. quas hab. cod.
261	171	1	ἐπιφέρον	ἐπίφορον
»	»	8	καταδύτων γενομένων	κατὰ ταὐτὸν γενομέ- νων videre mihi visus sum; et sic certe scribendum.
»	»	12	εἴκαζε ἄλλος	εἴκαζεν ἄλλος
262	»	19	τοῖς ἀσωμάτοις	τοῖς τε ἀσωμάτοις
»	»	24	ἐμβροντὴς	ἐμβρόντητος
»	»	27	οἱ ἀσώματοι ἤτοι	οἱ ἀσώματοι οὗτοι
263	172	2	ἐσορόωντες	εἰσορόωντες
»	»	4	τούτους — μῆλον	τούτοις — μέλον. Animi causa adscribo M. adnotationem: *Cod. μέλον. Sane et Hieronymus dixit, philosophus gloriae animal.* (!)
» ·	»	12	κᾶν ἐπείσῃ	κᾶν ἐπεισπέσῃ
264	»	17	ὦ πέκος ἀρμελάτασο, quod ne vit. typ. esse credas, inspice Maii adnotationem.	ὦ τέκος κτέ.
»	»	23	μετ' ἄλλου τῶν θεῶν	μετ' ἄλλου του θεῶν
265	»	28	ἀμφὶ θυέλλῃσι	ἀμφὶ θυελλείῃσι
»	»	29	ἀλκὴν	αὐλήν, ut ex coniect. scilicet edidit M., manifesto est in cod.
266	173	2	ἐς λῆρον	εἰς λῆρον
»	»	3	παρολισθαίνοντος	παρολισθάνοντος
»	»	4	Εὐνάπιος	ὁ Εὐνάπιος
267	»	12	ἀποκερδάναι	ἀποκερδᾶναι
268	»	30	ἐκτετυφλωμένῳ Κύκλωπι	ἐκτετυφλωμένῳ τῷ Κύκλωπι

p. ed. M.	p. cod. V.	vs.	Lect. sec. M.	Lect. quas hab. cod.
268	173	32	τότε γὰρ εὖ γέγονεν ἃ προσῆν αὐτῷ	τό τε γὰρ εὖ γεγο- νέναι π. ἁ.
»	174	3	ἐμμελής τις καὶ παναρ- μόνιος	ἐμμελής τις εἶναι καὶ παν.
»	»	8	κολακείαν ποιοῦντες	κολακείαν ὑποδύντες
269	»	14	ἔριν τʼ ἀνεφύσησεν	ἔριν τʼ ἀνέφυσεν
»	»	16	ἃ δὲ καὶ	ἃ δὴ καὶ
»	»	17	κατὰ μὲν οὖν πρῶτα	κατὰ μὲν οὖν τὰ πρῶτα
»	»	20	τὸ Σκυθικὸν ἔρριψὰν γένος	τὸ Σκυθικὸν ἔτρριψαν (sic) γένος
»	»	28	χρησάμενοι Φαρμάκῳ	χρησάμενοί τινι Φαρ- μάκῳ
270	»	31	κακῶς | τὸ ἀληθὲς	κακῶς καὶ | τὸ ἀληθὲς
»	283	3	ἐφελκισάμενοι	ἐφελκυσάμενοι
272	284	4	ἐπὶ χεῖρον	ἐπὶ τὸ χεῖρον
»	»	6	παρὰ πάντων ὑπόνοιαν	παρὰ τὴν πάντων κτέ.
273	»	10	εὖ πράττουσι	εὖ πράττουσι
»	»	12	τόγε κατὰ μικρὸν προσ- ιόντας	τοὺς κατὰ κτέ.
»	»	17	στεγανόν τι καὶ μόνι- μον	στεγανόν τε καὶ μόνι- μον
274	127	2	διὰ Νέρωνος — Φιλοτι- μίαν	διὰ τὴν Ν. κτέ.
275	»	14	σφοδρότερον ἤχησε	σφοδρότερόν τε ἤχησε
»	»	16	καὶ τὸ θέατρον κατεί- γετο καὶ τραγῳδὸς	καὶ τὸ θέατρον κατεί- χετο καὶ ὁ τραγῳ- δὸς
»	»	19	πρὸς ποδῶν	πρὸ ποδῶν
»	»	20	κυλινδούμενοι	καλινδούμενοι
»	»	»	μήποτε	Sic cod. ; legendum μήπω.
»	»	22	τὰ πλεῖστα	τὰ πλεῖστα

p. ed. M.	p. cod. V.	vs.	Lect. sec. M	Lect. quas hab. cod.
276	127	26	γεγυμνωσμένος	γεγυμνωμένος
278	128	22	προεφίεσαν	προηφίεσαν
278	»	29	τὸ θαυμαζόμενον παρὰ Ῥωμαίοις ἐς παραγωγὴν ἐπιτηδεύσαντες	τὸ θαυμαζόμενον παρὰ τοῖς Ῥωμαίοις ῥᾳδίως ἐς κτέ.
»	»	31	στεγανοτάτης	cod. error pro στεγανωτάτης.
»	»	»	τὰ παρὰ ἱερὰ	τὰ παρὰ σφισιν ἱερὰ
279	319	1	ἐξεπτώκεσαν	ἐξεπεπτώκεσαν
»	»	»	ὥστε συμπεσεῖσθαι	ὥστε συμπεπεῖσθαι
»	»	11	ἐκινδύνευσεν ὅλως	ἐκινδύνευσεν ὄντως
»	»	14	τὰ γὰρ ἐπαγγελλόμενα	τὰ γὰρ ἀπαγγελλόμενα
280	»	18	τὴν περὶ πρόσωπον ὁμοιότητα	τὴν περὶ τὸ πρόσωπον κτέ.
»	»	28	τῶν λέγειν συνειθισμένων	τῶν ληρεῖν συνειθισμένων
»	»	32	φήμη κατέσχετο τοὺς βαρβάρους	φήμη κατέσχε τοὺς κτέ.
»	320	4	τῆς γῆς ἀνήκοον	τῆς γῆς τὸ ἀνήκοον. L.: τὸ ἀνυπήκοον.
281	»	15	ἐλπίδας ὑποσείραντες	ἐλπίδας ὑποσπείραντες
282	79	2	ἐς ἀνθρώπινα	ἐς τὰ ἀνθρώπινα. L.: ἐς τἀνθρώπινα.
»	»	4	ὑποσθησόμενος	ὑποθησόμενος
283	»	9	δὲ ὢν	δ' ὢν
»	»	18	καὶ δοῦλος	καὶ ὁ δοῦλος
284	»	23	θαυμάζω αὐτὸν ἐγώ γε καὶ ἀνδρεῖος ἀποφαινέσθω μοι	θαυμάζω αὐτὸν ἔγωγε τῆς ἀνδρείας καὶ ἀνδρεῖος κτέ.
»	»	25	κατ' ἄνδρας προσποιουμένους	κατ' ἄνδρας καὶ προσπ.
»	»	27	καὶ στερίζοι	καὶ στηρίζοι
»	80	8	ἀρετὴν τῆς συγγραφῆς	ἀρετὴν τὴν τῆς συγγραφῆς

p. ed. M	p. cod. V.	vs.	Lect. sec. M.	Lect. quas hab. cod.
284	80	9	ὡς ἄρα τοῦτο ἐς αἰθέριον	ὡς ἄρα τοῦτό ἐστιν αἰθέριον
»	»	9	καὶ ἀπλότητα	Fort.: καθ' ἀπλότητα
»	»	13	αὐτοῖς ὁ ἥλιος τοῖς εἰρημένοις (scil. μαρτυρεῖ)	ita cod., sed verum est αὐτός.
»	»	17	οὐκ οἶδα	. ὅστις γένομαι	οὐκ οἶδα ὅστις . .	νομαι
285	»	24	ἐς χρόνιον — νόσον μεταβεβλημένας	ἐς χρόνιον — νόσον καταβεβλημένας
»	»	29	ῥηματίων καὶ συγκεκαυμένων	ῥηματίων καὶ ὑποθέρμων καὶ συγκεκαυμένων
286	115	2	οὐδὲν ἐνήνεγκεν	οὐδὲν ἤνεγκεν
»	»	9	ἐστιν ὁ ἀηδὲς ἁμάρτημα	ἐστιν ἀηδὲς ἁμάρτημα
287	»	24	ἐπὶ καρδίαν συμπερατοῦται	ἐπὶ καρδίαν περατοῦται
»	»	32	ἀμφεφαᾶσθαι	ἀμφαφαᾶσθαι
»	116	2	ὁ δὲ ἐφεπόμενος . . .	Post hunc vs. M. omisit versus 12, quos legere non poterat; neque mihi res multo cessit felicius. Vs. 3 ne una quidem littera distingui potest; vs. 4 legi ab initio: . . . ἀρρησεν ἄλλος . . . . (f. ἐθάρρησεν); vs. 5 quatuor ultima vocabula haec sunt: ἐπὶ τὸ πραττόμενον οὐδὲν; vs. 6 primum vocabulum est ἐπινοῶν. Reliqua funditus perierunt.

p. ed. M.	p. cod. V.	vs.	Lect. sec. M.	Lect. quas hab. cod.
288	116	16	σανίδας δὲ	σανίδας δή, ni fallor, cod. habet; sed requiritur γάρ.
»	»	26	Φραΰιθος	Φράβιθος
»	»	29	ἀσφαλὴς γὰρ ἦν — κερδαίνειν	ἀσφαλὴς γὰρ ἦν — κερδαίνων
»	63	2	ἠλύθιον	ἠλίθιον
»	»	8	ἐπιψήφιζον μὲν εἰδέναι (νικᾶν). M. adnotat: deest in cod. νικᾶν.	ἐπεψήφιζον νικᾶν μὲν εἰδέναι. Dormitavit M.
»	»	9	ὁ γοῦν .. τὴν Χερρόνησον ἐγκατέλιπεν .... αἰχμάλωτον ὀπίσω σω	τηρίας .. προσηκόντως τύχωσι· θέαμα τῆς νίκης ἄξιον	ὁ γοῦν Φράβιθος διέπλευσεν ἐπὶ τὴν Χερρόνησον· ἐγκατέλαβεν	vs. 10 ..... χειρούμενον καὶ ἐποίησεν αἰχμάλωτον ὀπίσω σωτηρίας .. προσηκόντως τύχωσι· θέαμα τῆς νίκης ἄξιον	
»	»	13	καὶ οὗτοι μὲν πρ.. εθρα .. καὶ ὑπέσπειρον εἰς τὰ βασίλεια τῷ	λόγῳ ποικίλον τι καὶ περι.. ες ὡς βάρβαρος βαρβάρῳ		καὶ οὗτοι (?) μὲν (πρᾶγμα ὀλέθρου?).. ἐστὶ καὶ ὑπέσπειρον εἰς τὰ βασίλεια τῷ	λόγῳ ποικίλλοντές τε καὶ περιγράφοντες, ὡς βάρβαρος βαρβάρῳ	κτέ.
»	»	16	μάλα Φαιδρῶς καὶ .. πρὸς	μάλα Φαιδρῶς γελάσας πρὸς legere mihi visus sum.
»	»	17	τῆς Φήμης... καὶ σκοτεινὸν ὑφέρπον	τῆς Φήμης τὸ ἀφανὲς καὶ σκοτεινὸν ὑφέρπον

194

p. ed. M.	p. cod. V.	vs.	Lect. sec. M.	Lect. quas hab. cod.
288	63	18	τῆς προφερομένης . . . παρελθὼν	τῆς προφερομένης ε ἶ ς τε τύχας ἀλγει- νὰ ς . . παρελθὼν
»	»	19	— γεγηθὼς . . μένων πρὸς τὸ παράλογον τῆς τύχης	— γεγηθὼς ἀπάντων (ἐκπεπληγ?) μένων κτέ.
»	»	20	ὅτι ἐστὶ νικᾶν	ὅτι ἐστὶ τὸ νικᾶν
»	»	22	εἰ μὴν διατεινάμενος	εἰ μὴ διατεινάμενος
»	»	23	| τῶν καταφρυαττομέ- νων	|. . . . . . τῶν καταφρυ- αττομένων; deest ab initio pars fere dimi- dia huius versus.
»	»	24	ματα . . πόσον	ματα ειταπο. μενι πόσον κτέ., distin- guere mihi videbar. Reliquas lacunas quo- minus explerem, pro- hibebar misera co- dicis conditione.
»	64	7	διὰ τὸν λόγον	διὰ τῶν λόγων
»	»	8	Ἀλεξανδρεύς· καὶ κορα- κώδης	Ἀλεξανδρεὺς ἦν κορα- κώδης; deinde in parenthesi scribenda vocabula προσῆν — τρυφή.
»	»	14	τὸ πρόσωπον κατέκοψεν ἐρυθήματι	τὸ πρόσωπον κατέβα- ψεν ἐρυθήματι; quod coniectura assecutum esse nunc video Dub- nerum.
»	»	»	τὰς μὲν κεφλὰς ἀ- πέσειον	ita cod.; sed suspicor: ταῖς μὲν κεφλαῖς ἐπένευον

p. ed. M.	p. cod. V.	vs.	Lect. sec. M.	Lect. quas hab. cod.
288	64	24	ἀκολασία	Hoc vocabulum ego legere non potui; aliud quid scriptum esse puto.
292	»	27	Φράβυθον	Φράβιθον
»	77	1	πάντα διερευνησάμενος	πάντα ἀνερευνησάμενος mihi scriptum esse videbatur.
»	»	2	παραλαβὼν ὑπομολῆς	παραλαβὼν ὑπὸ μάλης
»	»	9	ἐπὶ δημοσίων τραπεζῶν	ἐπὶ τῶν δημοσίων τραπεζῶν
»	»	11	ἄλλος Μακεδονίαν Κυρήνην	ἄλλος Μακεδονίαν ἢ Θράκην
»	»	12	τὴν μοχθηρίαν ὠνεῖσθαι ἑαυτοῦ	τὴν μοχθηρίαν ὠνεῖσθαι τὴν ἑαυτοῦ
293	»	13	τοὺς ἐπηκόους	τοὺς ὑπηκόους
»	»	19	παραφοράμενοι	Legitur, ni fallor, παραφορώτεροι.
»	»	21	μὴ βουλόμενος μανθάνειν ὅτι | σιωπώντων κηρύκων	μὴ βουλόμενος μανθάνειν ὅτι|τοῦτο πράττουσιν ἀλλ' ἐπιδεικνύμενος ὅτι... διὰ τούτων τῶν | σιωπώντων κηρύκων. Post ὅτι desunt 2 vel 3 litterae, quae mihi speciem obtulerunt vocabuli βίᾳ. Non tamen expedio loci sensum.
»	»	23	ὡς δή φησιν Ὅμηρος	ὧς φησιν Ὅμηρος
»	»	25	πρὸς τὸ οὖς ἑκάστων	πρὸς τὸ οὖς ἑκάστῳ
»	»	26	τόσου ἀργυρίου	τόσου χρυσίου
»	»	27	πράγματα ἔχοντες	πράγματα ἔχοντας

25 *

p. ed. M.	p. eod. V.	vs.	Lect. sec. M.	Lect. quas hab. cod.
294	77	5	[ὁπωςοῦν] τοιαῦτα	ὁπωσποτοῦν τοιαῦτα legere mihi visus sum.
»	»	6	ἔφραζεν ἂν	ἔφρασεν ἂν
»	»	8	ἀρχομένους	ἀρχομένοις
»	»	10	ἀθλιώτατος	ἀθλιώτερος
»	»	15	ἀναγιγνώσκειν ἀξιῶν	ἀναγιγνώσκειν ἄξιος
»	»	16	ǀ τὴν γραφὴν	ǀ τὴν......ην. Desunt sex fere litterae. Suppleverim τὴν (ἀναγραφ)ὴν vel τὴν (συγγραφ)ήν.
»	»	17	τὰ πλείονα — ὑφελέσθαι	τῷ πλείονα κτέ. Pro πλείονα vero πολλὰ recte suspicatur Boissonadius.
»	»	18	ἀποτείνοντα τιμωρίας	ἀποτίνοντα τιμωρίας
»	»	»	Φραύιθον	Φράβιθον
»	»	20	Ἡσιόδιος	Ἡσιόδειος
»	»	21	διέφερε ἀηδόνος	διέφερεν ἀηδόνος
295	»	23	κολιδν	κολοιδν
»	»	25	πάντων — θαυμασιώτερε	πάντων — θαυμασιώτατε
»	»	28	ἀφαιρδμενος	ἀφαιρούμενος
»	»	29	πρὸς τὸ βαρύτατον ὡς φαμὲν ἀνδρὸς τὴν πενίαν θηρίον	πρὸς τὸ βαρύτατον ὥς φησι Μένανδρος τὴν πενίαν θηρίον. Locus Menandri servatur in gnomis monostichis ap. Meinek. vs. 450 sic scriptus: πενίας βαρύτερον οὐδέν ἐστι φορτίον, unde hic pro θηρίον reponatur φορτίον.

p. ed. M.	p. cod. V.	vs.	Lect. sec. M.	Lect. quas hab cod.
295	77	29	θηρίον καὶ ... λέγων	θηρίον.....ιαλλει.θ..οι λέγων. Singulis punctis singulas litteras, quas legere non potui, repraesentandas curavi. Bekk. de coniectura post θηρίον inseruit διαπαλαίειν; non male.
»	»	30	ὅτι ὕπ...ως διὰ Φιλαρχίαν ᾑροῦντο .. ἅπαντες οἱ δὲ ἔχοντες	ὅτι ὕπατον ὅμως διὰ Φιλαρχίαν ᾑροῦντο αὐτὸν συνάπαντες | οἱ χρήματα ἔχοντες

ADNOTATIO AD EXCERPTA EX EUNAPII HISTORIA.

———

Extant haec excerpta, praeterquam apud Maium in collectione, apud Mullerum in vol. IV pag. 11 sqq. fragm. Hist. Graec., quam editionem sequar.

Pag. 11 ᵇ, 1: Δεξίππῳ — κατὰ τοὺς Ἀθήνησιν ἄρχοντας ἀφ᾽ οὗ παρὰ Ἀθηναίοις ἄρχοντες, ἱστορία συγγέγραπται, προσαριθμουμένων τῶν Ῥωμαϊκῶν ὑπάτων, καὶ πρὸ γ᾽ αὐτῶν τῶν ὑπάτων καὶ ἀρχόντων ἀρξαμένης τῆς γραφῆς· τὸ δὲ ἓν κεφάλαιον τῆς ἱστορίας, τὰ μὲν ἀνωτέρω καὶ ὅσα τὸ ποιητικὸν νέμεται γένος, ἐφεῖναι καὶ ἐπιτρέψαι τῷ πιθανῷ καὶ μᾶλλον ἀναπείθοντι τὸν ἐντυγχάνοντα· τὰ δὲ προϊόντα καὶ ἐπὶ πλεῖον μαρτυρούμενα συνενεγκεῖν καὶ κατακλεῖσαι πρὸς ἱστορικὴν ἀκρίβειαν καὶ κρίσιν ἀληθεστέραν. Triplici mendo haec verba laborant. Nam primum, quia consules et archontes toto coelo diversi sunt, requiritur opinor: καὶ πρὸ γ᾽ αὐτῶν τῶν ὑπάτων (τε ins. e. cod.) καὶ τῶν ἀρχόντων. Deinde τὸ ἓν κεφάλαιον pessime respondet sequentibus: τὰ δὲ προϊόντα καὶ ἐπὶ πλεῖον κτέ., quapropter nullus dubito, quin hic rursus acciderit id, quod saepius usu venisse constat, ut librarii, quum scriptum invenissent τὸ δὲ αʹ κεφάλαιον, male dederint τὸ δʹ ἓν κεφάλαιον, ubi debuissent τὸ δὲ πρῶτον, quod sine mora Eunapio reddatur. Tandem verbum excidisse videtur, unde suspensi olim fuerint Infinitivi ἐφεῖναι καὶ ἐπιτρέψαι — συνενεγκεῖν καὶ κατακλεῖσαι. Suppleverim igitur: ἐφεῖναι (δοκεῖ) καὶ ἐπιτρέψαι κτέ. Post pauca cum Bekkero scribendum: τὰ δὲ πρῶτα καὶ παλαιότερα pro τελεώτερα. Sequuntur haec: ἔνδηλος ὢν καὶ σχεδόν τι μαρτυρόμενος, ὅτι τῶν ἀπιστουμένων ἕκαστον ἕτερος προλαβὼν εἴρηκεν· καὶ περιφέρει γε τὴν ἱστορίαν ἐκ πολλῶν καὶ παντοδαπῶν τῶν ταῦτα εἰρηκότων ὥσπερ ῥῶπόν τι καὶ ποικίλον καὶ χρήσιμον εἰς ἓν μυροπώλιον τὴν ἰδίαν ἐξήγησιν κατακεκλεισμένην καὶ συνηγμένην. Plura hic sananda. Primum enim ἔνδηλος ὢν significare nequit *demonstrans*, quemadmodum interpretatur Maius, quare vide an deleta copula scribi oporteat: ἔνδηλος ὢν σχεδόν τι μαρτυρόμενος, ὅτι; ut μαρτυρόμενος pendeat ab ἔνδηλος ὤν. Deinde scribo cum codice: ὥσπερ ῥῶπόν τινα ποικίλον — κατακεκλειμένην. Tandem meo Marte μυροπωλεῖον et συνηνεγμένην, siquidem συνάγειν ῥῶπον difficile fuerit.

Pag. 12ᵃ vs. 10: εἶτ' ὀλυμπιάδας καταλογίζεται τόσας καὶ τόσας καὶ ὑπάτους καὶ ἄρχοντας· ἐπὶ ταύταις τὴν χιλιάδα τῶν ἐτῶν ὑποβαλών. Aut delenda praepositio ἐπί, aut quod lenius est, corrigendum ὑπὸ ταύτας. Post pauca legitur: ὁμολογεῖν, ὅτι ταῦτ' οὐκ ἔστιν ἀληθῆ κατὰ τοὺς χρόνους, ἀλλὰ τῷ μὲν οὕτως τῷ δ' ἑτέρως ἔδοξε. Si locus sanus est, minus certe accurate noster οὐκ ἀληθῆ vocat talia, de quibus non constet, sed aliis aliter videatur. Melius dixisset: οὐκ ἀναμφίλεκτα, ἀναμφισβήτητα, ἀνενδοίαστα aliudve quid in eundem sensum. An forte Eunapio reddendum: ὅτι ταῦτ' οὐκ ἔστιν ἀσφαλῆ κατὰ τοὺς χρόνους κτέ.?

Pag. 12ᵇ vs. 3: ποῦ δὲ τὰς ἀρετὰς ἐφ' ἑαυτῶν καθάπερ τὰ φύλλα πρὸς τὴν ὥραν τοῦ ἔτους αὐξανομένας καὶ ἀπορρεούσας παρείχοντο. Manifestum est scriptum oportere: ποῦ δὲ τὰς ἀρετὰς τὰς ἑαυτῶν κτέ. Ibid. vs. 24 periisse videtur vocula necessaria in verbis: τῶν μὲν χρονικῶν ἢ πάντων ἢ τῶν πλείστων διαπεφωνημένων. Nam Graecum est: ἢ τῶν γε πλείστων κτέ. Sub paginae finem, addito articulo, scripserim: Λυκοῦργος ὁ Λακεδαιμόνιος.

Pag. 13ᵃ init.: περὶ δὲ τοῦ πότε, παντοδαπῇ ἐμπεπλήκασι τὰ βιβλία. Niebuhrius: (ἀπορίᾳ) παντοδαπῇ coniecit probabi-

liter, sed nescio an lenius παντοδαπῇ ἀπορίᾳ corrigatur, quia
ita melius apparet, quomodo substantivum excidere potuerit.
In sequentibus, quae corruptissima sunt, nihil video.

Ibidem sub fin. pag.: ἀναγνώσεται γοῦν τις ὅτι ταῦτα ἐπὶ
τοῦδε τοῦ βασιλέως ἢ τοῦδ᾽ ἐπράττετο· καθ᾽ ὃν δ᾽ ἐνιαυτὸν καὶ
ἡμέραν, ἕτερος ἐς τὴν ἀπάτην χορεύεταί τις. An forte:
ἑτέρων ἐς τὴν ἀπάτην πορευέσθω τις? i. e. ad aliorum fraudem (s. libros fraude plenos) se conferat aliquis. Lenius tamen
scripseris: ἕτερος τὴν ἀπάτην χορηγείτω τις i. e. alius
quis hanc fraudem lectori praebeto. Sequuntur haec: ἐγὼ
δὲ καὶ τὸ πιστεύειν ἐμαυτῷ γράφω, ἀνδράσιν ἑπόμενος, οἳ τοῦ
καθ᾽ ἡμᾶς βίου μακρῷ προεῖχον κατὰ παιδείαν. Niebuhrius pro
καὶ suspicatur κατά, nescio quo sensu. Scribendum est, ni
fallor: ἐγὼ δὲ πρὸς τῷ πιστεύειν ἐμαυτῷ, γράφω ἀνδράσιν ἑπόμενος κτέ. Iam enim supra dixerat: αὐτὸς δὲ προαγορεύων —
ὅτι πιστεύσας ἐμαυτῷ δύνασθαι (l. δύναμαι) γράφειν γεγονότα
τε καὶ γενόμενα. Mox verba: καὶ διατεταμένως ἐνῆγον μὴ
σιωπᾶν uterque editor puerili errore interpretatur sic: enixe-
que mihi proposui, quominus tacerem, non intelligens
ἐνῆγον esse tertiam personam pluralem suspensam a relativo οἳ
in verbis: ἀνδράσιν ἑπόμενος, οἵ. Legendum autem: ἐνῆγόν με
κτέ. sensu claro atque perspicuo: qui — enixe me impule-
runt, ut ne tacerem.

Pag. 13 b init. Frustra interpretabere verba: καὶ δοκεῖ τοῖς
βασιλεῦσι μὲν ἐφ᾽ ἡμῶν τόδε ἀνθρώπινον, quippe quae vulnere
laborent fortasse insanabili. Ibid. vs. 8: καθάπερ τοῖς ἕνεκεν
ἐρωμένης ⁔ ⁔ ⁔ νουσι ποιηταῖς οἳ γενομένοις ἀρίστοις. Pro
νουσι supplendum fortasse (ὑμ)νοῦσι et pro οἳ scribendum τοῖς.
In reliquis nihil video. Non melius comparata sunt sequentia:
προθεμένοις — ἐν ἀλλοτρίοις, quae hodie ita sunt evanida, ut
ne lacunarum quidem spatia notare potuerim. Quod olim a
Maio factum non esse, valde doleo. Nunc frustra lacunas explere tentabis: et parum, opinor, lucramur supplendo τῶν προ-
(γεγενημένων), quod verisimillimum est propter praegressum
παρόντα, aut mox (τῶν καθη)κόντων χρόνων. Reliqua enim

premit aeterna nox. Idem valet de proxime sequentibus usque
ad vocabula: ἀλλ' ἡ μὲν παροιμία φησὶ τὸ θέρος ἐπὶ τῇ καλάμῃ
φαίνεσθαι· τότε δὲ ὁ Κωνστάντιος ἐφάνη τοῦ πατρὸς ὤν.
Etiam ultima eorum, quae adscripsi, hiulca sunt, sed culpa,
ut videtur, librariorum. Excidisse enim videntur vocabula
γνήσιος υἱός.

Pag. 15ᵇ: καὶ τὸ τῆς ἐφ' αὐτῷ δόξης ἀστασίαστον κτέ. Vix
aliud olim scriptum fuit, quam περὶ αὐτοῦ, nisi hoc ipsum
legitur in codice. Quae mox legimus: ἐς γλυκεῖάν τινα καὶ
χρυσῆν διατριβὴν τὴν ἐκείνου ἀναφέροντες, carent obiecto. Fortasse supplendum: τὴν ἐκείνου (ἀρχὴν) ἀναφέροντες. Miror
me nihil h. l. e codice enotasse; nam in Maii editione video
versum iusto breviorem esse.

Ibid. vs. 18: καὶ ὅτιπερ ἦν ἐν παιδείᾳ γνωριμώτατον οὐδὲ
ἀφιέντα ἠφίεσαν. Vertunt remissum me non remittebant;
quidni igitur correxerunt: οὐδ' ἀφεθέντα μ' ἠφίεσαν? Idem
pronomen restituendum ibid. vs. 22: ἀσεβήσειν (μ') ἐβόα περιφανῶς, εἰ μὴ συγγράφοιμι. Mox in vicinia malim: καὶ τῶν γε
πράξεων μάλ' ἀκριβὲς (pro ἀκριβῶς) ὑπόμνημα συνετέλει πρὸς
τὴν γραφήν.

Pag. 16ᵃ sub. fin.: ἀλλὰ τοῖς μὲν βουλομένοις — ἀνασκοπεῖν,
τὸ περὶ τούτων βιβλίον ἐπιτάξομεν, καὶ πρὸς ἐκείνην φέρεσθαι
τὴν ἀκτῖνα κτέ. Dubito an suffecerit, deleta virgula post ἐπιτάξομεν, inserere praepositionem πρὸς post ἀνασκοπεῖν, quae sane
lenis foret medicina, ex qua τὸ ἑξῆς foret hoc: ἐπιτάξομεν φέρεσθαι πρὸς τὸ — βιβλίον καὶ πρὸς ἐκείνην τὴν ἀκτῖνα. Sed
φέρεσθαι minus apte cum βιβλίον iungi videtur, quare suspicor:
ἀλλὰ — ἀνασκοπεῖν, (ἀναγινώσκειν) τὸ περὶ τούτων κτέ.
Participium aliquod oblitteratum esse videtur in sqq.: αὐτοὶ δὲ
ὅσον οὐ πρὸς ἅμιλλαν μειρακιώδη καὶ σοφιστικήν, ἀλλ' εἰς ἱστορικὴν ἀκρίβειαν ἀναστῆσαι καὶ διαπλάσαι τὸν λόγον, ἐπιδρα-
μούμεθα τὰ γεγενημένα. Infinitivi enim ἀναστῆσαι καὶ διαπλάσαι non habent, unde pendeant. Fortasse igitur dederat Eunapius: αὐτοὶ δὲ θέλοντες; nam quae alia participia sententiae satisfacerent, v. c. γνόντες, κρίναντες, βουλόμενοι, προ-

26

ἑλόμενοι cet. minus facile in ὅσον corrumpi poterant. Praeterea
vix sanum esse puto ἀναστῆσαι.

Ibid. vs. 13: ὡς ἀναγκαῖον εἶναι πολεμίαν τὴν τῶν πολεμούντων ἡγεῖσθαι καὶ νομίζειν. Cave duo ultima vocabula librarii additamentum esse putes; nam huiusmodi tautologias inep-
tissimas Graeculus noster studiose venatur.

Pag. 17ᵃ, 1: οἰκείαν δὲ τὴν τῶν παρακεχωρηκότων. De-
diticii alibi audire solent οἱ προσκεχωρηκότες, quod participium hoc quoque loco revocandum esse iudico. In sqq. fr. I
vs. 1: τοῦτον δεξάμενος ἑταῖρον ἐφ' ἑαυτῷ συνιστάμενον εἶχεν,
deleatur importuna praepositio, ut sensus sit: lateri suo ha-
bebat adhaerentem.

Pag. 19ᵇ, fr. XIV vs. 3: μεμνῆσθαι προσῆκεν. Sententia
postulat προσῆκει. Mox minus recte editur: ἐπιμνήσεται πάλιν,
ἐς ὅσον ἂν ἐγχωρῇ αὖ, τῶν κατὰ τοὺς παραπίπτοντας καιροὺς —
συντεθειμένων. Maius dederat αὐτῶν, quod ita scilicet correxerunt viri docti. Requiritur: ἐς ὅσον ἂν ἐγχωρήσῃ, τῶν κτέ.

Ibid. § 3: πᾶσα δ' ἡ βία τὴν γραφὴν κατὰ μικρὰ καὶ ἐπὶ
Κωνστάντιον φέρεσθαι. Iidem, qui recte φέρεσθαι reposuerunt
pro φέρεται, alium errorem non codicis, opinor, sed primi
editoris castigare supersederunt. Etenim sine dubio reponendum: πᾶσα δὴ βία κτέ.; nam πᾶσα βία Graeculis est, quod
antiquis πᾶσ' ἀνάγκη. Ibid. § 4 vs. 2 sqq.: καὶ ὃ ἔπραττεν
κτέ. Cf. collat. In § 5 sensus laborat, ubi editur: ἔοικε μὲν
οὖν καὶ ἄλλως ὁ χρόνος — πολλάκις ἐπὶ τοιαῦτα καταφέρεσθαι συμπτώματα. Maius tamen recte interpretatur — ad
eosdem redire casus. Quidni igitur idem rescripsit ἐπὶ ταὐτὰ
καταφέρεσθαι κτέ.? Ib. § 7: ἄλλα δ' ἀλλαχοῦ καὶ πρὸς πολλοὺς ἀναφράζων ἐν ἐπιστολαῖς. Verbum ἀναφράζειν mihi
certe plane inauditum est, neque, quae possit esse praepositionis
vis in illo composito, satis mihi liquet. Vereor ne Eunapius
dederit: καὶ πρὸς πολλοὺς αὐτὰ φράζων, quemadmodum in
excerpti fine legitur: καὶ πρὸς πολλοὺς αὐτὰ διὰ τῶν ἐπιστολῶν
ὑμνῶν. Foedum errorem, qui mox conspicitur in verbis: καὶ
μὴ δεῖσθαί που τά τ' ἔργα λέγοντος, miror nondum castigatum

esse. Cod. diserte exhibet τοῦ pro πον. Verbum λέγειν sensu
τοῦ διηγεῖσθαι positum ·est, ut mox: πρὸς τὸ λέγειν αὐτὰ
κατασειόμενος. In praegressis scribere malim: πρός τινα γοῦν
Κυλλήνιον — τὸν ταῦτα ἐξηγημένον pro ἐξηγούμενον; nam si
res ab imperatore gestas nondum exposuisset, vix poterat eum
Iulianus ἐπιτιμᾶν ὡς διαμαρτάνοντι τῆς ἀληθείας. Ibid. vs. 12:
ἀλλ' ἔπαινον κέκρικέν τινα καὶ λαμπρὸν ἑαυτοῦ διέξεισιν. Infelicissime Niebuhrius ἱστορικὸν coniecit. Longe praestare puto
Mulleri inventum ἀκριβῆ, idque nunc praefero suspicioni meae
καίριον.

Pag. 23ᵃ, fr. 22 § 1: τάς τε Σκυθικὰς κινήσεις ὥσπερ ἐγ-
κρυπτομένας ἔτι κυματιστὴν ἐτίθει πόρρωθεν κτἑ. Mul-
ler. coniecturam periclitatur perquam infelicem: κυματιστῇ
ἐν βυθῷ. Ipse. cod. recte mihi dedit: ὥσπερ ἐν κωφῷ κρυπτομένας ἔτι κύματι συνετίθει κτἑ.

Ibid.: Σκύθαι δὲ νῦν μὲν ἀτρεμοῦσιν ἴσως δ' οὐκ ἀτρεμήσουσιν.
Fort. supplendum ἴσως δὲ (μετ' ἐμὲ) οὐκ ἀτρεμήσουσιν; nam
sequuntur haec: ἐς τοσόνδε ἐξικνεῖτο χρόνον τῶν μελλόντων
αὐτῷ προνοίᾳ. ὥαθ' ὅτι τὸν ἐπ' αὐτοῦ μόνον καιρὸν ἡσυ-
χάσουσι, προγινώσκειν. Potueris quoque ὕστερον δ' ἴσως
κτἑ.; sed hoc nimis fere vage dictum erit.

Ibid. § 2: Ἐπαμινώνδας. M. ex cod.: Ἐπαμινόνδας., l.:
Ἐπαμεινώνδας.

Ibid.: ὅτι τὸ πρὸ Κτησιφῶντος πεδίον ὀρχήστραν πολέμου πρότερον ἐπιδείξας — Διονύσου σκηνὴν ἐπεδείκνυ Ἰουλιανός. Periit
vis oppositionis una cum vocula νῦν, quae excidit aut post
σκηνὴν aut post ἐπεδείκνυ propter τὸ ὁμοιοτέλευτον. Mox: μὴ
ὑπὸ τροφῆς διαφθαρῶσιν. Vereor, ut haec significare possint
ne nimio cibo enecarentur, et Eunapium dedisse suspicor
τρυφῆς i. e. ne luxuria corrumperentur. ·

Pag. 23ᵇ, fr. 23 vs. 4: καὶ καθάπερ ἰατρικοί φασι κατα-
δύτων γενομένων δυεῖν ἀλγημάτων. τὸ ἔλαττον ὑπὸ τοῦ σφοδρο-
τέρου λύεσθαι. Niebuhrii coniectura iam per se satis impro-
babili καταδήλων legentis, in posterum carere poterimus, quum
in ipso codice legatur κατὰ ταὐτόν. Praeterea adscripto

26 *

articulo editum oportuit: καὶ καθάπερ (οἱ) ἰατρικοὶ κτέ. In eodem excerpto mox corrigendum et supplendum: τὸ δ' ὅπως εἴκαζον (μὲν) ἄλλος ἄλλως, ἠπίστατο δ' οὐδὲ εἷς pro τὸ δ' ὅπως εἴκαζεν ἄλλος κτέ. Deinde non expedio vocabula: εἰ δὲ καὶ πλῆρος ἦσαν, τοῦτο γοῦν ἠπίσταντο σαφῶς, ὅτι ἄρχοντος μὲν εὐπορήσουσι, τοιοῦτον δὲ οὐδ' εἰ πλαστὸς θεὸς εὑρήσουσιν. Id, quod Mull. excogitavit, πλάστης vulgata lectione nihilo sanius videtur. Tam absurda utitur Eunapius oratione, ut saepe difficilius sit, quid scribere potuerit necne certo iudicio statuere. Verbum tamen post coniunctionem εἰ nullo modo omitti potuisse, vix est quod moneamus. Subveniet laboranti loco fragmentum ex incerta fabula Menandri ap. Stobaeum Flor. LIII, 6, quod indicavit mihi Cobetus:

Κομψὸς στρατιώτης οὐδ' ἂν εἰ πλάττοι θεὸς οὐδεὶς γένοιτ' ἄν.

Similiter Eunapius dederat: τοιοῦτον δ' οὐδ' εἰ πλάττοι θεὸς εὑρήσουσιν.

Ibid. 15: ἀγωγῆς τ' ἀνάγκην ἐπαύσατο πρὸς τὸ χεῖρον ἕλκουσαν. Vere Boissonadius ἐβιάσατο coniecit. Cf. p. 50ᵃ vs. 15.

Pag. 24ᵃ, 18: εἵλετο βασιλεύειν, ὅτι μηδ' ἐπανώρθωσέ τι. Corrigatur ὅστις, et mox ibid. malim: τοῖς παράγουσιν (pro ἄγουσιν) αὐτὸν δαίμοσι τὸ ὀλέθριον ἀφοσιούμενος σέβας. In sqq. quoque monachus indignabundus de istorum demonum ἀπάτῃ loquitur.

Pag. 24ᵇ, fr. 24 vs. 4. Supple: εἰ τοῦτό (μοι) ἐγκαλέσεις κτέ.

Pag. 25ᵇ, fr. 26 sub. fin.: τὸ γὰρ καθ' ἕκαστα οὐκ ἦν ἀλήθειαν τιμῶντος. Niebuhrius supplet γράφειν post ἕκαστα; ego malim post γὰρ ob causam palaeographicam.

Pag. 28ᵇ, fr. 38, 1: Ὁ κατειλεγμένος τοῖς νοταρίοις. Lege: ὁ ἐγκατειλεγμένος κτέ.

Pag. 28ᵇ, sub fin.: καὶ ὅσοι περὶ στρατείας ἐπὶ τὰ κέρδη καὶ τὰς κοινὰς τύχας ἐπτοημένοι. Fortasse: καὶ ὅσοι ἐπὶ στρατιᾶς ἦσαν περὶ κτέ.

Pag. 29ᵃ, vs. 10: ὅτι φιλοχρηματίαν φασὶ πηγήν τινα πάσης κακίας τυγχάνειν, οὐδὲ τῇ κακίᾳ πότιμόν τε καὶ χρήσιμον. Lege: οὐδ' αὐτῇ τῇ κακίᾳ κτέ.

Pag. 31ᵇ, fr. 41 vs. 1: οὐδενὸς οὐδὲν σαφὲς ἔχειν λέγοντος, ὅθεν τ᾽ ὄντες οἱ Οὖννοι — ἐπέδραμον. Neminem dum emendasse: οὐδενὸς οὐδὲν σαφὲς λέγειν ἔχοντος! Quasi Graecum sit: οὐκ ἔχω, ὅθεν εἰσὶν τί Οὖννοι! *Non saniora esse arbitror quae sequuntur sic scripta: ὡς ἂν μὴ τοῦ πιθανοῦ τὴν γραφὴν ἀπαρτήσαιμεν, μηδὲ παραφέροιτο πρὸς τὴν ἀλήθειαν ὁ λόγος. Quid enim sit παραφέρεσθαι πρός τι, non facile expedies, nec noverat, credo, ipse Eunapius, quem scripsisse reor: μηδὲ παραφέροιτο τῆς πρὸς τὴν ἀλήθειαν ὁ λόγος, i. e. *neve aberraret oratio de via, quae ducit ad veritatem.*

Pag. 33ᵃ, fr. 44 suppleas: ὅτι Μαρκιανὸς ἀνὴρ (ἦν) ἐς ἀρετὴν — ἠκριβωμένος.

Pag. 33ᵇ, fr. 45 vs. 17: Οὐκ ἦν δὲ βασανίζειν ὁποῖός τις ὁ δεῖνα, ἀλλὰ Μουσώνιον φίλον ἀκούσαντα ὅτι καλὸς ἦν εἰδέναι. Lege: ἀλλὰ Μουσωνίου φίλον ἀκούσαντα, ὅτι καλὸς κἀγαθὸς ἦν εἰδέναι. Nam erat Musonius, ut est in superioribus, φιλόκαλος καὶ φιλάγαθος. Mox in pag. ferme media corrigas: ὅτι τὸ εἰς (pro ἐπὶ) Μουσώνιον ἐπίγραμμα κτὲ.

Obiter attingam, quia huc facit, Eunapii fragmentum apud Suidam in voc. Μουσώνιος, ubi haereo in vocabulis: κἀκεῖνος ἅπαντα ἐπιὼν ἐν ὀλίγαις ἡμέραις, τὴν θάλασσαν ἐπλήρωσε τῶν ἀπὸ τῆς Ἀσίας εἰσφορῶν. Si hoc fecisset Musonius, cuius laudat l. n. Eunapius τὴν τῆς γνώμης βαθύτητα, omnium mortalium insulsissimus simul et θαυματουργότατος fuisse mihi videretur, quippe qui Asiae tributa iecerit in mare, iisque (mirabile dictu!) mare impleverit. Et vel in Eunapio, quamvis ut verum fatear scriptore satis inepto, vix ferenda ὑπερβολῇ haec eo sensu dicta esse suspicaberis, ut Musonius narretur multa navigia his tributis onerasse. An forte scripserat τὴν γάζαν ἐπλήρωσε?

Pag. 33ᵇ, vs. 18: ὅτι συνηρτῆσθαι τοῦ πολέμου δοκοῦντος. Legendum: συνηρτῦσθαι; nisi mavis εὖ ἠρτῦσθαι, quod ego praetulerim propter sequens δοκοῦντος.

Pag. 34ᵇ, fr. 46, 5: ὅσον δὲ παιδεία ἀναγνώσεως ἰσχύει πρὸς τοὺς πολέμους καὶ ἡ διὰ τῆς ἱστορίας ἀκριβὴς θεωρία πρὸς ἄμαχόν τινα καὶ γραμμικὴν ἔκβασιν τελευτῶσι καὶ συνηνεχ-

κασμένην καὶ τότε ὁ χρόνος ἀπέδειξεν. Conieci: ὅσον δὲ παιδεία
(ἡ δι') ἀναγνώσεως — θεωρία ἐπὶ τοῖς ἄμαχόν τινα καὶ μα-
νικὴν (nisi praestat παραβολικὴν) ἔκβασιν τελευτῶσι κτέ.
Hanc certe loci sententiam esse confirmant sqq.: ὅτι οὔτε πολλοῖς οὔτ' ὀλίγοις μάχεσθαι προσήκει ἀπεγνωκόσιν ἑαυτῶν κτέ.
Praep. πρὸς servari poterit, rescripto τελευτῶντας. Ibidem
mox legendum: ὅπως — πολεμῶνται pro optativo.

Pag. 35ᵇ, fr. 48 vs. 6: καὶ καθάπερ μειράκιον μελλόπλουτον
πατρὸς ἐπὶ χρόνῳ (f. χρόνον) πολλὰ χρήματα σεσωρευκότος διὰ σωφροσύνην καὶ φειδώ, ἀθρόως κυριεῦσαν τῶν πραγμάτων — ὄλεθρον κατὰ
τῶν εὑρεθέντων μαίνεται. Paucas vidi coniecturas illa infeliciores,
qua istud μελλόπλουτον a Mullero repositum est pro Maii lectione μὲν πλοῦτον. Plane enim caecutiat necesse est, qui non
intellexerit Eunapio reddendum esse: μειράκιον νεοπλούτου
πατρός κτέ.

Pag. 38ᵃ, ibid. vs. 10: Ὥρα δ' ἦν θέρους ὅτιπερ ἀκμαιότα-
τον, καὶ τὸ θέατρον κατείχετο. Perperam interpretantur:
et theatrum constipatum erat hominibus. Noto usu τὸ
θέατρον dicitur pro οἱ θεαταί, et locutio κατέχειν τὸ θέατρον
fere solemnis est de histrionibus, actione sua spectatorum animos suspensos tenentibus. Sed ita addendum fuisset: ἐκ τοῦ
τραγῳδοῦ, et praeterea nexus orationis flagitare videtur id,
quod Eunapianam scilicet elegantiam sapere nemo negabit: καὶ
τὸ θέατρον ἐκακουχεῖτο, aestu nimirum. In sqq. e verbis:
καὶ τὸν πλοῦτον ὁ τραγῳδὸς ἐβαρύνετο, suspicor excidisse part.
φέρων.

Ibid. pag. 39ᵃ, vs. 7. Quamvis ingeniose minus tamen
vere correctum esse τὰ πάτρια ἱερὰ pro τὰ παρὰ ἱερὰ
apparet e collatione mea. Habet enim cod. τὰ παρά σφισιν
ἱερά.

Pag. 39ᵇ, fr. 57, 3: τὰ γὰρ ἐν τοῖς βασιλείοις ἐπικρύπτεται
καὶ μάλα στεγανῶς, οὔτε πολυπραγμονοῦσι συμμαθεῖν. Lege,
inbente sententia: ἃ γὰρ — οὐδὲ πολυπραγμονοῦσιν ἔστι
μαθεῖν.

Pag. 40ᵃ, ibid. vs. 1: ὥσπερ οὖν τοῖς γράφουσι τὰς εἰκόνας —

ἐπιτείνει τὴν περὶ πρόσωπον ὁμοιότητα μικρά τινα τῶν ὑποκειμένων συμβόλων καὶ ἡ ῥυτὶς ἐπὶ τοῦ μετώπου διακεχαραγμένη, ἤ
τις ἰονθος. Scribatur: ὡς ἢ ῥυτίς (τις) κτέ. Ibidem fr. 58
vs. 6 malim: κατέδυσαν εἰς (pro ἐπὶ) τὰς Μακεδονικὰς λίμνας.

Pag. 40ᵇ, ibid. vs. 11: ὥσπερ τοῖς ὀστακοῖς τὴν χολὴν καὶ
τοῖς ῥοδοῖς ἀκάνθας. Lege: τὰς ἀκάνθας et mox in vocabulis:
οὕτω ταῖς ἐξουσίαις συγκατασπείρας τὴν ἡδονὴν reponatur
ἐγκατασπείρας. Graviorem labem passa esse videntur verba
vicina: αἱ βασιλεῖαι τὸ θνητὸν σκοποῦσαι πρὸς τὸ ἡδὺ καταφέ-
ρονται, τὸ τῆς δόξης ἀθάνατον οὐκ ἐξετάζουσαι καὶ παρεκλέγου-
σαι. Verbum παρεκλέγειν significat: clam aliquid legere,
s. conquirere, itaque ab hoc loco est alienum. An forte corrigendum: καὶ παραβλέπουσαι i. e. et spernentes? In fr.
59 : 1 sententia postulat, ut legamus: ὅτι ὀλισθηρότερον —
καὶ σφαλερώτερον ἄνθρωπος πρὸς τιμὴν ἢ συμφοράν, pro: ὅτι
ὀλισθηρὸν κτέ. Praeterea vero repetenda praepositio πρὸς ante
συμφοράν, sin minus, sensus oritur plane absurdus. In vicinia
Mullerus dedit ἐλπίδας ὑποτείναντες pro monstro vocabuli
ὑποσείραντες, quod est in Maii editione. Lenius correxisset
ὑποσπείραντες, quod ipsum manifesto legitur in cod. Vat.

Pag. 41ᶜ, fr. 60 vs. 18: οὐδαμοῦ γὰρ ἐξεφέρετο καὶ παρ-
εγυμνοῦτο τὰ τῆς φιλονεικίας. Verum videtur ἐξεφαίνετο.

Pag. 42ᵃ, fr. 62 vs. 4: τὸ μὲν ὄνομα ἦν τῶν βασιλέων, τὸ
δ' ἔργον τῶν μὲν κατὰ τὴν ἑῴαν Ῥουφίνου, τὰ δ' ἑσπέρια Στελί-
χωνος εἰς ἅπασαν ἐξουσίαν. Sensus perspicuus, corrupta et fortasse hiulca oratio est, cui medeatur, si poterit, futurus Eunapii editor; ego satis habeo promere ea, quae subita cogitatio
inter legendum mihi suggesserit: bonas horas in isto emendando consumere nolo. Quid enim facias scriptore, qui
pag. 45ᵃ, fr. 71 vs. 4, dare potuit: ὁ μὲν οὖν Βάργος τὴν
ἀρχὴν πιστευθεὶς παρὰ τοῦ εὐνούχου ἐξῄει μάλα φαιδρὸς καὶ
γεγηθὼς ἐπὶ τὴν ἀρχήν? Ubi quis alius scriptor non plane
ἀπειρόκαλος non dedisset ἐπὶ ταύτην? Sed idem saepe multo
etiam turpius scripsit atque invenustius, ut legentibus abunde

apparebit. Verum haec hactenus. Facili negotio corrigitur pars saltem sententiae non satis expeditae, quae in vicinia editur in hunc modum: ὡς ἂν ἀρχὰς ὑποθησόμενος καὶ μετὰ πολλῶν καὶ διεφθαρμένων στρατιωτῶν πρὸς τὸ πολεμεῖν τοῖς εὐεργέταις. Videlicet substantivum στρατιωτῶν absorpsisse videtur participium ἰών. Ib. vs. 10 scribere malim: συνετώτατος δ' ὧν (ὁ εὐνοῦχος scil.) κατὰ πόδας κτέ. pro συνετώτερος κτέ., et mox καὶ δῆτα γυνή (τις), addito pronomine indefinito. Deinde διὰ καθειμένων· ἀνθρώπων an ferri possit dubito. Exspectaveris enim δι' ὑφειμένων ἀνθρώπων i. e. per homines subornatos. Notissimus est versus Sophocleus in Oedipo Rege:

ὑφεὶς μάγον τοιόνδε· μηχανορράφον.

Tandem sub finem loci, quem tractamus, malesana sunt verba: καὶ ὁ μὲν ἑαυτὸν μανικώτατον καὶ τὸν εὐνοῦχον φρονιμώτατον ἔκειτο μαρτυρῶν, ἡλίκον ἐστὶ τὸ τῆς ἀχαριστίας παρὰ θεῷ ἔγκλημα. Niebuhrius ante ἔκειτο inserendum putat ἀποδείξας, fortasse recte.

Pag. 45[b], fr. 72 vs. 4: μέγα δή τι καὶ ὑπὲρ ἄνδρας ἐφρόνει. Malim ὑπὲρ ἄνδρα. De industria autem sic loqui videtur pro ὑπὲρ ἄνθρωπον, quia sermo est de eunucho, quem auctor irridet.

Pag. 46[a], fr. 73 vs. 9: ἐπεὶ ἤκουον καὶ συνεπυνθανόμην κτέ. Legendum: καὶ ἐπυνθανόμην.

Pag. 46[b], ib. vs. 7: ἀλλ' ἐξαγγέλλει γε αὐτὰ κτέ. Necessarium est Fut. ἐξαγγελεῖ. Ib. vs. 9: καὶ τὰ καθ' ἡδονὴν ἕκαστος κατὰ βούλησιν ἀπέστειλε. In quovis alio scriptore vocabula κατὰ βούλησιν utpote interpretamentum praecedentis formulae καθ' ἡδονὴν delendum esse existimarem: in nostro, quippe cui τὰ ἰσοδύναμα placeant, tutius videtur amplecti Bekkeri sententiam κατὰ in καὶ mutandum esse suspicantis. Idem pro ἀπέστειλε rescripsit ἀπέστελλε, quum debuisset ἐπέστελλε i. e. per literas significabat.

Pag. 47[a], vs. 1: τῶν δ' ἐμπόρων οὐδὲ εἷς λόγον πλείονα ψευδομένων ἢ ὅσα κερδαίνειν βούλονται. Verba manifesto depravata sic redigantur in ordinem, ut legatur: τῶν δ' ἐμπόρων

οὐδὲ εἰς λόγος ἦν πλείονα ψευδομένων ὅσῳ (πλείονα) κερδαίνειν
βούλονται: *mercatorum nulla habebatur ratio, quippe qui
quanto maiorem lucri spem animo conceperint tanto plura
mentiri soleant.* Ib. vs. 2: ἀλλ' ὅσα τῷ σοφωτάτῳ μαρτυρεῖ
κατὰ Πίνδαρον χρόνῳ. Quidquid olim post haec verba secutum
est, (nam verba τὴν ἀκριβεστέραν κατάληψιν, a quibus novum
palimpsesti folium incipit, cum his omnino non cohaerere recte
monuit iam Niebuhrius,) pro μαρτυρεῖ scribendum est μαρτυρεῖ-
ται; i. e. ὅσα ὁ σοφώτατος — χρόνος μαρτυρεῖ. Ib. fr. 75
vs. 7: καὶ τοῦτό γ' οὐδὲν διαφέρον ἐδόκει μοι τοῦ πιεῖν.
Legendum: καὶ — διαφέρειν δοκεῖ μοι κτέ. Ibidem § 2:
καὶ οὗτος μὲν ἐσώζετο καλῶς πονηρὸς ὤν. Sermo est de aegro
ῥᾷζοντι, quare scripserim: πονηρῶς ἔχων.

Pag. 47ᵇ init.: διετέθη καλῶς ὑπὸ τῆς συνεχοῦς ἱππασίας,
κατεπράϋνέ τε καὶ τὸ λιθῶδες ὑπεμάλαξε. Fortasse supplendum:
ἱππασίας, (ἢ) κατεπράϋνέ τε ⁎ ⁎ καὶ τὸ λιθῶδες ὑπεμάλαξε; ut
post voculam τε exciderit τὸ ἄλγος aut τὸ σκληρόν, aut aliud nescio quid. Sin minus; transponendum: (ἢ) κατεπράϋνε τε τὸ
λιθῶδες καὶ ὑπεμάλαξε. Praetulerim tamen priorem emendandi
rationem. Ib. § 6 requiritur: ἐπολέμει γὰρ τῷ εὐνούχῳ,
addito articulo. Mox vs. 4 expungatur additamentum vel in
Eunapio neutiquam ferendum e verbis: ὑγρότερος γὰρ ὑπὸ τοῦ
κατορθώματος [καὶ μαλακώτερος] γενόμενος — μαλακώτερος
ἦν ἀμφιφάασθαι. Alluditur autem, quod vix quemquam latere
arbitror, ad nobilem locum Homericum Iliad. χ vs. 373.

Pag. 49ᵃ, fr. 78 vs. 4: πρὸς τὸ ἥμισυ σταδίου συγκο-
μισάμενος. Lege: πρὸς τὸ ἥμισυ τοῦ σταδίου. Ceterum sic
semibarbare Eunapius scripsit pro: πρὸς μέσον τὸ στάδιον.
Probabili coniectura expleri potest paucarum litterarum hiatus
in vs. 14: καὶ τούτων ἕτερα παχύτερα καὶ ... δ' ἕτερα, κωθω-
νιζομένων γραφέων φλήναφον. Lege locum, et senties verum
esse: παχύτερα καὶ (ἀναι)δέστερα κτέ. Reliqua pars huius
excerpti omnes emendandi conatus eludit.

Pag. 50ᵃ, fr. 82 vs. 8: τῷ παραλόγῳ πληγέντες. Nescio
an in Eunapio ferri possit pro: ἐκπλαγέντες. Ad vicina

conferas collationem meam ad p. 288 vs. 9 sqq., et experiaris an possis locum restituere in integrum.

Pag. 50[b], fr. 83 vs. 1 bello scholio marginali liberanda esse iudico verba: — Ἱέραξ ἦν [ὄνομα δὲ τοῦτο ἀνθρώπου κύριον], ὃν εἶδεν κτέ. Deinde exulato vocula τε e sequentibus: καὶ τὴν ψυχὴν [τε] ἀνεμάξατο. Contra analogiam peccat, quod vs. 6 legitur adiectivum ἀλεκτρυώδης. Siquidem ab ἀλεκτρυὼν formari debet et formatur ἀλεκτρυονώδης, hanc formam illi substituendam esse iudico.

Pag. 51, fr. 86 vs. 4: ἐν ταῖς διοσημείας. Lege: ἐν ταῖς διοσημίαις.

Palimpsesti novas lectiones, ut chartae parcerem, repetere nolui.

EXCERPTA E DEXIPPI HISTORIA.

p. ed. M.	p. cod. V.	vs.	Lect. sec. M.	Lect. quas habet cod.
319	81	1	καταλύσασαν	καταλύσασα
»	»	6	εἰ μὴ — ἐξισώσθη	καὶ μὴ — ἐξισοῦσθαι
»	»	8	ἐκ τοῦ θεοῦ — πευσαντας	ἐκ τοῦ θείου — σπεύσαντας
320	»	10	τὸ τῆς δαιμονίας	τὸ τῆς τε δαιμονίας
»	»	11	ἐπακούειν	ὑπακούειν
»	»	12	προσάγεσθαι	προσαγαγέσθαι
»	80	13	εὖ κτήσασθαι	εὖ χρήσασθαι
»	»	14	τῶν κοινῶν τὸ ἐφεστηκός	τῶν καιρῶν τὸ ἐφεστηκός
»	»	15	ἀρετὴ ἡ μὲν πρωτίστη	ἀρετὴ δὲ ἥ κτέ.
»	»	17	ἑτοιμοτάτου	ἑτοιμοτέρου
»	»	18	τοῖς δὲ χρησαμένοις	τοὺς δὲ χρησαμένους
»	»	19	ἐπ' οὐδὲν μετρίῳ	ἐπ' οὐδενὶ μετρίῳ
»	»	20	ταπεινοὶ μὲν οὖν	ταπεινοὶ μέντοι (ni fallor)
»	»	22	τῇ σφῶν μὲν ἀνανδρείᾳ ῥαθυμωτέραις	τῇ σφῶν ἀνανδρίᾳ ῥαθυμοτέραις
»	»	23	ἐθελοντεὶ	ἐθελοντὶ (l. ἐθελονταὶ)
322	82	24	ἕωσπερ ἔστι τις ἄδεια βουλῇ χρωμένους τὸ βέλτιον	ἕως περίεστί τις ἄδεια βουλῇ ἀγαθῇ χρωμένους τὸ βέλτιστον

27*

p. ed. M.	p. cod. V.	vs.	Lect. sec. M.	Lect. quas hab. cod.
322	82	28	ἔνεγκαν	ἤνεγκαν
»	»	29	τὸ παραυτίκα πειθὼ	Sic cod. Leg. τὴν κτέ.
»	101	1	ἐλπίσαμεν .. μη .. ἐπὶ	ἠλπίσαμεν ἀπαρκήσειν ἐπὶ. In sqq. paginis nihil vidi praeter ea, quae eruere iam M. contigit.
323	107	2	ἐλάττους τε ὁμοίως καὶ διαφερόντως	ἐλάττους τε ὁμοίως καὶ μείζους καὶ διαφερόντως
»	»	3	εἰρήνην πόλεμον — μηδεμιᾶς	εἰρήνην καὶ πόλεμον — μηδεμίαν
»	»	5	ἐξαλλαγὰς τῶν ἡμερῶν καὶ χρόνων	ἐξαλλαγὰς τῶν ὡρῶν καὶ χρόνων legere mihi videbar.
»	»	7	μνήμη προγενομένων.	μνήμη τῶν προγενομένων
»	»	8	κακου... της τῶν	εἰκόνας .... ἐκ τῆς τῶν. Quae interponuntur hanc fere speciem referebant: τε εμβαλειν.
324	108	4	ὀρρωδῶν.. τερον γένηται	ὀρρωδῶν μή τι αὐτῷ νεώτερον γένηται
325	91	8	συνευχαίμην	συνευξαίμην
»	»	10	σωτηρία	ἡ σωτηρία
»	»	12	τὸν ὑφεστηκότα ἀγῶνα	τὸν ἐφεστηκότα ἀγῶνα
»	»	17	ἐξισοῦσι ἐς τοὺς κινδύνους	ἐξισοῦσ.. ἐς τοὺς κινδύνους. Perperam M. scripsit ἐξιοῦσι. L.: ἐξισοῦσαι πρὸς τοὺς κινδύνους (scil. τὴν τόλμαν.)
»	»	23	συλληψαμένων	συλληψομένων

p. ed. M.	p. cod. V.	vs.	Lect. sec. M.	Lect. quas hab. cod.
326	91	28	προσαγ ώτατον	προσαγ ὼγότατον
»	»	25	πρὸς ἐκφοβῆσαι	προεκφοβῆσαι ·
»	»	26	ἐς αὐτοὺς ἰόντας	ἐπ' αὐτοὺς κτέ.
»	»	29	ὅταν τῷ ἀληδ.. μάχηται	ὅταν τῷ ἀληθ(εῖ) μάχηται
»	»	30	κἂν τοῖς ἐξ ἴσου ὦσιν	κἂν τοῖς ἐξ ἴσου ἀγῶσιν
»	»	32	ὑπὸ ἡγεμόνι τε ἄγεσθαι	ὑπὸ ἡγεμόνι τ' ἐπάγεσθαι. Sic legere mihi videbar; sed fort. legitur: ὑπὸ ἡγεμόνι τε τάττεσθαι καί.
»	92	4	πολὺ ὑπὸ σφῶν	Ita cod., sed lege: ἀπὸ σφῶν.
»	»	5	σὺν εὐχερίᾳ	σὺν εὐχερείᾳ
»	»	8	ὀχ ειρότητος	ὀχυρότητος
»	»	10	διὰ δὲ τὸ	διά τε τὸ
327	»	12	τὸ μὲν ἀλγεινὸν εἰς ὀλίγον — τὴν αἴσθησιν οἶσον	τὸ μὲν ἀλγεινὸν ὀλίγον — τὴν αἴσθησιν οἴσων
»	»	17	τῆς ἐκ τούτου χορηγίας οὐκ ἀδυνάτων	τῆς ἐς τοῦτο χορηγίας οὐκ ἀδυνατῶν
»	»	18	ἰασάμενος	ἰασόμενος manifesto codex.
»	»	21	διόρθωσις	διόρ | θωσις
»	»	27	καὶ εἴσω τειχῶν τὰ ἐς	καὶ εἴσω τειχῶν μενόντων ὑμῶν τὰ ἐς
»	»	28	προαποδείκνυται δὲ	προαποδέδεικται δὲ
328	»	32	καὶ πρὸς |	καὶ προ|
»	47	1	ἡμῖν δύναμις οὐ φαύλη· δισχίλιοι γὰρ	ἡμῖν τε δύναμις ἔστιν| . οὐ φαύλη· δισχίλιοι γὰρ
»	»	4	σποράσι τε ἐπιθεμένους	σποράσι τε ἐπιτιθεμένους

p. ed. M.	p. cod. V.	vs.	Lect. sec. M.	Lect. quas hab. cod.
328	47	7	προ .... ὅπλων οὐ φαῦ-λον	πρόβλημα ὥσπερ ὅπλων οὐ φαῦλον
»	»	13	ἀσφαλέστερον	ἀσφαλέστεροι
»	»	14	περὶ δὲ αὐτῆς — μάχης	περὶ δὲ αὖ τῆς—μάχης
»	»	»	εἰ δεῖ καὶ αὐτῆς δεῆσαι	Sic cod., sed lege: εἰ δὴ καὶ αὐτῆς δεήσει.
»	»	17	βιαζόμενον τε ὑπὲρ τοῦ ἀμηχάνου	βιαζομένων κτὲ. Sed pro ὑπὲρ corrige ὑπό.
»	»	20	εἴ τε τὴν — ἔφοδον	εἰ τὴν — ἔφοδον
329	»	25	ἐς ταὐτὸ τοῦτο πρόθυμον ἐπαύξομεν	Ita cod., sed lege: ἐπάξομεν.
»	»	28	τὰ τιμιώτατα δὲ θέλων	τὰ τιμιώτατα ἐθέλων
»	»	30	ἔπεισι μὲν ἡ τελευτὴ	ἔπεισι μὲν γὰρ ἡ τελευτὴ
»	»	32	ἴστω τάς τε τελευτὰς τῶν πόλεων ἐξ ἐνέδρας ἀπὸ τῶν πολεμίων ἠρημένας | ..... καὶ τῶν ἀντιστάντων· αὐτοὺς τὸ ἀντίπαλον ἐρημωθέντας .. ον δὲ τοῦ βαρβαρικοῦ ἐπιτίθεσθαι καὶ τῷ | ... ἀνθισταμένῳ συνοισόμεθα | ... ον τῇ παρόδῳ χρήσονται ἀθρόον| .... ἱκανοὶ εἴημεν· ἀναχωρήσομεν δὲ ἐς τὸ μετέωρον σὺν ἀσφαλείᾳ .... μένων ἐπιθησόμεθα. κτὲ.	ἴστω τάς τε πλείστας τῶν πόλεων ἐξ ἐνέδρας ὑπὸ τῶν ἐναντίων ἠρημένας. Post haec versus integer omissus a M., quem legere non potuit. Nihil mihi inde eruere contigit, nisi penultimum vocabulum ἐλάχιστον; vs. 2 | καὶ τῶν ἀντι-·στάντων αὐτοὺς τὸ ἀντίπαλον ἐρημωθέντας.. 3 | ον δὲ τοῦ βαρβαρικοῦ ἐπιτίθεσθαι μὲν τῷ εἴκοντι, ὑποχωρεῖν δὲ τῷ 4 | ἀνθισταμένῳ, ʼ συνοισόμεθα (τη τενουσα μονος?) κατὰ τὸ

πλεῖστ- | 5 | ον τῇ
παρόδῳ χρήσονται ἀ-
θρόον τε πρὸς γε...
.... αὐτῶν μὲν | 6 |
ἱκανοὶ εἴημεν. ἀναχω-
ρήσομεν δὲ ἐς τὸ με-
τέωρον σὺν ἀσφαλείᾳ
7 | (πορευο)μένων
ἐπιθησόμεθα. κτὲ. In
hisce ea, quae uncinis
inclusi, non sunt om-
nino certa, sed hanc
fere speciem legenti
obtulerunt.

p. ed. M.	p. cod. V.	vs.	Lect. sec. M.	Lect. quas hab. cod.
330	48	16	σύνθημα δὲ	σύνθημα δὴ
»	»	19	δυνατὰ ἐς τὴν ἀντίστασιν	δυνατὰ γὰρ ἐς κτὲ.
»	»	22	κἂν — συνακολουθήσει	κἂν — συνακολουθήσῃ
»	»	28	καὶ μὴ τῷ παραστῇ	καὶ μή τῳ παραστῇ

ὡς .. τῆς σωτηρίας ὑμῶν
με | .. ὀψὲ περι ..
τὴν .. ην ἔγνων τε
γὰρ τὰ κοινῇ λυσιτε-
λῇ | .. ἄλλος καὶ πρᾶ-
ξαι .. | .. ἐ | παιτιος
ὅτου ἔστιν ἐπισκέψα-
σθαι τὰ συνοίσοντα
καὶ .. | .. ἀνὴρ ἐκ τοῦ
δικαίου τὴν ἀρχὴν
ἔχων καὶ πολιτεύων
ἄριστα πειθοι |

ὡς εἰς ..... τῆς σω-
τηρίας ὑμῶν με | .. υι-
ας ὀψὲ περὶ ταύτην
τὴν δίκην· ἔγνων τε
γὰρ τὰ κοινῇ λυσιτελῇ |
... δή τις ἄλλος καὶ
πρᾶξαι τὰ καθήκον-
τα .. ἀρετη δε δει
... ἐ | παιτιος ὅτου
ἔστιν ἐπισκέψασθαι τὰ
συνοίσοντα καὶ ....
ὑπ᾽ αὐτῷ | τις ἀνὴρ
ἐκ τοῦ δικαίου τὴν ἀρ-
χὴν ἔχων καὶ πολι-
τεύων ἄριστα πειθ | οι

MENANDRI EX HISTORIA EXCERPTA.

———◆◆◇◈◆◆———

p. ed. M.	p. cod. V.	vs.	Lect. sec. M.	Lect. quas hab. cod.
353	341	4	ὁ βί|ος	ὁ | βίος
355	»	23	πρὸς χάριν εἴποιμι	πρὸς χάριν ἂν εἴποιμι
»	»	32	Μένανδρος ὁ ἱστορικός	ὁ Μένανδρος κτἑ., sed minus recte.
356	342	1	οἱ δὲ μὲν	οἵδε μὲν
»	»	10	τὴν ἐπαγγελίαν	τὴν ἀπαγγελίαν
»	»	22	εἰ μὴ Πέτρῳ κομψεύε- ται τι	εἰ μὴ Πέτρῳ κεκόμ- ψευται τι
»	»	23	ἐμβριθὴς καὶ	ἐμβριθής τε καὶ
»	»	24	ἐν τῇ τούτων βίβλῳ	ἐν τῇ περὶ τούτων βίβλῳ
»	»	27	χρῆσθαι τὸ ἐφ' ἑνὶ	χρῆσθαι καὶ ἐφ' ἑνὶ
»	351	12	καὶ τοιάδε	καὶ τὰ τοιάδε
358	»	13	καὶ μὲν ἐπιδείξεται	καὶ μὲν οὖν ἐπιδείξε- ται
»	»	16	βιωτεύων	βιοτεύων
»	»	24	ἐσότι	ἔσθ' ὅτε
»	»	29	ὑπευρύνεσθαι	Hodie quid scriptum fuerit distingui ne- quit. Fort.: ἐπει- ρωνεύεσθαι vel ὑπερ- ευφραίνεσθαι.

p ed.M.	p. cod. V.	vs.	Lect. sec. M.	Lect. quas hab. cod.

359 352 1 δοῦσα · οἱ . . . . δοῦσα · οἱ στρ . . . .
i. e. οἱ στρατιῶται;
nam sequitur: περι-
έφερον ἐν στόματι τὸν
ἡγεμόνα ἅτε ἀνοσι-
ουργόν. Reliqua in hoc
versu funditus deleta.

» » 5 ἐς τό τι ἀγασθεὶς ἐσθ᾽ ὅτι ἀγασθεὶς

» » » ἐν νῷ ἐβουλόμην ὡς Ita cod.; sed lege: ἐν
νῷ ἐβαλόμην ὡς.

» » 9 πανσ τ ἐνεος πανσ θ ἐνεος

» » 10 κείνῳ δὲ θύνεσθαι κείνῳ δὲ συνεσθ..
mihi scriptum esse
videbatur. M. edidit:
κείνῳ δ᾽ ἐσβέσθη.

360 » 15 τῶν οὐρανίων ἐκ..διὰ τῶν οὐρανίων· ἑκατὸν
παλαιῶν στεφάνων δὲ παλαιῶν στεφάνων

» » 16 καὶ ἠξίου τὸ βραχὺ καὶ καὶ ἠξίου τὸ βραχὺ καὶ
ἀνόνητον τοῦ βίου δο- ἀνόνητον τοῦ βίου δοκεῖν τίθεσθαι ἐπὶ ῥη.. κεῖν τίθεσθαι ἐπὶ ῥητῷ
δια . . . | ἐς ἀεὶ μισθῷ τινι τοῦ δια-
βιῶναι ἐσαεί, post
multa conamina re-
perisse mihi videor.

» » 20 αὖθυς αὖθις

» » 24 τοσαύτη λόγων ἀκτῖνι τοσαύτη λόγων ἀκτῖνι
(sic) τὴν [μεσημ- τὴν ἐμαυτοῦ θρυ-
βρινὴν δᾷδα] ἀντ- αλλίδα ἀντανασχεῖν·
ανασχεῖν. Sic edidit satis manifesto codex.
M. adnotans: in cod.
videor legere ἑκάστου
θρύαμδα (sic).

» » 25 ἀρκήσει ἀρκέσει

p od. M.	p od. V.	vs.	Lect. sec. M.	Lect. quas hab. ood.

360 352 26

ὅτι μετὰ τὴν τῶν Ἀβά-
ρων | η .... λέγεται
καὶ τὴν .·.. ὁ τῶν
Ἀβάρων ..
.. μον ἐπενεγκεῖν
ἐτόλμησ... γράμμα-
τα τε καὶ διφ....|
εἰσὶν ὅθεν ἀναλεγόμε-
νοι γνω·....
χωτάτῳ ἐς τὰ φῦλα
.. Τιβέριον δὲ φάναι
ἀμοιβαίῳ

ὅτι μετὰ τὴν τῶν Ἀβά-
ρων | η.τ.. λέγεται
ὡς ... ἕκαστα ἀγγε-
λι... χρῆστα ὁ τῶν
Ἀβάρων |στρητιβρίδης
ὡς Τιβέριον· καὶ Βρι-
άλειος ἀγγελιαφόρος
ἔλεξεν τί δὴ | ὁ Λιγ-
χερίωνος οὔτε προς ...
.... ἑκάστης
θασπικω | μον ἐξενεγ-
κεῖν ἐτόλμησεν ἐν ᾗ
π ο λ λ ά μ ο ι γράμ-
ματά τε καὶ δι φ θ ε-
ρ α ὶ | εἰσὶν, ὅθεν ἀνα-
λεγόμενοι γ ν ώ σ ε σ θ ε
ὡς δ υ σ κ α τ α γ ώ ν ι-
σ τ ά τε καὶ ἀ μ α-|
χώτατά ἐστι τὰ φῦλα
τὰ Σκυθικὰ· Τιβέ-
ριον δὲ φάναι ἀμοιβαίῳ
κτέ. Priora ita fere
redintegranda: ὅτι με-
τὰ τὴν τῶν Ἀβάρων
ἧτταν λέγεται ὡς καθ'
ἕκαστα ἀγγελίαις ἐ-
χρήσατο ὁ τῶν Ἀβά-
ρων στρατηγὸς Τιβρί-
δης πρὸς Τιβέριον· καὶ
Βριάλειος ὁ ἀγγελια-
φόρος ἔλεξεν· τί δὴ ὦ
Τιβέριε .... οὔτε πρὸς
——————— ἐξενεγκεῖν
ἐτόλμησας κτέ.

p. ed. M.	p. cod. V.	vs.	Lecl. rec. M.	Lecl. quae hab. cod.
361	321	2	ἀγνωμονοθήσεται τῷ ἀδήλῳ τῆς ψυχῆς	ἀγνωμονηθήσεται τῷ ἀδήλῳ τῆς τύχης (?)
»	»	7	καὶ | φίλων	καὶ φίλων
»	»	8	|· χαλεπῶν	χαλ|επῶν
362	»	10	τὰ καιριώτατα	τὰ καιριώτατα
»	»	13	ταύτῃ τοι κατὰ	ταύτῃ τοι καὶ κατὰ
»	»	15	εἰς τοὐναντίον	ἐς τοὐναντίον
»	»	16	οὔτ' οἰομένοις	οὐδ' οἰομένοις
»	»	17	σωφρονοῖζοιντο	σωφρον|ζοιντο
»	»	18	τὸ πλῆθος τῆς Ῥωμαϊκῆς	τὸ πλῆθος τῆς Ῥωμαϊκῆς στρατιᾶς
»	»	20	εἰ πῇ	εἰ πῃ
»	»	24	θρύαμβον	θρίαμβον
»	»	25	κατέργαζον τὰ κακὰ	κατειργάζοντο κακὰ
»	»	31	τὸ μὴ φυλάξαι	τῷ μὴ φυλάξαι
363	322	2	ἐδιστύχησε	ἐδυστύχησε
»	»	5	ῥαθυμώτερον	ῥαθυμότερον
»	»	6	καὶ τὰ δοκοῦντα πῶς ἄδηλα..|..... τἀναι προτίθησι ταῖς ἀκοαῖς	καὶ τὰ δοκοῦντά πως ἄδηλα κα|θεστάναι προτέθεικε ταῖς ἀκοαῖς
»	»	13	ὅτι οὐδὲν οὕτω ῥαστώνης ἢ τρυφῆς καὶ ἀναπαύλας ὡς κίνδυνοι καὶ πόνοι καθέστηκε ὅτι οἱ πόνοι μὲν γὰρ τῶν προκτηθέντων ἀπόλαυσιν ὥσπερ ταμεῖόν τι τῆς εὐκλείας καθεστήκασι. Sic edidit M. de coniectura transpositis inter se vocabulis καθέ-	ὅτι οὐδὲν οὕτω ῥαστώνης καὶ τρυφῆς καὶ ἀναπαύλης ὡς κίνδυνοι καὶ πόνοι καθεστήκασιν οἰκεῖοι. πόνος μὲν γὰρ τῶν προκτηθέντων ἀπόλαυσιν ὥσπερ ταμιεῖόν τι τῆς εὐκλείας καθέστηκε. Quae verba sana erunt si mecum rescripseris: πόνος μὲν γὰρ (τοῖς)

p. ed. M	p cod. V.	vs	Lect. sec. M.	Lect. quas hab. cod.

στηκε et καθεστή-κασι.

τῶν προκτηθέντων ἀπο-λαύουσιν ὥσπερ τα-μιεῖον κτὲ.

363 322 15 τρυφὴ δὲ ἄνευ τοῦ προ-παιδεύεσθαι παντὸς τοῦ κάκιστα ζῆν ἡγε-μὼν

τρυφὴ δ' ἄνευ τοῦ προ-παιδεύεσθαι πόνοις τοῦ κάκιστα ζῆν ἡγε-μὼν

» » 16 ὅτι Ταγχοσδρὼ ἐβλή-θη — ὀλεθρίαν τινα ἀλγὴν

ὅτι Ταγχοσδρὼ ἐβλή-θη — ὀλεθρίαν τινὰ πληγὴν

» » 17 τὸ τοιόνδε γενέσθαι

τὸ τοιόνδε τι γενέσθαι

» » 18 πολλοὶ γὰρ πολλάκις τῶν λίαν εὐδοκίμων ἐσφά-λησαν

πολλοὶ γὰρ πολλάκις τῶν λίαν εὐδοκίμων ὑπὸ ἀδοκίμων ἐσφάλη-σαν

». » 20 ὅτι Μαυρίκιος

ὅτι ὁ Μαυρίκιος

» » 21 οἷς γὰρ παρεν ... | τι ἀποβαίνει · καὶ ἐν μὲν τῷ καιρῷ τῆς πράξεως ἀνθ ὁλκονται τῇ τοῦ | περισσεύεσθαι ἀνάγκῃ · παρὰ πάσης δὲ τῆς τιμῆς τοῦ ἔργου ἐν ἡσυ|χίᾳ γε-νόμενοι τὸ λοιπὸν ἀ-θυμώτατα διατελοῦσι ἄρα λογιζόμε|νοι

Cod. recte hab. ἀνθ-έλκονται et in fine διατελοῦσιν ἀναλο-γιζόμενοι. Ceterum suspicor legendum es-se: οἷς γὰρ' παρ' ἐλ-πίδα | τι ἀποβαίνει, [καὶ] ἐν μὲν τῷ καιρῷ τῆς πράξεως ἀνθέλκον-ται τῇ τοῦ | περισσεύε-σθαι ἀνάγκῃ · παρὰ πά-σης δὲ τῆς φιλοτι-μίας τοῦ ἔργου ἐν ἡσυ|χίᾳ γενόμενοι τὸ λοιπὸν ἀθυμώτατα δια-τελοῦσιν ἀναλογιζόμε|-νοι.

p. ed. M.	p. cod. V.	vs.	Lect. sec. M.	Lect. quas hab cod

363 322 24 post λογιζόμε|νοι. **M.** adn.: *exin novem versus non legebam in pagina oblitterata.*

Sunt quoque perexigui momenti, quae ipse vidi, et ne pro certis quidem ista vendito. In fine vs. 25 et vs. 26 legi: καὶ τῆς (ἐλ-) |πίδος ἐξέ(πεσ)ον· καὶ Μαυρίκιος οὐδὲ δεῖ δὴ αὐτῶν σιωπᾶν ὃν ἧττον|. Fort.: καὶ Μαυρίκιος, οὐδὲν γὰρ δεῖ αὐτῶν σιωπᾶν, ὧν ἧττων.

APPIANI FRAGMENTA.

376 190 20 ὅτι Ῥωμαίων ἡ πόλις ἐστιν ὠνία πᾶσα εἴ τις ὠνητὴς ὃ ἦγε εὑρεθείη

ὅτι Ῥωμαίων ἡ πόλις ἐστιν ὠνία πᾶσα εἴ τις ὠνητὴς αὐτῆς εὑρεθείη

ADNOTATIO AD DEXIPPI EXCERPTA
VATICANA.

Contra atque in huius opusculi introductione statueram, praecedenti capite complexus sum simul omnia, quae in Dexippi,
Menandri et Appiani excerpta Vaticana e codice palimpsesti
enotavi, in hoc capite cum lectore communicaturus coniecturas
nonnullas, quibus locos quosdam, ex magno numero eorum,
qui hodieque aut in ipso codice corrupti legantur aut propter
pessimam palimpsesti conditionem neque recte a Maio describi
neque a me codicem denuo perscrutante rectius constitui potuerint, probabiliter tentasse mihi videor. Mutavi autem ideo
prius consilium, quod in Appiani excerpta quae paucissima
sunt nihil, in Menandri fragmenta Vaticana ferme nihil, quod
notatu dignum videretur, observaveram.

Quam paucissimis potero (ne in nimiam molem hic mihi
libellus excrescat) tractabo eos Dexippi locos, quibus diploma-
tico praesidio destitutis, coniectando salutem reddere conatus
sum. Utar denuo editione Mulleri in vol. III Fragm. Hist.
Graec. p. 669 sqq.

Pag. 669ᵃ, vs. 5: καταλύειν εἰς ἑαυτὸν τὴν κοινὴν εὔκλειαν
εἰ μὴ τῷ συμβάντι ἐξωσθῇ. Quod ad priora verba attinet,
conferas quae leguntur p. 680ᵇ vs. 10: ἐς ἐμαυτὸν μὴ
καταλῦσαι τῆς πόλεως τὴν ἀξίωσιν. Hinc dubitaverit aliquis an
recte emendata sint (p. 669ᵇ β´) verba: καὶ διαδοχὴν ἔργων

ἀρίστων ἀνανδρίᾳ ἐν ἑαυτῇ καταλῦσαι, ubi viri docti reposuerunt
ἐν ἑαυτῷ. Quod tamen me iudice ita recte fecerunt, ut etiam .
loco nostro, quia ex oratione Hyperidea sumtum esse constat,
καταλύειν ἐν ἑαυτῷ κτέ. vulgatae lectioni longe praetulerim.
Ita v. c. auctor orationis Philippicae quartae § 73: ἀλλὰ νὴ
Δία παππῴα καὶ πατρῴα δόξα σοι ὑπάρχει, ἣν αἰσχρόν ἐστιν ἐν
σοὶ καταλῦσαι. Similiter dicitur σώζεσθαι ἔν τινι, alia.
Deinde in verbis quae supra exscripsimus εἰ — ἐξωσθῇ debetur
ἐξωσθῇ Niebuhrii coniecturae, quam nimis calide arripuit Mullerus pro eo, quod Maius dederat, ἐξισωσθῇ. Quis enim, ut
taceam, necessitate coactis optionem (ἕλοιτο est in praegressis)
dari nullam, in Hyperide ferat coniunctivum post voculam εἰ?
Sed nihil opus est multis verbis; nam codex diserte mihi exhibuit: καὶ μὴ τῷ συμβάντι ἐξισοῦσθαι; in quibus videas an
forte pro συμβάντι legendum sit. τῷ σύμπαντι, ut Hyperides
τὸ σύμπαν vocaverit *universam civitatem*, et sensus sit, *neque*
(εὐκλείᾳ scil.) *aequiparare civitatem, cuius civis sit.*

Vs. 10: Μηδὲ τὸν μὲν ἀντίπαλον δόξαιτε θεραπεύειν, παρορᾶν
δὲ τό τε ὑμέτερον φρόνημα. καὶ τὴν ἐκ τοῦ θεοῦ ὑπουργίαν, ἣν
χρὴ σπεύσαντας (sic cod. pro πεύσαντες) δι' αὐτῶν νοήσα-
σθαι. Ultima verba interpretantur, quasi legeretur: θαρρῆσαι
vel θυμὸν ἔχειν ἀγαθόν, per *bono animo esse*, sed quo iure
ipsi interpretes videant. Si me audis, neque sensum habent
ullum, neque satis Attica sunt, nam forma media verbi νοεῖν
poetis et Ionibus relinquenda esse videtur. Latere suspicor
διαγωνίσασθαι scil. πρὸς τοὺς Μακεδόνας. Habuit enim
hanc orationem Hyperides, qua, nuntiata morte Alexandri,
Atheniensibus persuaderet, ut bellum susciperent contra Macedones.

Vs. 15: Σωφροσύνη δ' ἀνδρῶν τοῖς τε ἐκ τῆς τύχης προ-
φαινομένοις εὖ χρήσασθαι. Nove et mire dictum pro σωφρό-
νων δ' ἔστιν ἀνδρῶν, quod vide an reponendum sit.

Vs. 17: μὴ παριέναι τῶν κοινῶν τὸ ἐφεστηκός. Corrigatur:
τῶν καιρῶν τὸ ἐνεστηκός illud cum cod. Vat.

Pag. 669ᵇ fr. ε': Ἀνέγκλητοι δὲ σύμμαχοι, κἂν ἐλάττους

ὦσιν, ἅμα προθυμίᾳ συμφορώτεροι ἢ πλήθει περιόντες, ὕποπτοι ὑπελείποντο. Sic quoque Maius ediderat, nisi quod scripsit ὑπολείποντο, in qua scriptura delitescit, ni fallor, genuina lectio haecce: Ἀνέγκλητοι δὲ σύμμαχοι, κἂν ἐλάττους ὦσιν, ἅμα προθυμίᾳ συμφορώτεροι ἢ πλήθει περιόντες ὕποπτοι πόλει ἐγένοντο. Quorum verborum artificiosius more. Hyperideo compositorum sensus hic est: *Socii autem inculpati, etiamsi pauciores sint, civitati propter alacritatem utiliores esse solent quam suspecti* (socii) *numero praestantes.* -

Ib. fr. ϛ΄: τοῦ μήποτ᾽ ὑπ᾽ αὐτῶν ἀχθῆναι. Bekk.: ἀρχθῆναι. Aut hoc verum est, aut ὑπαχθῆναι. Mox legimus: ἄριστον δὴ τὸ μέλλον δέος ἔστω τοῦ παρόντος ἐν ἀσφαλεῖ θέσθαι. Ingeniose Bekk.: ἔσω, sed Hyperide dignius esse puto ἐπὶ τοῦ παρόντος. Mox scribere malim ἀμύνασθαι pro ἀμύνεσθαι propter praegressum Aor. θέσθαι et sequentem φυλάξασθαι. Tandem prope finem scripserim: βέλτιον γὰρ τὸ μὴ συμβησόμενον προελπίσαντας φυλάξασθαι, ἢ ἀπραγμοσύνης ἐλπίδι τὸ ἄνανδρον αὐτίκα (vulgo αὐτὸν) θεραπεύσαντας καὶ τὴν παροῦσαν ἀρχὴν ἀποθεμένους ἐν τοῖς δεινοῖς ἀσθενείᾳ ἐνδοῦναι. -

Pag. 670 fr. ζ΄: Κάλλιόν τε ὑμῖν ὑπὲρ τοῦ ποιῆσαι μᾶλλον ἢ παθεῖν αἱρεῖσθαι τὸ ἀγώνισμα. Lege: αἴρεσθαι κτέ. Quod mox sequitur Dexippi fragm. apud Suidam: τῶν δέ τινων τοῖς Ὑπερίδου (l.: Ὑπερείδου) λόγοις ἐπιμᾶλλον ἀχθέντων, vertunt: *quum — magis offenderentur.* Si hic sensus est, reponendum erit ἀχθεσθέντων. Sin minus, ἀχθέντων eodem sensu accipiatur, quo mox fr. η΄ init. legitur: ὅτι οὐ χρὴ ταῖς ἡδίσταις ἀκροάσεσιν ἀγομένους συνεῖναι κτέ. Utut est, non magis ex his Dexippi verbis quam aliunde, ut opinor, probari potest id, quod huius glossae auctor demonstrare studet, ἐπιμᾶλλον subinde a Graecis adhibitum esse ἀντὶ τοῦ προθυμότερον. Duo reliqua fragmenta laudata ibidem ab eodem sintne eiusdem Dexippi necne, non vacat quaerere.

Fr. η΄: Ἀμαθία γὰρ οὐκ ἐπαινεῖται διότι καὶ σφάλλεται κτέ. Immo vero διότι καὶ σφάλλει, cf. p. 676ᵇ fr. 19 vs. 26: καὶ θρασύτης λογισμῶν ἄμοιρος — ἔσφηλεν.

Pag. 670ᵇ: Ἀρετῇ γὰρ καὶ παρασκευῇ τῆς Μακεδόνων δυνάμεως ἀναμφιλόγως πάντας ἀνθρώπους ὑπερβαλλούσης, οἱ δὲ — ἐς τὸ ἂν τοῖς Μακεδόσι κατὰ παρασκευὴν ὡρμήθησαν. Legendum · videtur: οἶδε — ἐς τὸ ἀντισχεῖν Μακεδόσι κτέ.; vel ἐς τὸ ἀντιστῆναι Μακεδόσι, ut iam Niebuhrium coniecisse video.

Pag. 674ᵇ fr. 17. Praeter ea, quae in hoc corruptissimo excerpto e codice restitui, coniicio in verbis: μηδὲ ἐτῶν τούτους ὅσοι πολέμου τε καὶ στρατοπέδων ἐξηγοῦνται μνήμῃ προγενομένων ἔχειν ἐπὶ τὰ συμφορώτατα ἑκάστους καὶ τοῖς προσπίπτουσι κτέ. scribendum esse: μηδ' ἀδύνατον — πόλεων et μνήμῃ (τῶν cod.) προγενομένων ἄγειν κτέ. Ad πόλεων cf. p. 669ᵇ 2 ε′ init.; respondet autem hoc substantivum praegresso εἰρήνην ut στρατοπέδων praegresso πολέμου.

Pag. 676ᵇ fr. 19 vs. 6: μὴ περαιτέρω πράσσοντες ἄνθρωποι ἀπο , * οὐκ εὐκαίρου προθυμίας τὴν πεῖραν λάβωσιν. Suspicor: ἄνθρωποι ἀπόλεμοι κτέ., quemadmodum mox vocantur iidem πολέμων ἀπείρατοι. Sequentia fortasse sic scribenda: πρότε(ρον ἢ τὴν) ἐπικουρίαν παραγενέσθαι pro πρὸς τὴν * * ἐπικουρίαν κτέ. Punctum ante πρὸς ap. Maium mera distinctio est, non lacunae signum, quod in ipsa linea non supra eam ponere solet; quae res fraudi fuit Mullero.

Ibid. vs. 17: εἴ τις ὑμῶν διαμέλλοιτο. Requiritur verbum activum; fortasse: διαμέλλοι τι. Deinde scripserim: ἐξαγγέλλεται γὰρ (τῇ) νεότητι — θαρροῦντας — κτέ.

Ibid. · vers. fin. pag.: καὶ θράττεσθαι ἡ διάνοια ὑμῶν δόξει μᾶλλον ἢ ἐπιβούλιος περὶ τῇ πάσῃ πόλει κτέ. Fortasse: ἢ εὔβουλος εἶναι περὶ κτέ.

Ibid. in ipso fine: [παρὸν] βίον — σώζεσθαι. Malim: [παρὸν τὸν] βίον κτέ.

Pag. 677ᵃ med.: ἀλλ' ἐν τοῖς περιφανεστάτοις ὤφθη ὅταν τῷ ἀληθ(εῖ) μάχηται (scil. ἡ ἐλπίς). Sententia postulat: ἀλλ' ἐν τοῖς ἐπισφαλεστάτοις κτέ. Deinde optime cod.: κἂν τοῖς ἐξ ἴσου ἀγῶσιν κτέ. pro κἂν τοῖς ἐξ ἴσου οὖσιν κτέ. *

Pag. 677ᵇ vs. 14: καὶ ἀναλαβεῖν αὐτὰ δαψίλειαν τῆς ἐκ τούτου

29

χορηγίας οὐκ ἀδυνατῶν — τὸ δὲ τῆς σφετέρας σωτηρίας ἐπικίνδυνον οὐκ ἰασόμενος. Lege: καὶ ἀναλαβεῖν μὲν τὴν δαψίλειαν κτέ.

Finiemus has observationes tentando uno loco MENANDRI PROTECTORIS, quem laudat Suidas in voc. Μένανδρος. Habet autem is locus sic: Ἐπεὶ δὲ Μαυρίκιος τὸ βασίλειον διεδήσατο κράτος κτέ. Ultimum eorum quae adscripsi vocabulum delendum esse arbitror; nam τὸ βασίλειον saepius apud sequiores significat τὸ διάδημα, nec quid rei sit διαδεῖσθαι κράτος facile aliquis expediet. Si quis κράτος genuinum esse iudicat, διεδήσατο in διεδέξατο refingat necesse est. Equidem tamen priorem emendandi rationem longe praetulerim.

ADDENDA ET CORRIGENDA.

Pag. 2 vs. penultimo dele vocabula: *una cum ceteris.*

Pag. 12 vs. 19. Sine dubio scriptum est ἡδονάς. Cf. Stobaei Floril. XC, 4, ubi hoc fragm. Euripideum e Danäe plenius exstat.

Pag. 14. Videant alii, an in Iovis epitaphio a me correcto metrum heroicum, quo olim haud dubie conceptum fuit, restituere queant.

Locum sanissimum ultro corrupi p. 17 init. Τοῦ σώματος διαιρέσεις a · Diodoro dici potuisse *vulnera,* docuerunt me duo huius scriptoris loci. Alter est lib. I, cap. 35 ubi de crocodilo dicitur: τοῖς δ' ὄνυξι δεινῶς σπαράττει καὶ τὸ διαιρεθὲν τῆς σαρκὸς παντελῶς ἀπεργάζεται δυσίατον. Alter legitur lib. XVIII cap. 31: ὁ μὲν Εὐμένης ἔφθασε — τοῦ Νεοπτολέμου τὴν ἰγνὺν πατάξας, μεγάλης δὲ γενομένης διαιρέσεως καὶ σφαλείσης τῆς βάσεως κτέ. Peius est, quod διάτρωσις, ne Graecum quidem vocabulum, Graeco et sano substituere volui.

Nimium fortasse tribui Diodoro pag. 18, vs. 9 negans eum scribere potuisse μετάπεμπτος omisso participio γενόμενος, quippe qui dederit, si locus sanus sit, lib. XVI c. 61 extr. : πρὸς δὲ τοὺς συμπλέοντας ἔφη μετάπεμπτος πλεῖν ὑπὸ τῶν ἐξ Ἰταλίας καὶ Σικελίας.

In adnot. ad pag. 19 minus considerate rem gessi. Diodorum hac in re ab antiquiorum scribendi norma non desciscere, multi

29 *

mihi inter legendum loci persuaserunt. Vel in excerptis locos
complusculos intactos reliquit epitomator; recte v. c. lib. XXVIII
fr. 13 vs. 37 scribitur: ὁ δ᾽ Ἀντίγονος ἔφη — τὰ δὲ πρὸς
Πτολεμαῖον αὐτὸς φροντίζειν.

Non verior est quam pronuntiavi sententiam pag. 21 vs. 6,
sed ibi ratione peccavi inversa. Scilicet antiquioribus in oratione soluta sollemnis est formula διαφθείρειν κόρην s. παρθένον,
sed Diodorus constanter ea in re verbo simplici usus est.

Ibidem in adn. recte etiamnunc locum correxisse mihi videor.
Nihilominus multum abest, ut verbum παρακαλεῖν invitandi
significatu carere perhibeam. Vide v. c. lib. XVII, c. 100.

Pag. 22 vs. 7 addantur haec: Mendosa quoque haec sunt:
ε ὐ τ υ χ ο ύ ν τ ω ν δὲ π ρ ό τ ε ρ ο ν τῶν εἰς Ἄλβαν πεμφθέντων τὸ μὴ
λαμβάνειν τὸ δίκαιον, εἰς ἡμέραν τριακοστὴν πόλεμον κατήγγειλαν.
Etenim si horum verborum sensus esse posset: *quum autem
legatis hac in re fortuna faveret, quod res non reddere
Albani statuerent cet.;* vocabulum πρότερον prorsus iners et
supervacaneum additamentum esse, quod sententiam loci turbet,
inde necessario sequeretur. Ni egregie fallor, scribendum: ἐντυ-
χ ό ν τ ω ν δὲ π ρ ο τ έ ρ ω ν τῶν εἰς Ἄλβαν πεμφθέντων, διὰ τὸ
μὴ λαμβάνειν τὸ δίκαιον εἰς ἡμέραν κτἑ., quo facto plana
erunt omnia. Verbum ἐντυγχάνειν τινὶ apud sequiores valet
petendi causa aliquem convenire, deinde simpliciter *petere,*
unde subst. ἔντευξις est *petitio,* v. c. apud nostrum lib.
XVI, cap. 55: τοῦ δ᾽ εἰπόντος ὅτι βούλεται (μὲν insere) παρ᾽
αὐτοῦ τυχεῖν τινος δωρεᾶς, δεδοικέναι δὲ μήποτε δηλώσας τὴν
προκεχειρισμένην ἔ ν τ ε υ ξ ι ν ἀποτύχῃ κτἑ. Corrupta sunt quae
ibidem praecedunt de Philippi liberalitate: πᾶσι δὲ μεγάλας
ἐπαγγελίας ε ὐ χ ρ ή σ τ ω ς ποιούμενος κτἑ. Scire enim pervelim
quid rei sit εὐχρήστως ἐπαγγελίας ποιεῖσθαι. Equidem donec
illud edoctus ero, genuinam scripturam hanc esse ducam:
πᾶσι δὲ μεγάλας ἐπαγγελίας ε ὐ χ ε ρ ῶ ς ποιούμενος, πολλοὺς
ἔσχεν ἐπιθυμητὰς τῆς πρὸς αὐτὸν φιλίας. In vicinis obiter suppleas: κατανοήσας Σάτυρον τὸν ὑποκριτὴν σκυθρωπὸν (ὄντα) et
mox legatur: διεβεβαιώσατο — χαριεῖσθαι pro χαρίσασθαι.

Pag. 23 vs. 14 operarum errores *leetione* pro *lectione* et vs. 17 ἄλλων pro ἄλλων corrigantur.

Pag. 24 vs. 31. Idem error castigetur lib. XVI, cap. 82 extr.: Κέφαλος ὁ Κορίνθιος ἀνὴρ ἐν παιδείᾳ καὶ συνέσει δεδοξασμένος. Scribatur ἐπὶ παιδείᾳ κτέ. Ibidem in vicinia obiter corrigantur vocabula: καὶ τοὺς μὲν περὶ τῶν ἰδιωτικῶν συμβολαίων ἢ κληρονομιῶν (νόμους) εἴασεν ἀμεταθέτους; ubi pro ἢ requiri καὶ vel caecus videt.

Ad pag. 25 vs. 2 conferatur Diod. XVII, cap. 101: ἔφασαν χαλεπὸν εἶναι δύναμιν μὲν σώματος ἔχειν μεγάλην νοῦν δὲ μικρόν.

Pag. 26 vs. 10 sqq. Vocabula: μεθ' ἑαυτοῦ περιῆγε τὸν Κροῖσον ἐντίμως quamvis etiamnunc sana esse vix crediderim tamen ita corrigere, ut proposui, vetat tum ἐντίμως tum imprimis μεθ' ἑαυτοῦ, quod ita foret omittendum. Diodorus fere scribere solet ἄγειν τινὰ ἐντίμως et προάγειν τινὰ ἐντίμως. Ita v. c. lib. XVI : 93 extr.: δωρεὰς ἀξιολόγους ἀπένειμεν αὐτῷ (Philippus Attalo) καὶ κατὰ τὴν σωματοφυλακίαν προῆγεν αὐτὸν ἐντίμως. Cf. lib. XIX cap. 86. A loco nostro manus abstinere nunc satius esse duco. — Ib. vs. 21 vit. typ. legitur § 282 pro 2 § 28.

Pag. 28 ad lib. X. Male vitii suspectum habui vocabulum χειρός. Graeci ita loqui assolent. Iam Homerus Iliad. Ω vs. 734 dixerat:

> ἤ τις Ἀχαιῶν
> ῥίψει χειρὸς ἑλὼν ἀπὸ πύργου κτέ.

Pag. 29 vs. 6. Lenius corrigas: εἴ τις ἀναγορεύσειεν. Ib. vs. 12 neglexi corrigere verba: ὁ δὲ διαβεβαιούμενος ὅτι δεῖ τὸ λυσιτελέστατον ὥσπερ ἐπὶ τῶν ἄλλων οὕτω καὶ ἐπὶ τῶν ὅρκων αἱρεῖσθαι. Imo vero τὸ λυσιτελέστερον.

Pag. 31 vs. 24 recte παρεκάλεσαν vitiosum esse pronuntiavi. Sententiae satisfaceret: τέλος δ' οὐ δυνάμενοι τἄνδρὸς νικῆσαι τὴν εὐψυχίαν, ἀπέσφαξαν αὐτόν, ἵνα κτέ. Cf. Valer. Max. III, 3 extr.

Pag. 33 vs. 8 *incurra*. Legatur: *incurva*.

Pag. 34 vs. 15 pro ἀγγελιαφόρον fortasse melius ab aliis scribitur: βιβλιαφόρον.

Pag. 37 vs. 21. Fortasse nihil mutandum. Ib. vs. 33. Lenius quam τοιαύτῃ inseri poterit ὁμοίᾳ, cf. pag. 177 vs. 11 sqq.

Pag. 38 vs. 26 pro *videsse* leg. *vidisse*.

Pag. 39 vs. 41 addantur haec: πόλεμον ποιεῖν et ποιεῖσθαι ita inter se differunt, ut illud sit *bellum excitare*, hoc *bellum gerere*.

Pag. 41 vs. 9. Iam ita coniecisse Reiskium sero vidi.

Pag. 42: πύλαις pro αὐλαῖς iam Mullerus.

Pag. 43 vs. 10. Mendosa reliqui verba: καὶ συνέθεντο εἰρήνην ἔτη πεντεκαίδεκα. Supplendum enim εἰς ἔτη κτέ. Sic v. c. lib. V, cap. 9: πάσας τὰς νήσους εἰς εἴκοσιν ἔτη διελόμενοι. Ibid. vs. 5 lenius et fortasse rectius ἀποδώσειν rescribetur.

Pag. 44 med. Addere debuissem *Futur. Medii*, quod legitur v. c. lib. XII, c. 5. Praesens Medii exstat lib. V c. 7, sed an locus sanus sit, valde dubito.

Pag. 45 vs. 26. Ad priorem coniecturam conferatur Diod. lib. XII, cap. 28: ταῖς μηχαναῖς καταβαλὼν τὰ τείχη, ad posteriorem lib. XII, cap. 47. Illam ut leniorem praefero.

Pag. 48 vs. 25. Mutatione opus non est. Cf. v. c. lib. XI, cap. 88 extr.: τὰς Μένας — μετῴκισεν εἰς τὸ πεδίον.

Pag. fin. Subabsurda illa constructio apud ipsum tamen quoque Diodorum interdum obviam est v. c. lib. XII, cap. 18: τῆς δὲ γυναικὸς κωλυθείσης κτέ. et lib. XIII, cap. 60 vs. 10.

Pag. 50 vs. 30 vulgata lectio servanda.

Pag. 58. Crassa Minerva tentavi corruptissimum fr. XXXIII: ὅτι Σκιπίων τοὺς ὁμήρους ἀπολύσας ἐπεδείξατο, ὡς πολλάκις ἑνὸς ἀνδρὸς ἀρετὴ προσέταττε συλλήβδην εἰς ἔθνη βασιλεῖς. Tandem reperi veram lectionem: ὡς πολλάκις ἑνὸς ἀνδρὸς ἀρετὴ προσκτᾶται συλλήβδην (πόλ)εις, ἔθνη, βασιλεῖς. Comparari poterit lib. XXXII fr. 4: τοιγαροῦν διὰ τὴν ὑπερβολὴν τῆς ἡμερότητος οἵ τε βασιλεῖς καὶ αἱ πόλεις καὶ συλλήβδην τὰ ἔθνη πρὸς τὴν Ῥωμαίων ἡγεμονίαν ηὐτομόλησαν. Verbum προσκτᾶσθαι non raro significare *conciliare sibi* res est notissima.

Pag. 59 vs. 5 post *codicem* supple: *Florentinum.*

Pag. 79 vs. 7 sqq. Vereor, ut constanter quod dixi discrimen observetur ab omnibus. Legitur v. c. apud Demosthenem in tertia Philippica § 12: καὶ μὴν καὶ Φερὰς πρῴην ὡς φίλος καὶ σύμμαχος εἰς Θετταλίαν ἐλθὼν ἔχει καταλαβών. Retinenda igitur apud Diodorum vulgata lectio.

Pag. 92 vs. 16: συνάρχοντα operarum vitium est pro συνάρχοντι.

Pag. 111 vs. 2 post *mutaveris* adde: *simul virgula posita post* εἰπεῖν. Sensus est: *idque coram viris.* Nescio tamen an praestet: καὶ αὐτῶν βλεπόντων τῶν ἀνδρῶν.

Pag. 123 vs. 2. Substantivum μέρη nunc recte in tali sententia omitti posse didici.

Pag. 150 vs. 5 post *vocula* inseras: *in tali sententia.*

Pag. 181 vs. 15 *haesisse* vitium typographicum est pro *haesitasse.*

Pag. 204 vs. 14. Vocabula οὐδεὶς γένοιτ' ἂν operarum errore cum praecedentibus uno versu continuata sunt. Ib. vs. 15 lege πλάττοι pro πλαττοι.

INDEX SCRIPTORUM, QUI IN TRANSCURSU TENTANTUR.

—◆—

EXERCITATIONES CRITICAE.

EXERCITATIONES CRITICAE

IN

POETICIS ET PROSAICIS

QUIBUSDAM

ATTICORUM MONUMENTIS.

———

ACCEDIT DESCRIPTIO CODICIS AMBROSIANI, QUO CONTINETUR FRAGMENTUM
ONOMASTICI POLLUCIS, CUM PRAECIPUARUM LECTIONUM ELENCHO.

SCRIPSIT

HENRICUS VAN HERWERDEN.

HAGAE COMITUM,
APUD MARTINUM NIJHOFF.

—

MDCCCLXII.

PRAEFATIO.

Quamvis a renatis inde literis ad hunc usque diem plurimi homines Graecam linguam optime callentes iidemque non raro acutissimo praediti ingenio intentis viribus id egisse putandi sint, ut veteris aevi scriptores tum optimorum codicum auxilio tum divinandi facultate adiuti quam emendatissimos ederent, nihilominus negari non potest etiam hodie in optimo et tritissimo quoque scriptore quam plurimos exstare locos, quibus aut Graecitati aut sententiae vim inferri appareat. Quam multa autem in hoc quoque genere nostrae aetatis criticis agenda supersint, facile intelligimus Dindorfii, Meinekii, Cobeti, aliorum uberrimam egregiarum emendationum copiam in scriptis veterum monumentis quotidie ferme admirantes. A quorum virorum praestantia etsi longo intervallo me remotum esse sentio, diu tamen est ex quo illorum exemplis excitus insitam animo iudicandi et reperiendae veritatis facultatem excolere et excolendo augere coepi. Quum vero huius studii documenta quaedam aliis occasionibus prolata viris eruditis non displicuisse intellexerim, nunc quoque aliqua spes me tenet fore, ut iidem has adnotationes criticas benevolo iudicio excipiant. In hac autem scriptione id egi, ut quam paucissimis verbis singula absolverem. Etenim docuerat me tum aliena tum mea quoque experientia in hoc

maxime studiorum genere vera ut plurimum sua se vi ac
virtute prodere, falsa contra ut diu pro veris habeantur
nullis unquam argumentandi artificiis effici posse; quare
poetae obtemperandum esse duxi verissime monenti: ἁπλοῦς
ὁ μῦθος τῆς ἀληθείας ἔφυ. Speraveram autem fore, ut iam
principio anni LXI hic libellus ederetur, verum longe diutius quam initio credideram typothetas Graecorum charac-
terum non satis gnaros opus detinuit. Vel sic tamen impressa
folia perlustrantem aliquanto plures me typorum errores offen-
dunt, quam aequo animo aliquis ferat. Quorum errorum gra-
vissimos in ultima libri pagina significavi. Id unum monendum
mihi restat ruri me hoc opusculum composuisse, non quidem
in summa librorum inopia, sed iis tamen praesidiis destitutum,
quae publicae bibliothecae in urbe viventibus uberiora quam
suppetant rusticantibus soleant offerre. Inde fieri posse non
nego, ut inter meas emendationes reperiantur, quae iam aliis
ante me facere contigerit. Quorum inventorum laudem, si qua
est, integram concedam iis, qui me priores eam meruerint.
Hoc reticuissem, ni ineptis furti literarii criminationibus viros
me longe doctiores et acutiores saepe ab aliis obtrectandi causa
petitos esse et etiamnunc peti animadverterem. Longe magis,
ut verum fatear, me poenitet earum observationum, quas aut
falsas esse aut veri dissimiliores me docuerint αἱ δεύτεραι
φροντίδες. In quarum locum succedant emendationes quaedam
selectae in Aristophanem, quas in praefationem includendi
veniam abs te, optime lector, quamvis novo fortasse exemplo
mihi sumam. Ut chartae parcam, more meo verbis utar paucissimis. ACHARN. vs. 176 absurda est Amphithei oratio: μήπω
γε πρὶν ἂν ἐς ῶ τρέχων. E sqq.: δεῖ γὰρ κτὲ. apparet Aristophani
reddendum esse: πρὶν ἂν σω θ ῶ τρέχων. Codd. ςῶ. Ibid. vs. 193
suspicor: διατριβῆς και ξυλλόγων pro τῶν ξυμμάχων; vs.
505 κουχί pro κοὔπω; vs. 571 τι ἀνύσας pro τις ἀνύσας.
Ib vs. 988 e codice Ravennati, quem ipse denuo excussi, sic

expleo lacunam, ut scribatur: ἐπτέρωταί τ' ἐπὶ τὸ δεῖπνον
κτέ. Nimirum tres primae syllabae vocabuli a me restituti
procurrentes in oram libri sinistram fefellerant Bekkeri oculos.
Scriptum autem est literis prope evanidis in hunc ferme
modum: ἐπτέρταί. Vulgo ... ταί τ' ἐπί κτέ. Coniectura expleri lacuna potest, quam neminem observasse miror vs 1142.
Nempe e Lamachi oratione vs. 1140—1141, cll. vss. 1097—1132,
apparet Dicaeopolin dixisse:

> τὸ δεῖπνον αἴρου (καὶ βάδιζ', ὦ παῖ, λαβών·
> σίζει. βαβαιάξ)· συμποτικὰ τὰ πράγματα.

Vs. 1124 pro γοργόνωτον verum videtur γοργόνωπον; cui
vocabulo exitialis fuit paronomasia vs. sq. in τυρόνωτον. Non
minus certa et corruptela et medicina est EQUIT. vs. 193: ἀλλ'
εἰς ἀμαθῆ καὶ βδελυρὸν ἥκει· μὴ παρῇς κτέ. pro ἀλλά male
repetito e vs. initio. Ibid. vs. 524 lego : οὐκ ἐξήρκεσε πρεσβύτης
ὤν, ὅτι τοῦ σκώπτειν ἀπελείφθη, eiectis vocabulis: ἀλλὰ τε-
λευτῶν ἐπὶ γήρως οὐ γὰρ ἐφ' ἥβης ἐξεβλήθη, quippe quae
duplici offendant tautologia. Sequentia intelligam, si poetae
manus fuerit haec:

> ὃς πολλῷ ῥῷ τῶν ἐπινοιῶν
> διὰ τῶν ἀφελῶν πεδίων ἔρρει κτέ.

ubi absque sensu vulgatur: ὃς πολλῷ ῥεύσας ποτ' ἐπαίνῳ .
κτέ.

Ibidem vs. 598:

> ἀλλὰ τὰν τῇ γῇ μὲν αὐτῶν οὐκ ἄγαν θαυμάζομεν,
> ὡς ὅτ' ἐς κτέ.

exspectaveram οὐ τόσον, et vs. 603 nullus dubito, quin verum
sit: ληπτέον μᾶλλόν τι, ὦνδρες· οὐκ ἐλᾷς, ὦ σαμφόρα; ubi
locus non est formulae dubitandi τί δρῶμεν; quae est in
vulgatis. Vs. 664 :

ἐκαραδόκησεν εἰς ἔμ᾽ ἡ βουλὴ πάλιν,
ὁ δὲ τοῦτ᾽ ἀκούσας ἐκπλαγεὶς ἐφληνάφα.

Non ἐξεπλάγη Cleo auditis, quae isiciarius dixerat, sed quia
animadverterat, hunc *demi* animum in se convertisse: quapropter
requiro: ὁ δὲ τοῦτο νοήσας κτέ., cl. vs. 652: ὁ δ᾽ ὑπονοήσας κτέ. Vs. 722 utique reponendum: οὐκ ὠγάθ᾽ ἐν βουλῇ
μ᾽ ἔθ᾽ ἕξεις καθυβρίσαι, ubi doceri velim, quem sensum habere possit vulgata lectio με δόξεις. Deinde autem scribas
ibidem: ἴωμεν ὡς (pro ἐς) τὸν Δῆμον. Non minus certum arbitror vs. 729 sq. emendandum esse:

— οὐκ ἄπιτ᾽ ἀπὸ τῆς θύρας,
τήν τ᾽ εἰρεσιώνην μὴ κατασπαράξετε;

pro vulgatis τήν — μου κατεσπαράξατε. Perpendas quoque
tecum velim, mi lector, utrum concoquere possis vs. 746 sq.:

καὶ μὴν ποιήσας αὐτίκα μάλ᾽ ἐκκλησίαν
ὦ Δῆμ᾽ ἵν᾽ εἰδῇς ὁπότερος νῷν ἐςί σοι
εὐνούςερος, διάκρινον, ἵνα τοῦτον φιλῇς,

an mecum reponere malis: ὦ Δημίδιον, εἶθ᾽ ὁπότερος κτέ.
Frequens autem et notus est usus voculae εἶτα post participium
illatae. Nec fortasse improbabis coniecturam nostram vs. 751
distinguendum esse et corrigendum in hunc modum: ἀλλ᾽ ἐς
τὸ πρόσθε χρὴ παριέν᾽ ἐς τὴν πύκνα, qui versus vulgo sic
scribitur: ἀλλ᾽ ἐς τὸ πρόσθε. χρῆν παρεῖν᾽ ἐς τὴν πύκνα.
Cf. Acharn. vs. 43. Omnes quoque interpretandi conatus eludit
vs. 814, ubi de Themistocle sermo est: ὃς ἐποίησεν τὴν πόλιν
ἡμῶν μεςὴν εὑρὼν ἐπιχειλῆ. At diffugient omnes difficultates
scripto μεγάλην, quod quam recte reponatur apparet ex ipsis
oppositis vs. 817: σὺ δ᾽ Ἀθηναίους ἐζήτησας μικροπολίτας
ἀποφῆναι. Minus recte recepta est Bentleii correctio vs. 1230,
ubi codd. habent: φράζων ὑφ᾽ οὗ δεήσει᾽ μ᾽ (al. δεήσειν) ἡτ-

τᾶσθαι μόνον. Quod enim ille reposuit ἐδέησέ μ' male cohaeret cum praegresso ἔςι — φράζων. Certum est requiri: φράζων ὑφ' οὗ δεῖ μ'** ἡττᾶσθαι μόνον. Quod ergo aliud vocabulum excidere potuit quam ἀνδρός? quod, quaeso, restituas. Mox vs. 1281 haereo in his: Ἀριφράδης πονηρός, ἀλλὰ τοῦτο μὲν καὶ βούλεται. Vide, sis, sequentia et fortasse mihi dahis sententiam loci potius favere coniecturae meae κάλλων μέτα. Cf. v. c. Herod. VI, 68 § 3. Deinde spero fore, ut reperiantur, qui mecum ut spurium condemnent vs. inficetum, explicandi causa olim adscriptum ad NUBIUM vs. 26: ὀνειροπολεῖ γὰρ καὶ καθεύδων ἱππικήν. Confictus autem videtur ad exemplum vs. 16 ὀνειροπολεῖ θ' ἵππους. Iterum dubito, num recte Meinekius in ordinem receperit Hermanni coniecturam vs. 179 θυμάτιον pro θοιμάτιον, siquidem tum vox deminutiva displicet, tum, quod gravius est, non intelligitur quomodo in palaestra θῦμα reperiri potuerit. Quare videas an potius Aristophani reddendum sit: ἐκ τῆς παλαίςρας θυλάκιον ὑφείλετο. Cf. Ar. Plut. 763, fragm. Arist. ap. Pollucem X 151, Herod. III 46. Vix assequor quomodo vs. 417 lectio καὶ γυμνασίων corrupta esse potuerit ex κάδηφαγίας, quam scripturam servavit Laertius vulgatae haud dubie longe praeferendam. Hoc unum moneo contextum admittere, quod perexiguo literarum discrimine reponi possit: οἴνου τ' ἀπέχει καὶ συμποσίων κτὲ. Una litera demenda videtur vs. 552:

οὗτοι δ', ὡς ἅπαξ παρέδωκεν λαβὴν Ὑπέρβολος,
τοῦτον δείλαιον κολετρῶσ' ἀεὶ καὶ τὴν μητέρα,

Lego: οὐ τὸν — μητέρα; Contra binas additas velim vs. 578 sq.: πλεῖςα γὰρ θεῶν ἁπάντων ὠφελοῦσαι τὴν πόλιν, δαιμόνων ἡμῖν μόναις οὐ θύετ' οὐδὲ σπένδετε. Quae enim nunc vix cohaerent, optime habebunt, ubi scripseris: πλεῖςα γὰρ θεῶν ἁπάντων ὠφελούσαις τὴν πόλιν δαιμόνων θ' ἡμῖν μόναις οὐ θύετ' οὐδὲ σπένδετε. Iungas: ἡμῖν γὰρ πλεῖςα θεῶν δαιμόνων

τε ἁπάντων ὠφελούσαις τὴν πόλιν μόναις κτἑ. In vs. 614
suspectam habeo formam σεληναίας pro σελήνης. Num forte
φῶς σεληναῖον καλόν scribendum est? Vs. 721 vide an ac-
quiescere possis in Scholiastarum interpretatione vocabulorum
φρουρᾶς ᾆδων. Sin minus, fortasse tibi arridebit mea coniectura φροῦδας ᾆδων. Certius est vs. 745 reponendum esse:

κᾆτα τὴν γνώμην πάλιν
κίνησον αὖθις αὖ τε καὶ ζυγώθρισον,

ubi legitur αὐτό. Vs. 1127 erit, qui mecum praeferat: κᾶν
γάμῃ ποτ' ηὐτὸς ἢ τῶν ξυγγενῶν τις ἢ φίλων. Vs. 1169
numerorum ratio suadet, ut deleto interpretamento τὸν υἱόν
rescribatur: ἄπιθί (νυν) λαβών. Difficultatem grammaticam, quae
premit VESPARUM vs. 126, facile removebis scribendo:

ἐντεῦθεν (οὖν) ὁ μὲν οὐκέτ' αὐτὸν ἐξέφρει,
ὁ δ' ἐξεδίδρασκε.

Vulgata ἐξεφρείομεν (quae forma est nihili) originem debere
videtur huiusmodi scripturae: ἐντεῦθεν οὖν οὐκέτ' αὐτὸν ἐξέφρει,
adscriptis in margine prope vocabulum ἐξέφρει voculis ὁ μέν,
quae librarius errore omiserat. Qui error, ut vides, novum errorem
peperit. Postquam enim ὁ μέν male cum ἐξέφρει coaluerat, a
correctore, opinor, expulsa est vocula οὖν, quippe quae metro
adversaretur. Facilis quoque medicina parata est vs. 470, qui
sic corrigendus, ut legatur: ἔσθ' ὅπως ἂν ἐκ (pro ἄνευ)
μάχης — ἐς λόγους ἔλθοιμεν, cl. vs. 866: ὅτι γενναίως ἐκ
τοῦ πολέμου καὶ τοῦ νείκους ξυνεβήτην. Vs. 161 PACIS scripserim: ὀρθὴν (pro ὀρθὸς) χώρει Διὸς εἰς αὐλάς, cl. Av. vs. 1:
ὀρθὴν κελεύεις (ἰέναι scil.) et ibidem vs. 165: ἀπολεῖς ἀπολεῖς, omisso pronomine. Vs. 193 contextus vix patitur πῶς
ἦλθες, quare vide an forte lateat ὡς ἥδε' (τὰ κρέα scil.)?
Vs. 197 utique transponendum: φροῦδοι γάρ εἰσιν, ἐχθὲς
ἐξῳκισμένοι. Vs. 300 suspicor: νῦν γὰρ ἡμῖν αἱ σπάσαι

(pro ἀρπάσαι) πάρεςιν ἀγαθοῦ δαίμονος. Cf. Eur. Cycl. vs. 416
et vs. 568. Collato vs. 515, coniicio vs. 471 scribendum esse:
κἀπεντείνω καὶ σπουδάζω, nam verbo ἐπεμπίπτειν ibi
locus non est. Haud magis intelligo, quid sit vs. 511: οἵ τοι
γεωργοὶ τοὔργον ἐξέλκουσι κάλλος οὐδέν. Vix dubito, an
verum sit ἐκτελοῦσι. Absurdum est ἄλλων vs. 760:

> ἀλλ' ὑπὲρ ὑμῶν πολεμίζων
> ἀντεῖχον ἀεὶ καὶ τῶν ἄλλων νήσων· ὧν οὕνεκα νυνὶ
> ἀποδοῦναί μοι τὴν χάριν ὑμᾶς εἰκὸς κτέ.

Abiecto additamento repone: τούτων οὖν οὕνεκα κτέ. Perperam Meinekius vitii suspectum habet vs. 824. Iocum enim
continet hodierno quoque usu satis frequentem. Nimirum Trygaeus ab Olympo redux servi quaerentis ex ipso, *an redieril,*
ἀναισθησίαν sulse perstringit respondendo: *ut quidem ego e
quopiam audivi.*

Avium vs. 478 haud dubie transponendum: ὡς πρεσβυτά-
των ὄντων αὐτῶν ὀρθῶς ἔσθ' ἡ βασιλεία. Ibid. vs. 586
conieci: ἢν δ' ἡγῶνται σὲ θεὸν σεμνόν, Ζῆν' ἢ Κρόνον η
σε Ποσειδῶ, in quibus σεμνόν debetur Cobeto, qui σεμνόν σε
θεόν proposuerat. Recte tamen Meinekius reliqua quoque: σὲ δὲ
γῆν σὲ Κρόνον σὲ Ποσειδῶ mendosa esse monet. Pluralem numerum sensus postulat vs. 613: καὶ τοὔνομ' ἡμῖν φράσατον;
quocirca scripserim: καὶ τὠνόμαθ' ἡμῖν κτέ. Similiter mox
vs. 647 pro ἴθι requiro ἴτε. Vs. 698 poetae reddiderim: οὗτος
χάει ἠερόεντι μιγεὶς νύχιος κατὰ τάρταρον εὐρύν pro νυχίῳ.
Vs. 850 verum videtur: παῖ παῖ τό τε κανοῦν αἶρε καὶ τὴν
χέρνιβα, et vs. 893: ἄπελθ' ἀφ' ἡμῶν καὶ σὺ καὶ τὰ ςέμ-
ματα ira, qua haec dicuntur, suadet: ἄπερρ' ἀφ' ἡμῶν κτέ.
Cf. Nubb. 773 et Eccl. 169. Vs. 956: τουτὶ μὰ Δί' ἐγὼ τὸ
κακὸν οὐδέποτ' ἤλπισα, οὕτω ταχέως τοῦτον πεπύσθαι τὴν
πόλιν. Mala interpretatio locum perdidisse videtur. *Τουτὶ τὸ
κακόν* ipse vocatur poeta, cf. vs. 931 et 992: quare, deleta vir-

gula post ἤλπισα, pro τοῦτον substituatur ταύτην. Nec vs.
1105, opinor, violabis reponendo: πρῶτα μὲν γάρ, ὧν (pro οὗ)
μάλιϛα πᾶς κριτὴς ἐφίεται, γλαῦκες ὑμᾶς οὔποτ' ἐπιλείψουσι
Λαυριωτικαί, neque vs. 1212, rescripta formula οὐκ ἐρεῖς;
(i. e. *dic*) pro οὐ λέγεις; quod Graecum non est eo sensu, quem
habet οὐ φῄς; Vs. 1347 lego: μάλιϛα δ' ᾧ (scil. νόμῳ) καλὸν
νομίζετε (vel νομίζεται) κτὲ. pro μάλιϛα δ' ὅτι κτὲ. Vs. 1382
pro μετάρσιος praeplaceret mihi h. l., quippe quae grandius
sonet, forma Dorica πεδάρσιος, cl. vs. 1197. Reliquas meas in
quinque ultimas fabulas Aristophaneas observationes, quippe adhuc nimium recentes, aliam nactus occasionem cum eruditis communicare malo. Liberiore enim animo ac severiore iudicio minusque
nobismet ipsi placentes ea, quae aliquamdiu scriniis inclusa
iacuerunt, quam quae nuperrime excogitavimus, contemplari
atque diiudicare fere solemus.

Scribebam Groningae
Novembri mense a. MDCCCLXI.

INDEX CAPITUM.

INDEX RERUM.

INDEX AUCTORUM

APUD QUOS EXSTANT FRAGMENTA DE QUIBUS EGI.

CAPUT I.

———

Metri legibus ut satisfieret, vv. dd. sententiam perdiderunt fragmenti Aeschylei ex *Edonis* ap. Strabon. X p. 470 scribentes:

Ψαλμὸς δ' ἀλαλάζει·
ταυρόφθογγοι δ' ὑπομυκῶνται
ποθεν ἐξ ἀφανοῦς φοβεροὶ μῖμοι,
τυπάνου δ' εἰκὼν ὥσθ' ὑπογαίου
βροντῆς φέρεται βαρυταρβής.

Tympani imago, ut vertunt Latine, et τυπάνου εἰκών quid rei sit mihi aeque obscurum est. In codd. teste Nauckio legitur vel εἰχὼν (sic) vel ἠχώ, quarum lectionum haec ea ipsa est, quae requiritur. Scripserim:

χὥσθ' ὑπογαίου βροντῆς τυπάνων
ἠχὼ φέρεται βαρυταρβής.

Quod vulgatur εἰχὼν infelix est Naekii coniectura.

———

Ad Aeschyli *Phryges* sunt qui fortasse non iniuria referant versum, quem edidit Cramerus in Anecd. vol. I, p. 119:

πᾶσα γὰρ Τροία δέδορχεν Ἕχτορος τύχης δίαι.

Hodie pro δέδορχεν scribi solet δέδουπεν e Welckeri et

Bernhardii coniectura. Videant tamen viri docti annon leniore mutatione scribi praestiterit:

πᾶσα γὰρ Τροία δέδοικεν κτέ.

Eodem modo Sept. adv. Theb. vs. 104 chorum mulierum timore perculsarum cecinisse puto: κτύπον δέδοικα· πάταγος οὐχ ἑνὸς δορός· non id, quod unanimo codicum consensu hodie editur: κτύπον δέδορκα κτέ, quem admodum significavi iam alibi. Cf. ib. vs. 113, 124 et 184.

Ath. X p. 447 b. τὸν δὲ κρίθινον οἶνον καὶ βρῦτόν τινες καλοῦσιν· μνημονεύει δὲ τοῦ πώματος Αἰσχύλος ἐν Λυκούργῳ·

κἀκ τῶνδ᾽ ἔπινε βρῦτον ἰσχναίνων χρόνῳ,
κἀσεμνοκόμπει τοῦτ᾽ ἐν ἀνδρείᾳ ϛέγῃ.

Corrupta videntur utriusque vs. vocabula ultima χρόνῳ et ϛέγῃ. Pro illo χρόα, pro hoc τιθείς· reposuerim.

Ath. XV p. 674. Αἰσχύλος δ᾽ ἐν τῷ λυομένῳ Προμηθεῖ σαφῶς φησιν ὅτι ἐπὶ τιμῇ τοῦ Προμηθέως τὸν ϛέφανον περιτίθεμεν τῇ κεφαλῇ—καίτοι ἐν τῇ ἐπιγραφομένῃ Σφιγγὶ εἰπών·

τῷ δὲ ξένῳ γε ϛέφανος, ἀρχαῖον ϛέφος,
δεσμῶν ἄριϛος ἐκ Προμηθέως λόγου.

Στέφος errore e praecedenti ϛέφανος natum esse suspicor et Aeschylum dedisse: — ἀρχαῖον πλέκος κτέ.

Accentus doctum ceteroquin Grammaticum decepisse videtur, qui auctor est Scholii in Platonis Cratyl. p. 421 D. Laudat enim ad verba Platonica: ἀγὼν πρόφασιν οὐκ ἀναμένει locum Aeschyleum e *Glauco Potniensi* huncce: ἀγὼν γὰρ ἄνδρας οὐ μένει λελειμμένους. Quem versum Latine sic interpretantur: *Certamen non fert viros inferiores.* Sed neque μένειν Graece ponitur eo sensu quo ἀναμένειν, neque λείπεσθαι et λελειμμένος nude adhibentur, sed addi solet aut res, qua sit aliquis inferior, aut persona. Nisi fallor, Aeschylus scripserat:

ἄγων γὰρ ἄνδρας οὐ μένει λελειμμένους —

i.e. *ducens enim viros non inferiores alacritate* —

Ad eandem tragoediam sunt qui referant duos versus ap. Schol. Ven. ad. Iliad. N, 198:

Εἷλκον δ' ἄνω λυκηδόν, ὥστε διπλόοι
λύκοι νεβρὸν φέρουσιν ἀμφὶ μασχάλαις.

Alii fortasse me feliciores interpretes erunt vocabulorum φέρουσιν ἀμφὶ μασχάλαις. Ego ista non magis intelligo quam interpretationem Latinam: *auferunt circa axillas.* Vide tamen an forte ἐξ ἀμηχάνων πόρον invenerim suspicando in librorum scriptura: ΦΕΡΟΥΣΙΝΑΜΦΙΜΑΣΧΑΛΑΙΣ delitescere hancce: ΦΕΡΟΥΣΙΓΑΜΦΗΛΑΙΣΚΑΛΗΝ, collatis versibus Homericis, quos poeta imitatur. Poetarum autem princeps l.l. ita canit:

Ὥςε δύ' αἶγα λέοντε κυνῶν ὕπο καρχαροδόντων
ἁρπάξαντε φέρητον ἀνὰ ῥωπήϊα πυκνά,
ὑψοῦ ὑπὲρ γαίης μετὰ γαμφηλῇσιν ἔχοντε·

Unde tragico reddiderim:

λύκοι νεβρὸν φέρουσι γαμφηλαῖς καλήν.

Plutarchus Mor. p. 1087 F. servavit fragmentum, quo Philoctetes morbi sui originem exponit hunc in modum:

οὐ γὰρ δακὼν ἀνῆκεν, ἀλλ' ἐνῴκισεν
δεινὴν ϛομωτὸν ἔκφυσιν, ποδὸς λαβών.

Vs. 1 optime δακὼν pro δράκων ex egregia Hirschigii coniectura restituit Nauckius (fr. 248). Vs. 2, in quo ϛομωτὸν pro ϛομάτων debetur Valckenaerio, videndum est, an pro ἔκφυσιν substituendum sit ἔκπτυσιν, quemadmodum Aeschylum τὸν ξεπτυσμένον ἰόν i. e. *e viperino morsu venenum* (Cic. Tusc. II,

7, 14) vocasse suspicor. Rectius quoque venenum quam *ulcus*
(sic enim ἔκφυσιν interpretantur) στομωτὸν dici posse existimo.

Schol. Pind. Pyth. III, 27: τὸ ὑποκουρίζεσθαι ἀοιδαῖς εἶπε
διὰ τὸ τοὺς ὑμνοῦντας ἐπευφημιζομένους λέγειν σὺν χόροις
τε καὶ κόραις. Αἰσχύλος Δαναΐσι·

> κἄπειτ' ἄνεισι λαμπρὸν ἡλίου φάος,
> ἕως τ' ἐγείρει πρευμενῶς τοὺς νυμφίους
> νόμοισιν ὕμνων ·σὺν χόροις τε καὶ κόραις.·

Vs. 1 κἄπειτα δ' εἶσι et vs. 2 ἕως ἐγείρω correxit Toupius,
ipse πρευμενεῖς mutavi in πρευμενῶς et vs. 3 νόμοισιν ὕμνων
scripsi pro νόμοισι θέντων. Videndum tamen an vs. 2 corrigendum sit potius:

> ἕως τ' ἐπεγερεῖ πρευμενῶς τοὺς νυμφίους,

siquidem haec Futuro tempore dicta esse apparet ex ἄνεισι
vs. 1. Nam sin minus, scripsisset ἀνέρχεται. Optime Nauckius
conferri iubet Hesych. 2 p. 333.

Antig. Caryst. Hist. Mir. c. 115: τῶν δὲ θηλέων ζῴων
ῥοπικώτερόν φησιν εἶναι πρὸς τὴν συνουσίαν ἵππον—φαίνεται
δὲ καὶ Αἰσχύλος ἱστορικῶς τὸ τοιοῦτον οὕτως πως εἰρηκέναι
πρὸς τὰς παρθένους ἐν ταῖς Τοξότισιν·

> αἰδοῖ γὰρ ἀγναῖς παρθένοις γαμηλίων
> λέκτρων ἑτοίμη βλεμμάτων ῥέπειν βολή κτέ.

i. e. *prae pudore enim innuptis puellis luminum acies parata
est vergere deorsum.* Pro ἄδων ταῖς de meo scripsi αἰδοῖ γὰρ
et vs. 2 pro αστει μη dedi ἑτοίμη cum Hermanno, deinde
ῥέπειν pro ῥέπει meo Marte: Ex hac coniectura Genitivus
γαμηλίων λέκτρων pendet ab ἀγναῖς, quae res nemini erit
offensioni, qui meminerit ἀγνὸς γάμων et similia tragicis esse
tritissima. Contra tautologia laborant correctiones eorum, qui
pro αστει μη substituunt ἀπείροις, ut fecit Heathius, vel

ἀγεύστοις, ut Ahrensius, vel denique ἀδμῆσι, ut ipse olim suspicabar. Neque hodie placet, quod aliquando tentabam vs. 2:

λέκτρων ἀεὶ͗ς γῆν βλεμμάτων ῥέπει βολή.

nam Graece dicitur ἐπὶ γῆν vel πρὸς γῆν ῥέπειν. Longius quoque distant a codicum vestigiis ἔραζε et πρὸς οὖδας, de quibus locutionibus substituendis aliquis cogitare posset.

Schol. Soph. ad. Oed. Col. 1047: τὰ ἐν Ἐλευσῖνι τέλη φησί, καὶ εἴη ἂν λαμπάσιν ἀκταῖς λέγων ταῖς λαμπαδευομέναις καὶ καταλαμπομέναις ὑπὸ τῆς μυστικῆς φλογὸς καὶ τῶν ἱερῶν δᾴδων, περὶ ὧν Αἰσχύλος φησίν·

Λαμπραῖσιν ἀστραπαῖσι λαμπάδων σθένει.

Mihi non sic scripsisse videtur sed φλέγει, cf. v. c. Sept. c. Theb. vs. 415, quidquid fuerit huius sententiae (nam incerta res est) subiectum. Hermannus, non monito lectore, pro σθένει dedit σέλας.

Anecd. Bekk. p. 346, 10. Ἀδριαναὶ γυναῖκες. Αἰσχύλος Ἠλιάσιν·

Ἀδριαναί τε γυναῖκες χόρον ἕξουσι γόων.

Scripsi χόρον de coniectura mea pro eo, quod sine sensu vulgatur, τρόπον. Cf. Eur. Alc. 183; Phoen. 1379; Hom. Od. δ 103. Non felicius idem vocabulum librariorum manus evasit in fragm. Euripidis apud Schol. ad Arist. Thesm. vs. 1018:

κλύεις ὦ
πρὸς Αἰδοῦς σὲ τὰν ἐν ἄντροις
ἀπόπαυσον, ἔασον,
Ἀχοῖ με σὺν φίλαις γόου πόθον λαβεῖν.

Scripsi haec, ut ingeniose corruptas codicis lectiones correxit Seidlerus; cuius emendationem perficiam reponendo: ἔασον Ἀχοῖ με σὺν φίλαις γόου χόρον λαβεῖν. Cogita, velim, quam absurde aliquis rogetur pati, ut ego aliusve cupiat lacrymare.

Ad Aeschyli *Laium* auctore Gronovio vulgo refertur fragm. huius poetae, quod exstat ap. Harpocrationem p. 123, 12 in v. μαλακίζομεν. *Αἰσχύλος ἐλαδιωκεκμῆτι μαλκίων ποδί.* Ingeniose, nam fatendum est, Gronovius ex *ἐλαδίω* s. *ἐλλαδίῳ* expiscatus est *ἐν Λαΐῳ*, quam coniecturam amplecti non dubitarem, nisi mutatione nulla aut fere nulla totum locum verisimiliter corrigere posses scribendo: *Αἰσχύλος· ἔλα δίωκε μή τι μαλκίων ποδί*, sententia tam facili quam perspicua. Partem veri iam vidit Hermannus rescribens:

ἔλα δίωκ᾽ ἀκμῆτι μάλκιον ποδί

quae oppositis frontibus inter se pugnare rectissime pronuntiavit Cobetus Mnemos. III, p. 307. Ab eiusmodi crimine facile se defendet inventum nostrum:

ἔλα δίωκε μή τι μαλκίων ποδί.

ΔΙΩΚΕΜΗΤΙ quam proclivi errore in *ΔΙΩΚΕΚΜΗΤΙ* abire potuerit, manifestum est.

Aetnearum fragm. ap. Macrob. Sat. 5, 19, 17 vulgatur sic:

A. Τί δῆτ᾽ ἐπ᾽ αὐτοῖς ὄνομα θήσονται βροτοί;

B. Σεμνοὺς Παλικοὺς Ζεὺς ἐφίεται καλεῖν.

Reliqua adscribere nihil adtinet. Facile enim mihi omnes hoc dabunt, Jovem secundum poëtam iussisse eos, de quibus in fragmento sermo est, vocari *venerando nomine Palicos*, non hercle *venerandos Palicos*. Procul dubio igitur vs. 2 scribendus erit in hunc modum:

Σεμνῶς Παλικοὺς Ζεὺς ἐφίεται καλεῖν.

E dramate satyrico *Circe* petitum esse coniecerunt vv. dd. fragmentum, quod servavit Athenaeus IX, p. 375 E. scriptum in hunc modum:

Ἐγὼ δὲ χοῖρον καὶ μαλ᾽ εὐθηλούμενον
τόνδ᾽ ἐννοθοῦντι κριβάνῳ θήσω. τί γὰρ
ὄψον γένοιτ᾽ ἂν ἀνδρὶ τοῦδε βέλτιον;

Vs. 2 codd. habent aut *ἐννοτοῦτι* aut *ἐννοθοῦντι*, quod exhibui. Utramque lectionem nihili esse vix est quod moneam.
Verum reperisse et sibi et aliis visus est Dindorfius reponendo:
τόν δ' ἐν ῥοθοῦντι κριβάνῳ κτὲ. Receperunt eam lectionem
et alii et Nauckius, vertuntque: *«*hunc in *crepitante* furno
ponam.*»* Horum sententiam ego quoque amplectar, ubi primum
aliquis demonstraverit vocabula *ῥόθος, ῥόθιος, ῥοθεῖν* et
ῥοθιάζειν usquam aliter adhibita esse quam de *aquarum
murmure.*

Ego fabulae satyricae non nimis inficetam lectionem reddere
mihi videor rescribendo:

$$τόνδ' ἐν πο\vartheta οῦντι κριβάνῳ \vartheta ήσω.$$

Furnus bene calefactus et paratus ad carnes recipiendas non
male, opinor, *ποθεῖν* istas carnes dicitur, donec illi desiderio
sit satisfactum. A tragica quidem gravitate talis scriptura ab-
horreret, sed in satyrico dramate mihi quidem valde videtur
idonea. Vs. 3tio pro *βέλτιον* correctum est metri causa *βέλτερον*.
Recte opinor.

Bene Nauckius non recepit inter Aeschyli fragmenta locum,
quem affert Theophilus ad Autolycum II 54, p. 256 ed. Wolf.
Cuius loci duo primi versus constituendi videntur in hunc
modum:

$$Ὁρᾷ δίκη σ' ἄναυδος οὐχ ὁρωμένη$$
$$εὕδοντα καὶ ςείχοντα καὶ καθήμενον.$$

Vulgo absque sensu eduntur sic:

$$ὁρᾷ δίκην ἄναυδον οὐχ ὁρωμένην$$
$$εὕδοντι καὶ ςείχοντι καὶ καθημένῳ.$$

Ita certe leguntur apud Ahrensium inter Aeschylea Inc.
Fab. 323. Theophili editionem non habeo, ita ut quid ab aliis
coniectum sit ignorem.

Apud Nauckium № 292 inter Inc. Fab. fragm. scriptum video:

οὗτοι μ' ἄπειρον τῆσδε τῆς προσῳδίας.

quem versum Aeschyleum laudavit Grammaticus in Anecd. Oxon. vol. IV, pag. 315, 28 ad probandum προσῳδίαν interdum κεῖσθαι ἐπὶ τῆς προσφωνήσεως, οὐ τῆς μετ' ὀργάνον φωνῆς. Legitur in cod. οὔτιμ' κτὲ, quod aut ita corrigendum est, ut fecit Nauckius, aut scribendum:

οὔτ' εἰμ' ἄπειρος τῆσδε κτὲ.

Utrum verius sit, aliorum esto iudicium.

Plutarchus Mor. p. 827 c. et in vit. Demetr. c. 35 auctor est Demetrium Poliorcetem quum regno excidisset πρὸς τὴν τύχην ἀναφθέγξασθαι τὸ Αἰσχύλειον

Σύ τοί με φυσᾷς, σύ με καταίθειν δοκεῖς.

Diversa tentarunt viri docti, inter quos reliquis omnibus felicior mihi fuisse videtur Heathius scribens:

σύ τοί μ' ἔφυσας, σύ με καταφθιεῖν δοκεῖς.

Fallitur tamen καταφθιεῖν Graecum esse putans pro καταφθίσειν. Equidem coniicio:

σύ τοί μ' ἔφυσας, σύ δέ με καὶ φθίνειν δοκεῖς,

vel σύγ' ἥ με φύσασα σύ με καὶ φθίνειν δοκεῖς, sed priorem quam proposui rationem praefero.

Plut. Mor. p. 434 A. καὶ τῆς ἐν Εὐβοίᾳ χαλκίτιδος, ἐξ ἧς ἐδημιουργεῖτο τὰ ψυχρήλατα τῶν ξιφῶν, ὡς Αἰσχύλος εἴρηκε·

λαβὼν γὰρ αὐτόθακτον Εὐβοικὸν ξίφος.

Xylander αὐτόθηκτον, Hermannus αὐόθηκτον ci. Quibus coniecturis quum nihil proficiamus, tentabam:

λαβὼν καρυςόβαπτον Εὐβοικὸν ξίφος.

Nobilis autem erat, quod nemo ignorat, *Carystus* civitas

sita in Euboeae ora meridionali in Oches montis radicibus. In eadem regione erat Γεραιςός, unde possis: λαβὼν γεραι-ςόβαπτον, vel lenius γεραιςόθηκτον κτὲ. Multum tamen vereor, ut analogia huiusmodi composita patiatur; quare nunc malo: λαβὼν φρεατόβαπτον Εὐβοικὸν ξίφος.

––––––––

Plutarchus Mor. p. 625 D: οἱ γὰρ πρεσβύτεροι πόρρω τὰ γράμματα τῶν ὀμμάτων ἀπάγοντες ἀναγινώσκουσιν, ἐγγύθεν δ'οὐ δύνανται· καὶ τοῦτο παραδηλῶν ὁ Αἰσχύλος φησίν· 'οὐδὲ ἀπὸ αὐτὸν οὐ γὰρ ἐγγύθεν γέρων δὲ γραμματεὺς γενοῦ σαφής.' Locum lacerum et pessime depravatum tentavi in hunc modum

σὺ δὲ
ἄπωθεν αὔγασον τόδ', οὐ γὰρ ἐγγύθεν
γέρων ἂν οὐδεὶς γραμματεὺς πέλοι σαφής.

Cf. Hermann. 320, Nauck. 348, Ahrens. 398.

––––––––

Athen. XI p. 491 A. καὶ Αἰσχύλος δὲ·
αἱ δ' ἔπτ' Ἄτλαντος παῖδες ὠνομασμέναι
πατρὸς μέγιςον ἆθλον οὐρανοςεγῆ
κλαίεσχον, ἔνθεν νυκτέρων φαντασμάτων
ἔχουσι μορφὰς ἄπτεροι πελειάδες.

Vs. 3 absque sensu vulgo legitur ἔνθα, quod correxi.

––––––––

Schol. Eur. Or. 25: ἡ γὰρ Κλυταιμνήστρα χιτῶνα ὕφανεν οὔτε ταῖς χερσὶν οὔτε τῇ κεφαλῇ ἔκδυσιν ἔχοντα —·
ἀμήχανον τεύχημα καὶ δυσέκλυτον.

Ipse Scholiastes non obscure testatur poetam scripsisse:
ἀμήχανον τέχνημα καὶ δυσέκδυτον.

Quarum correctionum priorem iam Nauckium proposuisse video (f. 365).

CAPUT II.

Gravem labem passus est locus, quem ex *Ulixe furente* servavit Schol. Pind. Isthm. VI, 87 sic scribens: σύντομοι δ᾽ οὐ μόνον Λάκωνες, ἀλλὰ καὶ Ἀργεῖοι· Σοφοκλῆς Ὀδυσσεῖ μαινομένῳ

πάντ᾽ οἶσθα, πάντ᾽ ἔλεξα τἀντεταλμένα,
μῦθος γὰρ Ἀργολιστὶ συντέμνειν βραχύς.

Nemo monitus, credo, non videt ad:ectivum βραχύς esse turpe interpretamentum et quantocyus expellendum. Argivum nescio quem dixisse arbitror:

μῦθος γὰρ Ἀργολιςὶ συντέμνειν ἔφυ·

i. e. *nam oratio Argivis brevis esse assolet;* vel, quod usitatius est:

μύθους (s. μῦθον) γὰρ Ἀργολιςὶ συντέμνειν ἔφυν.

Interpolator versum de suo interposuisse videtur insigni fragmento *Scyriarum,* quod exstat apud Stobaeum CXXIV 17:

Ἀλλ᾽ εἰ μὲν ἦν κλάουσιν ἰᾶσθαι κακά,
καὶ τὸν θανόντα δακρύοις ἀνιςάναι,
ὁ χρυσὸς ἧσσον κτῆμα τοῦ κλάειν ἂν ἦν·
νῦν δ᾽ ὦ γεραιὲ ταῦτ᾽ ἀνηνύτως ἔχει.

[τὸ μὲν (s. τὸν μὲν) τάφῳ κρυφθέντα πρὸς τὸ φῶς ἄγειν]
Versum inficetum, quem uncinis sepsi, frustra correxerunt viri docti scribendo τὸν ἐν τάφῳ κτὲ, non intelligentes totum versum nihil aliud esse nisi interpretamentum pronominis ταῦτ᾽ in vs. praecedenti; quo tamen minime indigemus, siquidem ταῦτα refertur ad vs 1 et 2. Confictus est, nisi fallor, ex parte ad exemplum vs. 7. Sequuntur enim haec:

κἀμοὶ γὰρ ἂν πατήρ γε δακρύων χάριν
ἀνῆκτ' ἂν εἰς φῶς.

Sed aliquanto melius, credo, de mortuo dicitur ἀνάγεσθαι εἰς φῶς quam ἄγειν πρὸς τὸ φῶς. Praeterea se prodit interpretamentum ipso initio τὸ μέν. Tandem quis credat magnum in paucis poetam tam brevi intervallo eadem locutione usum fuisse in re, quam diversissimis modis enuntiare vel ὁ τυχὼν possit?

Ad *Argivorum concionem* a nonnullis non absurde refertur fragm. Sophocleum ap. Herodianum περὶ σχημάτων p. 57, 58:

'Εγὼ δ' ἐρῶ σοι δεινὸν οὐδέν, οὐθ' ὅπως
φυγὰς πατρῴας ἐξελήλασαι χθονός,
οὔθ' ὡς ὁ Τυδεὺς ἀνδρὸς αἷμα συγγενὲς
κτείνας, ἐν Ἄργει ξεῖνος ὢν οἰκίζεται.

Quid sit αἷμα κτεῖναι frustra quaeres. Participium κτείνας glossema esse iam aliquot abhinc annis conieci in dissertatione Observ. Crit. in fragm. Com. Graec. p. 128. Thes. VII, neque hodie sententiam muto. Iam tunc probabiliter admodum, ut mihi videor, suspicabar poetae manum fuisse hanc:

οὔθ' ὡς ὁ Τυδεὺς ἀνδρὸς αἷμα συγγενὲς
πράξας, ἐν Ἄργει ξεῖνος ὢν οἰκίζεται.

Etenim, quamvis mirum videri possit, tragici dicunt: αἷμα τινος πράττειν sive ἐργάζεσθαι pro φονεύειν τινά. Ita v. c. Eurip. Orest. 280: εἴργασαι δ' ἐμοὶ μητρῷον αἷμα et vs. 1139: κακῆς γυναικὸς αἷμ' ἐπράξαμεν, et sic passim. Etiam, nisi fallor, αἷμα δρᾶν eodem sensu me legere memini, sed iam exempla, quibus hunc usum stabiliam, mihi in promptu non sunt Cf. Cramer. Anecd. III p. 194, 1.

Corruptum codicem Sophoclis consultasse Herodianum existimo, unde in libello περὶ μον. λεξ. p. 40, 11 haec scribere potuerit: τὸ παρὰ Σοφοκλεῖ ἐν Λαχαίναις δανοτῆς εἰρημένον «ἐν ᾗ παύσετ' ἀμερίων μόχθων τε καὶ δανότητος.» Versum enim vitiosum esse metrum evincit. Quare Bergkius pro δανοτῆτος proposuit ἀδρανότητος. Perperam, ni fallor, quandoquidem hoc vocabulum tum loci sententiae adversatur (*ignaviam* enim s. *imbecillitatem* significans, cum μόχθων iungi omnino nequit), tum peccat contra analogiam. Nam ab adiect. ἀδρανής formantur ἀδράνεια et ἀδρανία: ἀδρανότης formari nequit nisi ab ἄδρανος, quod Graecum non est vocabulum. Praeterea ἀδρανής et vocabula inde derivata aliquot seculis Aeschylo seriora esse videntur. Ipse conieci:

ἤδη παύσεται ἀμερίων μόχθων καὶ δαϊοτῆτος.

Egregium e *Laocoonte* locum servavit nobis Dionysius Halicarnassensis Ant. I. 8, qui locus constituendus videtur in hunc modum:

Νῦν δ' ἐν πύλαισιν Αἰνέας ὁ τῆς θεοῦ
πάρες' ἐπ'·ὤμων πατέρ' ἔχων κεραυνίου
νώτου καταςάζοντα βύσσινον φάρος,
κυκλῷ δὲ πᾶσαν οἰκετῶν παμπησίαν·
συνοπάζεται δὲ πλῆθός οἱ, πόσον δοκεῖς;
οἳ τῆσδ' ἐρῶσι τῆς ἀποικίας, Φρυγῶν.

Vulgo vs. 3 ponitur distinctio maior·post φάρος et vs. 4 sine sensu scribitur κυκλεῖ, pro quo Nauckius ci. καλεῖ. Ego, mutata interpunctione, κυκλῷ reponere malui, ex qua correctione π. οἰκετῶν παμπησίαν (ita cum Nauckio scripsi pro παμπληθία, quamvis Bergkii coniectura παγκληρία habet etiam, quo se commendet,) suspensum erit a participio ἔχων vs. 2. Vs. 5 sensu parum idoneo legitur πλῆθος οὐχ ὅσον δοκεῖς, quod mutavi, ut corrigendum esse suspicabar. Tandem vs. 6 virgula a reliquis separavi Φρυγῶν, qui Genitivus potius a πλῆθος quam ab ἀποικίας pendere videatur.

Stob. Flor. CVIII. 51 Σοφοκλέους·

Στέργειν δὲ τἀκπεσόντα κεὖ θέσθαι πρέπει
σοφὸν κυβευτήν, ἀλλὰ μὴ ϛένειν τύχην.

Dedi κεῦ pro καὶ collato eiusdem Soph. fragm. e *Creusa* ap.
Stob. IV. 38:

ταῦτ' ἐϛιν ἄλγιϛ', ἦν, παρὸν θέσθαι καλῶς,
αὐτός τις αὑτῷ τὴν βλαβὴν προσθῇ φέρων.

Suidas in voc. βαιαί—ἰδίως ἀντὶ τοῦ εἷς, Σοφοκλῆς «πότερον ἐχώρει βαιὸς ἢ πολλοὺς ἔχων ἄνδρας λοχίτας» (O. R. 750)
καὶ ἐν Αἰχμαλωτίσιν·
ἔσπεισα βαιᾶς κύλικος ὥστε δεύτερα.

Male habent viros doctos vocabula ὥστε δεύτερα. In ὥστε
δευτέραν [σπονδήν] mutat Bergkius, qua coniectura nihil proficimus. Grammaticus locum affert, quo probet aliquando βαιὸς
a Sophocle positum esse pro εἷς. Ad quam rem qui bene animum adverterit, corrigat mecum necesse est:
ἔσπεισα βαιᾶς κύλικος, εἶτα δευτέρας.
(scil. κύλικος) i. e. *libavi ex una patera, deinde ex altera.*

Schol. Arist. Ran. 665: παρὰ τὰ Σοφοκλέους ἐκ Λαο-
κόοντος·

Πόσειδον, ὃς Αἰγαίους ἔχεις
πρῶνας, ἢ γλαυκᾶς μέδεις
εὐανέμου λίμνας ἐφ' ὑψηλοῖς σπιλάδεσσι ϛομάτων.

Vitium alere στομάτων ipsum metrum docet. Sententia requirit
participium alicuius verbi, quo indicetur *mora.* Cogitavi de
πολεύων, sed mihi non plane satisfacio.

Achill. Tat. Isag. ad Phoen. Arati c. l. Σοφοκλῆς δὲ Παλα-
μήδει ἀνατίθησιν· λέγοντα γὰρ Ναύπλιον εἰσάγει·

1 οὗτος δ᾽ ἐφεῦρε τεῖχος Ἀργείων ςρατῷ
 σταθμῶν τ᾽ ἀριθμῶν καὶ μέτρων ὁρίσματα.
 πάντων δ᾽ ἔτευξε πρῶτος ἐξ ἑνὸς δέκα,
 κἀκ τῶν δέκ᾽ αὖθις εὗρε πεντηκοντάδας
5 † ὁς χίλι εὐθὺς ὁς ςρατοῦ φρυκτωρίαν
 ἔδειξε κἀνέφηνεν οὐ δεδειγμένα.
 ἐφεῦρε δ᾽ ἄςρων μέτρα καὶ περιςροφὰς
 τάξεις τε πάσας οὐράνιά τε σήματα
† ὕπνου φύλαξεις στιθόα σημαντήρια
10 νεῶν τε ποιμαντῆρσιν ἐνθαλασσίοις
 Ἄρκτου ςροφάς τε καὶ Κυνὸς ψυχρὰν δύσιν.

Vs. 2 pro εὑρήματα meo Marte scribendum esse putavi ὁρίσματα s. *definitiones*. Vs. 4 vulgo legitur κἀκεῖν᾽ ἔτευξε κτέ, quibus de meo substitui: πάντων δ᾽ ἔτευξε πρῶτος κτέ. Tandem vs. 8 dedi ex coni. mea τάξεις τε πάσας pro τάξεις τε ταύτας. Vs. 5 et 9 tam misere corrupti sunt, ut sine melioribus libris corrigi iam nequeant. Aliorum coniecturas, quas ex parte adscivi, videas apud Nauckium fr. 396.

Stob. Flor. CVI, 11: Σοφοκλέους Ἀλήτης.
 1 δεινόν γε τοὺς μὲν δυσσεβεῖς κακῶν τ᾽ ἄπο
 βλαςόντας εἶτα τούσδε μὲν πράσσειν καλῶς,
 τοὺς δ᾽ ὄντας ἐσθλοὺς ἔκ τε γενναίων ἅμα
 γεγῶτας εἶτα δυςυχεῖς πεφυκέναι
 5 οὐ χρῆν τάδ᾽ οὕτω δαίμονας θνητοὺς πέρι
 πράσσειν· ἐχρῆν γὰρ τοὺς μὲν εὐσεβεῖς βροτῶν
 ἔχειν τι κέρδος ἐμφανὲς θεῶν πάρα,
 τοὺς δ᾽ ὄντας ἀδίκους τούσδε τὴν ἐπαξίαν
 δίκην, κακῶν τιμωρὸν ἐμφανῆ, τίνειν.
 10 κοὐδεὶς ἂν οὕτως εὐτύχει κακὸς γεγώς.

Vs. 6 valde mihi suspectum est verbum πράσσειν, pro quo τάσσειν (*constituere*) reponendum esse puto. Vs. 8 revocavi τούσδε pro τοὺς δὲ e codice Vindobonensi. Praegresso τοὺς μὲν (vs. 6) respondet τοὺς δ᾽ ὄντας κτέ, deinde τούσδε cum emphasi subiungitur prorsus eadem ratione, qua **vs.** 1, 2 τοὺς μὲν—βλαζόντας—τούςδε κτέ. Tandem de coniectura mea scripsi τὴν ἐπαξίαν δίκην pro τὴν ἐναντίαν δίκην, quippe quod h. l. sensu idoneo careat.

Stob. Flor. 105, 3. Σοφοκλέους Τυνδάρεως·

   οὐ χρή ποτ᾽ εἰ πράσσοντος ὀλβίσαι τύχας
   ἀνδρός, πρὶν αὐτῷ παντελῶς ἤδη **
   διεκπερανθῇ καὶ τελευτήσῃ βίον.
   ἐν γὰρ βραχεῖ καθεῖλε κὠλίγῳ χρόνῳ
5   πάμπλουτον ὄλβον δαίμονος κακοῦ δόσις,
   ὅταν μεταστῇ καὶ θεοῖς δοκῇ τάδε·

Vs. 2 delevi βίος, quod debetur librario lacunam utcumque explenti. Blomfieldius coniecit χρόνος, quod mihi non valde arridet propter finem vs. 4. Nec tamen quod melius reponam reperio. Cogitavi de πόρος eo sensu, quo Pindarus Ol. 1, 7, 15 ἑλίσσων βίου πόρον dixit; sed πόρος, non addito βίου, ut *vitae iter* significare possit vereor. In mentem quoque venit, an scribendum esset: πρὶν αὐτῷ παντελῶς ἤδη μίτος δ. κ. τ. βίου. Preterea vs. 4. κὠλίγῳ recte offensioni fuit Bergkio, κοὐ μακρῷ coniicienti. Aliud quid latere suspicor.

Ath. I p. 17 D. — Αἰσχύλος γοῦν ἀπρεπῶς που παράγει μεθύοντας τοὺς Ἕλληνας — καὶ Σοφοκλῆς δ᾽ ἐν Ἀχαιῶν συνδείπνῳ·

   ἀλλ᾽ ἀμφὶ θυμῷ τὴν κάκοσμον οὐράνην
   ἔρριψεν οὐδ᾽ ἥμαρτε· περὶ δ᾽ ἐμῷ κάρᾳ
   κατάγνυται τὸ τεῦχος οὐ μύρου πνέον,
   ἐλεηλατούμην δ᾽ οὐ φίλης ὀσμῆς ὕπο.

In *ΕΔΕΙΜΑΤΟΥΜΗΝ* (ἐδειματούμην), quam lectionem vulgatam iure suspectam habuit Nauckius, latere putavi *ΕΛΕΗΛΑΤΟΥΜΗΝ* i. e. *praeda eram tetri odoris.* Putavi quoque de ᾠστρηλατούμην, sed ipsa veritate reperta hanc suspicionem rursus dimisi. Convenit autem dramati satyrico haud indigna socco metaphora; quali non longe absimilem dixeris eam, qua usus est Aristophanes Pac. 745:

—τυπτομένους ἐπίτηδες,
ἵν᾽ ὁ σύνδουλος σκώψας αὐτοῦ τὰς πληγὰς εἶτ᾽ ἀνέροιτο,
ὦ κακόδαιμον τί τὸ δέρμ᾽ ἔπαθες; μῶν ὑστριχὶς εἰσέβαλέν σοι
ἐς τὰς πλευρὰς πολλῇ στρατιᾷ κᾀδενδροκόπησε τὸ νῶτον.

Step. Byz. in v. Δωδώνη. Λέγεται καὶ Δωδών, ἧς τὴν γενικὴν Σοφοκλῆς—καὶ δοτικήν·

Δωδῶνι ναίων Ζεὺς ὁ μ ί ο ς βροτῶν.

Ita codd. sine varietate. Tunnelius ci. ὁμέςιος, quod recepit Ahrensius. Displicet ea coniectura Nauckio, nec iniuria. Vide an scripserit poeta:

Δωδῶνι ναίων Ζεὺς ὁ μ α ν τ ε ῖ ο ς, βροτῶν —

Grammaticus nil curans praeter formam Δωδῶνι non integram sententiam attulisse videtur. Apollinem μαντεῖον vocarunt Eurip. Or. 1666 et Arist. Av. 722. Ζεὺς ὁμόγνιος, de quo cogitabam, huc non quadrat.

Strabo IX p. 399: τὸ Ἀμφιάρειον... ὅπου φυγόντα τὸν Ἀμφιάρεων, ὥς φησι Σοφοκλῆς·

ἐδέξατο ῥαγεῖσα Θηβαία κόνις
αὐτοῖσιν ὅπλοις καὶ τ ε τ ρ α ό ρ ῳ δίφρῳ.

Ita scripsi pro vulgata lectione τετρωρίςῳ, quippe quae forma analogiae legibus adversetur. Verae lectionis vestigia servarunt ii libri, qui habent τετραορίστῳ. Tragici utuntur utraque forma, aut aperta τετράορος aut contracta τέτρωρος. Τετρώριςος dixit nemo unquam nec dicere potuit. Eurip. Suppl. 674:
ποιμένες δ᾽ ὄχων | τ ε τ ρ α ό ρ ω ν κατῆρχον ἐντεῦθεν μάχης.
Sophocles Trach. vs. 507: ὁ μὲν ἦν ποταμοῦ σθένος, ὑψικέρω τ ε τ ρ α ό ρ ο υ φάσμα ταύρου.

Plut. Moral. p. 21 F: πολλὰς γὰρ ἀνθρώπων μυριάδας ἐμπέ-
πληχεν ἀθυμίας περὶ τῶν μυστηρίων (ὁ Σοφοκλῆς) ταῦτα
γράψας·

> ὡς τρὶς ὄλβιοι
> κεῖνοι βροτῶν, οἳ ταῦτα δερχθέντες τέλη
> μόλωσ᾽ ἐς Ἅιδου· τοῖσδε γὰρ μόνοις ἐκεῖ
> ζῆν ἔςι, τοῖς δ᾽ ἄλλοισι πάντα δὴ κακά.

Vs. 4 scripsi πάντα δὴ pro πάντ᾽ ἐκεῖ; nam ἐκεῖ errore e
vs. praecedenti repetitum esse videtur.

Schol. Plat. p. 965ᵇ 14: παροιμία αὐτὸ δείξει, ἐπὶ τῶν
ἀπιςούντων τι μὴ γενέσθαι—μέμνηται δ᾽ αὐτῆς καὶ Σοφοκλῆς
ἐν Λημνίαις οὕτως·

> ταχὺ δ᾽ αὐτὸ δείξει τοὔργον, ὡς ἔχει, σαφῶς.

Dedi ὡς ἔχει (i. e. *quomodo se habeat res*) pro ὡς ἐγώ.
Meinekio ὡς δοκῶ scribendum videtur.

Sunt nonnulla, quae in pulcerrimo loco Euripideo apud Stobaeum LXIII, 6 (nam planissime assentio Nauckio huic, non
Sophocli, cui in lemmate tribuuntur, hos versus vindicanti),
sunt quaedam, inquam, quae rectius, quam hucusque factum
esse video, constitui posse videantur. Adscribam primum totum
locum, quemadmodum edendum esse mihi persuadeo, deinde
mearum mutationum rationes reddam:

> Ὦ παῖδες, ἤ τοι Κύπρις οὐ Κύπρις μόνον,
> ἀλλ᾽ ἔστι πολλῶν ὀνομάτων ἐπώνυμος·
> ἔςιν μὲν Ἅιδης, ἔςι δ᾽ ἄφθιτος βίος,
> ἔςιν δὲ λύσσα μανιάς, ἔςι δ᾽ ἵμερος
> 5 ἄκραντος, ἔς᾽ οἰμωγμός· ἐν κείνῃ τὸ πᾶν
> σπουδαῖον, ἡσυχαῖον, ἐς βίαν ἄγον.
> ἀνθάπτεται γὰρ πλευμόνων ὅσοις ἔνι
> ψυχή· τίς οὐχὶ τῆσδε τῆς θεοῦ βορά;

εἰσέρχεται μὲν ἰχθύων πλωτῶν γένη,

10 χέρσου δ᾽ ἔνεςιν ἐν τετρασκέλει γονῇ,
   νωμᾷ δ᾽ ἐν οἰωνοῖσι ποικίλοις πτερόν·
   τίν᾽ οὐ παλαιουσ᾽ ἐς τρὶς ἐκβάλλει θεῶν;
   εἰ μοι θέμις, θέμις δὲ τἀληθῆ λέγειν,
   Διὸς τυραννεῖ πλευμόνων· ἄνευ δορὸς,
15 ἄνευ σιδήρου πάντα τοι συντέμνεται
   Κύπριδι τὰ θνητῶν καὶ θεῶν βουλεύματα.

Vs. 7. ἀνθάπτεται pro ἐντήκεται iam dudum Meinekium ante me correxisse nunc video. Ego ita coniiciebam, collato loco Aristophaneo e Ranis: πλευμόνων δ᾽ ἀνθάπτεται Ταρτησσία μύραινα κτέ. Vs. 11 correxi vulgatam lectionem: νωμᾷ δ᾽ ἐν οἰωνοῖσι τοὐκείνης πτερόν. Verbum enim νωμᾶν si h. l., ut alibi semper, servat naturam suam transitivam, pronomen ἐκείνης huius loci non esse inde, credo, sine ulla controversia sequitur. Si contra τοὐκείνης mecum in ποικίλοις mutaveris, habebit οἰωνοῖσι suum epitheton, quem admodum vs. 9 ἰχθύων et vs 10 χέρσου-γονῇ. Scrupulus tamen mihi restat, an Venus, cui deae nusquam alibi, quantum ego quidem novi, alae tribuantur, recte dicatur νωμᾶν πτερόν; ideoque suspicabar vs. 11 scribendum esse in hunc modum:

   ναίει δ᾽ ἐν οἰωνοῖσι ποικιλοπτέροις.

Sed nimium suspicacem haberi me nolo.

Nec tamen eo magis retinui, qui sequebatur post vs. 11 versus ineptissimus et plane otiosus, quem non iam dudum criticorum obelis confixum esse satis mirari nequeo; quoque admisso, universi loci, pulchri tamquam corporis, harmonia dissolvatur necesse est. Habet autem sic:

   ἐν θηρσίν, ἐν βροτοῖσιν, ἐν θεοῖς ἄνω.

Tandem vs. 16 pro Κύπρις scripsi Κύπριδι, quia male Graecum esse puto Κύπρις συντέμνεται pro συντέμνει τὰ—βουλεύματα. Si quid praeterea novavi, id feci aliis auctoribus, quorum vide, sis, coniecturas apud Nauckium. (fr. 856 inc. fab.) Denique addubito, an recte scribatur vs. 12: nam exspectaveris: παλαιουσ'—καταβάλλει, non vero ἐκβάλλει, quod tamen solum metro convenit.

Eas coniecturas, quibus complurium vocabulorum lacunas explere conemur, plerumque nihil esse praeter lusum quemdam ingenii facile credimus iis qui affirment. Nobis tamen eiusmodi παρακινδυνεύμασι neque nimis indulgendum videtur, neque rursus plane abstinendum ab illis. Ad hoc genus pertinet tentamen, quo prodesse conatus sum loco Sophocleo ap Schol. Pind. Pyth. IV, 398. Scribit autem sic: τοὺς πυρίπνους ταύρους Ἀντίμαχος ἐν Λύδῃ Ἡφαιστοτεύκτους λέγει. Καὶ Σοφοκλῆς δὲ χαλκοῦς βοῦς ἀδερμάτους φησίν·

Χαλκοσκελεῖς γὰρ [βοῦς ἀδερμάτους * *]
[πῦρ οἵπερ] ἐκπνέουσιν πνευμόνων ἄπο·
φλέγει δὲ μυκτὴρ ὡς . . . .

Supplevi ex ingenio, quae septa uncinis vides. Alia comminiscitur Bergkius, cuius suspicionem refert Nauckius (fr. 311).

Macrobius Saturnal. V, 19 duo nobis servavit fragmenta e tragoedia Sophoclis, quae Ῥιζοτόμοι inscripta erat, quorum alterum editur in hunc modum:

Αἱ δὲ καλυπταὶ
κίσται ῥιζῶν κρύπτουσι τομάς,
ἃς ἥδε βοῶσ' ἀλαλαζομένη
γυμνὴ χαλκέοις ἦμα δρεπάνοις.

Frustra quaero, cur Medeam *nudam* hoc negotio functam esse poeta dixerit. Nisi forte putamus id magica arte praescriptum fuisse, librariis potius quam illi istud γυμνὴ tribuerim, utpote corruptum ex πρυμνάς, quod referatur ad ῥιζῶν—ἃς κτἑ. Comparetur v. c. Iliad. λ, 149.

Et antiquos et recentiores interpretes latuisse videtur sensus, qui ex mea sententia inesse debet fragmento Sophoclis ex *Danae* ap. Suid. in voc. πεῖρα — πεῖρα δὲ καὶ ἡ βλάβη, ὡς ἐν Δανάῃ Σοφοκλῆς·

οὐκ οἶδα τὴν σὴν πεῖραν· ἓν δ᾽ ἐπίσταμαι·
τοῦ παιδὸς ὄντος τοῦδ᾽ ἐγὼ διόλλυμαι.

Deinde Suidas affert initium *Aiacis*:

Ἀεὶ μὲν, ὦ παῖ Λαρτίου, δέδορκά σε
πεῖράν τιν᾽ ἐχθρῶν ἁρπάσαι θηρώμενον.

quo scil. probet πεῖραν apud Sophoclem interdum significare βλάβην. Verum, quemadmodum nemo hodie in Aiacis loco eam significandi potestatem vocabulo πεῖρα tribuerit, sic Danaes fragmento non magis idem demonstrari posse tuto statuemus. Quae autem sit ibi huius substantivi vis optime intelligemus reputantes *verba* esse *Acrisii ad filiam Danaën, postquam haec Perseum iam enixa est*, quod luce clarius apparet ex pron. τοῦδ᾽. Sumta sunt igitur e dialogo inter patrem et filiam. Ille Perseo minitari mortem multisque simul Danaën opprobiis increpare, quod vim sibi fieri passa sit. Haec narrare Jovis artificium, quo sui sibi copiam fecerit et obsecrare patrem, ut ne insontem filiolum interimat. Cuius precibus nequaquam delinitus Acrisius, et parum fidei habens asseverationi filiae οὐκ οἶδα, inquit, τὴν σὴν πεῖραν κτέ. Horum verborum igitur quis sensus esse potest praeter hunc: *Ad stuprum quomodo inducta sis, nescio: sed hoc unum novi* cet? Ergo Substantivum πεῖρα h. l. significare debet διαφθορά, quemadmodum Ἀττικιςὶ verbum πειρᾶν valet διαφθείρειν. Cf. Moer. in voc. ibique Piersonum.

Absurdum autem est quod vertunt: *calamitatem tuam ignoro* cet.

———

Corruptissimum fragmentum ex *Andromeda* Sophoclea apud Hesychium in voc. Κουρίον, etiamsi, quia praecedentia ignoramus, certa coniectura sanari nequeat, tamen non sine probabilitate multo propius ad codicum scripturam emendari potest, quam hucusque a viris doctis factum esse video, quorum diversa tentamina recensentur ab Albertio ad Hesychium Scribitur autem apud Hesychium sic:

Κουρίον· Σοφοκλῆς Ἀνδρομέδᾳ· ἡμιουτόνκοριον (sic) *ᾑρέθη πόλει νόμος γάρ ἐστι τοῖς βαρβάροις θυηπολεῖν βρότειον ἀρχῆθεν γέρος* (sic) *τῷ Κρόνῳ.*

In *ANΔPOMEΔAIHMIOYTOKOPION* (sic enim codex sec. Nauckium. Vulgo *κούρειον*.) delitescit, ni fallor, haec scriptura *ANΔPOMEΔAIAZHMIONTOKOPION*, et Sophocli reddiderim:

ἀζήμιον τὸ κόριον ᾑρέθη πόλει.
νόμος γάρ ἐστι τοῖσι βαρβάροις Κρόνῳ
θυηπολεῖν βρότειον ἀρχῆθεν γέρας.

i. e. *Culpa vacans puella a civibus delecta est. Est enim mos* cet.

Ex qua coniectura *ἀζήμιος* h. l. dictum est eadem significandi potestate, qua hoc adiectivum adhibuit Sophocles *Electr.* vs. 1102. Verba esse videntur nescio cuius ad Perseum sciscitantem, *quid Andromeda deliquisset, ut tam crudeli supplicio a civibus suis afficeretur.* In corrigendis vs. 2 et 3 secutus sum aliorum suspiciones admodum probabiles.

Miror homines doctos, quum ad illustrandum breve Sophoclis fragmentum ex *Oenomao* ap. Athen, IX p. 410 c.:

Σκυθιστὶ χειρόμακτρον ἐκκεκαρμένος.

apposite laudent glossam Hesychii: *Σκυθιστὶ χειρόμακτρον·* *οἱ Σκύθαι τῶν λαμβανομένων ἐν πολέμοις ἀνθρώπων τὰς κεφαλὰς ἐκδέροντες, τοῖς δέρμασιν ἀντὶ χειρομάκτρων ἐχρῶντο,* miror, inquam, eos non simul inde Sophocli reddidisse, quod scripserat:

Σκυθιστὶ χειρόμακτρον ἐκδεδαρμένος.

Notatur enim hoc versu, quod recte iam ab aliis animadversum est, Oenomai crudelitas in eos, quos Hippodamia cursu superasset.

Stob. Flor. XLVlII, 19 servavit fragmentum e *Tereo*, in quo
Procne miseram mulierum miseratur conditionem. *Puellae*, inquit, *in domo paterna vitam agimus felicem*,

> 6 ὅταν δ᾽ ἐς ἥβην ἐξικώμεϑ᾽ ἔμφρονες,
> ὠϑούμεϑ᾽ ἔξω καὶ διεμπολούμεϑα
> ϑεῶν πατρῴων τῶν τε φυσάντων ἄπο·
> αἱ μὲν ξένους πρὸς ἄνδρας, αἱ δὲ βαρβάρους,
> 10 αἱ δ᾽ εἰς ἄκληρα δώμαϑ᾽, αἱ δ᾽ ἐπίρροϑα·
> καὶ ταῦτ᾽, ἐπειδὰν εὐφρόνη ζεύξῃ μία,
> χρεὼν ἐπαινεῖν καὶ δοκεῖν καλῶς ἔχειν.

Vs. 10 de coniectura mea scripsi ἄκληρα δώματα i. e. *domus
egenas*, quale quid sententia requirere videtur. Codd. variant
inter. ἀληϑῆ et ἀήϑη et ἀλυϑῆ. Schneidewinus, teste Nauckio,
tentaverat: ἀλιτρὰ—ἠδ᾽ ἐπίρροϑα, sed vix cuiquam, opinor,
ea coniectura placebit. Ipse aliquando mutatione prope nulla
scribendum suspicabar: αἱ δ᾽ εἰς ἀγηϑῆ δώμαϑ᾽ i. e. *tristes ina-
mabilesque domus*, comparatis εὐγαϑής et πολυγηϑής. Et nova
procudere vocabula licet periculosae sit plenum opus aleae,
etiamnunc vix me prohibeo, quominus ita Sophoclem scripsisse
perhibeam. Iudicium tamen hac de re me doctioribus permitto.

———

Stob. X, 25: Σοφοκλέους Τηρεῖ·

> Φιλάργυρον μὲν πᾶν τὸ βάρβαρον γένος.

Compara Soph. Antig. vs. 1055, ubi Creon his verbis in-
crepat Tiresiam:

> τὸ μαντικὸν γὰρ πᾶν φιλάργυρον γένος.

Cui ille reponit:

> τὸ δέ γε τυράννων αἰσχροκέρδειαν φιλεῖ.

Vulgatur perperam: τὸ δ᾽ ἐκ τυράννων, i. e. *tyrannorum filii
et posteri*; at non hoc voluit poeta, verum: *tyrannorum genus
i. e. tyranni*. Particularum δέ γε in reponendis conviciis sol-
lemnem usum esse ignorat nemo. Fuit quum minus recte con-
iicerem: τὸ δ᾽ αὖ κτέ.

Plut. Mor. p. 21 B. ex eadem fabula:

Ἀλλὰ τῶν πολλῶν καλῶν
τίς χάρις, εἰ κακόβουλος
φροντὶς ἐκτρέφει τὸν εὐαίωνα πλοῦτον;

In margine Plutarchi mei, ut meus est mos, adnotaveram
»sitne reponendum ἐκϛρέψει an ἐκτρίψει, dubito.« Nunc illud
coniecisse Bergkium me docet Nauckius (531). Potuisset quoque scribere ἀντρέψει. Aeschyl. Pers. 163:

μὴ μέγας πλοῦτος κονίσας οὖδας ἀντρέψῃ ποδὶ
ὄλβον, ὃν Δαρεῖος ᾖρεν οὐκ ἄνευ θεῶν τινος.

Nihilominus ἐκϛρέψει recipiendum esse videtur.

Iam opem ferre conabimur loco fere conclamato e Sophoclis
Aegeo apud Schol. Od. η 106, qui ita scribit: τὰ φύλλα
τῆς αἰγείρου—εὐκίνητα ῥᾳδίως καὶ ὑπὸ τυχούσης αὔρας, ὡς
Σοφοκλῆς ἐν Αἰγεῖ·

ὥσπερ γὰρ ἐν φύλλοισιν αἰγείρου μακρᾶς,
κἂν ἄλλο μηδέν, ἀλλὰ τοὐκείνης κάρα
κινήσῃς αὔραις ἀνακουφίζει πτερόν.

Ita codices; Nauckius tentat: κινηθὲν αὔραις ἀγανὰ (vel βαιὰ)
κουφίζει πτερόν, cui coniecturae vellem interpretationem ad-
didisset. Vitium autem metricum in medio versu tolletur
facillime, si reputaveris ΑΥΡΑΙϹΑΝΑΚΟΥΦΙΖΕΙ pari iure
significare αὔρα κἀνακουφίζει ac αὔραις ἀνακουφίζει. In reliquis medicina est incertior. Loci tamen sensus eo ducere videtur, ut corrigamus:

ἀλλὰ τοὐκείνης κάρα
κλίνει τις αὔρα κἀνακουφίζει πεσόν.

Locutione ἀνακουφίζειν κάρα usus est poeta in *Oedipo*
quoque *Rege*, vs. 23 nobili loco:

πόλις — ἄγαν
ἤδη σαλεύει κἀνακουφίσαι κάρα
βυθῶν ἔτ' οὐχ οἵα τε φοινίου σάλου.

Non expedio versum e *Phaedra* Sophoclea apud Hesych. in voc. Κυλλαίνων κάτω ·

ἔσαιν᾿ ἐπ᾿ ο ὐ ρ ὰ ν ὦτα κυλλαίνων κάτω.

Ahrensius apud Didotium religiose vertit: *ad caudam aures demittentem*. Minime nego fieri potuisse, ut ipse Ahrensius tam mira specie animal oculis suis conspexerit; mihi, cui tale monstrum videre nondum contigerit, liceat corrigere:

ἔσαιν ε ν ο ὐ ρ ᾷ τ ῶ τ ε κυλλαίνων κάτω,

et sic iam aliquot abhinc aetatibus summum Hemsterhusium coniecisse video, nisi quod minus recte τῶτα scribi iusserit. Codex habet:

ἔσταιεπουρανῶτικυθλάννων καὶ τό.

———

Versus ex eodem dramate apud Stob. CV. 39 sic videntur legendi:

ὡ ς εὐτυχοῦντα, πάντας ἀριθμήσας, βροτῶν
οὐκ ἔστιν ὄντως ὄντιν᾿ εὑρήσεις ἕνα.

(Vulgo τ ὸ δ᾿ εὐτυχοῦντα πάντ᾿ ἀριθμῆσαι κτέ.) i. e. *quippe in universo mortalium numero neminem unum vere felicem invenies.* Ἀριθμήσας est Ionicus a minore, quemadmodum ἀριθμός tribrachys est v. c. ap. Eurip. Troad. 476: οὐκ ἀριθμὸν ἄλλως κτέ. Ut vero locum correxi, sententiam relativam esse suspensam ab iis, quae apud Sophoclem praecederent, vix est quod moneam.

———

Satis mirari nequeo ab omnibus, quot sciam, editoribus et in his a Nauckio quoque lectionem aperte falsam alii, quae omnes numeros veritatis habet, praelatam esse in praeclaro *Aleadarum* fragm. apud. Stob. XCI, 27:

Τὰ χρήματ᾿ ἀνθρώποισιν εὑρίσκει φίλους,
αὖθις δὲ τιμάς, εἶτα τῆς ὑπερτάτης
τυραννίδος θακοῦσιν αἰσχίστην ἕδραν κτέ.

Laudantur per totum locum divitiarum privilegia, quare

duce sententia statim corrigebam ἡδίστην, ignorans eam ipsam lectionem exstare in cod B. Stobaei.

––––––––

Non illepidam nobismet ipsis medicinam excogitasse videmur, qua vita et salus reddatur ῥῆσει e Sophoclis *Tamyride* ap. Athen. IV, p. 175 F., de qua emendanda iam desperarunt viri docti. Ecce lectio codicis A:

οἴχωκε γὰρ κροτητὰ πηκτίδων μέλη

λύρα μοναύλοις τεχειμωντεως ναος στέρημα κωμασάσης,

et sic reliqui, nisi quod in ms Epit. est μόναυλοί τε. Praecedunt autem apud Athenaeum verba haec: τοῦ δὲ μοναύλου μνημονεύει Σοφοκλῆς μὲν ἐν Θαμύρα (l. Θαμύριδι cum Schweigh.) οὕτως.

Ne longus sim, locum sic restitui posse arbitror, ut legamus:

Ὤιχωκε γὰρ κροτητὰ πηκτίδων μέλη,

Λύρα, μόναυλοί θ᾽, οὓς τύχη, χειμὼν ὅπως

ναὸς τέρεμνα, κωμάσασ᾽ (ἀνήρπασεν)!

Ipsa Thamyridis victi a Musis verba esse videntur lamentantis de aspera sua sorte. Cf. Hom. Il. B 599:

Αἱ δὲ χολωσάμεναι πηρὸν θέσαν, αὐτὰρ ἀοιδὴν

θεσπεσίην ἀφέλοντο καὶ ἐκλέλαθον κιθαριστύν.

Exclamavit igitur:

Perierunt enim modulata pectidum carmina,

lyra, monaulique, quos fortuna, ceu hiems

navigii tabulas, furibunda fregit!

Quod ad verbum κωμάζειν attinet, non male comparabitur Euripidis locus in *Phoen.* 355:

Ὄλοιτο τάδ᾽· εἴτε σίδαρος,

εἴτ᾽ ἔρις, εἴτε πατὴρ ὁ σός,

εἴτε τὸ δαιμόνιον κατεκώμασε

δώμασιν Οἰδίποδα.

Similiter verbum ἐπικωμάζειν *de adversa fortuna petulanter irruenti* Graece adhiberi potest.

Pessime quoque habitus est locus, quem e *Salmoneo*, satyrico dramate, affert Galenus vol. IX p. 385 sic scribens: πέμφιξ δοκεῖ ἐπὶ τῆς πνοῆς Σοφοκλῆς λέγειν—ἐν Σαλμωνεῖ σατύροις·

κ αἰ τάχ' ἂν κεραύνια
πέμφιξι βροντῆς καὶ δυσοσμίας λάβοι.

Dobraeus coniecit πέμφιξ σε· Madvicüs δυσοσμία, quo nihi[l] proficimus; Nauckius δυσομβρίας parum probabiliter; tandem Brunckius βάλοι pro λάβοι. Equidem βροντῆς interpretamentum esse suspicor duorum vocabulorum praecedentium, ae dedisse poetam :

καὶ τάχ' ἂν κεραυνίᾳ
πέμφιγι [μισθὸν] δ υ σ σ ε β ε ί α ς ἂν λάβοι.

ex qua coniectura haec verba sunt nescio cuius Salmonei impietatem coram aliis reprehendentis. Possis quoque:

καὶ τάχ' ἂν κεραυνίᾳ
πέμφιξ σε, μισθὸς δυσσεβείας, ἂν βάλοι.

quo facto oratio fit alicuius, qui regem ipsum hortetur, ut ab impietaté desistat. Eustath. p. 1681 63: περὶ δὲ Σαλμωνέως φασὶν οἱ νεώτεροι (nempe Ὁμήρου i. e. tragici) ὡς ἄρα ἀνὴρ ἀσεβὴς ἦν ἀντιβροντῶν καὶ ἀντασράπτων τῷ Διί, δι' ἃ καὶ ἐκεραυνώθη.

Erotian. p. 200: παρὰ τοῖς Ἀττικοῖς κερχνώδη ἀγγεῖα λέγεται τὰ τραχείας ἀνωμαλίας ἔχοντα, ὡς καὶ Σοφοκλῆς περὶ τῆς ἀποταυρουμένης φησὶν Ἰοῦς·

Τραχὺς χελώνης κέρχνος ἐξανίσαται.

Κέρχνος Graece dicitur *raucitas* vocis, quare vide an locus corruptissimus ita sanandus sit, ut legamus:

Τραχὺς δὲ φωνῆς κέρχνος ἐξανίεται.

i. e. *aspera vocis raucitas* (qualis boum esse solet) *emittitur*, nempe ab Ione.

Ovid. Metam. I, 636:

Et conata queri mugitus edidit ore,
Pertimuitque sonos, propriaque exterrita voce est.
(Fr. est 259 ap. Nauckium.)

Ex eodem *Inacho* chori particula legitur ap. Schol. Arist. Pac. vs. 531: ὅτι ἡδέα τὰ μέλη Σοφοκλέους, περιέργως δέ τινες εἰς τὰ ἐν τῷ Ἰνάχῳ περὶ τοῦ ἀρχαίου βίου καὶ τῆς εὐδαιμονίας·

Εὐδαίμονες οἱ τότε γέννας ἀφθίτου λαχόντες.

Omisi, quod additur post λαχόντες, vocabulum θεῖον. Nam aut dittographia ex ἀφθίτου natum, aut eius vocabuli interpretamentum esse mihi persuadeo. Aliter iudicarunt Bergkius et Nauckius, quorum ille scripsit ἀφθίτου θείας, hic λαχόντες ἰσοθέου.

Stob. XLV, 11. Σοφοκλέους·
πολλῶν καλῶν δεῖ τῷ καλῶς τιμωμένῳ,
μικροῦ δ᾽ ἀγῶνος οὐ μέγ᾽ ἔρχεται κλέος.

Nauckius vs. 1 corrigit sic:
πολλῶν πονῶν δεῖ τῷ καλόν τι μωμένῳ.

Egregiam emendationem fortasse perficias rescribendo multo lenius:
πολλῶν παλῶν δεῖ τῷ καλόν τι μωμένῳ;

i. e, multis luctationibus opus est ei, qui magni quiddam molitur. Optime sic vs. 2 respondet: μικροῦ δ᾽ ἀγῶνος. Saepe ita sensu translato verbo παλαίειν Graeci utuntur.

Stob. CXVII, 4. Σοφοκλέους·
Οὐκ ἔςι γῆρας τῶν σοφῶν, ἐν οἷς ὁ νοῦς
θείᾳ ξύνεστιν ἡμέρᾳ τεθραμμένος.

Meinekius vs. 2 scribendum suspicatur:

  $\vartheta\varepsilon\iota\tilde{\psi}$ $\xi\acute{\upsilon}\nu\varepsilon\varsigma\iota\nu$ $\iota\mu\acute{\varepsilon}\varrho\psi$ $\tau\varepsilon\vartheta\varrho\alpha\mu\mu\acute{\varepsilon}\nu\upsilon\varsigma.$

Malim:

  $\mathring{\eta}\vartheta\varepsilon\iota$ $\xi\acute{\upsilon}\nu\varepsilon\varsigma\iota\nu$ $\mathring{\eta}\mu\acute{\varepsilon}\varrho\psi$ $\varkappa\varepsilon\varkappa\varrho\alpha\mu\acute{\varepsilon}\nu\upsilon\varsigma.$

Omisi cum Bergkio vs. 3, qui huc non pertineat.

Atheu. XI p. 783 fin.: $\lambda\acute{\varepsilon}\gamma\upsilon\upsilon\sigma\iota$ $\delta\grave{\varepsilon}$ $\varkappa\alpha\grave{\iota}$ $\pi\varrho\acute{\upsilon}\chi\upsilon\upsilon\nu$ $\mathring{\alpha}\varrho\upsilon\varsigma\iota\nu.$
$\varSigma\upsilon\varphi\upsilon\varkappa\lambda\tilde{\eta}\varsigma\cdot$

  $\varkappa\alpha\varkappa\grave{\eta}$ $\varkappa\alpha\varkappa\tilde{\omega}\varsigma$ $\sigma\grave{\upsilon}$ $\pi\varrho\grave{\upsilon}\varsigma$ $\vartheta\varepsilon\tilde{\omega}\nu$ $\mathring{\upsilon}\lambda\upsilon\upsilon\mu\acute{\varepsilon}\nu\eta,$
  $\mathring{\eta}$ $\tau\grave{\alpha}\varsigma$ $\mathring{\alpha}\varrho\acute{\upsilon}\varsigma\varepsilon\iota\varsigma$ $\tilde{\omega}\delta$ $\mathring{\varepsilon}\chi\upsilon\upsilon\sigma$ $\mathring{\varepsilon}\varkappa\acute{\omega}\mu\alpha\sigma\alpha\varsigma.$

Ex ingenio addidi $\varkappa\alpha\varkappa\acute{\eta}$, quod abest a codicibus, quodque quo errore exciderit, palam est. Mirum correctionem adeo certam facilemque non iamdudum ab aliis esse factam.

Plut. Moral. p. 458: $\varkappa\alpha\grave{\iota}$ $\tau\grave{\upsilon}\nu$ $N\varepsilon\upsilon\pi\tau\acute{\upsilon}\lambda\varepsilon\mu\upsilon\nu$ $\varSigma\upsilon\varphi\upsilon\varkappa\lambda\tilde{\eta}\varsigma$ $\varkappa\alpha\grave{\iota}$ $\tau\grave{\upsilon}\nu$ $E\mathring{\upsilon}\varrho\acute{\upsilon}\pi\upsilon\lambda\upsilon\nu$ $\mathring{\upsilon}\pi\lambda\acute{\iota}\sigma\alpha\varsigma$ $\bullet E\varkappa\acute{\upsilon}\mu\pi\alpha\sigma$ $\mathring{\alpha}\lambda\upsilon\iota\delta\acute{\upsilon}\varrho\eta\tau\alpha\bullet$ $\varphi\eta\sigma\grave{\iota}\nu$
  $\mathring{\varepsilon}\varrho\varrho\eta\xi\acute{\alpha}\tau\eta\nu$ $\mathring{\varepsilon}\varsigma$ $\varkappa\acute{\upsilon}\varkappa\lambda\alpha$ $\chi\alpha\lambda\varkappa\acute{\varepsilon}\omega\nu$ $\mathring{\upsilon}\pi\lambda\omega\nu.$
Codicum vestigia premens conieci:

  $\mu\varepsilon\sigma\upsilon\mu\varphi\acute{\alpha}\lambda\upsilon\iota\varsigma$ $\delta\acute{\upsilon}\varrho\eta$
  $\mathring{\varepsilon}\varrho\varrho\eta\xi\acute{\alpha}\tau\eta\nu$ $\varkappa\acute{\upsilon}\varkappa\lambda\upsilon\iota\sigma\iota$ $\chi\alpha\lambda\varkappa\acute{\varepsilon}\omega\nu$ $\mathring{\upsilon}\pi\lambda\omega\nu.$

i. e. *fregerunt hastas contra clypeos*. Clypei vero a poeta ornate dicuntur $\mu\varepsilon\sigma\acute{\upsilon}\mu\varphi\alpha\lambda\upsilon\iota$ $\varkappa\acute{\upsilon}\varkappa\lambda\upsilon\iota$ $\chi\alpha\lambda\varkappa\acute{\varepsilon}\omega\nu$ $\mathring{\upsilon}\pi\lambda\omega\nu.$ Similiter Agathias apud. Athen. X: 454 d. literam Θ vocat $\mu\varepsilon\sigma\acute{\upsilon}\mu$$\varphi\alpha\lambda\upsilon\nu$ $\varkappa\acute{\upsilon}\varkappa\lambda\upsilon\nu$, quippe quae clypei formam accurate referat. Corruptela sic videtur explicanda, ut ponamus librarium nescio quem olim in libro situ ac ˙madore corrupto, invenisse hanc scripturam: $..E..OM..\Lambda\Lambda OI..\Lambda OPH$ $\Phi H\varSigma IN$ et de sententia securum supplevisse $\mathring{\varepsilon}\varkappa\acute{\upsilon}\mu\pi\alpha\sigma$ $\mathring{\alpha}\lambda\upsilon\iota\delta\acute{\upsilon}\varrho\eta\tau\acute{\alpha}$ $\varphi\eta\sigma\grave{\iota}\nu$, quum debuisset $\mu\varepsilon\sigma\upsilon\mu\varphi\acute{\alpha}\lambda\upsilon\iota\varsigma$ $\delta\acute{\upsilon}\varrho\eta$ $\varphi\eta\sigma\grave{\iota}\nu$, et similiter vs. 2, quum superesset $KYK\Lambda$, supplevisse $\mathring{\varepsilon}\varsigma$ $\varkappa\acute{\upsilon}\varkappa\lambda\alpha$ pro $\varkappa\acute{\upsilon}\varkappa\lambda\upsilon\iota\sigma\iota.$

Clemens Alex. Strom II, p. 494 εὖ γοῦν ἡ τραγῳδία ἐπὶ τοῦ Ἅιδου γράφει·

πρὸς δ᾽ οἷον ἥξεις δαίμον᾽, ὦ γέρον, τάχα!
ὃς οὔτε τοὐπιεικὲς οὔτε τὴν χάριν
οἶδεν, μόνην δ᾽ ἔςερξε τὴν καλῶς δίκην.

Vs. 1 correxi malesanam librorum scripturam δαίμον᾽ ὡς ἐρῶτα. Nauckius coniecit ἐξερῶ τάχα, quod misere languet. Nemo potuit sic loqui nisi ad *senem*.

Athen. II, p. 39, F: Σοφοκλῆς δέ φησι "τὸ μεθύειν πημονῆς λυτήριον." Versum restituere possis scribendo:

(ἔςιν) τὸ μεθύειν πημονῆς λυτήριον.

Post φησι facile ἔςι excidere potuisse quis neget?

Plut. Mor. p. 625 D.: Σοφοκλῆς περὶ τῶν γερόντων·

Βραδεῖα μὲν γὰρ ἐν λόγοισι προσβολὴ
μόλις δι᾽ ὠτὸς ἔρχεται τρυπωμένου·
πόρρω δὲ λεύσσων, ἐγγύθεν δὲ πᾶς τυφλός.

Sophocles nihil aliud dicit quam hoc: *senes surdi sunt, neque acute cernunt nisi e longinquo.* Surdorum autem ad aures non *tarda*, opinor, sed *gravis* vox, quamvis haec quoque difficulter (μόλις), penetrare potest; quare videndum, an tragico dignius sit:

Βαρεῖα μὲν γὰρ ἐν λόγοισι προσβολὴ
μόλις δι᾽ ὠτὸς ἔρχεται τρυπωμένου· κτέ.

Schol. Eur. Or. vs. 480: συνελθοῦσά σου τῷ γήρᾳ ὀργὴ ἀπαίδευτόν σε ποιεῖ. καὶ Σοφοκλῆς·

ὀργὴ γέροντος ὥστε μαλθακὴ κοπὶς
ἐν χειρὶ θήγει, ἐν τάχει δ᾽ ἀμβλύνεται.

Scripserim:

ἐν χειρὶ θηκτή, σὺν τάχει δ᾽ ἀμβλύνεται.

i. e. *manu acui potest*, *sed mox obtunditur*. Vs. 1 *κοπίς*, olim pro *νοτίς* coniectura repositum a Valckenaerio, habent codd. Ven. 471 et Vat. 909 teste Nauckio.

Glossa Sophoclea apud Grammaticum Coislinianum p. 237 *ὁστιβογμεύς* haud dubie corrupta est ex *στίβον ὀγμεύει* ap. Soph. Philoct. 163.

Eustath. p. 1908: *σέλας οὐ μόνον πυρός ἀλλὰ καὶ ἡλίου, ὅθεν παρὰ Σοφοκλεῖ ἡ ὀπή, ὡς ἐν ῥητορικῷ εὕρηται λεξικῷ.* Sophocles Oed. Col. vs. 94 dixerat:

σημεῖα δ᾽ ἥξειν τῶνδέ μοι παρηγγύα
ἢ σεισμόν, ἢ βροντήν τιν᾽, ἢ Διὸς σέλας.

Hinc Eustathio reddas *ἡ ἀστραπὴ* pro *ἡ ὀπή*. Sed ipse locus Sophocleus, quem adscripsi, an ex omni parte sanus sit, iure dubitari potest. Certe verbum *παρεγγυᾶν*, quod proprie pertinet ad rem militarem (= *παραγγέλλειν;* vide Moeridem in voce) alibi vel *imperare* vel *hortari* vel denique *commendare*, *committere* significare solet: hoc unico loco significandi vim habet a superioribus longe diversam scil. *promittendi*. Suspicio inde augetur, quod vs 94 nullo opus est verbo finito, siquidem Infinitivus *ἥξειν* optime suspensus esse potest a verbo *ἔλεξε* vs. 88, unde vs. 91 pendet Inf. *κάμψειν*. Quae quum ita sint, non male conieceris Sophoclem olim scripsisse:

σημεῖα δ᾽ ἥξειν τῶνδέ μοι φερέγγυα.
ἢ σεισμόν, ἢ βροντήν τιν᾽, ἢ Διὸς σέλας.

Tertium argumentum, quo et vulgata impugnetur lectio et haec mea coniectura commendetur, hoc est, quod verbum *παρεγγυᾶν* apud *solum* Euripidem *semel*, quantum scio (Suppl. 702, idque propria significandi potestate) adhibitum esse invenies, dum *φερέγγυος* (vocabulum proprie Ionicum) apud tragicos poetas sit usu tritissimum. *Σημεῖα* autem *φερέγγυα* idem valet, ac si in oratione pedestri dicas *σημεῖα πιστὰ* s. *ἀσφαλῆ* s. *ἀξιόχρεα*.

CAPUT III.

ADNOTATIONES AD EURIPIDIS FRAGMENTA.

Stob. Flor. LXV, 1: *Εὐριπίδου Αἰόλῳ·*
ἴδοιμι δ᾽ αὐτῶν ἔκγον᾽ ἄρσεν᾽ ἀρσένων·
πρῶτον μὲν εἶδος ἄξιον τυραννίδος,
πλείζης γὰρ ἀρετῆς τοῦθ᾽ ὕπαρχον ἐν βίῳ·
τὴν ἀξίωσιν τῶν καλῶν τὸ σῶμ᾽ ἔχειν.

Vs. 3 ex ingenio correxi vulgatam scripturam: *πλείζη γὰρ ἀρετὴ τοῦϑ᾽ κτὲ.* Sensus enim hic est: *nam plurimae hoc virtutis principium est, si quem corporis forma ad praeclara facinora provocet.*

Stob. XLIII, 20. ex ead. fab.:

Vs. 5 *ἃ μὴ γὰρ ἔστι τῷ πένηθ᾽, ὁ πλούσιος*
δίδωσ᾽· ἃ δ᾽ οἱ πλουτοῦντες οὐ κεκτήμεθα,
τοῖσιν πένησι χρώμενοι τιμώμεθα.

Pro *τιμώμεθα*, in quo iure haeserunt viri docti, cod. Paris. *A* habet *πειϑώμεθα*, *B* *πειθόμεθα.* Dindorfius recepit Bergleri coniecturam *θηρώμεθα*, quae scriptura vulgata sanequam longe praestantior. Attamen codicum lectiones magis commendare mihi videntur hanc correctionem:

ἃ δ᾽ οἱ πλουτοῦντες οὐ κεκτήμεθα,
τοῖσιν πένησι χρώνενοι μισθούμεθα.

i. e. *quae vero divites non habemus, ea pauperum opera pro mercede nobis comparamus.*

Ib vs. 5 pro *γὰρ ἔστι* correxi *γὰρ ἔζι.* Ceterum vetus superstitio, Dativi iota elidi non posse, satis hoc et aliis locis refellitur.

Plut. praec. reip. ger. 28:

> Ἄκραντα γάρ μ' ἔθηκε θεσπίζειν θεός,
> καὶ πρὸς παθόντων κἂν κακοῖσι κειμένων
> σοφὴ κέκλημαι, πρὶν παθεῖν δὲ μαίνομαι.

Verba sunt Casandrae ex Euripidea fabula *Alexandro;* quam vatem infelicissimam poeta, credo, induxerat loquentem aliquanto concinnius in hunc modum:

> — σοφὴ κέκλημαι, πρὶν παθεῖν δὲ μαινολίς.

Vocabulo usus est EURIPIDES Or. 823; AESCHYLUS Suppl. 101.

Ratio fugit Nauckium, quum Euripidis fragm. ex *Alexandro* ap. Clem. Alex. Strom. VI, 2 § 10 ita corrigendum censeret, ut legeretur:

> χρόνος δὲ δείξει σ', ᾧ τεκμηρίῳ μαθὼν
> ἢ χρηςὸν ὄντα γνώσομαί σ' ἤτοι κακόν.

pro codicum scriptura σε ἢ κακόν. Nempe res est certissima Graecos antiquiores non aliter dixisse quam ἤτοι (s. ἢ) — ἤ, contra numquam ratione inversa ἤ—ἤτοι, neque ἤτοι—ἤτοι. Carpitur ἤ—ἤτοι iure a Grammaticis et Atticistis, estque labentis Graecitatis indicium. Aliorum coniecturas in h. l. vide ap. Nauck. fr. 61 Quarum quamvis nulla mihi placet, ipse non magis habeo, quod certum sit. Poeta quidem digna foret huiusmodi oratio:

> χρόνος δὲ δείξει σ', ᾧ τεκμηρίῳ μαθεῖν
> ἢ χρηςὸν ὄντα σ' ἢ κακὸν δυνήσομαι. ·

sed multum abest, ut ita eum scripsisse perhibeam. Fortasse acquiescendum in Grotii correctione σέγ' ἢ κακόν.

Cramer. An. Gr. Ox. t. III, p. 194, 1: Δηλοῖ καὶ τὸ αἷμα πολλάκις καὶ τὸν φόνον αὐτόν· τοιοῦτον δέ τι δοκεῖ τὸ παρ' Εὐριπίδῃ ἐν τῷ διὰ Ψωφῖδος Ἀλμαίωνι·

> Αἷμα γάρ (φησι) σὸν μήτηρ ἀπενίψατο.

τουτέςι· καθάρσει τινὶ τὸν τῆς μητροκτονίας ἀπενίψατο μολυσμόν. Δηλοῖ μὲν οὖν τὸ αἷμα τὸν φόνον.

Ex ipsa, credo, Grammatici interpretatione liquido apparet corrupta esse vocabula σὸν et μήτηρ. Hartungius suspicatur:

— — αἷμα γὰρ τὸ μητέρος ἀπενίψατ᾽

Bothius

ὅδ᾽ αἷμα γὰρ σοι μήτριον ἀπενίψατο.

cum quibus coniecturis non optime quadrat Grammatici explicatio. Ego facio cum Wagnero, e Chori cantico versus ductos esse opinanti, et choriambos hosce latere suspicor:

αἷμα γὰρ μυσαρὸν μητρὸς ἐνίψατο,

cl. Orest. v. 1634: — αἷμα μητρὸς μυσαρὸν ἐξειργασμένος. In vulgatis verbum compositum ἀπενίψατο ex interpretatione, quae subiungitur, fluxisse crediderim; nam tragicis h. s. verbum simplex frequentissimum est (cf. Soph. O. R. 1228; Eur. I. T. 1338; Suppl. 765): compositum ἀπονίζειν vereor, ut apud illos reperiatur.

———

Stob XLIII, 22 Εὐριπίδου Ἀλκμήνης·

ἀτρέκεια δ᾽ ἄριςον ἀνδρὸς ἐν πόλει δικαίου πέλει.

E verbis corruptissimis facili negotio elicias hunc octonarium trochaicum:

ἀτρέκει᾽ ἄριςον ἀνδρὸς ὅπλον ἐνδίκου πέλει.

i. e. *veritas optimum est viri iusti scutum* vel, quod eodem redit, senarios hosce:

ἀτρέκεια δὲ

ἄριςον ἀνδρὸς ὅπλον ἐνδίκου πέλει.

Vulgata lectio originem debere videtur huiusmodi in antiquo

ὅπλον

codice scripturae: ἀνδρὸς ἐνδίκου πέἰει; unde primum natum est: ἀνδρὸς ἐν ὅπλον δίκου πέλει, deinde correctoris nescio cuius sagacitate: ἀνδρὸς ἐν πόλει δικαίου πέλει.

Stob. XCIX, 16 Εὐριπίδου Ἀλκμήνη·
ἀλλ' οὐ γὰρ ὀρθῶς ταῦτα γενναίως δ' ἴσως
ἔπραξας· αἰνεῖσθαι δὲ δυςυχῶν ἐγώ
μισῶ· λόγος γὰρ τοὔργον οὐ νικᾷ ποτε.

Bothius recte intelligens vs. 2 requiri primam personam pro
ἔπραξας, male coniecit ἔπραξά σ', qua mutatione vel gravius
altero vulnus sententiae intulit. Legendum propono:
ἔπραξ'· ἐπαινεῖσθαι δὲ κτὲ.

Arist. Thesm. 1065 sqq.:
ὦ νὺξ ἱερὰ
πῶς μακρὸν ἵππευμα διώκεις
ἀςεροειδέα νῶτα διφρεύουσ'·
αἰθέρος ἱερᾶς
τοῦ σεμνοτάτου δι' Ὀλύμπου;

Adnot. Schol.: τοῦ προλόγου Ἀνδρομέδας εἰσβολή. Scripsi
locum, ut edidit Meinekius in recentissima editione Aristophanis ap. Tauchnizium.

Male Nauckium (fr. 114) uncinis inclusisse ἀςεροειδέα vel
potest apparere ex Ennii loco, quem ipse attulit, Andromed.
fr. 1: (nox) *quae cava caeli* signitenentibus *conficis bigis.*
Contra iure eidem suspectum est ἱερᾶς, pro quo propter praegressa verba: ὦ νὺξ ἱερὰ vereor, ut sufficiat cum Nauckio
reponere ἱρᾶς. Fortasse scribendum: αἰθέρος ἁγνᾶς, cl. Aesch.
Prom. 280.

Chori particula, quam ex *Andromeda* servavit Stob. Ecl.
Phys. I, 6, 22, metro scripta est dochmiaco sic restituendo:
— — τὸ δαιμόνιον οὐχ ὁρᾷς
ὅπη μοίραν (δὴ) διεξέρχεται,
στρέφει δ' ἄλλοτ' ἄλλήσ' εἰς ἁμέραν;
vs. 2 ὅπη μοίρας δι. et vs. 3 ἄλλως ἄλλους vulgo scribitur.

Stob. Flor. CXXIII, 4 Εὐριπίδου Ἀνδρομέδας·
τὸ ζῆν ἀφέντες τὸ κατὰ γῆν τιμῶσί σου.
κενόν γ'· ὅταν γὰρ ζῆ τις εὐτυχεῖ Κρέον.

Scripserim:

    A. τὸ ζῆν ἀφέντα σε κατὰ γῆς τιμῶσ' ἴσως.
    B. κενόν γ'· ὅταν γὰρ ζῆ τις, εὐτυχεῖν χρεών.

Egregia vs. 2 emendatio debetur Musgravio.

Stob. LXIII, 4. Εὐριπίδου Ἀνδρομέδας·
Ἀνδρὸς δ' ὁρῶντος εἰς Κύπριν νεανίου
ἄπρακτος ἡ τήρησις, ἢν γὰρ φαῦλος ᾖ
τἄλλ', εἰς ἔρωτα πᾶς ἀνὴρ σοφώτατος.
κἢν μὴ προσῆται Κύπρις, ἥδιστον λαβεῖν.

Vs. 2 scripsi ἄπρακτος pro ἀφύλακτος ex Nauckii coniectura; vs. 3 σοφώτατος meo Marte pro σοφώτερος, et vs 4
pro HNΔAN dedi KHNMH.

Stob. XXXVI, 10. Εὐριπίδης Ἀντιόπη·
κόσμος δὲ σίγη ϛεγανὸς ἀνδρὸς οὐ κακοῦ·
τὸ δ' ἐκλαλοῦν τοῦθ' ἡδονῆς μὲν ἅπτεται,
κακὸν δ' ὁμίλημ', ἀσθενὲς δὲ καὶ πόλει.

Vs. 1 vulgo legitur: κόσμος δὲ σίγης στέφανος ἀνδρὸς
οὐ κακοῦ, quam scripturam ob duplicem causam ferri non posse
crediderim, primum quia ϛέφανος, ubi sensu translato adhibetur, *victoriae praemium* [1]) non *ornamentum* significare solet,
deinde quia, si hoc concedatur (quod tamen neutiquam faci-
mus) ϛέφανος l. n. a poeta hoc non illo sensu esse adhibitum,
inepte loquacem ipsum poetam fuisse dicamus necesse est, qui
scribere potuerit: *ornamentum taciturnitatis ornamentum esse
viri probi.* His de causis igitur ΣΙΓΗΣΣΤΕΦΑΝΟΣ e ΣΙΓΗ-

---

[1]) Sic. v. c. Eurip. ap. Stob. LI, 14 vs. 3 et passim.

ΣΤΕΓΑΝΟΣ corruptum esse sumus suspicati. Verto: *taciturnitas arcanorum servans decus est viri honesti.* Ita demum rectissime opponitur: τὸ δ' ἐκλαλοῦν τοῦθ' κτέ.

Stob. LXX, 10 ex ead. fab.

πᾶσι δ' ἀγγέλλω βροτοῖς
ἐσθλῶν ἀπ' ἀνδρῶν εὐγενῆ σπείρειν τέκνα.

Corruptum esse ἀνδρῶν intellexerunt Meinekius et Nauckius, quorum ille ἀρχῶν, hic ἀμφοῖν coniecit, quarum coniecturarum neutra mihi placet. Nauckius conferri iubet fr. Eurip. 524, 3 et Theodectae fr. 3, non reputans, recepta ista lectione, simul σπείρειν in φῦναι esse mutandum. Mihi venit in mentem, an forte poeta dederit:

ἐσθλῶν ἀπ' ἀλόχων εὐγενῆ σπείρειν τέκνα.

collato vs. notissimo e Phoenissis:

μὴ σπεῖρε τέκνων ἄλοκα δαιμόνων βίᾳ.

Stob. CVIII, 3 Εὐρ. Ἀντιόπη·

Μή νύν γε λύπει σαυτὸν ἐξειδὼς ὅτι
πολλοῖς τὸ λυποῦν ὕςερον χαρὰν ἄγει,
καὶ τὸ κακὸν ἀγαθοῦ γίγνεται παραίτιον.

Vs 1 pro μὴ οὖν θέλε λυπεῖν scripsi: μή νύν γε λύπει; deinde ἐξειδὼς et πολλοῖς pro εἰδὼς et πολλάκις cum Hermanno. Ceterum rectius Menandro quam Euripidi hunc locum tribui merito suspicati sunt Dobraeus et Nauckius (fr. 174).

Stob. LXII, 12 Εὐρ. Ἀντιόπη·

. . τὸ δοῦλον οὐχ ὁρᾶς ὅσον κακόν;

Suppleverim: [ἐπεὶ] τὸ δοῦλον—κακόν.

Coniunctionis ἐπεί, quae facile cauda nominis proprii, quod praecedit, absorberi potuerit, usum in rogatione nemo ignorat.

Stob. XCIII, 13 Eὐρ. Ἀντιγόνης·
> ἀνδρὸς φίλου δὲ χρυσὸς ἀμαθίας μέτα
> ἄχρησος, εἰ μὴ κἀρετὴν ἔχων τύχοι.

Adi. φίλου iure suspectum habet Nauckius. Mihi in AN-
ΔΡΟΣΦΙΛΟΥ latere videtur ΑΝΔΡΟΣΑΦΝΕΟΥ. Quae suspicio si vera est, poetae reddendum:
> ἀνδρὸς ἀφνεοῦ δὲ χρυσὸς κτέ.

Deinde vs. 2 malim: ἄχρησον, εἰ μὴ κτέ.

Stob. XLIX, 5. Eὐρ. Ἀντιγόνης·
> Οὔτ' εἰκὸς ἀρχὴν οὔτ' ἐχρῆν ἄνευ νόμου
> τύραννον εἶναι· μωρίαν δ' ὀφλισκάνειν,
> ὃς τῶν ὁμοίων βούλεται κρατεῖν μόνος.

vs. 1 ἀρχὴν (i. e. omnino) pro ἄρχειν scripsi ex coniectura mea,
ἄνευ νόμου pro εἶναι νόμου cum Badhamio, et vs. 2 μωρίαν
δ' ὀφλισκάνειν ex ingenio pro μωρία δὲ καὶ θέλειν, quae librorum scriptura librario deberi videtur veterem lacunam stolide
explenti de suo.

Tiber. περὶ σχημάτων in Walz. Rhett. Gr. vol. VIII p. 477, 10.
> Δαναός, ὁ πεντήκοντα θυγατέρων πατήρ,
> Νείλου λιπὼν κάλλιστον εὐκταίης ὕδωρ
> (ὃς ἐκ μελαμβρότοιο πληροῦται ῥοὰς
> Αἰθιοπίδος γῆς, ἡνίκ' ἂν τακῇ χιών,
> τέθριππ' ἔχοντος ἡλίου κατὰ χθόνα),
> ἐλθὼν ἐς Ἄργος ᾤκισ' Ἰνάχου πόλιν
> Πελασγιώτας δ' ὠνομασμένους τὸ πρὶν
> Δαναοὺς καλεῖσθαι νόμον ἔθηκ' ἀν' Ἑλλάδα.

Diodorus Siculus I, 38 aliique scriptores, apud quos hi
versus exstant, pro εὐκταίης habent ἐκ γαίας, quae lectio, quamvis vulgo recepta est, me iudice peius depravata est quam illa.
Alius aliud coniecerunt vv. dd., quorum suspiciones recenset Wagne-

rus (fr. 227), quibus adde Nauckii (fr. 230) coniecturam, *ἧς*
γαίας legendum esse putantis. Accedat tandem haec mea, in
EYICTΑIHC latere *ΕΥCΤΑΑHC* et manum Euripideam esse
hanc:

> *Νείλου λιπὼν κάλλιζον εὐςαλὴς ὕδωρ κτέ.*

Vs. 5 pro *τεθριππευόντος*, quae est codicum scriptura, recte
emendatum videtur *τέθριππ᾽ ἔχοντος*, sed quod in fine vs. legitur *κατὰ χθόνα* non magis sanum esse arbitror quam, quod
habet Tiberius, *κατ᾽ αἰθέρα*. Nec tamen habeo, quod reponam.

Stob XXIX, 14 ex eadem fabula.

> *Οὐκ ἔςιν ὅςις ἡδέως ζητῶν βιοῦν*
> *εὔκλειαν εἶτ᾽ ἐκτήσατ᾽ ἀλλὰ χρὴ πονεῖν.*

Scripsi *εἶτ᾽ ἐκτήσατ᾽* pro vulgata scriptura *εἰςεκτήσατ᾽*, quae
nihili est; in quam coniecturam Nauckium quoque incidisse
video. Nihil autem frequentius est quam *εἶτα* sic post participium illatum, et in his ipsis fragmentis affatim est exemplorum.
Sic. v. c. Stob. IX, in *Inus* fragm. vs. 3:

> *μηδ᾽ ὡς κακὸς ναύκληρος εὖ πράξας ποτὲ*
> *ζητῶν τὰ πλείον᾽ εἶτα πάντ᾽ ἀπώλεσεν.*

cf. Stob. LXXIII, 31 et Suid v. *Αὐτός τι.*

Praeferenda igitur, quia lenior, haec medicina videtur illi,
quam excogitavit Cobetus v. cl. Mnem. IX p. 119, ubi sic scribit:
*Supererat EY**** ΕΚΤΗΣΑΤ, quod stulte explevit Graeculus. Admonuimus iam ante εὐδοξίαν ἐκτήσατ᾽ esse supplendum.* Videndum tamen, ne sit periculosius eidem homini eam
tribuere imperitiam, ut stolide fingat verbum, quale est *εἰσκτή-
σασθαι*, et simul satis acuminis, ut vocabulum, quod a sententia requiratur, ex ingenio possit supplere idque tale, quale
est *εὔκλεια*, poeticum et prorsus Euripideum. Utitur v. c. noster
eo substantivo in sententia plane eadem in *Andromeda* ap.
Stob. Flor. XXIX, 30:

> *εὔκλειαν ἔλαβον οὐκ ἄνευ πολλῶν πόνων.*

Sic quoque ap. Stob. ibid. 7:

πόνος γὰρ, ὡς λέγουσιν, εὐκλείας πατήρ

et Stob. LI, 7:

τίς δ᾽ ἄμοχθος εὐκλεής;

Promiscue autem cum hoc substantivo adhibet vocabulum pedestri orationis proprium εὐδοξία, v. c. ap Stob. LI, 4 in *Archelao* vs. 2 sq.:

οὐδεὶς γὰρ ὢν ῥᾴθυμος εὐκλεὴς ἀνήρ
ἀλλ᾽ οἱ πόνοι τίκτουσι τὴν εὐδοξίαν.

Fateor tamen me subdubitantem meam Nauckiique coniecturam sequi maluisse, et propter magnam auctoritatem, quam habet apud me egregia crisis Cobetiana, et ob meam, si cum illo me comparem, imperitiam. Nolui vero sententiam meam reticere memor praecepti, quod in scholis ipse vir summus discipulis nobis dare solebat, *nemini temere esse credendum.*

Pessime depravatum est *Archelai* particula apud Orion. Authol. III, 1 p. 44 ed. Schneid.

εἰ τῶν δικαίων γὰρ νόμοι τ᾽ αὐξήματα
μεγάλα φέρουσι, πάντα δ᾽ ἀνθρώποις
τάδ᾽ ἐςι χρήματ᾽, ἤν τις εὐσεβῇ θεόν.

Nauckius e coniectura sua edidit:

σὺν τῷ δικαίῳ γὰρ νόμοι γ᾽ αὐξήματα
μεγάλα φέρουσι πάντ᾽ ἐν ἀνθρώποις * * κτὲ.

in qua scriptura praeter alia vitiosa est particula γε post γὰρ illata. Labens scilicet metrum fulcro aliquo indigebat. Quod in libris est τ᾽ sanissimum est, modo scribatur ταὐξήματα, quod viderunt Schneidewinus Meinekius, alii, quorum coniecturas vide apud Wagnerum (fr. 256). Nemo tamen omnium, quod iure mireris, animadvertit νόμοι sententiae subiectum omnino esse non posse. Aut iam omnia me fallunt, aut pro *NOMOI* lenissima mutatione reponendum est *ΔΟΜΟΙ* et scribendum:

Οἱ τῶν δικαίων γὰρ δόμοι ταὐξήματα
μεγάλα φέρουσιν (i. e. μέγα αὔξονται) κτὲ.

Ad sententiam conferatur fragm. ex Erechteo apud Stob. III, 18 vs. 11 sqq.:

ἀδίκως δὲ μὴ κτῶ χρήματ᾽, ἢν βούλῃ πολὺν
χρόνον μελάθροις ἐμμένειν · τὰ γὰρ κακῶς
οἴκους ἐσελθόντ᾽ οὐκ ἔχει σωτηρίαν.

Reliqua, quamvis de sententia satis constet, adeo corrupta sunt, ut manum abstineri satius esse arbitrer.

Dubito an integram sententiam excerpserit Stobaeus XXXIV, 2, ubi affert *Archelai* fragmentum:

Ἁπλοῦς ὁ μῦθος, μὴ λέγ᾽ εὖ · τὸ γὰρ λέγειν
εὖ δεινόν ἐςιν, εἰ φέροι τινὰ βλάβην.

Suspicor:

τῆς ἀληθείας ἔφυ
ἁπλοῦς ὁ μῦθος κτέ.

Cf. Eurip. Phoen. 469 et Aeschyl. ap. Stob. XI, 8.

Corruptelam passus videtur locus ex eadem fabula apud Stobaeum CV, 31:

πάλαι σκοποῦμαι τὰς τύχας τὰς τῶν βροτῶν
ὡς εὖ μεταλλάσσουσιν · ὃς γὰρ ἂν σφαλῇ,
εἰς ὀρθὸν ἔςη, χὠ πρὶν εὐτυχῶν πιτνεῖ.

Unusquisque enim facile videt adverbium εὖ huius loci non esse; idque intellexisse videtur interpres Latinus apud Didotium; nam vertit: *dudum contemplor casus humanos, quantas mutationes subeant;* ad sensum loci rectissime, non ad scripturam vulgatam, quae ita videtur immutanda, ut legamus:

ὅσον μεταλλάσσουσιν · κτέ.

Ad eandem fabulam sunt qui referant versum incerti auctoris ap. Herodian. περὶ σολοικ. in Boisson. An. Gr. vol. III p. 245, καὶ πάλιν ἀντὶ αἰτιακῆς γενικήν·

τιμᾶν Μακεδόνων εἵνεκ᾽ εὐανδρησίας.

non aliam, credo, ob causam, quam quia fit Macedonum mentio.
Utut est, neque Euripides neque alius poeta Atticus in diverbio
scribere potuit εἵνεκα, et εὐανδρησία neminem unquam Graecorum dixisse arbitror. Suspicor olim lectum fuisse:

— τιμᾶν, Μακεδόνων ἕνεκα τῆς εὐανδρίας.

Fortasse εὐανδρησίας originem debet huiusmodi lectioni ἕνεκα
τῆς
εὐανδρίας, suprascripto articulo a librario, quem errore omiserat.

Non expedio versum, quem Stobaei codex Vindobonensis
XLIII, 12 refert ad Euripidis *Augen:*
δεινὴ πόλις νοσοῦσ᾽ ἀνευρίσκειν κακά,
nisi forte ἀνευρίσκειν κακά significat: *mala excogitare consilia.*
Quoties tamen hic versus mihi venit in mentem, nescio quo
casu accidit, ut semper cogitando reponam:
δεινὴ φύσις νοσοῦσιν εὑρίσκειν ἄκη.

Stob. XLIX, 3 ex eadem fabula:
κακῶς δ᾽ ὄλοιντο πάντες, οἳ τυραννίδι
χαίρουσιν ἀνόμῳ τ᾽ ἐν πόλει μοναρχίᾳ·
τοὐλεύθερον γὰρ ὄνομα παντὸς ἄξιον,
κἂν σμίκρ᾽ ἔχῃ τις, μεγάλ᾽ ἔχειν νομίζεται.

Vs. 3 vulgo scribitur χαίρουσιν ὀλίγῃ κτέ, quod frustra
ὀλιγαρχίαν significare contendunt, cuius regiminis ne ipsius
quidem mentionem hic ferri posse arbitror. Reposui id, quod
sententia requirere videbatur.

Intelligitur enim monarchia, qualem describit Plato in
Politico p. 302 E.: μοναρχία τοίνυν ζευχθεῖσα μὲν ἐν γράμ-
μασιν ἀγαθοῖς, οὓς νόμους λέγομεν, ἀρίζη πασῶν τῶν ἓξ
(πολιτειῶν)· ἄνομος δὲ χαλεπὴ καὶ βαρυτάτη ξυνοικῆσαι.
Nec tamen absurde scripseris:
οἳ τυραννίδι
χαίρουσι χαλεπῇ τ᾽ ἐν πόλει μοναρχίᾳ.

Bothius coniecit ὀλόῃ. Erat quoque, quum pro *ΟΛΙΓΗΙ* Euripidi *ΟΜΗΙ* i. e. ὠμῇ reddendum esse putarem, et nunc quoque, sitne hoc an ἀνόμῳ praeferendum, dubius haereo.

———

Stob. Flor. III, 1. Εὐριπίδου Αὔγης (cod. Vind.):

πτηνὰς διώκεις, ὦ τέκνον, τὰς ἐλπίδας
οὐχ ἡ τύχη γε· τῆς τύχης δ᾽ οὐχ εἷς τρόπος.

Viri docti corrupta esse videntes vocabula οὐχ ἡ τύχη γε alius aliud coniecerunt. Bothius ci.: οὐχ ᾗ τυχήσῃ (sc. τις), quod vel vulgata lectione videtur esse corruptius. Nec placet mihi quidem Hermanni suspicio ἔχει τύχη σε; Ahrensius edidit οὐχ ἡ τύχη σε (scil. διώκει), quod speciem habere possit, verum tamen non est. Meinekius post ἐλπίδας nonnihil intercidisse statuit: probabiliter, Nauckio iudice. At lacunas suspicari est sacra quaedam anchora, qua non nisi desperata in re utendum esse iudico. Fingo mihi duos interlocutores, senem et iuvenem, quorum hic (vel haec), quamvis fortuna utens adversa, spe futurae prosperitatis animum suum pascere non desistat, ille contra talem spem inanem esse ratus adolescentem his verbis hortetur:

πτηνὰς διώκεις, ὦ τέκνον, τὰς ἐλπίδας.

cui respondeat iuvenis:

οὐκ εὐτύχησα· τῆς τύχης δ᾽ οὐχ εἷς τρόπος.

Verum est me non fuisse felicem; sed Fortunae non una ratio est. Cf. Horatianum illud: *non si male cras, et olim sic erit.*

———

Facile corrigi potest levis error in longo fragmento, quod ex *Autolyco satyrico* affert Athenaeus X p. 413 c. vs. 4 sq.:

πῶς γὰρ, ὅςτις ἐστ᾽ ἀνὴρ
γνάθου τε δοῦλος νηδύος θ᾽ ἡσσημένος,
κτήσαιτ᾽ ἂν ὄλβον εἰς ὑπερβολὴν πατρός.

Requiritur enim haud dubie Participium temporis Praesentis

ἡσσώμενος, quemadmodum recte scriptum invenies v. c. in AGATHONIS loco ex incerto dramate apud Aristotelem Ethic. Eudem. III, 1 p. 1230, 1 Bekk.:

Φαῦλοι βροτῶν γὰρ τοῦ πονεῖν ἡσσώμενοι
θανεῖν ἐρῶσιν.

Stob. VIII, 1; Εὐριπίδου Βελλερφόντῃ·
δόλοι δὲ καὶ σκοτεινὰ μηχανήματα
χρείας ἀνάνδρου φάρμαχ' εὕρηται βροτοῖς.

Substantivum χρείας iniuria suspectum habet Nauckius (fr. 290), nam rectissime *doli et clandestina consilia* vocantur *medicamina necessitatis*, sed iure mireris, cur χρεία dicta sit ἄνανδρος a poeta. Ne multa: Euripides ἄνανδρα vocat eiusmodi medicamina i. e. *viro indigna.* Reposuerim igitur:

χρείας ἄνανδρα φάρμαχ' εὕρηται βροτοῖς.

Possis quoque sensu nonnihil diverso:

—— ἀνάνδροις ——— βροτοῖς.

i. e. *ignavis—mortalibus.*

Criticorum diligentiam hucusque effugisse videtur absurdum vitium, quo maculatus est locus, ceteroquin satis expeditus, e *Bellerophonte* apud Stobaeum X, 7:

Ὡς ἔμφιτος μὲν πᾶσιν ἀνθρώποις κάκη·
ὅςις δὲ πλεῖστον μισθὸν εἰς χεῖρας λαβὼν
κακὸς γένηται, τῷδε συγγνώμη μὲν οὔ,
πλείω δε μισθὸν μείζονος τόλμης ἔχων
τὸν τῶν ψεγόντων ῥᾷον ἂν φέροι λόγον.

Ipsa enim ratio oppositorum vs. 4 sqq. luculenter demonstrat, pro πλεῖστον requiri ipsum contrarium. Hoc igitur nomine probabiliter correxeris:

ὅςις δὲ παῦρον μισθὸν εἰς χεῖρας λαβὼν κτέ.

Sed praeterea, quia causa redditur sententiae: πᾶσιν ἀνθρώποις κακίαν ἔμφυτον εἶναι, pro δὲ malim γάρ, quapropter vide, an scribere praestet:

ὅςις γὰρ ὀλίγον μισϑὸν εἰς χεῖρας λαβών
κακὸς γένηται κτὲ.

Versu quinto legebatur τὸν τῶν λεγόντων—ψόγον, quam lectionem correxi praeeunte Jacobsio.

Nimis patienter tulerunt editores versum manifesto interpolatum in fragmento Euripideo, sive e *Bellerophonte* sumtum sit, sive e *Danae*, apud Stob. Flor. XCI, 4:

Ὦ χρυσέ, δεξίωμα κάλλιςον βροτοῖς.
ὡς οὔτε μήτηρ ἡδονὰς τοίας ἔχει,
οὐ παῖδες ἀνϑρώποισιν, οὐ φίλος πατήρ ·
[οἵας σὺ χοί σὲ δώμασιν κεκτημένοι]
εἰ δ᾽ ἡ Κύπρις τοιοῦτον ὀφϑαλμοῖς ὁρᾷ,
οὐ ϑαῦμ᾽ ἔρωτας μυρίους αὐτὴν τρέφειν.

Versum inutilem et inficetum, quem uncinis sepsi, habent Athenaeus IV, p. 159 B, et Sextus Empir. p. 663, 23. Omittit Stobaeus et, quod maximum est, non agnovit Seneca Epist. 115, sic locum vertens:

pecunia ingens generis humani bonum,
cui non voluptas matris aut blandae potest
par esse prolis, non sacer meritis parens;
tam dulce si quid Veneris in vultu micat,
merito illa amores coelitum atque hominum movet.

Praeterea vs. 2 cum Sexto Empirico et Stobaei cod. Vindobonensi dedi τοίας pro τοιάσσ᾽, in quo illud post interpolatum versum abiisse probabile est. Versu 3tio, postquam iam vs. 1 dixerat βροτοῖς, minus eleganter poeta ἀνϑρώποισιν intulisse videri potest, quare haud scio an melius recipiatur Athenaei lectio: οὐ παῖδες ἐν δόμοισιν, οὐ φίλος πατήρ.

Justin. Mart. de monarch. p. 130 : καὶ ἐν Βελλεροφόντῃ·

Φησίν τις εἶναι δῆτ᾽ ἐν οὐρανῷ θεούς;
οὐκ εἰσίν, οὐκ εἴσ᾽, εἴ τις ἀνθρώπων θέλει
μὴ τῷ παλαιῷ μῶρος ὢν χρῆσθαι λόγῳ·
σκέψασθε δ᾽ αὐτὰ μὴ ἐπὶ τοῖς ἐμοῖς λόγοις
γνώμην ἔχοντες. φήμ᾽ ἐγὼ τυραννίδα κτέ.

Γνώμην ἔχειν ἐπί τινι idem valet, ac si in pedestri oratione dicas τὴν γνώμην προσέχειν, vel τὸν νοῦν, vel nude προσέχειν τινὶ s. πρός τι; neque igitur interpretari licet, ut fieri video, *non verbis meis fidem habentes;* et requiritur ipsum contrarium quam id, quod est in vulgatis, μὴ—ἔχοντες. Invitat enim Bellerophontes spectatores, ut, missa vetere existimatione, animum advertant ad ea, quae ipse dicturus sit. Quo facto, suam doctrinam sic exponere incipit: φήμ᾽ ἐγὼ κτέ. Quae si recte disputavi, satis, credo, apparet non sufficere Bothii correctionem σκέψασθε δ᾽ αὐτοὶ legentis, quam Nauckius recepit. Ego suspicor:

Σκέψασθε δ᾽ αὐτ᾽ ἄλλῃ, ᾽πὶ τοῖς ἐμοῖς λόγοις
γνώμην ἔχοντες· φήμ᾽ ἐγὼ τυραννίδα
κτείνειν τε πλείζους κτημάτων τ᾽ ἀποζερεῖν.

Quae sequuntur ibidem plana sunt et apte decurrunt usque ad vs. 13:

οἶμαι δ᾽ ἂν ὑμᾶς, εἴ τις ἀργὸς ὢν θεοῖς
εὔχοιτο καὶ μὴ χειρὶ συλλέγοι βίον,
τὰ θεῖα πυργοῦσιν αἱ κακαί τε συμφοραί·

Alii alia coniiciunt, quorum suspiciones enumerat Wagnerus (fr. 293). Ipse, ne longus sum, suspicor:

μαθεῖν, ἀπείργειν εἰ σθένουσι συμφοράς

(scil. οἱ θεοί), collato fragm. ex *Hippolyto* (449 b. ap. Wagnerum):

καὶ τόνδ᾽ ἀπείργειν οὐδ᾽ ὁ παγκρατὴς σθένει
Ζεὺς κτέ.

Leniore tamen mutatione et sensu vix minus commodo coniiciebam:

οἶμαι δ' ἂν ὑμῶν εἴ τις — — —

— — — — — — — — — — — —

παθεῖν ἀγυρτοῦ νιν τάχιςα συμφοράς.

ΠΑΘΕΙΑΓΥΡΤΟΥΝΙΝ et *ΤΑΘΕΙΑΠΥΡΓΟΥΣΙΝ* parum inter se differunt. Utra sit verior correctio, me peritiores diiudicanto.

———

Stob. Flor. CV, 19: *Εὐριπίδου Βελλεροφοντου·*
πού δὴ τὸ σαφὲς θνατοῖ-
σιν βιοτᾶς, θοαῖσι μὲν
ναυσὶ πόρον πνοαὶ κατὰ
βένθος ἅλιον ἰθύνουσι· τύχας δὲ θη-
5 τῶν τὸ μέγ' εἰς οὐδὲν πολὺς
χρόνος μεθίστησι τὸ μεῖον αὔξων.

Restitui ex parte numeros. Vs. 5 vulgo τὸ μὲν μέγ' et vs. 6 τὸ δὲ μεῖον legebatur, quas particulas, arguente metro, ut librariorum additamenta expunxi; praeterea omisi articulum, qui in libris est ante πολύς.

———

Stob. LXIV, 5, Eὐρ. *Δανάη·*
ἔρως γὰρ ἀργὸν κἀπὶ τοῖς ἀργοῖς ἔφυ·
φιλεῖ κάτοπτρα καὶ κόμης ξανθίσματα,
φεύγει δὲ μόχθους· ἒν δέ μοι τεκμήριον.
οὐδεὶς προςαιτῶν βίοτον ἠράσθη βροτῶν.
[ἐν τοῖς δ' ἔχουσιν ἡβητὴς πέφυχ' ὅδε.]

In ultimo vs. ἡβητὴς corruptum esse credunt viri docti, alius aliud coniicientes, sed inter permultas coniecturas (cf. Wagner. fr. 318 b. et Nauck. fr. 324), nulla est, quae probilitate se commendet. Ipse quoque tentabam: ἡθὰς ἐμπέφυχ' ὅδε. Sed potius videndum, ne ludificetur nos fraus impostoris nescio cuius, qui de metro securus istum versum reliquis addiderit.

Plut. Consol. ad Apollon. 8 p. 106 A. ὁ δὲ παραμυθού-
μενος τὴν Δανάην δυσπενθοῦσαν Δίκτυς φησί·

> δοκεῖς τὸν Ἅιδην σῶν τι φροντίζειν γόων,
> καὶ παῖδ᾽ ἀνήσειν τὸν σόν, εἰ θέλοις ϛένειν·
> παῦσαι· βλέπουσα δ᾽ εἰς κτὲ.

Vocabula: εἰ θέλοις ϛένειν offensioni fuere Bothio, qui inepte
suspicatur: εἰ ἀτελῶς ϛένεις. Si quid mutandum esset, scribi
posset:

> εἰ θέλοις· ϛόνων
> παῦσαι· κτὲ.

Sed locus vitii prorsus immunis est. Verbum enim θέλειν
eadem ratione, ut ita dicam, periphrastica et alibi adhibitum
invenies et, ne exemplum desit, in Alcest. vs. 1079: τί δ᾽ ἂν
προκόπτοις, εἰ θέλεις (l. θέλοις) ἀεὶ ϛένειν;

––––

Stob. VI, 2. τοῦ αὐτοῦ (Εὐρ.) Δίκτυος·

> πολλοῖς παρέϛην κἀφθόνησα δὴ βροτῶν,
> ὅϛις κακοῖσιν ἐσθλὸς ὢν ὅμοιος ᾖ,
> λόγων ματαίων εἰς ἅμιλλαν ἐξιών·
> τὸ δ᾽ ἦν ἄρ᾽ οὐκ ἄκουϛον οὐδ᾽ ἀνασχετόν,
> σιγᾶν κλύοντα δεινὰ πρὸς κακιόνων.

Manifesto mendosum est κἀφθόνησα; nemo enim eiusmodi
hominibus, de quibus hic sermo est, invidet. Lenissime corrigas:

> πολλοῖς παρέϛην κἀφρένωσα δὴ βροτῶν,
> ὅϛις κακοῖσιν κτὲ.

Praestat tamen fortasse:

> πολλοὺς πάρεϛι κἄφρονας καλεῖν βροτῶν κτὲ.

πάρεϛι enim legitur in optimis codd. ABM, et ita melius sequitur ὅϛις—ᾖ. Praeterea κἀφρένωσα, quippe quod requirat Accu-
sativum, non nisi per ζεῦγμα cum praecedentibus potest coniungi.

Lycurg. c. Leocr. p. 100: ἄξιον δ᾽ ὦ ἄνδρες δικασταὶ καὶ
τῶν ἰαμβείων ἀκοῦσαι, ἃ πεποίηκε (Εὐρ.) λέγουσαν τὴν μητέρα
τῆς παιδός· ὄψεσθε γὰρ ἐν αὐτοῖς μεγαλοψυχίαν καὶ γενναιό-
τητα ἀξίαν καὶ τῆς πόλεως καὶ τοῦ γενέσθαι Κηφισοῦ θυγα.
τέρα·

> Τὰς χάριτας ὅςις εὐγενῶς χαρίζεται,
> ἥδιον ἐν βροτοῖσιν· οἳ δε δρῶσι μὲν,
> χρόνῳ δὲ δρῶσι, [δρῶσι]·δυσγενέςερον.

Scripsi vs. 3 ex ingeniosa et facili emendatione Heinrichii,
prae qua omnes reliquorum correctiones sordent. Poeta his verbis:
οἳ δὲ—δυσγενέςερον explicat, quid sit εὐγενῶς χαρίζεσθαι
χάριτας vs. 1; nempe: non χρόνῳ τοῦτο δρᾶν, sed εὐθέως.

Vs. 19: εἴπερ γὰρ ἀριθμὸν οἶδα καὶ τοὐλάσσονος
τὸ μεῖζον, οὑμὸς οἶκος οὐ πλεῖον σθένει
πταίσας ἁπάσης πόλεος, οὐδ᾽ ἴσον φέρει.

Scire pervelim, quid sit εἰδέναι τοὐλάσσονος τὸ μεῖζον. Contra
optime intelligetur: διειδέναι κτέ, quare vide, an poeta scripserit:

εἰ γὰρ ἀριθμοὺς δίοιδα καὶ τοὐλάσσονος
τὸ μεῖζον κτέ.

Διειδέναι significat tum *accurate nosse* (ἀκριβῶς εἰδέναι), tum
dignoscere unum ab altero, neque igitur alio verbo aeque idoneo
poeta uti potuerat.

Vs 30, sq.: μισῶ γυναῖκας, αἵτινες πρὸ τοῦ καλοῦ
ζῆν παῖδας εἵλοντο καὶ παρήνεσαν κακά.

Nauckius auctore Matthiaeo reposuit εἵλοντ᾽ ἤ: perperam, ni
fallor; nam sententia, in qua καὶ commodissimum est, vix fert
copulam disiunctivam, quae per illam coniecturam illata est.
Vel minus placet mihi Hermanni correctio, εἵλονθ᾽ αἳ scribendum esse coniicientis, quae recepta est a Wagnero (fr. 353).
Equidem scripserim:

ζῆν τέκν᾽ εἵλοντο καὶ παρήνεσαν κακά.

vel, quod fere malim, resecto vocabulo ζῆν, quod facile a lectore interpretandi gratia addi potuerit, sic:

αἵτινες πρὸ τοῦ καλοῦ
εἵλοντο παῖδας καὶ παρῄνεσαν κακά.

i. e. *quaecunque honestati liberos praeferunt.*

Sunt res quaedam ita verae, ut vel in vita quotidiana nemo
sanus eas in medium proferat, neque adeo sine risu audien-
tium proferre queat. Istiusmodi tamen sententia sub Euripidis
nomine hodie legitur apud Stob. Flor. LIX, 13:

Ναῦς ἡ μεγίστη κρεῖσσον ἢ μικρὸν σκάφος,

qua sententia quid ieiunius excogitari possit frustra quaesiveris.

Nec tamen ita scripsisse Euripidem vel inde apparet, quod
Graecum in tali periodo foret ναῦς μεγίςη, omisso articulo.
At fortasse dederat:

[πολλάκις]
ναὸς μεγίςης κρεῖσσον ἦν μικρὸν σκάφος.

Stob. LXII. 23 Εὐρ. Εὐρυσθέως·
πιςὸν μὲν οὖν εἶναι χρὴ τὸν διάκονον
τοιοῦτον εἶναι, καὶ ςέγειν τὰ δεσποτῶν.
Scribendum: πιςὸν μ. ο. ἀνάγκη κτὲ.
Aliorum coniecturas vide apud Wagnerum (fr. 376).

Stob. XCII, 7:
Νῦν δ', ἢν τις οἴκων πλουσίαν ἔχῃ φάτνην,
πρῶτος γέγραπται τῶν κακιόνων κρατεῖ·
τὰ δ' ἔργ' ἐλάσσω χρημάτων νομίζομεν.
Nauckius coniecit: τῶν τε μειόνων κρατεῖ. At τῶν μειόνων
(vel potius τῶν ἡσσόνων), opinor, κρατεῖ unusquisque, et
ipsum contrarium requiri docet vs. 3. Totum locum scripserim
in hunc modum:

Νῦν δ' ἤν τις οἴκοι πλουσίαν ἔχῃ φάτνην,
πρῶτος γέγραπται, τῶν τ' ἀμεινόνων κρατεῖ·
τὰ δ' ἔργ' ἐλάσσω χρημάτων νομίζομεν.

Vs. 1 scripsi οἴκοι, praeeunte Grotio, = ἐν δόμοις s. δώμασιν.

———

Athen. X. p. 454 B. affert fragmentum e *Theseo*, cuius
ultimam partem non satis expedio:

vs. 11. *γραμμαὶ γάρ εἰσιν ἐκ· διεςώτων δύο,*
αὗται δὲ συντρέχουσιν εἰς μίαν βάσιν.

Describitur forma literae Y, cuius lineae (quae, uti vides,
ipsae διεςήκασι) quo sensu dicantur ἐκ διεςώτων, non plane
perspicio. An forte ἐκ, dittographia natum ex sequente δι, locum
occupavit articuli, ut olim scriptum fuisse credamus:

γραμμαὶ γάρ εἰσι τῶν διεςωσῶν δύο?

i. e. *duae enim lineae sunt eius generis, quod lineae divergen-*
tes dicitur.

———

Melius corrigi posse opinor librorum scripturam, quam hucusque factum esse video, in fragm. e *Theseo* apud Schol. Ar.
Ran. 476:

κάρα τε γάρ σου συγχεῶ κομαῖς ὁμοῦ,
ῥανῶ πέδοι δ' ἐγκέφαλον· ὀμμάτων δ' ἄπο
αἱμοςαγεῖν πρηςῆρες ῥεύσονται κάτω.

Vitium metricum vs. 3 variis modis corrigere conati sunt
viri docti, Barnesius reponendo αἱμοςαγῆ πρηςῆρε, Bentleius
scribendo ὕσονται. At ὕεσθαι dicuntur personae et res, quae
aqua pluvia humectantur, non ipse liquor. Ex illa vero coniectura corruptum manet ῥεύσονται, quam formam iam Euripidis
aetate in usu fuisse pro ῥυήσονται non facile credam.
Equidem scripserim:

αἱμοςαγεῖς πρηςῆρες οἴσονται κάτω.

Notus est usus verbi φέρεσθαι, ubi celer impetus significandus est. [1]

Stob. LXXXVIII: 10. Εὐριπίδου Ἰνοῖ.

τὴν εὐγένειαν, κἂν ἄμορφος ἦ γάμος,
τιμῶσι πολλοὶ πρὸς τέκνων χάριν λαβεῖν,
τό τ᾽ ἀξίωμα μᾶλλον ἢ τὰ χρήματα.

Locus conclamatus; nam neque vs. 1 γάμος cum ἄμορφος recte coniungitur, neque τιμῶσι λαβεῖν Graeca est compositio. Locus pertinere videtur ad id genus locorum, in Stobaeo admodum frequens, de quo egit Cobetus v. cl. Mnem. IV, p. 267 sq. Ni multum fallor, in vs. 1 et 2 genuina haec sunt:

τὴν εὐγένειαν κἂν ἄμορφος ἦ **
* ῶσι πολλοὶ πρὸς τέκνων χάριν λαβεῖν.

Reliqua stulta correctoris supplementa esse iudico. Ipse, duce sententia, supplendum esse suspicor:

τὴν εὐγένειαν, κἂν ἄμορφος ἦ (γυνή),
(θηρ)ῶσι πολλοὶ πρὸς τέκνων χάριν λαβεῖν,
τό τ᾽ ἀξίωμα μᾶλλον ἢ τὰ χρήματα.

Vs. 1 γυνή requiri vidit iam Nauckius fr. 409. Hoc fragmentum arcte cohaerere cum praecedenti (408) sententia docet.

Stob. CX, 5. Εὐριπίδου Ἰνοῖ·

τοιάνδε χρὴ γυναικὶ πρόσπολον ἐᾶν,
ἥτις τὸ μὲν δίκαιον οὐ σιγήσεται,
τὰ δ᾽ αἰσχρὰ μισεῖ καὶ κατ᾽ ὀφθαλμοὺς ἔχει.

Vs. 3 pro ἔχει Dobraeus et Bergkius ἐρεῖ; recte, ut videtur. Sed simul scribendum μισεῖν, hoc sensu: *quaeque turpia se odisse etiam coram hera profitebitur.*

Vs. 1 cum Dobraeo scripserim νέμειν pro ἐᾶν. Valckenaerius coniecit περᾶν, quod minus recte cum Dativo iungi videtur. Possis tamen·

---

[1] Cf. Observ. Critic. in. fr. com. graec. p. 15, ubi eundem errorem correxi in loco Pherecratis.

τοιάνδε χρὴ 'ς γυναῖκα πρόσπολον περᾶν,
ut in Hippolyti vs. 645:
χρῆν δ'ἐς γυναῖκα πρόσπολον μὲν οὐ περᾶν.

Stob. XLI, 1. Εὐρ. Ἰνοῖ.

Ἴσω δὲ μηδεὶς ταῦθ᾽, ἃ σιγᾶσθαι χρεών.
μικροῦ γὰρ ἐκ λαμπτῆρος Ἰδαῖον λέπας
πρήσειεν ἄν τις, κἂν πρὸς ἕνα εἴποις ποτέ.
πύθοιντ᾽ ἂν ἀστοὶ πάντες ἃ κρύπτειν χρεών

Vs. 3 corrigo: χἂν (i. e. καὶ ἃ ἂν) πρὸς ἄνδρ᾽ εἴπῃς ἕνα.
Plutarch. Mor. p. 507, B habet: καὶ πρὸς ἄνδρ᾽ εἰπὼν ἕνα,
quam lectionem male vulgo receperunt. Vs. 4 Dobraeus scripsit: οὓς κρύπτειν χρεών, fortasse corrigens Graeculi additamentum.

Probabili coniectura restituisse mihi videor partem pulchri
carminis dactylici, quod e *Cretensibus* servavit Porphyrius *de
abstin*. IV, p. 172 sq. Legitur enim sic vs. 5 sqq:

ἥκω ζαθέους ναοὺς προλιπών,
οὓς αὐθιγενὴς τμηθεῖσα δοκὸς
ςεγανοῖς παρέχει χαλύβῳ πελέκει
καὶ ταυροδέτῳ κόλλῃ κραθεῖσ᾽
ἀτρεκεῖς ἁρμοὺς κυπαρίσσου.

Quid sit ταυρόδετος, nemo interpretum explicavit; nec mirum, nam vocabulum est procul dubio corruptum. Erotianus,
qui affert vs. 4—8 in Gloss. Hippocr. v. Ἀτρεκεῖς, aeque vitiosam
exhibet lectionem τορολέτῳ. Eiusdem quoque farinae est Nauckii
coniectura ταυρολέτῳ, neque multo melior Hartungii suspicio
τορνοδέτους. Requirit κόλλη suum epitheton, quod vix aliud
fuerit quam ςερροδέτῳ. Egregie enim *gluten*, quippe quo
corpora dura (τὰ στερρὰ = στερεά) coniungantur, ςερρόδετος
a poeta dici potuisse arbitror.

Stob. Ecl. Phys. I, 4, 14 p. 108. *Εὐρ. Μελανίππῃ.*

> *δοκεῖτε πηδᾶν τἀδικήματ' εἰς θεοὺς*
> *πτεροῖσι, κᾆπειτ' ἐν Διὸς δέλτου πτυχαῖς*
> *γράφειν τιν' αὐτά, Ζῆνα δ' εἰσορῶντά νιν*
> *θνητοῖς δικάζειν; οὐδ' ὁ πᾶς ἂν οὐρανὸς*
> 5 *ἐξαρκέσειεν, οὐδ' ἐκεῖνος ἂν σκοπῶν*
> *πέμπων θ' ἑκάςῳ ζημίαν· ἀλλ' ἡ Δίκη*
> *ἐνταῦθά πούςιν ἐγγύς, εἰ βούλεσθ' ὁρᾶν.*

Locus ita emendatus, ut exhibui, apte decurrit et facillimus est ad intelligendum. Vulgo post vs. 4 additur versus manifesto spurius, quem omisi:

> *Διὸς γράφοντος τὰς βροτῶν ἁμαρτίας.*

Spurium autem esse vel inde apparet, quod aperte pugnat cum vs. 2, 3: *κᾆπειτ' ἐν Διὸς δέλτου πτυχαῖς γράφειν τιν' αὐτά*, quo docemur, non ipsum Iovem, sed alium quemdam scribae munere fungi. Praeterea, expulso isto versu, optime habet *ἐκεῖνος*, quod pronomen, ubi proxime Jovis nomen praecessisset, perquam foret incommodum.

Praeterea vs. 6 pro *πέμπειν*, qui Inf. non habet unde pendeat, de coniectura mea reposui *πέμπων θ'*.

Stob. LXXVI, 10, c. *Εὐρ. Μελανίππῃ.*

> *Ἴςω δ' ἄφρων ὢν, ὅςις ἄτεκνος ὢν τὸ πρὶν*
> *παῖδας θυραίους εἰς δόμους ἐκτήσατο,*
> *τὴν μοῖραν εἰς τὸ μὴ χρεὼν παραςρέφων·*
> *ᾧ γὰρ θεοὶ διδῶσι μὴ φῦναι τέκνα,*
> *οὐ χρὴ μάχεσθαι πρὸς τὸ θεῖον, ἀλλ' ἐᾶν.*

Vs. 5 vulgatur *'γκαλεῖσθαι*, quod, iubente sententia loci, correxi. Perperam, nisi fallor, Nauckius ex sua coniectura edidit *γοᾶσθαι*. Qui enim *τὴν μοῖραν εἰς τὸ μὴ χρεὼν παραςρέφειν* conatur, is non hercle *γοᾶται*, sed *μάχεται τῷ θείῳ* s. *πρὸς τὸ θεῖον.*

Cf. Telephi fragm. ap. Stob. XXII, 32 vs. 1:

Σὺ δ' εἶκ' ἀνάγκῃ καὶ θεοῖσι μὴ μάχου.

Invenustum admodum et Euripide prorsus indignum additamentum apparet in fragmento, quod *Melanippae* exstat apud scriptorem vit. Eurip. (Hermann. opusc. V p. 202 sq.):

*μάτην ἄρ' εἰς γυναῖκας ἐξ ἀνδρῶν ψόγος
ψάλλει κενὸν τόξευμα καὶ κακῶς λέγει·
αἱ δ' εἶσ' ἀμείνους ἀρσένων, ἐγὼ λέγω.*

Ecquis est, qui intelligens quam egregie verba *μάτην—τόξευμα* dicta sint pro vulgari sententia: *μάτην ἄρ' ἄνδρες κακῶς λέγουσι τὰς γυναῖκας*, nihilominus genuina esse ducat, quae vocabula languidissima et omni orationis lumine destituta appendent inutile pondus: *καὶ κακῶς λέγει?* Si usquam, hic tenemus falsarium lacunam in codice pro suo captu utcunque explentem; eumque iuxta ignarissimos imperitum linguae Graecae antiquioris. Quis enim aequo animo ferat: *καὶ μάτην ψόγος κακῶς λέγει (τὰς γυναῖκας)?* Quid dederit istorum loco ipse poeta, ignoro; sed istiusmodi additamentis melius, credo, carebimus.

Non expedio *Meleagri* fragmentum ap. Stobaeum Flor. LXXIV, 12:

*ἔνδον μένουσαν τὴν γυναῖκ' εἶναι χρεὼν
ἐσθλήν, θύρασι δ' ἀξίαν τοῦ μηδενός.*

Vertit eleganter, ut solet, Grotius:

*Lare contineri feminae officium probae est,
foris vagantes nullius pretii puta,*

verum frustra te torquebis, ut hunc sensum e vulgatis expisceris Procul enim dubio vitiosum est *χρεών*, quod a Graeculo profectum esse mihi persuadeo. Sententiae satisfaceret:

ἔνδον μένουσαν τὴν γυναῖκ' εἶναι δόκει κτέ.

Praeterea fere malim : σὴν γυναῖκ᾽ εἶναι δόκει κτέ.

Conferatur Troad. vs. 642 sqq., ubi Andromache ait:

πρῶτον μέν, ἔνϑα κἂν προσῇ κἂν μὴ προσῇ
ψόγος γυναιξίν, αὐτὸ τοῦϑ᾽ ἐφέλκεται
κακῶς ἀκούειν, ἥτις οὐκ ἔνδον μένει,
τούτου πόϑον παρεῖσ᾽ ἔμιμνον ἐν δόμοις.

Ne quis autem opinetur me ita suspicari absque idonea causa et nodum, quod aiunt, quaesivisse in sirpo : enucleatius quam soleo loci corruptelam probare conabor. Si admittis Grotii interpretationem, τὸ ἑξῆς vs. 1 hoc est : χρεὼν τὴν ἐσϑλὴν γυναῖκα εἶναι ἔνδον μένουσαν. At cum verborum ordo tum imprimis Accusativus ἀξίαν in vs. seq. hanc interpretandi rationem omnino improbandam esse docet. Ita enim vs. 2 erit τὸ ἑξῆς hocce : (τὴν) δ᾽ ἀξίαν τοῦ μηδενός—ϑύρασι, quod plane absurdum esse nemo non videt. Admissa igitur Grotii versione vs. 1 necesse est, aut pro ἀξίαν reponamus ἀξία (scil. ἐςὶ), aut versum sequentem ab imperativo aliquo νόμιζε vel δόκει orsum ęsse suspicemur ; qua re probe intellecta, Grotius ex ingenio intulit vs. 2 suum *puta*.

Contra et verborum ordo et grammatica, ni fallor, nos cogunt, ut logicam orationis constructionem hancce esse putemus : χρεὼν τὴν γυναῖκ᾽ ἔνδον μένουσαν εἶναι ἐσϑλήν, ϑύρασι δὲ ἀξίαν τοῦ μηδενός. Quae quum ita sint, χρεὼν sanum esse nequit, *siquidem hoc vocabulo Graeci in concludendo non utuntur*. Sensui vero, ut ab initio dixi, optime conveniet δόκει.

———

Stob. LXXV, 3. Εὐρ. Οἰνέως·

A. —ὡς οὐδὲν ἀνδρὶ πιςὸν ἄλλο πλὴν τέκνων.

B. κέρδους δ᾽ ἕκατι καὶ τὸ συγγενὲς νοσεῖ.

Haec verba, quae vulgo continuata leguntur, fortasse melius inter duas personas dividentur. Sumta enim esse suspicor ex dialogo inter Oeneum et Diomedem, cuius particula legitur apud. Schol. Arist. Ran. 72 scripta in hunc modum:

A. σὺ δ' ὧδ' ἔρημος ξυμμάχων ἀπόλλυσαι;
B. οἱ μὲν γὰρ οὐκέτ' εἰσίν, οἱ δ' ὄντες κακοί.

quorum versuum priorem Diomedi alterum Oeneo recte tribue-
runt viri docti. Eandem rationem obtinere crediderim in versibus supra allatis. Quemadmodum vero versum: οἱ μὲν γὰρ—
κακοί in suam rem convertit Aristophanes Ran. 72, ita fieri
potest, ut versum: κέρδους δ' ἕκατι—νοσεῖ respiciat Pac. vs.,
ubi de Simonide dicit:

ὅτι γέρων ὢν καὶ σαπρὸς
κέρδους ἕκατι κᾂν ἐπὶ ῥιπὸς πλέοι.

simul, ut auctor est Scholiasta, iocose immutato proverbio:
θεοῦ θέλοντος κᾂν ἐπὶ ῥιπὸς πλέοις.

Stob. Flor. XXXVIII, 15 c. Πειρίθου·
τρόπος ἐστὶ χρηςὸς ἀσφαλέστερος νόμου.

In senario tragico anapaestus in sede prima uno vocabulo
contineri debet, qua propter tentabam:

τρόπος δὲ χρηςὸς κτἑ.

quam ipsam scripturam in codice Trinc. exstare nunc me docet
Nauckius, qui huius lectionis praestantiam ignorans vulgatum
errorem intactum reliquit. Nihil autem frequentius quam particulae δέ et verbi ἐςίν in codd. permutatio. Cf. Bastium, Comm.
Palaeogr. tab. VI num. 3.

Praeterea fere malim ἀσφαλέςερον, similiterque in fragm. e
Melanippa ap. Stob. LXX, 4 c. vs. 5 sq. scripserim:

πλοῦτος δ' ἐπακτὸς ἐκ γυναικείων γάμων
ἀνόνητον·

ubi vulgatur ἀνόνητος. Genus neutrum, quod Graeci in talibus
adhibere solent, sedulo a librariis vitium suspicantibus in
masculinum mutatum esse, saepissime potest observari.

Stob. Flor. XCII, 4 *Eύρ. Πελιάσι·*

ὁρῶσι δ᾽ οἱ διδόντες εἰς τὰ χρήματα.

Perperam interpretantur: *qui dono aliquid dant ad divitias spectant.* Euripidi in deliciis est verbum simplex διδόναι pro ἐκδιδόναι i. e. *elocare filiam.* Verto igitur: *parentes, qui filiam elocant, spectant ad divitias.* Cf. locum, qui apud Stobaeum huicce praecessit, cuius ultimus versus hic est:

μᾶλλον δὲ κηδεύουσι τοῖς εὐδαίμοσιν.

Stob. Flor. CXV, 6. *Eύρ. Πηλεῖ·*

τὸ γῆρας, ὦ παῖ, τῶν νεωτέρων φρενῶν
σοφώτερον πέφυκε κἀσφαλέςερον,
ἡμπειρία γὰρ τῆς ἀπειρίας κρατεῖ.

Vulgo vs. 3 male legitur ἡμπειρία τε τῆς κτέ. Recepi γὰρ ex Menand. monost., quia ratio hoc versu redditur praecedentium. Ni feceris, vs. 3 admodum frigebit.

Stob. Flor. CXI, 4, *Eύρ. Πρωτεσίλαος·*

πόλλ᾽ ἐλπίδες ψεύδουσι αἱ ἄλογοι βροτούς.

Ita legebatur ante Dindorfium, qui codicum *AM* Vind. lectionem καὶ ἄλογοι in καὶ λόγου mutandum esse iudicavit. Quam coniecturam in textum receperunt Wagnerus (647) et Nauckius (652). An recte fecerint dubito; et, quamvis in brevissimo fragmento, deficiente orationis nexu, minime ausim contendere falli Dindorfium, malo tamen suspicari, lectionem αἱ ἄλογοι interpretamentum esse adiectivi alicuius et Euripidi reddi oportere:

πόλλ᾽ ἐλπίδες ψεύδουσιν αἱ τυφλαὶ βροτούς.

Cf. v. c. Aeschyl. Prometh. vs. 250.

Polluc. On. IX, 75 τάχα δ' ἂν εἴη κόρη, ὡς Εὐριπίδης ὠνόμασε πάρθενον ἐν Σκίρωνι λέγων περὶ τῶν ἐν Κορίνθῳ ἑταιρουσῶν·

> καὶ τὰς μὲν ἄξει, πῶλον ἢν διδῷς ἕνα,
> τὰς δὲ ξυνωρίδ', αἱ δὲ κἀπὶ τεσσάρων
> φοιτῶσιν ἵππων ἀργυρῶν· φιλοῦσι δὲ
> τὸν ἐξ Ἀθηνῶν, παρθένους ὅταν φέρῃ
> πολλὰς —

Vs. 2 erat quum putarem pro κἀπὶ τεσσάρων κτέ. rescribendum esse κἀντὶ τεσσάρων κτὲ i. e. *quatuor equis argenteis copiam sui faciunt.* At fallebar, nam de industria ita poeta locutus est. Verto: *aliae etiam quadriga vectae argentea copiam sui faciunt.* Ioci aculeus est in ipsa ambiguitate; quam rem non intellexit interpres Latinus ap. Didotium. Vs. 4 scripsi ex egregia Cobeti emendatione pro vulgatis: τὰς ἐξ Ἀθ. π. ὅ. φέρῃ.

Stob. CV, 16 Εὐρ. Σκυρίσιν·

> Φεῦ τῶν βροτείων ὡς ἀνώμαλοι τύχαι·
> οἱ μὲν γὰρ εὖ πράσσουσι, τοῖς δὲ συμφοραὶ
> σκληραὶ πάρεισιν εὐσεβοῦσιν εἰς θεούς.

Versus primi τὸ ἑξῆς hoc est: φεῦ τῶν βροτείων τυχῶν, ὡς ἀνώμαλοί (εἰσιν). Qua re non intellecta, viri docti et virgulam posuerunt post φεῦ, et ita versum interpretati sunt, quasi non βροτείων sed βροτῶν legeretur. In fine autem versus rectissime per attractionem, quam vocant, scribitur τύχαι, non τυχῶν. Qui duo versus eos, quos adscripsi, excipiunt, legendi sunt in hunc modum:

> κεἰ (vulgo καὶ) πάντ' ἀκριβῶς κἀπι φροντίδων βίον
> σὺν τῷ (vulgo οὕτω) δικαίῳ (vulgo —ως) ζῶσιν αἰσχύνης ἄτερ.

quorum priorem ego, alterum Gesnerus correxit.

Philo Iud. vol. II, p. 461: ὁ γοῦν Ἑρμῆς πυνθανομένῳ
αὐτῷ (Συλεῖ), εἰ φαῦλός ἐςιν (ὁ Ἡρακλῆς), ἀποκρίνεται·
ἥκιςα φαῦλος, ἀλλὰ πᾶν τοὐναντίον·
τὸ σχῆμα σεμνός, κοὐ ταπεινός, οὐδ᾽ ἄγαν
εὔογκος ὡς ἂν δοῦλος, ἀλλὰ καὶ ςολὴν
ἰδόντι λαμπρός, καὶ ξύλῳ δραςήριος.

Vs. 2, vulgo legitur πρόσχημα σεμνός, quod correxi,
quia πρόσχημα ornamentum, non habitum, quae notio h. l.
requiritur, sifinificare solet. Male deinde Wagnerus intellexit
versus, quos idem Philo ibidem affert ex eodem dramate:

σοῦ κατηγορῶ
σιγῶντος, ὡς ἂν εἴης οὐχ ὑπήκοος,
τάσσειν δὲ μᾶλλον ἢ 'πιτάσσεσθαι θέλοις.

Vertit enim: *te culpo, qui taces, quasi non esses servus et*
imperare quam imperio parere mavis. Graecorum enim sensus
hic est: *e silentio tuo arguo te servire non posse et malle potius*
imperare quam parere imperio. Mox ibidem (fr. 628 ap Wagn.)
scribatur in hunc modum:

κλίνηθι καὶ πίωμεν κτέ,

pro κλίθητι, quae forma in poeta Attico ferri omnino nequit.

Aristoph. *Ach.* 445: εὐδαιμονοίης, Τηλέφῳ δ᾽ ἀγὼ φρονῶ,
ubi schol.: παρὰ τὰ ἐκ Τηλέφου Εὐριπίδου·
καλῶς ἔχοιμι, Τηλέφῳ δ᾽ ἀγὼ φρονῶ.
Καλῶς ἔχοιμι h. l. plane nihili est, quare suspicor Euripidem,
una litera addita, dedisse:

καλῶς ἔχοι᾽μοι, κτέ.

Cf. Athen. V p. 186 c. Locus Antiphanis (ap. Mein. com.
Gr. III p. 90), quem conferri iuhet Nauckius, ita misere corruptus est, ut eiusmodi testimonium omni fide careat.

Plut. Mor. p. 93. D.: ὥσπερ ὁ τῆς Ὑψιπύλης τρόφιμος εἰς
τὸν λειμῶνα καθίσας ἔδρεπεν·

ἕτερον ἐφ᾽ ἑτέρῳ αἱρόμενος
ἄγρευμ᾽ ἀνθέων ἡδομένᾳ ψυχᾷ
τὸ νήπιον ἄπληςον ἔχων.

Mor. p. 671 F., ubi idem locus iterum affertur sed peius corruptus, pro αἱρόμενος legitur ἰώμενος. Neutrum ferri posse iure contendit Nauckius. Suspicor:

— ἕτερον ἐφ᾽ ἑτέρῳ τε θηρώμενος
ἄγρευμ᾽ κτέ.

_____

Stob. XLIII, 2. Εὐρ. Φαέθοντι·
ἐν τοῖσι μωροῖς τοῦτον ἐγκρίνω βροτῶν,
ὅςις πατὴρ ὢν παισὶ μὴ φρονοῦσιν εὖ
ἢ 'ναξ πολίταις παραδίδωσ᾽ ἐξουσίαν.

Vs. 3 de coniectura mea scripsi ἢ 'ναξ (i. e. ἢ ἄναξ) pro ἢ καὶ, quam crasin satis tuetur altera ὦναξ = ὦ ἄναξ. Nec tamen absurde scripseris:

ὅςις, πατὴρ ὡς παισὶ μὴ φρονοῦσιν εὖ
εἴξας πολίταις παραδίδωσ᾽ ἐξουσίαν.

_____

Stob. XLIII, 3 sine lemmate:
ναῦν τοι μί᾽ ἄγκυρ᾽ οὐχ ὁμῶς σώζειν φιλεῖ
ὡς τρεῖς ἀφέντι, προςάτης θ᾽ ἁπλοῦς πόλει
σφαλερόν· ἐπὼν δὲ κάλλος οὐ κακὸν πέλει.

Vs. 1 dedi οὐχ ὁμῶς, requirente sententia, pro οὐδαμοῦ e verissima Badhamii emendatione. Vs. 3 legebatur σφαλερός· ὑπὼν δὲ κτέ., quae ipse correxi. Προςάτης enim πόλει non ὑπεῖναι sed ἐπεῖναι solet.

_____

Clem. Alex. Paed. III 2 § 14 sine auctoris et fabulae nomine habet fragmentum, quod probabiliter ad *Phaethontem* referunt viri docti: μὴ θίγῃς ἡνιῶν παιδίον ἄπειρος ὢν μηδὲ ἀναβῇς

61

τὸν δίφρον ἐλαύνειν μὴ μαθών. Hinc, probante Wagnero, hos senarios elicuit Musgravius:

μὴ θίγῃς οὖν ἡνιῶν
ἄπειρος ὤν, ὦ παιδίον, μηδ᾽ ἐς δίφρον
ἀναβῇς, ἐλαύνειν μὴ μαθών.

At quantilli erat laboris restituere numeros creticos!

μὴ θίγῃς ἡνιῶν, παιδίον, ἄπειρος ὤν
μὴ ᾽ναβῇς τὸν δίφρον τόνδ᾽ ἐλᾶν μὴ μαθών.

in quibus nil est, quod merito culpes.

Alterum *Phaethontis* fragm. in cod. Parisino 107 fol. 163 sic incipit:

πυρός τ᾽ Ἐρινὺς ἐν νεκροῖσ θερήιον
ζῶσ᾽ ἥδ᾽ ἀνίησ᾽ ἀτμὸν ἐμφανῆ...

Verba corruptissima; nec de codicis lectione prorsus constat: nam Haasius vs. 1 legit. *ΕΝΝΕΚΡΟΙΣΘΕΡΗΙΟΝ*, Bekkerus *ΕΝΝΕΚΡΟΙΣΘΕΡΗΝΥΑΙ*. Verba sunt Clymenes de Phaethonte filio, a Iove *fulmine icto*. Cf. vs. 68, ubi Chorus sic canit: ὀτοτοῖ, κεραύνιοί τ᾽ ἐκ Διὸς πυρίβολοι πλαγαὶ λέχεα θ᾽ Ἁλίου. Quare suspicor latere in codicis scriptura *ΕΝΝΕΚΡΩΙΚΕΡΑΥ-ΝΙΟΥ*; itaque scripserim:

πυρός τ᾽ Ἐρινὺς ἐν νεκρῷ κεραυνίου
ζῶσ᾽ ἐξανίησ᾽ ἀτμὸν ἐμφανῆ....

Aliorum suspiciones vide ap. Wagn. (775).

Ib. vs. 11:

Ὦ καλλιφεγγὲς Ἥλι᾽ ὥς μ᾽ ἀπώλεσας
καὶ τόνδ᾽. Ἀπόλλων δ᾽ ἐν βροτοῖς ὀρθῶς καλεῖ,
ὅςις τὰ σιγῶντ᾽ ὀνόματ᾽ οἶδε δαιμόνων,

Cod vs. 2. *ΑΠΟΛΛΩΝΔΕΝΒΡΟΤΟΙΣΟΡΘΟΣΚΑΛΕΙ*. Legendum: Ἀπόλλων᾽ ἐν βροτοῖς σ᾽ ὀρθῶς καλεῖ κτέ. Male Wagnerus: Ἀπόλλω δ᾽ ἐν κτέ, et Nauckius Ἀπόλλω σ᾽ ἐν; forma enim Ἀπόλλω pro Ἀπόλλωνα antiquioribus non fuit

in usu praeterquam in formula νὴ τὸν Ἀπόλλω. [1]) Vs. 3 dubito,
an sanum sit σιγῶντ᾽.

———

Stob. LXX. 1 Εὐρ. Φοίνικος·
 Μοχθηρόν ἐςιν ἀνδρὶ πρεσβύτῃ τέκνα
 δίδωσιν ὅςις οὐκέθ᾽ ὡραῖος γαμεῖν·
 δέσποινα γὰρ γέροντι νυμφίῳ γυνή.

Locum frustra tentatum a multis et fere conclamatum ipse
corrigere conatus sum tali modo:

 μοχθηρόν ἐςιν ἀνδρὶ πρεσβύτῃ νέα
 δώμασιν ἄκοιτις οὐκέθ᾽ ὡραίῳ γαμεῖν· κτέ.

Vs. 1 νέα pro τέκνα debetur Valckenaerio; ὡραίῳ Welckero
et aliis.

———

Aesch. in Timarch. p. 355 ed. Bekk. ex eadem fabula affert
fragmentum, cuius ecce particula:

 Vs. 4. κἀγὼ μὲν οὕτω, χὥςις ἐς᾽ ἀνὴρ σοφός,
 λογίζομαι τἀληθὲς εἰς ἀνδρὸς φύσιν
 σκοπῶν, δίαιτάν θ᾽ ἥνπερ ἡμερεύεται·
 ὅςις δ᾽ ὁμιλῶν ἥδεται κακοῖς ἀνήρ,
 οὐ πώποτ᾽ ἠρώτησα, γιγνώσκων ὅτι
 τοιοῦιός ἐςιν, οἷσπερ ἥδεται ξυνών.

Vs. 9. vocabula οὐ πώποτ᾽ ἠρώτησα negotium mihi facessunt. Duce sententia, vv. dd. interpretantur: *in hunc numquam
adhuc inquisivi*. Veruntamen verbum *ΗΡΩΤΗΣΑ* manifesto
istam interpretationem respuere mihi videtur. Unde nata mihi
est suspicio, scripsisse poetam: οὐ πώποτ᾽ *ΙΣΤΟΡΗΣΑ*
(ἱστόρησα) γιγνώσκων κτέ.

Verbum ἱςορεῖν optime respondet praecedentibus vs. 5 sq.
λογίζομαι—σκοπῶν. Cave autem ne putes pronomen ὅςις pendere ab ἠρώτησα. More tragicorum ita scribitur pro εἰ δέ τις.

———

[1]) Excipio carmina melica, in quibus et Ἀπόλλω et Ποσειδῶ rite legi videtur.

Unam literam deleverim in *Phrixi* fragmento apud Stob. VIII, 7:

Ἀνὴρ δ' ὃς εἶναι φῄς, ἀνέρος οὐκ ἄξιον
δειλὸν κεκλῆσθαι καὶ νοσεῖν αἰσχρὰν νόσον.

Ferri nequit ἀνερὸς pro ἀνδρὸς in senario. Legendum: ἄνερ,
σ' οὐκ ἄξιῶ κτέ. Verba sunt Inonis ad *maritum* Athamantem.
Qui virum te esse ais, mi vir, te nolo ignavum vocari cet.

———

Stob. CXX, 18 Εὐρ. Φρίξῳ·
τίς δ' οἶδεν εἰ ζῆν τοῦθ' ὃ κέκληται θανεῖν,
τὸ ζῆν δὲ θνήσκειν ἐςι; πλὴν ὅμως βροτῶν
νοσοῦσιν οἱ βλέποντες, οἱ δ' ὀλωλότες
οὐδὲν νοσοῦσιν οὐδὲ κέκτηνται κακά.

Vocabula πλὴν ὅμως sententiam turbant: inchoant enim
obiectionem contra praecedentia τίς—ἐςι; Dixerat autem Euripides, quod bene tenendum, vitam esse θνήσκειν i. e. *per-
petuum*, ut ita dicam, *moriendi dolorem*, non θανεῖν s. τεθνη-
κέναι i. e. *ipsam mortem*. Minime igitur hanc thesin ipse
impugnare potuit dicendo: τοὺς βλέποντας νοσεῖν i. e. *aegro-
tare vivos*, quandoquidem id ipsum argumentum facit pro iis,
quae posuit; non contra. Suspicor autem poetae manum sic
posse restitui, si legamus:

τίς δ' οἶδεν εἰ ζῆν τοῦθ' ὃ κέκληται θανεῖν,
τὸ ζῆν δὲ θνήσκειν ἐς'; ἐπεὶ μόνοι βροτῶν
νοσοῦσιν οἱ βλέποντες κτέ.

———

Stob. Flor. LXVI 2. Εὐρ. Χρυσίππῳ·
γνώμῃ σοφός μοι καὶ χέρ' ἀνδρείαν ἔχειν·
δύσμορφος εἴην μᾶλλον ἢ καλὸς κακός.

Ingeniose Nauck.: γνώμης σόφισμα, qua emendatione recepta,
scribo:

γνώμης σόφισμα καὶ χέρ' ἀνδρείαν ἔχων
δύσμορφος κτέ.

Ille minus recte pro ἔχειν rescripsit ἔχοιν; nam ita tum ambo versus malo cohaerent, tum versus secundus sensu caret idoneo.

———·

CAPUT IV.

INCERTARUM FABULARUM FRAGMENTA.

———

Luc. Iov. trag. 41, vol. 2, p. 689:

> ὁρᾶς τὸν ὑψοῦ τόνδ᾽ ἄπειρον αἰθέρα,
> τὴν γῆν πέριξ ἔχονθ᾽ ὑγραῖς ἐν ἀγκάλαις;
> τοῦτον νόμιζε Ζῆνα, τόνδ᾽ ἡγοῦ θεόν.

Vs. 2 vulgo: καὶ γῆν πέριξ ἔχοντ᾽ ὑγραῖς ἐν ἀγκάλαις, ut videtur, minus recte.

———

Plut. Mor. p. 549: ὅθεν Εὐριπίδης ἄτοπος, εἰς ἀποτροπὴν κακίας τούτοις χρώμενος·

> οὔτοι προςελθοῦσ᾽ ἡ Δίκη σὲ [μὴ τρέσῃς]
> παίσει πρὸς ἧπαρ οὐδὲ τῶν ἄλλων βροτῶν
> τὸν ἄδικον, ἀλλὰ σῖγα καὶ βραδεῖ ποδὶ
> ξείχουσα μάρψει τοὺς κακούς, ὅταν τύχῃ.

Vs. 1 dedi σέ pro σε, quia opponitur: τῶν ἄλλων βροτῶν τὸν ἄδικον. Deinde expunxi Graeculi additamentum, quo lacunam in codice explere conatus est. Fraudem enim arguit loci sensus. Nam primum nihil est in totā sententia, quod ei, cui haec dicuntur, animum addere possit, imo illa utitur Euripides, ut Plutarchus ait, εἰς ἀποτροπὴν κακίας. Deinde opposita vs. 3 σῖγα καὶ βραδεῖ ποδὶ ostendunt olim pro μὴ τρέσῃς lectum fuisse aliquid, quo celer impetus fuerit significatus. Sensui v. c. optime subvenias scribendo:

οὗτοι προσελθοῦσ᾽ ἡ Δίκη σ᾽ ὠκύπτερος κτὲ.

sed ipsam poetae manum te restituisse frustra contendes.

Quam vero sit ista lacuna vetus, apparet ex Stobaeo Ecl.
Phys. I, 4, 21, p. 114, ubi idem vs. sic scribitur:

οὗτοι προσελθοῦσ᾽ ἡ Δίκη σε [πώποτε].

Quod additamentum non magis genuinum esse quam illud
vel inde liquet, quod Graeculorum more πώποτε pro ποτέ est
adhibitum.

Stob. LXVII, 8 τοῦ αὐτοῦ (nempe Εὐριπίδου):

οἰκοφθορεῖν γὰρ ἄνδρα κωλύει γυνὴ
ἐσθλὴ παραζευχθεῖσα, καὶ σώζει δόμους.

Vulgo οἰκοφθόρον, quod emendavi.

Stob. LXXXVII, 8 Εὐριπίδου·

Ἡ φύσις ἑκάςῳ τοῦ γένους ἐστὶν πατρίς·

Verba ipsis tenebris obscuriora. Suspicor:

ἡ φύσις ἑκάςῳ κοὐ τὸ γένος ἐςὶν πατρίς·

i. e. *Indoles cuique non origo pro patria est.* Noli, ait poeta,
quemquam despicere, quod natus sit in civitate obscuriore
cet., nam οὐκ ἔςιν οὐδεὶς ἀποδεδειγμένος τόπος, ὃς ἢ πονη-
ροὺς πάντας ἢ χρηςοὺς ποιεῖ, qui versus, male Epicharmo
tributi, a Stobaeo cum loco nostro coniunguntur in codd. A M.

Stob. CXVI, 6.

Ὦ γῆρας, οἵαν ἐλπίδ᾽ ἡδονῆς ἔχεις;
καὶ πᾶς τις εἰς σὲ βούλετ᾽ ἀνθρώπων μολεῖν,
λαβὼν δὲ πεῖραν μεταμέλειαν λαμβάνει,
ὡς οὐδέν ἐςι χεῖρον ἐν θνητῷ γένει.

Gaisfordius hoc fragm. novae comoediae poetae tribuens

egregie fallitur; nam μολεῖν solis tragicis dicere licebat. Hinc simul apparet corrupta esse vocabula βούλετ᾽ ἀνϑρώπων, propterea quod diphtongum αι elidere poetae tragici non solent. Erfurdtii coniectura ἐβούλετ᾽ iure explosa, Wagnerus multo melius βούλεται βροτῶν μολεῖν scribendum esse suspicatur. Ego in *BOYΛETANΩN* videre mihi videor *BOYΛETΛINEΩN* i. e. βούλεται νέων μολεῖν.

Anton. Meliss. et Maxim. in ed. Stob. a 1609, Serm. CXLVIII, p. 237, 14:

    Ἐν τοῖς κακοῖς δεῖ τοὺς φίλους εὐεργετεῖν·
    ὅταν γὰρ ἡ τύχη καλῶς διδῷ, τί χρὴ φίλου;

Recipiendis his versibus inter incertas Euripidis reliquias probavit Wagnerus se ante susceptum edendi negotium non diligentissime huius tragici fabulas perlegisse. Inspice mihi Orestem, ubi vs. 665 sqq. Agamemnonides sic alloquitur Menelaum:

    — Ἐρεῖς ἀδύνατον· αὐτὸ τοῦτο· τοὺς φίλους
    ἐν τοῖς κακοῖς χρὴ τοῖς φίλοισιν ὠφελεῖν,
    ὅταν δ᾽ ὁ δαίμων εὖ διδῷ τί δεῖ φίλων;
    ἀρκεῖ γὰρ αὐτὸς ὁ ϑεὸς ὠφελεῖν ϑέλων.

Non dubitabis, opinor, mecum statuere versus esse eosdem, sed apud Stobaeum ita pessime corruptos esse et interpolatos, ut neque metrum sibi constet, neque Graecitas. Εὖ διδόται fortuna rectissime dicitur; καλῶς διδόναι h. s. Graecorum nemo dicere potuit. Quod ad hanc scribarum in Stobaeo licentiam attinet omnino confer, quae Cobetus nuper disputavit in Mnemos. Vol. IX, p. 86—148. Praeterea hinc apparet saepe non integros afferre locos Stobaeum (cf. Stob. XXXIV, 2).

Clem. Alex. Strom. V p. 688:

vs. 6 σὺ γὰρ ἔν τε θεοῖς τοῖς οὐρανίδαις
σκῆπτρον τὸ Διὸς μεταχειρίζων,
χθονίων θ᾽ Ἅιδῃ μετέχεις ἀρχῆς,
πέμψον μὲν φῶς ψυχᾶς ἀνδρῶν
τοῖς βουλομένοις ἄθλους προμαθεῖν,
πόθεν ἔβλαςον κτέ.

Grammaticae ratio non constabit, nisi scripseris aut μεταχει-
ρίζεις—μετέχεις, aut μεταχειρίζων—μετέχων. Sententia illud
verum, hoc falsum esse evincit. Coniunctione γὰρ hic, ut
saepissime, ratio redditur non praecedentium, sed sequentium.

Achill. Tat. Isag in Phoen. p. 139: E.: ἐνιαυτὸς δὲ ἡλίου
εἴρηται, ἐπεὶ ἔχει τὰς πάσας ὥρας ἐν ἑαυτῷ τέσσαρας κατὰ
τὸν Εὐριπίδην •ὅθ᾽ οὕνεκ᾽ ἐν αὐτῷ πάντα συλλαβὼν
ἔχει.•

Scripserim:

οὕνεκ᾽ ἐν ἑαυτῷ πάντα συλλαβὼν ἔχει.

quae correctio facilior est quam haec Meinekii:

ὁθούνεκα

[αὐτὸς] ἐν ἑαυτῷ κτέ.

Athenag. Legat. pro Christ. c. 6, p. 22:

ὤφειλεν ᾖδεν, εἴπερ ἐς ἓν οὐρανῷ
Ζεύς, μὴ τὸν αὐτὸν δυςυχῇ καθεςάναι.

Nauckius locum restituisse se opinatur, scripto δῆθεν vs. 1,
non animadvertens gravissima labe affectum esse vs. 2, ubi
sententia requirit: τὸν αὐτὸν ἀεὶ δυςυχῇ κτέ., quemadmodum
legimus in Phoen. vs. 83: χρὴ δ᾽, εἰ σοφὸς πέφυκας, οὐκ ἐᾶν
βροτῶν τὸν αὐτὸν ἀεὶ δυςυχῇ καθεςάναι, quem locum ipse affert.
Cf. Soph. El. 916 sq.

Hoc fragmentum, cui emendando non sum, in mentem mihi
revocat locum Euripideum Troad. 1203, ubi Hecuba sic queritur:

θνητῶν δὲ μῶρος, ὅςις εὖ πράσσειν δοκῶν
βέβαια χαίρει· τοῖς τρόποις γὰρ αἰ τύχαι
ἔμπληκτος ὡς ἄνθρωπος ἄλλοτ' ἄλλοσε
πηδῶσι, κοὐδεὶς αὐτὸς εὐτυχεῖ ποτε,

quae intelligam emendata hac ratione:

θνητῶν δὲ μῶρος, ὅςις εὖ πράσσων δοκεῖ
βέβαια χαίρειν· κτέ.

Ibid. p. 28:

πολλάκι μοι πραπίδων διῆλθε φροντὶς
εἴτε τύχα (τις) εἴτε δαίμων
τὰ βρότεια κραίνει.
(εἰ) παρά τ' ἐλπίδα καὶ παρὰ δόξαν
τοὺς μὲν ἀπ' οἴκων ἀποπίπτοντας
ἄτερ βίου, τοὺς δ' εὐτυχοῦντας ἄγει.

Vs. 4 de coniectura mea pro καὶ παρὰ δίκαν, quod metro aperte adversatur, rescripsi καὶ παρὰ δόξαν. Vs. 2 τις et vs. 4 εἰ inseruit Matth.; vs. 5 ἀποπίπτοντας pro δ' ἀναπίπτοντας Gesnerus ci.: vulgo ἀναπίπτοντας legitur e Grotii correctione; vs. 6 ἄτερ βίου pro ἀτὰρ θεοῦ rescripsit Grotius, sed fortasse aliud quid latet. Plurimum vero abest, ut pars ultima fragmenti persanata sit

---

Schol. Pind. Pyth. IV: 71. Ἐπειδὴ οἱ οἰκέται τῶν δεσποτῶν τοὺς πόνους διαλύουσι τῇ θεραπείᾳ λυσιπόνους αὐτοὺς ἐκάλεσεν, ὡς Εὐριπίδης·

δούλοισι γὰρ τε ζῶμεν οἱ ἐλεύθεροι.

Heathius: γάρ τοι et οἵ γ' ἐλεύθεροι. Aliud quid latere videtur Nauckio, cui planissime assentior. Quicunque bene attendit ad verba Scholiastae, sentiet verum esse:

δούλοισιν ἀργοὶ ζῶμεν οἵ γ' ἐλεύθεροι.

i. e. οἱ δοῦλοι τοὺς πόνους διαλύοισιν ἡμῖν τοῖς ἐλευθέροις.

Schol. *A.* Il. *Z.* 239 de v. ἔτης agens: καὶ παρ' Εὐριπίδῃ τὸ·
πόλει μὲν ἄρχων, φωτὶ δ' οὐκ ἔτη πρέπων.
Corrigo:
πόλεως μὲν ἀρχῷ, φωτὶ δ' οὐκ ἔτη πρέπων.
i. e. *civitatis quidem principi, non vero privato homini conve-
niens.* Idem Schol. affert ex Aeschylo: οὔτε δῆμος οὔτ' ἔτης
ἀνήρ. Emendationem nostram confirmat Aeschyl. Suppl. 247.

CAPUT V.

EMENDATIONES IN RELIQUORUM TRAGICORUM FRAGMENTA.

Stob. CXX, 2. Ἀρίσαρχος·
Ὦ θάνατε σωφρόνημα τῶν ἀμεινόνων·
Verum videtur:
Ὦ θάνατε σωφρόνισμα τῶν ἀμειλίχων·
Σωφρόνημα iam alii correxerunt.

Schol. ad Eur. Med. 647 Νεόφρων·
καὶ γὰρ τιν' αὐτὸς ἤλυθον λύσιν μαθεῖν
σοῖ· Πυθίαν γὰρ ὄσσαν, ἣν ἔχρησέ μοι
Φοίβου πρόμαντις, ξυμβαλεῖν ἀμηχανῶ,
σοὶ δ' εἰς λόγους μολὼν γὰρ ἤλπιζον μαθεῖν.
Forma ἤλυθον in senario an ferri possit dubito. Conieci:
ἦλθον ἵνα (vel ὡς) λύσιν μάθοιν vel ἤθελον λύσιν μαθεῖν.
Vs. 4 pro γὰρ legendum ἄρ'.

Schol. ad Eurip. Med. 1384 Νεόφρων —:
τέλος φθερεῖ γὰρ αὐτὸς αἰσχίσῳ μόρῳ,
βρόχον τὸν ἀγχόνης ἐπισπάσας δέρῃ.

Ita vs. 2 correxit Elmsleius. Codex Flor. exhibet: *Βρόχῳ τὸν ἀγχόνης ἐπισπάσας δέρην;* edit. Ven.: *βροτὸν ἀγχόντς ἐπισπάσας ἔρη.* Mihi versus, quem restituit doctissimus Anglus, quia inciditur post vocabulum polysyllabum, *κακόμετρος* esse videtur. Eo tamen manifesto ducit librorum scriptura, quae parum favet suspicioni meae:

βρόχον τὸν ἀγχόνειον ἐξάψας δέρῃ.

Restat igitur, ut Neophronem in numeris negligentiorem fuisse arbitremur.

Athen. XI p. 468 c. *Δακτυλωτὸν ἔμπωμα οὕτως καλούμενον παρ᾽ Ἴωνι ἐν Ἀγαμέμνονι·*

οἴσει δὲ δῶρον ἄξιον δραμήματος
ἔκπωμα δακτύλωτον, ἄχραντον πυρί,
Πελίου μέγ᾽ ἀθλον, Κάςορος δ᾽ ἔργον ποδῶν.

Sana ratio imperiose postulat, ut vs. 3 rescribamus:

Πελίου μὲν ἔργον, Κάςορος δ᾽ ἀθλον ποδῶν.

i. e. *Peliae* (fabri) *opus, Castoris praemium.* Ecquis est, qui non meminerit versuum Homericorum:

οὐχ ἱερῆϊον οὐδὲ βοείην
ἀρνύσθην, ἅτε ποσσὶν ἀέθλια γίγνεται ἀνδρῶν,

aut:

δώδεκα δ᾽ ἵππους
πηγούς ἀθλοφόρους, οἳ ἀέθλια ποσσὶν ἄροντο.

Pro *μέγ᾽* requiri *μὲν* vidit iam Osannius. Vs. 2 *δακτύλωτον* tam veterum Alexandrinorum quam recentiorum interpretum crux fuit. Meinekius *δαιδάλωτον*, Nauckius *δεικηλωτὸν* ci. Ipse cogitavi de *διαλιθωτόν* i. e. *gemmis ornatum*, de *παντύλωτον*, de aliis, sed nihil, quod certum sit, reperire potui.

Ath. III, p. 91 D: *ὅτι δ᾽ οἱ ἐχῖνοι, λεγω δὲ καὶ τοὺς χερσαίους καὶ τοὺς θαλαττίους ἑαυτῶν εἰσι φυλακτικοὶ πρὸς·*

τοὺς θηρῶντας — Ἴων — μαρτυρεῖ ἐν Φοίνικι ῇ Καινεῖ λέγων οὕτως·

ἀλλ' ἔν γε χέρσῳ τὰς λέοντος ἤνεσα
ἢ τὰς ἐχίνου μᾶλλον οἰζυρὰς τέχνας·

Qui primus χέρσῳ ferri non posse vidit Nauckius, infeliciter admodum: ἀλλ' ἔν γε κύρσω ci. Equidem scripserim:

ἀλλ' ἔν γε θηρσὶ τὰς κτὲ.

Sequentia sic scribantur:

ὃς, εὖτ' ἂν ἄλλων κρεισσόνων ὁρμὴν μάθῃ,
ςρόβιλος ἀμφάκανθον εἱλίξας δέμας
κεῖται δακεῖν τε καὶ θιγεῖν ἀμήχανος.

ubi absurde vulgatur ἀμφ' ἄκανθαν.

Athen. 1 p. 21 A: ἔταττον γὰρ τὸ ὀρχεῖσθαι ἐπὶ τοῦ κινεῖσθαι καὶ ἐρεθίζεσθαι — Ἴων·

ἐκ τῶν ἀέλπτων μᾶλλον ὤρχησεν φρένας.

Credat, qui possit! Athenaeo imposuit, opinor, corrupta codicis lectio. Io enim, ni fallor dederat:

ἐκ τῶν ἀέλπτων μᾶλλον ὤργησεν φρένας.

Cf. Tim. lex. Plat. v. ὀργᾷ ibique doctam Ruhnkenii adnotationem.

Athen. XIV, p. 641 D. — Ἀχαῖος ἐν Ἡφαίςῳ σατυρικῷ·

A. Θοίνῃ σε πρῶτον τέρψομεν· πάρεςι γάρ.
B. τὸ δεύτερον δὲ τῷ με κηλήσεις τρόπῳ;
A. μύρῳ σε χρίσω πάμπαν ἐνόσμῳ δέμας.
B. ὕδωρ δὲ νίψαι χεῖρας οὐ πρόσθεν δίδως;
A. ἐν ᾧ τράπεζά γ' ἐκποδὼν ἀπαίρεται.

Vs. 1 scripsi πάρεςι γάρ pro δὲ cum Casaubono et vs. 5 pro ναὶ τράπεζά γ' κτὲ. dedi de coniectura mea: ἐν ᾧ—γ'. Vulgo sine sensu: ναί· καὶ τρ. κτὲ. Possis quoque: ἐπεὶ τράπεζά γ'.

Athen. VII, p. 277 B. καὶ κατὰ τὰς Ἀχαιοῦ δὲ Μούσας·
πολὺς γὰρ ὅμιλος ποντίου
κυκλοῦ σοβῶν ἐνάλιος θεωρία
χραίνοντες οὐραίοισιν εὐδία ἁλός.

Multis multorum in corruptissimum locum coniecturis accedat
haec mea:

πολὺς δ' ὅμιλος πόντιος (παρέσπετο),
κύκλῳ σοβοῦντες, ἐνάλιος θεωρία,
χραίνοντες κτὲ.

Diog. Laert. II, 5, 133: ὅθεν (Μενέδημος)· καὶ πρὸς τοὺς
ἀντιπολιτευομένους ταῦτα, φασὶ, προσεφέρετο·
Ἡλίσκετ' ἄρα καὶ πρὸς ἀσθενῶν ταχὺς
καὶ πρὸς χελώνης ἀετὸς βραχεῖ χρόνῳ.
ταῦτα δ' ἐςιν Ἀχαιοῦ ἐκ τῆς σατυρικῆς Ὀμφάλης.

Achaeum scripsisse opinor μάκρῳ χρόνῳ i. e. *tandem*. Μάκρῳ,
ut fit, corruptum erat in μίκρῳ, quod ipsum variam lectionem
βραχεῖ peperisse videtur.

Stob. LIV, 4 Ἀγάθων·
Γνώμη δὲ κρείσσων ἐςὶν ἢ ῥώμη χερῶν.
Malim κρεῖσσον.

Stob. LXXXVI, 3 Ἀςυδάμαντος·
Γένους δ' ἔπαινός ἐςιν ἀσφαλέςατος
κατ' ἄνδρ' ἐπαινεῖν, ὅςις ἂν δίκαιος ᾖ
τρόπους τ' ἄριςος. Τοῦτον εὐγενῆ καλεῖν·
τὸν ἄνδρα δ' εὑρεῖν τοῦτόν ἐςι δυσχερές,
κἢν αὐτὸν οἱ ζητοῦντες ὦσι μύριοι.

Sic corrigendi videbantur vs. 4 et 5, qui in cod. Paris. *A*
scripti leguntur in hunc modum:

ἕν' ἄνδρα τούτων ἐςὶν εὑρεῖν δυσχερές,
καὶ τοῦτον οἱ ζητοῦντες εἰσι μύριοι.

In cod. B vs. 4 haec scriptura est: ἀλλ' οὐκ ἐν ἑκατόν ἐςιν
εὑρεῖν ἄνδρ' ἕνα, unde Porsonus rescripsit: ἐν ἑκατόν ἐςιν ἔργον
εὑρεῖν ἄνδρ' ἕνα κτέ. Priores versus nondum persanati. At quod
suspicatur Nauckius ἑνὸσ δ' ἔπαινος κτέ. nihili esse arbitror.

Athen. XIII, p. 559 F. Καρκίνος — ἐν Σεμέλῃ·
    Ὦ Ζεῦ, τί χρὴ γυναῖκας ἐξειπεῖν κακόν;
    ἀρκοῦν ἂν εἴη, κᾶν γυναῖκ' εἴπῃς μόνον.

E singulari numero γυναῖκ' vs. 2 liquido constat, vs. 1
sic scribendum esse:
    Ὦ Ζεῦ, τί χρὴ γυναῖκά σ' ἐξειπεῖν κακόν;

Stob. CIII, 3 Καρκίνου Τηρεύς·
    ἀσκεῖν μὲν ἀρετήν, εὐτυχεῖν δ' αἰτεῖν θεούς,
    ἔχων γὰρ ἄμφω ταῦτα μακάριός θ' ἅμα
    κεκλημένος ζῆν κἀγαθὸς δυνήσεται.
Lege: οὔχων γὰρ — δυνήσεται.

Stob. XXXVIII, 18 Καρκίνου·
    Χαίρω σ' ὁρῶν φθονοῦντα, τοῦτ' εἰδώς, ὅτι
    ἕν δρᾷ μόνον δίκαιον, ὧν ποιεῖ, φθόνος·
    λυπεῖ γὰρ αὐτὸ κτῆμα τοὺς κεκτημένους.

Quod Nauckius suspicatur vs. 3 αὐτόχρημα mihi quidem
sententiae parum convenire videtur. Poeta vix aliter scribere
potuit quam sic:
    λυπεῖ γὰρ αὐτοὺς πλεῖςα τοὺς κεκτημένους.

Graeculus linguae non satis gnarus, quum superesset
ΑΥΤΟ....Α, lacunam argutius quam verius explevisse videtur.

Pretiosum nobis CRITIAE tragici fragmentum e *Sisypho* servavit Sextus Empiricus adv. Phys. p. 262 sq. ed Fabr.

Antiquissimo tempore, ait, neque virtutis praemia erant, nec
scelerum poenae, unde fiebat, ut vi et arbitrio potentiorum
humana omnia regerentur. Mox vero ad coercendas impro-
borum iniurias leges latas esse.

9 Ἔπειτ' ἐπειδὴ τἀμφανῆ μὲν οἱ νόμοι
  ἀπεῖργον αὐτοὺς ἔργα μὴ πράσσειν βίᾳ,
  λάθρᾳ δ' ἔπρασσον (ἄδικα), τηνικαῦτά μοι
  δοκεῖ πυκνός τις καὶ σοφὸς γνώμην ἀνὴρ
  γνῶναι θεοὺς θνητοῖσιν ἐξευρεῖν, ὅπως
  εἴη τι δεῖμα τοῖς κακοῖσι, κἂν λάθρα
  πράσσωσιν ἢ λέγωσιν ἢ φρονῶσί (τι).
  Ἐντεῦθεν οὖν τὸ θεῖον εἰσηγήσατο
  ὡς ἔστι δαίμων ἀφθίτῳ θάλλων βίῳ.

Vs. 10 pro ἀπῆγον scripsi ἀπεῖργον cum Nauckio de Nor-
manni coniectura. Vs. 11 ἄδικα inserui cum Wagnero, vs. 13
pro codicum lectione δὲ ὃς dedi θεοὺς (ΘΣ) ex coniectura
mea. Wagnerus edidit δέον, auctore Normanno, sed ita ἐξευρεῖν
caret obiecto; Nauckius δέος, quod propter sequens δεῖμα
omnino improbandum. Medelam hucusque frustra exspectavit
fragmenti pars ultima:

33 —— τό τ' ἀστερωπὸν οὐρανοῦ δέμας,
   χρόνου καλὸν ποίκιλμα, τεκτόνος σοφοῦ,
   ὅθεν τε λαμπρὸς ἀέρος ςείχει μύδρος,
   ὅ θ' ὑγρὸς ἐς γῆν ὄμβρος ἐκπορεύεται;
   Τοίους πέριξ ἔστησεν ἀνθρώποις φόβους,
   δι' οὓς καλῶς τε τῷ λόγῳ κατῴκισεν
   τὸν δαίμον' οἰκεῖν ἐν πρέποντι χωρίῳ
   τὴν ἀνομίαν τε τοῖς νόμοις κατέσβεσεν.

Ad vs. 35 optime, me iudice, Matthiaeus monuit solem non-
numquam quidem ἄστρον dici, nusquam vero alibi ἀστήρ.
Frustra enim Wagnerus obmovet locum Aristophanis Thes-
moph. 1050:

   εἴθε με πυρφόρος αἰθέρος ἀστήρ
   τὸν βάρβαρον ἐξολέσειε.

siquidem iste locus procul dubio corruptus est. Nam, ut alia
taceam, quomodo Mnesilochus, cuius haec verba sunt, se
ipsum barbarum vocare potuit, aut apprecari sibi aliive per-
niciem a sole? Nondum ab omni parte repudio coniecturam,
quae, quoties hunc locum lego, mihi venit in mentem, in istis
πυρφόρος αἰθέρος ἀστήρ latere πυρφόρος ἀστεροπητής,
collato loco Sophocleo Philoct. 1198:

οὐδ᾽ εἰ πυρφόρος ἀστεροπητής
βροντᾷς αὐγαῖς μ᾽ εἶσι φλογίζων.

Quam tamen coniecturam urgere nolo, sed hoc unum requiro,
ut ne istiusmodi locis aliquis abuti velit.

Persequi autem Critiam, ut ad locum, de quo agimus,
redeamus, his versibus ANAXAGORAE doctrinam, rectissime iam
alii monuerunt. Diog. Laert. II, 3 § 8 ed. Cob.: οὗτος
ἔλεγε τὸν ἥλιον μύδρον εἶναι διάπυρον καὶ μείζω τῆς Πελοποννήσου κτέ. Xenoph. Memor. IV, 7 § 7: φάσκων δὲ
(nempe Anaxagoras) τὸν ἥλιον λίθον διάπυρον εἶναι καὶ
τοῦτ᾽ ἠγνόει, ὅτι λίθος μὲν ἐν πυρὶ ὢν οὔτε λάμπει οὔτε πολὺν
χρόνον ἀντέχει, ὁ δ᾽ ἥλιος τὸν πάντα χρόνον πάντων λαμπρό-
τατος ὢν διαμένει. cf. Luc. Icarom § 7. Hinc subnata mihi iam
aliquot abhinc annis (cf. dissertat. meam p. 131) suspicio
est, a Critia olim profectum esse hunc versum:

ὅθεν τε λαμπρὸς διάπυρος στείχει μύδρος.

Vocabulum autem διάπυρος in ἀστέρος abire potuisse non
mirabitur, quicunque meminerit, quo compendio praepos. διὰ
pingi soleat in libris manuscriptis. Cf. Bastium comm. palaeogr.
tab. V, num. 19. Neque tamen absurde scriberetur:

ὅθεν τε λαμπρὸς αἰθέρος στείχει μύδρος.

Vs. 38, 39 nemo non monitus haerebit in absurdo pleo-
nasmo, quo laborant verba κατῴκισεν τὸν δαίμον᾽ οἰκεῖν.

Haec tamen res non librariis vitio vertenda est, sed criticis
recentioribus. Ita enim pessime interpolavit hiulcam codicum
scripturam: τὸν δαίμονα καὶ ἐν πρέποντι χωρίῳ God. Hermannus. Quam viri ingeniosissimi coniecturam inconsulto rece-

pit Wagnerus. Post multas infelices virorum doctorum suspiciones fortasse locus concedetur huic meae:

τοίους πέριξ ἔςησεν ὀνθρώποις φόβους
θείους, καλῶς τε τῷ λόγῳ κατῴκισεν
τὸν δαίμον' ἄρας ἐν πρέποντι χωρίῳ

i. e.: *et oratione deum amplificans fecit habitare loco decoro.* Quod participium ἄρας fortasse non sine malignitate quadam deorum contemtor Critias sensu ambiguo adhibere voluit, quia verbum αἴρειν fere sollemne est de machinis, quibus in scena Attica dii demittebantur humum evehebanturque sublimes. Sic. v. c. legimus in lepido fragmento ANTIPHANIS e *Poesi* ap. Athen. VI, 1 p. 223 b.

Ἔπειθ' ὅταν μηδὲν δύνωντ' εἰπεῖν ἔτι
κομιδῇ δ' ἀπειρήκασιν ἐν τοῖς δράμασιν,
αἴρουσιν ὥσπερ δάκτυλον τὴν μηχανήν
καὶ τοῖς θεωμένοισιν ἀποχρώντως ἔχει.

Sed imprimis huc facit Platonis locus in Cratylo p. 324 D: εἰ μὴ ἄρα βούλει, ὥσπερ οἱ τραγῳδοποιοί, ἐπειδάν τι ἀπορῶσιν, ἐπὶ τὰς μηχανὰς καταφεύγουσι θεοὺς αἴροντες, καὶ ἡμεῖς οὕτως εἰπόντες ἀπαλλαγῶμεν. Similiter *vir ille sapiens* apud Critiam deum suum quasi machina quadam sublimen evectum oratione sua collocavit in coelo. Praeterea vs. 38 meo Marte pro δι' οὕς καλῶς κτὲ. dedi θείους i. e. *terrores divinos;* nam quod Meinekius suspicatur δι' οὕς in hac verborum coniunctione plane nihil significat.

In eadem senarii sede participium ἄρας adhibuit Euripides Electr. vs. 2:

ὅθεν ποτ' ἄρας ναυσὶ χιλίοις Ἄρη.

Dum, his scriptis, totum fragmentum iterum perlego, graviter offendo in vs. 16 sqq.:

Ἐντεῦθεν οὖν τὸ θεῖον εἰσηγήσατο
ὡς ἔστι δαίμων ἀφθίτῳ θάλλων βίῳ
νόῳ τ' ἀκούων καὶ βλέπων φρονῶν τ' ἀεί.

Hucusque πάνυ σεμνῶς omnia procedunt, et nihil est, quod demere aut addere velis. Iam vero vide, quam misella sint et poeta vel valde mediocri indignissima quae sequuntur:

19 προσέχων τε ταῦτα καὶ φύσιν θείαν φορῶν,
ὃς πᾶν τὸ λεχθὲν ἐν βροτοῖς ἀκούσεται,
ὃς δρώμενον δὲ πᾶν ἰδεῖν δυνήσεται.

Tribus his versibus nihil omnino dicitur quod non multo melius in duobus praecedentibus enuntiaverit poëta, nisi forte corrupta putas verba προσέχων τε ταῦτα, atque egregiam sub illis sententiam delitescere. Sed videamus singula. Vs. 19 inepte supervacaneum est δαίμονι, ἀφθίτῳ βίῳ θάλλοντι tribuere θείαν φύσιν; vs. 20, ut taceam vocabula νόῳ τ' ἀκούων male hic inutili verborum turba περιφράζεσθαι, vocabula τὸ λεχθὲν ἐν βροτοῖς vix Graeca videntur pro τὰ λεγόμενα βροτοῖς; tandem vs. 21, qui continet participii βλέπων periphrasin, male incipit ab eodem pronomine, a quo initium ducit versus praecedens. Accedit, quod hi versus, quos exhibui emendatos scil. a viris doctis, in codd. leguntur in hunc modum:

προσέχων — φορῶν,
ὑφ' οὗ πᾶν μὲν τὸ λεχθὲν ἀκούεται
ὃς δρώμενον δὲ πᾶν ἰδεῖν δυνήσεται.

Delendi igitur, si me audis, una litura. Optime autem statim post vs. 18 sequentur vs. 22 sqq.:

ἐὰν δὲ νῦν σιγῇ τι βουλεύῃς κακόν,
τοῦτ' οὐχὶ λήσει τοὺς θεοὺς κτέ.

Athenae. IX, p. 401 F. Διονύσιος δ'ὁ τύραννος ἐν Ἀδώνιδι·

νυμφῶν ὑπὸ σπήλυγγα τὴν αὐτόξεγον,
σύαγρον ἐκβόλειον εὔθηρον κλύειν
ᾧ πλεῖς' ἀπαρχὰς ἀκροθινιάζομαι.

Locum corruptissimum tentare lubet in hunc modum:

νυμφῶν ὑπὸ σπήλυγγα τὴν αὐτόξεγον,
αἷς πλεῖς' ἀπαρχὰς ἀκροθινιάζομαι,
σύαγρον μολεῖν ἕλειον εὔθηρον κλύω.

Apros loca palustria alere non ignotum esse arbitror. Ipsius autem Adonidis venatum ituri haec verba esse videntur. *Πλεῖςα* vs. 2 valet *saepissime*. Cf. Soph. Ant. vs. 476.

Aristot. Rhet. II, 23 p. 1397 b. 3 — ἐν τῷ Ἀλκμαίωνι τῷ Θεοδέκτου·

    A. μητέρα δὲ τὴν σὴν οὔτις ἐςύγει βροτῶν;

    B. (μάλιςά γ᾽,) ἀλλὰ διαλαβόντα χρή σκοπεῖν.

    A. πῶς;

    B. τὴν μὲν θανεῖν ἔκριναν, ἐμὲ δὲ μὴ κτανεῖν.

Vs. 2 de meo addidi μάλιςά γ᾽. Cf. v. c. Soph. Trach. 669. Nauckius, qui suspicatur ἅπαντες, recte Alphesiboeae vs. 1 et 3, Alcmaeoni 2 et 4 tribuit.

Athen. X p. 454, F: καὶ Θεοδέκτης ὁ Φασηλίτης ἄγροι-κόν τινα ἀγράμματον παράγει καὶ τοῦτον τὸ τοῦ Θησέως ὄνομα διασημαίνοντα·

    γραφῆς ὁ πρῶτος ἦν μαλακόφθαλμος κύκλος.

Scaliger καλόφθαλμος, Schweigh. μεσόμφιλος, Welck. et Bergk. μεσόφθαλμος coniecerunt, Grotius μελανόφθαλμος, servato anapaesto in pede quarto. Mihi figuram literae Θ intuenti verum videtur:

    γραφῆς ὁ πρῶτος ἦν μακρόφθαλμος κύκλος,

quae coniectura prae ceteris sua se lenitate commendabit. *MAKPO* quum dittographia abiisset in *MAΛΛKPO*, supervenit corrector, qui literam *P* περιέγραψεν. Versus ultimus sic legatur:

    ἕκτον δ᾽ ὅπερ καὶ πρόσθεν εἶπον, βόςρυχος.

Vulgo εἶφ᾽ ὁ βόςρυχος, sed in optimis codd. est εἶπ᾽ ὁ β. Pausam vero Porsonianam seriores tragicos non observare satis constat

Stob. Ecl. I, 4, 11 p. 116 ed. Heercn. Θεοδέκτου·

Vs. 6   νῦν δὲ τῆς τιμωρίας
ἄπωθεν οὔσης τῇ φύσει χρῶνται βροτοί·
ὅταν δὲ φωραθῶσιν ὀφθέντες κακοί,
τίνουσι ποινὰς ὑςέροισιν ἐν χρόνοις.

Propter immanem tautologiam quae est in verbis φωραθῶσιν
ὀφθέντες monstrum alere participium ΟΦΘΕΝΤΕΣ crediderim.
Fortasse, mutata interpunctione, legendum:
ὅταν δὲ φωραθῶσιν, οἱ φύντες κακοί
τίνουσι κτέ.

Athen. XIII p. 608 *Chaeremonis* affert fragm. ex *Alphesi-
boea*, cuius ultima pars sic corrigenda, ut legamus:
ⴰ κόμαι δὲ κηροχρῶτες ὡς ἀγάλματος
αὐτοῖσι βοςρύχοισιν εὖ πεπλασμένου
κούφοισιν ἀνέμοις ἐνετρύφων φορούμεναι.

Vulgo: ξευθοῖσιν ἀνέμοις. Cf. Soph. Ai. 555: κούφοις
πνεύμασι βόσκου.

Stob. Ecl. 1, 9, 38, p. 240 sq. Μοσχίωνος·

Vs. 18 sq. Ἐπεὶ δ᾽ ὁ τίκτων πάντα καὶ τρέφων χρόνος
εἶτ᾽ οὖν κτέ.

Exspectaveram propter sequentia:
ἐπεὶ δ᾽ ὁ τίκτων πάντα καὶ φθείρων χρόνος κτέ.

Anton. Meliss. Serm. CXLV: Μοσχίωνος· ἕπεσθαι τοῖς
τερπνοῖς εἴωθε τὰ λυπηρά. Hinc Wagnerus procudit versum,
qualem nemo tragicorum pro suo agnosceret, nempe hunc:
τὸ λυπρὸν αἰεὶ τοῖσι τερπνοῖς εἴπετο.

Praestiterit certe:
τὰ λυπρὰ τοῖς τερπνοῖσιν ἀκολουθεῖν φιλεῖ.

At lubricum negotium est e paraphrasi versus restituere velle.

Stob. CXI, 3 *Πατροκλέους·*

vs. 3 τί δῆτα θνητοὶ πόλλ' ἀπειλοῦμεν μάτην,
δεινοὺς ἐπ' ἀλλήλοισι πέμποντες λόγους,
καὶ πάντα συννοοῦμεν ἐκπράξειν χερί,
πρόσω βλέποντες; τὴν δὲ πλησίον τύχην,
οὐκ ἴσμεν οὐδ' ὁρῶμεν ἀθλίου μόρου.

Vs. 5 multo aptius scriberetur:

καὶ πάντας ἐννοοῦμεν ἐκπράξειν χερί,

nempe τοὺς λόγους. Verbum συννοεῖν huius loci non est.

Stob. LXVII, 3 *Ἀπολλωνίδου·*

Φεῦ φεῦ γυναῖκες, ὡς ἐν ἀνθρώποις ἄρα
οὐ χρυσός, οὐ τυραννίς, οὐ πλούτου χλιδή
τοσοῦτον εἶχε διαφόρους τὰς ἡδονάς,
ὡς ἀνδρὸς ἐσθλοῦ καὶ γυναικὸς εὐσεβοῦς
γνώμη δικαία καὶ φρονοῦσα τἄνδικα.

Meinekius ad h. l. adnotat: *paullo tolerabilius esset καὶ φρονοῦσα τἄδικα, at fortasse τἀγαθὰ scribendum pro τἄνδικα*. Parum posteriore coniectura (nam de priore tacere praestat) proficere mihi videmur, siquidem καὶ φρονοῦσα τἀγαθά post δικαία vix minus languet quam καὶ φρονοῦσα τἄνδικα. Quid loci sententia requirat, optime docebit Homerus Odyss. VI, vs. 120:

οὐ μὲν γὰρ τοῦγε κρεῖσσον καὶ ἄρειον
ἢ ὅθ' ὁμοφρονέοντε νοήμασιν οἶκον ἔχητον
ἀνὴρ ἠδὲ γυνή.

Quem locum imitatur Euripides in Medea vs. 14 sq.:

ἥπερ μεγίστη γίγνεται σωτηρία,
ὅταν γυνὴ πρὸς ἄνδρα μὴ διχοστατῇ.

Similiter, credo, Apollonides scripserat:

οὐ χρυσός — τοσοῦτον εἶχε διαφόρους τὰς ἡδονάς,
ὡς ἀνδρὸς ἐσθλοῦ καὶ γυναικὸς εὐσεβοῦς
γνώμη δικαία καὶ φρονοῦσα ταῦτ' ἀεί.

Sic demum recte Stobaeus huic fragmento locum assignavit
sub titulo: *OTI ΚΑΛΛΙΣΤΟΝ ΓΑΜΟΣ.*

Stob. LI, 23 Σωσιθέου ἐξ Ἀθλου·
  Εἷς μυρίους ὄρνιθας ἀετὸς σοβεῖ,
  λαῶν τε δειλῶν πλῆθος εὖ τραφεὶς ἀνήρ.
Oppositio suadere videtur, ut Sositheum dedisse putemus:
  λαῶν τε δειλῶν πλῆθος εὐθαρσὴς ἀνήρ.
Diversam esse rationem loci Euripidei Iph. Taur. vs. 304 sq.
  πρὸς εὐτραφεῖς γὰρ καὶ νεανίας ξένους
  φαύλους μάχεσθαι βουκόλους ἡγούμεθα,
cadit in oculos. Ibi enim de corporis vigore, hic de animi
alacritate sermo est. Simul monendum in usu fuisse adiectiva
ἀταρβής et εὐθαρσής, non vero ratione inversa εὐταρβὴς
neque ἀθαρσής. Hoc tantum invenitur apud sequiores, illud
nusquam.

Athen. X, p. 420 B. *Λυκόφρων ὁ Χαλκιδεὺς* γράψας
σατίρους Μενέδημον·
  ἀλλὰ κυλίκιον
  ὑδαρὲς ὁ παῖς περιῆγε τοῦ πεντωβόλου
  ἀτρέμα παρεξεςηκός. κτέ.
Vertunt "vini vapidi *propemodum*" at hoc sensu Graecum
est, quod haud dubie poetae reddendum: ἠρέμα παρεξεςηκός.
Opponi solent σφόδρα, παντελῶς, similia. Sequuntur haec:
  ὁ τ' ἀλιτήριος
  καὶ δημόκοινος ἐπεχόρευε δαψιλὴς
  θέρμος πενήτων καὶ τρικλίνου συμπότης.
Athen. II, p. 55 D. eundem locum afferens habet: καὶ
τρικλίνων συμπότης. Si locus sanus esset, hinc efficeres *tri-
cliniis* solos pauperes usos fuisse. At eadem in usu fuisse

etiam ditioribus in vulgus constat. Unde suspicio mihi subnata est, an forte Lycophron scripserit:

$$\vartheta\acute{\epsilon}\varrho\mu o\varsigma\ \pi\epsilon\nu\acute{\eta}\tau\omega\nu\ \varkappa\alpha\grave{\iota}\ \tau\varrho\iota\beta\acute{\omega}\nu\omega\nu\ \sigma\upsilon\mu\pi\acute{o}\tau\eta\varsigma.$$

Constat enim $\tau\grave{o}\nu\ \tau\varrho\acute{\iota}\beta\omega\nu\alpha$ fuisse philosophis apud Graecos proprium. Quam coniecturam non parum confirmant ipsa Athenaei verbà, quae lib. II, p. 55 D versibus praemittit: $\varLambda\upsilon\varkappa\acute{o}\varphi\varrho\omega\nu\ \acute{o}\ X\alpha\lambda\varkappa\iota\delta\epsilon\grave{\upsilon}\varsigma\ \acute{\epsilon}\nu\ \sigma\alpha\tau\upsilon\varrho\iota\varkappa\tilde{\wp}\ \delta\varrho\acute{\alpha}\mu\alpha\tau\iota,\ \grave{o}\ \acute{\epsilon}\pi\grave{\iota}\ \varkappa\alpha\tau\alpha\mu\omega\varkappa\acute{\eta}\sigma\epsilon\iota\ \acute{\epsilon}\gamma\varrho\alpha\psi\epsilon\nu\ \epsilon\grave{\iota}\varsigma\ M\epsilon\nu\acute{\epsilon}\delta\eta\mu o\nu\ \tau\grave{o}\nu\ \varphi\iota\lambda\acute{o}\sigma o\varphi o\nu,\ \grave{\alpha}\varphi'\ o\tilde{\upsilon}\ \acute{\eta}\ \tau\tilde{\omega}\nu\ \acute{E}\varrho\epsilon\tau\varrho\iota\varkappa\tilde{\omega}\nu\ \acute{\omega}\nu o\mu\acute{\alpha}\sigma\vartheta\eta\ \alpha\acute{\iota}\varrho\epsilon\sigma\iota\varsigma,\ \delta\iota\alpha\sigma\varkappa\acute{\omega}\pi\tau\omega\nu\ \tau\grave{\alpha}\ \tau\tilde{\omega}\nu\ \varphi\iota\lambda o\sigma\acute{o}\varphi\omega\nu\ \delta\epsilon\tilde{\iota}\pi\nu\acute{\alpha}\ \varphi\eta\sigma\iota,\ \varkappa\alpha\grave{\iota}\ \delta\eta\mu\acute{o}\varkappa o\iota\nu o\varsigma\ \varkappa\tau\acute{\epsilon}.$

In poeta autem Alexandrino, ut arbitror, nemo requiret observantiam pausae Porsonianae quae dicitur.

Obiter hic notandus est turpis error, quem inter plurimos alios commiserunt Fred. Car. Kraft et Corn. Müller in libro, qui inscribitur Real-Schul-Lexicon sic scribentes in v. ME-NEDEMUS *"In sehr freundschäftliche Verhältnissen stand er mit Aratus, Lycophron u. Antagoras. Lycophron soll ihn sogar zum Gegenstande eines satyrischen Drama's gemacht haben, in dem er gelobt wurde"*, nisi forte credere mavis duumviros doctissimos, qui egregium illum librum iuventutis in usum ediderunt, scripsisse *"in dem er verspöttet wurde,"* et lectionem vulgatam typothetarum deberi incuriae.

Stob. IX, 21 $\varPhi\iota\lambda\acute{\eta}\mu o\nu o\varsigma\ \acute{\epsilon}\nu\ \varPi\alpha\lambda\alpha\mu\acute{\eta}\delta\epsilon\iota.$ (*Philiscus Palamede* Grotius):

$$\tau o\tilde{\upsilon}\ \gamma\grave{\alpha}\varrho\ \delta\iota\varkappa\alpha\acute{\iota}o\upsilon\ \varkappa\grave{\alpha}\nu\ \beta\varrho o\tau o\tilde{\iota}\sigma\iota\ \varkappa\grave{\alpha}\nu\ \vartheta\epsilon o\tilde{\iota}\varsigma$$
$$\grave{\alpha}\vartheta\acute{\alpha}\nu\alpha\tau o\varsigma\ \grave{\alpha}\epsilon\grave{\iota}\ \delta\acute{o}\xi\alpha\ \delta\iota\alpha\tau\epsilon\lambda\epsilon\tilde{\iota}\ \mu\acute{o}\nu o\upsilon.$$

Codd. et edd. $\mu\acute{o}\nu o\nu$, quod correxi.

CAPUT VI.

ANONYMORUM FRAGMENTA.

———

Apollod. 3, 1, 4: ἦν δ᾿ ὁ λαβύρινθος, ὃν Δαίδαλος κατε-
σκεύασε·

οἴκημα καμπαῖς πολυπλόκοις πλανῶν ὁδόν.

Vulgo πλανῶν τὴν ἔξοδον, quod de coniectura mea mutavi.
Meinekius primus tragici alicuius verba latere suspicatus est.

———

Male Wagnerus Aeschylo tribuisse videtur fragm. ap. Mich.
Apost. p. 37 ed. Walz.:

Ἄκμων μέγιστος οὐ φοβεῖται τοὺς ψόφους,
καὶ νοῦς ἐχέφρων πᾶσαν ἕλκουσαν βίαν.

Vel si propter violatam pausam Porsonianam vs. 1 veteri
tragico hoc fragm. non esset abiudicandum, satis opinor non
summo poetae sed misello nescio cui poestastro tribuendum
esse arguerent ipsa verba. Cur, cedo, ἄκμων dicitur μέγιστος?
cur articulus additur ad ψόφους? num (vs. 2) καὶ potest
adhiberi pro οὐδέ, quod procul dubio loci sententia postulat?
denique quid est ἕλκουσα βία? Quid horum versuum auctor
voluerit, satis apparet; nec procul absum, quin Aeschylum
scilicet nostrum vs. 1 dedisse putem.

Ἄκμων μεγίστους οὐ φοβεῖται τοὺς ψόψους.

Lubet h. l. adscribere versus nonnullos, qui, quamquam recentissima aetate procusos esse certis argumentis evinci possit,
nihilominus a Wagnero, parum idoneo talium iudice, inter
anonymorum tragicorum reliquias collocati sunt.

1. Fr. XXIII γαστὴρ παχεῖα ϶επτὸν οὐ τίκτει νόον. Poetae
Attici in senariis constanter utuntur forma contracta νοῦν.

2 Fr. XXVIII ἕλκος γὰρ πέλει τῆς ἀληθείας φθόνος.
Frustra Wagn. corrigit πέλει γάρ; nam versus est procul dubio
politicus. Ad idem genus refero versum ap. Mich. Apost., quem
memorat W. sub XXV: γυναικὸς αὐδὴ θάνατος νεωτέροις.

3 Fr. XXXIV Ἱκανῶς βιώσεις γηροβοσκῶν τοὺς γονεῖς.
Hunc tamen versum *dubitanter* recepit, quippe qui canoni
Porsoniano adversetur. Dubitandum non erat; nam etiam
βιώσεις pro βιώσει recentis aetatis est indicium.

4 Fr. XLIV φύσει γὰρ ἐχθρὸν.τὸ δοῦλον τοῖς δεσπόταις.
Frustra metrum corrigitur, nam est vs. politicus.

5 XLV. χρυσοῦ λαλοῦντος πᾶς ἀπρακτείτω (l. —ται) λόγος,
πείθειν γὰρ οἶδε καὶ πέφυκε μὴ λέγειν.

Recens aevum prodit λαλεῖν pro λέγειν usurpatum et sententia pessime concepta verbis.

6. Sequioris aevi poetastro tribuo versus ap. auct. compar.
Men. et Phil. p. 351, in quibus emendandis scil. oleum et
operam perdunt viri docti:

ὃ δεῖ παθεῖν σε μηδαμοῦ σκέψῃ φυγεῖν,
οὐ γὰρ δυνήσῃ φεύγειν, ὅ σε δεῖ παθεῖν,
τὸ πεπρωμένον γὰρ οὐ μόνον βροτοῖς
ἄφευκτόν ἐστιν, ἀλλὰ καὶ τὸν οὐρανόν.

Diductis literis significavi, quae a vetere poeta vel valde
mediocri profecta esse nequeunt. Praeterea vs. 3 elumbis est.

Versum ap. Cram. An. Gr. Ox. I p. 83, 30.
Ἀλλ' ἀντόμεθα πρὸς Ζηνὸς Ὀλυμπίου
Schneidewinus rescripsit in hunc modum:
Ἀλλ' ἀντόμεσθα πρὸς Διὸς τοὐλυμπίου.
me iudice parum probabiliter, quia quomodo Διός in rariorem
minusque notam librariis formam abire potuerit, non perspicitur. Ipse dochmios latere puto sic restituendos:

ἀλλ'
ἀντόμεθ' ὦ σε πρὸς Ζηνὸς Ὀλυμπίου.

Antiqui tragici versum ap. Doxopatr. Homil. in Aphton. ap. Walz. Rhett. II p. 291, 22:

$$\tau\grave{o} \; \tau\tilde{\eta}\varsigma \; \grave{\alpha}\nu\acute{\alpha}\gamma\varkappa\eta\varsigma \; — \; \upsilon \; \grave{\iota}\sigma\chi\upsilon\varrho\grave{o}\nu \; \zeta\upsilon\gamma\acute{o}\nu$$

vix melius corrigas quam scribendo:

$$\tau\grave{o} \; \tau\tilde{\eta}\varsigma \; \grave{\alpha}\nu\acute{\alpha}\gamma\varkappa\eta\varsigma \; \grave{\epsilon}\sigma\tau\grave{\iota}\nu \; \grave{\iota}\sigma\chi\upsilon\varrho\grave{o}\nu \; \zeta\upsilon\gamma\acute{o}\nu,$$

collato vs. Aeschyleo e Prometheo:

$$\tau\grave{o} \; \tau\tilde{\eta}\varsigma \; \grave{\alpha}\nu\acute{\alpha}\gamma\varkappa\eta\varsigma \; \grave{\epsilon}\sigma\tau' \; \grave{\alpha}\delta\acute{\eta}\varrho\iota\tau o\nu \; \sigma\vartheta\acute{\epsilon}\nu o\varsigma.$$

Cic. ad. Att. 14, 22, 2 *itaque me.Idus Martiae non tam consolantur, quam antea. Magnum enim mendum continent. Etsi illi iuvenes* ἄλλοισιν ἐσθλοῖς τόνδ' ἀπωθοῦνται ψόγον. Vulgo male scribitur ἄλλοις ἐν ἐσθλοῖς, quod correxi.

Herod. π. σολοιχ. in Anecd. Boiss. vol. 3, p. 253 servavit hunc veteris poetae iambum:

$$\Gamma\alpha\mu\epsilon\tilde{\iota} \; \delta' \; \grave{o} \; \mu\grave{\epsilon}\nu \; \delta\grave{\eta} \; T\upsilon\nu\delta\acute{\alpha}\varrho\epsilon\omega \; \varkappa\acute{o}\varrho\eta\nu \; \mu\acute{\iota}\alpha\nu.$$

optimum, dummodo rescribatur: κορῶν μίαν; nam quod vulgatur significaret, eum *unam* non *duas* Tyndarides duxisse uxores.

Corrupto codice usus esse videtur Herodianus π. σολοιχ. in Anecd. Boiss. vol. 3, p. 246, ubi scribit: αἰτιατικὴν ἀντὶ δοτικῆς •χεῖρας δε Τρώων ὅπλ' ἔδωκαν Ἑλλάδος• ἀντὶ τοῦ δοτικῇ χρήσασθαι χερσὶν δὲ Τρώων ὅπλ' ἔδωκαν. Suspicor: χήρας δὲ Τρώων ὅπλ' ἔθηκαν Ἑλλάδος (γυναῖκας) i. e. *Troianorum uxores viduas reddidere Graeciae arma,* vel lenius etiam sic: χήρας δὲ Τρώων ὅπλ' ἔδωκαν Ἑλλάδι i. e. *viduas autem Troianorum arma* (i. e. ius belli) *dederunt Graeciae.*

Plut. de adul. et amic. 6, p. 57 *E:*

$$\Gamma\acute{\epsilon}\varrho\omega\nu \; \gamma\acute{\epsilon}\varrho o\nu\tau\iota \; \gamma\lambda\tilde{\omega}\sigma\sigma\alpha\nu \; \grave{\eta}\delta\acute{\iota}\sigma\tau\eta\nu \; \check{\epsilon}\chi\epsilon\iota,$$
$$\pi\alpha\tilde{\iota}\varsigma \; \pi\alpha\iota\delta\acute{\iota}, \; \varkappa\alpha\grave{\iota} \; \gamma\upsilon\nu\alpha\iota\varkappa\grave{\iota} \; \pi\varrho\acute{o}\sigma\varphi o\varrho o\nu \; \gamma\upsilon\nu\acute{\iota},$$

νοσῶν τ' ανὴρ νοσοῦντι, καὶ δυσπραξίᾳ
ληφθεὶς ἐπῳδός ἐστι τῷ πειρωμένῳ.

Nihil evidentius quam horum versuum auctorem (sive Euripides, sive alius fuerit) scripsisse:

καὶ δυσπραξίᾳ
ληφθεὶς ἐπῳδός ἐστι τἀπορουμένῳ.

Nam sic demum δυσπραξίᾳ ληφθεὶς habebit quod sibi eodem
modo respondeat quo γέρων γέροντι, παῖς παιδί, γυνὴ γυναικὶ
et νοσῶν νοσοῦντι.   .

Plut. de fortit. 30 p. 117, A. πρὸς οὓς ὑποτυχὼν ἄν τις
εἴποι·

θεὸς δέ σοι πῆμ' οὐδέν, ἀλλ' αὐτὸς σύ σοι.

Wagnerus doctrinae suae praestantiam egregie probat hac
adnotatione: *Euripidi versum tribuam cum propter sigmatismum,
tum propterea quod omnes, qui apud Plut. praecedunt, versus
Euripidis sunt.*

Inter nostrates philologos vix quemquam fugere puto versum
esse nobilissimum Sophocleum ex Oedipo rege:

Κλέων δέ σοι πῆμ' οὐδέν, ἀλλ' αὐτὸς σύ σοι.

Multo magis miror in similem errorem incidisse Nauckium,
inter *adespota* (224) referentem versus, quos servavit *Ioh. Dam.*
post Stob. Ecl. p. 717, 28:

οὐκ εὖ λέγειν χρὴ μὴ 'πὶ τοῖς ἔργοις καλοῖς,
οὐ γὰρ καλὸν τόδ' ἀλλὰ τῇ δίκῃ βαρύ.

Leguntur enim totidem vocabulis apud Eurip. Phoen vs. 526, 27.
Recte perspexit vs. 1 coruptum esse, male *tamen* coniiciens:
εἴ τι τῶν ἔργων καλόν. Multo enim lenius possis: μὴ καλοῖς ἔργοις ἔπι. Vulgata lectio ex interpretamento fluxisse
videtur. Vs. 2 pro βαρὺ apud Eurip. legitur πικρόν.

Plut. Amat. 15, 6 p. 758 B qui laudantur versus in hunc modum suppleverim:

Οὐ γάρ με Νὺξ ἔτικτε δεσπότην λύρας,
οὐ μάντιν, οὐδ' ἰατρόν, ἀλλ' (ἐμὸν γέρας)
θνητῶν ἅμα ψυχαῖσ(ιν εἰς Ἅιδου περᾶν).

———

Sext. Empir. in Disputt. Antiscept. ap. Fahr. Bibl. Gr. V, 7 p. 623:

Ὄψει διαθρῶν οὐδὲν ἂν πάντῃ καλὸν
οὐδ' αἰσχρόν· ἀλλὰ ταῦτ' ἐποίησεν λαβὼν
ὁ καιρὸς αἰσχρὰ καὶ διαλλάξας καλά.

Soloecismum, qui est in vs. 1, facile tollas rescribendo οὐδὲ ἕν, sed praeterea metrum requirit: ὄψει δὲ διαθρῶν. Versus enim haud dubie e comoedia nova desumpti sunt, ipso Menandro, ut videntur, non indigni.

———

Fragmentum distichon, quod affert Plutarchus in libello *an seni gerenda sit resp.* 9, p. 789 *A*:

τίς ἄν σε νύμφη, τίς δὲ παρθένος νέα
δέξαιτ' ἄν; εὖ γ' οὖν ὡς γαμεῖν ἔχεις, τάλας.

sitne ex tragoedia an e comoedia desumptum, ambigant viri docti, quamvis sit nullus dubitandi locus, siquidem *soli tragici* utuntur in vocativo forma τάλας, comici contra constanter τάλαν v. c.: Plut. 1055 Arist:

A βούλει διὰ χρόνου πρός με παῖσαι; *B* ποῖ, τάλαν.

Egregie igitur fallitur Matthiaeus locum ex STRATTIDIS comici Philocteta depromptum esse putans. (cf. Plut. verba, quae praecedunt).

———

Stob. Ecl. Phys. I, 4, 41 p. 128 H:

Μόνη' στιν ἀπαραίτητος ἀνθρώποις Δίκη.

Sic ex emendatione Grotii pro ϑνητοῖς dedit Wagnerus (an. fr. CCVII). Fortasse recte. Nescio tamen an potius ϑνητοῖς vitio natum esse ex ἐν ϑεοῖς iudicandum sit.

Clem. Alex. Strom. III, p. 520 — καὶ ἔϑ' ὁμοίως ·
.. ἔμοιγε νῦν τε καὶ πάλαι δοκεῖ ·
παῖδας φυτεύειν οὔποτ' ἀνϑρώπους ἐχρῆν,
πόνους ὁρῶντας εἰς ὅσους φυτεύομεν.

Vs. 1 libri exhibent: ἐμοὶ γένοιτο καὶ πάλαι δοκεῖν, quae optime sanavit Grotius. Fortasse supplendum:

οὕτως ἔμοιγε — δοκεῖ.

Post ὁμοίως certe facile οὕτως exidere potuisse, manifestum est.

Schol. Soph. El. 1437 δι' ὠτὸς ἂν παῦρά γε · μὴ ἀνατεταμένως φϑέγγεσϑαι, ἀλλ' ἐλαφρῶς ·
ἐν τῷ λαλεῖν δεῖ μηδὲ μηκύνειν λόγον.

Nauckius ἔν τοι λαλεῖν ci., non reputans λαλεῖν apud antiquos *garriendi* habere significatum, itaque absurdum esse ἔν λαλεῖν. Scholiasta procul dubio hunc versum affert ad illustrandam locutionem Sophocleam δι' ὠτός; quare suspicor reponendum esse:

ἐς τοῦς λέγειν δεῖ — λόγον.

In λαλεῖν tamen fortasse aliud quid latet, ἐς τοὺς verum esse non dubito. Apud Sophoclem Philoct. 110 scripserim:
πῶς οὖν βλέπων τις ταῦτα τολμήσει λακεῖν; ubi vulgatur λαλεῖν.

Plut. Moral. p. 1108 B:
ὑπέρ γε μέντοι παντὸς Ἑλλήνων ϛρατοῦ
αἰσχρὸν σιωπᾶν, βαρβάρους δ' ἐᾶν λέγειν.

E Quinctil. Inst. 3, 1, 14 apparet e *Philoctete* fabula hos versus sumptos esse, ex Cicerone de Orat. III, 35, 141 ab ipso Philoctete fuisse pronuntiatos. Graecorum igitur qui hic memoratur excercitus vix alius esse potest, quam qui expugnavit Troiam. His positis, mihi quidem obscurissimum est, cur additum sit adiectivum παντός. Manum poetae, quem Euripidem esse sunt qui probabiliter suspicentur, restitues fortasse scribendo :

ὑπέρ γε μέντοι τοῦ Πανελλήνων ϛρατοῦ
αἰσχρὸν σιωπᾶν βαρβάρους δ᾽ ἐᾶν λέγειν.

Comparari poterit v. c. Iph. Aul. 350.

Vulgatam lectionem originem debere puto huiusmodi librorum scripturae:

τοῦ
ὑπέρ γε μέντοι πανελλήνων ϛρατοῦ.

—————

Schol. Ar. Av. 1647 (δεῦρ᾽ ὡς ἔμ᾽ ἀποχώρησον, ἵνα τί σοι φράσω) δεῦρ᾽ ὡς ἔμ᾽ ἀποχώρησον] ὅτι ὅμοιον τῷ τόπῳ ἐκείνῳ ·

δεῦρ᾽ ἐλθέ · σὺν σοὶ τἆλλα βούλομαι φράσαι.

Verbum φράζειν numquam Graece ponitur pro φράζεσθαι i. e. *deliberare*; itaque φράσαι σύν τινί τι ne cogitari quidem potest.

Nisi egregie fallor, tragico lenissima mutatione reddendum:

δεῦρ᾽ ἐλθ᾽ ἐς οὓς σοι τἆλλα βούλομαι φράσαι.

Quam verissimam emendationem debeo loco Eurip. Ion. 1521:

δεῦρ᾽ ἐλθ᾽ ἐς οὓς σοι τοὺς λόγους εἰπεῖν θέλω

quem, nihil ut videtur suspicatus, Nauckius (Adesp. fr. 363) conferre lectorem iubet. Quicunque vero noverit, apud Euripidem l. l. praecedere hunc versum:

τὰ δ᾽ ἄλλα πρὸς σε βούλομαι μόνον φράσαι,

non dubitabit mecum statuere Grammaticum hunc ipsum afferre Ionis locum, sed memoriae lapsu unum versum fecisse e

duobus; itaque hunc locum quantocyus e fragmentorum col-
lectionibus esse eximendum.

Stob. Ecl. Phys. I, 3, 13 p. 34.

    θεοῦ θέλοντος μέτα πάντα γίγνεται.

Iacobsius ἔργματα, Wagnerus μέτα τὰ, Nauckius ἀνυτά ci
Inter quos viros doctos solus Nauckius, quid sententia requirat, perspexisse videtur, sed obtrudit poetae vocabulum
contra omnem analogiam fictum a se ipso. Graecum est ἀνυςόν
(cf. v. c. Eurip. Heracl. 961), non ἀνυτόν. Verum illud metrum non patitur. Quidni igitur potius ci.:

    θεοῦ θέλοντος δυνατὰ πάντα γίγνεται?

Stob. Ecl. I, 2, 22, p. 40.

    νῦν οὐκέτι μοι δίχα θυμὸς
    ἀλλὰ σαφὴς, ὅτι καὶ τὰ βροτοῖς
    Ζεὺς ἐπικάρσια τέμνει
    καθελὼν μὲν δοκέοντ'
    ἀδόκητον δ' ἐπαείρων.

Vs. 2 scripserim: ὅτι κάρτα βροτοῖς Ζεὺς ἐπικάρσια
τέμνει, i. e. consilia Iovis mortalibus esse admodum obscura.

Stob. Flor. XXXII, 3:

    κακὴ γὰρ αἰδὼς ἔνθα τἀναιδὲς κρατεῖ.

Lego: κακὸν γὰρ κτὲ.

Pseudocallisth. II, 16, p. 73 b.

    τὸ μέλλον οὐδεὶς ἀσφαλῶς ἐπίζαται·
    ἡ γὰρ τύχη βραχεῖαν ἢν λάβῃ ῥοπήν,
    ἢ τοὺς ταπεινοὺς . . . . . .
    ἢ τοὺς ἀφ' ὕψους εἰς ζόφον κατήγαγεν.

Imo vero ἢ τοὺς ἐφ' ὕψους κτὲ, nam opponuntur οἱ ταπεινοί.

Stob. Flor. LI, 13.

κρεῖττόν τ᾽ ἀμύνειν· κατθανεῖν γὰρ εὐκλεῶς
ἢ ζῆν θέλοιμ᾽ ἂν δυσκλεῶς. [γε κατθανών]

Expunxi scioli additamentum, quod frustra Nauckius corrigit scribendo μὴ κατθανών; quae verba forent supervacua.

Antiphon in Stob. Flor. LXVIII, 37 sic scribit: Φέρε δὴ
προσελθέτω ὁ βίος εἰς τὸ πρόσθεν καὶ γάμων [καὶ γυναικὸς]
ἐπιθυμησάτω, αὕτη ἡ ἡμερα αὕτη νὺξ καινοῦ δαίμονος
ἄρχει καινοῦ πότμου, μέγας γὰρ ἄγων γάμος ἀνθρώπῳ. εἰ γὰρ τύχοι μὴ ἐπιτηδεία ἡ ἀγομένη, τί χρὴ τῇ συμφορᾷ
χρῆσθαι; χαλεπαὶ μὲν ἐκπομπαί, τοὺς φίλους ἐχθροὺς ποιῆσαι
ἴσα φρονοῦντας ἴσα πνέοντας, ἀξιώσαντα καὶ ἀξιωθέντα κτέ.

Acute Gaisfordius perspexit poëtae alicuius esse verba:

καινοῦ
δαίμονος ἄρχει καινοῦ πότμου.

Plura autem fortasse in vicinia eidem poetae sublecta sunt.
Animi causa conieci:

τοῦτο γὰρ
ἦμαρ καὶ νὺξ αὕτη καινοῦ
δαίμονος ἄρχει, καινοῦ πότμου·
δεινὸς γὰρ ἀγὼν γάμος ἀνθρώπῳ.

Conferatur Eurip. Troad. 204 sq.:

ἢ λέκτροις πλαθεῖσ᾽ Ἑλλάνων
ἔρροι νὺξ αὕτα καὶ δαίμων κτέ.

Ceterum Antiphontis verba misere laborant. Vs. 2 delevi
post vocabula καὶ γάμων turpe additamentum καὶ γυναικός.
A reliquis manus abstinere satius esse iudicavi.

CAPUT VII.

CONIECTURAE IN AESCHYLUM.

———

PROMETHEI vs. 43: ἄκος γὰρ οὐδὲν τόνδε θρηνεῖσθαι κτὲ.
Immo: ἀ. γ. ο. τῷδε κτὲ. Cod. Med. a 1 m. τῶνδε.

Ibid vs. 87: αὐτὸν γὰρ σὲ δεῖ Προμηθέως,
        ὅτῳ τρόπῳ τῆσδ' ἐκκυλισθήσει τέχνης.

Obtemperatum oportuit Elmsleio reponenti προμηθίας. Contra
male receptum videtur τέχνης pro antiquiorum editionum lectione
τύχης, quam Lucianum Prom. 2 ante oculos habuisse verisimile
est scribentem: ἐκεῖνο δέ γε θαυμάζω, πῶς, μάντις ὤν, οὐ
προεγίγνωσκες οὕτω κολασθησόμενος.

Vs. 204: δίδαξον ἡμᾶς, εἴ τι μὴ βλάπτει λόγῳ. Num forte
εἴ τι μῆ δάπτει λόγῳ? Cf. vs. 446: συννοίᾳ δὲ δάπτομαι
κέαρ et Soph. O. R. 681: δάπτει δὲ τὸ μὴ 'νδικον.

Vs. 350:
                                ἀτὰρ
μηδὲν πόνει· μάτην γὰρ οὐδὲν ὠφελῶν
ἐμοὶ ποιήσεις, εἴ τι καὶ πονεῖν θέλεις·
ἀλλ' ἡσύχαζε·

Haec oratio ita inepte verbosa est, ut Aeschylum non ag-
noscam. Suspicor in his grassatum esse interpolatorem, manum
autem tragici fuisse hanc:

                                ἀτὰρ
μηδὲν πόνει σύ μοι, ποιήσεις γὰρ μάτην,
ἀλλ' ἡσύχαζε.

Vs. 378:
τοιόνδε Τυφὼς ἐξαναζέσει χόλον
θερμοῖς ἀπλήςου βέλεσι πυρπνόου ζάλης.

Ἄπληςος ζάλη ne cogitari quidem potest. Haud absurde
Schützius ἀπλάτου coniecit. Lenius tamen scripseris ΑΠΑΥ-
ΣΤΟΥ pro ΑΠΛΗΣΤΟΥ.

Vs. 482: πέπονθας αἰκὲς πῆμ'· ἀποσφαλεὶς φρενῶν
πλανᾷ· κακὸς δ' ἰατρὸς ὥς τις, εἰς νόσον
πεσὼν ἀθυμεῖς, καὶ σεαυτὸν οὐκ ἔχεις
εὑρεῖν ὁποίοις φαρμάκοις ἰάσιμος.

Acute Hermannus vidit πλανᾷ a librariis integrandis versibus additum esse. Minime tamen mihi placet id, quod ipse
supplet, sic locum constituens:

πέπονθας — φρενῶν,
κακὸς — πεσὼν
κακοῖς ἀθυμεῖς — ἔχεις
εὑρεῖν — ἰάσιμος.

Nam tum κακοῖς inutile est et invenustum propter praegressum κακός, tum aliud est vocabulum, quod a recte cogi-
tantibus in verbis Aeschyleis, ut nunc habent, desiderabitur.
Ego scripserim:

πέπονθας — φρενῶν,
κακὸς δ' ἰατρὸς ὥς τις αὐτὸς εἰς νόσον
πεσὼν ἀθυμεῖς κτἑ.

Praeterea offendo in omissa secunda persona verbi εἶναι ad
ἰάσιμος. An forte scribendum ἰατὸς εἶ?

Vs. 487: διώρισ', οἵτινές τε δεξιοὶ φύσιν,
εὐωνύμους τε, καὶ δίαιταν ἥντινα
ἔχουσ' ἕκαςοι καὶ πρὸς ἀλλήλους τίνες
ἔχθραι τε καὶ ςέργηθρα καὶ ξυνεδρίαι.

Oratio soloeca; reponendum:

τίνας
ἔχθρας τε καὶ ςέργηθρα καὶ ξυνεδρίας,
nempe ἔχουσιν.

Vs. 789: γαμεῖ γάμον τοιοῦτον, ᾧ ποτ' ἀσχαλᾷ. Requiro
tempus Futurum ἀσχαλεῖ a verbo ἀσχάλλειν.

Vs.315: ὅταν περάσῃς ῥεῖθρον ἠπείρων ὅρον. Dicit Hellespon-
tum, Asiae Europaeque terminum; quare malim: ἠπείροιν ὅρον.

Vs. 1010: ᾗ κἀμὲ γάρ τι ξυμφοραῖς ἐπαιτιᾷ. Non dudum
correctum esse ξυμφορᾶς ἐπαιτιᾷ!

Sept. adv. Theb. vs 115: δοχμολόφων ἀνδρῶν. Fortasse λοχμολόφων scribendum cl. 384.

Vs. 306: καὶ πόλεως ῥύτορες
εὔεδροί τε ςάϑητ᾽
ὀξυγόοις λιταῖσιν.

In strophe vs. 288 sq. respondent haec:
παντὶ τρόπῳ Διογενεῖς
ϑεοὶ πόλιν καὶ ςρατὸν
Καδμογενῆ ῥύεσϑε.

Ergo legendum:
καὶ πόλεως ῥύτορες ἕς᾽
εὔεδροι κτέ.

Cod. Med. ῥύτορες, edd. ῥυτῆρες.

Vs. 424: ϑεοῦ τε γὰρ ϑέλοντος ἐκπέρσειν πύλιν
καὶ μὴ ϑέλοντος φησιν, οὐδὲ τὴν Διὸς
ἔριν πέδῳ σκήψασαν ἐμποδὼν σχεϑεῖν.

Blomfieldius recte φησι, κοὐδέ. Sed praeterea requiritur κοὐδ᾽ ἂν τὴν Διὸς κτέ. De ἔριν an sanum sit vehementer dubito. Speciose Tyrwittus Ἴριν coniecit, cl. Il. O 58.

Vs. 435· τοιῷδε φωτὶ πέμπε τίς ξυςήσεται. Scripserim: τοιῷδε φωτὶ δ᾽εἰπὲ τίς ξυςήσεται. Vulgata lectio soloeca est.

Vs. 560: ἔξωϑεν εἴσω τῷ φέροντι μέμψεται. Intelligam: ὠσϑεῖσα δ᾽ἔξω (scil. ἡ ἀσπίς) τῷ φέροντι μέμψεται. Opponitur 557: ἔσω πυλῶν ῥέουσαν κτέ. Cf. Prom. 665.

Vs. 607 libri variant inter ἐκδίκως et ἐνδίκως. Verum videtur: ταυτοῦ κυρήσας εἰκότως ἀγρεύματος i. e. ut consentaneum est. Cf. Suppl. 403.

Vs. 909: δόμων μαλαχάεσσα τοὺς προπέμπει
δαϊκτὴρ γόος. κτέ.

Sic man. pr. in optimo cod. Medic., unde elicio, quod et metro et sententiae solum satisfacit, nempe:
δόμων μάλ᾽ ἀχὰν ἐς τοὺς προπέμπει
δαϊκτὴρ γόος κτέ.

Versui antistrophico non sum emendando.

PERSARUM vs. 51:

> Μάρδων, Θάρυβις, λόγχης ἄκμονες
> καὶ ἀκοντιςαὶ Μυσοί.

Aeschylum vocabulo Homerico usum esse puto et dedisse λόγχης αἵμονες i. e. *periti*.

Vs. 168: Corruptum est πλοῦτος.

Vs. 223: τὰ δ' ἀγάθ' ἐκτελῇ γενέσθαι σοί τε καὶ τέκνοις σέθεν. Rescribatur τέκνῳ i. e. *Xerxi*, cll. 227 et 232.

Vs. 252 sq.: τοῦδε γὰρ δρόμημα φωτὸς Περσικὸν (l. Περσικοῦ cum Blomf.) πρέπει μαθεῖν·

> καὶ φέρει σαφές τι πρᾶγος ἐσθλὸν ἢ κακὸν κλύειν.

Arena sine calce! Lege: μαθεῖν, εἰ φέρει κτέ. i. e. μαθητέον, εἰ ὅδε ὁ Πέρσης φέρει ἀγγελίαν τινὰ σαφῆ κτέ.

Vs. 287 sq.: ὡς πάντα παγκάκως θεοὶ
> ἔθεσαν αἰαῖ ςρατοῦ φθαρέντος.

Suspicor: ἔκτισαν ἃ ςρατιᾶς φθαρείσης, ut metrum conveniat cum vs. antistrophico: ἔκτισαν εὔνιδας ἠδ' ἀνάνδρους.

Vs. 360: ναυσὶν—τινά. Versus mihi suspectus; cf. 360.

Vs. 386: τάξις δὲ τάξιν παρεκάλει νεὼς μακρᾶς. Exspectaveris: νεῶν μακρῶν.

Vs. 459 sqq.: πικρὰν δὲ παῖς ἐμὸς τιμωρίαν
> κλεινῶν Ἀθηνῶν εὗρε, κοὐκ ἀπήρκεσαν
> οὕς κτέ.

Graecum est: τιμωρίαν — εὗρετ' οὐδ' ἀπήρκεσαν.

Vs. 488: Θεσσαλῶν πόλισμ'. Recte Med. πόλις i. e. πόλεις.

Vs. 490: οἱ μὲν — δίψῃ πονοῦντες, οἱ δ' ὑπ' ἄσθματος κενοί. Suspicor: οἱ δ' ἀπαστίᾳ κενοί.

Vs. 595: οἱδ' εἰς γᾶν προπίτνοντες ἄρξονται. Lege ἄρχονται propter praecedentia: περσονομοῦνται et δασμοφοροῦσιν.

Vs. 630: σύ τε πέμπε χοὰς θαλάμους ὑπὸ γῆς. Verius puto θαλάμας i. e. *latebras*. Cf. Herc. Fur. 807, Bacch. 561, Phoen. 938.

Vs. 671: δεσπότα δεσπότου, φάνηθι. An δέσποτα δέσποτ' ὦ φάνηθι?

Vs. 784: εὖ γὰρ σαφῶς τόδ᾽ ἴς᾽. Lege ἦ γὰρ σαφῶς κτέ.
et 785 pro ἅπαντες malim σύμπαντες.

Vs. 809: θεῶν βρέτη ἠδοῦντο συλᾶν. Praeplaceret mihi
ᾔζοντο.

Vs. 840:   πάντα γὰρ
κακῶν ὑπ᾽ ἄλγους λακίδες ἀμφὶ σώματι
ςημορραγοῦσι ποικίλων ἐσθημάτων.

Suspicor: κάρτα γὰρ κτέ.

Vs. 849 sq. conieci:
ἀλλ᾽ εἶμι δή, λαβοῦσα κόσμον ἐκ δόμων,
οὐ γὰρ τὰ φίλτατ᾽ ἐν κακοῖς προδώσομεν.

expuncto vs. 850, qui diversis modis scribitur in codd.
Spurius esse videtur et fictus ex 834. Fraudem arguit πειράσομαι.

––––––––

AGAMEMNONIS vs. 14 sq.:
φόβος γὰρ ἀνθ᾽ ὕπνου παραςατεῖ
τὸ μὴ βεβαίως βλέφαρα συμβαλεῖν ὕπνῳ.

Aut. vs. 15 spurius est, aut, quod verosimilius esse puto,
scribendum: φόβος γὰρ ἀντίπνους παραςατεῖ, τὸ μὴ κτέ.

Vs. 272: τί γὰρ τὸ πιςόν ἐςι τῶνδέ σοι τέκμαρ; Clyt.
ἔςιν, τί δ᾽ οὐχί, κτέ. E responso apparet in quaestione rescribendum esse: ἦ γάρ τι πιςόν ἐςι κτέ.

Vs. 332: ἔρως δὲ μή τις πρότερον ἐμπίπτῃ ςρατῷ
ποθεῖν, ἃ μὴ χρὴ, κέρδεσιν νικωμένους.

Non habet πρότερον quo referatur; non enim solum per se
significare potest, priusquam redeant; quare coniicio: ἔρως
δὲ μὴ πόνηρος κτέ.

Vs. 345: θεοῖς δ᾽ ἄν, ἀπλάκητος εἰ μόλοι ςρατός,
ἐγρηγορὸς τὸ πῆμα τῶν ὀλωλότων
γένοιτ᾽ ἄν, εἰ πρόσπαια μὴ τύχοι κακά.

Intelligam: γένοιτο, καὶ πρόσπαι᾽, ἃ μὴ τύχοι, κακά.

Vs. 353: θεοὺς προσειπεῖν εὖ παρασκευάζομαι. Pro εὖ legendum αὖ. Cf. vs. 317.

Vs. 364: ὅπως ἂν
μήτε πρὸ καιροῦ μήθ᾽ ὑπὲρ ἄστρων
βέλος ἠλίθιον σκήψειεν.

Num forte ὑπὲρ αἶσαν κτέ?

Vs. 537: διπλᾶ δ᾽ ἔτισαν Πριαμίδαι θάμάρτια. Immo διπλῆ.

Vs. 520: εἴ που πάλαι, φαιδροῖσι τοισίδ᾽ ὄμμασι
δέξασθε κόσμῳ βασιλέα πολλῷ χρόνῳ.

Ut olim Pauwius, ego quoque haereo in κόσμῳ, quod frustra
defenditur cl. Pers. 406 ἡγεῖτο κόσμῳ, qui locus cum hocce
commune habeat nihil. Nec tamen probo Pauwii coniecturam
νόςῳ proponentis; nam νόςῳ δέχεσθαί τινα vix Graecum esse
arbitror. Magis mihi placeret: δέξασθ᾽ ἑτοίμως i. e. *libenter*
vel ἑτοῖμοι β. π. χ. Pro εἴ που, quod de Stanleii coniectura
receptum est pro ἢ που, nescio an non melius reponatur εἴ
ποτε, quod certe in precibus est usitatius. Sequitur 522 sq:
ἥκει γὰρ ὑμῖν φῶς ἐν εὐφρόνῃ φέρων
καὶ τοῖσδ᾽ ἅπασι κοινὸν Ἀγαμέμνων ἄναξ.

Vocabula Ἀγαμέμνων ἄναξ ita sunt supervacanea, ut dubitem, an sit hic vs. genuinus.

Vs. 822: ἐπείπερ καὶ πάγας ὑπερκόπους
ἐπραξάμεσθα, καὶ γυναικὸς οὕνεκα
πόλιν διημάθυνεν Ἀργεῖον δάκος.

Vulgo probatur Scholiastae interpretatio, ex qua alluditur
ad proverbium: ἐνσχεθεὶς ταῖς πάγαις ἃς ἄλλοις ὕφηνε (τις).
Vide Blomf. ad. h. l. Fateor tamen me neutiquam intelligere,
quid sit πάγας πράττεσθαι easque ὑπερκόπους. Ne multa:
suspicor subesse mendum pervetustum, et olim lectum fuisse:
ἐπείπερ ἁρπαγὰς ὑπερκόπους
ἐπραξάμεσθα

i. e. *quandoquidem insolentissimum raptum* (Helenae scil.) *ulti
sumus.* Nam breviloquentia quadam Graece dicitur πράττειν,
ἐκπράττειν et ἐκπράττεσθαι φόνον pro δικὴν φόνου. Cf. v. c.
Eumen. vs. 624. Nescio tamen, an πράττεσθαι eodem sensu
adhibeatur; quare fortasse praestat: ἁρπαγὰς ὑπερκόπους

ἐπραξαμέν τε καὶ γυναικὸς οὕνεκα κτέ. His scriptis, video
Tyrwhittum iam coniecisse χάρπαγὰς; quod etiam mihi venerat
in mentem, sed repudiaveram, propterea quod duplex καὶ et ipsum
offensione non videbatur carere. Ego corruptelam sic animo mihi
fingo: ἐπείπερ ἁρπαγὰς proclivi errore abierat in ἐπείπερ
παγάς, quo facto corrector ad fulciendum labens metrum de
suo interposuit καί. Eadem causa fuerit, cur ἐπράξαμέν τε in
ἐπραξάμεσθα sit refictum.

Vs. 960. κηπῖδα παγκαίνιςον εἱμάτων βαφάς. Vocabulum
nihili παγκαίνιςον mutaverim in παγκάλλιςον, quod eodem
iure dici posse arbitror atque παγκάκιςος.

Vs. 1137: τὸ γὰρ ἐμὸν θροῶ πάθος ἐπεγχέασα. Tam
sententia quam metrum postulat: ὑπ᾽ ἔγχεος. Cf. vs. 1140
ἐμοὶ δὲ μίμνει σχισμὸς ἀμφήκει δορί. Ex qua emendatione duo prodibunt dochmii, quales exstant in vs. antistrophico 1147.

Vs. 1170 sq.:   οὐδὲν ἐπήρκεσαν
    τὸ μὴ πόλιν μὲν ὥσπερ οὖν ἔχει παθεῖν.
Lege: τὸ μὴ οὐ πόλιν κτέ.

Vs. 1174:   καὶ τίς σε κακοφρονῶν τίθη-
    σι δαίμων ὑπερβαρὴς ἐμπίτνων
    μελλίζειν πάθη γοερὰ θανατοφόρα;
    τέρμα δ᾽ ἀμηχανῶ.

De tribus ultimis verbis iure dici potest id ipsum, quod
illa significare aiunt interpretes: postrema vero non intelligo.
At tu, candide lector, in posterum mecum leges:
    μελλίζειν πάθη γοερὰ θανατοφόρα
    τερπνὰ δ᾽ ἀμηχανᾶν,
quae correctio habet omnes numeros veritatis, neque eget,
credo, interprete.

Vs. 1207: ἢ καὶ τέκνων εἰς ἔργον ἦλθετον νόμῳ. Scribendum esse ἦλθέτην ὁμοῦ ante me vidit Butlerus, cui tamen
nemodum obtemperavit.

Vs. 1226: ἐμῷ—ζυγόν. Hunc versum lubens deleverim; deinde

lego: νεῶν δ᾽ ἔπαρχος κτέ. pro νεῶν τ᾽ κτέ. Sequuntur haec:

οὐκ οἶδεν οἷα γλῶσσα μισητῆς κυνὸς
λέξασα κἀκτείνασα φαιδρόνους, δίκην
ἄτης λαθραίου, τεύξεται κακῇ τύχῃ.

Plura in his corrupta, quibus non sum emendandis; sed τεύξεται e τέξεται depravatum esse vix dubito.

Vs. 1244: κλύοντ᾽ ἀληθῶς οὐδὲν ἐξηκασμένα. Malim: ἀληθῆ κοὐδὲν κτέ.

Vs. 1260 sqq.: κτενεῖ με τὴν τάλαιναν· ὡς δὲ φάρμακον
τεύχουσα κἀμοῦ μισθὸν ἐνθήσειν κότῳ
ἐπεύχεται θήγουσα φωτὶ φάσγανον,
ἐμῆς ἀγωγῆς ἀντιτίσασθαι φόνον.

An: τεύχουσα κἀμοῦ μῖσος ἐνθήσειν κότῳ
ἐπεύχεται—φάσγανον,

deleto vs. 1203: ἐμῆς—φόνον? Sensus erit: *interficiet me miseram; et quasi parans venenum, odium se quoque mei irae suae* (in maritum) *admixturam esse iactat, ensem in virum suum acuens.*

Vs. 1275: καὶ νῦν ὁ μάντις μάντιν ἐκπράξας ἐμὲ
ἀπήγαγ᾽ ἐς τοιάσδε θανασίμους τύχας.

E praegressis apparet requiri secundam personam. Suspicor: ἀπήγαγες τοιάσδε θανασίμους ὁδούς. Vulgatam autem lectionem interpretibus deberi crediderim.

Vs. 1287: οἳ δ᾽ εἶχον πόλιν κτέ. Lege: εἷλον κτέ.

Vs. 1289: ἰοῦσα πράξω, τλήσομαι τὸ κατθανεῖν. An ἰδοῦσ᾽ ἃ ᾽φραζον τλήσομαι κτέ.? i. e. *conspicata ea, quae (futura esse) dictitabam, moriar.*

Vs. 1299: οὐκ ἔς᾽ ἄλυξις, οὐ ξένοι χρόνῳ πλέω. Casandram dixisse puto: οὐδέ μοι χρόνῳ πλέον; i. e. οὐδέ μοι πλέον οὐδέν ἐςι μελλούσῃ. Ita demum recte respondetur a choro: ὁ δ᾽ ὕςατός γε τοῦ χρόνου πρεσβεύεται.

Vs. 1334: "μηκέτ᾽ ἐσέλθῃς", τάδε φωνῶν. Transposuerim: τάδε φωνῶν "μηκέτ᾽ ἐσέλθῃς", vel: φωνῶν τάδε "μηκέτ᾽ ἐσέλθῃς".

Vs. 1336 :   μάκαρες Πριάμου·
θεοτίμητος δ' οἴκαδ' ἱκάνει.

Numerorum ratio postulare videtur:
θεότιμος δ' οἴκαδ' ἱκάνει.

Vs. 1347: ἀλλὰ κοινωσώμεθ' ἄ'ν πως ἀσφαλῆ βουλεύματα.
Vulgata, quae debetur Hermanno pro librorum lectione ἄν
πως, vix minus soloeca, me iudice, est quam illa. Scripserim:
ἀ. κ., ἄνδρες, ἀσφαλῆ κτέ.

Vs. 1388 : οὕτω—πεσών aut spurius est, aut graviter corruptus. Vocabula certe θυμὸν ὁρμαίνει significare non posse *animam
expirant* (ut vertunt), vix est quod moneam. Offensioni est
porro languidum istud αὑτοῦ. Magis autem inclino in eam
partem, ut versum supervacaneum Aeschylo abiudicem.

Vs. 1421 sqq. scribendum et interpungendum in hunc modum:
Λέγω δὲ σοι
τοιαῦτ' (ἀπειλεῖν ὡς παρεσκευασμένη
ἐκ τῶν ὁμοίων)· χειρὶ νικήσαντ' ἐμοῦ
ἄρχειν· ἐὰν δὲ τοὔμπαλιν κράνῃ θεός,
γνώσει διδαχθεὶς ὀψὲ γοῦν τὸ σωφρονεῖν.

Vulgo παρεσκευασμένης et κραίνῃ. Distinguunt editores:
τοιαῦτ' ἀπειλῖν, ὡς—ἄρχειν· absque sensu.

Vs. 1447 :   ἐμοὶ δ'ἐπήγανεν
εὐνῆς παροψώνημα τῆς ἐμῆς χλιδῆς.
Fortasse εὔνους *benevola*, quod cum acerba ironia dictum
accipiatur.

Vs. 1479: ἐκ τοῦ γὰρ ἔρως αἱματολοιχὸς
νείρει τρέφεται.
Scaliger ci. νείκει, ad sensum optime. Non valde diversum est,
quod ipse conieci δήρει i. e. *contentione* cl. 942; idque praetulerim, quia ignotius scribis vocabulum facilius corrumpitur.

Choephorarum vs. 19: ὦ Ζεῦ, δός με τίσασθαι μόρον
παιρός, γενοῖ δέ σύμμαχος θέλων ἐμοί.

Verius videtur: θέλοντί μοι. Cf. 522: θέλοντι δ᾽ εἴπερ οἶσθ᾽ ἐμοὶ φράσον τάδε.

Vs. 185: ἐξ ὀμμάτων δὲ δίψιοι πίπτουσί μοι
ςαγόνες ἄφρακτοι δυσχίμου πλημμυρίδος.

Absurdum est liquori tribuere sitim; qua de causa reposuerim: ἐξ ὀμμάτων δὲ δίπτυχοι πίπτουσί μοι.

Vs. 250: οὐ γὰρ ἐντελὴς
θῆρα πατρῷα προσφέρειν σκηνήμασιν.

Lege: οὐ γὰρ ἐντελεῖς θῆραν πατρῴοις προσφέρειν σκηνώμασιν, receptis una omnibus vv. dd. emendationibus in hunc versum. Male Blomf. tuetur ἐντελὴς, quod referendum ait ad γένναν vs. 247. Obstat enim num. plur. vs. 249.

Vs. 290: χαλκηλάτῳ πλάςιγγι. Suspicarer μάςιγι, nisi me retineret Etymologi M. auctoritas p. 674, 20 sic scribentis: πλάςιγξ· ἡ μάςιξ· ἀπὸ τοῦ πλήσσειν, παρ᾽ Αἰσχύλῳ. At alibi Aeschylus, ut poetae et scriptores omnes, utitur vocabulo μάςιξ cf. Spt. 590 et Prom. 685, et obscurissimum est, quomodo idem vocabulum simul *lancem* et *flagrum* significare potuerit.

Vs. 465: δώμασιν ἔμμοτον τῶνδ᾽ ἄκος κτὲ. Verum videtur ἔντομον, cll. Ag. 17 et Choeph. 539.

Vs. 481 sq.: κἀγώ, πάτερ, τοιάνδε σου χρείαν ἔχω,
φυγεῖν, μέγαν προσθεῖσαν Αἰγίσθῳ μόρον.

Fortasse: τυχεῖν με γάμβρου θεῖσαν κτὲ., vel potius: τυχεῖν γάμων προσθεῖσαν κτὲ. Hanc certe requiri sententiam apparet e vs. 486:

κἀγὼ χοάς σοι τῆς ἐμῆς παγκληρίας
οἴσω πατρῴων ἐκ δόμων γαμηλίους.

Vs. 535: ἡ δ᾽ ἐξ ὕπνου κέκραγεν ἐπτοημένη
πολλοὶ δ᾽ ἀνῆλθον ἐκτυφλωθέντες σκότῳ
λαμπτῆρες ἐν δόμοισι δεσποίνης χάριν.

Ingeniosa Valckenaerii coniectura ἀνῆθον proponentis eo laborat incommodo, quod sensu intransitivo tragici ubique adhibent huius verbi formam Passivam. Solus, quantum scio, Sophocles unico loco in Aiace 286 requirente metro scribere sibi permisit: λαμπτῆρες οὐκέτ᾽ ἦθον. Loco, quem tractamus, facile quidem reposueris: πολλοὶ δ᾽ ἀνῆθοντ᾽ ἐκτυφλ. κτέ., sed additum istud δεσποίνης χάριν potius eo ducere videtur, ut scribamus δοῦλοι δ᾽ ἀνῆθον ἐκτ. σκ. λαμπτῆρας—χάριν.

Vs. 559: ἄναξ—τὸ πρίν est manifesto spurius.

Vs. 668: ξένοι, λέγοιτ᾽ ἄν, εἴ τι δεῖ· πάρεςι γὰρ
  ὁποῖάπερ δόμοισι τοῖσδ᾽ ἐπεικότα·
  καὶ θερμὰ λουτρά, καὶ πόνων θελκτήρια
  ςρωμνὴ, δικαίων τ᾽ ὀμμάτων παρουσία.

Suspicor:

  καὶ πόνων θελκτηρία
  ςρωμνῆς τε καινῶν θ᾽ εἱμάτων παρουσία.

Cf. Odyss. γ 346 sqq.

Vs. 697: νῦν δ᾽ ἤπερ ἐν δόμοισι βακχίας ζαλῆς
  ἰατρὸς ἐλπὶς ἦν, παροῦσαν ἐγγράφει.

Fortasse: ἀντρέπει (Orestes).

Vs. 755: εἰ λιμὸς ἢ δίψη τις ἢ λιψουρία
  ἔχει.

Lege: δίψη νιν ἢ λειψουρία ἔχει.

782: γένοιτο δ᾽ ὡς ἄριςα σὺν θεῶν δόσει.

Intelligerem θεῶν δόσει, sed additam praepositionem σὺν non expedio. An forte scribendum: σὺν θεῷ δόμοις?

Vs. 841:   καὶ τόδ᾽ αὖ φέρειν δόμοις
  γένοιτ᾽ ἂν ἄχθος αἱματοςαγὲς φόνῳ
  τῷ πρόσθεν ἑλκαίνοντι καὶ δεδηγμένῳ.

Reponendum videtur: φόνῳ
  τῷ πρόσθεν ἕλκος καινὸν ἔτι δεδηγμένοις

(nempe δόμοις), quibus nihil est planius.

Vs. 845: ἢ πρὸς γυναικῶν δειματουμένων λόγοι
  πεδάρσιοι θρώσκουσι θνήσκοντες μάτην.

An θέλγοντες μάτην?

Vs. 848: ἠκούσαμεν μέν, πινθάνου δὲ τῶν ξένων
  ἔσω παρελθών. Οὐδὲν ἀγγέλων σθένος
  ὡς αὐτὸν αὐτῶν ἄνδρα πεύθεσθαι πέρι.

Locum corruptissimum tento sic:

$$\text{οὖτις ἀγγέλων φθόνος}$$
$$\text{τῶν αὑτὸν αὑτοῦ γ' ἄνδρα πεύθεσθαι πέρι.}$$

i. e. *nihil impedit quominus quis nuntios de suis quidem ipsius rebus interroget.* Cf. v. c Aesch. Ag. 835: τοῖς αὑτὸς αὑτοῦ πήμασιν βαρύνεται. Substantivum ἀνὴρ et alibi passim apud tragicos ponitur pro pronomine indefinito, et, ne exemplum desit, in noto loco Sophocleo:

$$\text{ἄνδρα δ' ὠφελεῖν ἀφ' ων}$$
$$\text{ἔχοι τε καὶ δύναιτο κάλλιςος πόνων.}$$

Vs. 859: νῦν γὰρ μέλλουσι μιανθεῖσαι
πεῖραι κοπάνων ἀνδροδαΐκτων
ἢ πάνυ θήσειν Ἀγαμεμνονίων
οἴκων ὄλεθρον κτέ.

Prometh. 423 Arabes dicuntur: δάϊος ςρατὸς ὀξυπρῴροισι βρέμων ἐν αἰχμαῖς. Unde suspicor in versu, quem tractamus, corrigendum esse: μιανθεῖσαι πρῷραι κοπάνων κτέ.

Vs. 975: Σεμνοὶ μὲν ἦσαν ἐν θρόνοις τόθ' ἥμενοι,
φίλοι δὲ καὶ νῦν, ὡς ἐπεικάσαι πάθει.

Mehlerus in Mnemos. VI pag. 107 σεμνοὶ corruptum esse recte intelligens, substituendum putat ξυνοὶ i. e. κοινοί. Ex mea quidem sententia imperiose requiritur vocabulum significandi potestate vix diversum a sequenti φίλοι; quare aut ita scribendum, ut ille proposuit, aut, quod mutatione etiam leniore reponi possit: Σύμπνοι μὲν ἦσαν κτέ. Idem Mehlerus optime πάθει rescripsit pro πάθη.

Vs. 997: τί νιν προσείπω, καὶ τύχω μάλ' εὐξομῶν;
Legendum puto: τί νυν προσειπὼν νιν τύχοιμ' ἂν εὐξομῶν;

1012: φόνου δὲ κηκὶς ξὺν χρόνῳ ξυμβάλλεται.

Inspice locum, et senties verum esse: τῷ χρόνῳ ξυμβάλλεται.

1014 sqq.: Νῦν αὐτὸν αἰνῶ, νῦν ἀποιμώζω παρών
πατροκτόνον θ' ὕφασμα προσφωνῶν τόδε.

Ἀλγῶ μὲν ἔργα καὶ πάθος, γένος τε πᾶν
ἄζηλα νίκης τῆσδ᾽ ἔχων μιάσματα.

Oratio misere turbata sic in ordinem redigi posse videtur:

πατροκτόνον δ᾽ — τόδε,
νῦν ταὐτὸν αἰνῶ νῦν δ᾽ ἀποιμώζω πάλιν·
ἀλγῶ γὰρ ἔργα κτέ.

In his pro parte Blomfieldium sequor corrigentem vocabula:
νῦν—παρών; quamvis nescio an praestiterit: ὃ πρίν ποτ᾽
ἤνουν, νῦν ἀποιμώζω παρόν.

Vs. 1018:   οὔτις μερόπων ἀσινῆ βίοτον
διὰ πάντ᾽ ἄτιμος ἀμείψεται.

Laboranti metro et sententiae subvenias scribendo:

οὔτις μερόπων ἀσινὴς βίοτον
διὰ πάντ᾽ ἀτηρὸν ἀμείψει.

Cf. Eum. 305 ἀσινὴς δ᾽ αἰῶνα διοιχνεῖ.

Eumenidum vs. 3 Lege: ἢ δὴ ᾽πὸ μητρὸς δευτέρα. pro: ἢ
δὴ τὸ κτέ.

Vs. 24: Βρόμιος δ᾽ ἔχει τὸν χῶρον οὐδ᾽ ἀμνημονῶ
ἐξ οὗ γε κτέ.

Lege: οὐκ ἀμνήμονα κτέ. i. e. *locum fama celebratum ex quo cet.*

Vs. 42 sqq.:   καὶ νεοσπαδὲς ξίφος
ἔχοντ᾽ ἐλαίας θ᾽ ὑψιγέννητον κλάδον,
λήνει μεγίστῳ σωφρόνως ἐςεμμένον,
ἀργῆτι μαλλῷ. Τῇδε γὰρ τρανῶς ἐρῶ.

Coniicio: λήνει δ᾽ ἐλικτῷ κτέ.

Vs. 75: ἐλῶσι γάρ σε καὶ δι᾽ ἠπείρου μακρᾶς
βεβῶτ᾽ ἂν ἀεὶ τὴν πλανοςιβῆ χθόνα
ὑπέρ τε πόντου καὶ περιρρύτας πόλεις.

Cod. Med. habet ἂν ἀεὶ unde non cum aliis exsculpo ἀνατὶ
quod h. l. vix idoneum sensum praebeat, sed ἄλαισι i. e. *erroribus*
Perparum autem differre *ANAIΣI* et *AΛAIΣI* cadit in oculos.
Deinde haereo in πλανοςιβῆ, quod quid significare possit

non intelligo. Videant viri docti, an versus inutilis Aeschylo
abiudicandus sit.

Vs. 95 sqq.: ἐγὼ δ᾽ ὑφ᾽ ὑμῶν ὧδ᾽ ἀπητιμασμένη
ἄλλοισιν ἐν νεκροῖσιν, ὧν μὲν ἔκτανον
ὄνειδος ἐν φθιτοῖσιν οὐκ ἐκλείπεται,
αἰσχρῶς δ᾽ ἀλῶμαι.

Soloecum est ἐκλείπεται pro ἐκλείπει positum, et male
iungitur in eadem sententia tertia persona cum prima. In
ἐκλείπεται latere suspicor ἐκνίπτομαι. Pro ὧν, quod ex Tyrr-
witti coniectura reposui, libri habent ὡς. Cogitavi quoque de
loco sic constituendo: ἄλλοισιν ἐν νεκροῖσιν (ὡς γὰρ ἔκτανον
ὄνειδος ἐν φθιτοῖσιν οὐκ ἐκνίπτεται) αἰσχρῶς ἀλῶμαι.

Vs. 110 sq.: ὁ δ᾽ ἐξαλύξας οἴχεται νεβροῦ δίκην,
καὶ ταῦτα κούφως ἐκ μέσων ἀρκυστάτων
ὤρουσεν, ὑμῖν ἐγκατιλλώψας μέγα.

Si καὶ ταῦτα sanum esset, haud dubie sequi debuisset participium ὀρούσας. Scripserim: καὶ κάρτα κούφως κτἑ.

Vs. 193 sqq.: λέοντος ἄντρον αἱματορρόφου
οἰκεῖν τοιαύτας εἰκός, οὐ χρηστηρίοις
ἐν τοῖσδε πλησίοισι τρίβεσθαι μύσος.

Fortasse in librorum scriptura ΤΟΙΣΔΕΠΛΗΣΙΟΙΣΙ delitescit
ΤΟΙΣΔΕΝΑΙΣΙΟΙΣΙ, scribendumque ἐν τοῖσδ᾽ ἐναισίοισι
sive ἐναισίμοισι. Minus aptum et fere otiosum videtur πλου-
σίοισι, quod Pauwio iam in mentem venisse monet Blomfieldius, qui frustra tuetur vulgatam.

Vs. 220: ἐγὼ δ᾽, ἄγει γὰρ αἷμα μητρῷον, δίκας
μέτειμι τόνδε φῶτα κἀκκυνηγέτης.

Repraesentavi codicis Med. scripturam, unde vulgo repositum
est μ. τ. φῶτα κἀκκυνηγετῶ, in qua lectione, ut alia taceam,
offendo in tempore Praesenti κἀκκυνηγετῶ, posito ἐκ παραλ-
λήλου cum Futuro μέτειμι. Sequuntur quoque Futura: ἐγὼ
δ᾽ ἀρήξω τὸν ἱκέτην τε ῥύσομαι. Aeschylo, ut opinor, non indignum fuerit: μέτειμι τόνδε φοινία κυνηγέτις. Eodem
epitheto ornatur Scylla Choeph. 605.

Vs. 224: δίκας δὲ Παλλὰς τῶνδ' ἐποπτεύσει θεά.

Malim τοῦδε, nempe Orestis.

Vs. 238: ἀλλ' ἀμβλὺν ἤδη προστετριμμένον τε πρὸς
ἄλλοισιν οἴκοις καὶ πορεύμασιν βροτῶν.

Ultimum vocabulum facillimo negotio curabitur, adhibito loco consimili vs. 451:

πάλαι πρὸς ἄλλοις ταῦτ' ἀφιερώμεθα
οἴκοισι καὶ βοτοῖσι καὶ ῥυτοῖς πόροις,

unde apparet corrigendum esse βοτῶν. Difficilius est statuere, unde originem duxerit istud πορεύμασιν, in quo corrigendo ipse mihi non satisfacio.

Vs. 240: ὅμοια χέρσον καὶ θάλασσαν ἐκπερῶν,
σῴζων ἐφετμὰς Λοξίου χρηςηρίους,
πρόσειμι δῶμα καὶ βρέτας τὸ σὸν θεά.
Αὐτοῦ φυλάσσων ἀναμενῶ τέλος δίκης.

Interpretantur: hic manens iudicii exitum exspectabo, quasi φυλάσσειν unquam manendi notionem habuerit. Viam interpretibus monstrabit vs. 439 sq.:

εἴπερ πεποιθὼς τῇ δίκῃ βρέτας τόδε
ἧσαι φυλάσσων ἐςίας ἀμῆς πέλας.

Iungendum igitur βρέτας cum φυλάσσων, quare locus sic videtur interpungendus:

πρόσειμι δῶμα, καὶ βρέτας τὸ σὸν, θεά,
αὐτοῦ φυλάσσων κτέ.

Apollo autem vs. 79 sq. dixerat:

μολὼν δὲ Παλλάδος ποτὶ πτόλιν
ἵζου παλαιὸν ἄγκαθεν λαβὼν βρέτας.

Est tamen, ut verum fatear, in ea constructione, quam coniunctionem vocabulorum βρέτας et φυλάσσων postulare modo dicebam, aliquid ita contortum, ut servata interpunctione vulgata coniicere malim: Τοῦτ' οὖν φυλάσσων κτέ. aut, quod probabilius esse puto, versum revera satis otiosum αὐτοῦ—δίκης Aeschylo abiudicare.

Vs. 246: τετραυματισμένον γὰρ ὡς κύων νεβρὸν

πρὸς αἷμα καὶ ϛαλαγμὸν ἐκμαϛεύομεν.

Legendum αἵματος et ἐκματεύομεν.

Vs. 286: χρόνος καθαίρει πάντα γηράσκων ὁμοῦ.

Versus Aeschylo dignissimus, sed qui huc vix pertineat. Ex deperdito dramate olim a lectore nescio quo in ora libri sui adscriptum in textum irrepsisse, gravis me tenet suspicio.

Vs. 302:· ἀναίματον βόσκημα, δαιμόνων σκιάν.

Fort. δάϊον σκιάν i. e. *miseram umbram.*

Vs. 312: εὐθυδίκαιοι θ᾽ ἡδόμεθ᾽ εἶναι.

Soloeca oratio est. Lege εὐχόμεθ᾽. Med. οἰδοίμεθ᾽.

Vs. 330, 343 φρενοδαλής suspectum. An φρενοδακής vel φρενομανής?

Vs. 429: ἀλλ᾽ ὅρκον οὐ δέξαιτ᾽ ἄν, οὐ δοῦναι θέλει.

Apparet ex vs. 432: ὅρκοις—λέγω reponendum esse: ὃν δοῦναι θέλω.

Vs. 578: φόνου δὲ τοῦδ᾽ ἐγὼ καθάρσιος
καὶ ξυνδικήσων αὐτός·

Immo vero αὐτός i. e. *idem.*

Vs. 660: οὐκ ἔϛι μήτηρ ἡ κεκλημένου τέκνου
τοκεύς, τροφὸς δὲ κύματος νεοσπόρου·
τίκτει δ᾽ ὁ θρώσκων, ἡ δ᾽ ἅπερ ξένῳ ξένη
ἔσωσεν ἔρνος, οἷσι μὴ βλάψῃ θεός.

Ahrensius in ed. Didot. pro οἷσι ioculari errore reposuit suo Marte οἷον, illato sic spondeo in quartam sedem. E librorum scriptura ΕΣΩΣΕΝΕΡΝΟΣΟΙΣΙ duce sententia elicio: ἔσωσεν,ὡς νόσοισι μὴ βλάψῃ θεός. Rectissime contra habet ἔρνος vs. 666.

Vs. 769 fortasse transponendus post 771; nisi potius legendum: ἀμηχάνους παρέξομεν δυσπραξίας.

Vs. 804: ἐγὼ γὰρ ὑμῖν πανδίκως ὑπίσχομαι
ἕδρας τε καὶ κευθμῶνας ἐνδίκους χθονός.

Suspectum mihi πανδίκως, quod vel, si cum ὑπίσχομαι recte coniungeretur, ferendum non esset propter proxime sequens ἐνδίκους. Suspicor: ἐγὼ γὰρ ὑμῖν ἀντὶ τῶνδ᾽ ὑπίσχομαι κτέ.

Vs. 823: θεαὶ βροτῶν ϛήϛητε δύσκηλον χθόνα. Malim κτίϛητε.

Vs. 864: ϑυραῖος ἔξω πόλεμος, οὐ μόλις παρών κτέ.
Interpretantur: *tantum non vicinum*, quasi Graece scriptum esset: μόνον οὐ παρών. Scholiastes: οὐ τηλοῦ περ ὤν legisse videtur; interpretatur enim οὐ μαχράν. Verto: *externum bellum esto, quamvis vicinum.* Intellegi pugnam Marathoniam monuere iam alii.

Vs. 725: ὡς ἀμφίβουλος οὖσα ϑυμοῦσϑαι πόλει.
Ita Turnebus correxit librorum omnium lectionem ἀμφίβολον. Scholiasta: τέως γὰρ ἐν ἀμφιβόλῳ ἔχω τὸ ὀργίζεσϑαι. Unde apparet eum legisse: ὡς ἀμφίβολος ἔτ᾽ οὖσα κτέ.

Vs. 894: καὶ δὴ δέδεγμαι· τίς δέ μοι τιμὴ μένει.
Offendo in Dativo μοι; nam quo sensu interpretantur, *quis vero me manet honor?* requiritur non secus ac Latine casus quartus. Mutato accentu scribatur: τίς δέ μοι τιμὴ μενεῖ; i. e. *quis mihi manebit honor.*

SUPPLICUM vs. 212: καὶ Ζηνὸς ὄρνιν τόνδε νῦν κικλήσκετε.
Appollinem, nam hunc intelligi patet e vs. sequenti, potius vocaverim Ζηνὸς ἶνιν.

Vs. 238: ὅπως δὲ χώραν οὐδὲ κηρύκων ὕπο
ἀπρόξενοί τε, ἰόσφιν ἡγητῶν, μολεῖν
ἔτλητ᾽ κτέ.
Sequens τε postulat: οὔτε κηρύκων κτέ.

Vs. 248: ἐγὼ δὲ πρός σε πότερον ὡς ἔτην λέγω,
ἢ τηρὸν ἱεροῦ ῥάβδον, ἢ πόλεως ἀγόν;
Lenissima mutatione locum fere conclamatum sanare mihi contigit. Nempe legendum: ἢ ῥήτορ᾽ ἱερόραβδον i. e. ἢ κήρυκα.

Vs. 385: Μένει τοι Ζηνὸς ἱκτίου κότος
δυσπαραϑέλκτοις παϑόντος οἴκτοις.
Intelligam: δυσπαράϑελκτος παϑῶν ἀνοίκτοις i. e. *manet enim Iovis, supplicum tutoris, ira aegre placabilis iis, qui aliena infortunia commiserari non didicerint.*

Vs. 390: Δεῖ τοι σὲ φεύγειν κατὰ νόμους τοὺς οἴκοθεν,
ὡς οὐκ ἔχουσι κῦρος οὐδὲν ἀμφὶ σοῦ.

Aut inter hos versus versum intercidisse statuerim, aut pro
φεύγειν rescribendum esse φαίνειν.

Vs. 393: ὕπαςρον δέ τοι
μῆχαρ ὁρίζομαι γάμου δύσφρονος
φυγᾷ. Ξύμμαχον δ᾽ ἑλόμενος δίκαν
κρῖνε σέβας τὸ πρὸς θεῶν.

Suspicor: ὕπαρχον δ. τ. μ. ὁ. γ. δύσφρονος, φυγάν. i. e.
quod autem restat mihi praesidium contra invisas nuptias, scil.
ut causam dicam, id arripio. Μῆχαρ cum Genitivo construitur,
ut Ag. 192 Χείματος ἄλλο μῆχαρ. Cf. Eurip. Androm. 537;
Herod. II, 181, IV, 151; Hom. Il. IX, 349.

Vs. 400: μὴ καὶ ποτὲ
εἴπῃ λεώς, εἴ πού τι μὴ τοῖον τύχοι,
ἐπήλυδας τιμῶν ἀπώλεσας πόλιν.

Codd. εἴ πού τι καὶ μὴ τοῖον τύχοι, unde nescio an praestet, quod hac in re sollemne est, reponere: εἴ πού τι κἄλ-
λοῖον τύχοι. Vulgatam interpretibus deberi suspicor.

Vs. 405: τί τῶνδ᾽ ἐξ ἴσου ῥεπομένων μεταλγεῖς τὸ δίκαιον ἔρξαι. Reponendum aut μέγ᾽ ἀλγεῖς aut, quod fere malim,
καταλγεῖς. Praeterea suspectum habeo formam passivam ῥεπομένων? Cogitavi de φερομένων et de νεμομένων, quorum
utrumque in hac sententia locum habere potuerit.

Vs. 417: Μῶν οὐ δοκεῖ δεῖν φροντίδος σωτηρίου; Deleatur
vs. soloecus, languidus et imperite fictus e vs. 407.

Vs. 439: ἢ τοῖσιν ἢ τοῖς πόλεμον αἴρεσθαι μέγαν
πᾶσ᾽ ἐς᾽ ἀνάγκη· καὶ γεγόμφωται σκάφος
ςρέβλαισι ναυτικαῖσιν ὡς προσηρμένον.

Perdidit prava interpungendi ratio sensum huius loci. Lege:
Πᾶσ᾽ ἐς᾽ ἀνάγκη καὶ γεγόμφωται, σκάφος κτὲ. Cf. vs. 944: τῶνδ᾽
ἐφήλωται γόμφος διαμπάξ, ὡς μένειν ἀραρότως, ubi fortasse
praestat: ὣς᾽ ἔχειν ἀραρότως. Valet autem γεγόμφωται
idem fere quod ἄραρε s. ἀραρότως ἔχει.

Vs. 455 dicenti Choro: πολλῶν ἄκουσον τέρματ' αἰδοίων λόγων respondet rex: ἄκουσα, καὶ λέγοις ἄν, οὔ με φεύξεται. Fortasse: ἀκούσομαι· λέγοις ἄν, κτέ.

Vs. 460: λέξον, τίν' αὐδὴν. τήνδε γηρυθεῖσ' ἔσει. Suspectus verbi γηρύεσθαι Aor. Pass., quum alibi forma Aor. Med. occurrere soleat; neque huius loci est Futuri exacti periphrasis; quare conieci: τίν' αὐδὴν τήνδε γηρύσει σύ μοι. vel γηρύει σύ μοι.

Vs. 498: φύλαξαι μὴ θράσος τέκῃ φόβον. Faciendum puto cum iis, qui φόνον reponant, quidquid obloquitur Hermannus. Scholiastes: μὴ θαρρήσας μόνος ἀπελθεῖν φοβηθῶ ὑπό τινος; quae adnotatio adduci posset adversus illam coniecturam. nisi additis vocabulis ὑπό τινος luce clarius testaretur scholii auctor, se scripsisse μὴ—φονευθῶ ὑπό τινος. Nam sin minus, haud dubie illa omisisset. Vulgata autem lectione multo aptior foret haec: μὴ θράσος τέκῃ φόβος i. e. *ne metus pariat audaciam.* Videlicet non raro videmus superstitioso quodam timore correptum vulgus in audaciam et scelera proruere. Praetulerim nihilominus, ut iam dixi, φόνον.

Vs. 621: τοιαῦτ' ἀκούων χερσὶν Ἀργεῖος λεὼς
ἔκραν' ἄνευ κλητῆρος ὡς εἶναι τάδε.

Facile quidvis concoquet is, cui interpretes persuadeant ἄνευ κλητῆρος significare *non exspectata praeconis voce.* Nusquam κλητήρ idem significat quod κῆρυξ. Ne multa: vulgata lectio est παραδιόρθωσις scripturae libri Medicei: ἔκλαναν εὐκλήτορος ὡς εἶναι τόδε, in qua haec non paullo melior delitescit:
Ἀργεῖος λεὼς
ἔκρανεν εὐκλητος ὡς εἶναι τάδε.
i. e. *Danai oratione facile permotus.*

Qui autem sequuntur duo vss. 623 sq.: Δημηγόρους—τέλος relegandi videntur in marginem, ubi olim e deperdito dramate Aeschyleo adscripti esse videntur ad vs. 621 sq. propter argumenti similitudinem.

Vs. 716 sqq.: καὶ πρῷρα πρόσθεν ὄμμασι βλέποισ' ὁδόν

οἴακος εὐθυντῆρος ὑστάτου νεὼς
ἄγαν καλῶς κλύουσά γ᾽ ὡς ἂν οὐ φίλη.

An κλύουσ᾽, ἅτ᾽ οὖσα δυσφιλής? aut sensu prope eodem: ἄγουσα γ᾽ οὐ φίλους? Ultimis vocabulis explicat Danaus, cur dixerit ἄγαν καλῶς.

Vs. 744 ὧδ᾽ ἐπιτυχεῖ κότῳ. Immo κόπῳ.

Vs. 750: δουλόφρονες δὲ καὶ δολομήτιδες κτὲ. Restituatur duplex dochmius, scripto δ᾽ ἐκεῖνοι pro δὲ καί.

Vs. 762: ὡς καὶ ματαίων ἀνοσίων τε κνωδάλων κτὲ. Corrigatur: ὡς παμματαίων κτὲ.

CAPUT VIII.

CONIECTURAE IN SOPHOCLEM.

ΑΙΑCIS vs. 106 sqq.:

θανεῖν γὰρ αὐτὸν οὔ τί πω θέλω
πρὶν ἂν δεθεὶς πρὸς κίον᾽ εὐερκοῦς στέγης
μάστιγι πρῶτον νῶτα φοινιχθεὶς θάνῃ.

Lacuna male expleta a librariis. Supererat φοινιχθ** Suspicor: φοινιχθῇ διπλῇ. cl. vs. 243: παίει λιγυρᾷ μάστιγι διπλῇ.

Vs. 289: τί χρῆμα δρᾷς,

Αἴας; τί τήνδ᾽ ἄκλητος οὔθ᾽ ὑπ᾽ ἀγγέλων
κληθεὶς ἀφορμᾷς πεῖραν οὔτε του κλύων
σάλπιγγος.

Non absurdum foret ΑΚΑΙΡΟΣ (i. e. ἄκαιρος) pro ΑΚΛΗΤΟΣ; sed verius fortasse corrigas:

τί τ᾽ αὐτόκλητος οὔθ᾽ ὑπ᾽ ἀγγέλων
κληθεὶς.

cl. Trach. vs. 391: ὅδ᾽ ἀνὴρ οὐκ ἐμῶν ὑπ᾽ ἀγγέλων, ἀλλ᾽ αὐτόκλητος ἐκ δόμων πορεύεται.

Vs. 298: Verba scholiastae: ὅπερ Ὅμηρος αὖ ἐρύειν φησὶν κτέ. non pertinent ad vocabula ἔσφαζε κάρραχιζε, quae faciunt scholii lemma, sed ad ἄνω τρέπων.

Vs. 312: τὰ δεῖν' ἐπηπείλησ' ἔπη. Fortasse πάνδειν' κτέ. Diversa est ratio vs. 1107 et vs. 1226, ubi articulus bene habet.

Vs. 515: καὶ μητέρ' ἄλλη μοῖρα κτέ. An αἰνῆ μοῖρα? Sic apud Homerum αἰνὸς μόρος.

Vs. 668: ἄρχοντές εἰσιν, ὥσθ' ὑπεικτέον. τί μή; Mal:m τί μήν; i. e. πῶς γὰρ οὔ; Cf. Aesch. Eumen. vs. 203.

Vs. 670 corruptum est τιμαῖς.

Vs. 591: καὶ τάχ' ἂν μ' ἴσως
πύθοισθε, κεἰ νῦν δυστυχῶ, σεσωσμένον.

Expuncto interpretamento ἴσως, reponendum μ' ἔτι. In oratione pedestri, imprimis apud Platonem post τάχα idem glossema est admodum frequens.

Vs. 816—818: (γένοιτ' ἂν—ὁρᾶν) inepti sunt et Aiacis orationem conturbant. Arcte enim cohaerent vs. 815 et 819. Quare tres illos vss. damnare non dubito. Confecti esse videntur ad histrione propter vs. 661 sq. cf. 1025 sq.

Vs. 853 et 865 spurios esse iam monuit, ni fallor, Cobetus

Vs. 988: τοῖς θανοῦσί τοι
φιλοῦσι πάντες κειμένοις ἐπεγγελᾶν.

Pro θανοῦσι, quod interpretamentum est sequentis participii κειμένοις, olim vix aliud scriptum esse potuit vocabulum quam ἐχθροῖσι.

Vs. 1009: ἴσως valet aeque. Cogitando supple: ac si tecum venissem.

Vs. 1071: καί τοι κακοῦ πρὸς ἀνδρὸς ἄνδρα δημότην
μηδὲν δικαιοῦν τῶν ἐφεςώτων κλύειν.

Pro ἄνδρα, quod dittographiae debet originem, restituas necessarium participium ὄντα.

Vs. 1112: οἱ πόνου πολλοῦ πλέῳ = οἱ πολλὰ πράττοντες s. πολυπραγμονοῦντες.

Vs. 1272: *ὦ πολλὰ λέξας ἄρτι κἀνόνητ' ἔπη.* Nihil est, quod in his haereamus. Quia tamen in codd. ab *ἀνόνητος* vix differt *ἀνόητος*, videndum annon potius Sophocles dederit: *κἀνόητ'* (i. e. *μωρὰ*) *ἔπη*?

ELECTRAE vs. 71 sq.:

καὶ μή μ' ἄτιμον τῆσδ' ἀποςείλητε γῆς
ἀλλ' ἀρχέπλουτον καὶ καταςάτην δόμων.

Vs. 72 scripserim sic: *ἀρχαιοπλούτων δ' ἀποκαταςάτην δόμων.* Dubito tamen de utroque versu, an sint genuini. Omissos certe non requirerem.

Vs. 198: *δόλος ἦν ὁ φράσας, ἔρος ὁ κτείνας.* Transposuerim: *ἔρος—δόλος.*

Vs. 546: *οὐ τοῦτ' ἀβούλου καὶ κακοῦ γνώμην πατρός.* Requiritur fere odiosius aliquod vocabulum; quare suspicor: *οὐ ταῦτ' ἀνόλβου* κτέ i. e. *μωρίας πλέω*, cl. Aiac. vs. 1156. Recte legitur *ἄβουλος* in nostrae fabulae vs. 964. Utraque vox coniungitur Antig. 1026, sed ita, ut vocabulum efficacius loco ponatur secundo.

Vs. 688: *χὤπως μὲν ἐν πολλοῖσι παῦρά σοι λέγω.* Male interpretantur: *ut multa paucis complectar*, quasi scriptum esset: *ἐν παύροισι πολλά*, quemadmodum Sophoclem *non* dedisse patet ex vs. 690: *ἐν δ' ἴσθ'* κτέ. Recte iam alii: *pauca ex multis, quae dici possent.*

Vs. 697 Lege: *δύναιτ' ἂν οὐδ' ἂν ἰσχύων φυγεῖν* pro *ἰσχύων* cum spiritu leni; nam requiritur articulus.

Vs. 1026: *εἰκὸς γὰρ ἐγχειροῦντα καὶ πράσσειν κακῶς.* Pro *γὰρ* Wakefield. coni. *κακ'*. Vitii sedes est in *καὶ πράσσειν*. Ego suspicor: *ε. γ. ἐγχειροῦντ' ἀπαλλάσσειν κακῶς*, i. e. *probabile enim est inceptum male nobis cessurum esse.*

OEDIPI REGIS vs. 27: *ἐν δ' ὁ πυρφόρος θεός.* Quod in in codice Ambrosiano satis antiquo scriptum vidi *πορφυρος*

librarii σφάλμα esse nunc puto, nec inde suspicari debebam
Sophocli reddendum esse πυρφυροῦς, quo epitheto Homerus
τὸν θάνατον ornare solet. Aptissime conferunt Thucyd. II: 49
τὰ ἐντὸς οὕτως ἐκάετο κτὲ.

Vs. 105: ἔξοιδ' ἀκούων· οὐ γὰρ εἰσεῖδον γέ πω. Particula
πω de Laio dudum mortuo absurda est. Praestiterit certe γέ
που, ut est in eodem codice Ambrosiano; sed nescio an
non melius scribatur γέ νιν.

Vs. 117: κατεῖδ' Lege κάτοιδ'.

Vs. 120: ἐν γὰρ πόλλ' ἂν ἐξεύροι μαθεῖν,
    ἀρχὴν βραχεῖαν εἰ λάβοιμεν ἐλπίδος.

Fortasse: — μαθών, — λάβοι τις vel, servato λάβοιμεν,
scribendum ἐξαρκοῖ pro ἐξεύροι, ut sensus sit: *unum sufficiat
ad multa cognoscenda*.

Vs. 140: κἄμ' ἂν τοιαύτῃ χειρὶ τιμωρεῖν θέλοι. Fortasse
πημαίνειν.

Vs. 265: κἀπὶ πάντ' ἀφίξομαι. Legatur πᾶν.

Vs. 371: σοὶ δὲ τοῦτ' οὐκ ἔς', ἐπεὶ
    τυφλὸς τά τ' ὦτα τόν τε νοῦν τά τ' ὄμματ' εἶ.

Vitiosum esse τά τ' ὦτα liquet tum e praegresso τυφλός tum
imprimis e Tiresiae responso. Quid reponendum sit, quaerant
alii.

Vs. 403: παθὼν ἔγνως ἂν οἶά περ φρονεῖς. Fortasse
οῖ' ὑπερφρονεῖς.

Vs. 413: Lege: καὶ δεδορκὼς οὐ βλέπεις cum Brunckio.

Vs. 523: Pro τάχ' ἂν lege τάχα.

Vs. 525: Τοῦ πρὸς δ' ἐφάνθη; Malim πρὸς τοῦ κτέ.
Nam requiro exemplum praep. πρὸς postpositi regimini suo.

Vs. 587: ἱμείρων ἔφυν. Immo ἱμείρειν ἔφυν.

Vs. 623: ἥκιςα. Θνήσκειν, οὐ φυγεῖν σε βούλομαι. Cum
his Oedipi verbis aperte pugnant ea, quae mox Creon dicit
Iocastae vs. 639 sqq.: ὅμαιμε, δεινὰ μ' Οἰδίπους — ἢ γῆς
ἀπῶσαι πατρίδος ἢ κτεῖναι λαβών. An igitur vs. 623
Oed. dixerat: ἤτοι σε θνήσκειν ἢ φυγεῖν γοῦν βούλομαι?

Vs. 627 pro χἀμόν lege τοὐμόν.

Vs. 634: τί τὴν ἄβουλον — ςάσιν κτὲ. Fortasse ἄνολ-
βον.

Vs. 649: πιθοῦ θελήσας φρονήσας τ', ἄναξ, λίσσομαι.
An πιθοῦ 'λεήσας κτὲ.?

Vs. 695 pro ἀλύουσαν lege σαλεύουσαν cum Dobraeo Adv.
Tom. II, p. 33.

Vs. 728: ποίας μερίμνας τοῦθ' ὑποςραφεὶς λέγεις.
Malim ἐπιςραφεὶς, cl. Philoct. 599.

Vs. 840: ἔγωγ' ἂν ἐκπεφευγοίην πάθος. Fortasse ἄγος
i. e. piaculum.

Vs. 876: Locum corruptissimum sic tento:
  ἀκρότατον εἰσαναβᾶσ'
  [ὄρος], ἀπότομον ὤρουσεν εἰς τιν' ἀγκῶν',
  ἔνθ' οὐ ποδὶ ῥυσίῳ
  χρῆται. Τὸ καλῶς δ'ἔχον
  πόλει νόμισμα μήποτε λῦσαι θεὸν αἰτοῦμαι.

Vs. 891: ματάζων. Hoc verbum hic et Aesch. Ag. 967
scribendum videtur cum iota subscripto, quippe contractum
ex ματαΐζω.

Vs. 922 sq.: ὡς νῦν ὀκνοῦμεν — ὡς κυβερνήτην νεώς.
Exspectaveris: *ceu nautae navis gubernatorum in procella;*
quapropter vide, an post 923 unus vs. exciderit.

Vs. 1000 sq.: ἦ γὰρ — γέρον vix sunt genuini.

Vs. 1005: καὶ μὴν μάλιςα τοῦτ' ἀφικόμην, κτὲ. Malim:
τοῦτό γ' ἱκόμην.

Vs. 1144; τί δ' ἐςὶ πρὸς τί τοῦτο τοὔπος ἱςορεῖς; Immo
vero: πρὸς ὅτι.

Vs. 1276 sqq.:   φοίνιαι δ' ὁμοῦ
  γλῆναι γένει' ἔτεγγον οὐδ' ἀνίεσαν
  φόνου μυδώσας ςαγόνας, ἀλλ' ὁμοῦ μέλας
  ὄμβρος χάλαζά θ' αἱματοῦσσ' ἐτέγγετο.
Fortasse: φοίνιαι δέ μιν — αἱματοῦσσ' ἐρρήγνυτο?

Vs. 1380: κάλλις' ἀνὴρ εἷς ἔν γε ταῖς. Θήβαις τραφείς.

Olim lectum fuisse ἔν γε ταῖς Θήβαις ϛραφείς apparet e glossemate διατρίψας. Nota est autem verborum ϛρέφεσθαι et ἐνϛρέφεσθαι vis, qua significant *versari.* Thebis educatum se fuisse qui poterat Oedipus dicere?

Vs. 1382: τὸν ἐκ θεῶν
φανέντ᾽ ἄναγνον καὶ γένους τοῦ Λαΐου.

Expuncto interpretamento τοῦ Λαΐου, reponendum suspicor καὶ γένους ἀλάϛορα.

Vs. 1400: αἳ τοὐμὸν αἷμα τῶν ἐμῶν χειρῶν ἄπο
ἐπίετε πατρός κτέ.

Elegantius certe scripseris: αἳ θερμὸν αἷμα κτέ. Cf. O. Col., in pulcerrimo loco, vs. 622: θερμὸν αἷμα πίεται.

Repetita huius fabulae lectione accedant haec pauca:

Vs. 346: παρήσω γ᾽ οὐδὲν — ἅπερ ξυνίημ᾽. Malim ὥνπερ.

Vs. 441: τοιαῦτ᾽ ὀνείδιζ᾽, οἷς ἔμ᾽ εὑρήσεις μέγαν. Melius intelligam εὑρίσκεις, more tragicorum dictum pro εὕρηκας. Respicit enim Oedipus suam enigmatis solutionem.

Vs. 926 malim εἰ κάτιϛέ που (pro εἰ κάτισθ᾽ ὅπου) i. e. *si forte nostis:* nempe *ubi sit,* quod facile suppletur e prae-gressis: μάθοιμ᾽ ὅπου—ἐϛίν. Cod. Ambros. habet: εἰ κάτοισθά που.

Vs. 977: τί δ᾽ ἂν φοβοῖτ᾽ ἄνθρωπος, ᾧ τὰ τῆς τύχης κρατεῖ; κτέ. Malim ὡς pro ᾧ.

Vs. 1264: πλεκταῖς ἐώραις ἐμπεπλεγμένην, ὁ δὲ
ὅπως ὁρᾷ νιν κτέ.

Suspectum habeo formam ἐώρα. Fortasse:
πλεκταῖσιν αἰώραισιν ἐμπεπλεγμένην.
ὁ δ᾽ ὡς κτέ.

Oedipi Colonaei vs. 59: τόνδ᾽ ἱππότην Κολωνόν. Pron. ὅδε usurpatur de praesenti; quare rescribas τὸν ἱππότην.

Vs. 272: οὐδ᾽ ἂν ὧδ᾽. Legatur ὥς.

Vs. 276 cf. O. R. vs. 276.

Vs.. 309: Τίς γὰρ ἐσθλὸς οὐχ αὐτῷ φίλος; Inepta sententia; quasi mali non sint φίλαυτοι. Una litera deleta, scribo: τίς γάρ ἐσθ᾽ ὃς οὐχ αὐτῷ φίλος; Cf. Aiac. 725 ad Grammaticam; ad sensum ibid vs. 1366: ἢ πάνθ᾽· ὅμοια· πᾶς ἀνὴρ αὐτῷ πονεῖ; nam sic distinguo cum Dobraeo.

Vs. 320: σημαίνει δ᾽ ὅτι
μόνης τόδ᾽ ἐςὶ δῆλον Ἰσμήνης κάρα.
Immanem tautologiam removeas scribendo: τόδ᾽ ἐς᾽ ἀδελφὸν Ἰσμήνης κάρα. Cf. Antig. vs. 1. Ἀδελφός passim adiective usurpari monendus erit nemo.

Vs. 379: προσλαμβάνει
κῆδός τε ΚΑΙΝΟΝ καὶ ξυνασπιςὰς φίλους.
Pro languido isto καινόν vide an substituendum sit ΚΛΕΙΝΟΝ.

Vs. 392: pro φασί lege φησί, nam intelligendum τὰ μαντεύματα e vs. 387.

Vs. 381: τιμῇ καθέξον in αἰχμῇ καθέξον mutandum esse Cobetus nemini facilius quam mihi probavit, quippe qui dudum sic scribendum esse in editionis, quo utor, margine annotaveram Nunc illa, quam mihi gratulor, συνέμπτωσις facit, ut de huius correctionis veritate omnino non dubitem.

Vs. 415: ὥς φασιν οἱ μολόντες κτέ. Responsi ratio postulat: φασί γ᾽.

Vs. 502: οὐδ᾽ ὑφηγητοῦ γ᾽ ἄνευ. Malim ὑφηγητῶν ἄνευ.

Vs. 537: ἔπαθον ἅλας᾽ ἔχειν. Fortasse ἄχη.

Vs. 554: ὁδοῖς ἐν ταῖςδ᾽ ἀκούων. Particip. male repetitum ex 551. Sententia (cf. sqq.) suadet: ὁδοῖς ἐν ταῖσδε λεύσσων.

Vs. 581: χρόνῳ μάθοις ἄν, οὐχὶ τῷ παρόντι πού. Scripserim: οὐχὶ—πω.

Vs. 588: πότερα τὰ τῶν σῶν ἐγγόνων, ἢ 'μοῦ λέγεις; Contextus suadet: ἢ πῶς λέγεις;

Vs. 592: ὦ μῶρε, θυμὸς δ᾽ ἐν κακοῖς οὐ ξύμφορον. Expunxerim voculam δ᾽.

Vs. 594: ἄνευ γνώμης γὰρ ου με χρὴ λέγειν. E vs. praegresso liquet Sophoclem dedisse ψέγειν.

Vs. 602 sqq. olim hunc fere in modum constitutos f_{uisse} e fabulae. oeconomia coniicias:

Thes. πῶς δῆτα σ' ἂν πεμψαίαϑ' ****;

Oed. (ςήσουσι γαίας μ' ἐγγὺς), ὥς' οἰκεῖν δίχα.

Th. *Qua vero causa moti hoc facient?*

Oed. τὸ ϑεῖον αὐτοὺς ἐξαναγκάσει ςόμα.

Cf. vs. 399.

Vs. 637: ἀγὼ σεβισϑεὶς οὔποτ' ἐκβαλῶ χάριν
τὴν τοῦδε, χώρᾳ δ' ΕΜΠΟΛΙΝ κατοικιῶ.

Erunt fortasse, quibus praeplaceat *ΕΜΠΕΔΟΝ.*

Vs. 737: οὐκ ἐξ ἑνὸς ςείλαντος, ἀλλ' ἀνδρῶν ὕπο πάντων κελευσϑείς. Malim: ἀλλ' ἀςῶν ὕπο κτέ.

Vs. 755: ἀλλ' οὐ γάρ. Fortasse: ἀλλ' εἴπερ κτέ.

Vs. 788: τήνδε τὴν πόλιν φίλως
εἰπών· ἐπαξία γάρ, ἡ δ' οἴκοι πλέον
δίκῃ σέβοντ' ἄν.

Fortasse: τήνδε μὲν πόλιν φίλος
λιπών, ἐπαξία γάρ, ἡ δ' οἴκοι κτέ.

Vs. 779: ὅτ' οὐδὲν ἡ χάρις χάριν φέροι. Lege ὅτ' οὐκέϑ' ἡ κτέ. Vs. sq. malim: ἆρ' οὐ ματαίου κτέ.

Vs. 787 ad orationis formam cf. O. R. vs. 370.

Vs. 809: ὡς δὴ σὺ κτέ. Verte: *quasi tu vero cet.*

Vs. 1113: κἀναπαύσατον
τοῦ πρόσϑ' ἐρήμου τοῦδε δυςήνου πλάνου.

Lege: τόνδε δύςηνον i. e. ἐμέ.

Vs. 1156: pro ἔμπολιν malim σύμπολιν.

Vs. 1311: ξὺν ἑπτὰ τάξεσι ξὺν ἑπτά τε λόγχαις. An ξὺν ἑπτά τ' ἀσπίσι κτέ? Sic ἀσπὶς et δόρυ iunguntur vs. 1524 sq.

Vs. 1333: πρὸς νύν σε κρηνῶν, πρὸς ϑεῶν ὁμογνίων
αἰτῶ πιϑέσϑαι καὶ παρεικαϑεῖν.

Fortasse: προς νύν σε κείνων nempe χρηςηρίων (vs. 1331), vel, quod eodem redit, πρός νύν σε χρησμῶν.

Vs. 1361: τάδ᾽ ὥσπερ ἂν ζῶ. Immo ἕωσπερ, quod est pronuntiandum βισυλλάβως.

Vs. 1487: τί δ᾽ ἂν θέλοις τὸ πιςὸν ἐμφῦναι φρενί; Scholiastes: τί τὸ πιςὸν θέλεις ἐμβαλεῖν τῇ φρενὶ ἐκείνου—ἀντὶ τοῦ τί βούλει πιθανὸν ἀνακοινώσασθαι τῷ Θησεῖ. Estne satis manifestum Schol. legisse ἐμφῦσαι φρενί? Neque dubium, opinor, hanc lectionem esse recipiendam.

Vs. 1531: τῷ προφερτάτῳ μόνῳ. Recte, ut videtur, Schol.: τῷ πρεσβυτάτῳ υἱῷ, non praestantissimo, ut interpretatur Elmsleius. Schol. autem non videtur legisse illud μόνῳ, sed eius vocabuli loco eum invenisse γόνῳ probabiliter statuas.

Vs. 1584: ὡς λελοιπότα
κεῖνον τὸν ΑΕΙ βίοτον ἐξεπίςασαι.

Adv. ἀεὶ monstrum alere videtur. Requiro epitheton ad βίοτον; cogitavi de αἰνὸν, sed mihi non plane satisfacio.

Vs. 1604: ἐπεὶ δὲ παντὸς εἶχε δρῶντος ἡδονήν. Verba proxime praegressa: λουτροῖς τε νιν
ἐσθῆτι τ᾽ ἐξήσκησαν ᾗ νομίζεται.

manu ducunt ad veram lectionem: ἐ. δ. π. εἶχε χρωτὸς ἡδονήν. i. e, quum volupe ei esset per totum corpus. Perfacilis autem vocabulorum ΔΡΩΤΟΣ et ΧΡΩΤΟΣ confusio.

Vs. 1636: ὁ δ᾽ ὡς ἀνὴρ γενναῖος οὐκ οἴκτου μέτα
κατήνεσεν τάδ᾽ ὅρκιος δράσειν ξένῳ.

Aliquanto magis ad rem foret, nisi fallor: οὐκ ὄκνου μέτα.

ANTIGONAE vs. 159: μῆτιν ἐρέσσων. Praetulerim: μῆτιν ἐλίσσων i. e. animo volvens consilium, cl. vs. 231: τοιαῦθ᾽ ἐλίσσων κτέ. Vide tamen, an tibi persuadeat Schol. ad h. l.

Vs. 188: τοῦτο γιγνώσκων ὅτι
ἥδ᾽ ἐςὶν ἡ σώζουσα καὶ ταύτης ἔπι
πλέοντες ὀρθῆς τοὺς φίλους ποιούμεθα.

Poeta dignius esse arbitror: θεοὺς φίλους ποιούμεθα.

Vs. 269: λέγει τις εἰς, ὃς πάντας ἐς πέδον κάρα
νεῦσαι φόβῳ προὔτρεψεν.

Malim: ὃ πάντας κτέ.

Vs. 313: ἐκ τῶν γὰρ αἰσχρῶν λημμάτων τοὺς πλείονας
ἀτωμένους ἴδοις ἂν ἢ σεσωσμένους.

Fortasse τις pro τοὺς et vs. sq. ἴδοιτ' ἂν pro ἴδοις ἂν substituendum; nam articulus ad πλείονας in hac sententia ferri
omnino nequit.

Vs. 413 sq.: ἐγερτὶ κινῶν κτέ. Vereor, ne ante hos vss., qui
male cohaereant cum praegressis, aliquid acciderit.

Vs. 443: κοὐκ ἀπαρνοῦμαι τὸ μή. Grammatica Graeca
postulat: τὸ μὴ οὐ. Librarii saepe, non intellecto synizesi,
in eiusmodi sententiis omisere necessarium οὐ. Felicius evasit vs. 544: μή τοι μ' ἀτιμάσῃς τὸ μὴ οὐ κτέ.

Vs. 565: ὅθ' εἵλου σὺν κακοῖς πράσσειν κακά i. e. quando
cum malis mala patrare praeoptasti. Creon pulchre iam intel-
lexerat insontem esse Ismenen; quare vide an potius scribendum πράσσειν κακῶς i. e. infelix esse. Ita quoque melius
haec respondent iis, quae dixerat Ismene vs. 563 sq., cl. vs. 567.

Vs. 578:   εὖ δὲ τάςδε χρὴ
γυναῖκας εἵλαι μηδ' ἀνειμένας ἐᾶν.

Codd. εἶναι, quod ita correxit Dindorfius; dubito tamen an
recte fecerit: nam primo verbum ἴλλειν nusquam significat
custodire, quae notio h. l. requiritur, deinde huius verbi Aor.
1 apud Atticos quidem, quod sciam, nusquam comparet, apud
Homerum est ἔλσαι s. ἐέλσαι cum litera Aeolica. His rationibus motus reponendum puto: γυναῖκας εἷρξαι κτέ. Cf. v. c.
Eurip. Hel. 288.

Vs. 775: φορβῆς τοσοῦτον, ὡς ἄγος μόνον, προθείς,
ὅπως μίασμα πᾶσ' ὑπεκφύγῃ πόλις.

Pro πᾶσ' melius scribetur πᾶν. Quid pro μόνον, quod vocabulum fortasse errore huc illatum est ex vs. 777, reponendum
sit, videant alii. Mihi non displiceret ὡς ἄγος μὴ εἶναι, si
per synizesin haec proferri posse satis mihi constaret.

Vs. 781 corruptum est κτήμασι.

Vs. 797: ἄμαχος γὰρ ἐμπαίζει θεὸς Ἀφροδίτα.

Fortasse: ἐνςάζει, nempe τὸν ἵμερον. Cf. Herod. IX: 3 de Mardonio: ἀλλὰ οἱ δεινός τις ἐνέςακτο ἵμερος τὰς Ἀθήνας δεύτερα ἑλέειν.

Vs. 927: εἰ δ' οἶδ' ἀμαρτάνουσι, μὴ πλείω κακὰ πάθοιεν ἦ καὶ δρῶσιν ἐκδίκως ἐμέ. Fuerit magis e veterum ingenio: μὴ μείω κακά κτέ.

Vs. 1000: ἵν' ἦν μοι παντὸς οἰωνο‾ λιμήν. An οὐρανοῦ λιμήν?

Vs. 1003: καὶ σπῶντας ἐν χηλαῖσιν ἀλλήλους φοναῖς. Ele-legantius scripseris: ἐγχήλοισιν ἀλλήλους φοναῖς.

Vs. 1224: εὐνῆς ἀποιμώζοντα τῆς κάτω φθορὰν
καὶ πατρὸς ἔργα καὶ τὸ δύςηνον λέχος.

Ne bis idem aut fere idem dicat poeta, mutata una litera, scribendum propono: καὶ τὸ δύςηνον λάχος i. e. *et miseram* (suam) *sortem*.

Vs. 1256: καὶ τῆς ἄγαν γὰρ ἐςί που σιγῆς βάρος. Versus spurius, fictus ad interpretanda verba: εὖ γὰρ οὖν λέγεις. Cf. vs. 1251 sq.

_____

Philoctetis vs. 43: ἀλλ' ἦ 'πὶ φορβῆς νόσον ἐξελήλυθεν. Dictum est νόσον ἐξελήλυθεν eadem ratione, qua dicitur ὁδὸν ἐλθεῖν, similia; unde sequitur Sophoclem scripsisse: ἀλλ' ἤ 'πὶ φορβὴν νόσον ἐξελήλυθεν. Librarii duplicem hunc Accusati-vum non ferentes, de industria φορβῆς scripsisse videntur.

Vs. 54:   τὴν Φιλοκτήτου σε δεῖ
ψυχὴν ὅπως λόγοισιν ἐκκλέψεις λέγων.

Magnum in paucis poetam sic scribere potuisse, non facile mihi quisquam persuadebit. Multo certe et venustius et rei con-venientius foret: ψυχὴν ὅπως δόλοισιν ἐκκλέψεις λέγων. Cf. vs. 101 et 102.

Vs. 121: ἦ μνημονεύεις οὖν ἅ σοι παρήνεσα; Lege: ἦ μνημονεύσεις κτέ.

Vs. 144: νῦν μὲν ἴσως γὰρ τόπον ἐσχατιαῖς
προσιδεῖν ἐθέλεις ὅντινα κεῖται.

Graecorum usus postulat ν. μ. γὰρ ἴσως τ. ἐσχατιᾶς κτέ.

Pluralem ἐσχατιαὶ alibi me legere non memini.

Vs 304: οὐκ ἐνθάδ᾽ οἱ πλοῖ τοῖσι σώφροσιν βροτῶν. Hic
versus post vs. 302, 303 sobrio poetae potius fuisset omitten-
dus; quocirca suspicor olim a lectore propter argumenti similitudinem ex alia fabula nunc deperdita adscriptum fuisse in
margine, inde vero, ut fit, in textum irrepsisse.

Vs. 583:   πόλλ᾽ ἐγὼ κείνων ὕπο
δρῶν ἀντιπάσχω χρηςά γ᾽ οἷ ἀνὴρ πένης.

Fortasse: πολλὰ—χρηςά θ᾽ οἷ ἀνὴρ πένης.

Vs. 592: ὁ Τυδέως παῖς ἥ τ᾽ Ὀδυσσέως βία, suspectus
mihi versus post vocabula: ἄνδρε, τώδ᾽ ὥπερ κλύεις. Nempe
mercator utriusque nomen iam dixerat vs. 568—572, idque
fecerat alta voce ad utrumque (Philoctetem et Neoptolemum);
nam vs. 573 demum submissa voce ad solum Neoptolemum
loqui occoepit.

Vs. 630: δεῖξαι νεὼς ἄγοντ᾽ ἐν Ἀργείοις μέσοις.

Non expedio Genit. νεώς. Fortasse legendum: δεῖξαι᾽ πὶ νεὼς
κτέ. Non intellecta synizesis causa esse potuit, cur exciderit
praepositio.

Vs. 716: λεύσσων δ᾽ εἴ που γνοίη ςατὸν εἰς ὕδωρ
ἀεὶ προσενώμα.

Nondum me poenitet aliquot abhinc annis coniecisse: ἀεὶ πόδ᾽
ἐνώμα.

Vs. 1330: νόσου βαρείας ὡς ἂν αὐτὸς ἥλιος
ταύτῃ μὲν αἴρη κτέ.

Ita libri: Brunckius correxit ἔστ᾽ ἂν κτέ. Ego malim lenius
rescribere ἕως ἂν, admissa synizesi.

Vs. 1348: ἀφῆκας iam ab aliis ante me in ἐφῆκας mutatum
esse suspicor. Facilis certe est et evidens correctio.

Vs. 1394: πείσειν δυνησόμεσθα. Lege πείθειν, si forte
nondum aliquis monuit.

Vs. 1448: κἀγὼ γνώμῃ ταύτῃ τίθεμαι. Immo vero γνώμην—τίθεμαι. Librarium, credo, in errorem induxerat sequens ταύτῃ.

TRACHINIARUM vs. 10:

> φοιτῶν ἐναργὴς ταῦρος, ἄλλοτ' αἰόλος
> δράκων ἑλικτός, ἄλλοτ' ἀνδρείῳ κύτει
> βούπρῳρος.

Quo modo huic loco conveniat ἐναργὴς s. *manifestus* fateor me non perspicere. Contra eodem iure taurus sibi postulat epitheton ornans, quo illud poeta non denegavit draconi, nec semiviro. Proxime igitur a vero coniecisse mihi videor: φοιτῶν κεράςης ταῦρος, ἄλλοτ' αἰόλος δράκων ἑλικτός.

Vs. 79: ὡς ἦ τελευτὴν τοῦ βίου μέλλει τελεῖν
> ἢ τοῦτον ἄρας ἆθλον εἰς τὸν ὕςερον
> τὸν λοιπὸν ἤδη βίοτον εὐαίων' ἔχειν.

Non male scriberetur: ἆθλον, ὕςατον πόνων, sed scripserit-ne poeta sic an aliter, hodie sciri iam nequit.

Vs. 84: οὐκ εἰ ξυνέρξων ἡνίκ' ἢ σεσώσμεθα
> κείνου βίον σώσαντος ἢ οἰχόμεσθ' ἄμα.

Pro ἡνίκ' corrigendum videtur οὕνεκ', quod idem vocabulum minus certum est, an pro eodem rescribendum sit vs. 259. Synizesis in hoc vs. animum mihi addit tentanti locum corruptum Philoctetis vs. 617:

> εὐθέως ὑπέσχετο
> τὸν ἄνδρ' Ἀχαιοῖς τόνδε δηλώσειν ἄγων ·
> οἴοιτο μὲν μάλισθ' ἑκούσιον λαβών,
> εἰ μὴ θέλοι δ' ἄκοντα.

in quo loco non tantum culpo Grammaticam rationem, sed praeterea minus recte sagacissimus Ulysses in Argivorum concione spem vagam ut opinionem suam in re incertissima prodere mihi videtur. Praeplaceret mihi saltem, si admissa synizesi legeretur:

> δηλώσειν ἄγων ·
> εἰ οἱόντε μὲν μάλισθ' ἑκούσιον λαβών,
> εἰ μὴ θέλοι δ' ἄκοντα.

Ibid. vs. 648 nescio quo errore vulgatur: τί τοῦϑ' ὅ μὴ νεώς γε τῆς ἐμῆς ἔνι, ubi fere pudet me monere rescribendum esse ἔπι. Sed redeundum ad Trachinias.

Vs. 143: μήτ' ἐκμάϑοις—νῦν δ' ἄπειρος εἶ. Graecum est: νῦν τ' ἄπειρος εἶ.

Vs. 144: τὸ γὰρ νεάζον ἐν τοιοῖσδε βόσκεται
χώροισιν αὐτοῦ, καί νιν οὐ ϑάλπος ϑεοῦ
—οὐδὲν κλονεῖ.

Certa emendatione rescribo: χώροις, ἵν' αὖτ' οὐκ αἰνινου ϑάλπος ϑεοῦ κτέ. Corruptum manet αἰνινου, quod alii fortasse emendabunt. Ipse cogitavi de αἰϑρίου, sed mihi non satisfacio.

Vs. 164: χρόνον προτάξας ὡς τρίμηνον ἡνίκα
χώρας ἀπείη κἀνιαύσιος βεβώς.

Particula ὡς i. e. fere h. l. absona est. Scripserim μοι; pro τρίμηνον requiri τρίμηνος perspexit iam olim Wakefieldius.

Vs. 169, 170: τοιαῦτ'—πόνων abesse malim.

Vs. 225: οὐδὲ μ' ὄμματος φρουρὰ παρῆλϑε τόνδε μὴ λεύσσειν ςόλον. Optime Musgravius φρουράν, sed praeterea scribendum: μὴ οὐ λεύσσειν.

Vs. 230 vocabula: κατ' ἔργου κτῆσιν monstrum alunt.

Vs. 246: τὸν ἄσκοπον
χρόνον βεβὼς ἦν ἡμερῶν ἀνήριϑμον.

Fortasse: τὸν ἄσπετον κτέ.

Vs. 266: —τῶν ὧν τέκνων λίποιτο πρὸς τόξου κρίσιν. Suspicor: πρὸς τόξου ὕρυσιν (i. e. ἔρυσιν)

Vs. 388: τούτων ἔχω γὰρ πάντ' ἐπιςήμην ἐγώ. Pro πάντ' suspicor: κάρτ'.

Vs. 365: δόμους ὡς τούσδε.

Lege: ἐς.

Vs. 368: εἴπερ ἐντεϑέρμανται πόϑῳ. Immo vero ἐκτεϑέρμανται, cf. Timaei locum ap. Athen. II, p. 37ᵇ.

Vs. 394: ὡς ἕρποντος εἰσορᾷς ἐμοῦ. Distinguendum: ὡς ἕρποντος, εἰσορᾷς, ἐμοῦ cum Schaefero.

Vs. 408: τοῦτ᾽ αὖτ᾽ ἔχρηζον τοῦτό σου μαθεῖν. Fort. τοῦτ᾽ ἄρ᾽ ἔχρηζον αὐτό κτἑ.

Vs. 419: ἣν ὑπ᾽ ἀγνοίας ὁρᾷς. Sententia suadet: ἣν ἔτ᾽ ἀγνοεῖν δοκεῖς i. e. quam adhuc ignorare te simulas; sed eadem non respuit: ἧσπερ ἄγνοιαν θροεῖς, vel ἧσπερ ἀγνοεῖς γονάς; ita ut nihilquidquam certum sit, et manum abstinere praestet.

Vs. 554: ἧ δ᾽ ἔχω, φίλαι, λυτήριον λύπημα τῇδ᾽ ὑμῖν φράσω. Conieci: λυτήρι᾽ οὐ λυπηρὰ τοῦδ᾽, ὑμῖν φράσω, i. e. innocua istius rei remedia. Forsan tamen praestat: λυτήριον κήλημα τῇδ᾽ ὑμῖν φράσω.

Vs. 562:   τὸν πατρῷον ἡνίκα ςόλον
        ξὺν Ἡρακλεῖ—ἑσπόμην.

An ἡνίκ᾽ ἐς δόμον? ut significetur Herculis domus paterna.

Vs. 603: ὅπως φέρῃς μοι τόνδε ταναΰφῆ πέπλον,
        δώρημ᾽ ἐκείνῳ τἀνδρὶ τῆς ἐμῆς χερός.

De marito suo Deianiram non dixisse ἐκείνῳ τἀνδρὶ manifestum est. Ambigo, sitne rescribendum ἐκεῖσε, an lateat adiectivum pertinens ad δώρημα v. c. καινὸν (cf. vs. 613) vel σεμνόν.

Vs. 676: τοῦτ᾽ ἠφάνισαι διάβορον πρὸς οὐδενὸς
        τῶν ἔνδον, ἀλλ᾽ ἐδεςὸν ἐξ αὐτοῦ φθίνει.

Expectaveram τῶν ἐκτός i. e. nulla re extranea. Sed praeterea haereo in inutili additamento ἐδεςόν post διάβορον. Fac illud vocabulum huius esse glossema, et scripsisse Sophoclem:
        τοῦτ᾽ ἠφάνισαι διάβορον πρὸς οὐδενὸς
        τῶν ἐκτόπων ἀλλ᾽ αὐτὸν ἐξ αὐτοῦ φθίνει.

Cf. vs. 1132: αὐτὴ πρὸς αὐτῆς, οὐδενὸς πρὸς ἐκτόπου.

Vs. 689: ἔχρισα μὲν κατ᾽ οἶκον ἐν δόμοις κρυφῇ. Fortasse: ἔνδοθεν; cf. vs. 686.

Vs. 707: πόθεν γὰρ ἄν ποτ᾽ ἀντὶ τοῦ κτἑ. Lege: ἢ ἀντὶ τοῦ κτἑ.

Vs. 766: κἀπὶ πιείρας δρυὸς. Conieci πισσήρους, cl. Aesch. Choeph. vs. 266, sed fortasse nihil mutandum.

Vs. 810: Θέμις δ', ἐπεί μοι τὴν Θέμιν σὺ προὔβαλες.
Fort. προὔσελεῖς, ut μοι sit Dat. ethicus. Si contra sanum
est προὔβαλες, non male Wunderus ci. τὴν ἔριν; nisi quod
et lenius et melius correxeris: τήνδ' ἔριν.

Vs. 869: τήνδ' ὡς ἀηθης καὶ συνωφρυωμένη κτέ. Wunder.
ἀηδής. Si ita scripsit Sophocles, huic vocabulo novam tribuisse significandi potestatem putandus est. Solet enim ἀηδής,
quantum equidem memini, semper et ubique ab antiquioribus adhiberi de iis rebus personisve, *quae fastidium atque nauseam
nobis creant*, nusquam contra significare *tristis*. Est vero Sophocles et in aliis audax novator, et in Oedipi Regis vs. 82 praeter
consuetudinem ἡδὺν dixit, quem alii φαιδρὸν s. εὔφρονα vocare
solent, ususque est ea voce de *laeto nuntio*; ita ut nihil sit,
quod miremur, si *tristem nuntium* loco nostro vocaverit ἀηδῆ.
Ipse cogitaveram de reponendo ἀγηθής s. ἀγαθής; sed, quamvis
πολυγηθής, εὐγαθής et εὐγάθητος tragicis minime ignota
sint, ἀγαθής omni destitutum est auctoritate.

Vs. 878: Τάλαιν' ὀλεθρία τίνι τρόπῳ θανεῖν σφε φῄς,
Iam alibi docui scribendum esse: τάλαιν' ὀλέθρου τίνι τρόπῳ
κτέ. i. e. *quo genere mortis.*

Vs. 925: λύει τὸν αὑτῆς πέπλον, [ᾧ χρυσήλατος
προὔκειτο μαςῶν περονίς] ἐκ δ' ἐλώπισεν κτέ.
Verba, quae uncinis sepsi, si sint Sophoclea, minus recte a
poeta addita esse, iure contendas.

Vs. 943:   ὥστ' εἴ τις δύο
ἢ καί τι πλείους ἡμέρας λογίζεται.
Lege: ἢ κάτι πλείους κτέ.

Vs. 958:   μὴ ταρβαλέα θάνοιμι
μοῦνον εἰσιδοῦσ' ἄφαρ.
Verte: *ne solo adspectu Herculis repente moriar prae metu.*
Frustra tentatur locus sanissimus.

Vs. 969:   τί χρή, θανόντα νιν ἢ καθ'
ὕπνον ὄντα κρῖναι;
Ita libri; quae lectio cum metro adversaretur, recepta est

Bothii, si recte memini, παραδιόρϑωσις reponentis ϑάνατον.
Nam κατὰ ϑάνατον εἶναι pro τεϑνηκέναι Graecum non esse
satis, credo, constat. Quid igitur? Θανόντα, si me audis, est
glossema vocabuli minus vulgaris, scripsitque, ni multum fallor,
Sophocles: τί χρὴ, φϑίμενόν νιν ἢ κάϑυπνον (sic recte
Dobraeus) ὄντα κρῖναι; Cf. vs. antistr. 963, ubi nescio annon
praestet scribere πρόκλαον more Sophocleo sine augmento,
quia apud hunc poetam carminum strophicorum et antistro_
phicorum singulae syllabae sibi respondere solent.

Vs. 987: ἆρ' ἐξῄδης ὅσον κτέ. Lege: ἐξῄδησϑ' ὅσον.

Vs. 1015: οὐδ' ἀπαράξαι κρᾶτα βίου ϑέλει
        μολὼν τοῦ ςυγεροῦ; φεῦ φεῦ.

Fortasse μολὼν corruptum est ex: λύων (με), ut Genitivus βίου τοῦ
ςυγεροῦ habeat, unde suspensus sit.

Vs. 1046: ὢ πολλὰ δὴ καὶ ϑερμὰ κοὐ λόγῳ κακὰ κτέ.
Quod reponendum suspicabar: καὶ λόγων πέρα, iamdudum
ante me proposuisse Wunderum nunc video. Certa est, si qua
alia, emendatio.

Vs. 1175: δεῖ σ' αὖ γενέσϑαι. Particula αὖ non est huius
loci. Fortasse transponendum: σε δεῖ γενέσϑαι τῷδε τἀνδρὶ
σύμμαχον.

––––––––

Addantur haec pauca:

ELECTRAE vs. 170: τί γὰρ οὐκ ἐμοὶ ἔρχεται ἀγγελίας
ἀπατώμενον; ἀεὶ μὲν γὰρ ποϑεῖ, ποϑῶν δ' οὐκ ὀξιοῖ φανῆναι. Fortasse: τί γὰρ οὐχί μοι ἔρχεται (scil. Orestes) ἀγγελίαις ἀπατωμένη; ἀεὶ κτέ. vel, quod eodem redit: ἀγγελίαις ἀπατῶν μ' ἀεί; ἀεὶ μὲν κτέ. Quod interpretantur:
quid mihi mittitur nuntiorum, quod non fallatur? ita Graece
dici posse sine idoneis exemplis nemo mihi persuadebit.

Vs. 838: ἔρκεσι κρυφϑέντα γυναικῶν. Immo: γυναικός
(Eriphyles).

Vs. 1208: μὴ πρὸς γενείου μὴ 'ξέλῃ τὰ φίλτατα.

Malim μ'ἐξέλῃ.

Vs. 1200: μόνος βροτῶν νυν ἴσθ' ἐποικτείρας ποτέ.

Vocula ποτέ nata ex interpretatione. Lege ἐμέ.

ANTIGONAE vs. 929:

  ἔτι τῶν αὐτῶν ἀνέμων αὐταὶ

  ψυχῆς ῥιπαὶ τήνδε γ' ἔχουσι.

Malim: ψυχὴν ῥιπαὶ τῆσδε γ'.

Vs. 1068: ἀνθ' ὧν ἔχεις μὲν βαλὼν—κατῴκισας.

Potius scripserim: κατοικίσας.

Vs. 960: δεινὸν ἀποξάζει ἀνθηρόν τε μένος. Cogitavi de reponendo: ἀτηρόν τε μένος. At nihil opus est mutatione.

TRACHIN. vs, 768:

  ὥςε τέκτονος.

An ὡς ἐκ τέκτονος?

PHILOCTETIS vs. 667: παρέξαι ταῦτα σοι καὶ θιγγάνειν καὶ δόντι δοῦναι κἀξεπεύξασθαι κτέ.

Monstrum alunt vocabula: καὶ δόντι δοῦναι. Sensus enim, quem continent, ne quid gravius dicam, subineptus est. Poeta certe dignius fuerit: κἄχοντι (i. e. καὶ ἔχοντι) τεῖναι κατ' ἐπεύξασθαι κτέ.

Vs. 1092:   εἴθ'—

  ἕλωσι μ'. οὐ γὰρ ἴσχω.

Lege: μ' ἔλοιεν κτέ.

CAPUT IX.

CONIECTURAE IN EURIPIDEM.

———

Hecubae vs. 209:

> γᾶς ὑποπεμπομέναν σκότος ἔνθα νεκρῶν μέτα
> ἀ τάλαινα κείσομαι.

Variant libri inter σκότος, σκότον et σκότῳ. Verum videtur κάτω. Similiter Cobetus corrigit Helen. vs. 62.

Vs 279: ταύτῃ γέγηθα κἀπιλήθομαι κακῶν. Cf. Orest. vs. 66: ταύτῃ γέγηθε κἀπιλήθεται κακῶν, unde nescio an in margine olim adscriptus, huc mutatis personis invectus sit. Omissum certe hunc versum nemo desideret.

Vs. 361: τὴν Ἕκτορός τε χἀτέρων ΠΟΛΛΩΝ κάσιν. Haud dubie verum est ΠΡΟΜΩΝ i. e. πρόμων; cf. Troad. 31 et passim apud tragicos.

Vs. 398: ὁποῖα κισσὸς δρυὸς ὅπως τῆσδ᾽ ἕξομαι. Male abundat aut ὁποῖα aut ὅπως. Suspicor: ὁποῖα κ. δ. ἐπεὶ κτέ. vel ὁ. κ. δ. ὅμως κτέ.

Vs. 527:

> πλῆρες δ᾽ ἐν χεροῖν λαβὼν δέπας
> πάγχρυσον αἴρει χειρὶ παῖς Ἀχιλλέως
> χοὰς θανόντι πατρί.

Cod. A...ρει (in rasura ε posuit m. 2 suprascripto ρ), c. habet αἴρει, ceteri ἔρρει. Neutra lectio sana est, nec χειρὶ post ἐν χεροῖν ferri posse arbitror. Conieci:

> λαβὼν δέπας
> πάγχρυσον εἶτ᾽ ἐχεῖτο παῖς Ἀχιλλέως
> χοὰς θανόντι πατρί.

Vs. 680: εἰ—ἐλπίδας. Remoto hoc versu, lucrabitur tragoedia.

Vs. 973: εἰ τῆς τεκούσης τῆσδε μέμνηται τί μου. Post τῆσδε male abundat pron. μου. Scripserim : τί που. Repetitum est μου e vs. praecedenti.

___

Orestis vs. 30:

πείθει δ᾽ Ὀρέϛην (scil. Φοῖβος) μητέρ᾽, ἥ σφ᾽ ἐγείνατο,
κτεῖναι πρὸς οὐχ ἅπαντας εὔκλειαν φέρον.

Scripserim ἅπαντος et φέρων. Dictum est εὔκλειαν φέρειν eodem sensu, quo hac locutione utitur Sophocles Ai. 431, quoque dicitur κέρδος, μισθὸν, χάριν φέρειν, similia. Mox deleverim vs. 33 manifesto spurium (cf. quae disputavi Mnem. IV, p. 359).

Vs. 383: ἱκέτης ἀφύλλου ϛόματος ἐξάπτων λιτάς· Intelligam cum Reiskio ἀφύλλους—λιτάς.

Vs. 485: βεβαρβάρωσαι, χρόνιος ὢν ἐν βαρβάροις. Praeferenda videtur varia lectio ἀφ᾽ Ἑλλάδος.

Vs. 746: μή᾽ μ᾽ ἰδεῖν θανόνθ᾽ ὑπ᾽ ἀϛῶν καὶ κασιγνήτην ἐμήν. Schol. interpretatur μὴ ἀνέξεσθαι, quare Gentius Mnem. V, p. 441 infeliciter admodum coni. μή μ᾽ ἐᾶν θανεῖν. Si quid mutandum esset, longe melius suspicareris: μή᾽ μέ περιιδεῖν θανόντα καὶ κασιγνήτην ἐμήν. Sed satis vulgatam lectionem tuetur vs. 1339 huius fabulae:

σῇ μητρὶ προσπεσοῦσα τῇ μέγ᾽ ὀλβίᾳ
Μενέλαον ἡμᾶς μὴ θανόντας εἰσιδεῖν,

et Med. vs. 712 καὶ μή μ᾽ ἔρημον ἐκπεσοῦσαν εἰσίδῃϛ.

Vs. 817: θανάτου δ᾽ ἀμφὶ φόβῳ. In carmine strophico respondere debet vs. 805: ἤλυθε Τανταλίδαις; quare scripserim: φασγάνου ἀμφὶ φόβῳ. Codd. variant inter δ᾽ et γάρ; quorum neutrum loco convenit. Quam rem bene intellexit interpres Latinus apud Didotium.

Vs. 907: ὅταν γὰρ ἡδὺς τοῖς λόγοις φρονῶν κακῶς
πείθῃ τὸ πλῆθος, τῇ πόλει κακὸν μέγα.

Legatur: ἡδύς τις λόγοις.

Vs. 961: τιθεῖσα λευκὸν ὄνυχα διὰ παρηίδων. Malim: λευκῶν κτέ. cf. Med. 913: ςρέψασα λευκὴν ἔμπαλιν παρηίδα.

Vs. 1033: θανούμεθ᾽· οὐχ οἷόν τε μὴ ςένειν κακά. Grammatica Graeca requirit: — μὴ οὐ ςνειν κακά.

Vs. 1041: οὐδὲν σοῦ ξίφους λελείψομαι. Sententia suadet: θράσους pro ξίφους. Cf. vs. 1084: ἢ πολὺ λέλειψαι τῶν ἐμῶν βουλευμάτων.

Vs. 1102: μενῶ· τὸν ἐχθρὸν εἴ τι τιμωρήσομαι. Lege: εἴ γε τιμ.

Vs. 1140: ὁ μητροφόντης δ᾽ οἱ καλεῖ κτὲ. Observa usum articuli in talibus, ubi in linguis recentioribus omittere solemus. Similiter Heracl. vs. 1014 ἄγ᾽ (ἄττ᾽ leg. cum Cobeto) εἶπας ἀντήκουσας·. ἐντεῦθεν δὲ χρὴ τὸν προςρόπαιον τόν τε γενναῖον καλεῖν, et ibidem vs. 987: καὶ τὴν φρονοῦσαν μεῖζον ἢ γυναῖκα χρὴ λέξει.

Vs. 1224: (Πυλάδη· σὺ γὰρ δὴ συμπονεῖς ἐμοὶ πόνους) inutilis est et misere languet.

Vs. 1251: ςῆθ᾽ αἱ μὲν ὑμῶν τόνδ᾽ ἀμαξήρη τρίβον. Fortasse: σχέθ᾽ αἱ μὲν κτὲ.

Vs. 1287: ἆρ᾽ εἰς τὸ κάλλος ἐκκεκώφηται ξίφη; Pessime editores optimam Aristophanis Grammatici lectionem ἐκκεκώφωται, quam servavit Schol. Cod. *A* f. 67ᵃ, posthabuerunt malesanae librorum scripturae.

Vs. 1350: πρὶν ἐτίμως ἴδω τὸν Ἑλένας φόνον
        καθαιμακτὸν ἐν δόμοις κείμενον.

Vocabulum φόνον errore natum videtur e praegresso φόρος, quod legitur in fine vs. 1347. Sententiae loci unice convenit νεκρόν.

Vs· 1434: σκύλων Φρυγίων ἐπὶ τύμβον ἄγαλ—
        ματα συςολίσαι χρήζουσα λίνῳ,
        φάρεα πορφύρεα, δῶρα Κλυταιμνήςρᾳ.

Elegantius scripseris: ἐπιτύμβι᾽ ἀγάλματα κτὲ.

Vs. 1613: Men. ὦ τλῆμον Ἑλένη. Orest. τἀμὰ δ᾽ οὐχὶ τλήμονα; Menel. Σοὶ σφάγιον ἐκόμισ᾽ ἐκ Φρυγῶν, — Orest. εἰ γὰρ τόδ᾽ ἦν. Menel. πόνοις πονήσας μυρίοις. κτέ. Menelaus suam persequitur oratiouem, non respondens Oresti, sed per prosopopoeam ad Helenam se convertens. Scripserat igitur poeta: Σὲ σφάγιον κτέ.

Vs. 1643 sqq.:   σὲ δ᾽ αὖ χρεών
Ὀρέξα γυίας τῆσδ᾽ ὑπερβαλόνθ᾽ ὅρους
Παρράσιον οἰκεῖν δάπεδον ἐναιτοῦ κύκλον·
κεκλήσεται δὲ σῆς φυγῆς ἐπώνυμον.
[Ἀζᾶσιν Ἀρκάσιν τ᾽ Ὀρέσειον καλεῖν].

Uncinis sepsi versum procul dubio spurium, collato loco simili et eiusdem argumenti ex Electra vs. 1273 sqq.:

Σὲ δ᾽ Ἀρκάδων χρὴ πόλιν ἐπ᾽ Ἀλφειοῦ ῥοαῖς
οἰκεῖν Λυκαίου πλησίον σηκώματος·
ἐπώνυμος δέ σου πόλις κεκλήσεται.

Phoenissarum vs. 174: σφάγια δ᾽ ἄμ᾽ αὐτῷ, γῆς φιλαίματοι ῥοαί. Malim: γῆς φιλαιμάτου χοαί, collato vs. 933: σφαγέντα φόνιον αἷμα γῇ δοῦναι χοάς.

Vs. 382:   δεῖ φέρειν τὰ τῶν θεῶν.
Rem non admodum difficilem! At scribendum τἀκ τῶν θεῶν, quod quale sit, fugiet neminem.

Vs. 517:   πᾶν γὰρ ἐξαιρεῖ λόγος,
ὃ καὶ σίδηρος πολεμίων δράσειεν ἄν.
Corrigatur: ὃ κἂν σίδηρος — ἄν.

Vs. 541: καὶ γὰρ μέτρ᾽ ἀνθρώποισι καὶ μέρη σαθμῶν
ἰσότης ἔταξε κἀριθμὸν διώρισε.
Nisi egregie fallor, reponendum βάρη σαθμῶν = σαθμά.

Vs. 1000: ὡς οὖν ἂν εἰδῇτ᾽ εἶμι καὶ σώσω πόλιν
ψυχήν τε δώσω τῆσδ᾽ ὑπερθανεῖν χθονός.
Duo versus manifesto spurii, nam et cum superioribus male cohaerent, et Menoeci orationem vehementer turbant. Praeterea parum eleganter scribitur εἶμι καὶ σώσω πόλιν, ubi proxime praecesserat — εἶμι καὶ σώσω βίον, nec multo post sequitur vs. 1009: ἀλλ᾽ εἶμι κτέ.

Vs. 1282: ϑανοῦσι δ᾽ αὐτοῖς συνϑανοῦσα κείσομαι. Pronomine αὐτοῖς h. l. nihil opus est, quare praetulerim: ϑανοῦσι δ᾽ αὐτὴ συνϑανοῦσα κείσομαι.

Vs. 1581: πολλῶν κακῶν κατῆρξεν Οἰδίπου δόμοις τόδ᾽
ἦμαρ· εἴη δ᾽ εὐτυχέςερος βίος. Diversissimis modis prior horum
versuum scribitur in codd., sed nihil attinet investigare,
quaenam ratio ceteris praestet, siquidem uterque versus in
interpolatoris nescio cuius cerebro natus esse videtur. Ut ita
statuam, triplici causa moveor; nam primo loco vera non sunt,
quae chorus dixisse creditur: πολλῶν ὑπῆρξεν—τόδ᾽ ἦμαρ.
Secundo ad βίος addenda fuissent vocabula ὁ λοιπός. Tandem
Creontis verba: οἴκων μὲν κτὲ. melius statim sequuntur post
Oedipi et Antigonae lamentationes.

MEDEAE vs. 107:　　　— τί ποτ᾽ ἐργάσεται
　　　μεγαλόσπλαγχνος δυσκατάπαυςος
　　　ψυχὴ δηχθεῖσα κακοῖσιν;
Medeae ingenio fortasse melius convenit μελανόσπλαγχνος.
Cf. Aesch. Choeph. 407.

Vs. 169:　　　κλύεϑ᾽ οἷα λέγει κἀπιβοᾶται
　　　Θέμιν εὐκταίαν Ζῆνά ϑ᾽ ὃς ὅρκων
　　　ϑνηταῖς ταμίας νενόμισαι,
Haec verba aperte pugnant cum v. 161: ὦ μεγάλα Θέμι καὶ
πότνι᾽ Ἄρτεμι κτὲ. Suspicor: Θέμιν εὐκταίαν Ζηνός, ὃς κτὲ.
Similiter vs. 210 legitur: τὰν Ζηνὸς ὁρκίαν Θέμιν et vs. 765:
ὦ Ζεῦ Δίκη τε Ζηνὸς Ἡλίου τε φῶς.

Vs. 239: ἐς καινὰ δ᾽ ἤϑη καὶ νόμους ἀφιγμένην
　　　δεῖ μάντιν εἶναι, μὴ μαϑοῦσαν οἴκοϑεν,
　　　ὅτῳ μάλιςα χρήσεται ξυνευνέτῃ.
Si recte intelligo Medeae mentem, hoc dicit, mulieri peregre
profectae, rem difficillimam esse cognitu, qua potissimum ratione mariti animum sibi conciliet, quippe quae rudis sit mo-

rum institutorumque peregrinorum. Legendum igitur: ὅπως
μάλιϛα κτέ. Ita demum recte sequitur:

— τάδ' ἡμῖν ἐκπονουμέναισιν εὖ.

Si ·contra vulgatam retinueris, bis idem dicet Medea. Dixerat
enim iam vs. 235:

κἂν τῷδ' ἀγὼν μέγιϛος, ἢ κακὸν λαβεῖν
ἢ χρηϛόν.

Articulus omissus (ξυνευνέτῃ pro τῷ ξυνευνέτῃ) non magis hic
offensionem habet in poeta tragico quam v. c. 256: ὑβρίζομαι
πρὸς ἀνδρός et alibi passim.

Vs. 264: κακῇ δ' ἐς ἀλκήν κτέ. Pro δ' lege τ', nam prae-
gressae voculae μὲν respondet δ' vs. 266: ὅταν δ' ἐς εὐνὴν κτέ.

Vs. 291: ἢ μαλθακισθέντ' ὕϛερον μέγα ϛένειν. Malim
μεταϛένειν, cf. Med. 996; Aesch. Eum. 59.

Vs. 322: μὴ λόγους λέγε. Fortasse: πλέκε i. e. necte legendum est.

Vs. 384: δόμους ὑπερβαίνουσα καὶ τεχνωμένη non uno
indicio spurius esse arguitur.

Vs. 408: τοῖς Σισυφείοις τοῖς τ' Ἰάσονος γάμοις. Lego:
ι οῖσδ' Ἰάσονος κτέ. Sequitur:

γεγῶσαν ἐσθλοῦ πατρὸς Ἡλίου τἄπο,
ἐπίϛασαι δὲ· πρὸς δὲ καὶ πεφύκαμεν
γυναῖκες κτέ.

Coniicio: ἔπειτ' ἄνασσαν· πρὸς δὲ κτέ.

Vs. 602 sqq. Iasoni dicenti: αὐτὴ τάδ' (nempe τὴν φυγήν)
εἵλου· μηδὲν ἄλλον αἰτιῶ respondet Medea: τί δρῶσα; μῶν γα-
μοῦσα καὶ προδοῦσά σε; Nubere Graecis est γαμεῖσθαι non
γαμεῖν, et male iungitur Part. Praes. cum Praeterito. Tento:
μῶν γάμοισι καταπροδοῦσά σε; vel μῶν γάμοισί που
προδοῦσά σε; i. e. num forte novis te nuptiis prodens? (qua
iniuria tu me affecisti).

Vs. 779 et sq.: γάμους—ἐγνωσμένα. Hi duo vss., metricam
interpretationem continentes vs. 778 ὡς—ἔχει, una litura delendi. Priorem horum versuum iam alii spurium esse agnoverunt.

Vs. 846:   πῶς οὖν ἱερῶν ποταμῶν
ἢ πόλις ἢ φίλων
πόμπιμός σε χώρα
τὸν παιδολέτειραν ἕξει
τὰν οὐχ ὁσίαν μετ᾽ ἄλλων.

Iam aliquot abhinc annis docui scribendum esse τὰν οὐχ ὁσίαν
μεθ᾽ ἁγνῶν (Mnem. IV, p. 368). Ibidem coniiciebam vs. 1073
sic legendum esse: εὐδαιμονοίτην (vulgo οἶτον) ἀλλ᾽ ἐκεῖ, τὸ
δ᾽ ἐνθάδε (nempe εὐδαιμονεῖν) πατὴρ ἀφείλεθ᾽, pro vulgata
τά δ᾽ ἐνθάδε, neque hodie sententiam muto.

Vs. 1170:   καὶ μόλις φθάνει
θρόνοισιν ἐμπεσοῦσα μὴ χαμαὶ πεσεῖν.

Malim ἐμπίτνουσα κτἑ. vel πίτνειν in fine versus.

Vs. 1193: ῥῖψαι θέλουσα ϛέφανον, ἀλλ᾽ ἀραρότως
σύνδεσμα χρυσὸς εἶχε.

Imo vero σύνδεσμα χρυσοῦν (i. e. ὁ ϛέφανος) εἶχεν ἀραρότως
i. e. *firmiter inhaerebat capiti* miserae sponsae.

HIPPOLYTI vs. 324 Phaedrae dicenti: Ἔα μ᾽ ἁμαρτεῖν respondet nutrix: οὐ δῆθ᾽ ἑκοῦσά γ᾽, ἐν δὲ σοὶ λελείψομαι. Hanc
lectionem doctissima adnotatione frustra tueri conatur Valckenaerius. Nam viri summi interpretatio: *Phaedra tamen iudice
vincar* manifesto pugnat cum versu sequenti: τί δρᾷς; βιάζει
χειρὸς ἐξαρτωμένη; Verum esse puto id, quod iam olim coniectum est: οὐ δῆθ᾽ ἑκοῦσά γ᾽, οὐδὲ σοῦ λελείψομαι.

Vs. 371: ἄσημα δ᾽ οὐκέτ᾽ ἐϛὶν οἷ φθίνει τύχα
Κύπριδος κτἑ.

Iam alibi monui scribendum esse: ἐσθ᾽ ὅτι φθίνεις τέχνᾳ
κτἑ.

Vs. 378: καί μοι δοκοῦσιν οὐ κατὰ γνώμης φύσιν
πράσσειν κάκιον, ἔϛι γὰρ τό γ᾽ εὖ φρονεῖν
πολλοῖσιν κτἑ.

Sententia postulat πράσσειν κακίον᾽ i. e. *agere deteriora*. Vulgata lectio significat: *fortuna uti deteriore*.

Vs. 659: ἕς᾽ ἄν ἔκδημος χϑονὸς Θησεύς, ἄπειμι. Graecum erit ἐκδημῇ κτὲ. aut lenius: ἕς᾽ ἄν ᾖ ῎κδημος, sed illud praetulerim.

Vs. 741 sqq.: ἔνϑα πορφύρεον ςαλάσσουσ᾽
     εἰς οἶδμα πατρὸς τριτάλαιναι
     κόραι Φαέϑοντος οἴκτῳ δακρύων
     τὰς ἠλεκτροφαεῖς αὐγάς.

Pro ultimo vocabulo substituendum aut παγάς, cf. Alc. 1071; Aesch. Prom. 401; Agam. 961; Soph. Ant. 797; Trach. 849; aut (quod aptius iungi videtur cum verbo ςαλάσσειν) ἄχνας, cl. Soph. Trach. 844.

Vs. 758: ᾖ γὰρ ἀπ᾽ ἀμφοτέρων ᾖ
     Κρησίας ἐκ γᾶς δύσορνις
     ἔπτατο κλεινὰς Ἀϑάνας.

Verba pessime depravata, tento in hunc modum:
     ᾖ γὰρ ἀπ᾽ ἀμφιρύτου ναῦς
     Κρησίας ἀκτᾶς δύσορνις
     ἔπτατο κλεινὰς Ἀϑάνας.

Verbum πέτεσϑαι de nave usurpatum, ut Med. vs. 1: εἴϑ᾽ ὤφελ᾽ Ἀργοῦς μὴ διαπτάσϑαι σκάφος.

Vs. 1032: εἰ δ᾽ ἥδε κτὲ. — 1035 ἡμεῖς — ἐχρώμεϑα spurios esse iudico.

———

Andromedae vs. 25: πλαϑεῖσ᾽ Ἀχιλλέως παιδί, δεσπότῃ γ᾽ ἐμῷ. Codd. τ᾽ ἐμῷ, quod male Brunckius refinxit in γ᾽ ἐμῷ. Constans Graecorum usus postulat δ᾽ ἐμῷ.

Vs. 27: ἐλπίς μ᾽ ἀεὶ προσῆγε σωϑέντος τέκνου
     ἀλκήν τιν᾽ εὑρεῖν κἀπικούρησιν κακῶν.

Fortasse scribendum παρῆγε et κἀπικούφισιν. Cf. O. T. 218: ἀλκὴν λάβοις ἄν κἀνακούφισιν κακῶν.

Vs. 224: καὶ μαζὸν ἤδη πολλάκις νόθοισι σοῖς
ἔπεσχον.

Suspicor: καὶ μαζὸν τόνδε κτὲ. vel: καὶ μαστὸν ἤδε κτέ.

Vs. 707: δείξω δ᾽ ἐγώ σοι μὴ τὸν Ἰδαῖον Πάριν
ἥσσω νομίζειν Πηλέως ἐχθρόν ποτε.

Pro ἥσσω manifesto requiritur μείζω, quod, dum exstat in
cod. Palatino B, male spretum est ab editoribus. Vulgata est
interpretamentum vocabulorum μὴ—μείζω.

Vs. 720: βοῦν ἢ λέοντ᾽ ἤλπιζες ἐντείνειν βρόχοις. Fort.:
ἐγκλῇειν βρόχοις;-cl. vs. 492: ἅδ᾽ ἐγὼ χέρας αἱματηρὰς βρό-
χοισι κεκλημένα πέμπομαι κατὰ γαίας.

Vs. 1001 sqq.: ὁ μητροφόντης—δείξει. Malim δείξω.

Vs. 1171: αὐτός τε κακοῖς πήμασι κύρσας,
εἰς ἓν μοίρας συνέκυρσας.

Particip. κύρσας errore librarii e seq. vs. huc illatum esse
animadvertit iam KIRCHHOFFIUS. Ego non video, quid melius
substitui possit quam πληγείς.

SUPPLICUM vs. 17:

νεκροὺς δὲ τοὺς ὀλωλότας δορὶ
θάψαι θέλουσι τῶνδε μητέρες χθονί.

Graecum esse nego θάψαι — χθονί. Interpretamentum quantocyus cedat genuinae et frequentissimae apud tragicos locutioni
κρύψαι χθονί (= θάψαι). Cf. vs. 531, 443. Sequitur:

κοινὸν δὲ φόρτον ταῖσδ᾽ ἔχων χρείας ἐμῆς,
Ἄδραςος ὄμμα δάκρυσιν τέγγων ὅδε
κεῖται.

Coniicio κ. δ. φ. τ. ἔχων χρείας ἐμοῦ—κεῖται, cl. loco Aeschyleo
Choeph. vs. 474: κἀγὼ πάτερ τοιάνδε σου χρείαν ἔχω.
Adde Med. 1319 et Suppl. 127.

Vs. 174: ἀλλ᾽ ὡς νεκροὺς θάψωσιν, ὧν αὐτὰς ἐχρῆν
κείνων ταφείσας χερσὶν ὡραίων τυχεῖν.

Quanto melius scriberetur: κεδναῖς ταφείσας χερσὶν κτὲ.! Sin
minus, certe corrigendum: ἅς αὐτὰς κτὲ.

Vs. 401 sqq.: Ἐτεοκλέους θανόντος ἀμφ' ἑπταςόμοις
πύλας ἀδελφοῦ χειρὶ Πολυνείκους ὕπο.
Praetulerim: ἀδελφῇ χειρὶ κτέ.

Iphigeniae in Aulide vs. 786 sqq.:
ἐλπὶς—οἴαν αἱ πολύχρυσοι
Λυδαὶ καὶ Φρυγῶν ἄλοχοι
ςήσουσι παρ' ἱςοῖς,
μυθεῦσαι τάδ' ἐς ἀλλήλας.

Scripserim: σχήσουσι παρ' ἱςοῖς κτέ. In proxime praegressis:
ἃ δὲ Διὸς Ἑλένα κόρα πολύκλαυτος ἐσεῖται vide an scribendum sit ἐδεῖται (Fut. ab ἵζω, ut καθεδεῖται a καθίζω).
Fortasse tamen locus interpolatus est et scribendum:
θήσει κόρας πολυκλαύτους
δάμαρτά τε Πριάμου
τάν τε Διὸς κορὰν, τὰν
πόσιν προλιποῦσαν· μήτ' ἐμοὶ κτέ.

Vs. 945: ἐγὼ τὸ μηδὲν, Μενέλεως δ' ἐν ἀνδράσιν vix genuinus est. Certe suo loco non legitur.

Vs. 950: οὐχ ἅψεται σῆς θυγατρὸς Ἀγαμέμνων ἄναξ,
οὐδ' εἰς ἄκραν χεῖρ' ὥςε προσβαλεῖν πέπλοις.
Suspicor: οὐδ' ἔσθ', ὃς ἄκραν χεῖρα προσβαλεῖ πέπλοις.
Ἄκραν productam habebit penultimam, ut v. c. Bacch. vs. 203
et alibi passim.

Vs, 1202:   νῦν δ' ἐγὼ μὲν ἢ τὸ σὸν
σώζουσα λέκτρον παιδὸς ὑςερήσομαι.
Malim ἐςερήσομαι i. e. orba ero, ut iam Porsonum sed
frustra monuisse video.

Vs. 1436: τάδε δ' ἐμοὶ πιθοῦ. Edendum fuerat: τάδε δέ
μοι πιθοῦ.

Iphigeniae i. t. vs. 34 sqq.:

>   ναοῖσι δ' ἐν τοῖσδ' ἱερίαν τίθησί με,
>   ὅθεν νόμοισι τοῖσιν ἥδεται θεὰ
>   Ἄρτεμις ἑορτῆς, τοὔνομ' ἧς καλὸν μόνον.

Fortasse: ὅπου νόμοις ὠμοῖσιν ἥδεται κτέ.

Vs. 70: ἔνθ—ἐξείλαμεν. Hic vs. supervacaneus est, turbatque stichomythiae rationem; quare spurium esse iudico.

Vs. 82: ἐλθὼν δέ σ' ἠρώτησα πῶς τροχηλάτου
>   μανίας ἂν ἔλθοιμ' εἰς τέλος πόνων τ' ἐμῶν.

Nauckius coniecit: πῶς ποινηλάτου
>   μανίας κτέ.

Aliquanto lenior correctio est: πῶς οἰστρηλάτου κτέ.

Vs. 67: ὅρα, φύλασσε, μή τις ἐν ξίβῳ βροτῶν. Reponendum: μή τις ἦ ν ξίβῳ κτέ.

Vs. 278: κλύοντας, ὡς θύοιμεν ἐνθάδε ξένους spurium esse arbitror, quippe qui contineat interpretamentum praecedentium vocabulorum: τοῦ νόμου φόβῳ.

Vs. 292: οὐ ταῦτα μορφῆς σχήματα. Lege ταὐτά.

Vs. 402:   ἔβασαν ἄμικτον γαῖαν, ἔνθα κούρα
>   διὰ τέγγει
>   βωμοὺς καὶ περικίονας
>   ναοὺς αἷμα βρότειον.

Lego: κούρᾳ δίᾳ κτέ. i. e. Ἀρτέμιδι (Dianae in honorem).

Vs. 480: μακρὸν δ' ἀπ' οἴκων χρόνον ἔσεσθ' ἀεὶ κάτω. Offensionem habet ἀεὶ post μακρὸν χρόνον. Suspicor: ἔσεσθε γῆς κάτω. Lenius tamen Dobraeus: ἔσεσθε δὴ κάτω.

Vs. 736: πρὸς—φίλων vereor, ne spurius sit. Idem valet de vs. 811: λέγοιμ'—τάδε.

Vs. 866: εἰ σόν γ' ἀδελφόν, ὦ τάλαιν', ἀπώλεσας
>   δαίμονος τύχᾳ τινός.

Nescio an non praestiterit τέχνᾳ.

Vs. 922: χαῖρ' ὦ πόσις μοι τῆς ἐμῆς ὁμοσπόρου. Non intelligitur, quomodo Iphigenia subito resciverit Pyladem, qui, quo tempore ipsa immolata est, nondum natus erat (vide vs. 20). sororis suae Electrae esse maritum. Hac gravissima causa motus statuo duos saltem versus, unum ab Iphigenia alterum ab Oresta pronuntiatum, excidisse post v. 921, quorum versuum hoc Orestes Iphigeniam illam rem docuerit.

RHESI vs. 108: σὲ μὲν μάχεσθαι, τοὺς δὲ βουλεύειν κακῶς. procul dubio spurius. Duo vss. praecedentes faciunt parenthesin.

Vs. 579: θρασὺς γὰρ Ἕκτωρ νῦν, ἐπεὶ κρατεῖ, θρασύς. Errore repetitum videtur θρασύς. Fort.: ἐπεὶ κρατεῖ δορί.

Vs. 589 Diomedi dicenti:

αἰσχρόν γε μέντοι ναῦς ἐπ' Ἀργείων μολεῖν,
δράσαντε μηδὲν πολεμίους νεώτερον.

respondet Ulixes:

πῶς δ'; οὐ δέδρακας; οὐ κτανόντε — σώζομεν τάδε
σκυλεύματα.

Suspicor: πῶς οὐ δεδρακότ'; οὐ κτὲ.

Vs. 615: ἕως ἂν νὺξ ἀμείψηται φάος. Vulgata significat donec nox succedat luci. At ipsum contrarium requiri manifestum est. Quare corrigendum: ἕως ἂν νύκτ' ἀμείψηται φάος.

Vs. 852: τίς δ' ὑπερβαλὼν λόχους
Τρώων ἐφ' ἡμᾶς ἦλθεν, ὥστε καὶ λαθεῖν.

Requiro ἦλθ' ἂν κτὲ.

Vs. 989: ὡς ὑπερβαλὼν στρατὸν τείχη τ' Ἀχαιῶν ναυσὶν αἴθον ἐμβαλεῖν. Pro στρατὸν reponendum esse ταφρόν iam alibi demonstravi; neque minus vs. 804: ἐξαπώσατε, formam nihili, in ἐξεώσατε esse refingendum.

TROADUM vs. 634:

ὁ δ' εὐτυχήσας εἰς τὸ δυςυχὲς πεσὼν
ψυχὴν ἀλᾶται τῆς πάροιθ' εὐπραξίας.

Suspicor: ψυχὴν ἀσᾶται κτὲ. De Genetivo (τῆς—εὐπραξίας) cf. Matth. Gr. Gr. (1835) § 368 a.

Vs. 860: ὦ καλλιφεγγὲς ἡλίου σέλας τόδε,
ἐν ᾧ δάμαρτα τὴν ἐμὴν χειρώσομαι
[Ἑλένην· ὁ γὰρ δὴ πολλὰ μοχθήσας ἐγὼ
Μενέλαός εἰμι καὶ ϛράτευμ᾽ Ἀχαϊκόν]
ἦλθον δὲ Τροίαν κτὲ.

Expunxi duos versus manifesto spurios, quo facto non opus
est, ut cum Dobraeo et Kirchhoffio lacunam admittamus ante
vs. 864: ἦλθον κτὲ.

Vs. 876: ἐμοὶ δ᾽ ἔδοξε τὸν μὲν ἐν Τροίᾳ μόρον Ἑλένης
ἐᾶσαι. Pro Ἑλένης utique legendum αὐτῆς propter ipsa Menelai
verba, quae praecedunt (vs. 861 sqq.): ἥκω δὲ τὴν τάλαιναν (al.
Λάκαιναν) — οὐ γὰρ ἡδέως ὄνομα δάμαρτος, ἥ ποτ᾽ ἦν
ἐμὴ, λέγω. — ἄξων. Interpretamentum, ut fit, vocabuli expli-
cati locum occupavit. Eadem observatio confirmat crisin nostram in expungendis vs. 855 sq.

Vs. 890: ὁρῶν δὲ τήνδε φεῦγε, μή σ᾽ ἕλη πόθῳ· αἱρεῖ γὰρ
ἀνδρῶν ὄμματα. Malim: ὁρᾶν δὲ κτὲ. i. e. fuge hanc videre cet.

Vs. 924: ἔκρινε τρισσὸν ζεῦγος ὅδε τρισσῶν θεῶν. Fortasse: ἔκριν᾽ ἐρίζον ζεῦγος κτὲ. Cf. Hel. 708: θεῶν τρισσῶν ἔρις.

Vs. 1055: ὥσπερ ἀξία κακῶς
κακὴ θανεῖται κτὲ.

Malim inverso ordine: κακὴ κακῶς, nam sic Graeci solent. Cf.
v. c. Soph. O. R. 248, Ai. 1370; Eur. Cycl. 268, Arist.
Plut. 65, 418, 879 et passim. Nusquam contra κακῶς κακὸς
s. κακή me legere memini.

Vs. 1140: μήτηρ νεκροῦ τοῦδ᾽ Ἀνδρομάχη, λύπας ὁρᾶν.
Euripidi abiudicandus.

BACCHARUM vs. 430:
τὸ πλῆθος ὅτι τὸ φαυλότερον
ἐνόμισε χρῆταί τε, τόδε τοι λέγοιμ᾽ ἄν.

Aptius foret: τόδ᾽ ἐγὼ οὐ ψέγοιμ᾽ ἄν. Per synizesin ἐγὼ οὐ
pronuntiandum esse vix est, quod moneam.

Vs. 821: βυσσίνους πέπλους apud Graecos non nisi mulieres gestabant, cf. Aesch. Spt. 1041; apud barbaros viri quoque se illis induebant, cf. Aesch. Pers. 129, sed imprimis huc facit fragm. Soph. e *Laocoonte* ap. Dion. Hal. Ant. I, 8.

Vs. 859:
γνώσεται δὲ τὸν Διὸς
Διόνυσον, ὃς πέφυκεν ἐν τέλει θεὸς
δεινότατος, ἀνθρώποισι δ᾽ ἠπιώτατος.

Vocabula sensu plane vacua tentare lubet in hunc modum:

γ. δ. τ. Δ.
Δ. ὅ. π. ἐγγελῶσι θεός
δεινότατος, εὐσεβοῦσι δ᾽ ἠπιώτατος.

Addubito tamen horum versuum fidem. Ipse Euripides breviter et significanter dixerat: γνώσεται δὲ τὸν Διός, quorum vim non augebit sed infringet, quicquid addideris.

HERACLIDARUM vs. 313:
καὶ μήποτ᾽ ἐς γῆν ἐχθρὸν αἴρεσθαι δόρυ,
μεμνημένοι τῶνδ᾽, ἀλλὰ φιλτάτην πόλιν
πασῶν νομίζετε.

Lego: ἐς τήνδ᾽ ἐχθρὸν κτέ.

Vs. 668 sq.: πόσον τι πλῆθος συμμάχων πάρες᾽ ἔχων; Respondetur: πολλούς· ἀριθμὸν δ᾽ ἄλλον οὐχ ἔχω φράσαι. Sana ratio postulat: ἀριθμὸν δ᾽ αὐτὸν οὐκ ἔχω φράσαι i. e. sed numerum *ipsum* dicere nequeo.

HELENAE vs. 287: Lacunam esse statuerim post vocabula κλήθροις ἂν εἰργοίμεσθα.

Vs. 531:
φησὶ δ᾽ ἐν φάει
πόσιν τὸν ἀμὸν ζῶντα φέγγος εἰσορᾶν.

Corrigendum, ni fallor, φησὶ δ᾽ ἐμφανῶς, πόσιν κτέ. Cf. Soph. O. R. 96: ἄνωγεν ἡμᾶς Φοῖβος ἐμφανῶς ἄναξ κτέ.

Vs. 607: λυποῦσα σεμνὸν ἄντρον, οὗ σφ᾽ ἐσώζομεν. Iam alibi significavi scribendum mihi videri: λιποῦσ᾽ ἐρεμνὸν κτέ.

Vs. 709 : ἡ δ᾽ οὐσ᾽ ἀληϑῶς ἔςιν ἥδε σὴ δάμαρ. Fortasse : ἆρ᾽ ὡς ἀληϑῶς κτέ.

Vs. 769 : οὐ γὰρ ἐμπλήσαιμί σε μύϑων. Soloece omittitur ἄν, nec sententia salva est. Suspicor: οὐ γὰρ ἂν παυσαίμεϑα μύϑων.

Vs. 810 : οὕτω σιδηρῷ τρωτὸν οὐκ ἔχει δέμας; Sic quaerendo respondet Menelaus his Helenae verbis: οὐκ ἂν κτάνοις τύραννον, ὃ σπεύδεις ἴσως. Pro οὕτω Cobetus reponit οὗτος leni sane medicina, qua adhibita, praeterea malim uno vocabulo scribere σιδηρότρωτον.

Vs. 825 : εἴπως ἂν ἀναπείσαιμεν ἱκετεύοντέ νιν. Fortasse : ἴσως ἂν κτέ., nam neque formulae εἴ πως in hac sententia locus est, neque ea fert particulam ἂν sibi adhaerentem.

Vs. 934 : τὴν δ᾽ ἐνϑάδ᾽ ἐκλιποῦσ᾽ ἀλητείαν πικρὰν
ὄντων ἐν οἴκοις χρημάτων ὀνήσομαι.
Scribendum videtur: αὖ τῶν ἐν οἴκοις κτέ.

Vs. 1005 Lege et distingue : Ἥρα δ᾽, ἐπείπερ κτέ. pro Ἥρα δ᾽ ἐπείπερ.

Vs. 1100 : τοὔνομα παρασχοῦσ᾽ οὐ τὸ σῶμ᾽ ἐν βαρβάροις. Si versus genuinus est, scripserim τὸ σῶμα βαρβάροις, sed suspectum eum habeo eum Nauckio.

Vs. 1319 : Δρομαίων δ᾽ ὅτε πολυπλανήτων
μάτηρ ἔπαυσε πόνων κτέ.
Conieci: δρομαῖον δ᾽ ὅτε πόδα πλανητῶν κτέ. vel : δρομαῖον πόδ᾽ ὅτε πολυπλάγκτων κτέ.

Vs. 1548 : — Μενέλεῳ ποντίσματα φέροντες. Πόντισμα nihili vocabulum esse rectissime iudicat Nauckius. Quid si poeta dederit: Μενέλεῳ κτερίσματα φέροντες? Cf. vs. 1391 :
χωρεῖτ᾽ ἐφεξῆς, ὡς ἔταξεν ὁ ξένος,
δμῶες, φέροντες ἐνάλια κτερίσματα.

———

IONIS vs. 50 : οὐκ οἶδε Φοῖβον, οὐδὲ μητέρ᾽ ἧς ἔφυ. [ὁ παῖς

τε τοὺς τεχόντας οὐκ ἐπίϛαται]. Deleo versum manifesto spurium. Sequitur:

νέος μὲν οὖν ὢν ἀμφιβωμίους τροφᾶς
ἠλᾶτ᾽ ἀθύρων. —

Immo vero: ἀμφιβώμιος τραφεὶς ἠλᾶτ᾽ ἀθύρων. cf. vs.
323: βωμοὶ μ᾽ ἔφερβον κτέ.

Vs. 514: ἐν δόμοις
ἕϛ᾽, ὦ ξέν᾽, οὔπω δῶμ᾽ ὑπερβαίνει τόδε.

Pro τόδε legendum videtur πόδα. Praeterea malim ὑπερ-
βάλλει.

Vs. 522 Ion: παῦε, μὴ ψαύσας τὰ τοῦ θεοῦ ϛέμματα ῥήξῃς
χερί. Xuth. ἅψομαι κοὐ ῥυσιάζω, τἀμὰ δ᾽ εὑρίσκω φίλα.
Vs. posterior aptum sensum habebit scriptus in hunc modum:
ἅπτομαι κοὐ ῥυσιάζω, τἀμά γ᾽ εὑρίσκων φίλα. Verte: tango
te, non vi te abripio, quippe qui inveniam, quod mihi carum
est. Quae optime respondent dictis ab Ione.

HERCULIS FURENTIS vs. 11:
ἦν πάντες ὑμεναίοισι Καδμεῖοί ποτε
λωτῷ συνηλόλαξαν.

Malim συνωλόλυξαν. Similiter corrigendus Electr. vs. 855:
ϛέφουσι δ᾽ εὐθὺς σοῦ κασιγνήτου κάρα
χαίροντες, ἀλαλάζοντες.

Legendum ὀλολύζοντες i. e. iubilantes.

Vs. 65 sq.: ἔχων τυραννίδ᾽, ἦς μακραὶ λόγχαι πέρι
πηδῶσ᾽ ἔρωτι σώματ᾽ εἰς εὐδαίμονα.

Si ἔρωτι sanum est, pro ἦς—πέρι rescribamus necesse est
ἦν—πέρι; nam Graecum est ἔρως περί τι non περί τινος. Sed
quia ἦν—πέρι, omisso ἔρωτι, sensum praebet optimum, potius
vitiosum esse ἔρωτι statuendum videtur cum Nauckio. Lenissima autem correctio fuerit: πηδῶσ᾽ ἐρωῇ σώματ᾽ εἰς εὐδαίμονα. i. e. cum impetu. Fatendum tamen hoc vocabulum Homero
usitatissimum apud tragicos, quantum sciam, non reperiri;

quare aliquis praetulerit: πηδᾶν ἐρῶσι vel πηδῶσ' ἀρι-
ςέων σ.

Vs. 73 sq.: οἱ δ' εἰς ἔλεγχον ἄλλος ἄλλοθεν πίτνων

ὦ μῆτερ, αὐδᾷ, ποῖ πατὴρ ἄπεςι γῆς.

Post formulam ἄλλος ἄλλοθεν verbum sequi solet in Plurali;
quapropter scripserim: ὦ μῆτερ, αὔδα, ποῖ κτέ. i. e. dic,
mater; quonam cet. Verbum φασί, ut saepe fit, subintelligitur.

Vs. 183: ἐροῦ τίν' ἄνδρ' ἄρισον ἐγκρίναιεν ἄν. [ἢ οὐ παῖδα
τὸν ἐμόν, ὃν σὺ φῂς εἶναι δοκεῖν] Reddidi sua interpolatori,
quem prodit orationis spurcities. Mox scribe: Δίρφυν δ' ἐρωτῶν
cum Nauckio pro Δ. τ' ἐρ.

Vs. 245: ἵν' εἰδῶσ' οὕνεκ' οὐχ ὁ κατθανών

κρατεῖ χθονὸς τῆσδ', ἀλλ' ἐγὼ τὰ νῦν τάδε.

Pro τάδε requiro ὅδε.

Vs. 326: οὐ γὰρ ἀλκὴν ἔχομεν ὥςε μὴ θανεῖν. Grammatica
Graeca postulat: ὥςε μὴ οὐ θανεῖν.

Vs. 330: νῦν γὰρ ἐκκεκλείσμεθα. Tandem Euripidi reddatur ἐκκεκλήμεθα.

Vs. 361 sqq.: πυρσῷ δ' ἀμφεκαλύφθη—δεινῷ χάσματι
θηρός. Legendum: πυρσοῦ κτέ.

Vs. 460: ἢ πολύ με δόξης ἐξέπαισαν ἐλπίδες. Sententia
suadet: αἱ τύχαι pro ἐλπίδες; quam rem observasse ante me
Nauckium reperio.

Vs. 534: διολλύμεθα κτέ. Malim διωλλύμεσθα, ut mox
vs. 537 recte editur: ἔθνησκε—ἀπωλλύμην et vs. 550
ἐθνῄσκετ'.

Vs. 938: ἐξὸν μιᾶς μοι χειρὸς εὖ θέσθαι τάδε. Suspicor
ἐ. μ. μοι 'κ χειρὸς κτέ.

Vs. 1105: ἔκ τοι πέπληγμαι· ποῦ ποτ' ὢν ἀμηχανῶ; Immo
vero: ποῦ ποτ' εἰμ', ἀμηχανῶ.

Vs. 1250 Thes. ὁ πολλὰ δὴ τλὰς Ἡρακλῆς λέγει τάδε; Herc.
οὔκουν τοσαῦτά γ', εἰ μέτρῳ μοχθητέον. — Τῆς κεφαλῆς
βούλομαι περιδόσθαι Theseum Herculis responsum istis quidem
verbis conceptum non intellexisse. Cui subveniamus reponendo:

10.

οὐκ ἂν τοσαῦτά γ' (τλᾶς scil.), εἰ ἀμέτρως μοχθητέον. Quae verba interprete non indigebunt.

Vs. 1303 sq.: χορευέτω δὴ Ζηνὸς ἡ κλεινὴ δάμαρ
κρούουσ᾽ Ὀλυμπίου Ζηνὸς ἀρβύλῃ πόδα.

Diversis modis versum corruptissimum sanare conati sunt viri docti. Ego facio cum iis, qui sic edunt: κρούουσ᾽ Ὀλύμπου *
ἀρβύλῃ ποδός. Suppleverim autem: κρούουσ᾽ Ὀλύμπου δάπε-
δον ἀρβύλῃ ποδός. Dobraeus: Ὀλύμπου δώματ᾽ κτέ.

ELECTRAE vs. 122 sqq.:
ὦ πάτερ, σὺ δ᾽ ἐν Ἅιδᾳ δὴ
κεῖσαι, σᾶς ἀλόχου σφαγείς
Αἰγίσθου τ᾽, Ἀγάμεμνον.

Una litera mutata, scripserim: κεῖσαι σᾶς ἀλόχου σφαγαῖς Αἰγίσθου τ᾽ κτέ.

Vs. 307: αὐτὴ μὲν ἐκμοχθοῦσα κερκίσιν πέπλους,
[ἢ γυμνὸν ἕξω σῶμα καὶ ξερήσομαι]
αὐτὴ δὲ πηγὰς ποταμίους φορουμένη·
ἀνέορτος ἱερῶν καὶ χορῶν τητωμένη.

Quicunque pulchri sensu non plane destitutus est, assentietur mihi versum languidum et ineptum expungenti. Frustra igitur sunt, qui corrigunt κᾀξερήσομαι, quo facto vs. non multo fit tolerabilior.

Vs. 704 sqq.: — πνέοντ᾽, ἀγρῶν ταμίαν,
χρυσέαν ἄρνα καλλιπλόκαμον πορεῦσαι.

Nauckius corrigere occupavit: καλλίποχον πορεῦσαι. In antistrophe respondent haec:
μολπαὶ δ᾽ ηὔξοντ᾽ ἐραταὶ
χρυσέας ἀρνός, ὡς ἐπίλογοι Θυέσου.

Nauckius: εἶτα δόλοι Θυέσου; quae coniectura corrupta relinquit praecedentia (nam μολπαὶ αὔξονται—ἀρνός nihil significat) nec vulneri, quod curat, medetur. Fortasse:
μόλπαις δ᾽ αὔξονται ἀρεταὶ
χρυσέας ἀρνός τοὐπικλόπον Θυέσου.

Vs. 1261: Ἁλιρρόθιον ὅτ᾽ ἔκταν᾽ ὠμόφρων Ἄρης
[μῆνιν θυγατρὸς ἀνοσίων νυμφευμάτων]
πόντου κρέοντος παῖδ᾽ κτὲ.

Versus, quem uncinis cinxi, sapit magistellum.

CYCLOPIS vs. 2: νῦν χῶτ᾽ ἐν ἥβῃ τοὐμὸν εὐσθένει δέμας.
Verbum εὐσθενεῖν antiquioribus Graecis inauditum esse puto.
Vigere illis est εὐθενεῖν et postea, producta vocali, εὐθηνεῖν.
Quare emenda: νῦν — τοὐμὸν εὐθένει δέμας.

Vs. 105: ἐκεῖνος οὗτός εἰμι· λοιδόρει δὲ μή. Lege: ἐκεῖνος αὐτός εἰμι κτὲ.

Vs. 318: μήλειον ἢ βόειον ἢ μεμιγμένον. Compara vs. Aeschyleum: ἢ θεῖον ἢ βρότειον ἢ μιξόμβροτον.

Vs. 336: ὡς τοὐμπιεῖν γε καὶ φαγεῖν τοὔφ᾽ ἡμέραν. Rescribatur: — κἀμφαγεῖν κτὲ.

Vs. 488:   καὶ δὴ μεθύων
ἄχαριν κέλαδον μουσιζόμενος
σκαιὸς ἀπῳδὸς καὶ κλαυσόμενος
χωρεῖ κτὲ.

Nescio annon praestet: σκαιὸς ἀοιδὸς καὶ κλαυσόμενος κτὲ.

Vs. 504: γάνυμαι δέ δαιτὸς ἥβῃ. An forte: γ. δ. δ. ἥδει? cf. Hom. Il. A. 575: οὐδέ τι δαιτὸς ἐσθλῆς ἔσσεται ἦδος.

Vs. 581: οὐκ ἂν φιλήσαιμ᾽· αἱ Χάριτες πειρῶσί με. Conieci: πῶς ἂν φιλήσαιμ᾽; κτὲ. Formulam autem πῶς ἂν; apud tragicos valere *utinam*, res est notissima.

CAPUT X.

THUCYDIDEA.

Lib. 1 cap. 58 med. post τότε δὴ deleatur interpretamentum: κατὰ τὸν καιρὸν τοῦτον.

Cap. 137 init. vocabula: καὶ μέγιϛον ἦν ἱκέτευμα τοῦτο suspecta habeo.

Lib. III cap. 13 pro ξὺν κακῶς ποιεῖν coniectum est ξυγκακῶσαι. Lenius, opinor, et melius scripseris ξυγκακοποιεῖν, nam opponitur tempus Praesens ἀλλὰ ξυνελευθεροῦν.

Cap. 21: διεῖχον δ' οἱ περίβολοι ἑκκαίδεκα πόδας μάλιϛ' ἀπ' ἀλλήλων, τὸ οὖν μεταξὺ τοῦτο [οἱ ἑκκαίδεκα πόδες] τοῖς φύλαξιν οἰκήματα διανενεμημένα ᾠκοδόμητο. Vel ipsa Grammatica, ut turpe emblema abiiciatur, non postulat sed flagitat.

Cap. 104: ἔνθα σε πυγμαχίῃ τε καὶ ὀρχηϛυῖ καὶ ἀοιδῇ
μνησάμενοι τέρπουσιν, ὅταν καθέσωσιν ἀγῶνα.
Imo vero: ὅταν καθίωσιν ἀγῶνα, ad quam lectionem proxime accedit sciptura cod. Mosqu. καθιϛῶσι. Hom. edd. habent ϛήσωνται.

Cap. 112: ἐπιπίπτει τοῖς Ἀμπρακιώταις ἔτι ἐν ταῖς εὐναῖς καὶ οὐ προῃσθημένοις τὰ γεγενημένα. Post εὐναῖς supplendum videtur οὖσι.

Lib. IV Cap. I § 2: οἱ δὲ Λοκροὶ κατ' ἔχθος τὸ Ῥηγίνων. Lege τῶν Ῥηγίνων, cl. Cap. 24 § 2: τῶν Ῥηγίνων κατ' ἔχθραν.

Cap. 9 prope finem: οὔτε γὰρ αὐτοὶ ἐλπίζοντές ποτε ναυσὶ κρατηθήσεσθαι. Legendum κρατήσεσθαι, cum codd. bene multis.

Cap. 13 prope init. ἐλπίζοντες—ἑλεῖν μηχαναῖς. Insere ἂν post ἑλεῖν.

Cap. 25 prope init. ἀπέπλευσαν ὡς ἕκαϛοι ἔτυχον ἐς τὰ οἰκεῖα ϛρατόπεδα [τό τε ἐν τῇ Μεσσήνῃ καὶ ἐν τῷ Ῥηγίῳ]. In marginem relegentur, quae uncis circumdedi. Thucydides certe dedisset: καὶ τὸ ἐν τῷ Ῥηγίῳ.

Cap. 26 § 4: ὁ χρόνος παρὰ λόγον ἐπιγιγνόμενος. Corrigatur ἐπιτεινόμενος. Ibidem § 6: ἀπαίροντες [ἀπὸ] τῆς Πελοποννήσου ὁπόθεν τύχοιεν.

Cap. 33 versus finem: τοὺς δὲ ψιλούς, ᾗ μάλιϛ' αὐτοῖς προσθέοντες προσχέοιντο, ἔτρεπον. Emenda ἐπιθέοντες, quod ipsum in multis codd. exstare video.

Cap. 35. extr. ῥῇον δ᾽ οἱ Λακεδαιμόνιοι ἠμύναντο ἢ ἐν τῷ πρίν. Rectius quidam codd. ἠμύνοντο.

Cap. 39: καὶ ἦν σῖτος ἐν τῇ νήσῳ καὶ ἄλλα βρώματ᾽ ἐγκα_ τελήφϑη. Fortasse: καὶ μὴν σῖτος κτἑ.

Cap. 41 § 2: ἐλήιζόν τε τὴν Λακωνικὴν καὶ πλεῖς᾽ ἔβλαπτον [ὁμόφωνοι ὄντες]. Delevi interpolata ex Cap. 3 § 3; deinde rescripserim: οἱ δὲ Λακεδαιμόνιοι ἀπαϑεῖς (vulgatur ἀμαϑεῖς) ὄντες ἐν τῷ πρὶν χρόνῳ λῃςείας; Ita v. c. Herodot. V cap. 19 de Alexandro Amyntae filio: ἅτε νέος τε ἐὼν καὶ κακῶν ἀπα_ ϑής. Mox ad § 4: πολλάκις φοιτώντων αὐτοὺς κτἑ. cf. Arist. Pac. 638 sq. Cap. 43 § 2 lego πρὸς (pro πρὸ) τῆς Χερσονήσου κτἑ.

Cap. 45 § 2 repone: φρούριον ἐγκαταςησάμενοι.

Cap. 46 post τῷ ὄρει dele interpretamentum τῆς Ἰςώνης, cl. cap. 2 § 3. Nomen montis iam memoratum III c. 85 extr.: ἀναβάντες ἐς [τὸ ὄρος] τὴν Ἰςώνην.

Cap. 48 extr. ἵναπερ τὸ πρῶτον ὥρμηντο. Lege οἷπερ κτἑ. Similiter corrigas cap. 74 init.

Cap. 55 med.: πανταχόϑεν σφᾶς περιεςῶτος πολέμου ταχέος καὶ ἀπροφυλάκτου. Suspicor τραχέος κτἑ.

Cap. 57 fin.: Τάνταλον δὲ παρὰ τοὺς ἄλλους τοὺς ἐν τῇ νήσῳ Λακεδαιμονίους καταδῆσαι. Exspectaveram τοὺς ἐκ τῆς νήσου Λ.; ut coniecit Lindavius, Num forte latet: τοὺς Ἀϑήνησι Λακεδαιμονίους?

Cap. 59 sub fin.: τὰ γὰρ ἴδια ἕκαςοι εὖ βουλευόμενοι δὴ ϑέσϑαι κτἑ. Lege βουλόμενοι cum codd. BCD.

Cap. 75 prope init: ὡς ᾐσϑάνοντο τὴν παρασκευὴν τοῦ χωρίου. Malim τὴν κατασκευήν. Utriusque nominis, ut et verborum παρα— et κατα—σκευάζειν, perpetua est in codd. confusio.

Cap. 76 init. abiiciatur post Δημοσϑένης putidum emblema Ἀϑηναίων ςρατηγός. Post pauca non mirer, si verba: αἱ δὲ Σῖφαι—ἐπιϑαλασσίδιοι sint antiqui alicuius interpretis Scholium

Cap. 77 fin. lego: τὸ ξυμμαχικὸν τὸ ἐκεῖ (pro ἐκείνῃ). Idem vitium passim tollendum.

Cap. 80: ἤλπιζον ἀποςρέψαι. Aut inserendum ἄν, aut rescribendum ἀποςρέψειν, quod praetulerim, quia codd. quidam habent ἀποτρέψειν. Ibidem: φοβούμενοι αὐτῶν τὴν νεότητα καὶ τὸ πλῆθος. Cod. Aug. ...νεότητα. Vat. H. Bekk. σκαιότητα. Rei conveniret: τὴν ἀβεβαιότητα. In cap. med. ἐν τοῖς πολεμίοις ἄριςοι utique reponendum πολεμικοῖς.

Cap. 83 non procul ab init.: ἔφη βούλεσθαι πρῶτον ἐλθὼν κτὲ. Lege πρότερον.

Cap. 85 extr. καίτοι ςρατιῇ τῇδ᾽, ἣν νῦν ἐγὼ ἔχω, ἐπὶ Νισαίαν ἐμοῦ βοηθήσαντος, οὐκ ἠθέλησαν Ἀθηναῖοι πλέονες ὄντες προσμῖξαι, ὡς᾽ οὐκ εἰκὸς νῆτη γε αὐτοὺς τῷ ἐν Νισαίᾳ ςρατῷ ἴσον πλῆθος ἐφ᾽ ὑμᾶς ἀποςεῖλαι. Requiro ἀποςελεῖν; et τῷ ἐκεῖ ςρατῷ cum cod. Palatino. Quidam codd. in verso ordine ἔχω ἐγώ. Pronomen abesse malim. Ceterum graviore vulnere laborare ultimam periodi partem in aprico est. Ibidem § 4 scribendum videtur: κίνδυνόν τε τοσόνδ᾽ ἀνερρίφαμεν pro Aoristo ἀνερρίψαμεν.

Cap. 88 § 1: καὶ [περὶ] τοῦ καρποῦ φόβῳ ἔγνωσαν οἱ πλείους ἀφίςασθαι. Dele praepositionem, quae vim infert Graecitati. Cf. cap. 84 § 2: ὅμως δὲ διὰ τοῦ καρποῦ τὸ δέος ἔτι ἔξω ὄντος πεισθὲν τὸ πλῆθος. Similiter illic scripserim: τοῦ καρποῦ τῷ φόβῳ.

Cap. 89 § 2 lege: ὁ μὲν Δημοσθένης πρότερος πλεύσας; opponitur enim Cap. 90 § 1: ὁ δ᾽ Ἱπποκράτης ὕςερος ἀφικνεῖται.

Cap. 89 extr.: οὐ γάρ πω Ἱπποκράτης παρελύπει ἐν τῇ γῇ ὤν. Suspicor: ἐν τῇ γῇ ἤδη ὤν. Praeterea malim οὐδὲν γὰρ κτὲ., qua tamen novatione fortasse opus non est.

Cap. 90 init: Δήλιον ἐτείχιζε τοιῷδε τρόπῳ [τὸ ἱερὸν τοῦ Ἀπόλλωνος]. Ipso loco, quo legitur, alienissimo interpretamentum arguitur. Petitum est e Cap. 76.

Cap. 91 extr.: ἡγεμονίας οὔσης αὐτοῦ. Fortasse: τῆς ἡγεμονίας οὔσης αὐτῷ τότε.

Cap 92 init.: καὶ εἰσι δήπου πολέμιοι, ἐν ᾧ τε ἄν χωρίῳ

καταληφθῶσι κτέ. Lege ἐν ὅτῳ τ' ἂν κτέ. Ibid. § 3: πάτριον
θ' ὑμῖν ϛρατὸν ἀλλόφυλον ἐπελθόντα κἂν τῇ οἰκείᾳ κἂν τῇ
τῶν πέλας ὁμοίως ἀμύνεσθαι. Ἀθηναίους δὲ, καὶ προσέθ'
ὁμόρους ὄντας πολλῷ μάλιϛα δεῖ. Scribendum: — ἀμύνεσθαι,
Ἀθηναίους δὲ — μάλιϛα δή. In vicinia repone: οἳ καὶ, μὴ
ὅτι τοὺς ἐγγὺς, ἀλλὰ καὶ τοὺς ἄπωθεν πειρῶνται δουλοῦσθαι,
inserto ὅτι post μή.

Cap. 93 § 2: τῷ δ' Ἱπποκράτει ὄντι περὶ τὸ Δήλιον ὡς
[αὐτῷ] ἠγγέλθη, ὅτι — πέμπει. Abiiciatur pronomen, quod
scabram reddit orationem.

Cap. 103 § 5: ἀπροσδόκητος προσπεσών. Cod. Par.
ἐπι (m. 2)
προσπεσών. Aurihus sane gratius foret: ἀπροσδόκητος ἐπιπεσών. Praeterea aliquis praetulerit ἀπροσδοκήτοις ἐπιπεσών,
cl Cap. 72 § 2: οἱ ἱππῆς ἀπροσδοκήτοις ἐπιπεσόντες τοῖς
ψιλοῖς, ubi ne quis inversa ratione ἀπροσδόκητοι scribendum
esse contendat, inspiciat mihi Lib. VI cap. 69, unde discat,
Thucydidem huic vocabulo transitivam vim tribuere contra
reliquorum scriptorum usum. Ex eadem observatione complures
loci Thucydidei corrigantur.

Cap. 109 § 3: πόλεις δ' ἔχει (Ἀκτή) Σάνην μὲν — παρ'
αὐτὴν τὴν διώρυχα, ἐς τὸ πρὸς Εὔβοιαν πέλαγος τετραμ-
μένον. Quasi dicas Cymen, Euboeae oppidum, spectare mare
Icarium! In uno codice D aliquantum praesidii est: habet
Εὔοιαν. Geographica suadet τὸ πρὸς Σιθονίαν πέλαγος,
ut intelligatur sinus SINGITICUS. Nec sane inter EYOIAN et
ΣΙΘΟΙΑΝ permultum intercedit discriminis. Librarius, quid
illud sibi vellet ignorans, confidenter reposuit quod nunc habent, uno tantum excepto, libri omnes.

Cap. 110 § 1: ἀφικόμενος ἔτι καὶ περὶ ὄρθρον. Haec
pauca verba sufficiant, ut intelligas reponendum esse: ἀφικόμενος νυκτὸς ἔτι κατὰ τὸ περίορθρον. Similiter corrigas
Lib. II Cap. 3 § 4: ἐπεὶ δ' ὡς ἐκ τῶν δυνατῶν ἑτοῖμα ἦν,
φυλάξαντες (τηρήσαντες Thom. Mag. in ὀρθρεύω, non male)

ἔτι νύκτα καὶ αὐτὸ τὸ περίορθρον, ἐχώρουν ἐκ τῶν
οἰκιῶν ἐπ' αὐτούς. Nempe requiro: ἔτι νυκτὸς κατ' αὐτὸ
τὸ περίορθρον ἐχώρουν κτέ. Ad τηρήσαντες intellige τοὺς
Θηβαίους, et iunge verba: ἔτι—ἐχώρουν cum sqq. Intelligitur autem ea pars noctis, quae describitur a poeta Iliad.
VII, 433:

Ἦμος δ' οὔτ' ἄρ' πω ἠὼς, ἔτι δ' ἀμφιλύκη νύξ.

Cap. 112 med.: τῷ τείχει πεπτωκότι καὶ οἰκοδομουμένῳ.
Lege: κἀνοικοδομουμένῳ.

Cap. 118 § 4 e codd. haud dubie reponendum: τῶν ἀπὸ τοῦ
Νισαίου pro vulgatis: τῶν παρὰ τοῦ Νίσου.

Cap. 125 § 1: ὅπερ φιλεῖ μεγάλα ςρατεύματα ἀσαφῶς
ἐκπλήγνυσθαι. Lege ὥσπερ φιλεῖ κτέ.

Cap. 129 med.: ἐχώρουν ἐς τοὺς Μενδαίους. Imo ἐπὶ κτέ.
Ibidem § 4: καὶ ἐς ὀλίγον ἀφίκετο πᾶν τὸ ςράτευμα τῶν
Ἀθηναίων νικηθῆναι. Vide an reponendum sit: καὶ παρ'
ὀλίγον ἀφίκετο—νικηθῆναι i. e. parum abfuit, quin vin-
ceretur.

Cap. 130 § 6 expunge aut Μένδην aut πόλιν.

Cap. 135 § 1: τοῦ γὰρ κώδωνος παρενενεχθέντος οὕτως
ἐς τὸ διάκενον ἡ πρόσθεσις ἐγένετο. Iam Cobetum Mnem. V
p. 385 verissime monuisse video: παρενεχθέντος ἐν τοσούτῳ
in vulgatis delitescere.

Lib. V, Cap. 2, § 3: ναῦς δὲ περιέπεμψε δέκα ἐς τὸν λιμένα
[περιπλεῖν]. Similiter dubito an περιπεμφθεῖσαι genuinum sit
Cap. 3: καὶ αἱ νῆες ἅμα περίπλεον ἐς τὸν λιμένα [περιπε-
μφθεῖσαι]; nisi forte scribendum αἱ περιπεμφθεῖσαι.

Cap. 6 expunge duo additamenta: Ἀνδρίων ἀποικία et τὴν
Θασίων ἀποικίαν. Illud e IV c. 88 extr., hoc e IV c. 107
stolide huc retractum est. Posterius arguitur articulo male
apposito. In eiusdem capitis § 5 requiritur: τὸ δ' ὁπλιτικὸν
ξύμπαν ἤθροιςο pro ἠθροίσθη, ut recte sequitur ἐτετάχατο.

Cap. 9 § 9: καὶ ὑμεῖς, ὤνδρες ξύμμαχοι, ἀκολουθήσατε
ἀνδρείως. Memoratur e Lugdunensi codice portentosa lectio

γρ. ἀνδρείως
γενδρείως, corrupta haud dubie ex hacce γενναίως, quam
reperi in codice, quem contuli Parisiis.

Cap. 12: καθίζαντο, ὅτι αὐτοῖς ἐδόκει μὴ καλῶς ἔχειν.
Lege μεθίζαντο κτέ.

Cap. 18 init.: Σπονδὰς ἐποιήσαντο—περὶ μὲν τῶν ἱερῶν τῶν
κοινῶν θύειν καὶ ἰέναι καὶ μαντεύεσθαι καὶ θεωρεῖν κατὰ τὰ
πάτρια τὸν βουλόμενον. Corrupta sunt vocabula καὶ ἰέναι.
Mihi quidem nihil occurrit, quod aptius reponatur quam hoc:
θύειν ἐξεῖναι καὶ μαντεύεσθαι κτέ. Cf. Cap. 28 § 1, Cap. 43
§ 3. Mox pro δικαίῳ χρήσθων καὶ ὅρκοις e quibusdam
codd. emendaverim δίκαις χρήσθων κτέ.

Cap. 29: Μαντινῆς δ' αὐτοῖς καὶ οἱ ξύμμαχοι [αὐτῶν] πρῶτοι
προσεχώρησαν—τοῖς γὰρ Μαντινεῦσι μέρος τι τῆς Ἀρκαδίας
κατέςραπτο [ὑπήκοον].

Cap. 31 fin: Βοιωτοὶ δε καὶ Μεγαρῆς ταὐτὸ λέγοντες ἡσύ-
χαζον, περιορώμενοι ὑπὸ τῶν Λακεδαιμονίων, καὶ νομί-
ζοντές σφισι τὴν Ἀργείων δημοκρατίαν αὐτοῖς ὀλιγαρχουμένοις
ἧσσον ξύμφορον εἶναι τῆς Λακεδαιμονίων πολιτείας. Goellerus
interpretatur: quod a Lacedamoniis contemnerentur. Ideone,
o bone, aliquis quiescat, quod contemni se ab adversario in-
telligat? Accedit, quod hoc sensu Graecum est ὑπερορώμε-
νοι. Quid delitescat, non contendo me reperisse: monstrum ali
certissimum est. Cogitavi de reponendo: πολυωρούμενοι.

Cap. 35 init. expungatur emblema: οἵ τε Ἀθηναῖοι καὶ (οἱ)
Λακεδαιμόνιοι.

Cap. 50 § 1: pro ἀπ ομόσαι—ἦ μὴν ἀποδώσειν, lego ἐπ ομόσαι
κτέ. Aristophanes: καὶ νὴ Δί' ἀποδώσειν ἐπώμνυς τοὺς θεούς.

Cap. 51 ultimum vocabulum ἐτελεύτα exsulato; idem valet
de capite 56.

Cap. 59 prope finem abiectum velim Ἀργείοις et init. cap 60
τῶν Ἀργείων.

Cap. 60 § 6 excidisse quaedam suspicor sic redintegranda:
τόν τε Θράσυλον (καὶ τὸν Ἀλκίφρονα) —ἤρξαντο λεύειν·

(καὶ ὁ μὲν ἀποθνήσκει,) ὁ δὲ καταφυγὼν περιγίγνεται. Nempe vix intelligitur, cur Thrasylum lapidibus obruant, dum ne verbum quidem fiat de Alciphrone, eidem crimini obnoxio. Et in proxime praegressis utrumque intelligit scribens: ἔτι ἐν πολλῷ πλείονι αἰτίᾳ εἶχον,—τοὺς σπεισαμένους.

Cap. 61 med.: πείσαντες ἐκ τῶν λόγων τοὺς ξυμμάχους. Lege διά. In vicinia non expedio haec: οὗτοι δ' ὅμως καὶ πεισθέντες ὑπελείποντο πρῶτον, ἔπειτα δ' ὕςερον καὶ οὗτοι ἦλθον, nisi, expuncto ὕςερον, legatur: καὶ αὐτοὶ ἦλθον.

Cap. 63 versus fin.: ἔργῳ γὰρ ἀγαθῷ ῥύσεσθαι τὰς αἰτίας ςρατευσάμενος· ἢ τότε ποιεῖν αὐτοὺς ὅτι βούλονται. Voculam TOTE, dittographia natum e sequenti ΠΟΙΕΙΝ, deleverim. Praeterea nescio, an non scripserit Thuc., quod in ea re dici solet: ἔργῳ γὰρ ἀγαθῷ ἀπολύσεσθαι τὰς αἰτίας·

Cap. 65. Sine damno omitti potuerunt verba: δηλῶν τῆς ἐξ Ἄργους ἐπαιτίου ἀναχωρήσεως τὴν παροῦσαν ἄκαιρον προθυμίαν ἀνάληψιν βουλομένην εἶναι, quamvis fatendum est, orationem tum bene Graecam esse tum probe Thucydideam. Quare nunc dubito, an recte ea suspecta habuerim. Iudicent alii. Contra persuasissimum mihi est, mox § 4 verba: τοὺς Ἀργείους καὶ τοὺς ξυμμάχους ab interpolatore esse invecta; neque Scholiastes ea agnovisse videtur. Ibidem malim βοηθήσοντας pro βοηθοῦντας.

Cap. 68 prope init.: ἀριθμὸν δὲ γράψαι — οὐκ ἂν ἐδυνάμην ἀκριβῶς. Utique reponendem οὐκ ἂν δυναίμην (i. e. οὐ δύναμαι), quod exstat in marg. cod. I, qui in textu habet δυναμην (sic).

Cap. 72 § 1: ξυνέβη οὖν αὐτῷ ἅτ' ἐν αὐτῇ τῇ ἐφόδῳ καὶ ἐξ ὀλίγου παραγγείλαντι κτέ. Corrige δι' ὀλίγου. Cf. Cap. 65 § 5, 66 § 1, 69 § 2.

Cap. 73 § 1 lege: τὸ τῶν Ἀργείων καὶ (τῶν) συμμάχων ςράτευμα.

Cap. 75 § 4 pro τῇ προτέρᾳ ἡμέρᾳ legatur τῇ προτεραίᾳ, deleto substantivo.

Cap. 75 § 6: καὶ ἐν τούτῳ ξυγκαταλιπόντες ἅπαντες τῷ τειχίσματι φρουράν. Deleverim ἅπαντες cum cod. *B*.

Cap. 77 init. expunge alterum ἀποδιδόντας.

Cap. 80 init. pro ἐγεγένητο requiro Aor. ἐγένετο, cf. 78 extr.

Cap. 98 extr.: τοὺς δὲ μηδὲ μελλήσοντας γενέσθαι (scil. πολεμίους) ἄκοντας ἐπάγεσθε. Imo vero: μέλλοντας γενήσεσθαι. Error natus videtur ex huiusmodi scriptura μέλλον-

ησ

τας γενέσθαι, corrupta in hanc μέλλοντας γενέσθαι.

Cap. 102 extr. μετὰ δὲ τοῦ δρωμένου ἔτι καὶ ςῆναι ἐλπὶς (scil. ἡμῖν) ὀρθῶς. Imo ὀρθοῖς.

Cap. 108 med. ἐπὶ ῥοπῆς μιᾶς ὄντες. Reponendum esse σμικρᾶς docui iam alibi. Eurip. *Hippol.* vs. 1158: δέδορκε μέντοι φῶς ἐπὶ σμικρᾶς ῥοπῆς.

Cap. 109 extr. lego, inserta particula conditionali, ὥς' οὐκ εἰκὸς ἐς νῆσόν γ' ἂν αὐτούς —περαιωθῆναι.

Cap. 113 extr. abesse malim vocabula: καὶ πιςεύσαντες.

Cap. 116: ὡς αὐτοῖς τὰ διαβατήρια [ἱερὰ ἐν τοῖς ὁρίοις] οὐκ ἐγίγνετο. Deleo turpe emblema.

Liber VI Cap. I extr.: καὶ τοσαύτη νύσα [ἐν] εἴκοσι ςα-δίων μάλιςα μέτρῳ τῆς θαλάσσης διείργεται τὸ μὴ κτέ.

Cap. 2 § 4 extr. καὶ ἡ χώρα ἀπ' Ἰταλοῦ βασιλέως τινὸς Σικελῶν τοὔνομα τοῦτ' ἔχοντος, οὕτως [Ἰταλία] ἐπωνομάσθη.

Cap. IV § 3: Γέλαν — ἐποίκους ἀγαγόντες — ἔκτισαν. Ex codd. receptum oportuit ἀποίκους. Nam ἔποικοι ii dicuntur, qui deductae iam coloniae postmodo accedunt.

Cap. 6 § 2 οἱ Σελινούντιοι Συρακοσίους ἐπαγόμενοι — κατεῖργον. Lege ἐπαγαγόμενοι. In eadem § pro διαφθει-ροντες requiro διαφθείραντες cum Stephano, qui ita Vallam legisse recte suspicatur.

Cap. 10 § 4: τάχ' ἂν δ' ἴσως, εἰ δίχα κτέ. Lege τάχα δ' ἂν cum aliis libris, expuncto interpretamento ἴσως. In sqq., addito ἂν, malim: πρὶν ἂν, ἢν ἔχομεν, βεβαιωσώμεθα.

Cap. 14 extr. lego: καὶ ἑκὼν εἶναι μηδὲν βλάψῃ pro ἢ ἑκὼν κτέ.

Cap. 26 induxerim vocabula, πράσσειν ἢ ἂν αὐτοῖς δοκῇ
ἄριςα εἶναι Ἀθηναίοις, quippe interpretamentum praegressi:
αὐτοκράτορας εἶναι. Si genuina sunt, certe scribendum: καὶ
περὶ ςρατιᾶς τε πλήθους καὶ κτέ.

Cap. 27 § 3. Hinc corrigatur Plutarch. in Alcibiade
Cap. 20: ὡς ἀπὸ μιᾶς ἐπὶ νεωτερισμῷ συνωμοσίας πεπραγμένῳ. Nam legendum est: ἐπὶ νεωτερισμοῦ συνωμο-
σίᾳ κτέ.

Cap. 29 § 3: ῥήτορας ἐνιέντες, οἳ ἔλεγον νῦν μὲν πλεῖν
αὐτὸν κτέ. Post πλεῖν vide, annon exciderit δεῖν. In § 2
init. καὶ ἐπεμαρτίρετο μὴ ἀπόντος περὶ αὐτοῦ διαβολὰς
ἀποδέχεσθαι, expuncto pronomine, scribas: μὴ ἀπόντος πέρι
διαβολὰς κτέ.

Cap. 31 § 5 med.: τῶν δ᾽ ἰδιωτῶν ἅ τε περὶ τὸ σῶμά τις
καὶ τριήραρχος ἐς τὴν ναῦν ἀναλώκει. Repetitis duabus literis,
scribam: καὶ τριήραρχος, ὅσ᾽ ἐς τὴν ναῦν κτέ.

Cap. 33 § 2: πρόφασιν μὲν Ἐγεςαίων συμμαχίᾳ κτέ. Imo:
ἐπ᾽ Ἐγ. κτέ. Ib. § 4 non minus turpi errore legitur: οὖθ᾽
ὅτι μεγάλῳ ςόλῳ ἐπέρχονται, ἀνωφελεῖς ἀλλὰ—πολὺ ἄμει-
νον. Non foret in hac sententia ἀμείνονες absurdius quam est
ἀνωφελεῖς, pro quo scriptum oportere ἀνωφελές paene pudet
me significare. Initio § 6 certum est, Thuc. dedisse ὥσπερ
pro ὅπερ, quidquid obloquitur Poppo similesque huic criti-
castri.

Cap. 38 § 4: μάλιςα γὰρ δοκῶ ἄν μοι οὕτως ἀποτρέπειν
τῆς κακουργίας. Lego τὰς κακουργίας. Ibidem mox reponas: πότερον ἄρχειν δὴ pro ἤδη.

Cap. 39 init. expungatur aut ἄριςα post ἄρχειν, aut βελ-
τίςους post ἄριςα.

Cap. 40 in ipso fine requiro: πειράσεται διασώζειν

Cap. 42 § 2 lege: ἐς Ἰταλίαν καὶ Σικελίαν pro vulgatis:
καὶ ἐς τὴν Ἰτ. κτέ.

Cap. 58 § 1 expungas vocabula τοὺς ὁπλίτας post τοὺς
πομπέας. In ipso initio scribo ἀγγελθέν pro ἀγγελθέντος.

In fine legitur: μετὰ γὰρ ἀσπίδες καὶ δόρατος εἰώθεσαν τὰς πομπὰς ποιεῖν. Corrigerem πέμπειν vel ποιεῖσθαι, nisi haec verba vetus scholium potius quam Thucydidea esse putarem.

Cap. 61 § 1 extr. post vocabula: μετὰ τοῦ αὐτοῦ λόγου eorum interpretamentum: καὶ τῆς ξυνωμοσίας ἐπὶ τῷ δήμῳ delendum est, scripto deinde ὑπ' ἐκείνου ἐδόκει πραχθῆναι. Paucis interpositis, lege: πρὸς Βοιωτοὺς πράσσοντες, expuncta vocula τι, quae originem debet sequenti literae π in πράσσοντες. Mox lege: καί τινες (pro τινα) μίαν νύκτα κτέ.

Cap. 68 init. ἐπὶ τ ὸ ν αὐτὸν ἀγῶνα. Lege: ἐπὶ τοιοῦτον ἀγῶνα. Ib. § 2 vers. finem lege ὥσπερ ἡμᾶς, expuncto καί.

Cap. 72 init. inverso ordine malim: ἐς Κατάνην καὶ Νάξον.

Cap. 80 § 3 init. dele οἱ Συρακόσιοι et mox scribe: εἰ καὶ μὴ πείσομεν, inserto καί. § 4 emendo' τιμήσονται pro Fut. Pass. τιμηθήσον ται.

Cap. 87 § 2 extr. οὐκ ἄκλητοι [παρακληθέντες δὲ] ἥκειν.

Cap. 92 med. τὴν οὐκ οὖσαν ἀνακτᾶσθαι dici nequit. Scribe ο ὐ κ έ τ' οὖσαν.

Cap. 96 vocabulum ultimum παραγίγνωνται mutetur in παραγίγνοιντο.

Cap. 97 med. corrigo: ὡς ἕκαςος τάχους εἶχον pro εἶχε.

Liber VII.

Cap. 15 med. διὰ [νόσον] νεφρῖτιν.

Cap. 17: καὶ ἐκ τῆς ἄλλης Πελοποννήσου οἱ Λακεδαιμόνιοι τῷ αὐτῷ τρόπῳ [πέμψοντες].

Cap. 27 § 2: ὅθεν ἦλθον [ἐς Θρᾴκην] ἀποπέμπειν. Mox § 3 Attico more scripserim: καὶ ἐν τοῖς π ρ ώ τ η pro πρώτοις.

Cap. 36 § 3: καὶ τὴν ἐν τῷ μεγάλῳ λιμένι ναυμαχίαν, οὐκ ἐν πολλῷ πολλαῖς ναυσὶν οὖσαν, πρὸς ἑαυτῶν ἔσεσθαι. Scholiasta interpretatur: οὐκ ἐν πολλῷ] διαςήματι δηλονότι. Quin reponimus, οὐκ ἐν καλῷ πολλαῖς κτέ. i. e. in loco non idoneo magnae navium multitudini? Sequentia § 4 duobus importunissimis liberanda sunt interpretamentis διεκπλεῖν et ὥςε μὴ περιπλεῖν. Cf. Schol.

Cap. 52 prope finem: ἀπολαμβάνουσι κἀκεῖνον ἐν τῷ [κοιλῷ καὶ] μυχῷ τοῦ λιμένος. Cf. VII cap. 4.

Cap. 53 prope finem expunge τὴν ναῦν post ἀφεῖσαν, nam intelligitur e praegressis ὁλκάδα,

Cap 57 § 2: Αἰγινῆται [οἳ τότε Αἴγιναν εἶχον], καὶ ἔτι Ἑςιαιῆς [οἱ ἐν Εὐβοίᾳ Ἑςίαιαν οἰκοῦντες] ἄποικοι ὄντες ξυνεςράτευσαν. Ibid. § 9: Δωριῆς ἐπὶ Δωριᾶς μετ᾽ [Ἀθηναίων] Ἰώνων ἠκολούθουν; quo emblemate periit omnis orationis nitor.

Cap. 58 furcis expelle magistelli nescio cuius additamentum, quod ipso sermonis colore se prodit: δύναται δὲ τὸ νεοδαμῶδες ἐλεύθερον ἤδη εἶναι. An forte putas Nostri aequales ignorasse, quid hoc vocabulum significaret? Aut cur Lib. V 34, ubi de illo hominum genere primam mentionem fecit, idem docere dedignatus est? Sunt autem huiusmodi additamenta eo imprimis nomine perniciosa, quod veterum scriptorum, a quibus ea profecta esse vel eruditi credunt, fidem arrogare sibi solent et auctoritatem. Verum esse, quod autumo, documento sint, quae Goellerus disputat ad V cap. 34.

Cap. 69: πατρόθεν τ᾽ ἐπονομάζων καὶ αὐτοὺς ὀνομαςὶ καὶ φυλήν. Quid orationis hoc est? An igitur etiam tribum appellabant πατρόθεν. Apage ineptias! et Thucydidi redde: πατρόθεν τ᾽ ἐπονομάζων αὐτοὺς καὶ ὀνομαςὶ καὶ κατὰ φυλήν.

Cap. 73 § 3: καὶ οὐκέτι ἔπειθεν αὐτοὺς ὁ Ἑρμοκράτης. Perperam e codd. hanc lectionem in ordinem receperunt editores, quum antea rectissime ederetur: καὶ οὐκ ἔπειθεν. Particula ἔτι dittographia nata est ex duabus primis literis vocabuli sequentis Quod enim hodie vulgatur, significaret Hermocratem primo quidem persuasisse ducibus, deinde vero non amplius.

Cap. 75 init. pro ἡ ἀνάςασις scribendum videtur ἡ ἀπανάςασις. Nam ἀνάςασις est, qualis describitur v. c. Lib. II cap. 14 extr. Ἀπανίςασθαι contra sollemni usu dicitur de exercitu, qui re infecta abducitur.

Cap. 78 init. lege: ὁ μὲν Νικίας τοιαῦτα παρακελευόμενος.

Vulgatur τοιάδε. Utriusque vocabuli, quamvis certum et constans est apud veteres Atticos discrimen, frequens est in codd. confusio.

LIBER VIII.

Cap. I § 3: καὶ τὰ τῶν συμμάχων ἐς ἀσφάλειαν ποιεῖσθαι, Locutionem hic obviam non possum non vocare in dubium. Cogitavi de reponendo ἐς ἀσφάλειαν τίθεσθαι. Sed retinet me cogitatio, in ea re Graecos dicere solere ἐν ἀσφαλεῖ. Videndum igitur an forte Thuc. dederit: καὶ τὰ τῶν συμμάχων ἀσφάλειαν ποιεῖσθαι, deleta praepositione, quae originem debeat initio sequentis vocabuli, ut sensus sit: *et quod ad socios attinet securitatem sibi comparare.* Malim tamen: κἀπὸ τ. σ. ἀσφάλειαν ποιεῖσθαι. i. e. *a sociis.* Etenim socii Atheniensium post cladem Siculam ad adversarios deficere coeperant, deque ea re in proxime praegressis scriptor loquitur.

Cap 15 init.: Ἐς δὲ τὰς Ἀθήνας ταχὺ ὀγγελία τῆς Χίου ἀφικνεῖται. Propter ductuum similitudinem post ἀφικνεῖται facile exidere potuit ὅτι ἀφίςαται, vel ὅτι ἀφέςηκε. Ita forma orationis similis erit huice (I. 61): ἦλθε τοῖς Ἀθηναίοις εὐθὺς ἡ ἀγγελία τῶν πόλεων ὅτι ἀφεςᾶσι. Fortasse tamen nihil novandum.

Cap. 26 med. κατέπλευσαν ἐς Λέρον πρῶτον [τὴν πρὸ Μιλήτου νῆσον]. Huiusmodi additamenta geographica magna ex parte a sciolis iam antiquitus veterum scriptis invecta esse satis constat. Hic interpolatio eo luculentior est, quo certius novimus Lerum insulam non pro Mileto sed prope Icarum et Pathmum sitam fuisse. Interpolator autem *Laden* insulam in codice suo legisse videtur, nisi forte memoriae hunc lapsum esse credere mavis. Cf. autem cap. 17 extr. et 27 init. Solus liber Vat. servavit Λέρον, unde Bekkerus recepit. Reliqui Ἐλεόν, variis accentibus spiritibusque.

Cap. 28. Ἀμόργην ζῶντα λαβόντες [Πισσούθνου νόθον υἱόν, ἀφεςῶτα δὲ βασιλέως] Delevi male repetita e cap. V. In sqq., quod ad δαρεικὸν additur, ςατῆρα suspectum est; et procul

dubio interpolata sunt in fine capitis vocabula ἐς τὴν Μίλη-
τον, addita nimirum ad illustrandum Genitivum loci αὐτοῦ,
qui opponitur vocabulis ἐς τὴν Χίον.

Cap. 29 extr.: ἐς γὰρ πέντε ναῦς καὶ πεντήκοντα τρία τάλαντα ἐδίδου τοῦ μηνός. Vocabula καὶ πεντήκοντα delent una-
nimi fere consensu viri docti. Multae in h. l exstant coniecturae, quas singulas refellere longum est. Vocab. καὶ πεντήκοντα
continent veram lectionem, dum πέντε male repetitum est e
praegressis. Pro τρία contra requiritur τριάκοντα, ut recte coniecit Meiboomius. Lego: ἐς γὰρ πεντήκοντα ναῦς τριάκοντα
τάλαντα ἐδίδου τοῦ μηνός. Ita salva res est, nam subductis
rationibus videbis singulos milites accepisse 3³/₅ obolos, cui
rei optime conveniunt, quae modo dixerat: ὅμως δὲ παρὰ
πέντε ναῦς (i. e. πλὴν ἑ νεῶν Schol.) πλεῖν ἀνδρὶ ἑκάςῳ
ἢ τρεῖς ὀβολοί. Universum enim navium numerum 55 navium fuisse novimus, de quo si quinque, quae exceptae fuerant,
demseris, restant illae L naves, quas Thucydidi restituimus.

Cap. 56 init.: καὶ βασιλεῖ ἐξεῖναι ἀεὶ ἐπὶ τοὺς αὐτοῦ
λυπηροὺς τοὺς ἑτέρους ἄγειν. Usus requirit: κ. β. ἐ. ἐπὶ
τοὺς ἀεὶ αὐτῷ λ. τ. ε. α. Init. cap. sequentis: καὶ [τῷ]
βασιλεῖ.

Cap. 48 med.: βασιλεῖ τ᾽ οὐκ εὔπορον εἶναι καὶ Πελοπον-
νησίων ἤδη ὁμοίως ἐν τῇ θαλάσσῃ ὄντων καὶ πόλεις
ἐχόντων ἐν τῇ αὐτοῦ ἀρχῇ οὐκ ἐλαχίςας. Reiskius non male
pro ὄντων coniecit ἰσχυόντων. Ego vel graviore vulnere locum
laborare iudico. Nil amplius requirerem, si scriberetur: Πελο-
ποννησίων ἤδη ὁμολογουμένως θαλασσοκρατούντων καὶ
πόλεις ἐχόντων κτέ.

Cap. 52 extr. κρατεῖν βασιλέα τῶν πόλεων, ὧν ποτε [καὶ
πρότερον] ἢ αὐτὸς ἢ οἱ πατέρες ἦρχον.

Cap. 55 init.: ἀφιγμένοι ἤδη ἐπὶ τὰς τ. Δ. ναῦς. Requiritur εἰς pro ἐπί.

Cap 66 init.: — ἐπεὶ ἕξειν γε τὴν πόλιν, οἵπερ καὶ με-
θίςασαν, ἔμελλον. Malim τὴν πολιτείαν. Cf. cap. 74 non ita

procul a fine: καὶ ἀντειπεῖν ἔςιν οὐδὲν πρὸς τοὺς ἔχοντας τὴν πολιτείαν.

Cap. 69 extr.: ἔφερον δὲ αὐτοῖς τοῦ ὑπολοίπου χρόνου παντὸς αὐτοὶ καὶ ἐξιοῦσιν ἐδίδοσαν. Fort. φέρειν δ' αὐτὸν (scil. τὸν μισθὸν) τοῦ ὑπολοίπου χρόνου παντὸς αὐτοῖς κ. ε. ἐ.

Cap. 71 § 1: πρὸς αὐτὰ τὰ τείχη τῶν Ἀθηναίων. Legatur Ἀθηνῶν.

Cap. 72 § 2: οἱ γὰρ τότε τῶν Σαμίων ἐπαναςάντες τοῖς δυνατοῖς [καὶ ὄντες δῆμος] μεταβαλλόμενοι αὖθις κτέ. Non minus certum est § 5 vocabula ἐν τῇ νηὶ πλέοντας, quae stupide et ignoranter adscripta sint ad Παράλους, quantocyus esse expellenda. Leviter ea scilicet suspecta fuerunt Abreschio.

Cap. 74 init.: τὴν δὲ πάραλον [ναῦν] κτέ.

Ib. § 2: τοὺς δ' ἄλλους ἀφελόμενοι τὴν ναῦν καὶ μετεμβιβάσαντες ἐς ἄλλην ςρατιῶτιν [ναῦν] ἔταξαν φρουρεῖν κτέ.

Cap. 77: οἱ δ' ὑπὸ τῶν τετρακοσίων πεμφθέντες ἐς τὴν Σάμιον [οἱ δέκα πρεσβευταὶ] ὡς ταῦτα κτέ.

Cap. 79 § 3: προῇσθοντο γὰρ αὐτοὺς ἐκ τῆς Μιλήτου ναυμαχησείοντας. Scribe δὴ τούς. Minus recte Reiskius proposuit αὖ τούς, nam voculae αὖ hic locus non est.

Cap. 80 § 2: καὶ ἅμα καὶ τὸ Βυζάντιον ἐπεκηρυκεύετο αὐτοῖς ἀποςῆναι. Ultimum vocabulum mihi suspectum est. Abesse certe malim.

Cap. 84 initio: τὸ πλῆθος [οἱ ναῦται]. Quin obtemperamus Haackio manifestum emblema expungi iubenti?

Cap. 89 fin.: ἠγωνίζετο οὖν εἰς ἕκαςος αὐτὸς [πρῶτος] προςάτης τοῦ δήμου γενέσθαι. Expunxi πρῶτος, quippe prognatum e vocabuli sequentis capite. Praeterea requiro ἠγωνίζοντο.

Cap. 90 § 1: πρέσβεις τ' ἀπέςελλον [σφῶν] ἐς τὴν Λακεδαίμονα. Pronomen errore repetitum est e proxime praegressis: κἀπειδὴ τὰν τῇ Σάμῳ σφῶν ἐς δημοκρατίαν; qui error fuit eo proclivior, quod utrobique eadem sequitur praepositio.

Cap. 96 initio omnino probandum, quod iam Dukerum video coniecisse, ὡς ἠγγέλθη pro ὡς ἦλθε. Similiter, quod suspicabar in cap. 97 fere medio: ἐγίγνοντο δὲ καὶ ἄλλοι ὕςερον ἐν πυκνὶ ἐκκλησίαι, corrigere occupavit Kuhnius, nisi quod πυκνί, omissa praepositione, minus recte proposuit. Editur autem πυκναὶ ἐκκλησίαι.

Cap. 101 prope finem διὰ ταχέων παραπλεύσαντες Λέκτον καὶ Λάρισαν καὶ Ἀμαξιτὸν κτὲ. Locorum situs postulat, ut transponatur: Λέκτον καὶ Ἀμαξιτὸν καὶ Λάρισαν. Similiter cap. 107 melius scriberetur: καὶ κατιδόντες κατὰ Πρίαπον καὶ Ἀρπάγιον τὰς ἀπὸ τοῦ Βυζαντίου ὀκτὼ ναῦς ὁρμούσας.

CAPUT XI.

AESCHINEA.

CONTRA CTESIPHONTEM § 3 : ἐὰν δέ τις τῶν ἄλλων βουλευτῶν ὄντως λάχῃ κληρούμενος προεδρεύειν. Expungatur manifestum emblema κληρούμενος. Longe tamen turpius interpretamentum vel potius scholium integrum legitur in vicinia § 4 extr. : ἡ προεδρεύουσα φυλὴ [τὸ δέκατον μέρος τῆς πόλεως].

Ib. § 17: πρὸς δὲ δὴ τὸν ἄφυκτον λόγον, ὅν φησι Δημοσθένης. Imo vero φήσει. Similiter § 28 scripserim ἀντιδιαπλέξει pro ἀντιδιαπλέκει.

§ 24 duplex glossema delendum in verbis: ὁ μὲν νομοθέτης κελεύει ἐν τῷ δήμῳ [ἐν Πυκνὶ τῇ ἐκκλησίᾳ] ἀνακηρύττειν τὸν ὑπὸ τοῦ δήμου ςεφανούμενον κτὲ.

§ 38: ἀλλ᾽ οὐκ ἔχει ταῦθ᾽ οὕτως· μήθ᾽ ὑμεῖς ποτὲ εἰς τοσαύτην ἀταξίαν τῶν νόμων προβαίητε, οὔτε ἠμέληται περὶ τῶν τοιούτωντῷνομοθέτῃ. Lege: ἀλλ᾽ οὐκ ἔχει ταῦθ᾽ οὕτως (μή γ᾽ ὑμεῖς—προβαίητε) οὐδ᾽ ἠμέληται κτὲ.

§ 41: ἐγὼ διδάξω ὑμᾶς προειπὼν ὧν ἕνεκα οἱ νόμοι ἐτέθησαν οἱ περὶ τῶν ἐν θεάτρῳ κηρυγμάτων· γινομένων γὰρ

τῶν ἐν ἄξει τραγῳδῶν ἀνεκήρυττόν τινες κτέ. Suspicor: —κη-
ρυγμάτων· ἀγωνιζομένων γὰρ κτέ.

§ 43: κἀκεῖνοι μὲν μετὰ ψηφίσματος πείσαντες ὑμᾶς
οὗτοι δ' ἄνευ φηφίσματος. Vocabula μετὰ ψηφίσματος abesse
malim, et hic et § 42 extr. Eandem ob causam suspectum habeo
τὸν ςέφανον in fine § 46.

§ 54: ὡς ἄρα τῇ πόλει τέτταρες ἤδη γεγένηται καιροί, ἐν
οἷς αὐτὸς πεπολίτευται. Scribendum: ἐν οἷς αὐτὸς καλῶς πεπολίτευται, cl. § 61 fin.: ἐπινεύσατέ μοι πρὸς θεῶν τὸν
πρῶτον τῶν τεττάρων καιρῶν μὴ καλῶς αὐτὸν πεπολιτεῦσθαι.

§ 57: τῆς μὲν σωτηρίας τῇ πόλει τοὺς θεοὺς αἰτίους γεγενημένους —, τῶν δ' ἀτυχημάτων ἁπάντων Δημοσθένη [αἴτιον
γεγενημένον]. Delenda, quae uncinis sepsi.

§ 63: τῷ κήρυκι τῷ ἀπὸ τοῦ Φιλίππου. Libri ὑπό. Wolfius
et Valckenaerius παρά coniecerunt, fortasse recte. Ego tamen
expungere malim praepositionem cl. § 67: οἱ Φιλίππου πρέσβεις.

§ 74 expungatur et Φιλοκράτης et Δημοσθένης.

§ 94: ὥςε τὰς ἐξ Ὠρεοῦ συντάξεις καὶ τὰς ἐξ Ἐρετρίας, τὰ
δέκα τάλαντα ὁρώντων φρονούντων βλεπόντων ἔλαθον ὑμῶν
ὑφελόμενοι. Cogitavi de reponendo παρόντων, sed vide.annon
melius corrigatur: ἐγρηγορότων φρονούντων κτέ.

§ 99: καὶ γὰρ τοῦθ' ἄνθρωπος ἴδιον [καὶ οὐ κοινὸν] ποιεῖ.
Induxi interpretamentum.

§ 100: μεςὸν δ' ἐλπίδων οὐκ ἐσομένων. Reddas Aeschini:
οὐκ ἐκγενησομένων.

§ 113: ἐπειργάζοντο τὸ πεδίον. Rectissime utitur verbo
ἐπεργάζεσθαι, quod sollemni usu adhibetur de agris alienis
contra ius et fas colendis. Hinc corrigendum videtur § 119:
ἐπειργασμένον τουτὶ τὸ πεδίον pro ἐξειργασμένον.

§ 122: ἤδη δὲ πόρρω τῆς ἡμέρας οὔσης προελθὼν ὁ κῆρυξ
ἀνεῖπε. Minus recte Hamakerus legendum proponit ὄντος
pro οὔσης. Nam haud dubie delendum est participium invec-
tum a sciolo. Graecum est πόρρω τῆς ἡμέρας, ut πόρρω τῆς
νυκτός et τῶν νυκτῶν, non addito participio.

§ 124. Vocabula: ἐκκλησίαν γὰρ — καὶ χρωμένους τῷ θεῷ non Aeschini sed veteri cuidam grammatico tribuenda esse iudico. Iudices enim illa, credo, docendi non erant. In eadem § scribatur: πολὺς δ᾽ ἔπαινος ἦν τῆς ἡμετέρας πόλεως, deleto κατά ante τῆς, porro τέλος δὲ παντὸς τοῦ συλλόγου pro τ. δ. π. τ. λόγου, cl. § 126 extr.

§ 131: ἀπαίδευτος ὢν καὶ ἀπολαύων κἀμπιμπλάμενος τῆς—ἐξουσίας. Quam ἀπαιδευσίαν hac criminatione tribuat orator Demostheni, non perspicio. An forte dederat: ἀναιδὴς ὢν κτὲ?

§ 140: καὶ τὸν πόλεμον—τοῦτον πάλιν [τὸν αὐτὸν πόλεμον] ἐπήγαγε. Suspecta mihi vocabula cancellis munivi. In vicinia lege ἐνταῦθα δή pro ἐνταῦθ᾽ ἤδη.

§ 154: μελλόντων ὥσπερ νυνὶ τῶν τραγῳδῶν γίνεσθαι. Taylorus ἀγωνίζεσθαι. Aut sic scribendum, aut εἰσιέναι, cl. § 204.

§ 157: ἀγομένας γυναῖκας καὶ παῖδας εἰς δουλείαν, πρεσβύτας ἀνθρώπους, πρεσβύτιδας γυναῖκας ὀψὲ μεταμανθάνοντας τὴν ἐλευθερίαν. Suspicor: ἀγομένους παῖδας καὶ γυναῖκας ἐ. δ. πρ. ἄνδρας, κτὲ. Fortasse tamen, eiectis vocabulis ἀνθρώπους et γυναῖκας, legi praestat: πρεσβύτας πρεσβύτιδας ὀψὲ κτὲ.

§ 164: καὶ χρυσοκέρων ἀποκαλῶν καὶ κατέξεφθαι φάσκων, εἴ τι πταῖσμα συμβήσεται Ἀλεξάνδρῳ, κτὲ. Requiritur καταξέψεσθαι pro κατεξέφθαι.

§ 167: σὺ γὰρ ἂν κώμην ὑπος ήσαις; An forte post κώμην excidit καὶ μίαν? Fortasse tamen sufficit: σὺ γὰρ κἂν κώμην ὑπος ήσαις;

§ 175: Ὁ γὰρ Σόλων [ὁ παλαιὸς νομοθέτης]. Abiiciatur tandem inutile scioli additamentum.

§ 190 expungatur ὁ γραμματεύς.

§ 253: ἔλιπε μὲν τὴν [ἀπὸ τοῦ ςρατοπέδου] τάξιν ἀπέδρα δ᾽ ἐκ τῆς πόλεως.

De Falsa Legatione.

§ 34: φθέγγεται τὸ θηρίον τοῦτο προοίμιόν τι σκοτεινόν τε καὶ τεθνηκὸς δειλίᾳ, καὶ μικρὸν προαγαγὼν — ἐσίγησε. Suspicor: φ. τ. θ. τουτὶ προοίμιόν τε σκοτεινόν τι ἐκτεθνηκὼς δειλίᾳ, καὶ μικρὸν κτὲ. Codd. aghm.: προοίμισν σκοτεινὸν καὶ τεθνηκός. df.: π. σ. τι καὶ τ. ekl.: π. τε τεθνηκός τι καὶ σκοτεινόν. Tandem ς: π. σκοτεινὸν τε καὶ τεθνηκός. Fortasse ἐκτεθνηκὸς (scil. θηρίον) servari potest, sed praefero constructionem ad synesin.

§ 42 deleverim vocabula καὶ βίῳ post verba: ἐν τοσούτῳ χρόνῳ. Non minus suspectum habeo Participium λέγοντες in ipso initio § 46. In vicinia dudum rescriptum oportuit ψεύσαιμι pro φευσαίμην — τὰς ἐλπίδας.

§ 50: ἐπειδὴ δ' ἀνεγνώσθη «ἀπέχετε» ἔφη «τὴν ἀπόκρισιν καὶ λοιπὸν ὑμῖν ἐςι βουλεύσασθαι.» Simpliciter scribendum «ἔχετε» κτὲ., ut praepositionem e sequenti ἀπόκρισιν male huc retractum esse suspicemur. Cum vulgata scriptura perperam comparari solet ἀπέχειν τὴν χάριν (in fragm. com. Anon. ap. Mein. vs. 679). Hoc enim propterea rectissime dicitur, quod Graecum est ἀποδιδόναι χάριν. Contra ἀπόκρισιν ἀποδιδόναι et cum usu pugnat et cum ratione.

§ 123: κἀκείνης μὲν ἅμα κατηγορῶν οὐ φῇς κατηγορεῖν, τῆς δ' ἐπὶ τοὺς ὅρκους κατηγορεῖς. Malim κατηγορεῖν.

§ 142: Dele τύραννος post Φάλαικος.

§ 145: διαβολὴ δ' ἀδελφόν ἐςι καὶ συκοφαντία. Deleto καί cum codice d, scribe συκοφαντίᾳ.

§ 153: ἡγεῖται δ' ὅταν τι ψεύδηται τῶν λόγων ὅρκος κατὰ τῶν ἀναισχύντων ὀφθαλμῶν. Suspicor: ὅρκος καὶ δάκρυα ἐκ τῶν ἀ. ὀ.. Cf. § 156.

§ 162: ἐν δὲ τούτοις, ὡς ἔοικεν, ἐγὼ διαφανὴς ἦν. Sententia postulat τοσούτοις.

CAPUT XII.

DEMOSTHENICA.

———

DE CORONA § 2 extr.: *ἀλλὰ καὶ τὸ τῇ τάξει καὶ τῇ ἀπολογίᾳ, ὡς βεβούληται καὶ προῄρηται τῶν ἀγωνιζομένων ἕκαςος, οὕτως ἐᾶσαι χρήσασθαι.* Praegressa non suadent sed postulant, ut rescribatur *ἑκάτερος.*

§ 14: *καὶ περὶ ὧν ἐνίων [μεγάλας καὶ] τὰς ἐσχάτας οἱ νόμοι διδόασι τιμωρίας.*

§ 17: *πικρὰ καὶ μεγάλα ἔχουσαι τἀπιτίμια.* Georgius Lecapenus non agnovisse videtur vocabula *τὰ μεγάλα.* Vide *Schaeferum* ad h. l.

§ 33: *καὶ μηδὲν ἔχοιθ᾽ ὑμεῖς ποιῆσαι.* Lege: *ἔχοιτ᾽ ἔθ᾽ ὑμεῖς κτὲ.*

§ 34: *λόγον οὐδένα ἐποιούμην ἕτερον.* Requiro *ἑτεροῖον.* Mox § 35 pro *ἔχηθ᾽ ἡσυχίαν* libri deteriores melius praebent *ἄγηθ᾽.* Cf. § 36, § 79.

§ 45 post *δωροδοκούντων* expungatur interpretamentum: *καὶ διαφθειρομένων ἐπὶ χρήμασι.* § 48 abiiciatur alterum *καιρός.* Similiter § 69 post *αὐτεπαγγέλτους* deleverim *ἐθελοντάς* et 72 extr. vocabula: *ταῦτα Φιλίππῳ διετέλουν.* In § 102 extr. abiiciatur *τοὺς πλουσίους.*

§ 106: *φέρε δὴ καὶ τὸν καλὸν κατάλογον.* Imo vero: *τὸν παλαιὸν κατάλογον,* scil. *τὸν ἐκ τοῦ προτέρον νόμου.*

§ 145: *καίπερ ἀθλίως [καὶ κακῶς] τῶν ςρατηγῶν πολεμούντων.*

§ 169 extr. vocabula: *ἦν γὰρ ὁ κῆρυξ — ἡγεῖσθαι* vix genuina esse reor. Inde autem magna illa in codd. varietas. Dudum postquam haec scripsi, video idem iam placuisse Dobraeo. Et optimo iure quidem; sunt enim plane ridicula.

§ 243 post ἀσϑενοῦσι μέν dele interpretamentum τοῖς κάμνουσιν.

DE FALSA LEGATIONE § 97: νῦν δ' οἶμαι πολλῶν αἴτιος οὗτος. Post πολλῶν suspicor excidisse vocabuli: καὶ κακῶν. Plurima est h. l. in MS varietas πολλῶν αἴτιος οὗτος ΣΦ. Sed Σ hab in mg. γρ. πολλῶν κακῶν οὗτος αἴτιος. Contra in Φ: γρ. πολλῶν ἄλλων ἐςι κακῶν αἴτιος οὗτος. Deteriorum librorum scripturas addere nihil attinet.

§ 113 dele supplementum: ἀλλ' Αἰσχίνης οὑτοσί.

§ 119: ταῦτ' οὐχὶ βοᾷ [καὶ λέγει] ὅτι κτέ.

§ 115: ἐπειδὴ δ' ἀπολώλεσαν οἱ Φωκῆς ὕςερον ἡμέραις πέντ' ἢ ἓξ, καὶ τέλος εἶχε τὸ μίσϑωμα ὥσπερ ἂν ἄλλο τι τούτῳ, καὶ ὁ Δέρκυλος κτέ. Latere suspicor: καὶ τέλος εἶχε τὸ μίσϑωμα, ὥσπερ ἂν ἐργολάβῳ τινι, τουτῳί, καὶ κτέ., quae sic correcta interprete non egent.

§ 136: ὡς ὁ μὲν δῆμος ἐςιν ἀςαϑμητότατον πρᾶγμα τῶν πάντων καὶ ἀσυνϑετώτατον ὥσπερ ἐν ϑαλάττῃ πνεῦμα (κῦμα Markl.) ἀκατάςατον ὡς ἂν τύχῃ κινούμενον. Miram quantam cum his similitudinem referunt verba incerti poetae apud Dion. Chrys. Or. XXXII p. 664 ed. Reisk., quae verba Meinekius sic constituit in Fragm. com. Graec. tom IV p. 615:

δῆμος ἄςατον κακόν
καὶ ϑαλάττῃ πάνϑ' ὅμοιον ὑπ' ἀνέμου ῥιπίζεται
καὶ γαληνὸς ἐντ' ἠχῷ πρὸς πνεῦμα βραχὺ κορύσσεται
κἤν τις αἰτία γένηται τὸν πολίτην κατέπιεν.

Quo loco non ἐντυχών cum Meinekio, sed ἂν τύχῃ legendum esse, quivis facile mihi concedat. Ceterum vel sic correcti versus mendosi sunt.

Subnascitur autem mihi eos comparanti cum loco Demosthenico suspicio haec verba non comico tribuenda esse poetae, sed alicui tragico Demosthene antiquiori, cuius versus illi haec scribenti obversati sint. Quam suspicionem confirmare videntur formae κορύσσεσθαι et κῆν. Vix autem de alio auctore quam de Euripide cogitari potest. Cum eodem loco apte Taylorus comparat, quae leguntur ap. Appianum B. Civ. III c. 23 extr.: ὁ δὲ δῆμός ἐςιν, ὥσπερ καὶ σὺ (verba sunt M. Antonii ad Octavium iuvenem) τῶν Ἑλληνικῶν ἀρτιδίδακτος ὣν ἔμαθες, ἀςάθμητον, ὥσπερ ἐν θαλάσσῃ κῦμα κινούμενον, ὁ μὲν ἦλθεν ὁ δ' ἀπῆλθεν.

§ 163: οὐδ' ἐποίησαν χρόνον οὐδένα. Fortasse: οὐδ' ἐνεποίησαν κτέ. Cod. Σ man. pr. omittit οὐδένα.

§ 192: ἵνα τοίνυν εἰδῆθ', ὅτι οὐ μόνον τῶν δημοσίᾳ πώποτ' ἐληλυθότων ὡς Φίλιππον ἀνθρώπων ἀλλὰ καὶ τῶν ἰδίᾳ καὶ πάντων οὗτοι φαυλότατοι καὶ πονηρότατοι γεγόνασι. Lege ἰδίᾳ ἀπάντων οὗτοι κτέ. Codex Ω solus καί omittit.

§ 217: κρίσιν — προσήκει ποιεῖν. Imo ποιεῖσθαι.

§ 270 expungatur γραμματεῦ.

CONTRA LEPTINEM,

§ 28: οὐκοῦν οἱ μὲν ἐλάττω κεκτημένοι τοῦ τριηραρχίας ἄξια ἔχειν ἐν ταῖς εἰσφοραῖς συντελοῦσιν εἰς τὸν πόλεμον, οἱ δ' ἐφικνούμενοι τοῦ τριηραρχεῖν εἰς ἀμφότερα ὑμῖν ὑπάρξουσι χρήσιμοι. Quid sibi velit istud ἀμφότερα vel hebetissimus quisque statim intelligit, neque igitur opus est interpretamento καὶ τριηραρχεῖν καὶ εἰσφέρειν, quod post χρήσιμοι additur in MS et editionibus.

§ 31 scribendum: ὅτι πλείςῳ ἀπάντων ἀνθρώπων ἡμεῖς ἐπεισάκτῳ σίτῳ χρώμεθα. Vulgo: ὅτι πλείςῳ τῶν πάντων ἀνθρώπων κτέ. Cf. de Coron. § 87: ὁρῶν δ' ὅτι σίτῳ πάντων ἀνθρώπων πλείςῳ χρώμεθ' ἐπεισάκτῳ. In quibusdam codd. ἀπάντων servatum est.

§ 141: πρῶτον μὲν πόνοι τῶν ἀπάντων ἀνθρώπων ἐπὶ τοῖς

τελευτήσασι δημοσίᾳ ταφὰς ποιεῖσθε καὶ λόγους ἐπιταφίους, ἐν οἷς κοσμεῖτε τὰ τῶν ἀγαθῶν ἔργα. Manifestum est,
opinor, requiri: ἐπὶ τοῖς ἐν πολέμῳ τελευτήσασι κτὲ.
Deinde recte Dindorfius, praeeunte Schaefero, correxit: δημοσίᾳ
ποιεῖτε λόγους ἐπιταφίους.

§ 149: καὶ μὴν καὶ Γελάρχῳ πέντε τάλαντ᾽ ἀποδοῦναι γέ-
γραφεν οὗτος, ὡς παρασχόντι τοῖς ἐν Πειραιεῖ τοῦ δήμου.
Duo ultima vocabula e proxime sequentibus perperam huc
retracta esse videntur.

———

Contra Midiam. § 103: καὶ γὰρ οὔτ᾽ ἀνεκρίνατο ταύτην ὁ
συκοφάντης ἐκεῖνος, οὔθ᾽ οὗτος οὐδενὸς ἕνεκ᾽ αὐτὸν ἐμισθώ-
σατο πλὴν ἵν᾽ ἐκκέοιτο πρὸ τῶν ἐπωνύμων καὶ πάντες ὁρῷεν,
« Εὐκτήμων Λουσιεὺς ἐγράψατο Δημοσθένη Παιανιέα λιποτα-
ξίου » καί μοι δοκεῖ κἂν προσγράψασθαι τοῦθ᾽ ἡδέως, εἴ πως
ἐνῆν, ὅτι Μειδίου μισθωσυμένου · Post haec additur γέγραπται,
merum additamentum librarii non intelligentis, e praegressis
mente repetendum esse ἐγράψατο.

§ 129: πάντα μὲν δὴ τὰ τούτῳ πεπραγμένα οὔτ᾽ ἂν ἐγὼ
δυναίμην πρὸς ὑμᾶς εἰπεῖν οὔτ᾽ ἂν ὑμεῖς ὑπομείναιτ᾽ ἀκούειν,
οὐδ᾽ εἰ τὸ παρ᾽ ἀμφοτέρων ἡμῶν ὕδωρ ὑπάρξειε πρὸς τὸ
λοιπὸν πᾶν τό τ᾽ ἐμὸν καὶ τὸ τούτου προστεθὲν οὐκ ἂν
ἐξαρκέσειεν. Lubet hariolari: καὶ οὐδ᾽ ἂν, εἰ τὸ παρ᾽
ἀμφοτέρων ἡμῶν ὕδωρ (ἐμοὶ μόνῳ) ὑπάρξειε, πρὸς τὸ λοιπὸν
πᾶν οἶμαι ἐξαρκέσαι; eiectis vocabulis manifesto interpo-
latis: τό τ᾽ ἐμὸν καὶ τὸ τούτου προστεθέν.

§ 146: ἀλλ᾽ ὅμως οἱ κατ᾽ ἐκεῖνον ὑμέτεροι πρόγονοι οὐδενὸς ἕνεκα τούτων αὐτῷ συνεχώρησαν ὑβρίζειν αὐτούς. Inserui
vocabulum ad sensum plane necessarium, quod post οὐδενός
facillime elabi potuisse nemo negaverit.

§ 160: ἐγὼ καὶ τοῦτο διδάξω, ἄνωθεν δέ· ἐγένοντο εἰς Εὔβοιαν κτὲ. Sic locus videtur restituendus, una litura deletis
quae interponuntur: βραχὺς γὰρ ἔσθ᾽ ὁ λόγος ὃν λέξω, κἂν

ἄνωθεν ἄρχεσθαι δοκῇ. Leguntur nempe haec § 78, paucis mutatis; unde olim ad illustrandam locutionem ἄνωθεν h. l. in margine adscripta, mox, uti fit, textui se insinuasse putanda sunt. Aliter Dobraeus Adv. I, part. 2 pag. 464. Dindorfium in editione Oxoniensi, praeterea vocabula ἄνωθεν δέ expunxisse video; dubito num recte fecerit; ita enim interpolationis origo erit obscurior.

§ 171: ὑμεῖς γὰρ — ἐχειροτονήσατε τοῦτον — ἵππαρχον, (ἐφ' ἵππου) ὀχεῖσθαι (ἰδίου) διὰ τῆς ἀγορᾶς (ἐν) ταῖς πομπαῖς οὐ δυνάμενον κτὲ. Uncis inclusa addidi, quae excidisse suspicor, cl. § 174 extr.: ἱππαρχῶν τοίνυν, τί οἴεσθε τἄλλα; ἵππον οὐκ ἐτόλμησεν ὁ λαμπρὸς καὶ πλούσιος οὗτος πρίασθαι, ἀλλ' ἐπ' ἀλλοτρίου τὰς πομπὰς ἡγεῖτο, τοῦ Φιλομήλου τοῦ Παιανιέως ἵππου, quem locum adscripsi, ut mihi persuadeo, emendatiorem quam vulgo editur. Est enim vulgata lectio haec: ἱππαρχῶν τοίνυν, τί οἴεσθε τἄλλα; ἀλλ' ἵππον, ἵππον οὐκ κτὲ., quam lectionem duplici dittographia depravatam esse nemo monitus non videt.

§ 179 sic lego: εἰ κατελάμβανον, ἄνθρωπε, θέαν, καὶ μὴ τοῖς κηρύγμασιν, ὡς σύ με φῇς, ἐπειθόμην, τίνος ἐκ τῶν νόμων εἰ σὺ κύριος καὶ ὁ ἄρχων αὐτός; Pro εἰ scripsi καί et σύ inserui ante κύριος, utrumque de coniectura. Praeterea nescio annon rectius scriberetur: ἢ ὁ ἄρχων αὐτός.

§ 185: καὶ τοὺς μὲν πτωχοὺς τοὺς δὲ καθάρματα τοὺς δ' οὐδὲν ὑπολαμβάνων εἶναι. Verior lectio servata § 199, unde haec, si nondum factum est, corrigantur.

CONTRA ARISTOCRATEM.

Alterum Argumentum sic incipit: Ἡ Εὔβοια [μία] νῆσος κτὲ. Dittographia μία natum esse puto ex βοια.

§ 25 extr. τηνικαῦτα γὰρ εὐσεβὲς ἤδη κολάζειν [εἰδόσιν] εἶναι. Qui legerit praecedentia, eum cur expunxerim εἰδόσιν latere nequit.

§ 35 non mirer, si vocabula: καὶ οὐδὲ ἐν τῇ ἡμεδαπῇ ἄγειν κελευόντων τῶν νόμων, σὺ δίδως ἄγειν πανταχόθεν ab interpolatore, praecedentia male interpretanti profecta sint. Confidentius in extrema § deleo κακοῦν post λυμαίνεσθαι.

§ 46: ἐὰν πέρα ὅρου, φησίν, ἐλαύνῃ [ἢ φέρῃ] ἢ ἄγῃ. Additum est ἢ φέρῃ a sciolo, qui meminerat formulae ἄγειν καὶ φέρειν, quae ab hoc loco prorsus aliena est. Bonum factum in hac eadem § mox recte sequi: ἐκ μὲν δὴ ταύτης δίδωσιν ἐλαύνειν καὶ ἄγειν, πέρα δ' οὐκ ἐᾷ τούτων οὐδέτερον ποιεῖν; quae verba planissime evincunt verum esse, quod perhibebam.

§ 128: εἰ μὲν γὰρ ἐπ' ἄλλο τι ταύτην τὴν ἄδειαν ἐλάμβανε [τὴν ἐκ τοῦ ψηφίσματος] ἢ τὰ Κερσοβλέπτου πράγματα, ἧττον ἂν ἦν δεινόν. Cf. praecedentia.

§ 142: ἐν δὴ Λαμψάκῳ τινὲς ἄνθρωποι γίγνονται δύο· Θερσαγόρας ὄνομα αὐτῷ, θατέρῳ δ' Ἐξήκεσος. Sic ex optimis codd. edidit Bekkerus, quam tamen scripturam depravatam esse extra omnem dubitationem positum est. Haud sane parum tolerabilior est lectio, quam offerunt codd. κε αὐτῶν θατέρῳ, τῷ δ'; sed tutius videtur optimorum librorum fidem sequenti, sed repetito eodem vocabulo, legere: Θερσαγόρας ὄνομ' αὐτῶν θατέρῳ, θατέρῳ δ' Ἐξήκεσος.

§ 143: ἧκε μὲν γὰρ ὁ Θερσαγόρας καὶ ὁ Ἐξήκεσος εἰς Λέσβον. Legatur: ἧκον μὲν κτέ.

§ 149: μισθουμένου Τιμοθέου πάλιν αὐτὸν καὶ τὸ ςράτευμα τούτῳ μὲν οὐ μισθοῖ κτέ. Requiro: τούτῳ μὲν αὐτὸν οὐ μισθοῖ, cll. §§ 150, 154, 158 162, 180 et passim.

§ 154: ὀλιγωρήσας τῶν ὅρκων [καὶ παραβὰς αὐτοῖς] κτέ.

§ 220 extr. ὑπερβάς, male repetitum e superioribus, exsulato.

———

Contra Androtionem.

§ 38: ἴσως ἀναβήσεται καὶ συνερεῖ τῇ βουλῇ Φίλιππος καὶ Ἀντιγένης καὶ ὁ ἀντιγραφεὺς καὶ τινες ἄλλοι, οἵπερ ἐκεῖ δι' ἑαυτῶν εἶχον μετὰ τούτου τὸ βουλευτήριον καὶ τούτων τῶν κακῶν εἰσὶν αἴτιοι. Collata § 40, facile deprehendas in *OIΠEP-EIECI* delitescentem veram scripturam *OIΠEPYCI*; itaque Demostheni reddendum est: καί τινες ἄλλοι, οἳ πέρυσι δι' ἑαυτῶν εἶχον μετὰ τούτου τὸ βουλευτήριον. Certo enim exemplo doceri velim, id quod auctore grammatico in Anecd. Bekk. p. 188 perhibetur, ἐκεῖ apud scriptorem probe Atticum adhiberi posse pro τότε.

§ 51: καὶ μηδεὶς ὑπολαμβανέτω με λέγειν ὡς οὐ χρῆν εἰσπράττειν τοὺς ὀφείλοντας. Χρῆν γὰρ. ἀλλὰ πῶς; ὡς ὁ νόμος κελεύει, τῶν ἄλλων ἕνεκα· τοῦτο γὰρ ἐϛι δημοτικόν. Si cum his contuleris § 50 init: εἶτ' ἔχων τούτους (τοὺς ἔνδεκα scil.) ἦγεν ἐπὶ τὰς τῶν πολιτῶν οἰκίας et § 52 extr.: τὴν ἰδίαν οἰκίαν ἑκάϛῳ δεσμωτήριον καθίϛη, τοὺς ἔνδεκα ἄγων ἐπὶ τὰς οἰκίας, fortasse mihi assentieris suspicanti: ὡς ὁ νόμος κελεύει, ἄνευ τῶν ἔνδεκα. Vide tamen Dobraeum in Adv. p. 469, qui ex interpretatione Ulpiani: ἀδυνάτων καὶ πενήτων male concludere mihi videtur eum legisse τῶν πολλῶν. Utut est, ea lectio nihil vulgatae praestaret. Imo plane insulsum et supervacuum est dicere *populare id esse, quod plurimorum gratio fiat.*

§ 52 cum s. omittendum videtur πώποτε post πότε.

§ 68: εἰ γὰρ ἀνθρώπων πόλις — ὡμολογεῖτ' εἶναι, οὐκ ἂν ὦ ἄνδρες Ἀθηναῖοι τὰς ὕβρεις ἠνέσχεσθε τὰς τούτου. Legendum: οὐδ' ἂν ὧς, ὦνδρες Ἀθηναῖοι, κτὲ. et mox δούλους κἀκ δούλων ἀποκαλῶν, addita praepositione ἀπό.

Addam paucas miscellaneas observationes in Demosthenem, sicubi quid memoratu dignum in margine editionis, quam manibus tero, Bekkerianae inter legendum a me adnotatum reperio, quod virorum doctorum adhuc diligentiam effugisse videatur.

Olynth. I § 20: καὶ μίαν σύνταξιν εἶναι [τὴν αὐτὴν] τοῦ

τε λαμβάνειν καὶ τοῦ ποιεῖν τὰ δέοντα. Ibid § 28 : καὶ ἀπω-
θεῖν ἐκεῖσε τὸν πόλεμον. Imo ἐκεῖ.

Olynth. II § 10 extr.: τοῦτο δ᾽ οὐκ ἔνι [νῦν] ἐν τοῖς πε-
πραγμένοις Φιλίππῳ. Nulla est h. l. vis adverbii temporalis,
quae dittographia orta videtur e vocabulo praecedenti et sequenti, ut *ENIEN·* depravatum sit in *ENINYNEN*. Similiter
§ 11 init. ἅμα, quod recte omisit optimus codex Σ, propagatum
e praegresso ὑμᾶς. Contrario errore ibidem vocula periisse videtur in his: καὶ ὅπως τις λέγει κάλλιςα καὶ τάχιςα οὕτω (πλεῖς᾽)
ἀρέσκει μοι. Ibidem § 13 extr. turpi additamento liberabo:
μίμους γελοίων καὶ ποιητὰς αἰσχρῶν ᾀσμάτων, [ὧν εἰς τοὺς
συνόντας ποιοῦσιν ἕνεκα τοῦ γελασθῆναι] τούτους ἀγαπᾷ καὶ
περὶ αὑτὸν ἔχει. § 24 : καὶ τοὺς μὲν ἄλλους σεσώκατε πολλάκις πάντας καὶ καθ᾽ ἕν᾽ αὑτῶν ἕκαςον ἐν μέρει. Lege:
πολλάκις, καὶ σύμπαντας καὶ καθ᾽ ἕν᾽ αὑτῶν ἕκαςον. § 30
init.: δεῖ δὴ ταῦτ᾽ ἐπανέντας καὶ ὑμῶν αὑτῶν ἔτι καὶ νῦν
γενομένοις κτὲ. Corrigas: κἂν ὑμῶν αὑτῶν κτὲ.

Olynth. III § 24: ἐκεῖνοι τοίνυν, οἷς οὐκ ἐχαρίζονθ᾽ οἱ
λέγοντες οὐδ᾽ ἐφίλουν αὐτοὺς ὥσπερ ὑμᾶς οὗτοι νῦν. Potuerat : οὐδὲ φιλεῖν ἔφασκον αὐτούς κτὲ. Sed vulgatae lectioni
plus inest ironiae, nec quidquam movendum. Ne quis, ut olim
ipse suspicabar, ἐφήλουν scribendum coniiciat, moneo hoc
verbum ab oratoribus plane ignorari. In vicinia rescripserim :
ὑπήκουε δ᾽ ὁ τοσαύτην (pro ταύτην) τὴν χώραν ἔχων αὐτοῖς
βασιλεύς. Per vulgatam lectionem vv. dd. intelligunt *Macedo-
niam*, quod, ut alia mittam, nimis obscure enuntiatum foret.
Ibid. § 30: καὶ ἀγαπητὸν ἦν παρὰ τοῦ δήμου τῶν ἄλλων
ἑκάςῳ καὶ τιμῆς καὶ ἀρχῆς καὶ ἀγαθοῦ τινὸς μεταλαβεῖν.
Malim τῶν πολιτῶν ἑκάςῳ. § 31 initio dubito an ὁ δῆμος
post ὑμεῖς δ᾽ genuinum sit.

Contra Philippum I § 7: συνελόντι δ᾽ [ἁπλῶς] ἦν ὑμῶν
αὑτῶν ἐθελήσητε γενέσθαι κτὲ. Lege ἦν ἐν ὑμῶν κτὲ. Ἁπλῶς
interpretamentum esse suspicor participii συνελόντι. Ibid. § 20:
καὶ πῶς ταῦτ᾽ ἐθελήσετε ποιεῖν; Fingit sibi Demosthenes

Athenienses ita se ipsum interrogantes, quare corrigas aut
ἐθελήσεις, cui lectioni proxime accedit scriptura cod. optimi Σ ἐθελήσει, aut, quod equidem praestare opinor, ἐθέλεις σύ. Ibid. § 29 extr.: πόθεν οὖν ὁ πόρος τῶν χρημάτων,
ἃ παρ' ἡμῶν κελεύω γενέσθαι, (ἔςαι), τοῦτ' ἤδη λέξω revocavi
vocabulum ἔςαι, quod vocabulo praecedenti absorptum esse
suspicor.

De Halonneso § 25 expunge vocabula: τὸ ψήφισμα τὸ τοῦ
Φιλοκράτους, male repetita e praegressis § 24. Ibidem § 31:
καὶ εἰς τὰς πόλεις βιασάμενος κτὲ. Lege tribus literis repetitis: εἰς τὰς πόλεις εἰσβιασάμενος κτὲ. Ibidem § 42
interpretamenta expunxi in his: καὶ τὰ μὲν ὑμέτερα εἶναι ἐγ-
κτήματα [ὡς ἐν ἀλλοτρίᾳ], τα δ' αὐτῶν κτήματα [ὡς ἐν οἰκείᾳ].
Quas emendationes egregie confirmat optimi Par. Σ scriptura:
ὡς ἐπ' ἀλλοτρίᾳ exhibentis. Est enim haec ipsa sollemnis
Scholiorum veterum forma. Postmodo librarii ἐπί in ἐν de
industria refinxisse videntur. Ibidem § 43 expunge γραφήν
post παρανόμων et § 44 una litura deleantur verba: ἐπειδὴ
δ' ὑμεῖς οὐ δύνασθε, αὐτός φησι τοῦτ' ἀναγκάσειν αὐτοὺς
ποιῆσαι. Ib. § 45 mireris tempora (τοὺς κροτάφους) sedem
cerebri vocari; pro τοῖς κροτάφοις exspectaveris ταῖς κο-
ρυφαῖς, sed vulgatam lectionem agnoscunt Longinus et Her-
mogenes. Cf. Adnot. Dobraei p. 367.

Contra Philippum IV § 29: ἀλλ' ὅταν μὲν ἐκεῖνος παρα-
σκευάζηται, ἀμελήσαντες τοῦ ποιεῖν ταὐτὸ [καὶ ἀντιπαρασκευά-
ζεσθαι] κτὲ. Haud vidi magis!

Pro Megalopolitis § 23: Ἡδέως δ' ἂν πυθοίμην τῶν [λε-
γόντων] καὶ τοὺς Θηβαίους μισεῖν φασκόντων καὶ τοὺς Λακεδαιμονίους, πότερα ἑκάτεροι μισοῦσιν, οὓς δὴ μισοῦσιν,
ὑπὲρ ὑμῶν καὶ τοῦ συμφέροντος ὑμῖν, ἢ ὑπὲρ μὲν Λακεδαιμονίων Θηβαίους, ὑπὲρ δὲ Θηβαίων Λακεδαιμονίους [ἑκάτε-
ροι]. Fallitur, si quis expuncto participio λεγόντων haec salva
esse putat. Ex ἑκάτεροι enim apparet, corrigendum esse: ἡδέως
δ' ἂν πυθοίμην καὶ τῶν τοὺς Θηβαίους μισεῖν φασκόντων καὶ

τῶν τοὺς Λακεδαιμονίους κτέ. Et καὶ τῶν revera habent codd. FY. Praeterea a fine expunxi ἑκάτεροι, idque, ut opinor, non sine causa.

Contra Aphobum I § 20 : λόγον αὐτὸς ἀπενήνοχεν ἀναλωμάτων οὐκ εἰς σιτία τοῖς ἀνθρώποις ἀλλ᾽ εἰς ἔργα. Ultima recte explicantur a vetere nescio quo interprete his verbis: τὸν εἰς τὴν τέχνην ἐλέφαντα (λέγει scil.) καὶ μαχαιρῶν λαβὰς καὶ ἄλλας ἐπισκευάς, ὡς ἐργαζομένων (ταῦτα scil.) τῶν δημιουργῶν. Minus tamen recte hodie hoc scholium in textu legitur, unde in marginem, quaeso, releges. Cf. § 10. Ibidem § 24: αὐτοὶ δὲ λῆμμα μὲν παρ᾽ αὐτῶν ἐν δέκα ἔτεσιν [οὐδὲν] ἐμοὶ γεγενημένον ἀποφαίνουσιν, ἀλλ᾽ οὐδὲ μικρόν κτέ. Deleta virgula post ἀποφαίνουσιν, sponte excidet turpe emblema οὐδέν. Formulae ἀλλ᾽ οὐδέ exempla citat Dobraeus in Aristoph. Add. p. 122. Quibus exemplis h. l. addatur. Cf. §§ 14, 16, 49, 51, 52, 57, II § 3. Ibidem § 47 requiro: πρὸς τοὺς συνεπιτρόπους ἀπογράψαντα, addita praepositione συν.

Contra Zenothemin § 5: ὡς οὐδὲν εἰδώς. Malim ὡς οὐδὲν δὴ εἰδὼς cum ironia. § 11: πρεσβευτὴν ἐκ βουλῆς τινὰ λαμβάνομεν γνώριμον οὑτωσί. Imo τουτουί. Ibidem mox: οὗτος ὁ πεμφθεὶς ὑφ᾽ ἡμῶν, Ἀριζοφῶν ὄνομα [αὐτῷ], ὃς καὶ τὰ κτέ. § 15: τοῦτο γὰρ ἦν τοὔνομα τῷ τὸν σῖτον εἰσαγαγόντι [τῷ τὰ χρήμαθ᾽ ἡμῖν ὀφείλοντι]. Proxime autem § 14 praecesserant haec: ἦν δ᾽ οὗτος ὁ ἡμῖν τὰ χρήματ᾽ ὀφείλων. § 25: ὁ γὰρ ἄνθρωπος [ὁ Πρῶτος]; aut sic corrige, aut, quod Dindorfium praeeunte Schaefero fecisse video, scribe ὁ γὰρ Πρῶτος, deletis reliquis.

Contra Onetorem I § 32: δάκρυσι κλάων. Cf. Dion. Cass. 59, 27.

Contra Phormionem § 22 : ἐνθένδε μὲν γὰρ ἐξέπλει οὐκ ἐνθέμενος εἰς τὴν ναῦν τὰ χρήματα καὶ ὑποθήκην οὐκ ἔχων ἀλλ᾽ ἐπὶ τοῖς ἐμοῖς·χρήμασιν ἐπιδανεισάμενος. Requiritur οὐ παρασχών. Cf. § 7: οὔτε γὰρ τὴν ὑποθήκην παρέσχεν, οὔτε τὰ χρήματ᾽ ἐνέθετ᾽ εἰς τὴν ναῦν.

Contra Eubulidem § 24: πῶς ἔνεςιν [ἢ πῶς δυνατὸν] τούτους ἅπαντας μὴ μετ' ἀληθείας ὑπάρχοντας κατεσκευάσθαι;
§ 26: οἴεταί τις οὖν ὑμῶν ἐᾶσαι ποτ' ἂν τοὺς δημότας ἐκεῖνον τὸν ξένον καὶ μὴ πολίτην ἄρχειν παρ' αὐτοῖς, ἀλλ' οὐκ
ἂν κατηγορεῖν. Lege: ἐκεῖνον ὄντα ξένον κτέ. Optimi codd.
ΓΣΦ articulum post ἐκεῖνον ignorant, eumque in ed. Oxoniensi
omisit Dindorfius. At participio in tali sententia carere nullo
pacto possis. § 42: τῷ μὲν εἰς ἐμὲ ἥκοντι κινδύνῳ νῦν μὰ τὸν
Δία οὐχὶ συμφέρον πρᾶγμα π ο ι ή σ α σ α — τῇ μέντοι ὑπαρχούσῃ
πενίᾳ ἴσως καὶ ἀναγκαῖα καὶ ἁρμόττοντα [ποιοῦσα]. Similiter
§ 54 deleatur male repetitum ἦγον post Ἀπόλλωνος πατρῴου.
§ 55: ἀλλ' ἁπλῶς, ἐν οἷς ὁ πάππος ὁ πρὸς πατρός, ὁ ἐμὸς
πατήρ, ἐνταῦθα καὶ αὐτὸς φαίνομαι δημοτευόμενος. Repetenda
videntur cum emphasi vocabula ἐν οἷς post πατρός. Dindorfius
edidit: καὶ ὁ ἐμὸς πατήρ. § 56: τῶν ἀ π ο ψ η φ ι σ α μ έ ν ω ν
Ἁλιμουσίων ἐμοῦ κτέ. Lego: τῶν ἀ π ε ψ η φ ι σ μ έ ν ω ν μου
Ἁλιμουσίων. § 61 οὓς τὸ δικαςήριον κατεδέξατο expunge invecta e praegressis in § 60.

Contra Neaeram § 3 dele vocabula καὶ πολέμου post συμ-
βάντος καιροῦ τῇ πόλει τοιούτου. § 4 init. expungatur βου-
λεύων. § 43: οὔτε γὰρ ἀπὸ τῆς πολιτείας προσήει Στεφάνῳ
τοιτῳὶ ἄξιον λόγου · οὐ γὰρ κτέ. Inseratur οὐδέν post λόγου. § 48:
κάλει μοι μάρτυρας τοὺς σ υ ν ό ν τ α ς αὐτοῖς, requiro: τοὺς σ υ γ-
γ ε γ ο ν ό τ α ς κτέ. § 57 vocabula: ἐποιήσατο τὸν παῖδα καὶ ἀνέλαβεν
ὡς αὐτόν sine damno sententiae abesse poterant: praeterea offensioni sunt ultima illa ἀνέλαβεν ὡς αὐτόν, quia paucissimis interpositis sequitur: ἀνέλαβεν αὐτόν — ἐρραίσεν. § 85: ἵν' εἰδῇϑ', ὅτι
οὐ μόνον προσῆκεν αὐτὴν ἀπέχεσθαι τῶν ἱερῶν τούτων τοιαύτην
οὖσαν καὶ τοιαῦτα διαπεπραγμένην, τοῦ ὁρᾶν καὶ θύειν καὶ
π ο ι ε ῖ ν τι τῶν νομιζομένων ὑπὲρ τῆς πόλεως πατρίων, ἀλλὰ καὶ τῶν ἄλλων τῶν Ἀθήνησιν ἁπάντων. Nescio
annon praestiterit: κ α ὶ π ο ι ε ῖ ν τ ι τ ῶ ν π α τ ρ ί ω ν ὑ π ὲ ρ τ ῆ ς
π ό λ ε ω ς, ἀ λ λ ὰ κ α ὶ κτέ. Similiter initio § 79 expunxerim interpretamentum νομιζομένων. Mox (§ 85) legitur: ἐφ' ᾗ γὰρ

ἂν μοιχὸς ἁλῷ γυναικί, οὐκέτ' ἔξεςιν αὐτῇ ἐλθεῖν εἰς οὐδὲν
τῶν ἱερῶν τῶν δημοτελῶν εἰς ἃ (male ὃ vulgo) καὶ τὴν ξένην
καὶ τὴν δούλην [ἐλθεῖν] ἐξουσίαν ἔδοσαν οἱ νόμοι καὶ θεασο-
μένην καὶ ἱκετεύσουσαν εἰσιέναι. Expunxi ἐλθεῖν male repetitum, sed praeterea suspicor: καὶ θύσουσαν, non enim
adhiberi solet ἱκετεύειν eo sensu, quo εὔχεσθαι. Quae sequuntur ἀλλὰ —ἁλῷ abesse malim; quibus eiectis, novo interpretamento liberanda sunt ipsa sequentia: ἐὰν δὲ [εἰσίωσι καὶ]
παρανομῶσι, νηποινεὶ πάσχειν κτέ. § 90: ἵνα κύριος ὢν
αὐτὸς αὐτοῦ ἕκαςος σκοπῆται πρὸς αὐτόν, ὅντινα μέλλει πολίτην
ποιήσεσθαι, εἰ ἄξιός ἐςι τῆς δωρεᾶς [ὁ μέλλων λήψεσθαι].
§ 98 scribe: οὐκ εἶχον ὅτι χρήσαιντο (pro χρήσωνται), ut
recte legitur v. c. § 109. In § 104 suspectum est ultimum vocabulum αὐτοῖς post ἀνάγνωθι. § 108: εἶτα τὴν τοιαύτην καὶ
περιφανῶς ἐγνωσμένην ὑπὸ πάντων γῆς περίοδον εἰργασμέ-
νην. An post πάντων excidit καὶ ἀνὰ πᾶσαν? Fallitur procul
dubio Schaeferus alludi putans ad locutionem athleticam περίοδον νικᾶν s. ἀναιρεῖσθαι. Ceterum ne additis quidem, quae
dixi, locum satis sanum esse reor. § 121: πρόξενόν τε τὸν
τελευτήσαντα καὶ Ἀρίζωνα τὸν νῦν ὄντα. Malim: τὸν νῦν ἔτ'
ὄντα. Cf. or. pro Phormione § 29: ἔδωκε τὴν ἑαυτοῦ γυναῖκα
Τιμοδήμῳ τῷ νῦν ἔτ' ὄντι [καὶ ζῶντι], ubi expungendum
censeo turpe, quod adhaeret, interpretamentum. Alia ratio est
locorum, qualis v. c. de Corona § 72.

ADDANTUR haec pauca:

Contra Aristocratem § 19: ἀλλὰ ποιησάσθω τὴν ἀκρόασιν
ὡδὶ· ὅταν μὲν λέγω περὶ τῶν νόμων, ἀφελὼν ὅτῳ τὸ ψήφισμα εἴρηται καὶ ὁποίῳ τινί, σκοπείσθω πότερον παρὰ τοὺς
νόμους ἢ κατ' αὐτοὺς εἴρηται. Sic lege, abiectis, quae vulgo
inseruntur post ὡδὶ verba: καὶ σκοπεῖσθε (σκοπείσθω) ὡς
δίκαια ἐρῶ, quibus admissis, divellitur orationis nexus et cogi-
tandi turbatur serenitas. Ibidem § 40 male abundant vocabula:
ὅθεν ὠνόμακεν ἀγορὰν ἐφορίας. § 111 expunge τὸν Μακεδόνα.
§ 125: ὑπὲρ τοῦ μὴ παθεῖν corrige: μή τι παθεῖν, ut recte ibi-

dem sequitur: ἵνα μή τι πάθωσι. § 149 extr.: ὃν ἀκριβῶς ᾔδει τῶν ὄντων ἀνθρώπων ἐχθρότατα ὑμῖν διακείμενον. Lege: ἁπάντων ἀνθρώπων. Cod. k., om. τῶν ὄντων, exhibet: ἁπάντων ἀνθρώπων, sed, addito τῶν ὄντων, cod. κ.

Contra Timocratem § 47: οὐκ εἰς τὸν δῆμον εἰπὼν περὶ τούτων οὐδέν, ἐν παραβύςῳ — [λάθρᾳ] νόμον εἰσήνεγκεν. Adverbium quod expunxi, interpretamentum est formulae ἐν παραβύςῳ. § 48: εἰδότα τὸν νόμον ὃν ἀνέγνων. Corrige, sodes, ἀνέγνω (scil. ὁ γραμματεύς), cf. v. c. § 51: καὶ περὶ τοῦδε, ὃν νῦν ἀνέγνω, διελθεῖν, ubi pro νῦν malim νυνδή, et § 72: αὐτίκα γὰρ καθ᾽ ἕκαςον ἀναγνώσεται; nam sic corrigendum pro eo, quod insigni errore scribitur, ἀναγνώσει. Quod ibi sequitur pronomen τουτί vocabuli terminationem absorpsisse videtur. Cf. § 48 extr. § 65 extr.: ὡμολόγηκε γὰρ θατέρῳ [τῷ προτέρῳ] νόμῳ ἐναντίον τόνδε τιθεὶς ἀδικεῖν. Qua de re iam monuit Dindorfius in ed. Oxon. 1846 § 66: ὅτι μὲν τοίνυν καὶ παρὰ τούτους τοὺς νόμους καὶ παρὰ τοὺς προειρημένους καὶ μικροῦ δέω παρὰ πάντας εἰπεῖν τοὺς ὄντας ἐν τῇ πόλει τέθεικε τὸν νόμον, οἴομαι δῆλον ἅπασιν ὑμῖν εἶναι. Hanc rem non alia lege oratori veram esse concedam nisi hac, ut scripsisse eum putemus: ὅτι μὲν τοίνυν καὶ παρὰ τοῦτον καὶ παρὰ τοὺς προειρημένους νόμους καὶ μικροῦ δέω παρὰ πάντας εἰπεῖν τοὺς ὄντας ἐν τῇ πόλει κτέ. Solam enim innuit eam legem, quae memoratur § 64. Verae lectionis vestigia servasse video cod. Y, in quo prima manus omisit vocabula τοὺς νόμους post τούτους. Ibid. § 131: μὴ τοίνυν αὐτοὶ διδάσκετε ἀλλὰ τιμωρεῖσθε, καὶ μὴ ἐᾶτε ἀγανακτεῖν, εἰ δεηθήσονται ἔχοντες τὰ ὑμέτερα, ἀλλ᾽ ἄγετ᾽ αὐτοὺς ὑπὸ τοὺς νόμους. Si hic locus sanus est, haud dubie eum Reiskio post αὐτοὶ διδάσκετε mente repetendum e superioribus, εἶναι πονηρούς. At si is sensus est, obscurius certe haec exuntiata esse confiteamur necesse est. Erat quum reponendum suspicarer: μὴ τοίνυν μάτην διδάσκεσθε, ἀλλὰ τιμωρεῖσθε, nunc verum esse puto: μὴ τοίνυν αὐτοὺς ἀποδικάζετ᾽ ἀλλὰ

τιμωρεῖσϑε κτέ., quae coniectura ad scripturam codicibus traditam paulo propius accedit. § 195: οὐδ᾽ ὀλίγου δεῖ τοῦτον ἔϑηκας
τὸν νόμον· οὐδεμίαν γὰρ ἂν εἰπεῖν ἔχοις ἄλλην πρόφασιν, δι᾽
ἣν τοιοῦτον ἐπήρϑης εἰσενεγκεῖν νόμον, ἢ τὴν σεαυτοῦ ϑεοῖς
ἐχϑρὰν αἰσχροκέρδειαν. Aliud, credo, agebant Bekkerus et
Dindorfius, quum hanc lectionem aperte vitiosam alii praeferrent, quam manifesto sinceram exhibent codd. ΥΩkrs, qualem
vel sine codd. unusquisque Demostheni reddendum esse sentiat
censeatque: οὐδ᾽ ὀλίγου δὴ κτέ. i. e. *nec parvo sanequam pretio
legem tulisti* cet. § 196: οὔτε γὰρ τὸ τὰ τούτων πολλοσῷ
χρόνῳ μόλις ἄκοντας ἐν τρισὶν ἐξελεγχϑέντας δικασηρίοις κα
τατιϑέναι, τοῦϑ᾽ ἡγήσω τὸ δεῖνα πάσχειν εἶναι. Non sine causa
prius τό omittunt ΣΥkrsv. Nam requiritur: οὔτε γὰρ τὸ τού
τους πολλοσῷ κτέ. Imponam his Timocrateis τὸν κολοφῶνα
corrigenda § 198, ubi legimus: πολλῷ γὰρ δήπου σχετλιώτερ᾽
ἐπάσχεϑ᾽ ὑμεῖς, καὶ πολὺ μᾶλλον ἂν εἰκότως ἠλέεις τούτους,
οἳ δι᾽ ὑμᾶς ὦ κατάρατε τοὺς ΛΕΓΟΝΤΑΣ οὐδ᾽ ὁτιοῦν εἰσφέ
ροντες παύονται. Quid haec sibi velint, οὐδ᾽ ἂν Οἰδίπους
μάϑοι; contra nemo non facile intelliget eorundem vocabulorum sensum, leniter refictorum in hunc modum: — οἳ δι᾽ ὑμᾶς,
ὦ κατάρατε, τοὺς ΤΕΛΟΥΝΤΑΣ οὐδ᾽ ὁτιοῦν, εἰσφέροντες
παύονται. Egregie enim inter se opponuntur ii, qui ne tantillum quidem solvunt, illis, qui pro parte virili pendunt tributa.
Dubito tamen, num vel παύονται mendi sit immune. Cogitavi
de reponendo ἀπόλλυνται.

In *Aphobum* I § 16: τὴν προῖκα [τὰς ὀγδοήκοντα μνᾶς]
κεκομισμένας κτέ. et § 13 extr.: ἕως ἀνεπληρώσατο τὴν προῖκα
[τὰς ὀγδοήκοντα μνᾶς]. Hanc dotis summam fuisse iam novimus ex § 5. Miror idem additamentum non apparere § 17 post
verba τὴν μὲν τοίνυν προῖκα, nec ibidem post verba κελεύει
τὴν προῖκα. Contra denuo adiectum reperies § 56, unde expellas. Recte et alibi abest et II § 11. § 26: καίτοι εἴ τι ἔλεγον
ὑγιές, οὐκ ἂν κτέ. Ibidem ἄρδην [ὅλον] τὸ ἐργαστήριον ἀφα
νίζουσιν, et § 33 extr.: ἀλλὰ καὶ τοῦτον ἄρδην ἀφανίζουσιν

[ὅλον]. § 27 : πεντακοσίας [δραχμας], quod idem emblema sae-
piuscule tollendum, cf. § 11 sqq.. § 29 : ἀλλ᾽ οὐ φανερῶς
οὑτωσὶ μικροῦ δεῖν τρία τάλαντα ταῦτα ἀνηρπάκασιν; Corrigas
ἡρπάκασιν; Praeterea propter praegressum οὑτωσί vereor, ne
ταῦτα male abundet, natum fortasse per dittographiam ex
τάλαντα. Verum hac quidem de re ampliandum esse reor. § 41:
ὁ διηρπάκασιν οὗτοι, malim αὐτοί. § 50 et § 52 pro ἐπι-
τρόπων reponas συνεπιτρόπων.

Contra Aphobum II § 11: ταύτην τὴν προῖκα, ἣν οἵ τε
ἐπίτροποι (l. συνεπίτροποι) καταμαρτυροῦσιν αὐτὸν λαβεῖν,
ἄλλοι τε πρὸς οὓς ἔχειν ὡμολόγησε, ταύτην οὔτ᾽ αὐτὴν οὔτε
τὸν ΣΙΤΟΝ ἀποδέδωκεν. Frustra hunc locum interpretabere,
adhibito loco, qui pro ea scriptura facere primo obtutu videtur, § 15 init. orationis I contra Aphobum : οὐ γὰρ διδόντος
τούτου σῖτον τῇ μητρὶ τὴν δὲ προῖκα ἔχοντος. Potius compara, quae ibidem sequuntur § 17: τὴν μὲν τοίνυν προῖκα τοῦτον
τὸν τρόπον ἔχει λαβών. μὴ γήμαντος δ᾽ αὐτοῦ τὴν μητέρα τὴν
ἐμὴν ὁ μὲν νόμος κελεύει τὴν προῖκα ὀφείλειν ἐπ᾽ ἐννέ ὀβόλοις.
ἐγὼ δ᾽ ἐπὶ δραχμῇ μόνον τίθημι. γίγνεται δ᾽, ἐάν τις συντιθῇ
τό τ᾽ ἀρχαῖον καὶ τὸ ἔργον τῶν δέκ᾽ ἐτῶν μάλιζα τριῶν
ταλάντων. Hanc rem non illam respici, vix dubito, itaque reponendum esse suspicor: ταύτην οὔτ᾽ αὐτὴν οὔτε τὸ ΕΡΓΟΝ
ἀποδέδωκεν. Possis quoque οὔτε τὸν ΤΟΚΟΝ. Quod vulgatur
ΣΙΤΟΝ olim ex § 15 adscriptum et genuini vocabuli sedem
occupasse videtur.

CAPUT XIII.

DE CODICE AMBROSIANO D. 34 SUP.

Codex est membranaceus, quarti ordinis forma min., seculo
undecimo non recentior, scriptus literis grandioribus manu
satis eleganti. Continet:

1) Compendium historicum a creatione mundi usque ad
Valentem imperatorem ἀκέφαλον, incipiens a verbis: ..σου
ἀπείρως καὶ ἀπλέτως τῇ γῇ περικεχυμένης προσέταξε στε·
ρέωμα γενέσθαι ἐκ τῶν ὑδάτων ἐν μέσῳ αὐτῶν. Terminatur autem
verbis: προσβάλλειν ἐπεχείρουν· ἐπὶ τούτοις δὲ χαλεπῶς ἡ,
quae faciunt finem quaternionis κβ'. Deest quaternio κγ'. Codicis initium, ut e primi quaternionis ratione apparet, unius
tantum folii defectu laborat. Est autem hoc opus ἡ φυσικὴ
ἱστορία τοῦ Πολυδεύκους, quam a. 1795 Joannes Baptista
Bianconius ex hoc codice descriptam edidit. Continetur hoc
opus foliis 175 i. e. 22 quaternionibus, excepto primo folio,
quod, ut iam diximus, periit.

2) Quaternio κδ' incipit a vocabulis: ἀθέμητος, μισώθεος
θεώμισος (sic), quae emendate leguntur in editione Bekkeri
Berol. a. 1846 Onomastici Pollucis, A. § 21. Quamquam
codex exaratus est a librario, ut vel e tribus primis vocabulis
apparet, indoctissimo atque stupidissimo, nihilominus e fonte
manasse videtur nonnihil sinceriore, quam reliqua, quae habemus
exemplaria manuscripta. Dolendum tamen est non integrum
Onomasticon in codice adeo vetusto exstare, sed fragmentum
esse foliorum 48 (= 3 quaternionum). Finitur B § 77 vs. 6
vocabulo Λυσίας. Saepissime autem et de industria, ut videtur,
multa vocabula omissa sunt, ita ut non raro epitomes speciem
prae se ferat, unde fit, ut cautissime hoc codice utendum esse
videatur. Etenim tanto stupore saepe oratio contracta est in
brevius, ut fragmentum Aristophanis v. c. tribuatur subinde
Platoni, vel Xenophontis Antiphani. Hos igitur tot tantosque
errores cum lectoribus communicare hominis mihi esse videbatur
immodice aliena indulgentia abutentis, ideoque e collatione
mea, quam cum pulvisculo, quod aiunt, Mediolani degens con-
feceram, ea selegi, quae aut editis manifesto praestent, aut
aliquem certe fructum scientibus praebere posse videantur,
aliquando, sed rarius, intermixtis insignioribus quibusdam scri-

barum erroribus : ut verbo dicam, abiectis omnibus istis, quae ignorari quam sciri utilius esse iure dixeris. Si quis autem postea Pollucem editurus accuratius hoc fragmentum Ambrosianum pernoscere concupiverit, lubens ei integram scripturarum discrepantiam petenti concedam.

3) Superant folia 38 et pars dimidia paginae unius, quae continent: *Φυσιολογικὸν τῆς ἑξαημέρου ἀνεπίγραφον.* Sic enim inscribitur *historia* quaedam *naturalis*, opus conditum a Christiano quodam homine (Epiphanio?) eo consilio, ut traditionem Hebraicam in Genesios principio de fabricatione mundi illustraret. Deinceps autem agit de phenomenis, de plantis, de animalibus. Initium : *Κλήμης μὲν οὖν καὶ Ἀφρικανός.* Finis: *ἐστοχασμένως βλέποντος εἴσεισιν.* Quod opusculum, si forte nondum editum est, publici iuris ego facturus sum.

In antiquo indice, qui ligamini adhaeret, manu primi bibliothecarii codex his verbis describitur: *Codex optimae notae sexcentis abhinc annis scriptus, Tarenti emptus a.* 1606.

Paginae singulae habent versus 21, literarum numero in singulis versibus variante inter 23 et 27.

CONFERTUR FRAGMENTUM

POLLUCIS ONOMASTICI
CUM EDITIONE BEKKERI.

Sectio A.

Ed. Bekk.	Cod. Ambr.
§ 22 ὁσίως, ἐνθέως, φιλο-θέως	ὁσίως, ἐννόμως, φιλοθέως
§ 23 ἐναιθέριοι	αἰθέριοι
„ ἐπίγειοι οἱ αὐτοὶ καὶ ἐπιχθόνιοι, ἐνάλιοι	ἐπίγειοι, ἐπιχθόνιοι· οἱ αὐτοὶ ἐνάλιοι
§ 24, 1 οἱ — ἐνθαλάττιοι	Om
2 ξένιοι	ξένιοι, (φίλιοι, ἑταίριοι)
3 φράτριοι	φράτριοι, (ἀστεροπηταί)
„ ἀγοραῖοι	ἀγοραῖοι (ἐπίγδαποι [leg. ἐρίγδουποι] ἐφέστιοι)
4 τροπαιοῦχοι	τροπαιοῦχοι (ὅρκιοι)
7 ὡς ἴδιά ἐστι τοῦ Διός	τοῦ Διός ἐστι
„ ὥσπερ	ὥσπερ (καὶ)
10 τὰ ὅμοια	τὰ τοιαῦτα
§ 25, 1 τὸ δὲ προσιέναι	δεῖ δὲ προσιέναι
§ 26, 1 κατακαλεῖν	καλεῖν
„ ἀνακαλεῖν θεούς	Om.
4 παιᾶνας ᾆσαι, ὕμνον ᾆσαι	παιᾶνα, ὕμνον ᾆσαι
§ 27, 1 ἱερεῖα	(τὰ δὲ) ἱερεῖα
5 ὁ ὑλὰς	ὁ λάς

Ed. Bekk.	Cod. Ambr.

§ 27, 5 θυηλήσασθαι   θὲν (i. e. θεον) ἱλάσασθαι (egregia lectio!)

§ 28, 4 προσενέγκαι   προσενεγκεῖν

§ 29, 2 ἱεροποιία   Om.

4 τὰ δὲ προσακτέα θύ-   προσακτέον δὲ θύμα (sic) Leg.
ματα   θύματα

" ἄτομα   Om. Si genuinum est, fortasse verum est ἄτοκα.

9 μέντοι καί   δὲ καί

§ 32, 3 ὥσπερ καὶ τὰ ἐνάντια   ὥσπερ καὶ οἱ ἐνάντιοι τῶν
τῶν ἀκαθάρτων — ἀγίως   καθάρων — ἀγίας· οἱ δὲ
προσιόντες   προσιωντες (sic). Notavi hanc lectionem quamvis corruptissimam, quia aliquid latere suspicor, idem facturus in similibus.

§ 34, 1 καιροὶ δ' ἱεροί   καιροὶ δὲ περίωδοι (i. e. περίοδοι = IV ludi maiores)

6 κρεανομίαις   κρεονομίαις

12 γίνεσθαι   γίγνεσθαι

§ 36, 5 καταπεφημισμέναι   καταπεφωτισμέναι

§ 38, 1 εἰς θεοὺς ᾠδαί   ᾠδαὶ εἰς θεούς

2 Ἀρτέμιδος ὕμνος οὔ-   Ἀρτέμιδος μὲν ὀπιγγός
πιγγος, Ἀπόλλωνος   Ἀπόλλωνος δέ. Fort.: Ἀρτέμιδος μὲν οὐπιγγός (crasi adhibita). — An ὠπιγγός?

5 καὶ θεούς   θεούς

§ 39, 1 ὀρκωτούς   ὀρκωτάς

4 ἐνόρκως τι εἰπεῖν   ἐν ὅρκῳ τι εἰπεῖν

6 εὐορκῆσαι φρικώδεις   εὐορκῶσθαι φρικώδης ὅρ-
ὅρκους καί   κους (ποιεῖσθαι) καί. Lege: εὐορκῆσαι, (ὀρκοῦσθαι?) φρικώδεις ὅρκους ποιεῖσθαι καί.

Ed. Bekk.	Cod. Ambr.
§ 39, 7 καὶ βαρύμηνιν καί	utrumque καί om.
§ 40, 1 καὶ περὶ μέν	περὶ δέ
§ 41, 5 εἰρηνικός	(φιλωκληρος) εἰρηνικός. Non video, quid lateat.
§ 42, 8 εὔκολος ·	δύσκολος
" ῥάδιος	ῥᾳδίως (ἐκφερόμενος)
§ 43, 4 σχολαῖος, νωθρός, νω- θής	νωθής, σχολαῖος
5 διάγων	Om.
§ 44, 1 λέγοις ἄν	λέγοις δ᾽ ἄν
6 ἀνεῖναι τὴν βαφὴν τὸ δὲ ἔργον	ἀνεῖναι τῆς βαφῆς τὸ δὲ ἔργον (αὐτὸ)
§ 45, 1 ὅπως μὴ κάμῃς πρὸς ἓν εἶδος ἀποβλέπων	ὅπως μὴ πρὸς ἓν εἶδος ἀπο- βλέπων ἀποκάμοις
§ 47, 2 ἀνεμάξατο	συνελέξατο
5 θηρῶσι τό	θηρῶσί τε τό
" δολοῦσιν (coni. pro δη- λοῦσιν)	δωλοῦσιν (sic)
§ 50, 1 μεταβολεῖς ·	μεταβολῆς
§ 53, 1 τῶν εἰς ἡμέραν ἐπιτη- δείων	τῶν εἰς τὴν ἡμέραν (om. subst.)
8 διέμεινε	ἔμεινε
§ 54, 3 διετὴς — μέχρι τοῦ διετής	διετής τε περὶ τοῦ διετοῦς, ἕως δεκαέτης καὶ τριετὴς δὲ καὶ μέχρι δεκαέτους ἐπὶ μὲν χρόνου παροξυνόντων, ἐπὶ δὲ παιδίου καὶ φυτοῦ καὶ οἴνου καὶ τῶν τοιουτῶν ὀξυ- νόντων ὡς ἐπὶ τοῦ διετὴς μέχρι τοῦ δεκαετής
§ 55, 1 ὁ δὲ ἐνδεκέτης	περὶ δε τοῦ ἐνδεκαέτους
2 διαλύσαντας — συνάπ- τοντας μετὰ τοῦ καί,	διαλυσάντων — συνάπτοντα μετὰ τοῦ καί (συνδέσμου),

Ed. Bekk.	Cod. Ambr.
καὶ τὸν σύνδεσμον ὀξύνοντας	αυτὸν (sic) τὸν σύνδεσμον ὀξύνειν
§ 56, 8 τούτῳ — πέρυσι	his omissis, additur: παροχη- κότως (l. παρῳχηκότος) δὲ οὕτως
§ 59, 4 πρώτου ἔτους	πρωὶ τοῦ ἔτους
§ 62, 2 Σείριον	κριόν
7 ἐκ δὲ τοῦ ὁμοίου.	ἐκ δὲ τοῦ καθόλου
§ 64, 2 πανήμερον ἢ πανημέριον	πανημέριον ἢ καὶ πανήμερον
4 καὶ τὸ τὴν αὐτὴν ὁδὸν διὰ μιᾶς ἡμέρας ἐπαν- ελθεῖν αὐθημερίσαι	καὶ αὐθημερίσαι τὸ τὴν αὐτὴν ὁδὸν μιᾶς ἡμέρας ἐπανελ- θεῖν
6 τι πρᾶξαι	ὁτιοῦν πρᾶξαι
§ 65, 1 λέγοιτο δ' ἄν	λέγεται δὲ
4 φαίης δ' ἂν τῇ ἀπιούσῃ ἡμέρᾳ καὶ τῇ παρελ- θούσῃ καὶ τῇ ἐξηκούσῃ	φαίης δ' ἂν (ἐπὶ μὲν) τῇ παρ- ελθούσῃ ἡμέρᾳ καὶ τῇ ἐξη- κούσῃ
§ 68, 2 ὑπὸ πρώϊην ἕω	περὶ π. ε.
5 θεοῦ	ἡλίου
„ δείλης, δείλης ὀψίας, καὶ μεσημβρινοῦ καὶ ροῦ καὶ δειλινοῦ και- ροῦ	μεσημβρινοῦ καιροῦ, δείλης ὀ- ψίας καὶ δειλινοῦ καιροῦ
§ 72, 1 οἷον δεκάπους	ἦν δεκάπους.
4 τότε καὶ πότε	(οἷον) τότε καὶ πότε
§ 76, 5 κατά	τὰ κατά
§ 79, 7 τρίκλινος	τρίκλινος ἤ
§ 80, 1 γυναικωνῖτις	γυναικῶν (l. γυναικών)
3 τὸ μαγειρεῖον θησαυροὶ φυλακτήρια	τὸ (καλούμενον) μαγειρεῖον θησαυροφυλακτήρια
8 καὶ ἄστεγον καὶ κατά- στεγον	καὶ κατάστεγον καὶ ἄστεγον
§ 81, 4 ὡς — ἀπερύκειν	ἁ — ἀπερύκει

Ed. Bekk.	Cod. Ambr.
§ 82, 1 πλοῖον	(ναυτικὰ ὀνόματα) πλυῖον
§ 92. 4 κωπωτῆρα	κωπητῆρα
§ 93, 6 στίχοι	στοῖχοι
§ 97, 5 πυριευτική	πυραστική (Leg. πυρευτική)
§ 98, 1 ὑπονηχόμενος	(ἐπινηχόμενος) ὑπονηχόμενος
§ 100, 3 πνευμάτων	(τῶν) πνευμάτων
§ 101, 1 ψέγων δέ	ἐπὶ δὲ ψόγου
4 κατάνεμος	κατήνεμος
§ 104, 2 ἐναντίον	ἐνάντιον (οὗτως)
3 ἀπόγυα	ἀπόγαια
§ 105, 8 τοῦ ἀνέμου	Om.
§ 107, 3 ἐπὶ πολὺ τοῦ κύματος	τὴν ἐπὶ πολλὴν τοῦ κύματος
6 τῷ πνεύματι	τοῖς πνεύμασιν
8 στειλάμενοι	συστειλάμενοι
§ 109, 7 ἐπαναχωροῦν τῇ γῇ	ἐπαναχωροῦν τῆς γῆς
§ 110, 5 ἀντίου πνέοντος	ἀντιπνέοντος
" τοῦ πνεύματος	Om.
§ 112, 7 περιφέρειν	παραφέρειν
§ 114, 6 διαλυθείσης ·	λυθείσης
8 περιαχθέντος	περιραχθέντος (l. περιαραχθέντος)
§ 118, 5 ἐξήχησεν	(ἐξεχέθη) ἐξήχησεν (?)
8 ἐμβροντήτους τοὺς ἐμπλέοντας ἐποίησε	ἐμβροντήτους κατέστησε, ceteris omissis.
§ 127, 7 ὀπισθοφύλακες	ὀπισθοφύλακες (καὶ νωτοφύλακες)
§ 131, 1 εὐχερεῖς, ψιλοί	εὔζωνοι
§ 136, 3 ξίφους τελαμών	Om. ξίφους
§ 137, 3 πέλεκυς	(πέλυξ), πέλεκυς
§ 138, 3 Αἰθίοπες. καὶ ἔχριον τὰς ἀκίδας ἰῷ φαρμακώδει Ἄραβες	Αἰθίοπες δὲ καὶ ἔχριον τὰς ἀκίδας ἰῷ φαρμακώδει

§ 145, 1 σύριγξ. τὸ δὲ ἐφ᾽ σίριξ. τὸ δ᾽ ἐφ᾽

  6 δέστρον   δέστερον

  8 τέλη τοῦ τροχοῦ τοῦ τροχοῦ τέλη

146 2 τὰ δὲ τῷ ἄξονι ἐγκεί τῷ δ᾽ ἄξονι τὰ ἐγκείμενα σι-

   μενα σιδήρια καὶ δήρια καὶ τριβόμενα ὑπὸ

   τριβόμενα ὑπὸ τοῦ τοῦ τροχοῦ θῦραι (sic)

   τροχοῦ εὑραί

  5 τὸ ζυγόν   ὁ ζυγός

  9 ὧν τὰ ἄκρα ἀκροχη- τὰ δ᾽ ἄκρα ἀκροχυμίσκοι

   νίσκοι

§ 147, 3 ἑλιττόμενα   ὑπελιττόμενα (sic)

§ 151, 6 δεδίξασθαι   φόβον ἐνδείξασθαι

  7 ὑποφευγόντων Om.

§ 152, 2 ὁμοήθεις   ὁμοεθνεῖς

  5 ἔχθρας   πολέμου, et post ἔνσπονδοι

         ins. φίλιοι.

§ 153, 1 συμμαχία κοινωνία invers. ord.

  4 τὸ δ᾽ ἐναντίον τὰ δ᾽ ἐναντία

§ 155, 4 ἔντονοι   (εὔτονοι) ἔντονοι

§ 162, 2 τοῖς στρατοπέδοις τῷ στρατοπέδῳ

§ 163, 4 ἀνεκαλέσαντο ἐνεκελεύσαντο

  " ἐξώτρυναν   ἐπώτρυναν

§ 164, 5 [προεξήλασεν] ἐν ἵπ- προεξήλασεν ἡ ἵππος

   ποις

§ 163, 2 ἐμπλακέντες συμπλακέντες

  4 et 5 ἤ   Om.

  5 κεράτων   κερῶν

  6 τὸ μέσον   τὰ μέσα

  7 ὑπετράπη   Om. Si genuinum est, scribe

         ἐτράπη.

§ 165, 2 παρασπάσαι διασπάσαι

  3 διῶξαι, σκυλεῦσαι, γυμ- διῶξαι, (κρατῆσαι, ἀνελεῖν,

   νῶσαι, ἀφοπλίσαι φονεῦσαι), σκυλεῖσαι, γιμ-

Ed. Bekk.	Cod. Ambr.
ζωγρῆσαι, αἰχμαλω- τίσαι, νικῆσαι, ἀπα- γαγεῖν, χειρώσα- σθαι, ἑλεῖν, καθελεῖν, καταπολεμῆσαι,	νῶσαι, ἀφοπλίσαι, ζωγρῆ- σαι, αἰχμαλωτίσαι, ἀπαγα- γεῖν, νικῆσαι, χειρώσασθαι, καθελεῖν, ἑλεῖν, (ἐκπολε- μῆσαι) καταπολεμῆσαι,
§ 167, 1 κατέκλεισαν	κατέκλησαν (i. e. κατέκλησαν)
4 προσήγαγον	ἐπήγαγον
5 καθείλκυσαν	(κατέρρηξαν) καθείλκυσαν
8 πυρὶ ἀπετέφρωσαν, χῦμα ἔχωσαν	πυρὶ ἀπεπέρασαν, χῶμα ἔχουν
§ 169, 1 δίψει καὶ λιμῷ	δίψει, λιμῷ, (λείψει τῶν ἀναγκαίων) Lege: ἐπιλεί- ψει κτὲ.
§ 170, 3 καρτερόν, ἰσχυρόν — δύσμαχον	ἰσχυρόν, καρτερόν, δύσμαχον
§ 172, 1 εὐεπίβλεπτον εὐεπι- βούλευτον	εὐεπίβατον, omisso εὐεπιβού- λευτον
4 ἐρεῖς δέ	ἔτι δέ
5 τοὺς ἐπὶ τῶν ἄκρων	Om.
§ 173, 2 ἐξ ἀσφαλοῦς	Om.
5 στρατιωτικὰ δὲ καὶ	τὰ δὲ πρὸς φρουρὰν οὕτω·
6 καὶ αἱ φυλακαὶ καὶ προφυλακαὶ καὶ ἔφο- δοι, καὶ σκοποὶ καὶ κατάσκοποι,	φυλακαί, προφυλακαὶ καὶ ἔφο- δος, σκοποί, κατάσκοποι,
§ 174, 1 καὶ γῆν δῃῶσαι	καὶ (τὸ τέμνην) γῆν, δῃῶσαι Lege: τὸ τέμνειν κτέ.
2 καταπρῆσαι, ἐμπρῆσαι ἐφεῖναι	inv. ord. ὑφεῖναι
4 ἐρεῖς δέ	καὶ τάδε
8 γυμνὴ τείχους καὶ ἄ- φρακτος	ἄφρακτος, γυμνὴ τείχους
§ 178, 1 στρατηγικός	(στρατιωτικός) στρατηγικός

Ed. Bekk.	Cod. Ambr.
§ 178, 2 ἀσφαλής, διασωστικός,	inv. ord.
7 ἐπίβουλος	καλώβουλος (sic)
8 φιλεργός	(μετριόφρων) φιλεργός
" φιλότιμος	Om.
9 φιλοκίνδυνος	φιλοκίνδυνος, (πρὸς τὰ δεινὰ θαρραλέος)
§ 179, 1 ψέγων	περὶ (f. ἐπὶ) δὲ ψώγου (l. ψίγου)
" ἄμοχθος, ἄμαχος	Om.
6 ἄβουλος,	ἄβουλος, (κακόβουλος)
7 καταβεβλημένος	κατεπτηχώς
" ἀναπεπτωκώς	Om.
8 ἀπονενοημένος	seq. post θρασύς.
9 μανιώδης	seq. post προπετής.
" παρακεκινημένος	παρακεκινηχώς
" ἄφρακτος	ἄπρακτος
§ 180, 1 ἀφειδής,	seq. post σφαλερός.
" ἀκρατὴς δωροκόμος	Om.
δωροδόκος	δωροδώτης (sic)
3 τὰ δ' ἐναντία	τὸ δ' ἐναντίον
§ 181, 6 πολεμιστήριοι	seq. post πομπικοί.
" στρατιωτικοί	Om.
§ 183, 2 καὶ—καὶ	utraque copula om.
§ 189, 5 ὡς	ὥσπερ
§ 190, 3 καὶ ῥάχις καὶ ἕδρα	inv. ord.
§ 191, 8 γλουτούς	in mg. adscr. m. pr. κοτύλην.
§ 221, 1 τρυγηταὶ	τρυγητῆρες
§ 224, 1 ἀμῆσαι	ἀμήσασθαι. Fort. Pollux dedit ὀμῆσαι, ἀμήσασθαι; cf. Hesiod. O. 775.
§ 225, 6 τρέπειν	Om.
§ 226, 1 τὰς δὲ συκᾶς συκάζειν	τὰ δὲ σῦκα συκάζειν

Ed. Bekk.	Cod. Ambr.
§ 227, 1 εὔσπορος	εὔσπορος (ἀρώσιμος)
2 δικαία	πλουσιεστάτη (sic)
„ ἐπὶ δὲ τῆς ἐναντίας	τὸ δ᾽ ἐνάντιον οὕτως
5 δυσήρωτος	δυσάρωτος
„ φελλίς	ἀφελής
§ 228, εὔξυλα, εὔδενδρα, πο-	ἢ εὔξυλα ἢ — ἢ — ἢ λάσια
λύδενδρα, λάσια	
§ 229, 4 οἱ δὲ ποιηταὶ καὶ ἀδίαν-	ἀδίαντον ἄνθος καὶ ἀμάρανθοι
τόν τι ἄνθος καλοῦσι	καὶ λευκώιον (sic) παρὰ
καὶ ἀμάριντον καὶ	τοῖς ποιηταῖς
λευκόιον	
6 ὁ μὲν πάντων	κοινὸς μὲν πάντων
§ 244, 1 περὶ	περὶ (δέ)
3 καὶ ῥάβδος φοίνικος	καὶ ῥάβδος φοίνικος (καὶ ἔρ-
	νος)
§ 245, 1 δρέπανον, δρεπάνη	δρέπανον καὶ δρεπάνη
3 σμινύη	σμήλλα (sic). Fort. Pollux de-
	dit: σμινύη, σμίλη. Cf. Arist.
	Thesm. vs. 779.
§ 246, 6 ἠμελημένου χωρίου	ἠμελημένων χωρίων
7 κνιδῶν	ὀνίδων
8 κονίζης	κονύζης, quemadmodum iam
	coniecerat Heringa.
„ κοινίδων	κνίδων, qua lectione confirma-
	tur eiusdem suspicio, hoc vo-
	cabulum esse expungendum.
	Nam temere e praegressis
	repetitum esse apparet.
§ 247, 5 κορίαννον	κορίανδρον (sic) (κυνάρια).
	Lege: κυνάρα i. e. *rubus ca-*
	ninus.
§ 248, 1 κεγχριδίας ἄρτος	καχρυδίας ἄρτος
κεγχρίας καὶ	Om.

Ed. Bekk.	Cod. Ambr.
§ 249, 1 μέρη — βουκόλια	περὶ βοῶν, προβάτων καὶ αἰγῶν
§ 250, 2 οἰῶν	προβάτων
§ 251, 1 γαλουργεῖν καὶ γαλακτουργεῖν	γαλατουργεῖν, rel. om. Fort. Pollux scripserat: γαλακτουργεῖν καὶ γαλατουργεῖν.
3 ὀρρός	ὀρός egregie !
5 συβώτης	συβώτ ια. Fort. συβώτης, συβώτ ρια, cf. Δ § 56 vs. 6.
6 ἐργμός	ἠργμός. Fort. εἰργμός.
§ 252, 3 χειρολαβίς	χειρολαβός (sic)
§ 253, 1 τὸ πρόμηκες ξύλον τὸ ὑπὲρ τοῦ ἄξονος	τὸ ὑπὲρ τοῦ ἄξονος πρόμηκες ξύλον
§ 255, 1 καὶ ἄλλα	ἄλλα
2 ὡς μή	ἵνα μή
5 ἀνερευνήσειν	ἀνευρήσειν

SECTIO B.

§ 1, 5 ἡμεῖς τινα	ἡμεῖς ἔστιν ἅ
§ 2, 3 ἔχει	ἔσχε
4 φράσει δὲ τὰ ἀνθρώπου πάντα μέρη	φράσει δέ (τὸ βιβλίον) τὰ ἀνθρώπου πάντα (μέλη καὶ) μέρη
5 ἕκαστα	ἕκαστ ον
§ 5, 7 ἀπάνθρωπος	(τὸ δ' ἐναντίον) ἀπάνθρωπος
8 οὐ γὰρ καί	Om. καί
§ 8, 6 ἔτειον	ἐτήσιον
§ 9, 2 ὡς οἱ νέοι κωμῳδοί	ὑπὸ τῶν νεῶν κωμῳδῶν ἐκλήθη
§ 10, 1 ἰούλῳ νέον ὑπανθῶν	ἰούλῳ νέῳ ὑπανθῶντι
2 περὶ τὴν ὑπήνην	παρὰ τὴν ὑπήνην

Ed Bekk.

§ 12, 1 ἐκ τῆς ἀπομάχου ἡλικίας, ἐκ τῆς ἀμάχου, ἐκ
τῆς ἀπολέμου

Cod. Ambr.

ἀμάχου ἡλικίας, ἀκαταμα-
χήτου, δυσμάχου, ἐκ τῆς
ἀπολέμου ἡλικίας. Adscripsi
hanc lectionem, ut quantopere h. l. titubatum sit a
scribis appareat. In vulgatis
dubito, num vocabula ἐκ τῆς
ἀμάχου genuina sint.

§ 13, 1 προγήρως

πρόσγηρος (sic sine accentu)

4 γερόντειαι παλαῖστραι
παρ' Ἀριστοφάνει

γεροντία (sic) παλαίστρα παρ'
Ἀντιφάνει

„ τοὺς δὲ γέροντας καὶ
γεραιτέρους Ξενοφῶν
εἶπεν

(γεραρὸς καὶ γεραρώτε-
ρος) γεραιτέρους Ξενοφῶν
καλεῖ τοὺς γέροντας

§ 15, 3 ἐπὶ γήρως οὐδῷ ἐπὶ
δυσμαῖς τοῦ βίου

ἐπὶ γήρως ὁδὸς (sic) ἐπὶ μα-
κροῦ βίου. Scribe igitur
ἐπὶ γήρως ὁδῷ

8 ὡς ὑπολισθαίνειν

ὡς ὑπολισθαίνειν (ὡς ὑπο-
σκάζειν)

§ 16, 1 ἕπεται δὲ κτέ.

In marg. m. 1 περὶ σκόμματ'
(sic) γέροντος

2 σκώμματα

σκώμματα (οἷον)

3 πρεσβύτερος Κόδρου,
νωδογέρων, τυμβογέ-
ρων

τυμβογέρων, νωδογέρων, πρεσβύτερος Κόδρου

„ μακκοῶν

In marg. m. 1 μοραίνων (sic)

4 παρανοῶν

παρανθῶν. Vulgatam lectionem non sollicitaverim.

„ παραφρονῶν

Om. et loco eius pon. παραλ-
λάττων.

§ 17, 4 κόρη κορίσκιον

κόρη (κορίσκη καὶ) κορίσκιον

„ ἀλλὰ εὐτελές

ἀλλ' εὐτελές

9 ὡς ἀφηλικεστάτην

ἀμφηλικεστάτην (λέγει)

13

Ed. Bekk.	Cod. Ambr.

Ed. Bekk.

§ 18, 3 μεῖραξ, μειρακίσκη

§ 19, 1 ῥήματα κτὲ.

§ 20, 5 νεανισκεύεσθαι ἔφη. Ἀ-
ριστοφάνης δὲ νεα-
νιεύεσθαι τὸ τολμᾶν
ἔφη, ἀφ' οὗ Λυσίας
τὸ νεανιευόμενοι, καὶ
νεανίαι

§ 21, 2 γηράσκειν

3 ἀσθενεῖν, ὑπονοστεῖν

§ 22, 1 τὰ δὲ κτὲ.

2 κᾶν

§ 27, 2 ἀφ' ὧν καὶ αἱ τοῦ καπνοῦ περιστροφαὶ πα-
ρὰ τοῖς ποιηταῖς πλό-
καμοι

4 ἐβοστρύχιζον

5 καὶ εὐπλόκαμος καὶ εὐ-
βόστρυχος ἀνὴρ ἅμα
καὶ γυνή. Φερεκρά-
της δέ· ὦ ξανθοτά-
τοις κτὲ.

Cod. Ambr.

μειρακίσκη ἢ μεῖραξ

Titulus — περὶ ῥημάτων τῶν
αὐτῶν —

νεανικεύεσθαι τόλμαι νεα-
νικαί. Ἀριστοφάνης δὲ ἀφ'
οὐλίας (sic) ἔφη· νεα-
νιευώμενοι κωαὶ νεανι-
σίαι (sic)

γηράσκειν (καταγηράσκειν)

εἰς ἀσθένιαν (l. ἀσθένειαν)
ὑπονοστεῖν

Additur titulus — περὶ μερῶν —

κᾶν (ἤ). Obiter in vicinia
§ 23: 2 corrigatur ἐν δὲ
κτὲ. pro ἐν γάρ.

ἀφ' ὧν καὶ πλόκαμοι καὶ αἱ
τοῦ καπνοῦ κτὲ.

ἐμβοστρυχίζων

καὶ εὐπλόκαμος γυνὴ καὶ εὐ-
βόστρυχος ἀνήρ· (διὸ) Φε-
ρεκράτης· ξανθοτάτοις κτὲ.
Fortasse versus sunt cho-
riiambici, sic constituendi :

$$\xi\alpha\nu\vartheta o\tau\acute{\alpha}\tau o\iota\varsigma \; {}_{\displaystyle\ast}^{\displaystyle\ast}$$

βοστρύχοισι κομῶν,

ne cum Bergkio reponendum
sit βοτρύχοισι.

Ed. Bekk.	Cod. Ambr.
§ 28, 4 πλοκάδας	ποκάδας, quod verum videtur. Cf. Arist. Thesm. vs. 567. Hesychius: ποκάδες, τρίχες· ἀπὸ τοῦ πέκεσθαι, ὅθεν καὶ πόκος.
§ 29, 1 πρόκοττα — πρόκοτταν	πρόκκοττα — πρόκκοτταν
3 καλοῦσι τὴν κεφαλήν	τὴν κεφαλὴν καλεῖν εἰώθασι
4 οὐδὲ κουράν	οὐ κουράν
7 τις καί	Om. τις
9 τὴν Ἑκτόρειον	Om. τὴν
§ 30, 5 προσοίμην	προσθείην
§ 32, 4 κόρσας	κόρας
§ 35, 9 ἡ ψήσατο	ἐψήσατο et in praegr. ψήσασθαι pro ἐψήσασθαι.
12 τὸ τῆς κόμης βάμμα	τὸ (καλούμενον) βάμμα τῆς κόμης
§ 36, 1 φησὶ Πλάτων	φησὶν ὁ Πλάτων
2 τὰς τρίχας	Om.
§ 37, 1 ἐκάλουν	ὀνομάζουσι
§ 38, 5 ἀνθρώποισιν	ἀμορώποισι. Fort.: ἀμερίοισι, ni potius merus error.
§ 39, 3 μεσόκρανον ἐν τοῖς Ὀρφικοῖς ὀνομάζεται μέτροις	ἐ. τ. Ὀ. μ. ὀ. μεσόκρανον
6 βρεχμόν	βρεγμόν
7 ὑπ᾽ αὐτῷ προῦχον	προῦχον ὑπ᾽ αὐτῷ
8 διότι	ὅτι
§ 41, 8 καρηβαριᾶν	καρυβοᾶν (sic). Cf. Lobeck. ad Phryn. 80.
§ 43, 6 ἐχινοκέφαλον	σχινοκέφαλον
8 νομίζουσιν	ὀνομάζουσιν
§ 47, 5 τὸ μορμολυκεῖον	ὥσπερ καὶ μορμολυκεῖον

Ed. Bekk.	Cod. Ambr.
§ 49, 5 ὀφρύας ἀνασπῶν ἢ αἰωρῶν ἢ ἀνέλκων ἢ ἀνατείνων	ὀφρῦς ἀνασπῶντας, ὀφρῦς αἴρωντας (sic), ὀφρῦς ἀνέλκωντας (sic), ὀφρῦς ἀνατείνοντας
§ 50, 1 καὶ μὴν παρὰ τοῖς τραγῳδοῖς τὸ συνωφρυῶσθαι ἐπὶ τῶν λυπουμένων	καὶ μὴν καὶ π. τ. κωμῳδοῖς κτὲ. Male.
§ 55, 1 ἀνόρατον	ἀόρατον
5 θεᾶσθαι	θεᾶσθαι (θεάσασθαι)
§ 56, 3 θεάτρια—συνθεάτρια	θεάτριαν — συνθεάτριαν
9 τὰ ἀναβλέμματα	Om. τά
§ 57, 2 Ἀντιφῶν δὲ καὶ τὸ ὀψόμενον — ἄοπτα	ὀψόμενον δὲ παρ' Ἀντιφῶντι καὶ ὀπτὴρ καὶ ὀπτά
§ 62, 8 ὠφθαλμίασε τὸ ἐπεθύμησεν	ὀφθαλμιᾶσαι τὸ ἐπιθυμῆσαι
§ 63, 3 αἴγλην, αὐγήν, ἡδεῖς	αἰγλώεντες (l. αἰγλήεντες) αὐγοειδεῖς. Addendum tamen ἡδεῖς.
5 καταρρέον	κάτωρρέων i. e. κάτω ῥέον
§ 64, 7 κλαιήσειν	κλαήσειν
§ 70, 2 ἧς ἡ αὐγὴ γλήνη	ἧς ἡ ἀχὴ (sic) γλήνη. Num ἀρχή? Vix puto.
5 τούτοις	ταύτας. Utraque lectio coniungenda.
6 ὅς ἐστι	Om. hic et vs. 8
» λευκός, στερεός	λευκόν, στερεόν et sic in ceteris Acc. pro Nom. v. c. δασύν.
§ 71, 4 κόγχοι	κήχλοι
» ὁ — περίδρομος	οἱ — περίδρομοι
6 ἐγχανθίδες	ἐπικανθίδες
8 ὑπὸ τοὺς κροτάφους	ὑπὸ τοῖς κροτάφοις
§ 72, 4 καὶ — ἀναδιδοῦσι	Om. καὶ legitur ἀναδιδοῦσαι.

Ed. Bekk.	Cod. Ambr.
§ 73, 2 *εὔχαριν*	*εὐχαρη*
§ 73, 6 *ἐκ μέσων*	*ἐκ μέσου*
§ 74, 1 *γὰρ καί*	*δὲ καί*
5 *ὀσφρᾶσθαι*	*ὀσφραίνεσθαι*
§ 76, 3 *καὶ μέντοι χρὴ λέγειν*	*ἔνεστι μέντοι λέγειν*
§ 77, 1 *εἰς τὸν ἀέρα ἀναπνέο-*	*τὸν ἀέρα πνέομεν*
μεν	
5 *καὶ εὐώδης*	*ὁ εὐώδης*
6 *Λυσίας*	finitur hoc vocabulo Onoma-
	stici fragmentum.

ADDENDA ET CORRIGENDA.

Pag.	Vs.				
64	5	„	ὁρᾶς — αἰθέρα	lege	ὁρᾷς — αἰθέρα.
72	5	„	μάκρῳ et μίκρῳ	„	μακρῷ et μικρῷ.

75 6 Praeterea apud Aristoph. scribendum suspicor: τὸν πάμμορον ἐξολέσειεν.

83 12 pro poestastro lege poetastro.

86 2 propter articulum in vs. sq. malim: χὠ δυσπραξίᾳ κτέ.

„	25	pro coruptum	lege corruptum.
87	19	„ ambigant	„ ambigunt.
87	4	„ excercitus	„ exercitus,
97	5	„ διπλη	· διπλῇ.
100	23	„ ἐπήγανεν	„ ἐπήγαγεν.
„	25	„ benevola	„ benevolus.
102	19	„ λειψουρία	„ λιψουρία.
108	9	„ ἀμφίβολον	„ ἀμφίβολος.
„	16	„ Appollinem	„ Apollinem.
110	2	„ ἄκουσα	„ ἤκουσα.

118 2 Similiter Aristoph. Nub. 528 corrigas: ὑπ' ἀνδρῶν, οἷς ἡδὺ καὶ ψέγειν i. e. ὑπ' ἀνδρῶν φιλοψόγων.

119 2 pro βισυλλάβως lege δισυλλάβως.

130	1	„ 973	„ 992.
131	4	„ ϛνειν	· ϛένειν.
103	27	„ μαντιν εἶναι	„ μάντιν εἶναι.

148 12 Iam requiro Aor. καθέωσιν.

149 29 Adde: scriptura ΕΠΙΓΕΙΝΟΜΕΝΟΣ errorem peperit.

149 5 pro ἐλῄιζόν τε lege ἐλῇζόν τε.

154 14 „ potuerunt „ potuerant.

156 7 „ πεπραγμένῳ „ πεπραγμένα, et ante ἐπί insere ὡς ἀπὸ μιᾶς (γνώμης). Repudio tamen hanc coniecturam.

157 1 pro ἀσπίδες lege ἀσπίδος.

164 7 „ 131 „ 130.

Pag.	Vs.				
164	27	Verior correctio est κᾶν κώμην ἀποϛήσειας. Cf. Isocr. p. 71 d. et p. 447.			
166		pro § 14 et § 17 lege § 12 et § 14.			
167	6	" vocabuli	" vocabula.		
"	13	" § 115	- § 125.		
"	16	" ἐργολάβῳ τινι	" ἐργολάβῳ τινί.		
168	ult.	" πόνοι	" μόνοι		
172	2	" ΟΙΠΕΡΕΙΕCΙ	" ΟΙΠΕΡΕΙCΕΙ.		
173	20	Cf. Isocr. p. 183 d.			
176	11	pro Ἀπόλλῶνος lege Ἀπόλλωνος.			

Reliqua typographicá vitia, si qua praetermisi, ipsius lec_toris curae commendo.

NOVA ADDENDA CRITICA

AD

MEINEKII OPUS, QUOD INSCRIBITUR

FRAGMENTA COMICORUM GRAECORUM.

TYPIS A. W. SYTHOFF.

NOVA ADDENDA CRITICA

AD

MEINEKII OPUS, QUOD INSCRIBITUR

FRAGMENTA COMICORUM GRAECORUM.

SCRIPSIT

HENRICUS VAN HERWERDEN.

LUGDUNI-BATAVORUM,

APUD S. C. VAN DOESBURGH.

MDCCCLXIV.

ADDENDA AD MEINEKII OPUS, QUOD INSCRIBITUR FRAGMENTA COMICORUM GRAECORUM.

Postquam ante hos novem annos conscripseram dissertationem Academicam continentem *Observationes criticas ad fragmenta comicorum Graecorum* (quas deinde Jacobius maximam partem recepit in addenda ad Meinekii opus) saepius sparsa illa antiquorum poetarum membra diligentius examinabam. Ea opera nova mihi succrevit adnotationum seges, ex qua deletis quae ab aliis occupata aut rectius constituta subinde intellegebam, exigua hodie pars superest, fortasse non prorsus indigna, quae cum harum literarum amantibus communicetur.

Sequar autem paginarum et fragmentorum ordinem, qui servatur in Meinekiana editione.

Vol. II. Pag. 96. Cratini *ΟΔΥΣΣΕΩΝ* fr. VI:

$$T\tilde{\eta} \ \nu\tilde{v}\nu \ \tau\acute{o}\delta\epsilon \ \pi\tilde{\iota}\vartheta\iota \ \lambda\alpha\beta\grave{\omega}\nu \ \mathring{\eta}\delta\eta, \ \varkappa\alpha\grave{\iota} \ \tauο\mathring{v}\nu ο\mu\acute{\alpha} \ \mu' \ \epsilon\mathring{v}\vartheta\grave{v}\varsigma$$
$$\mathring{\epsilon}\varrho\acute{\omega}\tau\alpha.$$

Offensioni est *νῦν — ἤδη*, ubi exspectaveris *νυν* encliticum, sed imprimis haereo in Imperativo *ἐρώτα*. Non enim rei naturae satis congruum, imo subabsurdum esse videtur, Cratinum induxisse Ulyssem hortantem Cyclopa, ut suum se nomen *roget*. Quanto melius et Homerus, apud quem in Odyssea sponte sua, non hercle *iussus*, Cyclops ad hospitem:

δός μοι ἔτι πρόφρων, καί μοι τεὸν οὔνομα εἰπέ
αὐτίκα νῦν κτέ.

et, illum secutus, Euripides in cognomine fabula (vs. 548):

σὺ δ' ὦ ξέν' εἰπὲ τοὔνομ' ὅτι σε χρὴ καλεῖν.

Unde suspicor Cratino reddendum esse:

„Τῆ νῦν τόδε πῖθι λαβών·" ἥσθη (Cyclops), καὶ τοὔνομά
μ' εὐθὺς ἐρωτᾷ.

Quae si vera est coniectura, apparet haec verba pertinuisse ad scenam quamdam, in qua Ulysses narret, quomodo consopiverit Cyclopem. Similem certe narrationem instituit Euripides a vs. 381—436, ubi Ulysses rem atque consilium aperit Sileni comitibus.

Pag. 119. *ΠΥΤΙΝΗΣ* fragm. VII vs. 4 sq.:

εἰ μὴ γὰρ ἐπιβύσει τις αὐτοῦ τὸ στόμα,
ἅπαντα ταῦτα καταχλύσει ποιήμασιν.

Compone mihi haec cum simillimo loco Aristophaneo, qui legitur *Equitum* vs. 99:

ἢν γὰρ μεθυσθῶ, πάντα ταυτὶ καταπάσω
βουλευματίων καὶ γνωμιδίων καὶ νοιδίων.

et fortasse mecum apud Cratinum quoque ταυτί iudicabis probabile.

Pag. 221. Non facile credam poetam comicum citra paroediam uti potuisse forma Ionica ἀείδειν pro Attica ᾄδειν. Citra paroediam dico: nam planissime illius formae usum concedimus Menandro in *Thaidis* prologo celeberrimam istam meretricem ita canenti:

ἐμοὶ μὲν οὖν ἄ ε ι δ ε τοιαύτην, θέα,
θρασεῖαν, ὡραίαν δὲ καὶ πιθανὴν ἅμα,
ἀδικοῦσαν, ἀποκλείουσαν, αἰτοῦσαν πυκνά,
μηδενὸς ἐρῶσαν, προσποιουμένην δ' ἀεί.

At res longe longeque diversa est in Cratini fragmento
(Incert. Fab. CXLII ap. Mein.) quod servavit scholiasta ad
Arist. Eq. 1284: μέλη Πολυμνήστου Κολοφωνίου· κιθαρῳδὸς
ἦν οὗτος. Κ ρ α τ ῖ ν ο ς·
καὶ Πολυμνήστει' ἀ ε ί δ ε ι μουσικήν τε μανθάνει.

Hunc igitur locum mendosum esse vix dubito: quominus
vero certa via atque ratione ei medeamur, ipsa fragmenti bre-
vitas impedit. Remedii autem lenitas fortasse commendabit
hanc coniecturam:
καὶ Πολυμνήστεια δ' ἄ δ ε ι μουσικήν τε μανθάνει.

Eadem causa est, cur non confidentius affirmare audeam
eiusdem Cratini fragmentum ex Horis (V, pag. 165) supplendum esse in hunc modum:
ἐκεῖνος αὐτὸς [ἐστιν] ἐκμεμαγμένος.

Quamquam haud video, quid probabilius possit intercalari.

Pag. 252. Corrigendus videtur interpretum error in ultimo
versu fragmenti I Pherecratis ex ΑΓΑΘΩΝ:
Ἐγὼ κατεσθίω μόλις τῆς ἡμέρας
πένθ' ἡμιμέδιμν', ἐὰν βιάζωμαι. Β μόλις;
ὡς ὀλιγόσιτος ἦσθ' ἄρ', ὃς κατεσθίεις
τῆς ἡμέρας μακρᾶς τριήρους σιτία.

Iungunt enim vv. dd. μακρά τριήρης, quod non minus a
Graecorum usu videtur abhorrere, quam contra linguam Latinam peccaret, si quis diceret scriberetve longa triremis.
Nam utrique populo (neque ignota res est) pro τριήρης s.
triremis mos est subinde adhibere locutiones ναῦς μακρά s.
πλοῖον μακρόν et navis longa.

Contra omnia recte procedent et venusto lepore dicta erunt, si iunxeris τῆς ἡμέρας μακρᾶς· „Quantillo, inquit, cibo tu contentus es, qui per longum diem (non plura) comedas (quam) longae navis cibaria."

Vel ex Homero nota sunt νὺξ μακρή et ἤματα μακρά.

Pag. 261. Exigui sane momenti res est, monenda tamen in gratiam futuri harum reliquiarum editoris, quo facilius leviores istiusmodi res intentos gravioribus animos fallere solent. Curae igitur ei sit, ut in fragmento primo Transfugarum Pherecratis sic scribat vs. 4:

καὶ τὴν ὀσφὺν κομιδῇ ψιλήν, λοιπὸν τὸν σφόνδυλον
αὐτὸν κτέ.

Nam, quod vulgatur σπονδυλόν, satius est relinquere Ionibus, similiterque ἀσπάραγον, (somniant enim qui Grammatici significandi discrimen esse statuunt inter ἀσπάραγον et ἀσφάραγον) λίσπος, πιδάκνη, σπυράς, πανός, in quibus vocabulis Atticos pro tenui aspiratam scripsisse satis superque constat.

Pag. 266. Pherecratis ΓΡΑΩΝ fr. II:
ἀπόπεμψον ἀγγέλλοντα τὸν περιστερόν.
Imo vero ἀγγελοῦντα.

Pag. 299. Eiusdem ΜΕΤΑΛΛΕΩΝ fr. I vs. 8 sq.:
φύσκαι δὲ καὶ ζέοντες ἀλλάντων τόμοι
παρὰ τοῖς ποταμοῖς σίζοντες ἐκέχυντ' ἀντ' ὀστράκων.

„Mihi olim," ait Meinekius, „σίζοντες varia lectio par-„ticipii ζέοντες in versu praecedenti et ποταμοῖσιν ἐξεχέ-„χυντο scribendum videbatur. Sed retinuit me Pollucis et „Athenaei consensus." Ille vero consensus nihil aliud probat, nisi istum errorem iam antiquitus hos versus invasisse, neque quin verum viderit vir egregius equidem punctum temporis dubitaverim. Hoc tamen addendum, ipsam illam variam lectionem σίζοντες unice veram esse videri. Quippe ζεῖν proprio usu adhiberi solet de aqua ceterisque rebus *bullientibus* Il. *Σ* 349. αὐτὰρ ἐπειδὴ ζέσσεν ὕδωρ ἐνὶ ἤνοπι χαλκῷ. Ibid. *Φ* 365. ὡς τοῦ καλὰ ῥέεθρα πυρὶ φλέγετο, ζέε δ᾽ ὕδωρ de Xantho flumine. Cf. Odyss. ι 360. Deinde figurato sensu transfertur ad animum eiusque affectus, praesertim ad *iram*. *Σίζειν* vero accurate respondet nostro verbo ab eodem radice formato *sissen* diciturque potissimum de rebus ferventibus, quae aqua aliore humore tinctae *strideant sibilent*que; nam ita Latini. Cf. Ovid. Metamorph. XII 279. Hinc frequentissime usurpatur de cibis coctis atque assatis. Cff. Arist. Eq. 926 et Acharn. 1122, Magnetis fr. II (p. 10):

ταγηνίας ἤδη τεθέασαι χλιαροὺς
σίζοντας, ὅταν αὐτοῖσιν ἐπιχέῃς μέλι;

Hinc rectissime, si quid iudico, ipse Meinekius in Teleclidis fragmento apud Pollucem X. 84 (*ΑΨΕΥΔΕΩΝ* fr. 1 p. 365), adiutus lectione codicis Falkenb. πηγανίζοντα legendum proposuit:

τὰ δὲ τήγανα
σίζοντά σοι μολύνεται

pro vulgatis:

τὰ δὲ τήγανα ζέοντά σοι μολύνεται.

Quam emendationem confirmat Alexidis locus ap. Mein. III, p. 471:

τὸ δ᾽ ἄλλο σῶμα κατατεμὼν πολλοὺς κύβους
σμήσας τε λεπτοῖς ἁλσί, δειπνούντων ἅμα
ἐπὶ τὸ τάγηνον σίζον ἐπισείων φέρω.

Ut autem redeam ad locum Pherecrateum, scribendum puto:

φύσκαι δὲ καὶ σίζοντες ἀλλάντων τόμοι
παρὰ τοῖς ποταμοῖσιν ἐξεκέχυντ᾽ ἀντ᾽ ὀστράκων.

non quod ζέοντες τόμοι minus Graece dictum esse putem,

sed quia σίζειν minus cognitum librariis vocabulum verisimile non est ab istis esse profectum. Facile contra ζεῖν, quod quavis aetate frequenti omnium usu tereretur, olim ad interpretandum vel illustrandum verbum σίζειν adscribi potuisse, omnes intelligent; idque revera aliquando factum esse apparet e loco Teleclideo, quem supra a Meinekio emendatum laudavi.

Pag. 407. Hermippi *ΦΟΡΜΟΦΟΡΩΝ* fr. I:

vs. 12 sqq. ταῦτα μὲν ἐντεῦθεν. ἐκ δ᾽ Αἰγύπτου τὰ
κρεμαστὰ

ἱστία καὶ βύβλους, ἀπὸ δ᾽ αὖ Συρίας λιβανωτόν,
ἡ δὲ καλὴ Κρήτη κυπάριττον τοῖσι θεοῖσιν·

Ruens metrum curaturus vs. 12 Meinekius minus feliciter proposuit:

ταῦτα μὲν οὖν ἐντεῦθεν· ἀπ᾽ Αἰγύπτου δὲ κρεμαστά·

quum multo lenius, transpositis vocabulis, possis:

ἐντεῦθεν μὲν ταῦτ᾽· ἐκ δ᾽ Αἰγύπτου τὰ κρεμαστὰ
ἱστία κτέ.

vs. 17 αὐτὰρ ἀπ᾽ Εὐβοίας ἀπίους καὶ ἴφια μῆλα notandum est poetam more Homerico diphthongum, qui praecedit vocabulo ἴφια, non contraxisse. Quae res animum mihi addit in Avium Aristophanearum parabasi rescribenti:

Ἄγε δὴ φύσιν ἄνδρες ἀμαυρόβιοι, φύλλων γενέᾳ προσόμοιοι,
ὀλιγοδρανέες, πλάσματα πηλοῦ, σκιοειδέα φῦλ᾽ ἀμενηνά,
ἀπτῆνες ἐφημέριοι ἀλαοὶ βροτοί, ἀνέρες εἰκελόνειροι.

nam, quod vulgatur ibi ταλαοί, ne Graecum quidem vocabulum esse puto [1]), dum inter tot vocabula Homero et epicis sublecta ἀλαοὶ βροτοί i. e. *coeci mortales* optime locum suum tuebuntur. His scriptis, video iam Scholiastam ad h. l. ad-

---

[1]) Appellativum dico, nam nomen proprium *Ταλαός* exstare non ignoro.

notasse: — ἔνιοι δὲ τὸ ταλαοί διαιροῦσιν ὥστε εἶναι
ἀλαοί. Erant igitur iam olim inter criticos Alexandrinos,
qui diremtis vocabulis scribi mallent:

ἀπτῆνες ἐφημέριοί τ' ἀλαοί βροτοί κτέ.

Mihi autem importuna ista litera iam antiquitus inserta
esse videtur, ne metrum scilicet rueret, ab ignorantibus vocabulum ἀλαός olim digamma habuisse Aeolicum, quod apparet ex Odyss. κ 493: μάντηος Ϝαλαοῦ, τοῦ τε φρένες ἔμ-
πεδοί εἰσιν. et μ 267: μάντηος Ϝαλαοῦ, Θηβαίου Τειρεσίαο.
H. α 69 Κύκλωπος κεχόλωται, ὃν ὀφθαλμοῦ Ϝαλάωσεν et
ι 516 ὀφθαλμοῦ Ϝαλάωσεν, ἐπεί μ' ἐδαμάσσατο Ϝοίνῳ. Il.
K 515 et N 10 et Ξ 135 et Od. θ 285 scribi potest οὐ
Ϝαλαοσκοπίην pro οὐδ' ἀλαοσκοπίην. Nec fortasse κ' genuinum ib. 195.

Pag. 493. Eupolidis ΚΟΛΑΚΩΝ fr. XV:

Δεῖπνον θὲς ἑκατὸν δραχμάς. Β. ἰδού.
A. οἶνον θὲς ἑτέραν μνᾶν.

In rationibus subducendis Grammatica Graeca requirit Gene-
tivum earum rerum, quarum pretium constituitur. Aristoph.
Nub. τρεῖς μνᾶς διφρίσκου καὶ τρόχοιν Ἀμυνίᾳ. Eriphi
Meliboeae fr. I, 9 (vol. III p. 557): τούτων μὲν ὀβολόν, εἰ
πολύ, τίθημι. λογιοῦμαι γάρ κτέ. Reddatur igitur Eupolidi
Δεῖπνον et οἴνου.

Pag. 513. Eiusdem ΠΟΛΕΩΝ fr. XI:

Χἀμυνίας ἐκεῖνος ἀμέλει κλαύσεται,
ὅτι ὢν ἄγροικος ἵσταται πρὸς τῷ μύρῳ,
ὅτι θεῶν ἕνεκ' ἔπλευσε κακὸς ὢν εἴσεται.

Ὅτι in vs. 3 male repetitum esse e versu praecedentis
initio optime intellexit M., coniiciens: ὢν θ' ἕνεκ' ἔπλευσε
ταῦτα κακὸς ὢν εἴσεται. Fortasse vir eruditissimus nunc

ut leniorem praeferet hanc meam rationem, qua eodem sensu
scribendum propono:

τά θ', ὧν ἕνεκεν ἔπλευσε, κακός ὢν εἴσεται.

Notior est usus articuli pro demonstrativo ante pronomen
relativum, quam qui exemplis confirmetur. Ordo vocabulorum
hic est: εἴσεταί τε ὧν κακός τά, ὧν ἕνεκεν ἔπλευσεν.

Pag. 551. Eiusdem Inc. Fab. fr. VIII sic videtur ex-
plendum:

τίς οὐξεγείρας μ' ἐστίν; οἰμώξει μακρά,
ὅτιή μ' ἀνίστης ὠμόϋπνον [ὄντ' ἔτι]·

nam utrumque quod addidi vocabulum, ad sententiam plane
est necessarium.

Pag. 605. Phrynichi Inc. Fab. fr. XII.

Scholiasta ad Aristoph. Pac. 344: Καλλίστρατος (συβαρίζειν interpretatur) τρυφᾶν ἀπὸ τῆς συβαριτικῆς τρυφῆς,
Ἀρτεμίδωρος ἁπλῶς θορυβεῖν, καὶ Φρύνιχος·

πολὺς δὲ συβαριασμὸς αὐλητῶν (τότ') ἦν.

Componatur cum his Hesychius:

Συβριακόν· τὸ πολυτελές.

Συβριάζει· συβαρεύεται, τρυφᾷ.

Συβριασμός· ὁ ἐν εὐωχίᾳ θόρυβος.

et Etymologus Magnus:

Συβριάζειν ἀπὸ τοῦ συβαρίζειν ἐν ὑπερθέσει.

Vides igitur duo olim fuisse verba Graeca συβαρίζειν (Ar.
Pac. 344) et συβριάζειν (non συβαριάζειν, quod non est
unius assis) unde formatur συβριασμός, quod ex hoc ipso
Phrynichi versu afferre videtur Hesychius. Apud Scholiastam
Codd. variant inter συβαρισμός et συβαριασμός. Legendum
igitur:

πολὺς δὲ συβριασμὸς αὐλητῶν (τότ') ἦν.

Pag. 645. Platonis *ΝΥΚΤΟΣ ΜΑΚΡΑΣ* fr. IV:
Grammat. Bekk. Anecd. p. 384. 10: ἀλλ' αὖ ἀντὶ τοῦ
ἀλλὰ πάλιν. Πλάτων Νυκτὶ μακρᾷ·
'Αλλ' αὖ γέλοιον ἄνδρα μου μὴ φροντίσαι μηδέν.

Verba manifesto depravata, si quidem articulus ad ἄνδρα
desiderari nequit. Verum videtur:
'Αλλ' αὖ γέλως τὸν ἄνδρα κτέ.

Ita Demosthenes in prima Philippica § 25: τί οὖν κελεύω;
τὰς προφάσεις ἀφελεῖν καὶ τοῦ στρατηγοῦ καὶ τῶν στρατιωτῶν, μισθὸν πορίσαντας καὶ στρατιώτας οἰκείους ὥσπερ
ἐπόπτας τῶν στρατηγουμένων παρακαταστήσαντας, ἐπεὶ νῦν
γε γέλως ἐσθ' ὡς χρώμεθα τοῖς πράγμασιν. Cf. *Or. de sym-
moriis* § 27.

Verba autem esse videntur Alcmenes indignabundae.

Pag. 656. Eiusdem *ΠΡΕΣΒΕΩΝ* fr. I:
κἆτ' ἔλαβον 'Επικράτης τε καὶ Φορμίσιος
παρὰ τοῦ βασιλέως πλεῖστα δωροδοκήματα·
ὀξύβαφα χρυσᾶ καὶ πινακίσκους ἀργυροῦς.

Nota res est Graecos, ubi mentio fiat regis Persarum, ponere solitos esse vocabulum βασιλεύς sine articulo. Hoc tamen
ita verum esse, ut vel apud antiquos articuli usus in ea re
soloecus non sit, hoc loco constare videtur. At quis praestabit,
Platonem non dedisse: παρὰ βασιλέως (πολὺ) πλεῖστα δω-
ροδοκήματα?

Pag. 685. Eiusdem F a b. I n c. fr. XII.
Pollux IV. 56: 'Επίχαρμος δὲ καὶ ποιμενικὸν (vulgo ποιητικὸν) μέλος αὐλεῖσθαί φησι, Πλάτων δ' ὁ κωμικὸς καὶ
συβωτικόν· "Οτι δ' ἂν ἡ συβώτρια μηδ' ἀγαθὴ γέ-
νοιτό μοι. ἔχει δὲ μόνον (οὐ insere cum Meinekio)
δακτύλους αὐλητικούς.

Codd. nihil variant, nisi quod δ' abest ab optimo Parisino
(A. Bekkeri). Verba conclamata sic iuvat tentare:

$$\check{α} ττ' \, \check{α} ν \, \check{η}$$
$$συβωτίκ', \, α \grave{υ} λ ε \~ι ν \, \grave{η} δ' \, ἀγαθ\acute{η} \, γ\acute{ε}νοιτό \, μοι·$$
$$\check{ε}χει \, δ\grave{ε} \, μόνον \, ο\grave{υ} \, δακτύλους \, α\grave{υ}λητικούς.$$

Nisi forte in ὅτι ἂν ἥ latet fabulae Platonicae nomen, aut
vitio hae voculae prognatae sunt e vocabulo praecedenti.
Quod si liceret suspicari, posses:

$$συβωτίκ' \, α \grave{υ} λ ε \~ι ν \, \grave{η} δ' \, ἀγαθ\acute{η} \, κτέ.$$

'Αγαθός, ut δεινός, σοφός, similia, noto usu iungitur cum
Infinitivo. Ita v. c. Antiphanes ap. Athen. VI p. 237 pa-
rasitum vocat ὀργὴν ἐνεγκεῖν ἀγαθόν.

Pag. 804. Theopompi fragm. *NEMEΑΣ* vs. 9 sqq.:

$$φιλοτησίαν \, δ\grave{ε} \, τήνδε \, σοι \, προπίομαι·$$
$$δέξαι, \, πιοῦσα \, δ' \, ὁπόσον \, ἄν \, σοι \, θυμὸς \, \~η$$
$$παράδος \, τὸ \, π ρ \~ω τ ο ν.$$

Pro πρῶτον haud dubie male Jacobsius περιττόν. Melius
certe Meinekius λοιπόν, quod tamen vix in πρῶτον potuit
abire. Paulo quidem lenius fuerit περίλοιπον, sed vide ne
hic quoque usu veniat τὸ λεγόμενον *simplex veri esse si-
gillum*, reddendumque poetae sit:

$$παράδος \, τὸ \, π ο τ ή ρ ι ο ν.$$

Obiter nota lepidum verborum lusum in vs. 1 huius fragmenti, quem non videntur observasse interpretes:

$$Χώρει \, σ\grave{υ} \, δεῦρο \, Θηρικλέους \, π ι σ τ ό ν \, τέκνον.$$

Cf. Aeschyl. in Prometheo:

$$ε\check{ι} \, τις \, ε\grave{ι}ς \, νόσον \, πέσοι$$
$$ο\grave{υ}κ \, \~ην \, ἀλέξημ' \, ο\grave{υ}δὲν \, ο\check{υ}τε \, βρώσιμον$$
$$ο\grave{υ} \, χριστὸν \, ο\check{υ}τε \, π ι σ τ ό ν.$$

Pag. 806. Eiusdem *ΟΔΥΣΣΕΩΝ* fr. III:

Εὐριπίδου τ' ἄριστον οὐ κακῶς ἔχον
τἀλλότρια δειπνεῖν τὸν καλῶς εὐδαίμονα.

Meinekius: *Εὐριπίδου τἄρ' ἐστίν.* Optima sane sententia et fortasse vere! Neque tamen ignorandum, ne una quidem litera mutata scribi posse:

Εὐριπίδου τἄρ' ἴστον οὐ κακῶς ἔχον.

Pag. 831. Alcaei *ΠΑΛΑΙΣΤΡΑΣ* fr. II:

μυρίσασα συγκατέκλεισεν ἀνθ' αὑτῆς λάθρα.

Haec verba dicta videntur de meretrice, quae decepto amatore aliam pro se mulierculam substituerit. Unde apparet Alcaeum dare non potuisse, quod Meinekius quamvis dubitanter ex negligentiore Athenaei oratione efficit, *μυρισαμένη.* Inunguendi mos ante concubitum satis, opinor, notus est ex Aristophane.

Pag. 832. Eiusdem Inc. Fab. fr. I:

ἔδω δ' ἐμαυτὸν ὥσπερ πουλύπους.

Praeter *ἔδομαι,* de qua forma reponenda cogitavit Meinekius, suspicari possis *ἔσθω,* de cuius usu apud Atticos satis constat. Cf. Archippi *'Ιχθύων* fr. VII et Philippidae *ἀργυρίου ἀφανισμοῦ* fr. I vs. 5. Apud Eubulum contra in *Διονυσίου* fr. IV *ἔδουσιν* sine offensione legitur in versu heroico:

χαὶ Προκλέους ἵπποι χλωρὰν ψαλάκανθαν ἔδουσιν.

Quae sermonis vitia M. notavit in Alcaeo Hist. Critica p. 246, in antiquae comoediae quamvis recenti auctore vix credibilia esse videntur, et si ipsum Alcaeum hodie legere nobis liceret, nisi me fallit animus, ea crimina diluerentur. Complures certe harum glossarum a Grammaticis ita tribuuntur Alcaeo, ut lyricus an comicus poeta significetur incertum maneat. Tum in tanta fragmentorum brevitate hodie saepe dignosci nequit, Atticusne homo an peregrinus loquatur. Male-

certe huc traxit Mein. ἀγρόθεν prima syllaba scilicet producta
in Κωμῳδοτραγῳδίας fr. I, ita corrupto, ut quid a poeta
profectum sit fortasse in aeternum simus ignoraturi.

ἐτύγχανον μὲν ἀγρόθεν πλείστους φέρων
εἰς τὴν ἑορτὴν ὅσον οἷον εἴκοσι κτέ.

Quicumque in eo loco refingendo ingenium experiri velit,
ita certe rem instituat, ut in ἀγρόθεν prima syllaba corri-
piatur, v. c. ἐτύγχανον μὲν (οὖν) κτέ.

In ΠΛΕΙCΤΟΥC fortasse latet ΠΛΕΚΤΟΥC, et in οἷον
substantivum, quod cum illo adiectivo recte iungatur.

Pag. 865. Philyllii Fab. Inc. fr. VI:

παρέξω Λέσβιον,
Χῖον, Σαπρίαν, Θάσιον, Βίβλινον ***
Μενδαῖον, ὥστε μηδένα * κραιπαλᾶν.

Nescio an post Βίβλινον propter ductuum similitudinem
exciderit Χαλυβώνιον, cuius vini mentio fit apud Pollucem VI: 16. Metrum admittit quoque Πεπαρήθιον, quod habet
Aristophanes in alteris Thesmophoriazusis fr. 1:

οἶνον δὲ πίνειν οὐκ ἐάσω Πράμνιον,
οὐ Χῖον, οὐδὲ Θάσιον, οὐ Πεπαρήθιον.

Vs. 3tio fortasse supplendum: μηδέν' ἡμῶν κραιπαλᾶν.
Compositum κατακραιπαλᾶν, de quo reponendo possit cogitari, apud antiquiores non videtur reperiri.

Pag. 867. Polyzeli ΔΗΜΟΤΥΝΔΑΡΕΩ fr. I:

Τριῶν κακῶν γοῦν ἦν ἑλέσθ' αὐτῷ τι πᾶσ' ἀνάγκη·
ἢ ξύλον ἐφέλκειν, ἢ πιεῖν κώνειον, ἢ προδόντα
τὴν ναῦν ὅπως τάχιστα τῶν κακῶν ἀπαλλαγῆναι·
ταῦτ' ἔστι τρία Θηραμένους, ἅ σοι φυλακτέ' ἐστί.

Locum recte interpretatus est M., cui iure displicuit istud
τι post αὐτῷ sine ἕν. Mihi praeterea valde suspectum est

pronomen αὐτῷ propter vs. 4: ἅ σοι φυλακτέ' ἐστιν. Vestigia genuinae lectionis servavit Suidas: τριῶν γοῦν κακῶν exhibens, unde poetae manum restitui posse suspicor, si legamus:

Τριῶν γὰρ ἕν κακῶν ἑλέσθ' αὐτοῦ 'στι πᾶσ'
ἀνάγκη κτέ.

Αὐτοῦ accipe de Athenarum urbe. Vs. 4 probo Meinekii coniecturam: ταυτὶ τὰ τρία Θηραμένους κτέ.

Pag. 886. Cephisodori ΥΟΣ fr. V:

Pollux X. 110: τὸν δὲ φρυγέα καὶ αὐτὸν ὡς σκεῦος μαγειρικόν, εἴτε τὸ ἀγγεῖον, ἐν ᾧ ἔφρυγον, εἴτε τὸ φρύγετρον, ὡς ὁ κωμικὸς Θεόπομπος ἐν Σειρῆσιν ὑποδηλοῖ λέγων, „Φρυγεὺς, θυεία, λήκυθος" καὶ μὴν καὶ Κηφισοδώρου ἐν 'Υΐ εἰπόντος·

σπονδὴ δὲ παρὰ τῶν ὁλκάδων
καὶ καταφαντισγός.

Tento:

σπονδὴ δὲ παρὰ τῶν ὁλκάδων
καὶ φρυγανισμός·

i. e. festinatio a navibus actuariis et sarmentorum collectio. Cf. Thucydid. VII. 13: τὰ δὲ πληρώματα διὰ τόδε ἐφθάρη τε ἡμῖν καὶ ἔτι νῦν φθείρεται, τῶν ναυτῶν τῶν μὲν διὰ φρυγανισμὸν καὶ ἁρπαγὴν καὶ ὑδρείαν μακρὰν ὑπὸ τῶν ἱππέων ἀπολλυμένων, cl. ib. c. 4 ἐπὶ φρυγανισμὸν ἅμα ὁπότ' ἐξέλθοιεν οἱ ναῦται.

Pag. 947. Aristophanis ΑΙΟΛΟΣΙΚΩΝΟΣ fr. X:

καὶ διαστίλβονθ' ὁρῶμεν
ὥσπερ ἐν κενω λυχνούχω
πάντα τῆς ἐξωμίδος.

Vs. 2 exhibui ut habet codex, quia male vulgo recepta est Salmasii correctio: ἐν καινῷ λυχνούχῳ. Nam nullus locus est praepositioni, sed requiritur Genitivus, quia sensus est: ὥσπερ τὸ φῶς (διὰ) λυχνούχου. Comparatur enim ἐξωμίς λυχνούχῳ, quod secundum Phrynichum (quem laudat M.), est σκεῦός τι ἐν κύκλῳ ἔχον κέρατα, ἔνδον δὲ λύχνον ἠμμένον, διὰ τῶν κεράτων τὸ φῶς πέμποντα. Unde suspicor:

καὶ διαστίλβονθ' ὁρῶμεν
ὥσπερ εὐκέρω λυχνούχου
πάντα τῆς ἐξωμίδος.

Ad formam genetivi cf. ὑψικέρως.

Pag. 987. Eiusdem *ΓΕΩΡΓΩΝ* fr. VIII:

Εἰρήνη βαθύπλουτε καὶ ζευγάριον βοεικόν·
εἰ γὰρ ἐμοὶ παυσαμένῳ τοῦ πολέμου γένοιτο
σκάψαι κἀποκλάσαι τε καὶ λουσαμένῳ διελκύσαι
τῆς τρυγὸς ἄρτον λιπαρὸν καὶ ῥάφανον φέροντι.

Φέροντι recte corruptum iudicat M. Sententia requirit verbum edendi, quare vide an satisfaciat:

διελκύσαι
τῆς τρυγός, ἄρτον λιπαρὸν·καὶ ῥάφανον φαγόντι.

In διελκύσαι, quod suspectat M. coniiciens σύχν' ἑλκύσαι, ego non haereo. Valet enim διαπίνειν. Arist. Pac. 1130 sqq.: οὐ γὰρ φιληδῶ μάχαις, ἀλλὰ πρὸς πῦρ διέλκων μετ' ἀνδρῶν ἑταίρων φίλων, ἐκκέας τῶν ξύλων ἅττ' ἂν ᾖ δανότατα τοῦ θέρους ἐκπεπρισμένα, κἀνθρακίζων τοὐρεβίνθου κτέ. Ceterum cf. Cratini fragm. ex *Horis* apud Poll. VI. 18:

'Αλλ' ἦν, ὅτ' ἐν φώσσωνι τὴν ἴσην ἔχων
μετ' ἐμοῦ διῆγες μοῖραν ἕλκων τῆς τρυγός·

nam ita legendum pro vulgatis: διῆγες οἶναρον, quemadmodum ipsum quoque M. postmodo correxisse video ex *Addendis*.

Pag. 988. Ib. fr. IX:

Schol. Eq. vs. 959: *Μολγὸν γενέσθαι.*] *Σύμμαχος· ἔοικε χρησμός τις εἶναι· ἐν γὰρ τοῖς Γεώργοις οὕτως ἔχει· ῞Ο τῷ δοκεῖ σοι δεῖν μάλιστα τῇ πόλει, ἐμοὶ μὲν ἐπὶ τὸν μολγὸν εἶναι οὐκ ἀκήκοας.*

Perperam viri docti acquieverunt emendatione, qua Bergkius locum restituere sibi visus est edens in hunc modum:

A. ῞Οτου δοκεῖ σοι δεῖν μάλιστα τῇ πόλει;

B. ἐμοὶ μὲν αἴνειν μολγόν· οὐκ ἀκήκοας;

Levius in eo peccatum est, quod in editis non significatur, vs. 1 quaestionem esse indirectam, ut perspicuum est ex usu pronominis *ὅστις*; quae res indicari potuerat lineola posita ante *ὁτου*. Sed multo gravius B. impegit in corrigendo vs. altero. *Αἴνειν μολγόν*, inquit, *nihil aliud significat quam oportere civitatem Atheniensium extrema mala perpeti; nam αἴνειν μολγὸν idem est quod alias ἀσκὸν δέρειν dicitur, ut est apud Solonem* fr. 32: *ἤθελον γάρ κεν κρατήσας — Ἀσκὸς ὕστερον δεδάρθαι κἀπιτετρίφθαι γένος.* Haud vidi magis! Si Solon l. l. scribere potuisset *ἀσκὸς δεδαρκέναι* pro *δεδάρθαι*, lubens concederem Bergkio etiam Aristophanem potuisse dare, quod ipse reposuit: *αἴνειν μολγόν* pro *αἴνεσθαι μολγόν* (i. e. *δέρεσθαι ἀσκόν*). Sensus autem, quem et iure, opinor, voluit Bergkius, loco quem tractamus inerit, multo lenius correcto in hunc modum:

A. (ἀλλ' εἰπέ μοι),
ὁτου δοκεῖ σοι δεῖν μάλιστα τῇ πόλει,
B. ἐμοὶ μὲν εἶναι μολγόν· οὐκ ἀκήκοας;

Confirmat nostram emendationem tum ipse Equitum locus, cui Scholiasta haec adscripsit, *Ἀλλ' ἐὰν τούτῳ πίθῃ, μολγὸν γενέσθαι δεῖ σε*, tum Pollucis locus, quem ipse B. attulit, X. 187: *καὶ Ἀριστοφάνης δὲ* (in qua fabula, incertum est) *χρησμόν τινα παίζει· Μή μοι Ἀθηναίους αἴνειν, τοὶ μολγοὶ ἔσονται.*

Pag. 1011. Eiusdem *ΓΗΡΥΤΑΔΟΥ* fr. XVI:

τότε μὲν (Διόνυσε) σου κατεκοττάβιζον (ἄν),
νυνὶ δέ σου κατεμοῦσι, τάχα δ' εὖ οἶδ' ὅτι
καὶ καταχέσονται.

Vim intulit Graecitati Bergkius repetendo pronomine σου
vs. 2. Et lenius, opinor, et verius supplebis: νυνὶ δὲ δὴ
κατεμοῦσι κτέ.

Pag. 1026. Eiusdem *ΔΑΙΤΑΛΕΩΝ* fr. 1:

καὶ δελφακίων ἁπαλῶν κωλαῖ καὶ χναυμάτια πτερόεντα.

„*Πτερόεντα χναυμάτια*" ait Bergkius „non possunt avi-
„culae esse delicatius apparatae, sed *περικόμματα tenera*,
„*delicata, exquisita*." Recte ille quidem; sed unde igitur
ineptissimum h. l. epitheton πτερόεντα? Nisi egregie fallor, in
XNAΥMATIAΠTEPOENTA hucusque delituit *XNAΥ-
MATIATTEPOENTA*, et Aristophani reddendum:

καὶ δελφακίων ἁπαλῶν κωλαῖ καὶ χναυματί' ἄττ'
                                    ἐρόεντα.

Notum est quam saepe librarii illud ἄττα, quod non in-
telligerent, obliterarint. Feliciter id Cobetus restituit Theo-
pompo in *Sirenum* fr. II (pag. 811 M.):

αὐλεῖ γὰρ σαπρὰ
αὕτη γε κρουμάτια τὰ ἐπὶ Χαριξένης.

Quanto melius ille: κρουμάτι' ἄττα τἀπὶ κτέ. quam
Meinekius, qui nimis festinanter correxit et edidit: κρου-
μαθ' οἷα τἀπὶ Χαριξένης.

Pag. 1077. Eiusdem *ΘΕΣΜΟΦΟΡΙΑΖΟΥΣΩΝ Β'* fr. III:

vs. 7. οὐδ' ἐγχέλειον, οὐδὲ κάραβον μέγαν
γυναιξὶ κοπιώσαισιν ἐπεκουρήσατε;

'Επικουρεῖν τί τινι Graecum esse nego pro παρέχειν τί
τινι. A nostro loco longe diversum est, quod legitur apud

Xenophontem *Anabas.* V Cap. 8 § 25: εἴ τῳ χειμῶνα ἐπε-
κούρησα, quamquam vel ibi nescio an corrigendum sit: εἴ
τῳ χειμῶνα ἐπεκούφισα, quemadmodum dicitur ἐπικουφί-
ζειν τινὶ τοὺς πόνους, τὰς συμφοράς et quidquid est huiuscemodi. Praeterea apud Aristophanem displicet epitheton istud
μέγαν, pro quo in codice A recte legitur μέγα, unde scribendum suspicor:

A. Ἰχθὺς ἐώνηταί τις ἢ σηπίδιον
ἢ τῶν πλατειῶν καρίδων ἢ πουλύπους,
ἢ νῆστις ὀπτᾶτ᾽, ἢ γαλεός, ἢ τευθίδες;
B. μὰ τὸν Δί᾽ οὐ δῆτ᾽. *A* οὐδὲ βατίς; *B.* οὔ φημ᾽ ἐγώ,
A. οὐδὲ χόρι᾽, οὐδὲ πῦος, οὐδ᾽ ἧπαρ κάπρου,
οὐδὲ σχαδόνες, οὐδ᾽ ἠτριαῖον δέλφακος,
οὐδ᾽ ἐγχέλειον, οὐδὲ κάραβον; μέγα
γυναιξὶ κοπιώσαισί γ᾽ ἐ π ε κ ο υ ρ ή σ α τ ε·

Ultima per ironiam dicta accipienda sunt: *egregiam scilicet opem tulistis mulieribus fessis!* Μέγα ἐπικουρεῖν eodem
iure dici opinor, quo μέγα ὠφελεῖν, βλάπτειν, similia.

Pag. 1101. Eiusdem *ΔΗΜΝΙΩΝ* fr. XII sic expleatur:
Πεντελίθοισι θ᾽ ὁμοῦ λεκάνης παραθραύσμασι (παῖσαι).

Pag. 1163. Eiusdem *ΤΡΙΦΑΛΗΤΟΣ* fr. II.
Athen. XII p. 525 A. καὶ Ἀριστοφάνης Τριφάλητι πα-
ρακωμῳδῶν πολλοὺς τῶν Ἰώνων·

Ἔπειθ᾽ ὅσοι παρῆσαν ἐπίσημοι ξένοι,
ἐπηκολούθουν κἠντεβόλουν προσκείμενοι,
ὅκως ἔχων τὸν παῖδα πωλήσει ᾽ς Χίον,
ἕτερος δ᾽ ὅκως εἰς Κλαζομενάς, ἕτερος δ᾽ ὅκως
εἰς Ἔφεσον * * * * * * *
οἱ δ᾽ εἰς Ἄβυδον· ἦν δ᾽ ἐκεῖνα πάνθ᾽ ὁδῷ.

Ultimum versum sic interpretantur, quasi scriptum foret:

ἦσαν δὲ πᾶσαι αἱ πόλεις ἐκεῖναι κατὰ τὴν ὁδόν. Quam interpretationem quia neque verba Graeca admittunt, neque loci contextus commendare videtur, tentavi:

ἦν δ' ἐκεῖνα πάνθ' ὅκῳ.

Consimile vocabulum ioco-fictum ab Aristophane servavit Photius p. 572. 4 (fr. CCLXI Inc. Fab.) τάχας· τοὺς κατασrοχασμοὺς παρὰ τὸ τάχα. οὕτως Ἀριστοφάνης, ubi recte Bergkius „dixerit aliquis ad taedium usque τάχα, quem risit „poeta." Similiter τίζειν ab eodem iocose formatum est = τί λέγειν, ut auctor est idem Photius p. 588. 13 (fr. CCLXV).

Pag. 1202. Eiusdem Fab. Inc. fr. CVIII.

Athen. Ep. 1 p. 30 B γίνεται δ' ἐν Ἰκάρῳ, φησὶν Ἐπαρχίδης, ὁ Πράμνιος. ἔστι δ' οὗτος γένος τι οἴνου. καὶ ἔστιν .[οὗτος] οὔτε γλυκὺς οὔτε παχύς, ἀλλ' αὐστηρὸς καὶ σκληρὸς καὶ δύναμιν ἔχων διαφέρουσαν, οἵῳ Ἀριστοφάνης οὐχ ἥδεσθαι Ἀθηναίους φησὶ λέγων τὸν Ἀθηναίων δῆμον οὔτε ποιηταῖς ἥδεσθαι σκληροῖς καὶ ἀστέμφεσιν οὔτε Πραμνίοις [σκληροῖσιν] οἴνοις συνάγουσι τὰς ὀφρῦς [τε καὶ τὴν κοιλίαν] ἀλλ' ἀνθοσμίᾳ καὶ πέπονι νεκταροσταγεῖ.

Infelici successu hunc locum tractavit vir in paucis ingeniosus Theodorus Bergkius, quia nescio quomodo eum fefellerunt scioli additamenta, quae uncis sepienda curavi, quibusque eliminatis spes aliqua supcrest, ut locum suavi quadam elegantia insignem restituamus in integrum. De populo igitur Atheniensium haec fere dixisse comicorum principem suspicor:

οὔτε γὰρ σκληροῖς ποιηταῖς ἥδεται κἀστέμφεσιν,
οὔτε Πραμνίοισιν οἴνοις — συνάγουσι τὰς ὀφρῦς,
ἀλλὰ — ἀνθοσμίᾳ καὶ πέπονι νεκταροσταγεῖ.

Quae his desunt alius fortasse me felicior supplebit.

Vol. III. Pag. 35. Antiphanis *BOMBYΛIOY* fr. III:

τὰς προσφόρους
ὑμῖν τροφάς, σκορόδια, τυρόν, κρόμμυα,
κάππαριν * * * πάντα ταῦτ' ἐστὶν δραχμῆς.

Suppleverim vs. 3tio:

κάππαριν· ἅπαντα ταῦτα μιᾶς ἐστὶν δραχμῆς.

Quid enim, quaeso, facilius potuit excidere quam numeri
nota α' post vocabulum ταῦτα desinens in eandem literam?

Pag. 70. Eiusdem *KOΥPIΛOΣ* fr. II vs. 6 sqq.:

A. τὸ δεῖνα δ' ἐσθίεις;
τουτὶ κακόνωτα πλοῖα Γ. Κωπᾳδας λέγεις.
B. ἀγρίως γε. Γ. παρὰ λίμνην γεωργῶν τυγχάνω.

Cum Meinekio fatear me non intelligere Dobraei coniecturam B. τί τὸ κακόν; A. ᾧ τὰ πλοῖα; Suspicor autem haec
ita corrigenda et interlocutoribus distribuenda esse, ut legamus:

A. τὸ δεῖνα δ' ἐσθίεις;
Γ. τὸ τί; A. κακόνωτα. Γ. ποῖα; A. Κωπᾳδας λέγω.
Γ. ἀγρίως γε. A. παρὰ λίμνην γεωργῶν τυγχάνω.

Quo facto oratio exibit similis superioribus vs. 4. θύννης
τὰ πρὸς γῆς (Cob.; vulgo πρὸς τῇ) B. ποῖα, A. τὰ κάτωθεν
λέγω. Sed omnino vide Cobetum de hoc loco disputantem
in Mnemosyne.

Corruptum tamen manet κακόνωτα, in quo nescio an lateat κυφόνωτα.

Pag. 106. Eiusdem *ΠΟΙΗΣΕΩΣ* fragmentum unicum,
quo quanto sit comicorum quam tragicorum ars difficilior le-
pidissime docet, lacuna laborat, quam supplere nescio an
mihi contigerit.

Vs. 8 sqq.:

ἂν πάλιν
εἴπῃ τις Ἀλκμαίωνα, καὶ τὰ παιδία
πάντ᾽ εὐθὺς εἴρηχ᾽ ὅτι μανεὶς ἀπέκτονε
τὴν μητέρ᾽, ἀγανακτῶν δ᾽ Ἄδραστος εὐθέως
ἥξει, πάλιν τ᾽ ἄπεισι * * * *
ἔπειθ᾽ ὅταν μηδὲν δύνωντ᾽ εἰπεῖν ἔτι,
κομιδῇ δ᾽ ἀπειρήκωσιν ἐν τοῖς δράμασιν,
αἴρουσιν ὥσπερ δάκτυλον τὴν μηχανήν,
καὶ τοῖς θεωμένοισιν ἀποχρώντως ἔχει.

Suppleverim vs. 12:

ἥξει, πάλιν τ᾽ ἄπεισιν, (εἶθ᾽ ἥξει πάλιν.)

quae verba quam proclivi errore post idem versus initium
negligi potuerint nemo est quin statim perspiciat. Hinc codd.
habent:

ἥξει πάλιν ταπεισιθ᾽ ὅταν μηδὲν κτέ.

Hisce tamen luculentius castigari possunt, quae leguntur
vs. 17 sqq.:

ἡμῖν δὲ ταῦτ᾽ οὐκ ἔστιν, ἀλλὰ πάντα δεῖ
εὑρεῖν, ὀνόματα καινά, τὰ διῳκημένα
πρότερον, τὰ νῦν παρόντα, τὴν καταστροφήν.

Nam propalam est, opinor, pro absurda ista lectione Antiphani reddi oportere:

τὰ διῳχημένα
πρότερον, τὰ νῦν παρόντα, τὴν καταστροφήν.

i. e. τὰ προγεγενημένα. Cf. Herodot. IV. 136.

Pag. 111. Eiusdem *ΠΡΟΓΟΝΩΝ* fragmentum unicum,
in quo festive describuntur parasitarum mores:

Vs. 12 sqq:

τῶν φίλων γὰρ ὧν φίλος
ἔργοισι χρηστὸς οὐ λόγοις ἔφυν μόνον·

Haec verba colorem habent ita plane Euripideum, ut apud

hunc tragicum me ea alicubi legisse initio mihi persuaderem. Frustra vero quaesivi. Integra tamen e tragoedia ea desumpta esse non est quod dubitemus, suntque festivissima in ore parasitae nobili illa sententia sordidam atque inhonestam suam artem lepide defendentis.

Pag. 116. Eiusdem *ΣΤΡΑΤΙΩΤΟΥ* fragmentum primum, quo illustratur vetus sententia, nihil certum esse in vita hominum:

ὅστις ἄνθρωπος δὲ φὺς
ἀσφαλές τι κτῆμ᾽ ὑπάρχειν τῷ βίῳ λογίζεται,
πλεῖστον ἡμάρτηκεν· ἢ γὰρ εἰσφορά τις ἥρπασεν
τἄνδοθεν πάντ᾽, ἢ δίκῃ τις περιπεσὼν ἀπώλετο,
ἢ στρατηγήσας προσῶφλεν, ἢ χορηγὸς αἱρεθείς
ἱμάτια χρυσᾶ παρασχὼν τῷ χόρῳ ῥάκος φορεῖ,
ἢ τριηραρχῶν ἀπήγξατ᾽ ἢ πλέων ἥλωκέ ποι.

Si genuinum est ἥλωκε, intellegatur ὑπὸ λῃστῶν; veruntamen, ut dicam, quod sentio, mihi non videtur veri esse simile, poetam maluisse in hac causa mentionem facere periculi lenioris et minus frequentis quam gravioris et frequentioris, quale est naufragium. Utut est, ego transpositis literis scribi malim:

ἢ τριηραρχῶν ἀπήγξατ᾽ ἢ πλέων ὤκειλέ ποι.

Vs. 3tio cum Hirschigio pro ἥρπακεν dedi Aoristum, quamvis e vs. 8:

ἢ βαδίζων ἢ καθεύδων κατακέκοφθ᾽ ὑπ᾽ οἰκετῶν

possit apparere, Grammaticam non respuere Perfectum. Vicini tamen Aoristi ἀπώλετο, προσῶφλεν, ἀπήγξατο et ὤκειλε (nisi me fefellit coniectura) probabilem reddunt lenem Hirschigii mutationem.

Pag. 126. Eiusdem *ΦΙΛΟΘΗΒΑΙΟΥ* fr. I, vs. 17:

ἦ τε σύννομος
τῆς κυφονώτου σῶμ' ἔχουσα σηπίας
ξιφηφόροισι χερσὶν ἐξωπλισμένη
τευθίς

si quid horum intelligo, σύννομος coniungendum est cum
σῶμα, ideoque mutata litera rescribendum σύννομον. Ita
enim τὸ ἑξῆς hoc erit: ἦ τε τευθὶς σῶμ' ἔχουσα σύννομον
τῆς κυφονώτου σηπίας. Hinc simul apparet falsam esse Kop-
piersii, pro σῶμα σχῆμα suspicantis, opinionem.

Pag. 134. Eiusdem Fab. Inc. fr. IV. 5 sqq.:

τοῦ μὲν πιεῖν γὰρ καὶ φαγεῖν τὰς ἡδονὰς
ἔχομεν ὁμοίας· οὐχὶ τοῖς λαμπροῖσι δὲ
δείπνοις τὸ πεινῆν παύεται.

Absurde splendidis coenis vs. ultimo derogatur satiandi
potestas. Quid autem poeta voluerit e praegressis liquido potest apparere. Dixerat enim divitias tantummodo propterea
expetendas esse, quod divites melius possint adiuvare amicos
quam pauperes. „Nam iisdem," ait „omnes homines edendi
„atque bibendi fruimur voluptatibus." Sequentibus igitur
οὐχὶ — παύεται quis sensus, quaeso, inesse potest praeter
hunc „splendidis nihil opus esse dapibus, uti famem quis
„compescat"? Quod a poeta enuntiatum esse puto hoc modo:

οὐχὶ τοῖς λαμπροῖσι δὲ
(μόνοισι) δείπνοισιν τὸ πεινῆν παύεται.

Pag. 147. Fab. Inc. fr. XXXVI:

Ἐπεὶ δ' ὁ τρίπους ἤρθη, κατὰ χειρῶν τ' εἴχομεν.

Ita haec verba leguntur apud Athenaeum II. p. 49ᵇ. Verum Eustathius ad Iliad. p. 740. 16: παράγει (ὁ Ἀθήναιος)
καὶ Ἀντιφάνην εἰπόντα· Ἐπεὶ δ' ὁ τρίπους ἤρθη, τουτ-
έστιν ἡ τράπεζα, κατὰ χειρῶν ἐχέομεν, ἤγουν ἐνιπτό-

μεθα, quam lectionem, nisi fallor, nimis avide amplexus est
Meinekius. Etenim sollemni usu servi dicuntur Graece con-
vivis κατὰ χειρός s. κατὰ χειρῶν διδόναι. Cff. Arche-
dicus vol. IV p. 435 (fr. 1: 3), Alexis vol. III p. 501
(fr. 1: 2), Philyllius vol. II p. 857 (fr. 1), aut φέρειν,
cff. Aristophanes vol. II p. 1154 (fr. 16), Posidippus
vol. IV p. 523 (fr. 1: 10). Hoc vero verbum ponitur aut
addito aut omisso verbo καταχεῖσθαι. Cf. Arist. Av. 463.
Convivae autem dicuntur κατὰ χειρός s. χειρῶν λαμβάνειν.
Cff. Nicostratus vol. III p. 287, Menander vol. IV p.
208 (4), Clearchus ib. p. 563, Demonicus ib. p. 570.
Potuisset igitur poeta:

ἐπεὶ δ' ὁ τρίπους ἤρθη, κατὰ χειρῶν τ' ἐλάβομεν.

unde non diversum est, ut opinor:

κατὰ χειρῶν τ' εἴχομεν.

Quare utique revocanda videtur Athenaei codicum scriptura.

Pag. 157. Inc. Fab. fr. LXXVII.

Ad γεροντεῖαι παλαῖστραι comparavit Dindorfius titulum
ap. Boeckhium C. I. I p. 374:

εἰκόνα τήνδε Ποθεῖνος ἐν εὐφήβοισι παλαίστραις
τεύξας κοσμητοῦ θήκατο Νυμφιδίου.

Merito reiecta Dindorfii suspicione εὐφήβοισι ab imperito
poeta positum esse pro ἐφήβοισι, Meinekius ipse non melius
coniecit εὐήβοισι, quod ne Graecum quidem vocabulum esse
videtur. Ab illo quidem crimine facile se defendet mea suspicio poetam voluisse ἐν εὐφήμοισι παλαίςραις i. e. quae,
ut cum Homero loquar, exercentibus impertiantur κλέος
ἐσθλόν.

Pag. 207. Eubuli ΑΝΑΣΩΖΟΜΕΝΟΙ.

Ἕτεροι δὲ θεοῖσι συμπεπλεγμένοι

μετὰ Καράβου σύνεισιν, ὃς μόνος βροτῶν
δύναται καταπιεῖν ἐκ ζεόντων λοπαδίων
ἄθρους τεμαχίτας, ὥστ' ἐνεῖναι μηδὲ ἕν.

„Articulum" ait M. „ante θεοῖς e coniectura addidit Ca-
„saubonus, fortasse recte; quamquam sensum verborum τοῖς
„θεοῖσι συμπεπλεγμένοι non perspicio." Non magis ego perspicio, neque opinor, perspiciet alius quisquam. Etenim dubium non est, quin depravatum sit istud θεοῖσιν. Verbum
συμπλέκεσθαι usurpari solet de malorum societate, in quam
quis imprudens incidat. Ita v. c. Aristophanes Acharn.
vs. 703 sqq.:

τῷ γὰρ εἰκός, ἄνδρα κυφὸν ἡλίκον Θουκυδίδην
ἐξολέσθαι συμπλακέντα τῇ Σκυθῶν ἐρημίᾳ
τῷδε τῷ Κηφισοδήμῳ, τῷ λάλῳ ξυνηγόρῳ;

Neque aliter Menander (IV. 341):

ἀδίκοις φίλοισιν ἢ κακοῖς μὴ συμπλέκου.

Adde Euripidem *Bacch.* vs. 800 sq.:

ἀπόρῳ γε τῷδε συμπεπλέγμεθα ξένῳ,
ὡς οὔτε πάσχων οὔτε δρῶν σιγήσεται.

Hinc suspicari possis aut:

Ἕτεροι δὲ θεοισ(εχθροῖ)σι συμπεπλεγμένοι κτέ.

aut forsan melius:

Ἕτεροι δὲ θηρίοισι συμπεπλεγμένοι κτέ.

ut simul alludatur ad nomen κάραβος, simul intelligantur
homines nequam, quos θηρία audire apud comicos et ora-
tores norunt omnes.

In vs. ultimo non haererem, si scriberetur:

ἄθρους τεμαχίτας, ὥστ' ἔτ' ἐνεῖναι μηδὲ ἕν.

Proclivi errore in ΩϹΤΕΤ duae ultimae literae a festinante
scriba potuerunt omitti.

Pag. 242. Eubuli *ΟΡΘΑΝΗΣ* fr. I. vs. 9 sq.:

ὀσμὴ δὲ πρὸς μυκτῆρας ἠρεθισμένη
ᾄσσει.

Odor quo pacto dici possit irritari, non satis intellego. Verum videtur *ἠρεθισμένους.*

Pag. 244. Ibidem fr. IV:
καρῖδα καθῆκα κάτω κἀνέσπασ᾽ αὖθις *
Elegantius certe scripseris:
καρῖδα καθῆκα κᾆτ᾽ ἀνέσπασ᾽ αὖθις *.

Pag. 249. Eiusdem *ΣΕΜΕΔΗΣ* fr. II:
Ἑρμῆς ὁ Μαίας λίθινος, ὃν προσεύγμασιν
ἐν τῷ κυλικείῳ λαμπρὸν, ἐκτετριμμένον.
Vs. 2. legendum *εὖ τετριμμένον,* cl. Alexidis *Cycni* fr.
p. 435, ubi de *κρατὴρ θηρίκλειος* sermo fit:
ὃν λαβὼν ἐγὼ κενὸν
τρίψας, ποιήσας λαμπρὸν κτέ.
Praeterea corruptum est vs. 1 *προσεύγμασιν,* pro quo vide
an *προσεύχομαι,* quod venit mihi in mentem, sufficiat.

Pag. 261. Eubuli Incert. Fab. fr. XVI vs. 3:
ἀλλοτρίων κτεάνων παραδειπνίδες, ὦ λοπαδάγχαι
λευκῶν ὑπογαστριδίων.
Meinekius quamvis dubitanter vs. 4 praefigendum articulum
suspicatur, rectius addens fortasse *λευκῶν* depravatum esse.
Spero fore, ut viro ingeniosissimo haec placeat suspicio mea:
λευκαυγῶν ὑπογαστριδίων
cl. Antiphanis *Philothebaei* fr. I vs. 20 (III p. 126):
τευθὶς μεταλλάξασα λευκαυγῆ φύσιν
σαρκὸς πυρωτοῖς ἀνθράκων ῥιπίσμασιν.

Pag. 289. Nicostrati Fab. Inc. fragm. V:

Ἆρ' οἶσθ' ὅτι τῆς πενίας ὅπλον
παρρησία; ταύτην ἐάν τις ἀπολέσῃ
τὴν ἀσπίδ' ἀποβέβληκεν οὗτος τοῦ βίου.

Locus in hunc modum videtur constituendus:

Ἆρ' οἶσθ' ὅτι τῆς πενίας ὅπλον παρρησία
(ἄριστόν ἐστιν); ἣν ἐάν τις ἀπολέσῃ,
τὴν ἀσπίδ' ἀποβέβληκεν οὗτος τοῦ βίου.

Cf. fragmentum Alcmenes Euripideae apud Stobaeum
XLIII. 22:

ἀτρέκεια δὲ
ἄριστον ἀνδρὸς ὅπλον ἐνδίκου πέλει

quemadmodum ibi scribendum esse monui in *Exercitationibus
Criticis* (Hagae comitum ap. Martinum Nijhoff a. MDCCCLXII)
p. 33. Vulgo legitur absque sensu et ruente metro:

ἀτρέκεια δ' ἄριστον ἀνδρὸς ἐν πόλει δικαίου πέλει.

Pag. 294. Philetaeri *ΚΤΝΑΓΙΔΟΣ* fragm. I:

vs. 4 sq.: οὐχὶ Δαΐς μὲν τελευτῶσ' ἀπέθανεν βινουμένη
Ἰσθμιὰς δὲ καὶ Νέαιρα κατασέσηπε καὶ Φίλα.

Soloecismum eximas vs. 5 transponendo:

Ἰσθμιὰς δὲ κατασέσηπε καὶ Νέαιρα καὶ Φίλα.

Pag. 313. Amphidis *ΠΛΑΝΟΤ* fragm. I:

πρὸς τοὺς στρατηγοὺς ῥᾷόν ἐστι μυρίαις
μοίραις προσελθόντ' ἀξιωθῆναι λόγου,
λαβεῖν τ' ἀπόκρισιν ὧν ἂν ἐπερωτᾷ τις, ἢ
πρὸς τοὺς καταράτους ἰχθυοπώλας ἐν ἀγορᾷ·
οὓς ἂν ἐπερωτήσῃ τις, ἢ λαβών τι τῶν
παρακειμένων ἔκυψεν ὥσπερ Τήλεφος
πρῶτον σιωπῇ (καὶ δικαίως τοῦτο γε·
ἅπαντες ἀνδροφόνοι γάρ εἰσιν ἑνὶ λόγῳ)
ὡσεί τε προσέχων οὐδὲν οὐδ' ἀκηκοὼς

ἔκρουσε πώλυπόν τιν' ὁ δ' ἐπρήσθη καὶ
    του λαβὼν ὅλα
τὰ ῥήματ' ἀλλὰ συλλαβὴν ἀφελὼν τάρων
βολῶν γένοιτ' ἂν· ἡ δὲ κέστρα; κτὼ βολῶν·
τοιαῦτ' ἀκοῦσαι δεῖ τὸν ὀψωνοῦντά τι.

Satis mirari nequeo neminem inter viros doctos, qui hunc
locum salsissimum corrigere conati sunt, intellexisse vocabula
κᾆτ' οὐ (nam ita legendum pro καί του) λαβὼν ὅλα τὰ ῥήματ' ἀλλὰ συλλαβὴν ἀφελών non Amphidis esse sed aut
Athenaei aut magistelli explicantis lectoribus, quid sibi velint
decurtata ista vocabula τάρων βολῶν et κτὼ βολῶν. Deleto
autem interpretamento, quo omnis periit loci nitor et elegantia, metrum quidem facile restituas scribendo:

ἔκρουσε πουλύπουν τιν', ὁ δ' ἐπρήσθη· τάρων
βολῶν γένοιτ' ἂν · ἡ δὲ κέστρα; κτὼ βολῶν·

sed compluria ita manebunt impedita. Nam primo vs. 5 ἡ
quid sibi velit non intellegitur, secundo vs. 7 πρῶτον non habet
quod sibi respondeat ἔπειτα, tandem cur vs. 10 ὁ δέ addatur,
non mutato sententiae subiecto, haud perspicitur. Simplicis-
sima ratio videtur statuere, excidisse quaedam statim post πουλύπουν τιν' potius quam post ἐπρήσθη, quod visum est Meinekio.

Pag. 345. Anaxilae ΑΥΡΟΠΟΙΟΥ fr. I:

Ξανθοῖς τε μύροις χρῶτα λιπαίνων,
χλανίδας θ' ἕλκων, βλαύτας σύρων,
βολβοὺς τρώγων, τυροὺς κάπτων,
ᾠὰ κολάπτων, κήρυκας ἔχων,
Χῖον πίνων, καὶ πρὸς τούτοις
ἐν σκυταρίοις ῥαπτοῖσι φορῶν
Ἐφεσήια γράμματα καλά.

Deleta una literula, vs. 4 reponendum:

ᾠὰ 'κλάπτων, κήρυκας ἔχων, κτέ.

Cf. Aristophanes *Acharn.* 1229:

καὶ πρός γ' ἄκρατον ἐγχέας ἄμυστιν ἐξέλαψας

et *Pac.* 850:

τὸν ζωμὸν αὐτῆς προσπεσὼν ἐκλάψεται.

Litera ο μικρόν aut mero debetur librarii errori, aut huiuscemodi scripturae:

ἀπό

ᾠὰ 'κλάπτων κτέ.

Ultimo versu observa productam Ionico more penultimam in vocabulo καλά, quod optime quadrat cum praegresso Ἐφεσήια. In fragmento sequenti scribendum videtur numero plurali τρίχορδα, potius quam τρίχορδον cum sagacissimo editore, pro τριχόρδους.

Pag. 351. Eiusdem *ΠΛΟΥΣΙΩΝ* fr. I:

Διαρραγήτω χἄτερος δειπνῶν τις εὖ,
μὴ Κτησίας μόνος. Β τί γάρ σε κωλύει;
Α. δεῖπνον γὰρ οὗτος, ὡς λέγουσιν οἱ σοφοί,
ἀρχήν, τελευτὴν δ' ἔμαθεν οὐδεπώποτε.

Duo versus priores cum duobus posterioribus ita pessime cohaerent, ut mihi quidem dubium non sit, quin a scribis male hic collocati sint duo ultimi versus, qui nihil contineant nisi variam lectionem, olim adscriptam *Chrysochoi* fragmento (p. 353), quod paulo ante memoratur ab Athenaeo, scriptum in hunc modum:

Ἤδη σχεδόν τι πάντα σοι πλὴν Κτησίου·
δείπνου γὰρ οὗτος, ὡς λέγουσιν οἱ σοφοί
ἀρχήν, τελευτὴν δ' οὐκ ἐπίσταται μόνος.

Vs. primo coniicio:

Πλήρη σχεδόν τι πάντα σοι πλὴν Κτησίου.

Adiectivo πλήρης hoc sensu (= *satur*) usus est inter alios Eubulus in *Dolonis* fr. 1 (p. 220):

ἐγὼ κεχόρτασμαι μὲν, ἄνδρες, οὐ κακῶς,
ἀλλ' εἰμὶ πλήρης, ὥστε καὶ μόλις πάνυ
ὑπεδησάμην ἅπαντα δρῶν τὰς ἐμβάδας.

Cf. idem *Cercopum* fr. II (p. 230). Ad διαρραγήτω compara Alexidis *Tocistae* fr. II (p. 489).

Pag. 355. Eiusdem **Fab. Inc.** fr. VI:

τὴν Ἑκτόρειον τ ὴ ν ἐφίμερον κόμην.

suspectus alter articulus; cui substituendus videtur pronomen demonstrativum τήνδ'. Similiter, addita una litera, levi errore liberari potest fr. 1 (p. 353).

Vs. 2.   εἰς οὖν ἄκακον ἀνθρώπου τρόπον
εἰσδὺς ἕκαστος ἐ σ θ ί ε ι κ α θ ή μ ε ν ο ς.

ubi sententia postulat ἐ σ θ ί ε ι 'γ κ α θ ή μ ε ν ο ς.

Pag. 366. Epicratis *ΑΝΤΙΛΑΙΔΟΣ* fr. II. 15:

αὕτη (Λαΐς) γὰρ ὁπότ' ἦν μὲν νεοττὸς καὶ νέα,
ὑπὸ τῶν στατήρων ἦν ἀπηγριωμένη,
εἶδες δ' ἂν αὐτῆς Φαρνάβαζον θᾶττον ἄν.

Vocabula καὶ νέα ex interpretamento fluxisse videntur vocis praecedentis νεοττός, contextus enim postulat νεοττός καὶ καλή. Priori vocabulo in sqq. opponitur vs. 18:

ἐπεὶ δὲ δόλιχον τοῖς ἔτεσιν ἤδη τρέχει,

posteriori vs. 19:

τὰς δ' ἁρμονίας τε διαχαλᾷ τοῦ σώματος,

quemadmodum vs. 17 respondet vs. 20:

ἰδεῖν μὲν αὐτὴν ῥᾷόν ἐστιν ἢ πτύσαι·

nam ita legendum pro καὶ monui in Dissertatione Academica p. 66.

Pag. 370. Eiusdem **Fab. Inc.** fr. I:

vs. 11 sqq.:   ἐν γυμνασίοις Ἀκαδημείας

ἤκουσα λόγων ἀφάτων ἀτόπων·
περὶ γὰρ φύσεως ἀφοριζόμενοι
διεχώριζον ζώων τε βίον
δένδρων τε φύσιν λαχάνων τε γένη κτέ.

Melius intelligam: ἤκουσα λόγων ἄφαθ᾽ ὡς ἀτόπων
i. e. *sermones ultra quam dici possit ineptos.*
Cf. Aristophanes *Av.* 427: ἄφατον ὡς φρόνιμος.
Lysistr. 198: φεῦ δᾶ, τὸν ὅρκον ἄφατον ὡς ἐπαινίω cf.
ib. 1149. Plurali numero ἄφατα usus est poeta ibid. 1080.

Pag. 386. Alexidis *ΑΙΣΩΠΟΣ*
vs. 11. τὸ μὲν γὰρ ἕτερον λουτρὸν ἐστιν, οὐ πότος,
ψυκτῆρι πίνειν καὶ κάδοις· θάνατος μὲν οὖν.

Quoniam formula μὲν οὖν (*imo*) tam adhiberi potest ab
iis, qui continuantes orationem augeant corrigantve quae iam
dixerint, quam a respondentibus, hodie pro certo nequit af-
firmari, recte vocabula θάνατος μὲν οὖν continuari Soloni.
Imo fortasse melius tribuentur alteri interlocutori i. e. *Aesopo.*
Ea ratio v. c. obtinet in fragm. II *Agricolae* Anaxandridis.

μέγαλ᾽ ἴσως ποτήρια
προπινόμενα καὶ μέστ᾽ ἀκράτου κυμβία
ἐκάρωσεν ὑμᾶς. Β ἀνακεχαίτικεν μὲν οὖν.

et in Eupolidis *Baptarum* fr. XIII (II, p. 451):
'Ανόσια πάσχω ταῦτα ναὶ μὰ τὰς Νύμφας.
Β. πολλοῦ μὲν οὖν δίκαια ναὶ μὰ τὰς κράμβας.

Adde Aristophan. vol. II p. 1171 (1, 9) et Anaxil.
vol. III. p. 350 (2, 7). Alterius rationis, quam in Aesopi
fragmento secuti sunt editores, exemplo sit Menandri fr. vol.
IV, 142 (1):

Μόνιμός τις ἦν ἄνθρωπος, ὦ Φίλων, σοφός,
ἀδοξότερος μίαν δὲ πήραν οὐκ ἔχων,
πήρας μὲν οὖν τρεῖς κτέ.

Pag. 411. Eiusdem *ΕΚΠΩΜΑΤΟΠΟΙΟΥ* fragm. I:

ἀεὶ φιλόμνρον πᾶν τὸ Σάρδεων γένος.

Cf. Sophoclis *Antigonae* vs. 1055:

τὸ μαντικὸν δὲ πᾶν φιλάργυρον γένος.

Pag. 421. *ΙΠΠΕΩΣ* fragm. I vs. 5 palmaria est Dobraei emendatio ἐρρίφασιν pro ἔρρειν φασίν, quae omnino est necessaria, quamvis M. in addendis ad vol. III idoneam se mutandi causam dicat non videre. Non latebat, opinor, doctissimum Anglum φημὶ ἔρρειν τινά Graece dici non posse pro λέγω, φράζω, κελεύω τινὶ κλάειν s. οἰμώζειν.

Pag. 426. Eiusdem *ΚΗΡΥΤΤΟΜΕΝΟΣ*.

'Ὥστ' ἐξελὼν ἐκ τοῦ λυχνούχου τὸν λύχνον
μικροῦ κατακαύσας ἔλαθ' ἑαυτόν, ὑπὸ μάλης
τῇ γαστρὶ μᾶλλον τοῦ δέοντος προσαγαγών.

Evadent haec verba aliquanto magis perspicua, ubi restitueris vs. 2 ὑπὸ μέθης, quemadmodum poetam scripsisse pro ὑπὸ μάλης verisimillimum esse iudico. Supererat, opinor, in antiquo codice *ΥΠΟΜ..ΗC*, idque τῷ τυχόντι ῥήματι explevisse videtur librarius.

Pag. 455. Eiusdem *ΟΔΥΣΣΕΩΣ ΥΦΑΙΝΟΝΤΟΣ* fragm. 2:

καὶ τοὺς ἁλιέας εἰς τὸ βάραθρον ἐμβαλῶ.
ἀπελευθέρων ὀψάρια θηρεύουσί μοι,
τριχίδια καὶ σηπίδια καὶ φρυκτούς τινας.

Valde displicet in hoc genere orationis ἀσύνδετον vs. 2. Legendum videtur: ἀπελευθέρων γὰρ ὀψάρια θηρῶσί μοι. Postquam prono errore θηρῶσι abierat in θηρεύουσι, elumbem versum corrector sanavit scilicet resecanda vocula γάρ.

Pag. 458. Eiusdem *ΟΜΟΙΑ:*

vs. 3. τραγήματ' αἰσθάνομαι γὰρ ὅτι νομίζεται
τοῖς νυμφίοις μετιοῦσι τὴν νύμφην λέγεις
παρέχειν, ἄμητας καὶ λαγῶα καὶ κίχλας.

Λέγεις haud dubie sensu cassum est, sed neque ex ἀεί
neque ex θεοῖς, ut M. suspicatur, facile potuit corrumpi. Venit
mihi in mentem, an forte poeta scripserit:

τοῖς νυμφίοις μετιοῦσι τὴν γαμουμένην κτέ·

ut τὴν νύμφην λέγει sit illius lectionis interpretamentum,
quod postquam, ut fit, eius locum occupasset, leviter immu-
tatum abierit in τὴν νύμφην λέγεις.

Pag. 464. Eiusdem ΠΑΝΝΥΧΙΣ:
vs. 6.   προσκατέδει τοὺς δακτύλους
αὐτῷ γε χαίρων, ἔρια μὲν ποιήσομεν.

Alexidem scripsisse χόρια suspiceris, collatis versibus
16 sqq.:   μόνον ἀπαλλάγηθί μοι·
(τοὺς σοὺς δὲ) κανδαύλους λέγων καὶ χόρια καὶ
βατάνια πᾶσαν (ἀφανιεῖς) τὴν ἡδονήν.

ut ingeniose eos explevit Dobraeus. Quid vs. 13 pro χόριον
reponendum sit, videant alii. Bergkius suspicatur θρῖον.
Verbi ποιεῖν (vs. 7) frequens est in re culinaria usus. Ita
v. c. Alexis in Ponerae vs. 9 fr. I εἶθ' ἴψων ποιῶ μυελόν,
κτέ. Cff. Axionicus III, 535 (2), Philemon IV, 13 (1) aliique
loci, quos collegit Jacobius in Indice p. 855.

Pag. 468. Eiusdem ΠΟΙΗΤΩΝ fr. I:
Athen. III, p. 74 c:
῾Ο συκοφάντης οὐ δικαίως τοὔνομα
ἐν τοῖσι μοχθηροῖσίν ἐστι κείμενον.

Vitium, quo haec verba laborant, aperiet locus Xenophontis
huice perquam similis in Cyropaedia II, 2, 12 ὁ μὲν ἀλα-
ζὼν ἔμοιγε δοκεῖ ὄνομα κεῖσθαι ἐπὶ τοῖς προσποιμένοις καὶ

πλουσιωτέροις εἶναι ἢ εἰσὶ καὶ ἀνδρειοτέροις καὶ ποιήσειν ἃ
μὴ ἱκανοί εἰσιν ὑπισχνουμένοις κτέ. Legendum igitur vs. 2:
ἐπὶ τοῖσι μοχθηροῖσίν ἐστι κείμενον.

Gravem errorem peperit numeri nota α' haud intellecta a
librariis in eiusdem ΣΥΝΑΠΟΘΝΗΣΚΟΝΤΩΝ fragmento
primo (p. 479):

Μάθοις δ' ἂν οἷον ἀνθρώποις κακὸν
ἐστιν ἡ γαστήρ, διδάσκει δ' οἷ' ἀναγκάζει θ' ὅσα.
εἴ τις ἀφέλοι τοῦτ' ἀφ' ἡμῶν τὸ μέρος ἀπὸ τοῦ σώματος,
οὔτ' ἂν ἀδικοῖτ' οὐδὲν οὐδεὶς οὔθ' ὑβρίζοιτ' ἂν ἕκων.

Manifesto enim requiritur:
εἴ τις ἀφέλοι τοῦτ' ἀφ' ἡμῶν τὸ μέρος ἓν τοῦ σώματος [1]).

Pag. 499. Eiusdem ΦΙΛΟΥΣΗΣ fragm. I:

'Αφροδίσι' ἦγε ταῖς ἑταίραις ἡ πόλις·
ἕτερα δὲ χωρίς ἐστι ταῖς ἐλευθέραις.
ταῖς ἡμέραις ταύταις δὲ κωμάζειν ἔθος
ἐστὶν νόμος τε τὰς ἑταίρας ἐνθάδε
μεθ' ἡμῶν.

Perperam, nisi fallor, M. in textum recepit Porsoni suspi-

---

[1]) Simili ratione non illepida coniectura tentavit Meinekius (Analect. Sophocl.
p. 234) Oedip. Reg. vs. 640. Compluria vir egregius in eo opere omittere
potuisset, si inspexisset meas *Exercitationes Criticas*, quae prodierunt anno
MDCCCLXII Hagae Comitum apud Nyhoffium. Nam et saepius in easdem
mecum incidit suspiciones, neque, opinor, pag. 274 corrupisset locum sanissimum Sophoclis ex *Danae* ap. Suid. in voce πέτρα, si interpretationem
cognovisset quam ego protuli p. 20. Ex eiusdem opusculi praefatione novissimus
Acharnensium editor Albertus Muellerus et alia forsan doceri poterat, et
vs. 988 in Ravennate libro nullam esse lacunam, sed plene legi: ἐπτέρωται
τ' ἐπὶ τὸ δεῖπνον ἅμα καὶ μεγάλα δὴ φρονεῖ, quae lectio bene convenit
cum Scholiastae explicatione ἐπείγει, σπεύδει.

cionem inserentis μεθύειν ante μεθ' ἡμῶν. Si revera sunt verba Alexidis non Athenaei, quod forsan haud iniuria placebat Hirschigio, deleverim potius variam lectionem νόμος τε et scripserim:

τοῖς ἡμέραις ταύταις δὲ κωμάζειν ἔθος
ἐστὶν μ ε θ' ἡ μ ῶ ν τὰς ἑταίρας ἐνθάδε.

Pag. 509. Incert. Fab. fragm. X:

Ἂν πιττοκοποίμενόν τιν' ἢ ξυρούμενον
ὁρᾷς, δυοῖν τούτων ἔχειν δεῖ θάτερον·
ἢ γὰρ στρατεύειν ἐπινοεῖν μοι φαίνεται
καὶ πάντα τῷ πώγωνι δρᾶν ἐναντία,
ἢ πλουσιακὸν τούτῳ τι προσπίπτει κακὸν κτέ.

„Ingeniose Jacobsius ἢ μαστροπεύειν ἐπινοεῖν κτέ. Sed „neque particulo γὰρ commode carere licet, nec μαστρο„πεύειν sic dici potest sine ἑαυτόν. Hoc tamen certum est „pro στρατεύειν requiri verbum, quo cinaedorum mollities „indicetur." Ita rectissime iudicat M.; qui in addendis ac corrigendis cur memoret Erfurdtii inanem interpretationem, quam, si tanti est, vide apud ipsum p. 92, non plane intelligo.

Persuasum mihi est, me a vero non procul aberrasse coniicientem:

ἤτοι γὰρ ἑταιρεῖν ἐπινοεῖν μοι φαίνεται.

Ἑταιρεῖν apud veteres imprimis usurpabatur de cinaedis, rarius de mulieribus. Hoc sensu tamen adhibitum invenies a Phoenicide, novae comoediae poeta, in fragm. ex incerta fabula ap. Stob. Flor. VI. 30 (Mem. IV p. 511) vs. 1 sq.:

μὰ τὴν Ἀφροδίτην οὐκ ἂν ὑπομείναιμ' ἔτι,
Πυθιάς, ἑταιρεῖν· χαιρέτω· κτέ.

Pag. 543. Diodoris ΑΥΛΗΤΡΙΣ:

'Επὰν κυάθους πίνῃ τις, ὦ Κρίτων, δέκα,
ἀεὶ παρ' ἕκαστον ἐνδελεχῶς τὸ ποτήριον,
πίνει τὸ λοιπόν τοὺς λογισμοὺς δ' ἐξεμεῖ.
ταῦτα σκόπει πρός σαυτόν.

Ita Dobraeus locum refinxit, non persanavit. Si enim fragmentum bene intelligo, scribi oportet hoc modo:

ἐπὰν κυάθους πίῃ τις, ὦ Κρίτων, δέκα,
ἀεὶ παρ' ἕκαστον ἐνδελεχῶς τὸ ποτήριον
πίνων τὸ λοιπόν τοὺς λογισμοὺς ἐξεμεῖ.
ταῦτα σκόπει πρός σαυτόν.

Vs. 3. codd. πίνειν et δέξαιμι.

Verto: *Postquam aliquis, o Crito, decem cyathos bibit, ad singula semper quae deinde adbibet pocula, sanam mentem usque evomet. Hoc tecum reputa.*

Pag. 578. Mnesimachi ΦΙΛΙΠΠΟΥ fragm. III:

κal τὸ λεγόμενον
[σπανιώτερον] πάρεστιν ὀρνίθων γάλα,
κal φασιανός ἀποτετιλμένος καλῶς.

Vs. 2 σπανιώτερον, quod Meinekius mutari vult in superlativum σπανιώτατον, ego interpolatori proverbium ὀρνίθων γάλα interpretanti deberi suspicor. Poeta, opinor, dederat:

κal
τὸ λεγόμενον πάρεστιν ὀρνίθων γάλα,
κal φασιανός ἀποτετιλμένος καλῶς.

Τὸ λεγόμενον, ut saepe, significat: *ut est in proverbio.*
Cf. Menandri ΠΛΟΚΙΟΥ fr. I: 8

ὄνος ἐν πιθήκοις ἐστὶ δὴ τὸ λεγόμενον.

et eiusdem ΧΗΡΑΣ fr. I:

τὸ λεγόμενον τοῦτ' ἐστὶ νῦν
τἄνω κάτω, φασίν, τὰ κάτω δ' ἄνω.

Adde Aristoph. ΟΡΝΙΘΕΣ 652.

Pag. 594. Timoclis *ΔΙΟΝΥΣΟΣ*.

Hoc fragmentum sic diviserim:

'Ο δ' 'Αχαρνικὸς Τηλέμαχος; Β ἔτι δημηγορεῖ·
οὗτος δ' ἔοικε τοῖς νεωτήτοις Σύροις.

A. πῶς; ἢ τί πράττων, βούλομαι γὰρ εἰδέναι.

B. Θάργηλον————————φέρει.

Pag. 604. Eiusdem *ΚΑΥΝΙΟΙ:*

'Ήδη προσενήνεκται. τί μέλλεις; σπεῦδε δὴ
ὦ τᾶν. ὁ γὰρ Τιθύμαλλος οὗτος ἀνεβίω
κομιδῇ τεθνηκώς, τῶν ἀν' ὀκτὼ τοὐβολοῦ
θέρμους μαλάξας· οὐκ ἀπεκαρτέρησε γὰρ
ἐκεῖνος, ἀλλ' ἐκαρτέρησ', ὦ φίλτατε,
πεινῶν.

„Qui sint illi lupini" M. ait „quorum octo obolo constant,
„eum Schweighaeusero ignorare me fateor. Omnino totum
„illud de emolliendis lupinis non intellego."

Num forte legendum:

τῶν ἀν' ἑκατὸν τοὐβολοῦ
θέρμους ἀνακάψας?

Tithymallum inedia mortuum dicit revixisse comesis lupinis, quorum centum uno obolo constent. Ultima: οὐκ ἀπεκαρτέρησε — πεινῶν explicant illa κομιδῇ τεθνηκώς.

Vol. IV. Pag. 6. Philemon *ΑΠΟΚΑΡΤΕΡΩΝ*.

Νῦν δ' οἶδ' ἀκριβῶς τὴν τύχην ὡς οὐ μία
οὐδ' ἔστι πρώην, ἀλλὰ μετὰ τῶν σωμάτων
ἡμῶν, ὅταν γιγνώμεθ', εὐθὺς ἡ τύχη
προσγίγνεθ' ἡμῖν, συγγενὴς τῷ σώματι·
κοὐκ ἔστιν ἕτερον παρ' ἕτερον λαβεῖν τύχην.

Prava verborum compositio sic videtur castiganda:

— ἀλλὰ μετὰ τῶν σωμάτων

ἡμῖν, ὅταν γιγνώμεθ᾽, εὐθὺς ἡ τύχη
προσγίγνεθ᾽ οὖσα συγγενὴς τῷ σώματι· κτέ.

Pag. 17. *ΠΑΓΚΡΑΤΙΑΣΤΟΥ* fragm. I:

καὐτόν τι πράττειν, οὐ μόνον τὰς ἐλπίδας
ἐπὶ τῇ τύχῃ χρή, παιδίον, πάντων ἔχειν
ὧν βούλεταί τις. ἀλλὰ καὶ τῷ τῇ τύχῃ
συλλαμβάνεσθαι ῥᾷον ἡ τύχη ποιεῖ,
ἐὰν μεθ᾽ ἑτέρου τοῦτο, μὴ μόνη, ποιῇ.

Distinguendum et corrigendum:

— οὐ μόνον τὰς ἐλπίδας
ἐπὶ τῇ τύχῃ χρή, παιδίον, πάντων ἔχειν
ὧν βούλεταί τις, ἀλλὰ καὐτὸν τῇ τύχῃ
συλλαμβάνεσθαι· ῥᾷον ἡ τύχη ποιεῖ,
ἐὰν μεθ᾽ ἑτέρου τοῦτο, μὴ μόνη, ποιῇ.

Vs. 3 libri habent καὶ τό, quod male correxit Grotius.

Pag. 39. Inc. Fab. fragm. XVI:

ἐγὼ λίθον μὲν τὴν Νιόβην, μὰ τοὺς θεούς,
οὐδέποτ᾽ ἐπείσθην οὐδὲ νῦν πεισθήσομαι,
ὡς τοῦτ᾽ ἐγένετ᾽ ἄνθρωπος· κτέ.

Immanem anacoluthiam simul et soloecismum facile removeas reponendo vs. 3: ὡς ἐγένετ᾽ οὖσ᾽ ἄνθρωπος. Vs. 2 scribendum partim e Brunckii partim e Nauckii coniectura:

οὐ πώποτ᾽ ἐπείσθην οὐδὲ νυνὶ πείθομαι.

Et πείθομαι habet scholiasta, dum ex Eustathio ad eundem locum receptum est πεισθήσομαι.

Pag. 43. fragm. XXVI:

Θεὸν νόμιζε καὶ σέβου, ζήτει δὲ μή·
πλεῖον γὰρ οὐδὲν ἄλλο τοῦ ζητεῖν ἔχεις. κτέ.

Sensus vs. 2 esse debet hic: *nihil enim proficis investi-
gando*, quare Graeca sic corrigenda sunt:

πλεῖον γὰρ οὐδέν ἄλλο τῷ ζητεῖν ἔχεις.

Hi vss. a comoedia alieni esse videntur.

Pag. 58. fragm. LXXXI:

ἂν γὰρ μέχρι νεφῶν τὴν ὀφρὺν ἀνασπάσῃς,
ὁ θάνατος αὐτὴν [πᾶσαν] ἑλκύσει κάτω.

Πᾶσαν, quod h. l. ineptissimum est, ad supplendum versum a librario insertum esse suspicor. Tento:

ὁ θάνατος αὐτὴν (αὖθις) ἑλκύσει κάτω.

Vs. 1 recte Dobraeus metrum correxit suspicando:

κἂν τὴν ὀφρὺν μέχρι τῶν νεφέων ἀνασπάσῃς.

Recentioris poetastri esse arguit ἑλκύσει pro ἕλξει positum.

Pag. 60. fragm. LXXXVII:

ὁ γῆρας αἰτῶν παρὰ θεῶν ἁμαρτάνει·
τὸ γὰρ πολὺ γῆρας ἐσχάτων πολλῶν γέμει.

Corrigendum: ἐσχάτων πόνων γέμει.

Pag. 71. Menandri ΑΔΕΛΦΩΝ fragm. IX:
Vs. 1 sic expleatur: πρὸς (ἅπαξ) ἅπαντα δειλὸν ὁ πένης
ἐστὶ γάρ.

Pag. 74. ΑΛΙΕΩΝ fr. III:
Athen. XII p. 549 c: ἐσθίοντα καὶ λέγοντα „σῆπομ᾽
„ὑπὸ τῆς ἡδονῆς" exspectaveram: τήκομ᾽ ὑπὸ τῆς ἡδονῆς.
Contrario errore apud Sophoclem Antigon. 892 ἐτήκετο legitur, ubi sensus postulat ἐσήπετο. Etenim vulgatur:

οὔτ᾽ εἰ πόσις μοι κατθανὼν ἐτήκετο.

Pag. 90. Ib. fragm. VI:

πάντη 'στὶ τῷ καλῷ λόγῳ
ἱερόν· ὁ νοῦς γάρ ἐστιν ὁ λαλήσων θεός.

Suspicor: ἐστι τῶν χρηστῶν θεός. Cf. locus simillimus
Menandri *ΑΔΕΛΦΩΝ* fragm. XIV (p. 72):

Θεός ἐστι τοῖς χρηστοῖς ἀεί
ὁ νοῦς γάρ, ὡς ἔοικεν, ὦ σοφώτατοι.

Pag. 115. *ΕΠΑΓΓΕΛΛΟΜΕΝΟΥ* fragm. I:

τὸ σὸν ταπεινὸν ἂν σὺ σεμνύνῃς, καλὸν
ἔξω φανεῖται, φίλ' ἄνερ· ἂν δ' αὐτὸς ποιῇς
ταπεινὸν αὐτὸ καὶ τιθῇς ἐν μηδενί,
οἰκεῖος οὗτος καταγέλως νομίζεται.

Quoniam nemo mortalium τὸ ταπεινόν potest ποιεῖν ταπεινόν, Menander aut negligentius haec scripsisse putandus
est, aut recte et ordine dedisse:

τὸ σόν, ὃν ταπεινὸν, ἂν σὺ σεμνύνῃς, καλὸν
ἔξω φανεῖται κτέ.

Pag. 164. *ΜΙΣΟΓΥΝΟΥ* fragm. I.
vs. 9   ἐλθόντ' εἰς νόσον
τὸν ἔχοντα ταύτην ἐθεράπευσεν ἐπιμελῶς.
- Dederat, opinor, Menander:
τὸν ἔχονθ' ἑαυτὴν κτέ. i. e. *uxor eum qui se habet*
(i. e. maritum) *bene curat.*

Pag. 189. *ΠΕΡΙΝΘΙΑΣ* fragm. VIII:
· Suid. I. p. 197. ἀνέπαφον: ἀνεύθυνον, καθαρόν, ἀθιγές,
ἀψηλάφητον. Μενάνδρος Περινθίᾳ. τὰ δ' ἄλλ' ἀνέπαφα σω-
μάτ' οὐδ' ἔλη. In *ΟΥΔΕΛΗΙ* latere suspicor *ΣΥΔΕΛΟΥ·*
τὰ δ' ἄλλ' ἀνέπαφα σώματα, | σὺ δ' ἑλοῦ.
reliqua corpora sunt intacta: tu elige.

Pag. 205. *ΤΙΤΘΗΣ* fragm. I.
Suidas αἰτήσασθαι: τὸ χρήσασθαι· Μενάνδρος Τιτθῇ·

ἤν ἄν τις ὑμῶν παιδίον
ἠτήσατ''ἢ κέχρηκεν, ἄνδρες γλυκύτατοι.

Mirum neminem dum intellexisse παιδίον h. l. sanum esse
non posse. Lege:

ἤδη τις ὑμῶν λοπάδιον
ἠτήσατ' ἢ κέχρηκεν, ἄνδρες γλυκύτατοι;

῎Ηδη iam C. F. Hermannus. Ad meam emendationem conferas.
Hymnidis fr. V. Οὐ πῦρ γάρ αἰτῶν οὐδὲ λοπάδ' αἰτού-
μενος· ap. Harpocrat. v. ἠτημένην.

Pag. 211 sq. ΥΠΟΒΟΛΙΜΑΙΟΥ fragm. II:

vs. 8. Πανήγυριν νόμισόν τιν' εἶναι τὸν χρόνον,
ὅν φημι, τοῦτον ἢ 'πιδημίαν, ἐν ᾧ
10. ὄχλος, ἀγορά, κλέπται, κυβεῖαι, διατριβαί·
ἂν πρῶτον ἀπίῃς καταλύσεις, βελτίονα
ἐφόδι' ἔχων ἀπῆλθες ἐχθρὸς οὐδενί.
ὁ προσδιατρίβων δ' ἐκοπίασεν ἀπολέσας
κακῶς τε γηρῶν ἐνδεής του γίγνεται,
15. ῥεμβόμενος ἐχθροὺς εὗρ', ἐπεβουλεύθη ποθέν,
οὐκ εὐθανάτως ἀπῆλθεν ἐλθὼν εἰς χρόνον.

Ex oppositis vs. 13 sqq. apparet vs. 11 Menandrum scripsisse: ἂν, πρὶν ἂν ἀπειπῇς, καταλύσῃς. Cf. Phoenicidis
Fab. Inc. p. 511 vs. 3. Vs. 14 a fine graviter laborat.

Pag. 231. Fab. Incert. fr. VI:

Εἶτ' οὐ δικαίως προσπεπατταλευμένον
γράφουσι τὸν Προμηθέα πρὸς ταῖς πέτραις,
καὶ γίγνετ' αὐτῷ λαμπάς, ἄλλο δ' οὐδὲ ἕν
ἀγαθόν; ὃ μισεῖν οἶμ' ἅπαντας τοὺς θεούς,
γυναῖκας ἔπλασεν. ὦ πολυτίμητοι θεοί,
ἔθνος μιαρόν. γαμεῖ τις ἀνθρώπων; γαμεῖ;
λάθριοι τὸ λοιπὸν γὰρ ἐπιθυμίαι κακαί,

γαμηλίῳ λέχει τε μοιχὸς ἐντρυφῶν κτέ.

Neminem haesisse in isto λάθριοι. Apage ineptias! et repone mecum:

γαμεῖ τις ἀνθρώπων; γαμεῖ
ὄλεθρον· τὸ λοιπὸν γὰρ ἐπιθυμίαι κακαί,
γαμηλίῳ λέχει τε μοιχὸς ἐντρυφῶν
καὶ φαρμακεῖαι καὶ νόσων χαλεπώτατος
φθόνος, μεθ᾽ οὗ ζῇ πάντα τὸν βίον γυνή.

Pag. 231. fragm. VII:

Μὰ τὴν Ἀθηνᾶν, ἄνδρες, εἰκόν᾽ οὐκ ἔχω
εὑρεῖν ὁμοίαν τῷ γεγονότι πράγματι,
ζητῶν πρὸς ἐμαυτὸν τί ταχέως ἀπολλύει.
στρόβιλος; ἐν ὅσῳ συστρέφεται, προσέρχεται,
προέλαβεν, ἐξέρριψεν, αἰὼν γίγνεται· κτέ.

Corrigendum videtur:

προσέβαλεν, ἐξήρειψεν, αἰὼν γίγνεται.

Horum illud iam coniecit Porsonus, sed non minus necessarium videtur ἐξερείπειν de tempestate arbores radicitus
evellente atque prosternente, qua in re ridiculum est ἐκρί-
πτειν. Cogitari quoque possit de reponendo ἐξέτριψεν cl.
Herod. VI. 37, verum illud praetulerim.

Pag. 238. fragm. XVIII:

vs. 3. κακὸν γὰρ δαίμον᾽ οὐ νομιστέον
εἶναι βίον βλάπτοντα χρηστόν.

A fine vs. 4 probabiliter addideris οὐδένα.

Pag. 262. fragm. CXV.

Οὐκ ἔστ᾽ ἄκουσμ᾽ ἥδιον ἢ ῥηθεὶς λόγος
πατρὸς πρὸς υἱὸν περιέχων ἐγκώμιον.

Tum ῥηθεὶς additum languet, tum sententia his verbis

concepta vera non est; nam improbi patrés saepe filios laudant ob mala facinora, neque eiusmodi certe encomium dulce acroama vocari merito potest. Sed Menander dixisse videtur:

Οὐκ ἔστ' ἄκουσμ' ἥδιον ἤ χρηστοῦ λόγος
πατρὸς πρὸς υἱὸν κτέ.

Pag. 283. fragm. CCXXIV.
Hoc fragmentum fortasse referendum est ad *Πλόκιον*. Cf. fr. I. 5, 10.

Pag. 295. fragm. CCXCI.
Ammonius ad Aristot. περὶ ἑρμηνείας p. 96, 14.

τὸ δ' ὅμοιον ἀξιώματι, οἷον·
'Ως ὡραΐζεται ἡ τύχη ἐν τοῖς βίοις.

Male ὡς addidere verbis poetae, quum dividendum fuisset οἷον ὡς·

'Ωράζεθ' (sic) ἡ τύχη.

Nisi forte omittendum est ὡς cum Ammonio ad Aristot. p. 93 b. 33 (Jacobius in supplementis) et scholiasta Theocriti, quem laudat M., quorum ille εἰς τοὺς βίους exhibet, hic πρὸς τοὺς βίους.

Pag. 394. Diphili ΖΩΓΡΑΦΟΥ fr. I.
Vs. 4 ἐπῆγε sanissimum est, modo cum M. in ed. min. scribas σωρόν, cf. Diphili Fab. Inc. fr. VII vs. 4 Δούρειον ἐπάγω χῆνα τῷ φυσήματι. 'Επάγειν est verbum militare, quod utrobique poeta festiva metaphora adhibuit. Arist. Av. 353: πού 'σθ' ὁ ταξίαρχος, ἐπαγέτω τὸ δέξιον κέρας.

Pag. 397. Diphili ΗΡΑΚΛΗΣ:
'Εμὲ μὲν οὖν ὁρᾷς πεπωκότα
ἤδη τ' ἀκροθώρακ' ὄντα καὶ θυμούμενον,

τονδὶ δὲ ναστὸν Ἀστίωνος μείζονα
ἤδη σχεδὸν δωδέκατον ἠριστηκότα.

Nihil usquam legitur de Astione, quod ne Graecum quidem nomen esse videtur. Sine mora reddatur poetae:

τονδὶ δὲ ναστὸν Ἀστ(ερ)ίωνος μείζονα κτέ.

Ἀστέριος s. Ἀστερίων (nam idem nomen est) is est, de
quo Pausanias in Atticis cap. XXXV § 5 haec scribit: Ἔστι
δὲ Μιλησίοις πρὸ τῆς πόλεως Λάδη νῆσος, ἀπερρώγασι δ'
ἀπ' αὐτῆς νησίδες. Ἀστερίου τὴν ἑτέραν ὀνομάζουσι. καὶ
τὸν Ἀστέριον ἐν αὐτῇ ταφῆναι λέγουσιν· εἶναι δ' Ἀστε
ριον μὲν Ἄνακτος, Ἄνακτα δὲ Γῆς παῖδα. ἔχει δ' οὖν
ὁ νεκρὸς οὐδέν τι μεῖον πηχῶν δέκα.
Simili hyperbole idem Diphilus Fab. Inc. VII (p. 419)
anserem comparavit cum equo Trojano, scribens: Δούρειον
ἐπάγω χῆνα τῷ φυσήματι.

Pag. 403. ΠΑΡΑΣΙΤΟΥ fragm. I:

Εὖ γ' ὁ κατάχρυσος εἶπε τοῦτ' Εὐριπίδης·
„νικᾷ δὲ χρεία μ' ἢ ταλαίπωρός τε μου
γαστήρ." ταλαιπωρότερον οὐδέν ἐστι γὰρ
τῆς γαστρός, εἰς ἢν πρῶτον ἐμβαλεῖς * *
ἀλλ' οὐχ ἕτερον ἀγγεῖον.

Coniecit M. εἰς ἢν βρωτὸν ἐμβαλεῖς [ἅπαν],
ἀλλ' οὐχ ἕτερον εἰς ἄγγος.
quod non sufficere manifesto produnt sequentia:

ἐν πήρᾳ φέροις
ἄρτους ἂν ἀλλ' οὐ ζωμόν, ἢ διαφθερεῖς.
εἰς σπυρίδα μάζας ἐμβαλεῖς, ἀλλ' οὐ φακῆν.
οἰνάριον εἰς λάγυνον, ἀλλ' οὐ κάραβον. κτέ.

Ergo non solum βρωτὰ sed etiam πότα venter accipere
dicendus erat, v. c. sic:

εἰς ἢν βρωτὰ καὶ πότ' ἐμβαλεῖς,

ἀλλ' οὐχ ἕτερον εἰς ἄγγος.

Malim tamen:

εἰς ἣν πάντ' ἂν ἐμβάλοις ἅμα,
οὐκ εἰς ἕτερον δ' ἀγγεῖον.

Et ita re vera VL: εἰς ἣν πρῶτον πάντ' ἂν ἐμβάλοις
ἀλλὰ οὐχ ἕτερον ἀγγεῖον. Huic tamen coniecturae parum
favent libri *ABP*, qui habent εἰς ἣν πρῶτον ἐμβαλεῖς,
aliquanto magis C: εἰς ἣν πάντ' ἂν ἐμβαλεῖς. Quidquid est,
sententiae loci ita convenit: εἰς ἣν πάντ' ἂν ἐμβάλοις ἅμα,
οὐκ εἰς ἕτερον δ' ἀγγεῖον, ut vix dubitem, quin haec ipsa
a poeta sint profecta.

Pag. 433. Lyncei *ΚΕΝΤΑΥΡΟΣ*.

vs. 16: κατέπλησα γὰρ τὸ χεῖλος, οὐκ ἐνέπλησα δέ·
In *ΚΑΤΕΠΛΗΣΑ* hucusque delituit *ΚΑΤΕΠΛΑΣΑ·*
κατέπλασα γὰρ τὸ χεῖλος, οὐκ ἐνέπλησα δέ.
i. e. *nam illevi quidem labia, non vero implevi.* His scriptis
video M. in editione minore, in Lynceo minus acute cernen-
tem quam assolet, recepisse coniecturam suam: κατέπασα
γὰρ κτέ.

Verbum πάττω et composita apud Atticos solent usurpari
de rebus siccis non cohaerentibus v. c. ἅλες, ἄλευρα, ἄλ-
φιτα, τέφρα, κόνις, ῥόδα similia, ut *spargere* apud Latinos.
Huic igitur verbo locus non est, ubi sermo fit de variis dapibus ita delicatis, ut Perinthius ille comicus exclamet:

βούλομαι δέ γ', ὦ βέλτιστε σύ,
κἀκεῖνο καὶ τοῦτ', ἀλλ' ἀδύνατα βούλομαι·
οὔτε στόματα γὰρ οὔτε χείλη πέντ' ἔχω.

Ultimum quem adscripsi versum pangenti nescio an poetae
obversatum sit illud Homeri, in Il. *B* 489 οὐδ' εἴ μοι δέκα
μὲν γλῶσσαι, δέκα δὲ στόματ' εἴη, quemadmodum dubitari
omnino nequit, quin vs. 16 contineat paroediam verborum

Homericorum Il. χείλεα μέν τ᾽ ἐδίην᾽, ὑπερῴην δ᾽ οὐκ ἐδίηνεν, qua de re monere occupavit M. in addendis p. 113.

Pag. 435. Archedici *ΔΙΑΜΑΡΤΩΝ.*

vs. 2 Σκοτοδ ε ί ν η ν ἐπικαλουμένην, ὅτι
δεῖνόν ποτ᾽ ἦ ρ ε ν ἀργυροῦν ἐν τῷ σκότῳ.

Nisi fallor, ex ipso nomine σκοτοδίνη = σκοτοδινία i. e. *vertigine* liquido apparet, falli Eustathium p. 1207. 12 dicentem: *γράφεται γὰρ τὸ δ ῖ ν ο ς τὰ πλείω διὰ διφθόγγου* (in cuius rei fidem deinde laudat hunc Archedici locum), et fragmentum scribendum esse hoc modo:

Νικοστράτην τιν᾽ ἤγαγον πρώην σφόδρα
γρυπήν, Σκοτοδίνην ἐπικαλουμένην, ὅτι
δῖνόν ποθ᾽ ἥ ρ π α σ᾽ ἀργυροῦν ἐν τῷ σκότῳ.
Β δῖνον; — — — — δεινόν, ὦ θεοί.

᾽Ιῶτα productum iam antiquitus a scribis pingi solitum esse per diphtongum norunt omnes.

Pag. 526. Posidippi Fab. Inc. fr. VIII.
Athenaeus I. p. 32 b: μυρίνης δὲ οἶνος κεῖται παρὰ Ποσειδίππῳ·

Διψηρός, ἄτοπος ὁ μυρίνης ὁ τίμιος.

Infelicissime Coraes, vir ceteroquin admodum ingeniosus, pro ἄτοπος suspicatur ἄποτος, namque ὁ μυρίνης, ut vel ex adiecto epitheto, ὁ τίμιος, potest apparere, vinum erat generosissimum. Minus certe inceptum est, quod Meinekius excogitavit ἄτονος, qui quo sensu dicatur vinum siticulosum merito fatetur se nescire.

Ne multa: certa emendatione reponendum:

Δίψης (vel δίψους) ἀρωγὸς ὁ μυρίνης ὁ τίμιος.

Cf. Antiphanes apud Pollucem X. 73: ἀλλὰ καὶ ἀσκοπυτίνη· καὶ γὰρ τοῦτ᾽ ἄν τις εὕροι ἐν ᾽Αντιφάνους Μελεάγρῳ·

ἀσκοπυτίνην τινά
δίψους ἀρωγόν.

Pag. 531. Damoxeni *ΣΥΝΤΡΟΦΟΙ.*

30 sqq.:   παρὰ δ' ἐμοὶ τρέφει
τὸ προσφερόμενον βρῶμα, καὶ λεπτύνεται
ὀρθῶς τε διαπνεῖ· τοιγαροῦν εἰς τοὺς πόρους
ὁ χυμὸς ὁμαλῶς πανταχοῦ συνίσταται.
χυμὸς λέγεις Δημόκριτος οὐδὲν πρᾶγμα τὰ
γινόμενα ποιεῖ τὸν φαγόντ' ἀρθριτικόν.
Β. καὶ τῆς ἰατρικῆς τι μετέχειν μοι δοκεῖς.

Latet in his, quod recte intellexit Meinekius, Democriti
sententia. Quae qualis fuerit non erit amplius obscurum, si
mecum rescripseris:

„χυμός" λέγει Δημόκριτος „οὐδὲν πρᾶγμα γὰρ
„ποιεῖ γενόμενον τὸν φαγόντ' ἀνθριτικόν."

Constructio paulo impeditior pro hac: οὐδὲν γὰρ πρᾶγμα
γενόμενον χυμὸς ἀρθριτικὸν ποιεῖ τὸν φαγόντα, fraudi fuisse
videtur librariis.

Sensus: „*nulla enim res*" ait Democritus „*in succum*
„*conversa arthriticum reddit edentem.*"

Vitiosa esse puto in eodem fragmento, quae leguntur vs.
43 sq. sic scripta:

τὸ ταῦτα διορᾶν ἐστιν εὐψύχου τέχνης,
οὐ τοῦ διανίζειν λοπάδας οὐδ' ὄζειν κάπνου,
ἐγὼ γὰρ εἰς τοὐπτάνιον οὐκ εἰσέρχομαι.

Quia enim τὸ ταῦτα διορᾶν habet sibi oppositum verbum
διανίζειν, corrigendum videtur:

οὐ τὸ διανίζειν κτέ.

Εὐψύχου, si sanum est, novo exemplo h. l. significat *nobilis, generosa.* Quia tamen semper, quantum novi, *fortitu-
dinis* habet notionem, vide an forsan praestiterit:

τὸ ταῦτα διορᾶν ἐστιν εὐφυοῦς τέχνης,
quemadmodum v. c. Alexis locutus est in *ΑΣΚΛΗΠΙΟ-
ΚΛΕΙΔΗΙ* (vol. III. p. 394):

Οὕτως δ' ὀψοποιεῖν εὐφυῶς
περὶ τὴν Σικελίαν αὐτὸς ἔμαθον, ὥστε τοὺς
δειπνοῦντας εἰς τὰ βατάνι' ἐμβαλεῖν ποιῶ
ἐνίοτε τοὺς ὀδόντας ὑπὸ τῆς ἡδονῆς.

Pag. 583. Nicomachi *ΕΙΛΕΙΘΥΙΑ.*

vs. 11. ὁ μάγειρός ἐσθ' ὁ τέλειος ἑτέρα διάθεσις.
Atticorum dialectus postulat, metrum admittit τέλεος. Gravius laborant sequentia:

πολλὰς τέχνας λάβοις ἂν ἐνδόξους πάνυ,
ὧν τὸν μαθεῖν βουλόμενον ὀρθῶς οὐκ ἔνι
ταύταις προσελθεῖν εὐθύς· ἀλλ' ἔμπροσθε δεῖ
ζωγραφίας ἧφθαι.

Optime M. intellexit inter vs. 14 et 15 unum saltem versum intercidisse, qui continuerit eius artis mentionem ad quam *pictoria* opus esse dixerat poeta. Ea vero ars quae alia esse potuerit praeter τὴν τεκτονικήν, non exputo.

E comoedia antiqua originem duxisse suspicor, quod Philoclis tragici cognomen memorat scholiastes ad Arist. Aves vs. 281: ἔστι δ' ὁ Φιλοκλῆς τραγῳδίας ποιητὴς καὶ Φιλοπείθους υἱὸς ἐξ Αἰσχύλου ἀδελφῆς, ὅσοι δ' Ἀλμίωνος αὐτὸν φασιν, ἐπιθετικῶς λέγουσι διὰ τὸ πικρὸν εἶναι· ἅλμη γὰρ ἡ πικρία. Simili ioco a Platone (vol. II. p. 679). Cinesias vocatur Εὐαγόρου (corr.) παῖς ἐκ πλευριτίδος. Cf. Aristophanis Ran. 22: Διόνυσος υἱὸς Σταμνίου.

ERRATA.

———•◆•———

Pag. 19, vs. 21 legitur ποῖα,   scribe ποῖα;

„ 24, „ 21   „   Θεοισιχθροῖσι   „   Θεοῖς ἐχθροῖσι.

„ 32, „ 30   „   προσποιμένοις   „   προσποιουμένοις.

Si qua praeterea insunt typographica vitia, corrigat ipse lector.

Σ

ANALECTA CRITICA

AD

THUCYDIDEM, LYSIAM, SOPHOCLEM, ARISTOPHANEM

ET COMICORUM GRAECORUM FRAGMENTA.

SCRIPSIT

HENRICUS VAN HERWERDEN,
in Acad. Rheno-traiectina Litt Prof.

TRAIECTI AD RHENUM,
APUD J. L. BEIJERS. ·
MDCCCLXVIII.

'Ηδονὴν ἔχει,
ὅταν τις εὕρῃ καινὸν ἐνθύμημά τι.
δηλοῦν ἅπασιν

ANAXANDRIDES.

Ex officina Typographia σ. A. VAN HOFTEN.

PRAEFATIO.

De variis huius libelli argumentis pauca monuisse suffecerit. Capite *primo* continentur progymnasmata quaedam ad editionem quam praeparo THUCYDIDIS. Caput *tertium* epimetrum esto ad dissertationem meam Academicam continentem *observationes criticas in fragmenta comicorum Graecorum* Lugd. Bat. apud E. J. Brill a. 1855 adque libellum, qui paene decennio post ibidem apud Doesburg in lucem prodiit inscriptus: *Nova addenda critica ad Meinekii opus Fragmenta comicorum Graecorum*, quorum opusculorum rationem habuerunt JACOBI in *Comicae dictionis indice* et ipse MEINEKE in *Analectis criticis ad Athenaeum*. Studia mea SOPHOCLEA, quorum nova prompsi specimina in capite *secundo*, denuo provocavit TOURNIERI editio Sophoclis, quae anno proximo prodiit Parisiis, neque minus DINDORFII editio quinta poetarum Scenicorum Graecorum et quas nuper SEYFFERT aliique singularum fabularum curarunt recensiones. Observationes nonnullae ad ARISTOPHANEM et LYSIAM, *quarto* ac *quinto* capite comprehensae, hanc scriptionem claudunt, in qua componenda, ne in

nimiam molem cresceret, more meo brevis esse laboravi, exoptans
mihi lectores, quales hucusque nactus sum, qui σῦκα et κάρδαμα
probe distinguere didicerint. Haec ut quam rarissima essent,
saepe stilum verti. Si quid autem forte me latuit occupatum
ab aliis, quam imploro veniam, ab aequo lectore, sat scio,
impetrabo.

Scribebam TRAIECTI AD RHENUM
Kalendis Maiis a. MDCCCLXVIII.

CAPUT I.

AD THUCYDIDEM.

———

Lib. I. 7 extr. ἔφερον γὰρ ἀλλήλους τε καὶ τῶν ἄλλων ὅσοι ὄντες οὐ θαλάσσιοι κάτω ᾤκουν. Neque nudum φέρειν h. l. quicquam potest significare, neque frequens formula Attica ἄγειν καὶ φέρειν s. φέρειν καὶ ἄγειν pro διαρπάζειν Thucydidea est. Scribendum arbitror: ἔφθειρον γὰρ ἀλλήλους κτέ. Cf. III. 92 § 2. IV. 61 § 1, 66 § 1.

8 § 2. ὡς πλουσιώτεροι ἑαυτῶν γιγνόμενοι. Lege αὐτοὶ ἑαυτῶν. Cf. III. 11 § 1. VI. 72. VII. 66 extr.

33 § 3. μηδὲ δυοῖν [φθάσαι] ἁμάρτωσιν, ἢ κακῶσαι ἡμᾶς ἢ σφᾶς αὐτοὺς βεβαιώσασθαι. ἡμέτερον δ' αὖ ἔργον προτερῆσαι. Expungatur φθάσαι, quae est varia lectio ad προτερῆσαι.

35 § 4. ὅπερ σαφεστάτη πίστις καὶ οὗτοι οὐκ ἀσθενεῖς ἀλλ' ἱκανοὶ τοὺς μεταστάντας βλάψαι. Krüger coniecit τοὺς μεταστήσοντας »vos, si nos repudiaveritis." At μεθιστάναι eo sensu graece non ponitur, et sententia haud dubie haec est: idonei qui societate non iunctos laedant. Cf. 33. § 3. Hinc legendum arbitror: ἱκανοὶ τοὺς μὴ ξυστάντας βλάψαι. Cf. I. 1 et 15.

40 § 2. καὶ ὅστις μὴ τοῖς δεξαμένοις, εἰ σωφρονοῦσι, πόλεμον ἀντ' εἰρήνης ποιήσει. In hoc loco explicando frustra desudant viri docti. Ego Thucydidi reddiderim: καὶ ὅστις μὴ

1

τοῖς δεξαμένοις ἐ(π)ὶ σωφρονοῦσι πόλεμον — ποιήσει, i. e.
adversus populum moderatum („quales sumus Corinthii). Ad
ἐπί c. Dat. hoc sensu usurpatum cf. I. 103 § 4. III. 63 § 2.

63 § 2. ἠπόρησε μὲν ὁποτέρωσε διακινδυνεύσῃ χωρήσας [ἢ
ἐπὶ τῆς Ὀλύνθου ἢ ἐς τὴν Ποτίδαιαν]. Inutile additamentum, in quo duplex ἢ prodit falsarium.

90 § 3. τειχίζειν δὲ [πάντας] πανδημεὶ [τοὺς ἐν τῇ πόλει]
καὶ αὐτοὺς καὶ γυναῖκας καὶ παῖδας. Non sufficit cum
Krügero expellere sola verba τοὺς — πόλει. Cf. 126 § 4. III:
3 med. VI. 65 § 1 (ubi expungas πᾶσιν).

91 § 1. τῶν δ' ἄλλων ἀφικνουμένων καὶ σαφῶς
κατηγορούντων κτέ. Quinam sint illi reliqui, non facile
dixeris. Ambigo, utrum corrigendum sit: τινῶν δ' ἄλλων
κτέ., an: τῶν δ' ἀφικνουμένων σαφῶς κτέ.; expunc-
tis voculis ἄλλων et καί. Cf. 95 § 3 et III. 93 § 3.

93 § 1. οἱ γὰρ θεμέλιοι παντοίων λίθων ὑπόκεινται καὶ
οὐ ξυνειργασμένων ἔστιν ᾗ. Nihildum allatum est aut
afferri poterit, unde confirmetur ξυνειργάσθαι dici posse
lapides ita accisos (nam sic interpretantur) ut alius alii ap-
tus sit. Suspicor ξυνηρμοσμένων. Corruptelae ansam
dedit subsequens partic. εἰργασμένοι.

95 § 3. ξυνέβη τ' αὐτῷ καλεῖσθαι. Sermo est de Pau-
sania revocato ab Ephoris, quapropter legendum videtur ἀνα-
καλεῖσθαι. Cf. 131 § 1.

115 § 2. νεωτερίσαι βουλόμενοι [τὴν πολιτείαν]. Expungan-
tur ultima vocabula. Ferri posset νεωτερίσαι περὶ τ. π.

122 § 3. τύραννον δ' ἐῶμεν ἐγκαθεστάναι ἐν τῇ Ἑλλάδι
πόλιν τοὺς δ' ἐν μιᾷ μονάρχους ἀξιοῦμεν καταλύειν. Ipsa
oppositio flagitat aliquid in hunc sensum: τοὺς δ' ἐν μιᾷ
(ἑκάστῃ πόλει) μονάρχους ἀξιοῦμεν καταλύειν.

128 § 2. τὸν Ἑλληνικὸν πόλεμον vix dicere Thuc. potuit
bellum Persicum. Coniicio τὸν Μηδικὸν πόλεμον. ΕΛ-
ΛΗΝΙΚΟΝ eo facilius e ΜΗΔΙΚΟΝ nasci potuit, quod in
vicinia legitur ΕΛΛΗΝΙΚΗΣ.

130 § 2. δυσπρόσοδόν τε αὐτὸν παρεῖχε καὶ τῇ ὀργῇ

[οὕτω] χαλεπῇ ἐχρῆτο ἐς πάντα; [ὥστε μηδένα δύνασθαι προσιέναι]. Expungo interpretamentum vocabuli δυσπρόσοδον. Male Kr. delevit solum vocabulum δύνασθαι, ut προσιέναι sit a προσίημι. Quasi ad se admittere Graece προσιέναι sit, non προσίεσθαι.

141 § 3 pro πληροῦντες requiro πληροῦν.

144 § 3. πολέμου δ᾽ οὐκ ἄρξομεν, ἀρχομένους δ᾽ ἀμυνούμεθα. Immo vero ἄρχοντας i. e. qui priores nos laeserint, nisi forte praestat ἄρξαντας.

II. 4 § 2. λαθόντες [καὶ] διακόψαντες. Cf. III. 39 § 7. Ib. ἐμπείρους δ᾽ ἔχοντες τοὺς διώκοντας [τοῦ μὴ ἐκφειγειν]. Ad ἐμπείρους e superioribus mente repetendum τῶν διόδων.

13 § 1. τοὺς ἀγροὺς αὐτοῦ παραλίπῃ [καὶ μὴ δῃώσῃ]. Interpretamento interiit omnis sermonis nitor. Similiter mox insiticia sunt vocabula τῶν χρημάτων τῆς προσόδου post vocabula: λέγων τὴν ἰσχὺν αὐτοῖς ἀπὸ τούτων (sc. τῶν ξυμμάχων εἶναι). Quam inepte in vulgatis tres Genetivi alius ex alio suspenduntur!

19 § 1. Expunge verba ἡγεῖτο δὲ 'Αρχίδαμος — βασιλεύς; inepte supervacanea. Cf. 10 § 3. 12 § 3 et 18. Invecta e 47 § 2 et 71 § 1.

22 § 2. καὶ οἱ Πελοποννήσιοι. Sententia postulat καί(τ)οι nihilominus.

35 § 1. μὴ ἐν ἑνὶ ἀνδρὶ πολλῶν ἀρετὰς κινδυνεύεσθαι εὖ τε καὶ χεῖρον εἰπόντι [πιστευθῆναι]. Cf. Plato. Lach. 187 B. μὴ οὐκ ἐν τῷ Καρὶ ὑμῖν ὁ κίνδυνος κινδυνεύηται ἀλλ᾽ ἐν τοῖς υἱέσιν. Retinenti πιστευθῆναι omnino addendum sit τε καὶ μή, sed glossema esse aliquanto mihi videtur probabilius.

40 § 1. καὶ ἑτέροις πρὸς ἔργα τετραμμένοις τὰ πολιτικὰ μὴ ἐνδεῶς γνῶναι. Haud absurde coniectum est ἕτερα, sed et lenius et aptius mihi videtur ἑτεροῖα πρὸς ἔργα i. e. diversi generis.

42 extr. καὶ ἐν αὐτῷ τὸ ἀμύνεσθαι καὶ παθεῖν μᾶλλον ἡγησάμενοι ἢ τὸ ἐνδόντες σώζεσθαι κτέ. Locum vexatissimum

1*

Dobrei, qui κάλλιον coniecit, vestigiis insistens sic tento: ἐν αὐτῷ τῷ ἀμύνεσθαι καί (τι) παθεῖν (i. e. vel occumbere) κάλλιον ἡγησάμενοι κτέ.

44 § 1. ἐντελευτῆσαι. An εὖ τελευτῆσαι, quorum vitam felicem decora mors coronaverit? Locus longe difficillimus.

48 § 1. (ἡ νόσος) ἐς τὴν — πόλιν — ἐνέπεσε. Nusquam Thucyd. verba cum praepos. ἐν composita construit cum praep. εἰς, sed constanter cum Dativo. Quocirca emenda ἐσέπεσε. Contrario errore IV. 4 § 1. legitur τοῖς στρατιώταις ὁρμὴ ἐπέπεσε. Graece ἔρως, ἐπιθυμία, ὁρμή, similia ἐμπίπτουσι non ἐπιπίπτουσιν.

70 § 3. αὐτοὺς καὶ παῖδας [καὶ γυναῖκας]. Cur deleverim nemini, qui locum attente legerit, obscurum fore confido.

86 extr. παρεκελεύσαντο [καὶ ἔλεξαν] τοιάδε. Cf. I. 139 extr., II. 10 extr., 88 in., 90 in., IV. 9 ext., 11 in., 12 in., 93 in., 96 in., 125 ext., 127 in. VI. 8 ext., 15 ext. 67 ext., 69 in. VII. 65 in., 69 in., 78 in VIII., 77 in. Corrigantur loci hice: IV. 94 ext., 115 § 1, VI. 32 ext. et VII. 60 ext.

89 § 5. πολὺ δ' ὑμεῖς ἐκείνοις πλείω φόβον παρέχετε καὶ πιστότερον κατά τε τὸ προνενικηκέναι καὶ ὅτι οὐκ ἂν ἡγοῦνται μὴ μέλλοντας τι ἄξιον τοῦ παρὰ πολὺ πράξειν ἀνθίστασθαι ὑμᾶς. Vanos interpretum labores haec utcumque explicantium securus mecum ridebis rescripto: μὴ μέλλοντάς τι ἄξιον τοῦ παράπλου πράξειν κτέ. Cf. 82 § 2. παρέπλευσε δὲ καὶ ὁ Φορμίων ἐπὶ τὸ Ῥίον κτέ. Ad dicendi rationem compara V. 60 οὐδὲν δράσαντες ἄξιον τῆς παρασκευῆς. In proxime praegressis erroris reperies originem. ·

III. 10 § 1. εἰ μὴ μετ' ἀρετῆς δοκούσης ἐς ἀλλήλους γίγνοιντο (sc. φιλία καὶ κοινωνία). Pro δοκούσης requiro δοκήσεως. Sensus: nisi cum mutua virtutis opinione fiant. Cf. II. 35 med. IV. 18 extr. 87 § 1. 126 § 4. VII 67 § 1. Vulgatam scripturam non tuetur locus V. 16 § 6. Nam quomodo ἐς ἀλλήλους pendere potest a δοκούσης?

12 § 1. ὑπεδεχόμεθα. Egregie Haase ὑπηρχόμεθα, quod

Atticum esse male negavit Krüger. Vide Cobetum in Mnem. III. p. 106.

17 § 1. ἐν τοῖς πλεῖσται δὴ νῆες ἅμ' αὐτοῖς ἐνεργοὶ κάλλει ἐγένοντο. Suspicor ἄλλαι ἄλλη.

22 § 3. ξὺν ξιφιδίῳ καὶ (ἐν) θώρακι. Insere ἐν.

31 med. οὐδενὶ γὰρ ἀκουσίως ἀφῖχθαι. Lege ἀκουσίῳ.

42. χαλεπώτατοι δὲ [καὶ] οἱ ἐπὶ χρήμασι προσκατηγοροῦντες ἐπίδειξίν τινά. Legendum: προκατηγοροῦντες ἐπιδείξειν τινά. Respondent haec verba insimulationi Cleonis 38 § 2 δῆλον ὅτι ἢ τῷ λέγειν πιστεύσας; τὸ πάνυ δοκοῦν ἀνταποφῆναι ὡς οὐκ ἔγνωσται ἀγωνίσαιτ' ἂν ἢ κέρδει ἐπαιρόμενος κτέ. Cf. 40 § 3. 'Επιδείξειν Classenio quoque venit in mentem, sed προκατηγορεῖν non minus est necessarium.

49 § 2. ἐγένετο σπονδὴ τοῦ πλοῦ τοιαύτη ὥστ' ἦσθιόν τι ἅμα ἐλαύνοντες — καὶ [οἱ μὲν] ὕπνον ᾑροῦντο κατὰ μέρος [οἱ δὲ ἤλαυνον] Formulae κατὰ μέρος interpretatio olim has turbas dedisse videtur. Dubitationem tamen iniicit locus IV. 26 καὶ τῶν νεῶν οὐκ ἐχουσῶν ὅρμον οἱ (pro αἱ Cob.) μὲν σῖτον ἐν τῇ γῇ ᾑροῦντο [κάτα μέρος] οἱ (pro αἱ Cob.) δὲ μετέωροι ὥρμουν, ubi vocabula inclusa ὀμittuntur a Suida s. v. σῖτος. Fortasse igitur praestat etiam h. l. delere κατὰ μέρος.

51 § 3. τὸν ἔσπλουν — ἐλευθερώσας. Frustra tentatur locus non valde difficilis. Cf. Dio Cassius XLII. 12 § 12 τόν τε ἔσπλουν ἠλευθέρωσεν atque ibid. 40 § 2. Quod coniecit Classen κληθρώσας nec Graecum est neque aptum sententiae.

52 § 2. εἰ βούλονται — δικασταῖς ἐκείνοις χρήσασθαι τοὺς τε ἀδίκους κολάζειν παρὰ δίκην δ' οὐδένα. Scribe: ὥστε τοὺς ἀδίκους (et fortasse ἀδικοῦντας) κολάζειν κτέ., i. e. ea conditione, ut noxios punirent.

52 extr. οἱ δὲ (Plataeenses) ἔλεγον αἰτησάμενοι μακρότερα εἰπεῖν — καὶ ἐπελθόντες ἔλεγον τοιάδε. Certa emendatione repono: οἱ δὲ λόγον αἰτησάμενοι μακρότερον εἰπεῖν — [καὶ] ἐπελθόντες ἔλεγον τοιάδε. Cf. c. 60 et 61 § 1.

63 § 4. τὰς ὁμοίας χάριτας μὴ ἀντιδιδόναι. Graecum

est ἀντ(απο)διδόναι, ut recte legitur § 6. Contrario vitio 67 § 5 scribitur: καὶ οὐκ ἀνταποδόντες νῦν τὴν ἴσην τιμωρίαν· ubi verum est ἀντιδόντες.

68 § 3. Ἀθηναίων — οἳ ξυνεπολιορκοῦντο. Rei ratio postulat ξυνεπεπολιόρκηντο. Gravius laborat § 4 σχεδὸν δέ τι καὶ τὸ ξύμπαν περὶ Πλαταιῶν οἱ Λακεδαιμόνιοι οὕτως ἀποτετραμμένοι ἐγένοντο Θηβαίων ἕνεκα. Neque enim ἀποτρέπεσθαι in oratione certe pedestri ponitur pro ἀποστρέφεσθαι i. e. aversari, quae notio ne ipsa quidem huic loco satis convenit, neque Participium Pfti cum verbo γίγνεσθαι periphrastice iunctum non abhorret a scribendi consuetudine. Adiectivum igitur in isto Participio latet, quod significet durum, immite, implacabile. Ne multa: unice convenit ἀτέραμνοι. Cf. Bekk. An. p. 8 et p. 20.; Timae. p. 38 in voce ἀτενής, ubi vide doctam Ruhnkenii adnot.; Etymol. M. s. v. ἀτεράμων; Plato legg. IX. 830 c.; Arist. Ach. 181. Negabit, opinor, nemo Lacedaemonios ἀπαραιτή-τους, σκληροὺς καὶ ἀπηνεῖς, ut uno vocabulo dicam, ἀτερά-μνους se praestitisse in Plataeenses. Ad praep. περὶ c. G. (= respectu) compara II. 6 μηδὲν νεώτερον ποιεῖν περὶ τῶν ἀνδρῶν et ibid. τὰ περὶ τῶν Πλαταιῶν γεγενημένα.

82 § 2. ὁ ἐπικελεύσας τὸν μὴ διανοούμενον. Suspicor ὁ ἐπικωλύσας τὸν μηδὲ διανοούμενον, quae ὀξυμώ-ρως dicta accipiantur. Verbo ἐπικωλύειν utitur Thuc. VI. 17 § 5.

104 § 2. τὴν πεντετηρίδα — [τὰ Δήλια]. Byzantinis fortasse utile additamentum, Graecis non item.

IV. § 5. ἐν ταῖς Ἀθήναις. Lege ἐν τῇ Ἀθηναίων. Erroris originem explicabit Cobet Mnem. III. p. 387.

10 § 3 locus est mutilus, quem sic suppleo: ὃ (sc. τὸ χω-ρίον) μενόντων (μὲν) ἡμῶν ξύμμαχον γίγνεται, ὑποχωρήσασι δὲ (ἐναντίον, ἐκείνοις γὰρ) καίπερ χαλεπὸν ὂν εὔπορον ἔσται μηδενὸς κωλύοντος κτέ.

12 extr. ἐπὶ πολὺ γὰρ ἐποίει τῆς δόξης. Conieci: ἐπὶ πολὺ γὰρ ἐπῄει τὰ τῆς δόξης i. e. late enim pervagabatur opinio. Cf. II. 60 § 1 τὰ τῆς ὀργῆς, VII. 49 τὰ τῆς ἐμπειρίας

et ita saepe. Ad ἐπὶ πολύ cf. VI. 37 extr. Contrario errore
II. 8 (ἡ εὔνοια — ἐποίει) perperam ἐπῄει est in quibusdam
libris. Quem locum qui imitatur Arrianus in Anab. II. 2
§ 3 scripsit τὰ τῆς εὐνοίας pro ἡ εὔνοια.

21. med. Verba ἀνὴρ δημαγωγός — πιθανώτατος scholium
est marginale. Cf. III. cap. 36 extr., unde petitum est.

24 in. ἐν τούτῳ δὲ οἱ [ἐν τῇ Σικελίᾳ] Συρακόσιοι. Quasi
aliae sint Syracusae, quam Siculae. Thuc. certe scripsisset
ἐν τῇ Σικελίᾳ οἱ Συρακόσιοι.

25 in. ἐς τὰ οἰκεῖα στρατόπεδα [τό τε ἐν τῇ Μεσσήνῃ καὶ
ἐν τῷ 'Ρηγίῳ]. Benigne; sed stipes sit oportet, qui id non
meminerit. Cf. cap. praec.

26 med. ἀπαίροντες [ἀπὸ] τῆς Πελοποννήσου ὁπόθεν τύχοιεν. Genetivus pendet ab ὁπόθεν.

28 extr. ἐνέπεσε μέν τι καὶ γέλωτος (ἐπὶ) τῇ κουφολογίᾳ
αὐτοῦ. Inseratur ἐπί.

36 § 2. λαβὼν δ' ἃ ᾐτήσατο. Immo vero: οὓς ᾐτήσατο
(sc. τοὺς τοξοτὰς κτέ.). Cf. 30 § 3 ἔχων στρατιὰν ἣν ᾐτήσατο.
Interpretes male accipiunt pro εὑρόμενος ὃ ᾐτήσατο.

39 § 2. καὶ ἦν σῖτος ἐν τῇ νήσῳ καὶ ἄλλα βρώματα ἐγ-
κατελήφθη. Scribe καὶ (μ)ὴ ν σῖτος κτέ., ut supra II. 22
§ 2 ex καὶ οἱ elicui καίτοι. De voculis καὶ μὴν novi quid et
inopini inchoantibus videatur Hoogeveen Doctr. Part. p. 584 sq.

40 § 1. Conieci: ἀλλ' (ἀντ)έχοντας καὶ μαχομένους (ἕ)ως
ἐδύναντο ἀποθνήσκειν. Ultima huius capitis verba: δήλωσιν
ποιούμενος — διεφθείρετο procul dubio sunt interpretis.

44 § 1. Imperite Kr. in adnot. confundit ξυμμαχεῖν et
ξυμμάχεσθαι. Verbum decompositum ξυμμαχεῖν significat
ξύμμαχον εἶναι, nec raro accidit, ut οἱ ξυμμαχοῦντες non
ξυμμάχωνται.

45 § 3. τὸν τῆς Χερσοννήσου ἰσθμὸν — ἐν ᾧ ἡ Μεθώνη
ἐστί. Si genuina sunt verba ἐν ᾧ — ἐστί, profecto corrigendum ἐν ᾗ κτέ, quia urbs Methone non in isthmo sita
est, sed in ipsa peninsula.

46 § 1. ἐπὶ τοὺς ἐν τῷ ὄρει [τῆς 'Ιστώνης] κτέ. Remove

soloecismum expuncto nomine proprio, quod satis fuit me morare III. 85 extr. Cf. IV. 2 med. et 48 § 4. Ibid. § 3 lege: οἱ δὲ τοῦ δήμου προστάται [τῶν Κερκυραίων] δεδιότες μὴ οἱ Ἀθηναῖοι αὐτοὺς (pro τοὺς) ἐλθόντας οὐκ ἀποκτείνωσιν. 47 § 1. ὡς δ' ἔπεισαν καὶ — ἐληφθησαν. L. ἐπείσθησαν. 55 § 2. ὁπλιτῶν πλῆθος ὡς ἑκασταχόσε ἔδει. L. ὅσον. Ibidem πολέμου ταχέος frustra tentarunt et alii et nuperrime Naber. Cf. VI. 45 extr. et Cassius Dio 51. 5 § 6.

59 § 2. τί ἄν τις πᾶν τὸ ἐνὸν ἐκλέγων — μακρηγοροίη. Legerim: τὸ ἐνὸν εἰπεῖν λέγων κτέ.

66 § 2. Supple μὴ ἀμφοτέρωθεν τὴν πόλιν φθείρειν (ἐᾶν).

67. Tum alia in hoc capite interpolata sunt tum verba: ἡ φυλακὴ μὴ ὄντος ἐν τῷ λιμένι πλοίου φανεροῦ μηδενός, quibus deletis, cum Krügero pro ἀφανης corrige ἀφανές. sc. τὸ ἀκάτιον.

68 § 3. Ἀνοίγειν ubique scripsit Thuc., nusquam ἀνοιγνύναι. Cf. editio mea Oedipi Tyranni, p. 223.

76 § 1. Βουλομένων μεταστῆσαι τὸν κόσμον [καὶ] ἐς δημοκρατίαν [ὥσπερ οἱ Ἀθηναῖοι τρέψαι]. Num putas Athenienses voluisse aut potuisse τρέψαι τὸν κόσμον ἐς δημοκρατίαν? Insuper τρέψαι otiosum est.

83 § 2. ὥστ' ἐκ τοῦ τοιούτου κοινῇ μᾶλλον ὁ Βρασίδας τὰ τοῦ Ἀρριβαίου ἠξίου πράσσειν. L. κοινῶς i. e. sine studio. Cf. Dio 45. 44 § 2.

124 extr. τῆς Μένδης περιορώμενος. Schol. κηδόμενος. Legerim προορώμενος.

125 § 2. ξυναγαγὼν καὶ αὐτὸς ἐς τετράγωνον τάξιν τοὺς ὁπλίτας. Substituendum quod veteres in ea re constanter dicunt, ἐς πλαίσιον, cuius formulae lectio vulgata interpretamentum mihi esse videtur. Cf. VI. 67 ibique adnotationem Scholiastae: ἐν πλαισίῳ] ἐν τετραγώνῳ σχήματι.

129 § 5. ἐς ὀλίγον ἀφίκετο — νικηθῆναι. L. παρ' ὀλίγον. Cf. VIII. 76, III. 49. 79 VII. 71. Praep. ἐς non agnoscunt codd. HN.

130 § 3. καί τινος αὐτῷ τῶν [ἀπὸ] τοῦ δήμου ἀντειπόν-

τος — καὶ ὡς ἀντεῖπεν ἐπισπασθέντος — καὶ θορυβηθέν-
τος κτέ. L. θορυβήσαντος i. e. *quum tumullum excitasset.*
133 § 2. ὅτι ἐπεφεύγει. L. ὅτ᾽ ἔφυγε, ni potius
utrumque vocabulum expungendum.

V. 10 § 5. Suspecta mihi sunt verba: οἷς γὰρ ἂν τοῦτο
γίγνηται — τοὺς ἐπιόντας. Redolent enim interpretem potius quam ingeniosum scriptorem. Ad rem cf. Liv. IV. 37 § 10.
22 § 2. Expunge νομίσαντες αὐτοὺς et οὐ ante δεινούς.
23 extr. ὅτι ἂν δοκῇ, εὔορκον ἀμφοτέροις εἶναι. Transpone δοκῇ ἀμφοτέροις, εὔορκον εἶναι. Cf. c. 18 extr. et c. 29.
29 § 1. κατέστραπτο [ὑπήκοον] et 32 § 1 Δηλίους δὲ κατ-
ήγαγον πάλιν [ἐς Δῆλον] et V. 1. Δηλίους ἀνέστησαν [ἐκ
Δήλου]. Vocabula inclusa relegentur in marginem.
36 § 3. Transpone: ἀεὶ καλῶς ἠπίσταντο — σφίσι φίλιον
γενέσθαι.
38 § 1. τὸ γὰρ αὐτὸ ἐποίουν. Conieci ἔσπενδον, ut
τὰ ὁμοῖα σπένδειν cap. 37 § 4, ubi recte Kr. delet praep. ἐς.
46 § 1. ὁ Νικίας καίπερ [τῶν Λακεδαιμονίων αὐτῶν
ἠπατημένων] καὶ αὐτὸς ἐξηπατημένος [περὶ τοῦ — ἧκειν] ὅμως
κτέ. Cf cap. praec. § 2. Et incongrua menti scriptoris sunt
quae uncinis sepsi et spurca oratione conscripta. Nam primum deceptos esse Lacones nihil attinebat h. l. diserte repetere, quoniam rei cardo vertitur in fraude, in quam ipse
Nicias inciderat, idque eo minus quod *illud* iam significatur vocabulis καὶ αὐτός, tum prorsus absurde additur αὐτῶν, tandem Nicias non ἐξηπάτητο περὶ τοῦ sed τῷ μὴ
αὐτοκράτορας ὁμολογῆσαι ἧκειν. Vocabula τῶν Λακ. — ἠπα-
τημένων, si me audis, sunt scholium marginale ad verba
καὶ αὐτός, verba περὶ — ἧκειν ad ἐξηπατημένος.
54 extr. τινὲς [οἱ] μὲν — οἱ δέ. Similiter subinde dicitur
ἔνιοι μὲν — οἱ δέ, οἱ μὲν — ἄλλοι δέ.
64 extr. διελθεῖν τὴν πολεμίαν· ξυνέκλῃε γὰρ διὰ μέσου·
An ξυνεχῆς (sc. πολεμία), i. e. *continua enim terra hostilis*
(*Argolis et Arcadia*) *eos separabat?* Cf. Dio Cass. 55. 20
πολλὴ γῆ διὰ μέσου ἐστίν.

99. ὅσοι ἠπειρῶται — πολλὴν τὴν διαμέλλησιν τῆς πρὸς ἡμᾶς φυλακῆς ποιήσονται Qualis fere sententia postuletur, sensisse mihi videtur Portus, licet Graecitati vim inferat interpretando: μέλλουσιν ἀκριβῶς φυλάττεσθαι ἡμᾶς. Lege διαμίλλησιν — ποιήσονται i. e. διαμιλλήσονται, certatim sibi cavebunt a nobis. Ne quis διάμιλλαν postulet, cl. διάπειραν sim., moneo πείρασιν pro πεῖραν nostrum dixisse VI. 56.

VI. 11. Supple: τὰ γὰρ διὰ πλείστου (πλεῖστον) πάντες ἴσμεν θαυμαζόμενα.

31 § 4. ἐπίδειξιν τῆς [δυνάμεως καὶ] ἐξουσίας.

64 extr. ἐπὶ τὸ στράτευμα ἐλθεῖν. Lege σταύρωμα et mox post ῥᾳδίως expunge τὸ στράτευμα.

72 § 2. Verba καὶ τὸ πλῆθος τῶν στρατηγῶν sunt interpretamentum vocabuli πολυαρχίαν. Vocula καὶ ante τὴν πολυαρχίαν valet etiam respondetque praegressis τὴν δ' ἀταξίαν βλάψαι.

76 § 3. Supple ἀπὸ σφῶν (αὐτῶν) i. e. sponte sua. Cf. V. 60, VIII. 47.

VII. 49 § 1. Lege: (μᾶλλον) ἢ πρότερον ἐθάρσησε κρατήσειν. Cf. 47 § 2 extr., ubi suspicor: καὶ τῶν Συρακοσίων ταῖς γοῦν ἐπελθούσαις ναυσὶ κρατεῖν Vulgo scribitur τοῦ στρατεύματος, quod oriri potuit ex male intellecto compendio vocabuli Συρακοσίων.

52 § 2. ἐν τῷ [κοίλῳ καὶ] μυχῷ τοῦ λιμένος. Cf. c. 4.

VIII. 37. μήτε Λακεδαιμονίους μήτε τοὺς ξυμμάχους [τῶν Λακεδαιμονίων] et sic mox quoque legendum. Sexcentis locis Thucydideis potest demonstrari haec vocabula esse insiticia.

76 § 2. ὑπετόπενον. L. ὑπετόπουν, depravatum superscripto glossemate ὑπώπτευον.

86 § 1. πρεσβευταί. Semper alibi Plur. num. πρέσβεις dixit Thuc., quod ei hic quoque reddas.

97 § 1. Ex hoc loco corrige Diodorum XIII. 38 τὸ σύστημα τῆς πολιτείας ἐκ τῶν πολιτῶν συνεστήσαντο. L. πεντακισχιλίων.

CAPUT II.

·AD SOPHOCLEM.

----·---- ··

Αιαcis vs. 137 sqq:

σὲ δ' ὅταν πληγὴ Διὸς ἢ ζαμενὴς
λόγος ἐκ Δαναῶν κακόθρους ἐπιβῇ,
μέγαν ὄκνον ἔχω καὶ πεφόβημαι
πτηνῆς ὡς ὄμμα πελείας.

Plura sunt in his indigna Sophocle: primum enim parum concinne nec satis apte ζαμενὴς iunctum est cum λόγος, quod iam habet suum epitheton, dum πληγὴ Διὸς epitheto plane caret, deinde vocabula καὶ πεφόβημαι post illa μέγαν ὄκνον ἔχω valde frigent, tandem suspicione non prorsus vacant vocabula πτηνῆς ὡς ὄμμα πελείας. licet parum me iudice probabilis sit Piersoni coniectura: φηνῆς ὡς ὄμμα πελείας. Ab ultimis verbis manum abstinendam esse ratus locum sic constituerim:

σὲ δ' ὅταν ζαμενὴς πληγὴ Διὸς ἢ
λόγος ἐκ Δαναῶν κακόθρους ἐπιβῇ,
μέγαν ὄκνον ἔχω
πτηνῆς ὡς ὄμμα πελείας.

Ibid. vs. 299:   τοὺς δὲ δεσμίους
ᾔκιζεθ' ὥστε φῶτας [ἐν ποίμναις πίτνων]·

Tria ultima vocabula, quae optime habent supra vs. 185, h. l. infelix supplementum lacunae esse iudico.

Ib. vs. 382: ἦ που πολὺν γέλωθ᾽ ὑφ᾽ ἡδονῆς ἄγεις.

Malim γέλωτα ἔχεις i. e. γελᾷς, ut ἔχειν γόους, λῆστιν, σπάνιν, μνήμην, δέος, ἔρευναν, συγγνώμην ponuntur a Sophocle pro γοᾶσθαι, ἐπιλανθάνεσθαι, σπανίζεσθαι, μεμνῆσθαι, δεῖσαι, ἐρευνᾶν, συγγιγνώσκειν.

Ib. vs. 890: ἀμένηνον ἄνδρα κτέ.

Utrumque vocabulum spectare Aiacem et manifestum est et hodie satis convenit inter viros doctos, unde necessario sequitur ἀμενηνὸν depravatum esse. Reliqua viri epitheta ὠμόθυμον (885), στερεόφρων (926), ὠμόφρων (931), ὠμοκράτης (205), δυστράπελος (913), alia eo ducunt, ut suspicer h. l. poetae reddendum esse:

ἀλλ᾽ ἀτέραμνον ἄνδρα μὴ λεύσσειν ὅπου.

ELECTRAE. vs. 683:

ὅτ᾽ ἦσθετ᾽ ἀνδρὸς ὀρθίων κηρυγμάτων
δρόμον προκηρύξαντος κτέ.

Sophoclea elegantia dignior fuerit scriptura hacce:

ὅτ᾽ ἦσθετ᾽ ἀνδρὸς ὀρθίων γηρυμάτων
δρόμον προκηρύξαντος κτέ.

Ib. vs. 995:

ποῖ γάρ ποτ᾽ ἐμβλέψασα τοιοῦτον θράσος
αὐτή θ᾽ ὁπλίζει κἄμ᾽ ὑπηρετεῖν καλεῖς;

Nihili est in hac iunctura verbum compositum ἐμβλέπειν, quod debetur correctori, de metro nimium sollicito. Corrigatur:

ποῖ γάρ ποτε βλέψασα κτέ.

Aiac 514 ἐμοὶ γὰρ οὐκέτ᾽ ἐστὶν εἰς ὅτι βλέπω. Cf. El. 888. Ai. 1290. O. R. 858.

v. 1384 sq.:   ᾽Ίδεθ᾽ ὅποι προνέμεται
τὸ δυσέριστον αἷμα φυσῶν ῎Αρης·

Facilius intellegetur:

τὸ δυσάρεστον αἷμα κτέ.

i. e. caedes, quae non facile expiatur.

OED. COL. 164 sq.:

μετάσταθ᾽, ἀπόβαθι. Πολλὰ κέλευθος ἐρατύει.

»Musgrave ἐρατύοι: at iubentis oratio requiritur, non

»optantis." Sic Meineke, cui plane assentiens suspicor poetae
reddendum esse:

μετάσταθ'. ἀπόβαθι, πολλὰ κέλευθος ἐρυκέτω.

Usus est Sophocles eo verbo Trach. 121 et Philoct. 1153.
Ib. vs. 306 sq.:   ὥστε, κεἰ βραδὺς

εὕδει, κλύων σου δεῦρ' ἀφίξεται ταχύς.

Aliorum coniecturis accedat haec mea:

ὥστε, κεἰ βραδύς,

εὐθὺς κλύων σου κτέ.

i. e. *simulac de te inaudiverit.*

Ib. 548:

νόμῳ δὲ καθαρὸς ἀἴδρις ἐς τόδ' ἦλθον.

Una litera deleta scribe νόῳ. Ad diaeresin huius vocabuli in
melicis cf. Philoct. 1208, ad Dativum Ai. 964 κακοὶ γνώμαισι.

Vs. 1419 sq.   πῶς γὰρ αὖθις ἂν πάλιν

στράτευμ' ἄγοιμι ταὐτὸν εἰσάπαξ τρέσας.

Recte in ταὐτὸν haesit Nauck. Sed neque quod ipse
coniecit ἄγοιμ' εὔτακτον neque quod Meinekio placuit ἄγοιμι
τακτὸν mihi arridet, quoniam utrumque adiectivum nimis
otiose adderetur. Itaque malim:

στράτευμ' ἄγοιμ' ἐς ταὐτὸν εἰσάπαξ τρέσας.

i. e. συλλέγοιμι s. ἀθροίζοιμι.

Vs. 1520 sqq.:

χῶρον μὲν αὐτὸς αὐτίκ' ἐξηγήσομαι

ἄθικτος ἡγητῆρος, οὔ με χρὴ θανεῖν.

τοῦτον δὲ φράζε μή ποτ' ἀνθρώπων τινί.

[μηθ' οὗ κέκευθε μήτ' ἐν οἷς κεῖται τόποις].

Ut taceam mire χῶρον dici κεκευθέναι et κεῖσθαι ἐν
τόποις, verbum κεῖσθαι, quippe cuius notio iam contineatur notione verbi κεκευθέναι, cum illa iungi omnino nequit
per duplex μήτε Praeterea aetate Sophoclea, quum verbum
φράζειν antiquam *indicandi* significationem nondum prorsus
exuerat, totus versus erat plane supervacaneus, neque ante
additus esse videtur quam inter illud verbum et λέγειν omne
discrimen evanuit.

Vs. 1526: ἅ δ' ἐξάγιστα μηδὲ κινεῖται λόγῳ,
αὐτός μαθήσει.

Requiritur μηδὲ κινῆτ' ἐν λόγῳ i. e. καὶ ἀκίνητα. Praepositionem ἐν Dativo instrumentali saepe addi a Sophocle
notum est. Cf. Antig. 961. Prom. 60, 102. Trachin. 886.
Vs. 1601 sq. τὰς δ' ἐπιστολάς πατρὶ | ταχεῖ 'πόρευσαν
σὺν χρόνῳ. Melius intellegerem 'πέρανα ν.
Vs. 1570 sqq. Suspicor: ὃν ἐν πύλαισι
ταῖσι (pro φασί) πολυξένοις
εὐνᾶσθαι — —
λόγος αἰὲν ἔχει.
Vs. 1644.   πλὴν ὁ κύριος
Θησεὺς παρέστω μανθάνων τὰ δρώμενα.
Corrigatur μανθάνειν, ut discat. Eur. Andr. 49 ὁ γὰρ
φυτεύσας αὐτὸν οὔτ' ἐμοὶ πάρα | προσωφελῆσαι.
ANTIGONAE vs. 436 sqq.:
τὸ μὲν γὰρ αὐτὸν ἐκ κακῶν πεφευγέναι
ἥδιστον, ἐς κακὸν δὲ τοὺς φίλους ἄγειν
ἀλγεινόν. Ἀλλὰ πάντα ταῦθ' ἥσσω λαβεῖν
ἐμοὶ πέφυκε τῆς ἐμῆς σωτηρίας.
Nemodum recte explicuit ultimorum verborum sensum.
Nec sane facile dictu est, quo sint referenda vocabula
πάντα ταῦθ'. Nam quominus ca vocabula accipiamus de
proxime praegressis, sive de verbis τὸ μὲν — ἀλγεινόν sive
de verbis ἐς κακὸν — ἀλγεινον, sententia loci manifesto pro-
hibet. Qua re intellecta Nauckius interpretatur *omnes eiusmodi deliberationes:* sed docere supersedit eam vim vocabulis πάντα ταῦτα sermonem Graecum permittere et, quod
non minus grave est, non ostendit quo sensu verbum λαβεῖν
adiectum sit Verba igitur corrupta esse habeo persuasissimum nec fere dubito, quin Sophocles dederit:
Ἀλλὰ πάντα τἆλλ' ἥσσω λαβεῖν
ἐμοὶ πέφυκε τῆς ἐμῆς σωτηρίας.
aut, si mavis, ἀλλὰ τἆλλα πάντ' (quod non est magis
κακόφωνον quam τούτοις τοῦτο vs. 504) i. e. *ceteris rebus*

omnibus praefero meam salutem. Ἥσσω λαβεῖν ad literam significat *accepta deteriora.*

Vs. 504:   τούτοις τοῦτο πᾶσιν ἀνδάνειν
        λέγοιτ' ἂν, εἰ μὴ γλῶσσαν ἐγκλήοι φόβος.

Aliquanto melius scriberetur: κλύοις ἂν κτέ.

Vs. 533:   τρέφων δι' ἄτα κἀπαναστάσεις θρόνων.
Quidni scribitur duali numero κἀπαναστάσῃ? Similiter ἄτα in uno apographo depravatum est in ἄτας.

Vs. 647: μὴ νῦν ποτ' ὦ παῖ τὰς φρένας [ὑφ' ἡδονῆς] | γυναικὸς οὕνεκ' ἐκβάλῃς. Lacunae supplementum bene expungit Nauck. Fortasse supplendum: τὰς (παροῦσας σοι s. παριστώσας) φρένας. Cf. Trach. 736 sq. et notum illud Aristophanis ὁ νοῦς παρὼν ἀπεδήμει et, nescio ubi, σῶζε τὸν παρόντα νοῦν.

V. 659: εἰ γὰρ δὴ τά γ' ἐγγενῆ φύσει
      ἄκοσμα θρέψω, κάρτα τοὺς ἔξω γένους.

Expectes:

    εἰ γὰρ δὴ τὰ συγγενῆ φύσει
    ἄκοσμα θρέψω, κάρτα τούς γ' ἔξω γένους.

nam particula γε, quae in protasi omni vi caret, vim haud exiguam addit apodosi. Cf. Hippol. 471 sq. Cod. Laur. τά τ' ἐγγενῆ, superscripto συγγενῆ.

Vs. 690 sq.: τὸ γὰρ σὸν ὄμμα δεινὸν ἀνδρὶ δημότῃ
      λόγοις τοιούτοις οἷς σὺ μὴ τέρψει κλύων.

Arena sine calce! Intercidisse suspicor unum versum. Animi causa conieci:

    τὸ γὰρ σὸν ὄμμα δεινὸν ἀνδρὶ δημότῃ,
    (κοὐδείς ποτ' ἀστῶν ἐμφανῶς χρῆται, πάτερ,)
    λόγοις τοιούτοις, οἷς σὺ μὴ τέρψει κλύων.
    Ἐμοὶ δ' ἀκούειν ἔσθ' ὑπὸ σκότου τάδε.

Quali versiculo interposito, responsum Haemonis totidem versibus constabit, quot oratio patris. Cf. El. 44. His scriptis video Dindorfium in ed. V Poet. Scen. eodem quo ego loco indicasse lacunam. Quam συνέμπτωσιν mihi gratulor. — Vide eius adnot. ad Eur. Heracl. vss. 223 sqq.

Vs. 662: ὅστις δ' ὑπερβὰς ἢ νόμους βιάζεται
ἢ τοὐπιτάσσειν τοῖς κρατύνουσιν νοεῖ κτέ.

Qui probant Doederlini coniecturam ἤτοι ἐπιτάσσειν, eos
provoco, ut unum mihi monstrent apud antiquos et proba-
tos scriptores locum, ubi ἤ — ἤτοι legatur pro ἤτοι — ἤ.
Praeterea ea plane inutilis est, quoniam a verba νοεῖν
aeque recte infinitivus cum articulo pendet ac substantivum.

Vs. 795: νικᾷ δ' ἐναργὴς βλεφάρων ἵμερος εὐλέκτρου
νύμφας, τῶν μεγάλων πάρεδρος ἐν ἀρχαῖς
θεσμῶν.

Et metrum et sententia vs. 796 corruptum esse clamant;
nam, quam nuper M. Seyffert inde exsculpsit sententiam
(*desiderium amoris oculorum venustate accensum socium se
fecit imperii, penes quod maximae leges sunt, atque ita
plus valuit quam ipsae hac leges*) ea tum in Graecis non
inest, tum, si inesset, ita demum apta foret huic loco, si
Haemo regni paterni fuisset particeps; quod contra est.
Manifesto autem aliquid requiritur in hunce sensum: *Puellae desiderium vicit Haemonis obedientiam legibus paternis*,
quam sententiam poeta exornare potuit scribendo:

νικᾷ δ' ἐναργὴς βλεφάρων ἵμερος εὐλέκτρου
νύμφας τῶν μεγάλων πατρὸς ἀνάγκας
θεσμῶν.

i. e. *vicit autem* (in animo Haemonis) *manifestum oculorum
venustate accensum desiderium puellae necessitates gravium
edictorum paternorum.* Haud invenuste Plutarchus Lycurg.
13 leges vocavit ἐγγράφους ἀνάγκας. Sic demum recte illis
respondebunt hi anapaesti:

νῦν δ' ἤδη ἐγὼ καὐτὸς θεσμῶν
ἔξω φέρομαι τάδ' ὁρῶν, ἴσχειν δ'
οὐκέτι πηγὰς δύναμαι δακρύων,
τὸν παγκοίταν ὅθ' ὁρῶ θάλαμον
τήνδ' Ἀντιγόνην ἀνύτουσαν.

nisi quod offensione non carent verba τάδ' ὁρῶν, mox se-

quentibus vocabulis ὅθ' ὁρῶ. Vide num forte scribendum sit:
θεσμῶν ἔξω φέρομαι μαλερῶν, i. e. *vehementium, gravium.*
Ib. vs. 834. ἀλλὰ θεός τοι καὶ θεογεννης,
ἡμεῖς δὲ βροτοὶ καὶ θνητογενεῖς.

Θεογενής pro θεογενής et similia non nisi seris Graecorum nepotibus concedenda sunt, quod non latuit Nauckium,
qui suspicatur: ἀλλὰ θεός τοι θείου τε γένους. Leniore
manu correxeris:
ἀλλὰ θεός τοι καὶ διογενής,
quemadmodum rectissime dici potuit Niobe, quippe cuius
avus fuerit Jupiter. Haec scribens iam Bergkium idem coniecisse video. Omnino vero improbandum, quod ex Wie-
seleri coniectura recepit Seyffert θειογενής, vocabulum τοῦ
πονηροῦ κόμματος, quod ex solis carminibus Sibyllinis pro-
tractum, neque habet in antiquiore Graecitate analoga.
Ib. 961: κεῖνος ἐπέγνω μανίαις
ψαύων τὸν θεὸν ἐν κερτομίοις γλώσσαις.

Verbum ψαύειν recte iungi cum Accusativo mihi quidem
non persuasit Seyffert ad vs. 857. Et fac iungi posse, vel
sic tamen non dubito affirmare eius verbi usum a vs. 961
alienum esse. Quid poeta ibi dederit ignoro, sed nil amplius requirerem, si legeretur:
χραίνων τὸν θεὸν κτέ.

Eur. Herc. Fur. 757: Τίς ὁ θεὸς ἀνομίᾳ χραίνων,
θνητὸς ὢν ἄφρονα λόγον — κατέβαλ', ὡς ἄρ' οὐ σθέ-
νουσιν θεοί.

Ib. 966 sqq.: παρὰ δὲ κυανέων πελαγέων διδύμας ἁλὸς
ἀκταὶ Βοσπόριαι ἰδ' ὁ Θρηκῶν
Σαλμυδησός, ἵν' ἀγχίπτολις Ἄρης
δισσοῖσι Φινεΐδαις
εἶδεν ἀρατὸν ἕλκος
τυφλωθὲν ἐξ ἀγρίας δάμαρτος
ἀλαὸν ἀλαστόροισιν ὀμμάτων κύκλοις
ἀραχθὲν ἐγχέων ὑφ' αἱματηραῖς
χείρεσσι καὶ κερκίδων ἀκμαῖσιν.

2

Intellegi poterunt haec verba correcta in hunc modum:

παρά δὲ κυανέων σπιλάδων διδύμας ἁλός

— — ἵν' ἀγχίπτολις Ἄρης

δισσοῖσι Φινεΐδαις

εἶδεν ἀραῖον ἕλκος

ἀραχθὲν ἐξ ἀγρίας δάμαρτος

ἀλαῶν ἀλαστόρως ἐν ὀμμάτων κύκλοις

τυφλωθέντων κτέ.

Vs. 966 σπιλάδων debetur Wieselero, sed alia in protasi, quae finitur vocabulo Σαλμυδησός, manent vitiosa.
Quorum curam aliis commendo. Reliquorum verborum τὸ
ἑξῆς ex emendatione mea hoc est: ἵν' Ἄρης εἶδεν ἕλκος
ἐκ δάμαρτος ἀραχθὲν Φινεΐδαις ἐν κύκλοις ὀμμάτων ἀλαῶν
(proleptice dictum) ἀλαστόρως τυφλωθέντων ὑφ' αἱματηραῖς
χείρεσσι κτέ. In his ἀραῖον pro ἀρατὸν Schneidewini coniectura est, ἀραχθέν et τυφλωθέντων (hoc pro ἀραχθέντων,
quod ex ἀραχθὲν ἐγχέων sollerter elicuerat Lachmann) probabiliter proposuit Nauck.

Vs. 1022: ἀνδροφθόρου βεβρῶτες αἵματος λῖπος.
Codex Laur. habet π in litura. Vix dubito olim fuisse β,
i. e. λίβος, quod vocabulum recte an secus pro λῖπος (ita
cod.) Casaubonus eumque secutus Blomfield substituebant
Aesch. Ag. 1428. Cf. Choeph. 448.

Vs. 1080—1083: ἐχθραὶ — πόλιν
modo sint ab ipso Sophocle profecti, de qua re dubitavit
Dindorf, certe eo quo nunc leguntur loco prorsus inepti
sunt. Longe sane melius legerentur inter vs. 1022 et 1023.

Vs. 1095 sqq.: ἔγνωκα καὐτός καὶ ταράσσομαι φρένας·

τό τ' εἰκαθεῖν γὰρ δεινὸν ἀντιστάντα δὲ

ἄτῃ πατάξαι θυμὸν ἐν δεινῷ πάρα.

Locum conclamatum sic tentare lubet, ut legatur:

τό τ' εἰκαθεῖν γὰρ δεινὸν ἀντιστάντα τε

ἄτῃ πατάξαι τοὐμὸν ἐνδοῦναι κάρα,

i. e. δεινὸν μὲν εἴκειν δεινὸν δὲ ἐνδοῦναι τοὐμὸν κάρα ἄτῃ
πατάξαι.

ΠΑΤΑΞΑΙΤΟΥΜΟΝΕΝΔΟΥΝΔΙΚΑΡΑ pro
ΠΑΤΑΞΑΙΘΥΜΟΝΕΝΔΕΙΝΩΙΠΑΡΑ
Cf. vs. 1271 et 1345. Oed. R. 263.

Graviter fallitur Seyffert putans se locum correxisse scribendo ἐν δεινοῦ πέρα, quod minime defenditur Aiacis vs. 1340 ἵν' ἀνδρ' ἄριστον aliisve locis, quos ibi congessit Lobeck. Praeterea nemini facile vir egregius probabit ›ἄτῃ πατάξαι θυμὸν tam sanum esse quam *ferire* vel *percutere* pectus *dolore* scilicet calamitatis suo vitio contractae."

Vs. 1134 :   ἀμβρότων εὐαζόντων ἐπίων

Mire ipsa ἔπεα dicuntur εὐάζειν, quod est eorum qui Bacchum celebrant *evoe canentes*. Hinc in mentem mihi venit, an Sophocles una addita litera scripserit:

ἀμβρότων εὐαζόντων ἐπετῶκ

i. e. ἀκολούθων, ut significetur sacra Bacchi caterva. Vocabulo usus est Pindarus Pyth. V initio.

Vs. 1177:   πατρὶ μηνίσας φόνου.

Antigonae supplicium vix recte dici φόνον concedo Nauckio. Non displiceret: πατρὶ μηνίσας γόνος, *iratus patri filius*. Vide ed. meae Oed. Tyr. adn. ad vs. 1.

Vs. 1214 sqq.:   ἀλλά, πρόσπολοι,
ἴτ' ἄσσον ὠκεῖς καὶ παραστάντες τάφῳ
ἀθρήσαθ' ἁρμὸν χώματος λιθοσπαδῆ
δύντες πρὸς αὐτὸ στόμιον, εἰ τὸν Αἵμονος
φθόγγον συνίημ' ἢ θεοῖσι κλέπτομαι.
Τα δ' ἐξ ἀθύμου δεσπότου κελεύσμασιν
ἠθροῦμεν· ἐν δὲ λοισθίῳ τυμβεύματι
τὴν μὲν κρεμαστὴν αὐχένος κατείδομεν κτέ.

Aliquanto melius scribas:

ἢ θεοῖσι βλάπτομαι.
Τά δ' ἐξ ἀθύμου δεσπότου κελευσμάτων
ἐδρῶμεν· ἐν δὲ λοισθίῳ κτέ.

Ἐδρῶμεν]δηλονότι ἠθροῦμεν olim interpretatus est sedulus lector, quod interpretamentum petitum e vs. 1216, hodie textum occupat. Ad βλάπτομαι cf. Ai. 455 εἰ δέ τις

2*

θιῶν βλάπτοι et El. 697 ὅταν τις θιῶν βλάπτῃ. Porsoni pausam nc quis hac emendatione laesam esse arbitretur, videat quae disputavi ad Oed. Reg. p. 220. Pro χώματος vs. 1216 Seyffert ingeniose et vere emendavit χάσματος.

Vs. 1278 sqq.: ὦ δέσποθ' ὡς ἔχων τε καὶ κεκτημένος
τά μὲν πρὸ χειρῶν τάδε φέρων, τὰ δ' ἐν δόμοις
ἔοικας ἥκειν καὶ τάχ' ὄψεσθαι κακά.

»'Ως non cum ἔοικας, ut postulat Dind., sed cum proximis participiis iungendum: *tanquam unus, qui ad ea quae habet, alia acquisivit.*" Sic rectissime, ut videtur, Seyffert; quocirca prorsus non intellego, cur improbet necessariam Brunckii correctionem φέρεις pro φέρων. Insuper procul dubio depravata sunt verba ἔοικας — κακά. Etenim Graecum non est ἥκω — ὄψεσθαι pro ἥκω — ὑψόμενος sive ἰδεῖν, neque offensione carent voculae καὶ τάχα, ubi potius dicendum fuit *nova* mala dominum domi manere. Hinc scribendum esse conieci:

τὰ μὲν πρὸ χειρῶν τάδε φέρεις, τὰ δ' ἐν δόμοις
ἔοικας ἥκων καίν' ἐποψεσθαι κακά.

De industria sic scribo non, quae lenior ratio est, καινά γ' ὄψεσθαι tum quia ἐφορᾶν est h. l. significantius verbo simplici, tum quia vereor ne particula γε in hac compositione otiosa foret.

Vs. 1282: γυνὴ τέθνηκε τοῦδε παμμήτωρ νεκροῦ κτέ Recte mihi Nauck suspectum habere videtur παμμήτωρ, quia hoc adiectivum tantum significet πάντων μήτηρ (cf. Aesch. Prom. 9) non κατὰ πάντα μήτηρ. ut h. l. interpretatur Schol., neque ea ipsa notio satis conveniat, quoniam haud sit utique matris officium propter filii obitum mortem sibi consciscere. Ipse coniecit γεννήτωρ, quod de muliere dici posse dubito, mihi in mentem venit: μήτηρ — δυσμήτωρ (i e. *misera — mater*). Cf. δυσάδελφος, δύσδαμαρ, similia.

Vs. 1292: ὁρᾶν — ἔτι.

Futuro Antigonae editori diligenter videndum, an tanti ponderis sit Erfurdtii (cuius rationes non vilipendo) sen-

tentia, haec verba *choro* tribuentis non *nuntio* (quod faciunt
codd.), ut prae illa nihil valeat Creontis quaestio: τί φῄς,
ὦ παῖ; κτέ., qua manifesto compellatur nuntius

Vs. 1302: λύει κέλαινα βλέφαρα.

Etiam post acutam Seyfferti disputationem, qua λύει a criticorum suspicionibus defendere conatus est, de sanitate
eius scripturae scrupulus mihi restat; non enim exputo
cur poeta tam obscure significare maluerit, quae plane et
apte poterat scribendo μύει vel κλῄει, ut coniicere occupavit Wieseler.

TRACHIN. vs. 175: ὥσθ' ἡδίως εὕδουσαν ἐκπηδᾶν ἐμὲ
φόβῳ, φίλαι. ταρβοῦσαν κτέ.

Naturam humanam melius noverat Sophocles quam ut ita
de se loquentem inducturus fuisset mulierem ἀεί τιν' ἐκ φόβου
φόβον τρέφουσαν marito προκηραίνουσαν, ut ait vs. 29 sqq.
Quocirca conieci: ὥστ' εὐθέως εὕδουσαν, ut primum
somnus me capit, i. e vix consopitam. Cf. Aiac. 762.

Vs. 227: χαίρειν δὲ τὸν κήρυκα προὐννέπω κτέ.

Haec ait Deianira a choro subito conversa ad nuntium;
quare malim: χαίρειν σὲ τὸν κήρυκα κτέ.

Vs. 371 sq.: καὶ ταῦτα πολλοὶ πρὸς μέσῃ Τραχινίων
ἀγορᾷ συνεξήκουον ὡσαύτως ἐμοί.

Post ταῦτα — συνεξήκουον abundare videtur ὡσαύτως,
nam sponte apparet qui συνεξακούει τινί eum ὡσαύτως ἐξα-
κούειν. Suspicor ἀρτίως, unde primum αὐτως, deinde
labente metro ὡσαύτως factum esse. Adverbium ὡσαύτως non legitur apud tragicos nisi in Iph. T. 833 apud
Euripidem, cuius lingua propius acccedit ad sermonem po-
pularem quam reliquorum tragicorum dialectus. Vocabuli
ἀρτίως, quod nusquam habet Aeschylus (qui semel ἄρτι),
apud Sophoclem et Euripidem usus est frequentissimus.

Vs. 645. Planissime assentior Blomfieldo in Gloss. ad Aesch.
Sept. vs 31 σοῦται corrigenti pro σεῦται, quod Graecum
non est Nam Praesens verbi σεύομαι syncopen admittere
haud facile probabitur.

Vs. 715:   ἐκ δὲ τοῦδ' ὅδε
σφαγῶν διελθὼν ἰὸς αἵματος μέλας
πῶς οὐκ ὀλεῖ καὶ τόνδε;
Versus corruptos sic tento:

ἐκ δὲ τοῦδε δὴ
σφαγῶν διελθὼν ἰὸς αἵματος μέλας;
πῶς οὐκ ὀλεῖ καὶ τόνδε;

Metri angustiae paullo impeditiorem reddiderunt structuram. Jungere tamen satis commode possis: ἰὸς μέλας; διελθὼν αἵματος, quo facto interpretandum: *Ex huius vero* (beluae i. e. Nessi) *plagis atrum venenum, quod per eius sanguinem diffusum erat, quomodo non et hunc* (nempe Herculem) *perdet?*

Vs. 767:   προσπτίσσεται
πλευραῖσιν ἀρτίκολλος, ὥστε τέκτονος,
χιτών.

Necessarium puto: ὥς ἐκ (i. e. ὑπὸ) τέκτονος.

Vs. 934 sq.: ὅψ' ἐκδιδαχθεὶς τῶν κατ' οἶκον οὕνεκα
ἀκουσα πρὸς τοῦ θηρὸς ἔρξειεν τάδε.

Ἄκουσα male correctum glossema (pro ἀκούσασα) esse putarem genuinae lectionis κλύουσα, si κλύειν πρός τινος hoc sensu recte dici constaret. Alio enim dicitur Oed. Reg. 429 et alibi, ubi πρός valet ὑπό. Cf. Aiac. 1235. Quare praetulerim: μαθοῦσα πρός κτέ (= παρά). Cf. Oed. Col. 12. Scribere Sophocles potuit: ἄνους προφάνσει θηρός. Cf. 662.

Vs. 960 sq.: ἐπεὶ ἐν δυσαπαλλάκτοις ὀδύναις
χωρεῖν πρὸ δόμων λέγουσι
ἄσπετον τι θαῦμα.

Aliquanto me iudice praestaret ἄσπετον θέαμα. Cf. Oed. R. 1295. Ai. 992. Aesch. Prom. 69, 304. Eur. Or. 950. Med. 1167. Hipp. 1217. Tro. 1157

Vs. 964: ξένων γὰρ ἐξόμιλος ἥδε τις βάσις
πᾶ δ' αὖ (recte Meineke καὶ) φορεῖ νιν; ὡς φίλου
προκηδομένα βαρεῖαν
ἄψοφον φέρει βάσιν.

Conieci: ἄψοφος φέρει φοράν. Postquam enim φοράν
exciderat, βάσιν e praegresso βάσις male suppletum esse
suspicor

Vs. 1018: Ὦ παῖ τοῦδ' ἀνδρὸς. τοὖργον τόδε μεῖζον ἀνήκει
ἢ κατ' ἐμὰν ῥώμαν· σὺ δὲ σύλλαβε. Σοί τε γὰρ ὄμμα
ἔμπλεον ἢ δι' ἐμοῦ σώζειν.

Locum conclamatum sic tento:

Σοί τε γὰρ ἴθμα
ἔμπεδον ἠδὲ πλέον σωκεῖς.

i. e. *etenim firmus tibi gressus* (incessus) *plusque vales.*
Epica vocabula ἴθμα et ἠδέ in metro heroico nihil habent
miraculi. Cf. ἀνέρες vs. 1011. Pronomen autem ἐμοῦ, interpretandi causa olim superscriptum comparativo πλέον,
huius locum occupasse facilis est suspicio.

PHILOCTETAE vs. 451 sq.:

ποῦ χρὴ τίθεσθαι ταῦτα, ποῦ δ' αἰνεῖν, ὅταν
τὰ θεῖ' ἐπαινῶν τοὺς θεοὺς εὕρω κακούς

»*Quum volo laudare quae dii faciunt*". Wunder. Quae
tamen iusto durior est interpretatio. Et ubi in Philocteta
illa voluntas apparet? Apprime mihi probaretur haec scribendi ratio:

τὰ θεῖ' ἐρευνῶν κτέ.

Vs. 559: φράσον δ' ἅπερ ἔλεξας habet cod. Laur., pro
qua scriptura ex apographo receptum est φράσον δ' ἅπερ γ'
ἔλεξας, in quibus γε labentis metri fulcrum esse manifestum
est. Mihi ἔλεξας interpretamentum videtur genuinae lectionis
λέλαχας. Nuper Tournier infelicissime proposuit:

φράσον δ' ἅπερ λέγεις ὥς ἂν μάθω τί μοι κτέ.

non animadverso pedem quartum ita fieri spondeum

Vs. 654 sq. Quaerenti Neoptolemo:

ἦ ταῦτα γὰρ τὰ κλεινὰ τόξ'. ἃ νῦν λέγεις;

Philoctetes respondet:

τοῦτ' οὐ γὰρ ἄλλ' ἔσθ' ἃ βαστάζω χεροῖν.

Ex apographis hoc quoque loco male receptum est ἄλλα
γ' ἔσθ' ἃ κτέ.

Constructione vere Graeca reponendum:

ταῦτ' ἔστιν, οἱ γὰρ ἄλλ', ἃ βαστάζω χερί.

Verbum ἔστιν, quod vs. sq. in eadem sede legitur fraudi fuit librario.

Vs. 795: τὸν ἴσον χρόνον κτέ.

Versus est parum numerosus. Sophocles enim non magis quam Aeschylus usquam anapaestum admisit duobus constantem pedibus. Scripserim:

πῶς ἂν ἀντ' ἐμοῦ
ἴσον χρόνον τρέφοιτε τήνδε τὴν νόσον;

Cf. Trach. 322, El. 1465.

CAPUT III.

AD FRAGMENTA COMICORUM.

CRATINI *Πυτίνης* fragm. apud Schol. Arist. Eq. 399:

'Ἀλλ' ἐπανατρέψαι βούλομαι εἰς τὸν λόγον κτέ.

Ita legunt ex coniectura Bentlei pro:

ἀλλ' ἐπαναστρέψαι κτέ.

cui lectioni metrum adversatur. At nemo unquam Graecorum verbo *ἐπανατρέπειν* usus est aut uti potuit *revertendi* sensu, quem manifesto verborum contextus requirit. Ego non dubito, quin verum sit:

ἀλλ' ἐπαναθρέξαι βούλομαι πρὸς τὸν λόγον.

quae fere respondent notissimae oratorum formulae: *ὅθεν δὲ πρὸς ταῦτ' ἐξέβην, ἐπάνειμι.* Formae autem *θρέξομαι* et *θρέξαι* pro *δραμοῦμαι* et *δραμεῖν*, licet rariores sint, optimae tamen notae esse noli dubitare:

Arist. Thesm. 657 *καὶ περιθρέξαι τὴν Πύκνα πᾶσαν κτέ.*

» Ran. 193 *οὔκουν περιθρέξει δῆτα τὴν λίμνην κύκλῳ.*

Cf. Nub. 1005, Pac. 261. Plato Com. ap. Bekk. anecd. p. 427: *ἀποθρέξεις· συναποτροχάσεις.* Corrigatur: *ἀποθρέξεις· ἀποτροχάσεις.* Reliquum Cratini locum emendato, qui poterit.

PHERECRATIS *Δουλοδιδασκάλου* fr. ap. Athen. VI. p. 305 f.

κίθαρος γεγενῆσθαι κἀγοράζειν κίθαρος ὤν.

ὡς ἀγαθόν γε ὁ κίθαρος καὶ πρὸς 'Ἀπόλλωνος πάνυ

ἐκεῖνο θράττει μ' ὅτι λέγουσιν. ὦ' γαϑή.
ἔνεστιν ἐν κιϑάρῳ τι κακόν.

Vs. 2 numeros restituit Schweighaeuser scribendo:

B. ἀγαϑόν γ' ὁ κίϑαρος καὶ πρὸς Ἀπόλλωνος πάνυ
ἐκεῖνο θράττει μ' κτέ.

qua correctione recepta Meineke adnotat »per Apollinem
iurat." Scire autem pervelim primo cuiusnam sit logices
per copulam, non per particulam adversativam, iungere
laetam exclamationem ἀγαϑόν γ' ὁ κίϑαρος cum tristibus illis
πάνυ ἐκεῖνο θράττει μ', secundo cuiusnam sit Graecitatis
πρὸς Ἀπόλλωνος, quod obsecrantis est, ponere pro νὴ τὸν
Ἀπόλλω, quod est asseverantis. Certo autem certius est
nullam prorsus sententiam locum ita constitutum continere.
Quare suspicor:

B. ἀγαϑόν γ' ὁ κίϑαρος καὶ πρὸς Ἀπόλλωνος.
                                        A. πάνυ δ'
ἐκεῖνο θράττει μ' ὅτι λέγουσιν, ὦ 'γαϑή.
ἔνεστιν ἐν κιϑάρῳ τι (καὶ) κακόν.

in quibus καί debetur Meinekii. Quod in ultimis memoratur proverbium, nisi fallor, significat vel optimis rebus aliquid mali admixtum esse. Πρὸς Ἀπόλλωνος h. l. interpretandum quemadmodum Homericum illud πρὸς Διός Od.
6. 207; 14. 57.

HERMIPPI Στρατιωτῶν fr. ap. Hesychium i. v. πάνικτον:
Ὥρα τοίνυν μετ' ἐμοῦ χωρεῖν τὸν κωπητῆρα λαβόντα
καὶ προσκεφάλαιον, ἵν' ἐς τὴν ναῦν ἐμπηδήσας ῥοϑιάζῃς.
B. ἀλλ' οὐ δέομαι πανικτὸν ἔχων τὸν πρωκτὸν προσ-
                                        κεφαλαίου.

Lepide poeta perstringit abusum vocabuli προσκεφάλαιον,
quod mature a Graecis usurpari coeptum est pro ὑπηρέσιον.
Quid autem sibi velit ipsum illud πανικτόν, in cuius gratiam locus ab Hesychio affertur, nemo unquam intelleget.
Aut fallor, aut, quod sexcenties Grammaticis accidit, etiam
h. l. corruptis usi sunt exemplaribus. Duce enim horum
versuum sententia et loco quodam Herodoti, cuius commode

venit in mentem, videor mihi ipsam Hermippi manum restituere posse.

»'Οτάνεα δέ" scribit historicus libro V c. 25. »ἀποδίξας
στρατηγὸν εἶναι τῶν παραθαλασσίων ἀνδρῶν, τοῦ τὸν πατέρα
Σισάμνην βασιλεὺς Καμβύσης γενόμενον τῶν βασιληΐων δι-
καστέων, ὅτι ἐπὶ χρήμασι δίκην ἄδικον ἐδίκασε. σφάξας ἀπέ-
δειρε πᾶσαν τὴν ἀνθρωπέην, σπαδίξας δὲ αὐτοῦ τὸ δέρμα
ἱμάντας ἐξ αὐτοῦ ἔταμε καὶ ἐνέτεινε τὸν θρόνον ἐς τὸν ἵζων
ἐδίκαζε κτέ."

Ad σπαδίξας legitur hoc Scholium: σπαδίξας· ἐκδείρας·,
σπάδιξ γὰρ φλοιὸς ῥίζης πρινίνης· οἱ δὲ φοίνικος ῥάβδον.

Unde facilis coniectura est Hermippum scripsisse:

ἀλλ' οὐ δέομαι σπαδικτὸν ἔχων τὸν πρωκτὸν προσκεφαλαίου.

Quasi hoc dicat: 'Ἀλλ', ὠνόητε, τί δῆτ' ἂν ἐμοὶ ὄφελος εἴη
προσκεφαλαίου δεινῶς τε ἀλγοῦντι καὶ μονονουχὶ δεδαρμένῳ
τὸν ὄρρον.

Quae suspicio si vera est, falsa sit necesse est opinio
eorum, qui σπάδιξ a verba σπᾶν derivandum esse censeant.
Quippe σπαδικτόν primam syllabam producere metrum
evicerit. Cf. Passow lex. ed. V s. voce σπάδιξ.

EUPOLIS fabulam, quae Νουμηνίαι inscribitur, docuit ar-
chonte Euthydemo Lenaeis, ut diserte testatur auctor argumenti Archarnensium sic scribens: ἐδιδάχθη ἐπ' Εὐθυνδήμου
ἐν Ληναίοις διὰ Καλλιστράτου καὶ πρῶτος ἦν (Aristophanes),
δεύτερος Κρατῖνος Χειμαζομένοις· οὐ σώζεται. τρίτος Εὔπολις
Νουμηνίαις. Etsi multae olim Athenis comoediae eodem
nomine doctae sunt, nemo unquam praeter unum Eupolidem
docuit Numenius; neque mirum id cuiquam erit reputanti
eam fabulam non nisi tertium praemium tulisse. Ex his
igitur Numeniis contra vulgarem opinionem unum fragmentum ab interitu servatum esse suspicor, quod hodie falso
tribui mihi videtur ANAXANDRIDAE, mediae quae dicitur comoediae poetae. Legitur is locus apud Ioannem Damasce-
num p. 398.: 'Ἀναξανδρίδου· οὐχὶ παρὰ πολλοῖς ἡ χάρις

τίκτει χάριν. At verior lectio fortasse latet sub alio eiusdem fragmente lemmate in Io. Dam. appendice: Ἀπολλώνιος Νουμηνίῳ. Nam neque Apollonius comicus fabulave Νουμήνιος s. Νουμήνιον unquam exstitit neque Apollonius corruptela oriri ex Anaxandride facile potuit. Aliquanto certe probabilius statuere mihi videor Ioannem scripsisse:

Εὔπολις Νουμηνίαις·
        οὐχὶ παρὰ πολλοῖς ἡ χάρις τίκτει χάριν.

Quid si Eupolis eo versu respexerit notissima illa verba Sophoclea ex Aiace:

        χάρις χάριν γάρ ἐστιν ἡ τίκτουσ' ἀεί?

Inde, opinor, appareret Sophoclem docuisse Aiacem ante annum tertium octogesimae octavae Olympiadis, quo anno archon fuit Euthydemus ille, quem supra memoravimus. Hoc tamen incertissimum esse facile largior.

Periit pro parte aculeus ioci acerbissimi, quo PLATO Comicus ap. Plut. Themist. c. 32 petivit Cinesiam scribens:

        μετὰ ταῦτα δὲ
Εὐαγόρου παῖς ἐκ πλευρίτιδος Κινησίας
σκελετός, ἄπυγος κτέ.

Post ea, quae de loco depravatissimo commentati sunt Meineke p. 679 sq. et Cobet de Plat. Com., p. 196 sufficiat sine ambagibus promere hanc coniecturam:

        μετὰ ταῦτα δὲ
ὁ Ποδαγόρου 'κ Πλευρίτιδος Κινησίας
σκελετός κτέ.

ut παῖς ex glossemate natum expungatur. Satisne salse podagrae et pleuritidis filius appellari tibi videtur homo morbosus, quem paucis interpositis vocat φθόης προφήτην?

Neglecta caesura in vs., qui totus constat nominibus propriis, neminem morabitur.

EUTHYCLES (ap. Athenaeum III p. 124 B.) in Asotis sive Epistola de nescio quo nepote loquens dicit:

        πρῶτος μὲν εἶδεν εἰ χιών ἐστ' ὠνία.

Quae verba intellegam rescripto οἶδεν, quod est in uno codice. Similiter una litera mutata salutem reddet egregiae particulae *Insularum* ARISTOPHANIS ap. Stob. LX 7., qua celebrantur *pacis* commoda. In eo fragmento ad hunc usque diem editur vs. 5: ἔπειτ' ἀκούειν προβατίων βληχωμένων

τρυγός τε φωνὴν εἰς λεκάνην ὠθουμένης κτέ.

Immo vero ἠθουμένης. Photius in lexico: ἠθημένος· διυλισμένυς· ουτως Ἐπίλυκος. Dixisse autem Epilycum Χῖος καὶ Θάσιος ἠθημένος auctor est Athenaeus p. 28 E.

Maiore molimine opus est ad emendandum eiusdem fabulae fragm. IX ap. Athen. II p. 656:

Θλαστὰς γὰρ εἶναι κρεῖττόν ἐστιν ἁλμάδος.

Quam lectionem sermonis legi repugnare recte contendens Bergkius ipse sermoni vim intulit corrigens ἔστ' ἤ γ' ἁλμάδας, siquidem particula γε isto loco posita omni vi carere videtur. Doceri velim, qua alia ratione simul metro et linguae et sententiae queat satisfieri quam scribendo:

Θλαστὰς γὰρ εἶναι κρεῖττον ἤπερ ἁλμάδας.

Ars palaeographica opem feret paucis verbis, quae Herodianus servavit ex eiusdem poetae *Tagenistis* (fr 22 p. Mein p. 1155): γενναῖα βοιώτιος ἐν Ἀγχομενοῦ. Ex *BOIΩTIOC* eruo *BOIΩTIΘC* i. e. Βοιώτι θεός, quo facto sponte nascuntur hi anapaesti:

(ὦ) γενναία Βοιώτι, θεὸς

τῶν Ἀγχομενοῦ.

i. e. *o nobilis mulier Boeotia, quam pro dea colunt filii Anchomeni*, quibus verbis aliquis anguillam e lacu Copaide allocutus salsissime ridet nescio cuius Anchomeni filios tanquam ὀψοφάγους quosdam et ἰχθυολίμας. Dignus est qui conferatur locus Arist. Ach. 878 sq.:

Boeot. καὶ μὰν φέρω — ἐγχέλεις Κωπαΐδας.

Dic. ὦ τερπνότατον σὺ τέμαχος ἀνθρώποις φέρων

δός μοι προσειπεῖν εἰ φέρεις τὰς ἐγχέλεις·

πρέσβειρα πεντήκοντα Κωπαδων κορῶν κτέ.

ubi consulas, velim, scholiastam et simul perpendas, an pro
ti φέρεις. quod post *φέρων* prorsus ineptum est, recte
coniecerim *ευπρεπῶς.* Sed vel magis huc faciunt verba
EUBULI ex *Ione* ap. Athen VII. 300 c.:

> αἵ τε λιμνοσώματοι
> Βοιώτιαι παρῆσαν ἐγχέλεις θεαί
> τεύτλ' ἀμπεχόμεναι.

ubi pro *λιμνοσώματοι* Valckenaer coniecit *λειοσώματοι,*
quod fortasse verum est. Ipse cogitaveram de reponendo
λιπαροσώματοι.

Similiter vocula *θεοῦ* interierat in *Sophistarum* PLATONIS
fragmento, quod sic restituit Cobeti sollertia:

> Ξενοκλῆς δὲ δωδεκαμήχανος
> ὁ καρκίνου παῖς τοῦ θαλαττίου (θεοῦ).

et similem medicinam hucusque frustra expectavit locus ex
EUBULI *Campylione* ap. Ath. VII p. 295 c. *τὴν τ' εὐπρόσωπον*
λοπάδα τοῦ θαλαττίου γλαύκου φέρουσαν εὐγενέστερον λά-
βραχα θ' ἐφθὸν ἅλμῃ μίαν, quae verba pessime habita a
librariis in hunc modum restituenda esse suspicor:

> τήν τ' ευπρόσωπον λόπαδ' (ἔτ') ευγενέστερον
> γλαῦκον φέρουσαν τοῦ θαλαττίου (θεοῦ)
> λάβρακά θ' ἐφθὸν .... ἅλμῃ μίαν.

Docet eadem ars palaeographica nullam praepositionem
facilius a scribis negligi quam *πρός* (Cf. Bast, Comm. Pal. p.
727) Quae observatio usu veniet emendanti NICOSTRATI
Κλίνης fragm. ap. Athen. III. p. 111 c., ubi lenius reponetur:

> καὶ μέλιτι (προσ)μεμιγμένη | ἀτμίς τις κτέ.

quam aut (συμ)μεμιγμένη, quod Brunck, aut (δια)μεμιγμένη,
quod Meineke proposuit.

Eandem artem qui callent non ignorant frequenter a scribis confundi praepositiones *μετά* et *κατά.* Cuius confusionis
novum exemplum praebebit AMPHIDIS locus ex *Athamante,*
ubi exponitur causa, cur benevolentiorem homines esse du-
cant meretricem quam uxorem:

> ἡ μέν, inquit, νόμῳ γὰρ καταφρονοῦσ' ἔνδον μένει.

Donec enim certis exemplis mihi aliquis demonstraverit καταφρονεῖν ab antiquis dici pro σεμνύνεσθαι vel μεγα-
λανχεῖσθαι, probabilius ducam antiquam scripturam fuisse
μέγα φρονοῦσ', unde primum μεταφρονοῦσ' deinde κατα-
φρονοῦσ' prognatum esse. Prorsus autem simile est, quod
Sophocles dicit Oed. R. 1078: ἡ δ' οὖν ἴτω, φρονεῖ γὰρ
ὡς γυνὴ μέγα.

Novimus eadem arte magistra nihil frequentius esse con-
fusione vocalis ᾱ cum diphthongo ευ. Vide Bast. p. 756.
Cuius rei immemores viri docti graviter titubarunt in corrigendo loco MENANDRI ap. Stob. Flor. XLIII. 30:

εἴπερ τον ἀδικοῦντα μὲν ὡς ἡμύνετο
ἕκαστος ἡμῖν καὶ συνηγωνίζετο
ἴσως, νομίζων ἴδιον εἶναι τὸ γεγονὸς
ἀδίκημα καὶ συνεπράττομεν ἀλλήλοις πικρῶς.
οὐκ ἂν ἐπὶ πλεῖον τὸ κακὸν ἡμῖν ηὔξετο
τὸ τῶν πονηρῶν κτέ.

Neque enim Grotius scribendo ἀσμένως linguae Graecae
neque Meineke corrigendo ἐπιμελῶς menti poetae satisfecit.
Utrique vero consultum erit, si scribas:

εἴπερ τὸν ἀδικοῦντ' εὐμενῶς ἡμύνετο
ἕκαστος ἡμῖν.

Deinde haud dubie transponenda sunt vocabula ἴσως et
πικρῶς. Nam optime intellegemus sequentia sic correcta a
Franckenio, viro amicissimo:

καὶ συνηγωνίζετο
πικρῶς, νομίζων ἴδιον εἶναι τὸ γεγονὸς
ἀδίκημα, καὶ συνεπράττομεν ἀλλήλοις. ἴσως
οὐκ ἂν ἐπὶ πλεῖον τὸ κακὸν ἡμῖν ηὔξετο
τὸ τῶν πονηρῶν.

Iuvat nunc novo exemplo ostendere, quam utilis sit cri-
tico variarum lectiorum quae dicuntur diligens observatio.
Meditanti mihi nuper de DIPHILI loco apud Stobaeum XCI 17:

ἰσχυρότερον κρίνω τὸ χρυσίον πολύ·
τὰ πάντα τούτῳ τέμνεται καὶ πράττεται

in quo nemo non videt verbum τέμνεται nullam sanam admittere interpretationem, in mentem venit loci Aristophanei
in Pluto v. 1110:

> ἡ γλῶττα τῷ κήρυκι τούτων τέμνεται

ubi optimus codex Ravennas pro τέμνεται perperam exhibet
γίγνεται. Quae autem lectio illic falsa est hic unice vera
esse videtur:

> τὰ πάντα τούτῳ γίγνεται καὶ πράττεται.

Similiter Demosthenes pro Phormione p. 949 extr : τὰ μὲν
οὖν πεπραγμένα καὶ γεγενημένα Φορμίωνι πρὸς Ἀπολ
λόδωρον ἐξ ἀρχῆς ἅπαντ' ἀκηκόατε. Idem III Philipp. p. 111
med.: ἐν δὲ τοῖς πράγμασι καὶ τοῖς γιγνομένοις περὶ
τῶν ἐσχάτων ἤδη κινδυνεύειν κτέ.

Quemadmodum γίγνεται et τέμνεται facile confunduntur,
ita nemo mirabitur scribas aliquando non distinxisse *ΠΟΕΙΝ*
(ποιεῖν) a *NOEIN*. Id factum esse suspicor in DAMOXENI
fragmento e Συντρόφοις ap. Athen. III. p. 101 F, ubi inducitur
coquus iactator et garrulus haec dicens:

> Ἐπίκουρος δέ με
> ὁρᾷς μαθητὴν ὄντα τοῦ σοφοῦ, παρ' ᾧ
> ἐν δυ' ἔτεσιν καὶ μησὶν οὐχ ὅλοις δέκα
> τάλαντ' ἐγώ σοι κατεπύκνωσα τέτταρα.
> B. τοῦτο δέ τί ἐστιν; εἰπέ μοι. A. καθήγισα·
> μάγειρος ἦν κἀκεῖνος, ὦ γῆ καὶ θεοί.
> B. ποῖος μάγειρος; A. ἡ φύσις πάσης τέχνης
> ἀρχέγονόν ἐστ'" ἀρχέγονον, ὠλιτήριε.

Hucusque dialogus, quemadmodum eum constituit Cobet,
apte decurrit nec difficilis est ad intellegendum. Verba autem
ἡ φύσις — ἐστ' desumpta sunt a poeta, nisi fallor, ex ipso
initio praeclarissimi operis Epicuri, quod Κύριαι δόξαι inscribebatur. Sed quid faciamus versu sequenti: οὐκ ἔστιν οὐδὲν
τοῦ ποιεῖν σοφώτερον, qui quomodo cohaereat cum praecedentibus nemo facile dixerit? Procul dubio verum est:

> οὐκ ἔστιν οὐδὲ ἓν νοεῖν σοφώτερον κτέ.

i. e. *nihil sapientius cogitari potest.*

Deinde scribam cum Reisigio:

πᾶν (pro ἦν) τ' εὐχερὲς τὸ πρᾶγμα τοῦ λόγου τριβὴν
ἔχοντι τούτου· πολλὰ γὰρ συμβάλλεται·
διόπερ μάγειρον ὅταν ἴδῃς ἀγράμματον
μὴ Δημόκριτόν τε πάντα διανεγνωκότα
καὶ τὸν Ἐπικούρου κανόνα, μινθώσας ἀφές.

nec quicquam amplius lectorem morabitur.

Ibidem vs. 55 sq.:

ἔστιν αὐτοῖς ἃ διὰ τεττάρων ἔχει
κοινωνίαν, διὰ πέντε, διὰ πασῶν πάλιν.

Aptius, opinor, et μουσικώτερον scribetur συμφωρίαν.
Miris modis depravatus est Nycomachi locus c Symmu-
chia ap. Stobaeum XXXVIII 10:

Ἐργῶδές ἐστιν ἐν βίῳ βεβιωκότα
τοὺς τῶν φθονούντων πάντας ὀφθαλμοὺς λαθεῖν.

Suspicor:

ἐργῶδές ἐστ' ἐν ὀλβίοις βεβηκοτα κτέ.

Vel leniore medicina sanabuntur Poliochi reliquiae c Cu-
rinthiasta ap. Athen. p. 313 c:

ὅπως σε πείσει μηδὲ εἷς πρὸς τῶν θεῶν
τοὺς βόακας, ἄν ποτ' ἔλθῃ, λευκομαινίδας καλεῖν.

Immo: ἄν ποτ' ἔσθῃς. De ἔσθειν apud Comicos vide quae
disputavit Cobet Mnem. V. p. 185 sqq., locisque ab illo cita-
tis addatur Alexidis fragm. ex Λάμπαδι ap. Athen. p. 654 F.:

οὐδ' εἰ γάλα λάγω
εἶχον μὰ τὴν γῆν καὶ ταῶς, κατ ησθιον

ubi emendanda syntaxis, rescripto κατῆσθον ἄν.

Ὁδοῦ πάρεργον notabo formas quasdam vitiosas, quae sive
grammaticorum sive librariorum culpa hucusque Comicorum
fragmenta deturpant. Plerasque iam correxit criticorum diligentia, paucae quaedam supersunt. In eo numero est, quod legitur apud Athen. p. 342 E in fragmento *Divitum* Antiphanis
vs. 14: τί οὖν ὄφελος τῶν νησιαρχῶν ἐστι;

Nam νησιαρχῶν pro νησιωτῶν pessimae Graecitatis
esse neque Antiphanis aevo tribui posse quivis mihi assen-

tietur. Athenaei hunc errorem esse incuriosius verba poetae
citantis habeo persuasum. Fortasse idem grammaticus in
culpa est, quod hodie IV p. 161 D. ταχύτατα legimus pro
τάχιστα in *Δραπεταγωγοῦ* fragmento hocce:

> κοσμίως ποιῶν τὴν ἔνθεσιν
> μικρὰν μὲν ἐκ τοῦ πρόσθε, μέστην δ' ἔνδοθεν
> τὴν χεῖρα, καθάπερ αἱ γυναῖκες, κατέφαγεν
> πάμπολλα καὶ τ α χ ύ τ α τ α.

Non difficilius est EPHIPPI *Geryonem* ap. Ath. IX p. 370 C.
liberare prava forma ἐπιστρόφως, quia vera lectio ἐπιστρεφῶς;
servata est I p. 65 c., ubi idem fragmentum perperam tribuitur EUBULO, ut recte indicavit Casaubonus. Non magis
potuit MENANDER scribere, quae ei tribuuntur a Stobaeo
Flor. XCIII 14:

> τῷ μὲν τὸ σῶμα δ ι α τ ε θ ε ι μ έ ν ῳ κ α κ ῶ ς
> χρεία'στ' ἰατροῦ κτέ.

sed scripsit γὰρ δ ι α κ ε ι μ έ ν ῳ, quemadmodum recte legitur
apud PHILIPPIDEM in *Olynthia* apud eundem CXIII 17:

> οὐ χαλεπόν ἐστι τῷ κακῶς δ ι α κ ε ι μ έ ν ῳ
> εἰπεῖν τιν' εὐθενοῦντα »μὴ κακῶς ἔχε",
> πύκτῃ τ' ἐπιτιμᾶν οὐδὲν ἔργον μαχομένῳ
> αὐτὸν μάχεσθαι δ' οὐκέτ' ἐστι ῥᾴδιον.
> [ἕτερόν τι τοῦ λέγειν ἐστὶ τὸ πεπονθέναι].

In ultimo versu emendando, si dicere fas est, operam
perdidit magnus Porsonus, qui rescribi iussit:

> ἕτερόν τι τὸ λέγειν ἐστὶ τοῦ πεπονθέναι.

Nam vel ita correcta haec verba male cohaerent cum
superioribus, quae requirerent aliquid in hunc sensum:
ἕτερον τι τὸ παραινεῖν ἐστι τοῦ ποιεῖν τὸ παραινούμενον.
Nullus igitur dubito quin una litura delenda sint.

Non magis probari potest forma Perfecti ὁδοιπεπορήκαμεν,
quae ex virorum doctorum coniectura hodie recepta est in
brevi fragmento, quod ex PHILIPPIDI *Laciadis* servavit Pollux in Onomastico IX 38:

> ὀρθῶς γε τὴν ῥύμην ὁ δ ο ι π ε π ο ρ η κ α μ ε ν.

. Non sic erat corrigenda librorum scriptura ὡ δ ο ι π ο ϱ η-
χ α μ ε ν neque, quod Dobree voluit, mutanda in ὁδωποϱήχά-
μεν vel ὁδωποϱήσαμεν, quae sunt extremae barbarici, sed
restituendum est, quod solum metro admittitur, tempus
Futurum:

> ὀϱϑῶς γε τὴν ϱ̔ι/μην ὁ δ ο ι π ο ϱ ή σ ο μ ε ν.

Nusquam apud antiquiores me legere memini formam
mediam εὐδοκιμεῖσϑαι, quo sensu constanti usu dicunt εὐδο-
κιμεῖν. Contra apud sequiores, quales sunt PLUTARCHUS et
DIODORUS, illa forma nihil est usitatius. Unde prona suspicio
est ab ipso Diodoro vitio inquinatos esse vss. anonymi poetae, cuius verba ab eo afferuntur XII 15:

> ὁ παισὶν αὐτοῦ μητϱυιὰν ἐπεισάγων
> μήτ᾽ εὐδοκιμείσϑω μήτε μετεχέτω λόγου
> παϱὰ τοῖς πολίταις κτέ.

et corrigendum esse εὐδοκιμείτω.

Κόϱον δ᾽ ἔχει, ait Pindarus, χαὶ μέλι χαὶ τὰ τέϱπν᾽ ἄνϑε᾽
ἀφϱοδίσια. Quanto vero magis id emendationum genus, cuius
ope non nova aliqua lux affulgeat obscuris veterum locis!
Quare redeo ad illos et experiar, an hic illic felici manu
possim πῆμα νόσου ἀποστϱέψαι.

Φαϱμάχων igitur παιωνίων δεῖ SOPATRI loco ex Καταψευ-
δομένου, quem servavit Athen. IX 377 F. Quis enim ex tra-
dita scriptura intellegat, quid coquus ibi dicat vs. 21 sqq.:

> ἐν ὅσῳ πϱοσέϱχετ᾽ ἐξ ἀγοϱᾶς ὁ παῖς
> μιχϱὰ δ ι α χ ι ν ή σ ω (l. δ ι α μ ν η σ ω cum Jacobsio) σε πεϱὶ
> τοῦ πϱάγματος,
> ἵνα τῷ λαλεῖν λάβωμεν εὔχαιϱον χϱόνον?

Ait enim se dicturum, ut dicendi nanciscatur opportuni-
tatem, quod quo sensu accipiendum sit, me quidem latet.
Apertum est aut vs. intercidisse, unde olim suspensa
fuerint illa ἵνα — χϱόνον, aut ea ipsa verba corrupta esse.
Cui hoc placet is fortasse probabit:

> τίνα γὰϱ λάβοιμ᾽ ἂν μᾶλλον εὔχαιϱον χϱόνον;

sive: τίνα μᾶλλον ἂν λάβοιμεν εὔχαιϱον χϱόνον;

Sed, quoniam iusto violentius huiusmodi remedium esse
videtur, nec facile lenius aliud reperies, probabilius me
iudice statuemus quaedam ante hunc versum periisse.

Una tantum litera resarciri potest damnum, quod scribae
intulerunt verbis incerti poetae comici servatis a grammatico
in Crameri Anecd. p. 176. 16, ubi sic scribit: — ἡ παρὰ τό
πιτῶ. ἔνθεν τό πέσημα καὶ πισεῖν. τί βούλομαι τραγικὸν καταπέσημα. Quae verba quantilli negotii erat emendare hoc exemplo: — ἔνθεν τὸ πέσημα·
καὶ πισεῖν τι βούλομαι
τραγικὸν κάτω πέσημα!

Non aeque facile aut certum remedium paratum est incerti
poetae verbis apud Plutarchum de virtute p. 100 F. Καὶ
γάρ, ait philosophus, ὁ καθεύδουσι τοῦ σώματος ὕπνος ἐστὶ
καὶ ἀνάπαυσις, τῆς δὲ ψυχῆς πτοῖαι καὶ ὄνειροι καὶ ταραχαὶ
διὰ δεισιδαιμονίαν.
῞Οταν δὲ νυστάζοντά μ' ἡ λύπη λάβῃ
ἀπόλλυμ' ὑπὸ τῶν ἐνυπνίων
φησί τις. Moestitia somnolentum tenere fortasse sed occupare nullo modo potest. Intellegam:
ὅταν δὲ νυστάζοντά μ' ἡ κλίνη λάβῃ κτέ.

Sed maioris momenti erit emendatio loci lepidissimi, quem
ex Nauago Ephippi comoedia affert Athenaeus IX 509 C.
ita scribens: ῞Ερμιππος ἐν Ναυάγῳ Πλάτωνα τε αὐτὸν καὶ
τῶν γνωρίμων τινὰς κεκωμῴδηκεν ὡς καὶ ἐπ' ἀργυρίῳ συκο-
φαντοῦντας — λέγει δ' οὕτως·
῞Επειτ' ἀναστὰς εὔστοχος νεανίας
τῶν ἐξ Ἀκαδημείας τις ὑπὸ Πλάτωνα καὶ
Βρυσωνοθρασυμαχειοληψικερμάτων
πληγεὶς ἀνάγκῃ ληψιλογομίσθῳ τέχνῃ
συνών τις οὐκ ἄσκεπτα δυνάμενος λέγειν κτέ.

Quae verba corruptissima certa emendatione sic restitui
possunt in integrum:
῞Επειτ' ἀναστὰς εὔστοχος νεανίας
τῶν ἐξ Ἀκαδημείας τις ὑπὸ Πλατωνικο-

βρυσωνοθρασυμαχειοληψικερμάτου
πληγεὶς ἀνάγκης, λεπτολογομίσθῳ τέχνῃ
συνών τε κοὐκ ἄσκεπτα δυνάμενος λέγειν κτέ.

Manifestum est, ut de ceteris taceam, quod hodie absque
sensu vulgatur ληψιλογομίσθῳ (λιψιγομίσθῳ est in codd.)
pro λεπτολογομίσθῳ inde depravatum esse, quod scribae
oculi aberrarunt ad superscriptum illud ληψικερμάτου [1]).
Frequens fuit is mendorum origo, potestque huius rei observatio tum aliis locis quam plurimis prodesse tum praeclaro cuidam fragmento PHILEMONIS *Thebanorum* ap. Stob.
Floril. LXII 8, quod sic scribitur:

'Ἐμοῦ γάρ ἐστι κύριος μὲν εἷς ἀνήρ,
τούτου δὲ καὶ σοῦ μυρίων τ' ἄλλων νόμος,
ἑτέρων τύραννος, τῶν τυραννούντων φόβος,
δοῦλοι βασιλέων εἰσίν, ὁ βασιλεὺς θεῶν,
ὁ θεὸς ἀνάγκης. πάντα δ' ἂν σκοπῆς, ὅλως
ἑτέρων πέφυκεν ἧττον', ὧν δὲ μείζονα.
τούτοις ἀνάγκη ταῦτα δουλεύειν ἀεί.

Permirum est neminem dum, quod certe sciam, haesisse
in primo vocabulo versus 3tii, quo repente solvitur nexus
argumentationis. Haec tamen est adeo pellucida, ut sit
uniuscuiusque, qui hoc agat, perspicere, non aliter olim
scriptum esse potuisse quam hocce modo:

νόμου τύραννος, τῶν τυραννούντων φόβος κτέ.

Apparet autem librario fraudi fuisse initium vs. 6ti:

ἑτέρων πέφυκεν ἧττονα κτέ.

Aeque manifestum est inter vs. 3tium et 4tum quaedam
intercidisse, siquidem non exponitur, quod exponendum
fuerat, quinam sint *regum servi*, quemadmodum *rex* est *servus deorum, deus necessitatis.*

Denique cum Dobreo ultimum vs. sic corrigo:

οὕτως ἀνάγκη πάντα δουλεύειν ἀεί.

---

1) Fortasse, quia vs. superiore iam mentio facta est de mercede, eo progredi
licet ut suspicemur λεπτολογομύθῳ. quo simul respiciatur Platonis et Pla-
tonicorum mythos dialogis suis inserendi consuetudo.

Una litera mutata sana erunt MENANDRI verba ex *Androgino* servata a Photio s. v. *Λαμία· ἔστι δέ*, ait, *καὶ πόλις Θεσσαλίας ὅθεν ὁρμηθέντες οἱ Ἕλληνες μετὰ τὸν Ἀλεξάνδρου θάνατον, Ἀθηναίων ἡγουμένων, τῆς ἐλευθερίας ἀντιποιησάμενοι τὸν Ἀντίπατρον ἐνίκησαν Μένανδρος Ἀνδρογύνῳ*

πλήσας γὰρ ἔφερεν ἐκ παρατάξεώς ποθεν
τὰς ἐν Λαμίᾳ πάσας.

Nisi enim me omnia fallunt, sermo est ibi de homine, qui ex pugna quadam dicitur rediisse tot acceptis vulneribus, quot in celeberrimo illo proelio Lamiaco utrimque illata sint. Qualem hyperbolen a comoedia non alienam esse vix est quod moneam. Itaque scribam:

πληγὰς γὰρ ἔφερεν ἐκ παρατάξεώς ποθεν
τὰς ἐν Λαμίᾳ πάσας.

Menandrea emendans non possum non facere mentionem egregii fragmenti, servati a 'Stobaeo Flor. XCVIII 8, quod infra adscribam auctum quatuor versibus, quos aliunde assumere mihi contigit:

Ἅπαντα τὰ ζῷ' ἔστι μακαριώτερα
καὶ νοῦν ἔχοντα μᾶλλον ἀνθρώπου πολύ.
τὸν ὄνον ὁρᾶν ἔξεστι πρῶτα τουτονί·
οὗτος κακοδαίμων ἐστὶν ὁμολογουμένως·
5 *τούτῳ κακὸν δι' αὐτὸν οὐδὲν γίγνεται,*
ἃ δ' ἡ φύσις δέδωκεν αὐτὰ ταῦτ' ἔχει.
ἡμεῖς δὲ χωρὶς τῶν ἀναγκαίων κακῶν
αὐτοὶ παρ' αὑτῶν ἕτερα προσπορίζομεν.
λυπούμεθ' ἂν πτάρῃ τις· ἂν εἴπῃ κακῶς,
10 *ὀργιζόμεθ'· ἂν ἴδῃ τις ἐνύπνιον, σφόδρα*
φοβούμεθ'· ἂν γλαῦξ ἀνακράγῃ, δεδοίκαμεν·
(ἂν μῦς διορύξῃ βωμὸν ὄντα πήλινον,
κἂν μηδὲν ἄλλ' ἔχων διατράγῃ θύλακον·
ἀλεκτρυὼν τρεφόμενος ἂν ἐφ' ἑσπέρας
15 *ᾄσῃ, τιθέμεθα τοῦτο σημεῖόν τινος).*
ἀγωνίαι, δόξαι, φιλοτιμίαι, νόμοι,
ἅπαντα ταῦτ' ἐπίθετα τῇ φύσει κακά.

Quatuor hi, quos inserui, versus sine nomine auctoris leguntur apud Clementem Alexandrinum Stromat p. 302 ed. Sylb., sed et Menandri esse et ex hoc ipso loco desumptos, pauci, opinor, negabunt. Vel hoc probabiliter statuere mihi videor, integrum locum olim lectum fuisse in notissima illa fabula, quae inscribebatur Δεισιδαίμων. Vs. 15 Cobeto obsecutus reposui τιθέμεθα — τινος pro codicum lectione τιθέμενοι — τινες.

Quo pauciora ex elegantissimi poetae fabulis supersunt, eo maiore cura digna sunt, quae casus nobis servavit. Multa iam feliciter emendarunt Bentleius, Meineke, Cobet, alii; sed etiamnunc quaedam in hoc genere agenda supersunt. In eo numero est *Adulatoris* fragmentum ap. Ath. IV p. 659 D., quod sic corrigendum:

$$\theta\epsilon o\tilde{\iota}\varsigma \ '\!O\lambda\nu\mu\pi\acute{\iota}o\iota\varsigma \ \epsilon\dot{\nu}\chi\acute{\omega}\mu\epsilon\theta\alpha$$
$$'\!O\lambda\nu\mu\pi\acute{\iota}\eta\sigma\iota \ \pi\tilde{\alpha}\sigma\iota \ \pi\acute{\alpha}\sigma\eta\sigma\iota\nu \cdot \ \lambda\acute{\alpha}\beta\epsilon \ \varkappa\tau\acute{\epsilon}.$$

pro $'\!O\lambda\nu\mu\pi\acute{\iota}\alpha\iota\sigma\iota \ — \ \pi\acute{\alpha}\sigma\alpha\iota\varsigma \cdot \ \lambda\acute{\alpha}\mu\beta\alpha\nu\epsilon$. Moris enim fuit apud Athenienses in his precium formulis ἰάζειν, ut apparet ex *Avium* ARISTOPHANIS vs. 866 sqq.:

$$\varkappa\alpha\grave{\iota} \ \ddot{o}\rho\nu\iota\sigma\iota\nu \ '\!O\lambda\nu\mu\pi\acute{\iota}o\iota\varsigma \ [\varkappa\alpha\grave{\iota}] \ '\!O\lambda\nu\mu\pi\acute{\iota}\eta\sigma\iota \ \pi\tilde{\alpha}\sigma\iota \ [\varkappa\alpha\grave{\iota}] \ \pi\acute{\alpha}\sigma\eta\sigma\iota\nu$$

κτέ., ubi bis delenda est copula. Quem Atticorum usum ignorantes librarii ultro corruperunt locum *Thesmophor.* vs. 331 sqq., ubi legendum:

$$E\ddot{\nu}\chi\epsilon\sigma\theta\epsilon \ \tau o\tilde{\iota}\varsigma \ \theta\epsilon o\tilde{\iota}\sigma\iota \ \tau o\tilde{\iota}\varsigma \ '\!O\lambda\nu\mu\pi\acute{\iota}o\iota\varsigma$$
$$\varkappa\alpha\grave{\iota} \ \tau\tilde{\eta}\sigma\iota\nu \ '\!O\lambda\nu\mu\pi\acute{\iota}\eta\sigma\iota \ \varkappa\alpha\grave{\iota} \ \tau o\tilde{\iota}\varsigma \ \Pi\nu\theta\acute{\iota}o\iota\varsigma$$
$$\varkappa\alpha\grave{\iota} \ \tau\tilde{\eta}\sigma\iota \ \Pi\nu\theta\acute{\iota}\eta\sigma\iota \ \varkappa\alpha\grave{\iota} \ \tau o\tilde{\iota}\varsigma \ \varDelta\eta\lambda\acute{\iota}o\iota\varsigma$$
$$\varkappa\alpha\grave{\iota} \ \tau\tilde{\eta}\sigma\iota \ \varDelta\eta\lambda\acute{\iota}\eta\sigma\iota \ \tau o\tilde{\iota}\varsigma \ \tau' \ \ddot{\alpha}\lambda\lambda o\iota\varsigma \ \theta\epsilon o\tilde{\iota}\varsigma.$$

Lacunam probabili coniectura explebo in eiusdem fragmento, quod ex *Ira* servatum ab Athenaeo VI p. 247 E sic scribendum propono:

$$\tau o\tilde{\nu}\theta' \ \dot{\epsilon}\tau\alpha\tilde{\iota}\rho\acute{o}\varsigma \ \dot{\epsilon}\sigma\tau\iota\nu \ \ddot{o}\nu\tau\omega\varsigma \cdot \ o\dot{\nu}\varkappa \ \dot{\epsilon}\rho\omega\tau\tilde{\alpha}, \ \pi\eta\nu\acute{\iota}\varkappa\alpha$$
$$\delta\epsilon\tilde{\iota}\pi\nu\acute{o}\nu \ \dot{\epsilon}\sigma\tau\iota\nu; \ \ddot{\omega}\sigma\pi\epsilon\rho \ \ddot{\epsilon}\tau\epsilon\rho o\iota, \ \varkappa\alpha\grave{\iota} \ \tau\acute{\iota} \ \delta\epsilon\iota\pi\nu\epsilon\tilde{\iota}\nu \ \varkappa\omega\lambda\acute{\nu}\epsilon\iota$$
$$\tau o\grave{\nu}\varsigma \ \pi\alpha\rho\acute{o}\nu\tau\alpha\varsigma; \ \epsilon\tilde{\iota}\tau\alpha \ \delta\epsilon\tilde{\iota}\pi\nu o\nu \ \ddot{\epsilon}\tau\epsilon\rho o\nu \ \epsilon\dot{\iota}\varsigma \ \tau\rho\acute{\iota}\tau\eta\nu \ \beta\lambda\acute{\epsilon}\pi\epsilon\iota,$$
$$(\epsilon\tilde{\iota}\tau\alpha \ \pi\acute{\alpha}\lambda\iota\nu \ \dot{\alpha}\rho\iota\sigma\tau\acute{o}\delta\epsilon\iota\pi\nu o\nu,) \ \epsilon\tilde{\iota}\tau\alpha \ \pi\epsilon\rho\acute{\iota}\delta\epsilon\iota\pi\nu o\nu \ \pi\acute{\alpha}\lambda\iota\nu.$$

Etenim tum facillime haec excidere potuerunt propter

sequentium vocabulorum similitudinem, tum vocabulo ἀριστόδειπνον Menandrum in hac ipsa fabula usum fuisse novimus ex Pollucis Onomastico, ubi sect. 102 lib. VI haec leguntur: Ἀριστόδειπνον δὲ Μένανδρος εἴρηκε καὶ ἄδει-
πνον ὁ αὐτὸς ἐν τῇ Ὀργῇ, quae verba ad hunc ipsum
jocum referri poterunt, si mecum reposueris: καὶ περί-
δειπνον ὁ αὐτὸς ἐν τῇ Ὀργῇ. Nam et ἄδειπνος est
usus valde frequentis et mirum est Pollucem maluisse quarto
quam primo casu illud vocabulum afferre.

Quam sit periculosae plenum opus aleae supplere quae
scribarum incuria exciderint, licet non sim ignarus, est
tamen ubi duce sententia et scribendi consuetudine quasi
sponte renascantur, quae olim interierint. Quod valet de
fragmento quodam SANNYRIONIS e *Danae* ap. Schol. ad Eur.
Or. 269, hoc exemplo, nisi fallor, explendo:

τί οὖν γενόμενος εἰς ὀπὴν ἐνδύσομαι;
φέρ᾽ εἰ γενοίμην (ἄνδρες, ἐξαίφνης) γαλῆ;
ἀλλ᾽ Ἡγέλοχος οὗτός με μηνύσειεν ἂν
ὁ τραγικὸς ἀνακράγοι τ᾽ ἂν εἰς ἐχθροὺς μέγα·
»ἐκ κυμάτων γὰρ αὖθις αὖ γαλῆν ὁρῶ."

Sic v. c. Aristophanes in Vespis 49:

ἄνθρωπος ὢν ἐγίγνετ᾽ ἐξαίφνης κόραξ·

Idem in Nubibus vs. 352:

ἀποφαίνουσαι τὴν φύσιν αὐτοῦ λύκοι ἐξαίφνης ἐγένοντο.

et in Vespis vs. 948:

ἀπόπληκτος ἐξαίφνης ἐγένετο τὰς γνάθους.

Cf. ib. v. 324.

Ἄνδρες interpositum, quemadmodum v. c. Pac. 214, ubi
Trygaeus chorum his verbis alloquitur:

Τουτὶ μέν. ἄνδρες, οὐδὲν ἡμῖν πρᾶγμά πω.

Vs. 4to negotium mihi facessunt verba εἰς ἐχθροὺς propter
articulum male omissum. Fortasse opem fert Schol. ad Ar.
Ran. 305, qui pro iis habet εἰσιδών, quod glossema esse
potest genuinae lectionis, quae fuerit εἰσαθρῶν, unde
εἰς ἐχθροὺς nasci potuerit.

Articulus facile reddetur Aristophani in *Anaguro* ap.
Etymologum p. 207, 53 scribendo:

ψῆχ' ἠρέμα τὸν
βουκέφαλον καὶ (τὸν) κοππατίαν

quae metro anapaestico conscripta fuisse apparet. Non minus necessarius est in nota locutione ὁ κύβος ἀνερρίφθω,
quare in Menandri loco ex *Arrephoro* ap. Athen. p. 559 C.
crasin, quam quomodo scriptura significem dubito (ἀνερ-
ρίφθώ?), crasin tamen obtinere arbitror in verbis ἀ ν ε ρ-
ρ ί φ θ ω κ ύ β ο ς; neque Alexis ap. Athen. p. 60 A fragm.
inc. vs. 11 scripsit, opinor:

ἠσχολεῖτο, πᾶς δ' ἀγὼν
ἐπ' ἐμὲ κατῆντα

sed: ἠσχολεῖθ', ὁ πᾶς δ' ἀγὼν κτέ.

Male contra abundat articulus in Diphili *Centauro* ap.
Ath. IV p. 131 F. vs. 1:

Μάγειρ', ὁ θύων ἐστιν ὁ δειπνίζων τ' ἐμὲ
'Ρόδιος κτέ.

Quia enim ὁ δειπνίζων idem est qui ὁ θύων, ex certa
lege sermonis rescribendum:

Μάγειρ', ὁ θύων ἐστὶ δειπνίζων τ' ἐμὲ
'Ρόδιος κτέ.

non, quod fecit Meineke, ἔσθ' ὁ κτέ.

Levidensis error paullo graviores turbas dedit ap. Plut.
de audiendis poetis p. 21 D. in hisce Alexidis versibus,
quos correctos apponam:

τὰς ἡδονὰς δεῖ συλλέγειν τὸν σώφρονα·
τρεῖς δ' εἰσὶν αἵδε τὴν δύναμιν κεκτημέναι
τὴν ὡς ἀληθῶς συντελοῦσαν τῷ βίῳ·
τὸ πιεῖν, τὸ φαγεῖν, τὸ τῆς Ἀφροδίτης τυγχάνειν.

Male vulgo scribitur αἴγε, sed qua vi gaudeat vocula γε
nemo facile dixerit. Contra eadem particula male neglecta
est in hisce Batonis versibus ex Συνεξαπατῶντι ap. Ath.
p. 279 A:

A. ζῆν δ' ἐστὶ τὸ τοιοῦθ'; *B.* ὡς λέγουσιν οἱ σοφοί.

Etenim in responso prorsus necessarium est ὡς λέγουσί
γ' οἱ σοφοί. Vide quae monui in edit. mea Oedipi Regis p. 129.
Mancus et corruptus est locus, quem Athenaeus VIII p.
340 D. attulit ex *Iatro* THEOPHILI. Eum sic lubet tentare:
πᾶς δὲ φιλοτίμως πρὸς αὐτὸν τῶν νεανίσκων (ἔχων)
(τεμάχιόν τι) ἐγχέλειον παρατέθεικε τῷ πατρί·
»τευθὶς ἤ ν χρηστή, πατρίδιον, πῶς ἔχεις πρὸς κάραβον;
»ψυχρός ἐστιν, ἄπαγέ," φησι »ῥητόρων οὐ γεύομαι."
Primo vs. ex *ΝΕΑΝΙΣΚΩΝ* elicui *ΝΕΑΝΙΣΚΩΝΕ-
ΧΩΝ*, ut verborum ordo fiat: πᾶς δὲ τῶν νεανίσκων φιλοτίμως; ἔχων πρὸς αὐτόν. Deinde inserui τεμάχιόν τι ad
exemplum loci PHERECRATIS ex *Dulodidascalo* huiusce:

> καὶ δῆθ' ὑπάρχει τέμαχος ἐγ-
> χέλειον ὑμῖν, τευθὶς ἀρ-
> νειον κρέας, φύσκης τόμος,
> ποὺς ἑφθος, ἧπαρ κτέ.

Tandem vs 3ᵗⁱᵒ pro ἤν scripsi ἤν i. e. ἐν.
Paucae literae e fuga revocandae sunt in particula Τίτθης
ALEXIDIS apud Athen. X 426 C:

> Ἰδοὺ πάρεστιν οἶνος, οὐκοῦν ἐγχέω,
> Κρίτων, πολύν; Β. βέλτιον ἕνα καὶ τέτταρας.
> Α· ὑδαρῆ λέγεις· ὅμως δὲ ταύτην ἐκπιὼν
> λέγε τι καὶ... διατριβὴν γε τῷ ποτῷ
> ποιῶμεν.

Manifestum est in ultimis mentionem fieri περὶ λόγων
ἐπικυλικείων. Quare suspicor:

> λέγε τι καλὸν σὺ διατριβήν τε τῷ ποτῷ
> ποιῶμεν.

Cf. Plat Symp. p. 214 B. C.
Verbum simplex πιμπλάναι alienum esse a lingua comicorum satis constat, neque id absolute poni potest pro
ἐγχεῖν. Hinc liquido apparet mendosa esse XENARCHI verba
in *Didymis*, quae laudantur ab Athenaeo X p. 426 B. sic
scripta:

> Πίμπλα σὺ μὲν ἐμοί, σοὶ δ' ἐγὼ δώσω πιεῖν.

ut taceam πίμπλα barbarum esse pro πίμπλη. Iam vero,
quia omisso illo vocabulo ceteris sententia optime constat,
suspicor delitescere nomen aliquod proprium et poetae reddendum esse:

Πάμφιλε, σὺ μὲν ἐμοί, σοὶ δ' ἐγὼ δώσω πιεῖν.

quibus nihil est ad intellegendum facilius.

Etiam lenius ad pristinam sanitatem revocari potest pars
fragmenti Phoenicidis in Stobaei Florilegio VI 30, ubi me-
retrix vitae suae pertaesa enarrat miserias et aerumnas,
quibuscum conflictata sit:

τρίτῳ (inquit vs. 16) συνέζευξ' ἡ τύχη με φιλοσόφῳ
πώγων' ἔχοντι καὶ τρίβωνα καὶ λόγον·
εἰς προὔπτον ἦλθον ἐμπεσοῦσα δὴ κακόν.

Ab Attica non modo elegantia sed ab universa Graecae
linguae indole abhorrere mihi videtur illud ἦλθον ἐμπεσοῦσα pro ἐνέπεσον. Aliquanto certe melius dictum erit:

εἰς προὔπτον ἔλαθον ἐμπεσοῦσα δὴ κακόν

i. e. in manifestum malum imprudens incidi, et prono sane
errore pro ΕΛΑΘΟΝ a scriba ΕΛΘΟΝ (i. e. ἦλθον) exarari
potuit. Ne autem forte aliquis putet προὔπτον et ἔλαθον inter
sese pugnare, moneo illud adiectivum non significare προ-
ορώμενον, sed potius ἀναμφίλεκτον, ἀναμφισβήτητον, ὁμο-
λογούμενον.

Nomen proprium meretricis Ἰσχὰς delitescere in lectione
manifesto depravata ἀποτυμπανισχας apud Athen. IV p. 166
c., ubi citat Axionici fragmentum e Tyrrheno, pulchre intellexit Coraës. Comici verba haec sunt:

ὁ Πυθόδηλος οὑτοσὶ
ὁ Βαλλίων προσέρχετ' ἐπικαλούμενος
μεθύουσά τ' ἐξόπισθεν ἡ σοφωτάτη
ἀποτυμπανισχας κατὰ πόδας πορεύεται.

Coraësii vestigiis insistens suspicor poetam scripsisse:

ἡ σοφωτάτη
περὶ τύμπαν' Ἰσχὰς κατὰ ποδας πορεύεται.

Ischas tympanistria eodem iure, opinor, σοφωτάτη περὶ τύμ-

πανα dici potuit, quo Euripides Iph. T. 1237 *Φοῖβον χρυσοκόμαν ἐν κιθάρα σοφόν* appellavit.

Duae aliae praepositiones confusae sunt in PHILIPPIDAE loco ex *Ἀργυρίου ἀφανισμοῦ* ap. Athen. p. 230 A.

Vs. 3.   — *μαστιγίας δ' ἐπ' ἀργυροῦ*
       πίνακος — ἔσθοντας.

Haud secus enim quam *ἐκ ποτηρίου* non *ἐν ποτηρίῳ πίνειν* Graecum est, *ἐσθίειν ἀπὸ πίνακος* dicendum est non *ἐπὶ πίνακος*. Est hic quidem puerilis est error, qui tamen loci sententiae parum officit, sed gravius peccatum est in DioNYSII *Thesmophoro* ap. Athen. p. 404 E. Prodit in scenam coquus aliquis inepte iactator, qui postquam arroganter reprehendit librorum de re culinaria scriptorum exilitatem et inutilitatem, tali modo argumentum sum persequitur:

     οὐδ' ἔστιν εἰπεῖν περὶ μαγειρικῆς· ἐπεὶ
     εἶπ' ἀρτίως; —   —   —   —
     ὅρον γὰρ οὐκ ἔσχηκεν οὗ ὁ καιρὸς **
     αὐτὴ δ' ἑαυτῆς ἐστι δεσπότης κτέ

Poetae mentem me assecutum esse non dubito coniiciendo:

     ὅρον γὰρ οὐκ ἔσχηκεν, ἧς ὁ καιρός, οὐκ
     αὐτὴ δ' ἑαυτῆς, ἐστι δεσπότης κτέ.

Quomodo enim, ait, definiat aliquis artem qualis culinaria est, quae semper parens opportunitati nunquam ipsa sibi imperat? Quasi Graece dicas: *πῶς γὰρ ἂν ὁρίσαιτό τις τέχνην, οἵα μαγειρική ἐστιν, ἥτις ἀεὶ τῷ καιρῷ ὑπηρετοῦσα οὐδέποτε αὐτὴ ἑαυτῆς ἐστι κυρία.*

Fortasse aliquid veri reperiri mihi contigit meditanti de corrigendis verbis depravatissimis DIONYSII in *Homonymis* ap. Athen. p. 381 c. Nempe vs. 15 sq. ita restitui posse suspicor, ut scribatur:

     εἰς αὔριον σε κἀμὲ ταῦτ' εὐφρανάτω
     λάφυρα· τῷ δὲ παιδὶ πάντως μεταδίδου,
     τὴν πάροδον ἵν' ἔχῃς τῶν θυρῶν εὐνουστέραν.

De industria non scripsi (*τὰ*) *λάφυρα*, quia *ταῦτα* referendum est ad superiora: *ἐξαιρέσεις καὶ τἆλλα τἀκόλουθα κτέ.*, et *λάφυρα* est appositio. Ὁ *παῖς*, cui pars praedae *utique* cedenda est, est *ianitor*, ὁ θυρωρός, ut satis liquido apparet e vs. sequenti. In codd. legitur *λαφυροπώλῃ παντάπασι μεταδίδου*, quae conclamata scriptura est. Quid sensus requireret iam intellexit Emperius coniiciens:

τὰ λάφυρα· πυλωρῷ παντάπασι μεταδίδου.

oratione minime Graeca pro:

τῷ δὲ θυρωρῷ παντάπασι μεταδίδου.

Sed propero rursus ad certiora, quale hoc est: Theophi-lum ap. Athen. p. 560 A in *Neoptolemo* non scripsisse, quod traditur:

οὐ συμφέρον νέα 'στι πρεσβύτη γυνή.

sed σύμφορον, ut recte legitur apud Theognidem vs. 457 οὖτοι σύμφορόν ἐστι γυνή νέα ανδρὶ γέροντι, quem locum Theophilus imitatur.

Apud Antiphanem in *Leptinisco* duo homines sic collo-quuntur:

οἶνον Θάσιον πίνοις ἄν; B. εἴ τις ἐγχέαι.

A. πρὸς ἀμυγδάλας δὲ πῶς ἔχεις; B. εἰρηνικῶς.

Post hunc versum intercidisse nonnulla, in quibus de *lepori-bus* et *turdis* mentio fieret, apparet ex iis, quae Athenaeus XIV 641 F. his versibus praemisit. Tum sequuntur haec:

μαλακὰς σφόδρα δι' ἃς μέλιτι προσπαίζειν βία

quae tam pessime habita sunt, ut ea tentare sit πολλὴ μωρία καὶ τοῦ ἐπιχειρήματος. Sed melius, opinor, quam hucusque factum est constitui possunt duo ultimi versus hice:

A. μελίπηκτα δ' εἴ σοι προσφέροι; B. τρώγοιμι καὶ ᾠὸν δὲ καταπίνοιμ' ἄν. A. ἄλλου δεῖ τινος;

Pro τρώγοιμι καὶ in Epitome legitur τρώγοιμ' ἄν; unde suspicor:

B. τρώγοιμ' ἄν. A. εἰ ᾠὸν δέ; B καταπίνοιμ' ἄν κτέ.

Finem his observationibus imponam demonstrando, falso ab Athenaeo X p. 423 C. Antiphani tribui fragmentum co-moediae, quae *Δίδυμοι* inscribebatur, hocce:

τὸ ποτήριόν μοι τὸ μέγα προσφέρει λαβών.

ἐπεχεάμην (l. ὑπεχεάμην) ἄκρατον οὐχὶ παιδικόν,
κυαθοὺς θεῶν τε καὶ θεαινῶν μυρίους·
ἔπειτ' ἐπὶ τούτοις πᾶσι τῆς σεμνῆς θεᾶς (l. θεοῦ)
καὶ τοῦ γλυκυτάτου βασιλέως διμοιρίαν.

Ex duobus ultimis versibus sine controversia effici potest,
non potuisse haec scribi ab Antiphane. Etenim qui sunt,
quos poeta h. l. vocat τὴν σεμνὴν θεον et τὸν γλυκύτατον
βασιλέα? Non sunt, ut arbitror, reges Antiphani aequales,
neque Philippus et Olympias neque Alexander et Roxana.
Nam licet iam illa aetate Athenienses bene multi gliscente
corruptela τὸ παλαιὸν φρόνημα deposuissent, nondum tamen
pristinae gloriae et magnitudinis οἱ διαξιφισάμενοί ποτε τοῖς
Μήδοις περὶ τῆς χώρας Μαραθῶνι ita fuerunt immemores,
ut in scena tam abiectae adulationis specimen exhiberi passi
fuissent. Recentior fuit aetas, qua cecinit Diphilus:

νῦν δὲ καὶ καχεξία τις ὑποδέδυκε τοὺς ὄχλους,
αἱ κρίσεις θ' ἡμῶν νοσοῦσι καὶ τὸ πρὸς χάριν πολύ.

Nisi autem me omnia fallunt, ὁ γλυκύτατος βασιλεύς non
est alius quam Antigonus neque ἡ σεμνὴ θεός diversa ab
eius uxore Phila, quae fuit Demetrii τοῦ πολιορκητοῦ mater.
Audiamus Athenaeum p. 255 C. sic scribentem: τῶν δὲ
Δημητρίου τοῦ βασιλέως κολάκων οἱ περὶ 'Αδείμαντον τὸν
Λαμψακηνὸν νεὼν κατασκευασάμενοι καὶ ἀγάλματα ἱδρυσά-
μενοι Θρίῃσιν ὠνόμασαν Φίλας 'Αφροδίτης καὶ τὸν τόπον
Φιλαῖον ἐκάλεσαν ἀπὸ τῆς Δημητρίου μητρὸς Φίλας, ὡς φησι
Διονύσιος ὁ τοῦ Τρύφωνος ἐν τῷ δεκάτῳ περὶ 'Ονομάτων·
Post haec nemo mirabitur in fragmento quod tractamus
misceri pocula in honorem novae illius deae eiusque coniu-
gis, quem morem introductum in convivia melius etiam il-
lustrant verba ALEXIDIS e Pharmacopola s. Crateua apud
Athenaeum VI p. 254 A.:

παῖ τὴν μεγάλην δος, ὑποχέας
φιλίας κυάθους μὲν τῶν παρόντων τέτταρας,
τοὺς τρεῖς δ' ἔρωτος προσαποδώσεις ὕστερον·

ἴν' Ἀντιγόνου τοῦ βασιλέως νίκης καλῆς,
καὶ τοῦ νεανίσκου κύαθον Δημητρίου.
φέρε τὸν τρίτον (τοῦ φῶμεν; οἶδ'· ἔσται τρίτος [1]))
Φίλας Ἀφροδίτης κτέ.

Ut iam unde, orsus sum revertar, quoniam in Didymorum fragmento, haud secus quam in eo quod modo apposui, manifesto sermo est de Antigono eiusque uxore, Antiphanes illius auctor esse omnino non potuit. Constat enim Suidae testimonio hunc poetam natum Olymp. XCIII in insula Chio obiisse aetatis anno LXXIV i. e. ante Olympiaden CXII, neque igitur Antigoni regnum attigisse. Quis fuerit illorum versuum auctor compertum quidem non habemus, quia complures diversorum poetarum exstiterunt olim fabulae eodem nomine inscriptae. Namque *Δίδυμοι* fuerunt praeterquam Antiphanis Alexidis, Anaxandridis, Euphronis, Xenarchi, Aristophontis; *Διδύμας* praeter Antiphanem scripsit Menander. Nihilominus suspicor ALEXIDEM esse auctorem et Athenaeum eodem errore h. l. confudisse huius Didymos cum cognomine fabula Antiphanis, quo Antiphani tribuit, quae Alexidis esse constat, IV p. 156 C. Vide Meinekium Hist. Crit. Com. Gr. p. 306.

---

1) Haec verba exempli causa supplevi de meo.

CAPUT IV.

AD ARISTOPHANEM.

PACIS vs. 259 sq.:

ΠΟΛ. οἴσεις ἀλετρίβανον τρέχων; ΚΥΔ. ἀλλ', ὦ μέλε,
    οὐκ ἔστιν ἡμῖν· ἐχθὲς εἰσῳκίσμεθα.

Rectissime in ultimorum verborum asyndesia haesit amicus
meus Halbertsma, rescribi iubens: *χθὲς γὰρ εἰσῳκίσμεθα.*
Vide tamen ne lenior corrigendi ratio plus faveat huice lectioni:

    οὐκ ἔστιν ἡμῖν ἐχθὲς εἰσῳκισμένοις.

Ib. vs. 265 sq.:

    εἴπερ γὰρ ἥξει τὸν ἀλετρίβανον φέρων,
    τούτῳ ταράξει τὰς πόλεις καθήμενος.

Ferri non posse *ταράξει* qui sensit Meineke parum feliciter
proposuit aut *σπαράξει,* quod vulgato haud aptius est, aut
κατατρίψει, quod iusto videtur audacius, praesertim quum
multo, lenius corrigi possit:

    τούτῳ (κα)ταράξει τὰς πόλεις καθήμενος.

Ib. vs. 269 sq.:

    ἀπόλωλ' Ἀθηναίοισιν ἀλετρίβανος
    [ὁ βυρσοπώλης, ὃς ἐκύκα τὴν Ἑλλάδα.]

Versus manifesto spurius, quippe quo nihil contineatur
praeter interpretamentum vocabuli *ἀλετρίβανος.* Quemnam
vocaret poeta Atheniensium *pistillum* spectatoribus erat, ut
opinor, aliquanto apertius, quam Brasidam indicari vs. 282 sq.:

ἀπόλωλε γὰρ
καὶ τοῖς Λακεδαιμονίοισι ἀλετρίβανος.

Vide autem quam facete haec verba, ne quem lateret aculeus, comicus illustraverit scribens:

ΠΟΛ. πῶς, ὦ πανοῦργ'; ΚΤΛ. ἐς τἀπὶ Θρᾴκης χωρία χρήσαντες ἑτέροις αὐτὸν εἶτ᾽ ἀπώλεσαν.

et intelleges, quid inter germanum poetam et poetastrum intersit.

Ib. vs. 286 supplendum videtur: ἴσως ἂν (ἔτ᾽) εὖ γένοιτο. Similiter ante ΕΤ periisse ΕΤ observavimus supra pag. 30.

Ib. vs. 439: μὰ Δί᾽ ἀλλ᾽ ἐν εἰρήνῃ διάξειν τὸν βίον. Infinitivus Futuri post verbum εὐχώμεσθα (435), unde pendet, ferri omnino nequit (cf. ἄρξαι et λαβεῖν 436 et 438). Hinc iure suo Cobet pro διάξειν reposuit διαγαγεῖν. Salva summi viri in hoc genere auctoritate, equidem aliquanto lenius rescripserim:

μὰ Δί᾽ ἀλλ᾽ ἐν εἰρήνῃ διαζῆν τὸν βίον.

Ib. vs. 505: οὐδὲν γὰρ ἄλλο δρᾶτε πλὴν δικάζετε. Graece sic dici posse non praefracte nego, malim tamen:

οὐδὲν γὰρ (ὑμεῖς) ἄλλο πλὴν δικάζετε.

ellipsi paene sollenni verbi faciendi.

Ib. 889 sq.: ὥστ᾽ εὐθέως ἄραντας ὑμᾶς τὼ σκέλη
ταύτης μετέωρα καταγαγεῖν ἀνάρρυσιν.

Κατάγειν ἀνάρρυσιν non magis Graecum esse arbitror quam κατάγειν θυσίαν, ἑορτήν, similia. Idcirco corrigam:

ταύτης μετέωρα κᾆτ᾽ ἀγαγεῖν ἀνάρρυσιν.

In vulgus autem notus est hic usus vocularum εἶτα, ἔπειτα, κᾆτα, κἄπειτα et οὕτως illatarum post participia.

AVIUM vs. 695 sqq.:

τίκτει πρώτιστον ὑπηνέμιον Νὺξ ἡ μελανόπτερος ᾠόν,
ἐξ οὗ περιτελλομέναις ὥραις ἔβλαστεν Ἔρως ὁ ποθεινὸς
στίλβων νῶτον πτερύγοιν χρυσαῖν, εἰκὼς ἀνεμώκεσι δίναις·
Οὗτος δὲ Χάει πτερόεντι μιγεὶς νυχίῳ κατὰ Τάρταρον εὐρὺν
ἐνεόττευσεν γένος ἡμέτερον κτλ.

tum paucis interiectis haec leguntur:

4

.ὡς δ' ἐσμὲν Ἔρωτος
πολλοῖς δῆλον· πετόμεσθά τε γὰρ καὶ τοῖσιν ἐρῶσι σύνεσμεν.

De industria poeta cum alia vocabula tum epitheta eligere
videtur eiusmodi, unde maior fides addatur stemmati ge-
nealogico, quod fingit avium chorus. Hinc et tueri fortasse
licet vulgatam scripturam Χάει πτερόεντι a criticorum
coniecturis sive εὐρώεντι sive ἠεροεντι proponentium, et
dubitare de sanitate verborum Ἔρως ὁ ποθεινός. Ad ce-
terorum certe epithetorum normam expectaveram Ἔρως ὁ
ποτηνός, collatis vss. epicis ap. PLATONEM in Phaedr. p.
252 B.:

τὸν δ' ἤτοι θνητοὶ μὲν Ἔρωτα καλοῦσι ποτηνόν,
ἀθάνατοι δὲ Πτέρωτα διὰ πτερόφοιτον ἀνάγκην.

Si quis tamen hanc emendationem necessariam non esse
dixerit, non pugnabo.

Ib. 1018:

Ὑπάγοιμι τἄρ' ἄν. Peith. νὴ Δί' ὡς οὐκ οἶδ' ἄρ' εἰ
φθαίης ἄν· ἐπίκεινται γὰρ ἐγγὺς αὑταί.

Neque ἄρα offensione caret neque particula ἄν suo loco
posita est. Graecum erit et sanum:

ὡς οὐκ οἶδ' ἄν εἰ
φθαίης (ἔτ')· ἐπίκεινται γὰρ ἐγγὺς αὑταί.

Quo genere erroris interierit adverbium ἔτι nihil attinet
significare.

NUBIUM vss. 486—488, utpote frigidos atque insulsos,
Aristophani abiudicaverim.

Ib. vs. 1412 sq.:

οὐ κἀμὲ σοὶ δίκαιόν ἐστιν εὐνοεῖν ὁμοίως;
[τύπτειν ἐπειδήπερ γε τοῦτ' ἔστ' εὐνοεῖν τὸ τύπτειν.]

Sic vs. 1413 scribitur in optimo libro Ravennati eaque
procul dubio est antiquissima eius forma. Asyndeton non
ferentes correctores in reliquis codd. post τύπτειν inse-
ruerunt voculas δέ vel τε. Novam denique vim ei intulerunt
homines docti recentiores rescribendo τύπτοντ'. Permirum
autem est neminem, quod certe sciam, sensisse totum

versum esse interpretamentum verborum *εὐνοεῖν ὁμοίως*,
quorum leporem isto additamento haudquaquam augeri,
quis est quin monitus saltem intellegat?·

Ib. vs. 1415:

κλάουσι παῖδες πατέρα δ' οὐ κλάειν δοκεῖς;

»Parodia versus Euripidei *Alc.* 619: *χαίρεις ὁρῶν φῶς.*
πατέρα δ' οὐ χαίρειν δοκεῖς; unde factum ut tetrametris
senarium immiscuerit " Ita Dindorf in novissima poetarum
scenicorum editione At vellem vir praeclarus potius osten-
disset, quo sensu gaudeat illa parodia·; non enim, licet ea
res exemplo careat, haererem in senario mediis interposito
octonariis, modo trimetro Aristophaneo integra et contextui
apta contineretur sententia, quemadmodum continetur trimetro Euripideo. Requiritur enim, ut arbitror, haece
sententia: *Plorant filii, at patri non* plorandum *censes?*
quae Graecis non inerit nisi restituto tetrametro ad hoc
exemplum:

κλάουσι παῖδες, πατέρα δ' οὐ κλάειν δοκεῖς (προσήκειν).

LYSISTRATAE VS. 217 et 218 pro *ἀταυρώτη* restituatur
forma communis *ἀταύρωτος·* Cf. Aesch. Agam. 251.

Ib. 371´ sqq.:

Ch. sen. τί δ', ὦ θεοῖς ἐχθρά, σὺ δεῦρ' ὕδωρ ἔχουσ' ἀφίκου;
Ch. mul. τί δαὶ σὺ πῦρ, ὦ τύμβ', ἔχων; ὡς σαυτὸν ἐμπυ-
ρεύσων;
Ch. sen. ἐγὼ μὲν ἵνα νήσας πυρὰν τὰς σὰς φίλας ὑφάψω.
Ch. mul. ἐγὼ δὲ γ' ἵνα τὴν σὴν πυρὰν τούτῳ κατασβέσαιμι.

Quid Graeca syntaxis postulet, non latuit Meinekium coniicientem *ὑφάψαιν* pro *ὑφάψω.* At *rarissimam* Optativi
formam h. l. olim lectum fuisse parum habet me iudice
probabilitatis, itaque verisimilius duco, quod sexcenties accidit, scribae hunc versum exaranti oculos aberrasse ad vs.
sequentem eumque *ἵνα* substituisse pro *ὡς*, quo facto necesse erat *ὑφάψων* mutare in *ὑφάψω.* Nempe genuinam
lectionem hanc esse suspicor:

Ch. sen. ἐγὼ μὲν ὡς νήσας πυρὰν τὰς σὰς φίλας ὑφάψων.

Ib. 468: τί τοῖσδε σαυτὸν ἐς λόγον τοῖς θηρίοις συνάπτεις:
Immo ἐς λόγους, ut constanter dicitur: ἐς λόγους ἐλθεῖν,
συνελθεῖν, ἀφικέσθαι, similia.

Ib. 740: ἢν γὰρ ἄρξῃ τουτουί,
ἑτέρα γυνὴ ταὐτὸν ποιεῖν βουλήσεται.

Sensus: *etenim si tu hoc prima feceris* cell. sive: *exemplum dederis*, non: *si tu hoc inceptaveris*. Quapropter poetae reddatur ἄρξῃς. Cf. 998.

Ib. 937: ἀλλ' ἐπῆρται τοῦτο γε.
Corrigatur τουτογί.

THESMOPHORIAZUSARUM vs 232:
οἴμοι κακοδαίμων, ψιλὸς αὖ στρατεύσομαι.
Vi caret vocula αὖ, pro qua substituatur εἰ.

Ib. 536 sqq.: εἰ μὲν οὖν τις ἔστιν· εἰ δὲ μή, ἡμεῖς
αὐταί γε καὶ τὰ δουλάρια τέφραν ποθὲν λαβοῦσαι
ταύτης ἀποψιλώσομεν τὸν χοῖρον κτέ.

Recte an secus Porsonus propter craseos insolentiam trans-
posuerit αὐταὶ | ἡμεῖς, alii dirimant. Aliud vero est quo
magis offendor. Nempe in primi versus priore hemistichio
male abundat ἔστιν et vel peius desideratur ὑμῶν. Loci
enim sententia non postulat sed flagitat hanc scripturam:
εἰ μὲν οὖν (ὑμῶν) τις· εἰ δὲ μή, ἡμεῖς
αὐταί γε καὶ τὰ δουλάρια τέφραν ποθὲν λαβοῦσαι
ταύτης ἀποψιλώσομεν τὸν χοῖρον κτέ.

Nota ellipsis sic explenda: εἰ μὲν οὖν ὑμῶν τις (ἀποψιλώσει,
καλῶς ἔχει·) εἰ δὲ μή κτέ. Vide Schol. ad Iliad. A. 137, qui
legit: εἰ μὲν οὖν ἔστι τις κτέ.

Ib. 715: τίς οὖν σοι τίς ἂν σύμμαχος ἐκ θεῶν
ἀθανάτων ἔλθοι ξύν ἀδίκοις ἔργοις.

Meineke corrigit τοῖς ἀδίκοις ἔργοις, nescio an non recte.
Latine certe optime dicas: *quis igitur deorum tibi cum
improbis istis factis ferat auxilium?* Terent. Eun. I. 2. 72.
Egon' quicquam cum istis factis tibi respondeam? Cf. Krit-
schii adnotatio ad Taciti Germaniam XXVI § 3.

RANARUM vs 334 pro φιλοπαίγμονα restituatur forma Attica φιλοπαίσμονα. Testimonium dicito Scholiasta Platonis ad Remp. V 452 E et Cratyl. 406 E.: φιλοπαίσμων Ἀττικῶς ὁ φιλοπαίγμων.

Ib. 546 sqq.: κᾆτ' ἐκ τῆς γνάθου
πὺξ πατάξας μοὐξέκοψε
τοὺς χοροὺς τοὺς προσθίους.

Schol. ad h. l. adnotat: Ἀντὶ τοῦ εἰπεῖν ὀδόντας εἶπε χορούς. Διόνυσος γάρ ἐστιν ὁ τῶν χορῶν προστάτης, τὸ δὲ ὅλον παρὰ τὴν ὑπόνοιαν. Dentes dici χορόν et rationem habet et scriptorum quamvis seriorum usu confirmatur. Vide Kockii ad h. l. notam. Ferrem quoque τὼ χορώ, sed eosdem dici posse χοροὺς quis credat? Et, ut vel hoc concedatur, quinam dicantur chori anteriores, prorsus obscurum est. Vide igitur, an scribendum sit: τοῦ χοροῦ τοὺς προσθίους, sensu ambiguo, choreutaene an dentes anteriores significentur.

Ib. 1073 sq.: καίτοι τότε γ' ἡνίκ' ἐγὼ 'ζων
οὐκ ἠπίσταντ' ἀλλ' ἡ μᾶζαν καλέσαι καὶ ῥυππαπαῖ εἰπεῖν.
Pro *ΚΑΛΕΣΑΙ* procul dubio poeta scripserat *ΚΑΠΣΑΙ* i. e. κάψαι. *Nihil aliud*, inquit, *sciebant quam offam edere et rhyppapae clamare.* Cf. Eccl. 687 et Nicocl. ap. Ath. X. p. 431 a. Vulgo locum sic interpretantur, quasi scriptum sit αἰτῆσαι pro καλέσαι.

CONCIONANTIUM vs. 62 sqq.:
ἔπειθ', ὁπόθ' ἀνὴρ εἰς ἀγορὰν οἴχοιτό μοι,
ἀλειψαμένη τὸ σῶμ' ὅλον δι' ἡμέρας
ἐχραινόμην ἑστῶσα πρὸς τὸν ἥλιον
Neque οἴχεσθαι satis recte dicitur de tam brevi distantia, neque probabiliter maritus fingitur per totum diem abesse in foro ita ut uxori nasceretur opportunitas τοῦ χραίνεσθαι δι' ἡμέρας. Ne multa: verum videtur: ἐς τὸν ἀγρὸν Articulus ne quem moretur, comparato mihi locum Pac. vs. 1318.

Ib. 667: *Bleps.* τὸ δὲ βῆμα τί σοι χρήσιμον ἔσται;

Prax. τοὺς κρατῆρας καταθήσω.
Graeci sermonis indoles et elegantia Aristophanea certatim postulant, ut legamus: τοὺς κρατῆρας καταθεῖναι,

Infinitivo suspenso ab adiectivo χρήσιμον. Hic quoque librarii oculi aberrarunt ad sequentia. Nempe vs. 682 legitur a fine καταθήσω, quod ibi optime habet.

Ib. 710:

ΠΡ. φέρε νῦν, φράσον μοι. ταῦτ' ἀρέσκει σφῶν; *ΒΛ.* πάνυ. Inde a vs. 520 cum solo Blepsidemo Praxagora collocuta est, neque alius vir adest in scena. Cf. 477. Frustra igitur quaesivi, quomodo explicarem h. l. numerum dualem σφῶν. Vide num scribendum sit:

ΠΡ. φέρε νυν, φράσον μοι, ταῦτ' ἀρέσκει σέ. *ΒΛ.* πάνυ γε. Cf. vs. 760.

Ib. 1015 sqq.:

"Εδοξε ταῖς γυναιξίν, ἦν ἀνὴρ νέος
νέας ἐπιθυμῇ. μὴ σποδεῖν αὐτὴν πρὶν ἂν
τὴν γραῦν προκρούσῃ πρῶτον· ἦν δὲ μὴ θέλῃ
[πρότερον προκρούειν ἀλλ' ἐπιθυμῇ τῆς νέας,]
ταῖς πρεσβυτέραις γυναιξὶν ἔστω τὸν νέον
ἕλκειν ἀνατὶ λαβομένας τοῦ παττάλου.

Adulterinus est vs. 1018, quem magistellus nescio quis conflavit e poetae verbis praecedentibus ad interpretandum verba: ἦν δὲ μὴ θέλῃ. Hoc tamen isto versu lucramur, quod inibi servata est genuina lectio vs. 1017, quem talem fuisse testatur:

τὴν γραῦν προκρούσῃ πρότερον· κτέ.

Ne Graecum quidem hoc sensu est, quod editur πρῶτον.

Ib. 1105 sqq.:

ὅμως δ' ἐάν τι πολλὰ πολλάκις πάθω
ὑπὸ τοῖνδε τοῖν κασαλβάδοιν δεῦρ' εἰσπλέων,
θάψαι μ' ἐπ' αὐτῷ τῷ στόματι τῆς εἰσβολῆς·
καὶ τὴν ἄνωθεν ἐπιπολῆς τοῦ σήματος
ζῶσαν καταπιττώσαντας, εἶτα τὼ πόδε
μολυβδοχοήσαντας κύκλῳ περὶ τὰ σφυρὰ
ἄνω 'πιθεῖναι πρόφασιν ἀντὶ ληκύθου.

Pro ὅμως non ὑμᾶς corrigendum est cum Meinekio sed ὑμεῖς, quia θάψαι est Infinitivus pro Imperativo. Cf. Mat-

thiaei Gr. Gr. § 546. Deinde in sqq. legendum *καταπιτ-
τώσαντες* et *μολυβδοχοήσαντες*. Incertior quidem est emendatio verborum *καὶ τὴν ἄνωθεν*, suspicor tamen:

  καὶ τὴν μ' ἀνελοῦσαν κτέ.

i. e. *et eam cui immortuus fuero*, ni forte sufficiet (quode
tamen valde dubito) lenius rescribere:

  καὶ τὴν ἀνόσιον κτέ.

PLUTI vs. 188:

  ὥστ' οὐδὲ μεστὸς σοῦ γέγον' οὐδεὶς πώποτε.

paucis mutatis originem debere videtur versui 193:

  σοῦ δ' ἐγένετ' οὐδεὶς μεστὸς οὐδεπώποτε.

neque ab ipso poeta profectus esse.

 Ib. vs. 202 sqq.:

  ΧΡ. δειλότατόν ἐσθ' ὁ Πλοῦτος. ΠΛ. Ἥκιστ', ἀλλά με
  τοιχωρύχος τις διέβαλ'. Εἰσδὺς γάρ ποτε,
  [οὐκ εἶχεν εἰς τὴν οἰκίαν οὐδὲν λαβεῖν]
  εὑρὼν ἁπαξάπαντα κατακεκλημένα,
  εἶτ' ὠνόμασέ μου τὴν πρόνοιαν δειλίαν.

Vs. 204 frustra corrigitur. Olim additus videtur a sciolo,
qui sive ignorans voculam *εἶτα* haud raro apud Atticos inferri
post Participium sive non ferens verbum *εἰσδὺς* absolute
usurpatum, orationem hiulcam esse arbitraretur. Ubi vero
sermo est de *perfossore parietum* nullo ad verbum *εἰσδύεσ-
θαι* additamento opus esse vix est quod moneam. Ceterum
cf. Herod. ed. Stein. II. 121 § 2. 10 et 14.

CAPUT V.

AD LYSIAM.

··· ⫷⫸ ⫷⫸ ···

Ultimam huius libelli plagulam corrigenti afferuntur mihi
HALBERTSMAE mei *Lectiones Lysiacae*, quas avide perlustrans
plura reperio ab illo occupata, quae mihi quoque venerant
in mentem quo tempore FRANCKENII *Commentationes Lysia-
cas* adhibens oratorem diligenter re legebam. Largam utriusque viri messem hoc meum spicilegium excipiat [1]).

I § 21. 3 lege πρός σέ μοι ὡμολογημένων | § 36. 7 τοὺς
μὲν νόμους [τῆς μοιχείας]. Intellege leges in genus, etiam
eas, secundum quas furem in aedibus suis deprensum do-
mino occidere licebat. | § 38. 1 λόγων (μὲν) εἰρημένων. |
§ 40. 2 dele ὅτι. | § 47. 6 τὴν αὐτὴν (τοῖς νόμοις) γνώ-
μην, coll. § 35. | § 49. 1 τοῦτο pro οὕτω, ne orator inep-
tiat. | II § 9. 5 dele πρότερον, pro quo ferrem πάλιν. |
§ 37. 6 μεστὴν (οὖσαν) et § 38. 4 μεστῆς (οὔσης). | § 48.
6 ἔλαβον. | § 49. 5 ἐξ Αἰγίνης ⟨αὐτοὺς⟩ ἀπάξειν. Sed
cf. Thuc. I. 109 § 1. | III § 19. 3 οὐχ ὡς ἠδικημένοι (,οἶμαι.)
ἀλλ' κτέ., ne haec verba misere langueant. | § 38. 3 ἀπαν-
τήσας Σίμωνι ἐμαχόμην [αὐτῷ]. | § 38. 6 καὶ (περὶ) τῆς

---

1) Chartae ut parcerem, quam paucissimis verbis singulas coniecturas significavi.
Numeris utor editionis Bekkerianae, quorum tertius quisque indicat paragraphorum
versus. Delenda rectangulis, inserenda arcuatis iudicavi cancellis.

οὐσίας. Cf. VII § 3. | § 42. 4 φυγὴν ποιῆσαι. Cf. I § 31
§ 33 § 34. | Ib. 5 [ἀποκτεῖναι]. | Ib. 9 εἰ δὲ μὴ κατέτυ-
χον pro κατέσχον. Cf. Demosth. 18 § 178 extr. | § 45. 3 τεκ-
μήριον (μέγιστον), nam plura iam audaciae Simonis docu-
menta attulit. | IV § 7. 2 ἄδηλον ὄν. Cf. Thuc. I 2. | § 12.
5 ὅτι pro διότι (ΔI dittographia natum ex (OIM)ΑI). | Ib.
7 dele τοσοῦτον male repetitum ex 4, 5. | Ib. 8 γὰρ (&ν)
προσῆκε et 9 τῆς (ἀπ)ελευθερίας· aut, quod malim, τῆς· ἐλευ-
θέρας. | § 16. 2 ἀναμφισβητητως ἄν τι κτέ. | Ib. 5 dele
καὶ μάλιστα ᾔδει. Cf. § 15 extr. | V § 3. 4 οὐδείς· (οὐδέν). |
VI § 13 Acute Francken coniecit: εἰ δ' ὑμεῖς αὐτοκράτορες·
ἀφῆσετε, ὑμεῖς· ἔσεσθε οἱ ἀφελόντες. Malim tamen: εἰ δ'
ὑμεῖς αὐτὸν κρατοῦντες· ἀφῆσετε κτέ. coll. § 18, simul ex-
punctis vocabulis αἴτιοι ἔσονται post verba ἀλλ' οὐχ οὗτοι. |
§ 37. 2 Vere Francken κύριαι αὐτῷ, nisi quod praestat
κύριαι καὶ αὐτῷ. Sic enim Graeci solent. | § 43. 2 ἐαν
(αὐτὸν) κολάζητε. | VII § 12. 4 ἡγούμενος μᾶλλον εὐλογεῖσ-
θαι η ὡς· μοι προσῆκε. Sensum, non verba, assecutus est
Halbertsma pro λέγεσθαι coniiciens ἐπαινεῖσθαι. | § 14. 3
διεφθείρετο et οὐθ' ὡς· (οὗτος) ἀμπέλοις·. Ni feceris, τό
χωρίον erit subiectum horum verborum, quod absurdum. |
§ 18 ἀλλὰ καὶ περὶ ὧν ἀποκρυπτομεθα [μηδένα εἰδέναι καὶ
περὶ ἐκείνων] πυνθάνονται. Mox dele verba περὶ τῶν ἐμῶν. |
§ 25. 6 ὡς· (ἐπ)εργαζυμενον [τὰ περὶ τὰς· μορίας· χωρία]. Cf.
§ 25 et § 29. | § 26. 5 τὴν δὲ (μίαν) μορίαν flagitat oppo-
sitio. | § 27. 3 ὡς· τότε διανοούμενός (Impfti Part.) τι
ὦν νῦν διαβέβλημαι. | § 35. 2 [τοῖς] θεράπουσιν. VIII § 3.
6 καὶ τολμᾶτε πρός·, vel, servato καὶ ταῦτα, corrigendum
διαβάλλοντες·. | § 5. 5 Ἐλευσῖνάδε (με) ξυνθεωρεῖν. |
Ib. 9 ὠνομάζετε pro ἐνομίζετε [1]). | IX § 2 ὅτι μὲν οὖν [οὐκ]

---

1) Thuc. III. 82 nutissimo loco (τόλμα μὲν γὰρ ἀλόγιστος ἀνδρία φιλέται.
ρος ἐνομίσθη) et Scholiastes, qui προσηγόρευσαν, et Dionysius Halicarnasensis, qui ἐκάλουν interpretatur, et Salustius B. C. c. 52, qui h. l. imitans
scribit vocatur, ante oculos habuerunt veram lectionem ὠνομάσθη

ἐμοῦ καταφρονήσαντες ἔξω τοῦ πράγματος κτέ. Cf. III § 46. |
§ 10. 3 τοὺς ἐν τῷ σ(υνεδρίῳ) πλημμελοῦντας, coll. § 6. |
X § 23. 2 ὅτι δικαίως (κακῶς) ἀκήκοα et sic corrige XI § 8,
sed § 26 et XI § 9 deleatur κακῶς, quod iterum supplendum
post εἰρηκότι X § 28. 2. | Ib. 5 post παίδων insere ἀνῃρῆσθαι
cl. XI § 10; nam αἰτίαν ἔχειν ὑπό τινος est accusari ab ali-
quo. | XI § 11 δὲ δὶς (ἤδη), coll. X § 30. | XII § 54 an εἰκό-
τως pro δικαίως? | § 88 τελευτησαντες τὸν βίον ἀπόρως (pro
πέρας) ἔχουσι τῆς παρὰ τῶν ἐχθρῶν τιμωρίας, i. e. τιμω-
ρεῖσθαι αὐτοὺς οὐκέτι δύνανται. | XIII § 30. 2 dele Ἀγόρα-
τος. | § 32. 6 παράγουσι (τοῦτον). | § 36. 3 ἐν ᾧ (δ') οὐδέν.
Francken νῦν δ' ἐφ' ᾧ οὐδὲν ἔτι ὠφελεῖν δύναισθε, εἰς τὴν
βουλὴν — εἰσάγουσι, quod Graecum non est pro ἵνα μηδὲν
κτέ. | § 92 ἐπισκηπτοντες γὰρ ἡμῖν ἐπέσκηψαν κτέ.
aut ἀποθνήσκοντες γὰρ ἡμῖν (ἐπισκήπτοντες) ἐπέσκη-
ψαν κτέ. Sed illud malim, ut ἐπισκήπτοντες locum cesserit
glossemati Cf. § 41. | XIV § 2. 5 φιλοτιμεῖται (αὐτοὺς) τοὺς
ἐχθροὺς κτέ. vel (καὶ) τοὺς ἐχθροὺς κτέ. | § 12. 9 βελτίους
ἔσονται [οἱ] πολῖται. | § 21. 7 προσῆκε, nam reprehendentis
oratio est. | § 28. 6 dele: ἀλλ' ὡς ἄνδρα ἐκείνης. | XVIII 12.
6 dele ὦ ἄνδρες δικασταί, male repetitum. | § 22. 4 dele
ἡμᾶς. | XIX § 10. 4 in Palatini lectione μὴ δῶσιν (pro λά-
βωσιν) latere videtur κερδ(άν)ωσιν. | § 11 καὶ (διὰ)
σπάνιν — καὶ τοῦ ἀγῶνος. Non intellego quo sensu Hal-
bertsma deleat posterius καί. | § 13 γεγονότας τε ἐπιεικῶς
τῇ (τε cum Reiskio ins.) πόλει κτέ. coll. § 15 κάκιον γεγονέ-
ναι. | § 25. 1 τὸ δὲ μέγιστον. | § 51 extr. οἱ τολμῶντες ψεύ-
δεσθαι καὶ συκοφαντεῖν ἀνθρώπους ἀποδημοῦντας pro ἐπι-
θυμοῦντες, coll. § 50, ὅτι ἀπὼν διεβάλλετο. | § 56 οὐ
γὰρ (ἐρῶ) φιλοτιμίας κτέ. | XX § 2. 4 αἱρεθεὶς ὑπὸ τῶν
[φυλετῶν] οἳ κτέ. | § 5. 5 ἀλλ' εἴ τις (καὶ) ὀλίγας. | § 9.
1 — 2 ὥστ' — ἀπεκτίννυσαν sunt scholium marginale. |
§ 13 ἵνα μηδεὶς αὐτῷ διάφορος εἴη [τῶν δημοτῶν]. Immo
τῶν πολιτῶν, ut ex ingenti numero (9000) apparet. Sciolo,
qui illud adscripsit, fraudi fuit illud δημοτικώτερος in prae-

gressis. In sqq. suspicor: ἀλλ' ἵνα τὸν μὲν βουλόμενον ἐγγράφοι, τῷ δὲ μὴ (sc. βουλομένῳ)οῖός τ' εἴη χαρίζεσθαι. Καίτοι οὐχ οἵ ἂν (ἐξ ἐλαττόνων) πλείους κτέ. | § 17. 2 malim ἦγον καὶ ἔφερον, ut ἥρπαζον sit glossema. Cf. § 28. | § 19. 4 sententia postulat ἀνδρὶ (τῷ τυχόντι) ἐξαιτουμένῳ, sive ἀνδρὶ (παντὶ) cf. Plat. Rep. 331 A extr. | § 27. 2 pro ἀγαθός requiro εὔνους. | § 30 ὧν δ' (αὐτοὶ) πρόθυμοι et mox διά ʹγε) τὴν ἡμετέραν. | XXI § 24 οὐδεπώποτε ΗΛΕΗΣΑ οὐδ' ἐδάκρυσα. Lege ΗΛΓΗΣΑ i. e. ἤλγησα. | XXII § 4. 3 ὅτι ἂν βούλησθε ψηφίσησθε. L. ὀφείλητε. Cf. XII §37. | XXIII § 16 transponendum: ἐὰν γὰρ διαμνημονεύσητε (male editur διαμνημονεύητε) ἃ ἐγὼ ὑμῶν δέομαι, οἶδ' ὅτι κτέ. | XXIV § 2. 5 dele αὐτοῦ. | § 10. 6 ὧν εἷς ἐγὼ ὢν περιπεπτωκὼς κτέ. cl. XXVI § 3. | § 12. 3 σιωπᾶν (ἂν). | § 14 ὡς περὶ (cum Franckenio) ἐπικλήρου τῆς συμφορᾶς [οὔσης] ἀμφισβητήσων ἥκει. | § 15 partim cum eodem: ὥσπερ εἰ φοβερῶς ὀνομάσειε, μέλλων (δόξειν) ἀληθῆ λέγειν, ἀλλ' οὐχ, ἂν πάνυ πραόνως μηδὲ ψευδῆ, ταῦτα πείσων. Nempe illi debeo: ἂν — πείσων. Ad ὀνομάζειν, in quo vir egregius sine caussa haesit, cf. Dem. 18 § 35 et § 122. | § 17 τοῖς ΑΕΤΕΡΟΙϹ ἐξαμαρτάνουσιν. L. ΑΕΓΕΡΟΥϹιν i. e. τοῖς δὲ γέρουσιν κτέ. | XXV § 1. 5 (δι)ειδότες | § 20. 3 dele πάσχειν; sin minus, post ἡγεῖσθαι inserendum foret ποιεῖν. | XXVI § 4. 7 dubitabundus propono ἀναλώματα pro ἀναθημματα. | § 5. 3 οὐκ (ἔτι) ἔξεστιν. Cf. Cob. Mnem. III. 296. | § 9. 6 πόλεως, ἣν πρωτεύουσαν (pro πρότερον) παραλαβόντες — ἐλωβήσαντο. Cf. Plat. legg. III p. 692 D. | § 12. 2 dele ἀρχῶν. | § 13. 3. ὅταν (τὴν διάνοιαν) γένωνται ἐν ἐκείνοις τοῖς χρόνοις. | § 14. 3 ἐὰν δὲ νῦν τοῦτον. | § 18. 3 dele τοὺς συλληφθέντας. | § 19. 2 παρὰ frustra impugnatur. Cf. Herod. I. 86 § 6. Soph. Trachin. 589. | XXVII §4. 6 dele καὶ τῶν δώρων cl. §3 extr. | §9. 7 (ἐκ πλουσίων) πένητες. | §16. 8 dele ποιεῖτε. | XXX §5. 2 λόγον ἀποφέρουσι pro ἀναφέρουσι. | §11. 5 ὥστ' (αὐτῇ) τῇ ἡμέρᾳ. | §12. 2 τις (ἴσως) cl. §13. 4. | §18. 7 τῆς γ'

εὐτυχίας ἕνεκα. | § 21. 5 ὡς (εἰς) εὐσέβειαν κτέ. | § 29.
5 οὐ(δὲν). | § 30. 4 (αὐ)τοῖς. | § 34. 2 dele τῶν κατηγό-
ρων. | XXXI § 4. 7 λεγομένων (μόνων). | § 5. 5 ἀκινδύ-
νως pro ἀνεπιτηδείως cl. 6 τὸ μέρος τῶν δεινῶν. | § 15.
2 (ἐπι)γενομένην. Cf. Dem. XXXVI § 7. Verbum simplex
otiosum foret. | § 20. 4 δίκαιον pro ἱκανόν. | § 24. 6 σω-
φρονέστερον — ὕστερον. φασι, τῶν ἔργων κτέ. pro ὕστερον
πᾶσι τῶν ἔργων. Locutio est proverbialis. | XXXIV § 2. 2
(ἡ) πάντων. Fr. 31. 5 οἷα τοῖς μὲν ἄλλοις et in fine frag-
menti οἷάπερ οὗτος. | Fr. 45. 1 Utrum ἀπέδυ an ἀπεδύετο?
Si hoc probatur, fortasse simul corrigendum ὀργῆς δὲ (ποτε)
γενομένης. Mox pro ἔχθεαν expectaveram ἔριν. Alia, quae
hic repetere nil attinet, reperies in editione mea *selectarum
Lysiae orationum*, quae prodiit Groningae anno MDCCCLXIII
sumptibus heredum C. M. van Bolhuis Hoitsema. Inibi ex
codd. Dionysii Italicis a me primo collatis (in quorum numero est optimus Laurentianus Pl. LIX 15 membr. sec. XII)
paullo emendatiorem edidi orationem in Diogitonem et iudicium critici Halicarnasensis de Lysia

CORRIGENDA.

ℛ

Lightning Source UK Ltd.
Milton Keynes UK
UKHW02f2350170918
329048UK00011BA/740/P